中国料理の世界史

美食のナショナリズムをこえて

岩間一弘

慶應義塾大学出版会

中国料理の世界史——美食のナショナリズムをこえて　目次

本書には、今日の観点からみて差別的な表現が用いられる箇所があるが、歴史的文脈と資料性に鑑みそのままとした。

序章　中国料理から見える世界史

料理のナショナリズム

なぜ中国料理は、これほどまで世界中に広がったのか？　中国料理は、世界各国の食文化をどのように変えたのか？　私たち日本人と中国料理との関係は、世界のなかで特別なのだろうか？

本書は、こうした素朴な疑問を念頭に置きながら、今日の「中国料理」が形成されてきた過程を跡づけ、そしてさらに、中国各地の料理が、諸外国の「国民食」にもなってきたことを明らかにする。そのうえで、私たち日本人がこよなく愛する中国料理を、世界史のなかに位置づけて、客観的に見つめ直したい。言い換えれば、本書が目指すのは、世界各国の人々が中国料理にこめた考えや思いを読み解いて、それを一つの歴史物語に紡ぎ出して伝えることである。

人類の食料そのものは、穀物にしても動植物にしても、数千年以上にわたって、それほど大きく変わってはいないのかもしれない。しかし、その味つけや意味づけは、時代ごとに大きく様変わりし、より多様かつ複雑なものに進化してきた。そして、今日の料理は、例えば、効率を追求するファーストフード・チェーンのハンバーガーから、旬の食材や顧客一人一人へのおもてなしを重視する日本料亭に至るまで、幅広い「思想」があるし、中国料理、フランス料理、日本料理といった「国籍」までも有している。

こうして進化してきた料理を、文化や芸術の一分野として捉えることには、すでにあまり多くの異論がない。そして、他の文化・芸術分野と同様に、料理も政治権力と無関係に発展することはありえない。それにもかかわらず、食の文化を社会・政治と関連づけながら考察して、料理をミクロの生活史だけでなく、マクロのナショナル・ヒストリーや国際交流史のなかに位置づけようとする研究は、まだ十分に試みられていない。

とりわけ、国家権力が文化を利用して強化され、国家権力に貢献した文化が栄える、という文化と政治の密接な関係は、洋の東西を問わず具体例に事欠かない。例えば、古代の青銅器を収集した北宋の徽宗、茶の湯を重んじた織田信長や豊臣秀吉、ウィーン会議で天才シェフ・カレームに料理をふるまわせたフランスの外交官・タレーランなどを、人それぞれに思い浮かべるだろう。だからこそ、無意識のうちに一国の政治や社会によって枠づけられている料理や食に対する見方を、世界史的な観点から客観的に見直すことに意義がある。

本書はおもに、近現代の世界史を理解するうえで、最重要テーマの一つである国民国家建設に焦点をあてて、それが中国や世界各国の料理を、どのように変えたのかを明らかにしたい。領土・主権および主体的な国民を擁する国民国家（nation-state）は、一八世紀後半のアメリカ独立宣言やフランス革命から欧米で出現し、二〇世紀中葉までに、アジア、アフリカ、ラテンアメリカを含む全世界で勃興した。そして、フランスをはじめとする国民国家が「国民料理（national cuisine）」を創成して外交の場で活用し、二一世紀にはそれを対外的に宣伝して輸出する国々も増えた。このような「国民料理」に関して、欧米では議論が蓄積されているし[1]、日本でも近年に熱心な議論が行われた[2]。

本書はまず、清朝の宮廷料理から論じ始めて、近代中国の都市文化としての中国料理の変化を明らかにし、さらに中国料理という一つの「国民料理」が形成される過程を見ていく。A・アパデュライの有名な論文が指摘するように、フランスや日本などに比べて、広大な国土と多様な民族を有する中国やインドでは、国民国家を建設するのが困難であった。そして、地方料理やエスニック（民族）料理の固有性が目立って、一つの「国民料理」を形成するのも容易ではなかった。[3] しかしそれでも、中国やインドの「国民料理」創成の試みは、二〇世紀後半から進展してきた。

なお、当然ながら重要なことに、「国民料理」と「国民服」の形成過程は、軌を一にするところがある。だから、どのように「中国料理」が確立されていったのかを考えるうえでは、「中国服」の形成過程が参考になるだろう。山内智恵美の中国服飾史研究によれば、孫文が愛用した中山服が、一九二〇年代末までに「国服」になったという説は、事実からかけ離れているという。すなわち、一九二九年に南京国民政府が公布した服制条例には、中山服が登場していなかった。一九四二年に汪精衛（汪兆銘）の対日協力政権が公布した服制条例が、初めて「国民服」を法令化し、「中山装式」を「国民服」に定めていたが、その影響力は限定的であり、この不都合な史実が後世に顧みられることもなかった。

他方、一九二九年の服制条例は、西洋風に改良したチャイナドレスへと変身を遂げつつある旗袍《チーパオ》を、女性用の礼服と公務員の制服に定めていたものの、国際的な場面では西洋式の礼服の着用を求めていた。中華民国期は、きわめて多種多様な服飾が混在して着用された希有な時代であった。旗袍は、服制条例と関係なく流行したが、中華人民共和国の成立後には、それが搾取階級の華美な服として見られて着用者が減っていった。

そして文化大革命が発動され、一九六〇年末頃までには、官服の中山服とその支流にあたる平服の人民服（軍便服）が、実質的な「国民服」になった。しかし一九八〇年代以降、「改革・開放」政策の浸透と経済発展のなかで、旗袍が、礼服やレストラン・ホテル従業員の制服などとして、再び着用されるようになる。すると、中山服と旗袍が、中国の「民族服」「国服」として認識されていき、さらに二〇〇一年の上海APEC後に新唐服ブーム、その翌年に漢服運動が起こって、これらの四つの服装が「民族性」「愛国主義」を競い合う現状になっているという。[4]こうして明らかにされている「国民服」の形成を念頭におきながら、本書ではまず、中国の「国民料理」の創成過程を解き明かしていきたい。[5]

ソフトパワーとしての中国料理

ところで、アメリカの安全保障の専門家であるジョセフ・S・ナイは、「ソフトパワー」という概念を提唱したことで知られる。「ソフトパワー」とは、自国が望む結果を他国も望むようにする力であり、他国を無理やり従わせるのではなく、味方につける力である。それは、自国の文化、政治的な理想や価値観、外交政策の魅力によって生まれるものであると説明されている。[6]

第一部第3章で論じるように、中国料理は、一九四九年に中華人民共和国が成立した後、外交の場で積極的に活用されて、外国の賓客にも高く評価された。それは、一九七〇年代には、アメリカ合衆国や日本の国民が、中国に対する関心や好感を広げるきっかけにもなった。だから、中国料理は、一九四一年に中国国民党が対米宣伝のために贈呈したパンダより少し遅れたものの、[7]それと並んで中国を代表する「ソフトパワー」の源泉となり、中華人民共和国が国際的に支持されやすい環境をつくるのに役立てられてきた。

こうして中華人民共和国で確立された「中国料理」は、香港における中国料理に対する見方や、台湾料理・シンガポール料理の形成などを踏まえることで、客観的に見直すことができる。シンガポールは一九九〇年代から、台湾は二〇一〇年代から、海外でフードフェスティバルを開催するなど、中華人民共和国とは異なる食文化を積極的に宣伝している。そのことは、中国の料理が中華人民共和国以外の政府によって、「パブリック・ディプロマシー」（広報文化外交）[8]に利用されていることを意味する。しかし、それは見方を変えれば、中国の料理が、中華人民共和国以外からも世界に発信されていると考えることもできる。

また、本書は、アジアで新たに樹立された国民国家や、アジア人に対する人種主義的な見方が根強かった米欧の国民国家のなかで、中国料理がどのように位置づけられてきたのかを跡づけたい。そのことによって、中国・日本や世界各国の食に関するナショナリズムを、相対的に見直すことができるだろう。くわえて、日本料理をはじめとするアジア料理や、フランス料理をはじめとする西洋料理を、中国料理と比較する言説を考察して、国際社会における中国や東アジア諸国の料理の位置づけとその変化を浮き彫りにしていきたい。

ここでいう「ナショナリズム」とは、国民国家や民族文化を創成・維持しようとする情緒・思想・活動などのことである。このように素朴に定義しても、「ソフトパワー」や「パブリック・ディプロマシー」といった発想の背景に、確固としたナショナリズムがあることは疑いがたい。そして、ある国の人々が共通した食物を愛好すること、さらにその食物を他国の人々にも広く受け入れてもらいたいと思うことは、ナショナリズムの重要な一面といえる。

本書は、国家や民族に対する愛着を、人類愛や郷土愛と同様に尊重し[9]、けっして否定することはない。しかし、ナショナリズムは、明確に意識することによって、無意識的な同化や排除の情緒をコントロールしやすくなる。そして、自国のナショナリズムを理解するためには、他国のナショナリズムと比べてみることが役立つだろう。

本書の試みとは、中国料理をめぐる世界各国のナショナリズムのあり方を、比較しながら解き明かすことによって、一国の政治や社会に枠づけられた見方をこえて、中国料理の創成や普及の世界史的な意味を探ろうとすることである。それゆえに、一部の読者の期待を裏切ってしまうかもしれないが、本書は、料理そのもののレシピや味わいよりも、料理が受け入れられる社会背景、料理が利用される政治情勢を入念に考察していくことになる。喩えて言うならば、本書にとって中国料理は、世界史を見通すためのレンズであり、世界史を描き出すための切り口であり、世界史を織りなすためののりしろである。

料理と帝国

さて、料理に着目して、古代から現代に至る世界史を俯瞰したレイチェル・ローダンの『料理と帝国』は、帝国の興亡が料理に及ぼした影響について論じている。ローダンによれば、「国というものができてから、もっとも広く食べられた食は、もっとも力のある大きな政治的単位の食文化だった。そして過去四〇〇〇年においては、それは帝国だった」という。すなわち、『料理と帝国』でいう「帝国」とは、「大国」に置き換えられる広義の概念である。[10] ここで確認すべきことに、料理の世界的な広がりを論じるには、帝国について考えておく必要がある。

「帝国」の定義をめぐっては、多くの議論があるが、もっとも重視されるのは、支配領域が広大なこと、拡大志向を有することである。それに対して、皇帝による統治は、共和制期のフランスや一九世紀末以降のアメリカの例からわかるように、「帝国」の必須の要件とはならない。また、古代から近代に至るまでの帝国の基本構造として、民族・文化の多様性と並んで、中心―周縁とその間の支配―被支配関係が指摘されている。[11] それによって、民族・文化が不均衡に再編されたり、新たな民族・文化が強引に創り出されたりしたことについては、例えば、日本帝国が「台湾料理」や「満洲料理」を創り出して、中国料理と区別していたことからもよくわかる（第一部第5章）。

本書は、「東アジア」という用語を、東北アジアと東南アジアの両方を含む広義の地域概念として用いる。そして、近現代の東アジアを論じるにあたっては、少なくとも、中華帝国、西洋帝国（イギリス帝国など）、日本帝国（大東亜共栄圏）、ソビエト連邦（ロシア）帝国、アメリカ帝国（米ソが「帝国」かは議論が分かれるが）による広域秩序の構築と、それらのせめぎ合いに注目する必要がある。[12] これらの帝国のうち、中華帝国以外はすべて近代的帝国に区分できる。

すなわち、前近代的帝国と近代的帝国の間には、陸の帝国（一大陸にとどまる）と海の帝国（海を越えて周縁領土を支配する）、普遍的帝国（競合する他の政治体を認めない）と領域的帝国（帝国の領域性を意識して自国と対等な他の帝国と競合する）といった、基本的な性格の違いをある程度認めることができる。また、帝国の建設・拡大と並行して、領土・主権・国民を有する国民国家の建設が進められていたことが、近代の帝国および帝国主義の特徴であった。[13] したがって、植民地にまで広がる帝国の食文化は、本国（宗主国）における国民食・国民料理の形成と不可分の関係にあった。

中国料理と帝国主義

中国料理が世界に広まった理由について、日本の食文化研究のパイオニアで文化人類学者の石毛直道は次のように説明している。すなわち、「ヨーロッパの食物や食事法は、近代における、世界のいわゆる西欧化という政治・経済・軍事的背景に支えられて進出したものである。それにたいして、中国の場合は国家権力などとは無関係に、おいしく、実質的な食事であることを現地の民衆に評価されることによって、中国料理店が世界中で営業するようになったのである。そのことは、中国の食の伝統がいかにすぐれたものであるかをものがたっている[14]」という。

石毛の見解には、なるほどと思わされる点が多い。たしかに、中国料理の普及は、中華帝国の領域拡大や周辺民族の「漢化」の過程とは、軌を一にしていない。むしろ、中華帝国が衰退し、危機的な時期において、なぜか中国食文化が世界各国に広まっていったという逆説を観察できる。一九〜二〇世紀の世界各国における中国料理の普及過程は、一八〜一九世紀にかけてフランス料理が外交の場で共通に用いられて世界に広まったのとはまったく異なる過程である。それは、欧米列強の帝国主義が拡大したアジアで、西洋料理が受容されていったのとは対照的ともいえた。

それゆえ、中国料理が世界に広まる物語を語れば、その主役は、中国の政府や大企業ではなくて、個々の「中国人」「華人」ということになる。そもそも中国料理は、一九四九年の中華人民共和国成立以前には、中国の「ソフトパワー」になっていたとはいいがたい。中国料理が諸外国に広がったのは、主として移民たちが故郷の料理を世界各地に伝えた結果であり、少なくとも二〇世紀前半までは、中華帝国の興隆や中国の国民国家建設と直接的な関係があったとはいえない。

しかし、石毛の一般論には、世界史的な観点から、少なくとも三つの反論ができる。第一に、石毛の見方は、あくまでアジアから見たものであるといえ、欧米から見れば、同じ過程がまたちがって見える。例えば、ローマはレギオン（軍団）で、イギリス帝国は海軍で、アメリカは大衆消費で、そして中国は安い労働力で世界を征服したのであり、それゆえ華人コックは「帝国の給仕（stewards of empire）」であると喩えられる[15]。安い賃金で働く華人労働者を大量に送り出してきた中国は、ホストカントリーの労働者からすれば、まるで帝国主義であるかのように見えることがあった。

第二に、中国の対外出兵や勢力拡張が、海外に中国料理を伝えるきっかけになることもあった。例えば、前近代では、一二九三年にモンゴル帝国（元）がジャワに遠征し、この時の元軍の逃亡兵がインドネシア諸島に、豆腐の製法、白菜やカイラン（芥藍）などの中国野菜、その野菜を炒めるという調理法などを伝えたと考えられている（第二部第5章）。

また近代には、朝鮮に対しては清が、欧米列強と同じように、植民地主義的な政策を実行することがあった。そしてそのことが、朝鮮における中国料理の普及につながった。すなわち、一八八二年の壬午政変の鎮圧のために、閔妃らが朝鮮に駐屯していた袁世凱の率いる軍隊に頼って窮地を脱したので、朝鮮における袁世凱と清の影響力が強まる。同年に清と朝鮮が結んだ「商民水陸貿易章程」に基づいて、一八八四年に仁川、八六年に釜山、八八年に元山に、清国専管租界が開設された。こうしてできた中国租界が、近代の朝鮮半島における中国料理の発祥・発信地となった（第二部第6章）。

さらに第三として、もっとも重要なことに、世界各国における中国料理の普及過程は、中国よりもむしろ、中国料理を受容するホストカントリーの国家権力が深く関わっていた。K・J・チフィエルトカは、日本の中国における軍国主義的な拡張が、日本への中国料理の普及に果たした役割は重要で、それは、文明開化の政策が日本に西洋料理を普及させた重要性に匹敵すると指摘した[16]。拙編著でも論じたように、帝国日本が台湾および中国大陸に勢力を拡大したことによって、中国料理が日本に伝わった具体例は、豊富に示すことができる。

列挙すると、日清・日露戦争に勝利した日本の帝都・東京には、中国人留学生街と多くの中国料理店ができた。また、日本の軍隊は、一九一八年頃から積極的に中国料理を兵食に取り入れていた。そして、台湾を訪れた日本人旅行者から皇太子、皇族、首相までもが、「台湾料理」のもてなしを受けた。満洲からは日本に、餃子やジンギスカン料理が伝わった（第一部第5章）。

さらに、一九三八～四五年に従軍して中国各地の食生活を見聞した篠田統《おさむ》が、日本の中国食物史研究の礎を築いた。他方、日中戦争で日本軍は、蔣介石が拠点とする四川省に進駐できなかったので、四川料理は、日本への伝播が戦後にまで遅れた。[17] これらはいずれも、日本帝国の拡張と中国料理の受容の相関関係を示している。

日本のほかに、アジアに進出した西洋の帝国でも、中国料理が本国へと伝わった。例えば、香港を植民地としたイギリスでは、一九世紀後半から華人が、ロンドンやリヴァプールでコミュニティを形成し、一九六〇～八〇年代には、香港からロンドンなどに渡った多くの移民たちが中国料理店を開いて、イギリスに中国料理を広めた（第三部第2章）。

また、オランダは、一七世紀からインドネシア諸島の植民地化を進めており、インドネシアでは、一九四二～四五年の日本軍進駐、四五～四九年の独立戦争、六五年の九・三〇事件以降の政情不安の影響で、オランダへの移民が絶えなかった。そして、一九六〇年代のアムステルダムでは、インドネシア華人が開いた「インドネシア・中国料理店」が数多くできた。

同様に、インドシナ（ベトナム）を植民地にしたフランスでは、アジア太平洋戦争・インドシナ戦争・ベトナム戦争と戦乱が続くベトナムから多くの難民が押し寄せた。パリではベトナム華人が、中国料理とベトナム料理を二枚看板にする「中国・ベトナム料理店」を開いていた（第三部第3章）。

ほかにも、アメリカ合衆国は、一八九八年から一九四六年まで、フィリピンを植民地とし、さらに第二次世界大戦後には、世界各国に基地を設けて軍隊を駐留させ、国際的に強い影響力を行使してきた。アメリカ本国では、一九世紀末頃までに、チャプスイをはじめとするアメリカ式中国料理が広まっていた。チャプスイは、両大戦間期までに、ロンドンや東京などの国際都市、そしておそらくフィリピンにも伝わり、さらに第二次世界大戦期までにインド、戦後に米軍基地の置かれた沖縄・横須賀などに伝わったと考えられる（第二部第4章、第7章、第三部第1章、第四部）。

このように中国料理といえども、国家権力と無関係に世界各国へ伝わったとはいえず、帝国主義・植民地主義の拡張とともに世界に広まる歴史もあった。

中国料理の現地化と世界各国の国民食

そして、中国国外に広まった中国料理は、その現地化の度合いから、三つに分けて考えることができる。第一に、おもに華人たちがホストカントリーで、現地の原材料を用いながらも、できるだけ故郷の味に近づけて、その伝統を守ろうとする、本物志向の中国地方料理（広東・山東料理など）である。第二には、ホストカントリーで現地化した中国料理であり、それは、中国本土にはない中国料理である。例えば、日本の卓袱《しっぽく》・普茶料理、シンガポールやマレーシアなどのニョニャ料理、チャプスイなどのアメリカ式中国料理などが代表例である。そして第三に、中国料理をもとにして作り上げられたホストカントリーの料理がある。例えば、日本のラーメンや餃子、韓国のチャジャン麺、ベトナムのフォー、タイのパッタイ、シンガポールの海南チキンライス、インドネシアのナシゴレン、ペルーのロモ・サルタードなどが、各国の国民食になっている。

中国料理は、第一→第二→第三の順に「現地化」の度合いを強め、現地の食文化に深く浸透したといえる。他方、二〇世紀末以降に日本で辛味の強い麻婆豆腐が好まれるようになったことを、中林広一は、「源地化」という造語で論じている[18]。その言葉を借りれば、中国料理は、幾多の「現地化」と「源地化」のせめぎ合いのなかで、多様に作り変えられてきたといえる。さらに、京都の中国料理を例に論じたことがあるように、本物志向の中国料理と、現地料理の一種になることを目指す中国料理との間で、すでに伝統の創造をめぐるせめぎ合いも生じている[19]。

とはいえ、中国料理に関して本書が何より注目したいのは、それが上述のような世界各国の国民食の誕生に大きな影響を及ぼしてきたことである。外国料理が国民食になった事例として、例えば、インドの「カレー」は、イギリスでも日本でも国民食であるし、トルコのドネルケバブは、第二次世界大戦後にトルコ人移民によって広められて、今ではドイツの国民食にもなっている[20]。だが、世界各国の人々が、中国料理を「翻案」（新たな目的に合わせた作り変え）しながら、自国料理を作り上げた例は目だって多い。

そして、そのことにおそらくもっとも熱心に取り組んできたのは、日本人であったといえる。だから、本書が論じる中国料理の近現代史では、日本人が存在感のある脇役として登場する。また本書は、海外で活躍する日本人（「和僑」「日僑」）や日系人にも、中国料理を米欧に広めた人々として注目している。さらに、アジアや米欧諸国の中国料理を愛する人々も、物語に欠かせない重要な役割を担うことになる。

中国料理に向けられるオリエンタリズムのまなざし

話は少しそれるが、一九三〇～四〇年代のサンフランシスコの有名なナイトクラブ兼チャプスイハウス（中国料理店）である「フォビドゥン・シティ（紫禁城）」には、日本・朝鮮・フィリピン系のパフォーマーがいた。だが、彼・彼女たちは、華人であると偽って舞台に立つことが求められた。つまり、華人経営のナイトクラブは、アジア系アメリカ人に白人の役を演じさせる前に、まずは華人になりきらせることで、華人のステージというアイデンティティを保っていた（第三部第1章）。

こうした演劇と同様のことが、料理についても当てはまる。例えば、中国人、台湾人、韓国人が日本料理店を経営したり、あるいはベトナム人が中国料理店を経営したりするような現象を、J・ファーラーたちは、「民族継承（ethnic succession）」という概念を用いて論じている。[21] 近年の米欧では、中国系や韓国系のコックが、中国料理よりも高級感のある日本料理を提供していることが多い。だが、二〇世紀前半には、日系人が日本料理よりも人気のある中国料理を提供することが多かった（第三部第1章）。

すなわち、米欧のアジア料理店における「民族継承」は、中国料理を作る日本人から、日本料理を作る中国人へと、中心が移り変わったといえる。そして同時にこのことは、米欧の人々にとっては、中国料理・日本料理、華人・日本人といった区別よりも、アジア料理・アジア人という一つの大きなカテゴリーのほうが重要であり続けていることを意味している。

しかし、二〇世紀には、中国料理に対するホストカントリーの消費者のまなざしにも、社会的に重要な意味をもつ変化が起こっていた。アメリカでは、反華人感情が根強いなかでも、一九世紀末から中国料理ブームが広がった。だがそれは、実際には中国に存在しない、チャプスイをはじめとするアメリカ式の中国料理をもてはやすものであった。すなわち、空想・幻想上の「東洋」に憧れる「オリエンタリズム」のまなざしが、中国料理とそれを提供するチャイナタウンやアジア人にも向けられているという面があった。

アメリカ人の中国料理に対する好奇のまなざしは、ナイトクラブの「華人」のステージに向けられたものと同様で、いわゆる「中国（東洋）趣味」の一種であった。それはチャプスイとともに、両大戦間期までに、ロンドンをはじめとするヨーロッパ各都市に伝わり、さらには「東洋」の帝国・日本の帝都・東京や古都・京都にも伝わっていた（第三部第1章、第2章、第四部）。

多文化主義のなかの中国料理

ところが、アメリカでは第二次世界大戦時・戦後、チャイナタウンが、民族・人種の多様性、いわば「人種のるつぼ（melting pot）」の例として、プロパガンダ映画に欠かせない場面となる。さらに、アメリカの人種差別的な移民法は、一九四三年以降に改正されていき、六〇年代後半には、公民権運動が高まるなかで、移民制度も徹底的に改正されて、中国系移民が急増した。そして彼らが、アメリカで中国各地方の料理を普及させ、チャプスイの時代を終わらせて、アメリカ式中国料理を現代的なものに更新することになった。例えば、この時期にアメリカに移住したアンドリュー・チャン（程正昌）は、カリフォルニアでファーストフードの中国料理店・パンダエクスプレスを創業し、全米はもとより日本を含む世界各国にチェーン展開している（第三部第1章）。

また、オーストラリアでは、一九七六年、南オーストラリア州首相のD・A・ダンスタンが、中華鍋（wok）を使う自らの写真を掲げた料理書を刊行し、「私たちはすでに多人種の社会になっており、将来にはさらに大きく人種混合が進むだろう」と宣言している。そしてその頃から、南オーストラリア州の州都・アデレードの食文化に、アジア系移民が大きな影響を与えるようになる。なかでもカレーラクサは、「人種のるつぼ」としての「オーストラリアらしさ（Australianness）」の象徴になった（第三部第3章）。

くわえて、シンガポールは、一九六五年の独立後、多文化主義を統治理念とし、華人系・マレー系・インド系という民族・文化間の違いを固定化しながら、同時にシンガポール人という一つの国民へと統合を促してきた。こうした民族政策のなかで、華人男性と現地女性の混血者の子孫であるプラナカンの「ニョニャ料理」が、「本物の伝統的な海峡華人の料理」であるのと同時に、シンガポールの代表的な料理としても位置づけられた。

さらに、シンガポールの人々は、自国の多文化主義を「ロジャック（rojak）」に喩えることがある。蝦醤《カショウ》ソースのフルーツ・野菜サラダである「ロジャック」は、マレー語で「混合（mixture）」を意味し、すべての食材は、同じサラダボウルに入っているが、それぞれ分離している料理である（第二部第1章）。

こうして一九六〇～七〇年代には、それ以前の「オリエンタリズム」とは明らかに異なるまなざしが、華人と中国料理に向けられるようになった。すなわち、異なる民族・文化の共生・共存を推進する「多文化主義」のなかに、華人と中国料理を位置づけて、それらを積極的に受け入れようとする政策や活動が目立つようになったのである。

たしかに、世界各国において、自民族中心主義的な言論は根強く、一九八〇年代以降のオーストラリアのように、保守系政党が反多文化主義的な政策を推進する揺れ戻しも起きている。だがそれでも、「多文化主義」の経験は、貴重な財産として、現在にまで継承されている。米欧においても、アジア料理に対して好奇心をこえた深い理解を示し、中国料理・日本料理などを区別しつつ、高いリテラシーを身につけようとする人々が、着実に増えてきているはずである。

中国ナショナリズムをこえる中国料理の世界史――本書の目的

ところで、食を通して世界史を論じた名著は、すでに少なくない。一つの食品・嗜好品から世界史を論じる方法（ワン・アイテム・アプローチ）としては、例えば、砂糖や茶にくわえて[22]、塩、胡椒、トウガラシ、醤油、ジャガイモ、バナナ、コーヒー、チョコレートなどの世界史が、意欲的に書かれてきている。

とくに、茶に関する研究は、枚挙にいとまがない。一七〜一九世紀、イギリスが帝国文化として中国茶を吸収し、一九世紀後半、茶は中国の飲物からイギリス帝国の飲物となった。そして、一九世紀末から二〇世紀前半には、植民地インド・セイロン産の茶がイギリス本国・植民地に市場を広げ、第二次世界大戦期にも、茶がイギリス帝国に不可欠の役割を果たし、戦後には、茶が帝国商品から世界商品へと位置づけ直された、という歴史の全貌が明らかにされている。[23]

しかし、一国の料理から世界史を描けそうなのは、中国料理のほかには、インド、トルコ、フランス料理など、数えるほどしかない。そして、インドのカレーをのぞいては、[24]管見の限り、世界史的な観点から総合的に論じられた料理はまだない。

こうしたなかで『中国料理の世界史』が論じたいのは、中国料理のナショナリズムとトランス・ナショナリズムのサクセス・ストーリーではない。すなわち、中国が国民国家建設とともに「中国料理」を整備し、さらに海外の華人たちが、中国という一国の範囲をこえてそれを世界に広めた、という物語だけでは、中国料理の近現代史を十分に理解することができない。

例えば、中国が帝国・国民国家として衰退していた時期に、中国料理は世界に広まった。国家による中国料理の体系化は遅れたが、民間人が伝えた地方料理が諸外国で国民食になった。そして、中国人・華人だけでなく、外国人（とくにアジアの人々）が中国料理を広めていた。なかでも、日本および日本（日系）人が、中国料理の世界的な普及に大きな役割を果たしていた。こうした史実を、具体的に見ていきたい。

すなわち、本書の目的は、中国の料理が、とくに近代以降に、今日のように形成された歴史、そして世界各国の料理の一部になった歴史を明らかにすることである。それによって、食をめぐる言説に無意識に含まれる中国ナショナリズム、日本ナショナリズム、世界各国のナショナリズムを理解して、比較しながら相対的に捉え直すことを目指したい。

食文化史へのアプローチ――この本を読む前に

また本書は、一般的な啓蒙書と学術的な研究書の中間、ひいてはその両立を目指している。まず、一般啓蒙書としては、中国料理に関する興味深い研究成果を、ナショナリズムと世界史の観点から整理して、わかりやすく紹介しようと努める。

中国料理の歴史に関する概説としては、日本語でも篠田統『中国食物史』(柴田書店、一九七四年)、田中静一『一衣帯水――中国料理伝来史』(柴田書店、一九八七年)、張競『中華料理の文化史』(筑摩書房、一九九七年)といった好著がある。しかし、英語圏および中国語圏(台湾が中心)においては、世界の中国料理に関して、近年急速に学術研究の成果が蓄積されている。残念ながら、日本の研究状況は、それらに取り残されている。

そこで本書は、中国料理の近現代史や、アジア・米欧諸国の中国料理の状況を中心に補いつつ、社会背景や政治情勢を十分にふまえた世界史叙述としてアップデートしたい。中国料理を通して世界史を描くなど、無謀な試みにも思えるが、自らの属する集団・地域・国といった生活空間をこえた想像力を育むためには、世界史への挑戦が欠かせない。本書は、華人学者たちが中心になって近年精力的に進めてきた研究の成果を整理・紹介しながらも、日本人学者の視点からそれらを再解釈し、史料や議論を追加して、総合的な叙述を試みる『中国料理の世界史』である。

他方で、研究書としては、中国料理の形成史、および中国料理をめぐる国際文化交流史の観点から、興味深い個別テーマを取り上げて、既存の史料を再検証し、新たな史料を発掘しようと努めた。本書は、後続の研究者による参照・反証の可能性を重視して、多くの註（一般的な内容はある程度まとめて、重要な史実は一つ一つ細かく）をつけて、論述の典拠をいちいち示している。

というのも、食文化史の分野では、事実に反する説や、正反対の両説が、平然と流布していることも多い。それは、歴史学者にしてみれば、研究しがいのある分野といえるのかもしれない。しかし、食の歴史を語れば気づかされるが、俗説の事実化や「食のフェイクロア（culinary fakelore）」（食に関する偽伝承[25]）の進化に一役買わないようにするのは、思った以上に難しい。例えば、「東坡肉《トンポーロウ》」（豚の角煮）は北宋の詩人・蘇東坡（蘇軾）が発案した、満漢全席が清帝国の宮廷料理として成立した、回転テーブルは日本発祥である、といったフェイクロアが、書籍、インターネット、テレビなどで繰り返し語られてしまっている。こうした誤解を広めないようにするためにできることは、わずかに原典史料の調査と確認しかない。筆者は、研究書、論文等で引用されている史料も、できるだけ原典を確認し直したが、その作業過程で、思いがけない新史料にめぐりあえることもあった。それでも、二次文献に依拠して論述せざるをえなかった所も多く、その場合は、原典史料にたどりつける参考文献を示した。

なお、本書は、家庭料理や家政学・衛生知識の近代化といったテーマよりも、新たな食文化を発信する大都市のレストランに着目し、おもに国民料理・エスニック料理・地方料理の形成や伝播をテーマとして論じる。家庭内の食事よりも外食に重点を置くのは、近現代の人々が、まずは外食で異地方・異民族・異国の料理を体験し、その後で家庭料理に取り込んでいったからである。レストランとその料理は、新たな「思想」を表すことがあり、時空を超えてそれらを読み解いていくことは、食文化交流史の一つの研究方法になるし、ひいては食の楽しみ方の一つにもなる。

また、フュージョン（融合）料理や多国籍（無国籍）料理についても、本書はあまり多くを論じていない。なぜならば、日・中・韓・フランスなど、いずれの国の料理でも、多くの国の料理が融合して成り立っている面がある。さらに現状では、ある料理が、無国籍を主張することによって得られるものは、失うものよりも多くなさそうだからである。

くわえて、重要用語についても説明しておこう。本書は「中国料理」「華人」という用語で統一し、「中華料理」「華僑」という用語を使わないことにした。というのは、一九六〇～八〇年代の日本では、本格的な調理技術を必要とする料理を出す高級店が、「中国料理」を自称して、街中の「中華料理」と差別化を図ることがあった。さらに「中華料理」は、中国や韓国などの人々から見て、日本人の味覚に合わせて日本化した中国料理を意味することもある。[26] これらのことから、「中国料理」という日本語のほうが、「中菜」「中国菜」の訳語にふさわしいと考えた。

また、国籍や世代などに基づいて、「華僑」と「華人」の両語を使い分けることもあるが、曖昧なケースも多い。さらに「僑」の字には、「仮住まいをする人」という意味合いもあるので、マレーシアなどでは「華僑」の呼称に不快感を覚える人もいる。そのため、史料や固有名詞に含まれる場合などをのぞいて、一般的な呼称としては「華人」の語を用い、あわせて「中国人移民」や「中国系〇〇人」などの表記も用いることにした。

ほかにも確認すべきことに、日本では一九八〇年代頃から、おもにアジア諸国の料理が「エスニック料理」というカテゴリーに括られて、「和・洋・中」とは異なるジャンルの料理として認識されている。

だが、中国料理や日本食の真価を問うためには、日本料理、西洋諸国の料理、中国料理もまた「エスニック料理」の一つになりうることを想起する必要がある。また、「エスニック料理」は、外国からの移民によってもたらされた料理を含意することもある。しかし、本書では「エスニック料理」を「民族料理」と同義の用語として使うことにしたい。

なお、書中に登場する人物の敬称を、一律に省略したこともお許しいただきたい。

本書の概要——読書案内として

さて本書は、第一部で中国・台湾、第二部でアジア、第三部で米欧、第四部で日本の中国料理について論じていく。まず、「中国料理」の形成、「台湾料理」の誕生を見て、次に、中国の料理がアジア、そして米欧へと伝わり、世界各国の国民料理・国民食の一部になる過程を見ていこう。最後に、こうした中国料理の世界史のなかに、日本の中国料理を位置づけて、そのユニークさを浮き彫りにしたい。読者には、以下の概要を参照して、興味のある地域、テーマの部、章から頁をめくっていただきたい。

第一部「中国料理の形成——美食の政治史」の第1章「清国の料理——宮廷料理から満漢全席へ」では、まず、中国最後の王朝である清朝（一六一六〜一九一二年）の宮廷料理が、満洲族のいた東北地方の料理を基礎としつつ、明代の首都・北京の山東料理を継承し、さらに、江南の料理を取り入れて形成されたことを確認する。そして、質素な食生活を送ったヌルハチや康熙帝らから、美食家であった乾隆帝や西太后らに至るまで、歴代皇帝・権力者の食事がどのように変遷し、さらに、宮廷料理が近代以降にどのように受け継がれたのかを見ていく。

なかでも、清朝の宮廷料理としてイメージされる「満漢全席」が、実は一九〜二〇世紀に、民間で発展したものであることを確認する。そのほかにも、最新の研究成果を紹介しながら、中国料理に関する俗説を疑って、基礎知識を確認したい。例えば、中国の「四大」料理系統は、二〇世紀後半から常用されるようになった説明様式であること、「東坡肉」という名称は、明代に北宋の詩人・蘇軾（蘇東坡）を崇拝する文人官僚たちが、それを宴会で出すなかで登場したものであることなどを述べる。

第2章「近代都市文化としての中国料理――北京・上海・重慶・香港の料理」では、清代の北京から、近代の食都・上海、日中戦争期の臨時首都・重慶、人民共和国建国初期の北京や上海、返還前後・雨傘運動期の香港に至るまで、中国の主要都市における各地方料理の流行変化に着目する。そして、統治権力や社会秩序のあり方が激動するなかで、中国料理とその担い手が、どのような運命を辿ったのかを見ていきたい。

とくに、「食は広州にあり」という認識が、民国期の上海から広まった可能性、上海料理の形成と普及の過程、戦時の重慶を往来する人々の動きが「官菜」や「川揚」料理を生み出したこと、上海生まれの女性・董竹君《とうちくくん》が四川料理店・高級ホテルとして名高い錦江飯店を創業した経緯、人民共和国建国初期・文化大革命以前にはまだ高級料理店とそのコックの地位が高かったこと、香港・新界の地元宴会料理「盆菜（プンチョイ）」が中華人民共和国の特別行政区への忠誠という政治的意味合いをもつようになったことなどを論じていく。また、「中国料理」が一つの国民料理として体系化されたのは、一九四九年の中華人民共和国の成立以降であったことも明らかにする。

第3章「中国の国宴と美食外交――燕の巣・フカヒレ・北京ダック」は、近現代の中国政府が、外交現場において中国料理をどのように利用してきたのか、そして中国の国宴（国家宴会）の料理は、どのように創成、変革されてきたのかを明らかにする。中国の美食外交（料理外交、胃袋外交）については、史料・研究ともに乏しくて、よくわかっていない。しかし本章は、一八七〇年代の清や日本を訪れたユリシーズ・G・グラント米前大統領の世界一周旅行記に始まり、中華人民共和国の国宴料理を作った名コックの回想録に至るまで、なんとか集めることのできた断片的な史料を読み繋いで、不十分ながら通史を描き出そうと試みた。

とくに、清代の漢族官僚の代表的な接待料理である燕の巣やフカヒレが、中華民国・人民共和国へと受け継がれたこと、他方で、アヒル料理は、明代初期の首都・南京の名物であり、北京ダックは、中華人民共和国建国後に中国を代表する料理になったことを明らかにする。さらに、中華人民共和国の建国初期における国宴の整備や、その後に毛沢東や鄧小平が主導した国宴の簡素化を跡づける。また、アメリカのR・M・ニクソン大統領、イギリスのエリザベス女王、日本の平成の天皇をもてなした国宴の舞台裏についても見たい。

第4章「ユネスコの世界無形文化遺産への登録申請――文思豆腐から餃子へ」は、二〇一〇年代に入って、フランス、トルコ、韓国、日本の料理が、ユネスコの世界無形文化遺産に続々と登録されるなかで、中国料理だけは、登録申請に何度も失敗し、試行錯誤を繰り返している状況を明らかにした。

中国では、高級料理のための高度な調理技術を、世界に誇ろうとする発想が強かったのに対して、ユネスコは、人々の日常生活に根ざした食習慣を重視していた。さらに、中国の各地方料理の間では、ユネスコへの登録申請の代表権をかけた利権争いが生じていた。これは、中国国内の国家・省・市級の無形文化遺産への登録をめぐる利権争いと同じ構図であり、その延長上にあったといえる。

第5章「台湾料理の脱植民地化と本土化――昭和天皇・圓山大飯店・鼎泰豊」では、二〇世紀の国際政治・社会秩序の変動のなかで、「台湾料理」と「中国料理」が、どのような意味合いをもって区別されてきたのかについて、近年目覚ましく進んだ研究の成果を参照しながら跡づけた。さらに、外交の現場で、台湾がどのような料理を用いてきたのかについても見た。

日本統治時代に、「台湾料理」は、「満洲料理」と同様に、植民者の日本人が強調した料理のカテゴリーとして登場した。訪台した皇太子時代の昭和天皇や、首相時代の東条英機なども、「台湾料理」で接待されていた。国共内戦の後、台湾に退いた蔣介石政権は、中国大陸から伝わった「川揚」（四川と淮《わい》揚《よう》の融合）料理などを、圓山大飯店で開く国宴に用いていた。しかし、二〇〇〇年に成立した民進党政権は、国宴の本土化（台湾化）を積極的に推進した。

また、一九四九年に大連から台湾に渡った料理研究家・傅培梅《ふばいばい》は、当初、中国料理を中華民国の料理として宣伝していた。だが、中華人民共和国が国連に加盟して、国際的地位を上げる一九七〇年代には、しだいにそれが難しくなった。二一世紀に入ると、タピオカミルクティーや、鼎泰豊（ディンタイフォン）の小籠包などが、海外では台湾を代表する飲食物として見られるようになった。

第6章「豆腐の世界史——ナショナリズムからグローバリズムへ」は、大豆および大豆食品が、原産地の中国から、日本、朝鮮、ベトナム、インドネシア、欧米などに伝わって、各地で現地化されながら、様々な形で食べられてきたことを見る。

さらに、一九一〇～二〇年代の中国では、菜食主義が、進歩的・科学的と見られて、豆腐などの大豆食品が、国民食のように位置づけられることもあった。一九三〇年代以降、中国では菜食主義が下火になってからも、肉食を普及させられない経済状況のなかで、豆腐・豆乳の摂取が推奨され続けていたことを見ておきたい。

第二部「アジアのナショナリズムと中国料理」の第1章「シンガポールとマレーシア——海南チキン

ライス・ホーカー・ニョニャ料理の帰属」は、植民地化以前の歴史の乏しいシンガポールが、第二次世界大戦後、イギリスそしてマレーシアから独立した後、どのような料理を「シンガポール料理」としていったのかを見ていく。さらにそれによって、隣国の「マレーシア料理」との間に、どのような競合関係が生まれたのかも見る。

「ニョニャ料理」は、シンガポールの目指す世界主義・多文化主義のイメージに合うことから、シンガポール固有の料理にもっとも近いなどとして、政府観光局によって宣伝された。しかし、マレーシア政府も、ニョニャ料理の一つを無形遺産に定めている。さらには、「海南チキンライス」をめぐって、シンガポールとマレーシアの間で主張がぶつかり合うことがある。

また、シンガポールは、「ホーカー」(屋台)の文化を、ユネスコの無形文化遺産に登録した。だが、マレーシアでも同様に、ホーカー文化が重要である。他方、「バクテー」(豚の骨付き肉のスープ料理)は、シンガポールと同様に、マレーシアの華人の間でもとても人気がある。とはいえ、イスラーム教国であるマレーシアの政府が、それを国の代表的な料理として宣伝することはない。

第2章「ベトナム――フォーとバインミーに見る中国とフランスの影響」は、まず、ベトナムの食文化が、紀元前から中国、そして一九〜二〇世紀にはフランスの影響を強く受けた結果、箸やバゲットなどが広まったことを見ていく。そのうえで、ベトナム料理が、どのように創成されたのかを検証し、さらに、ベトナム料理と中国料理が、どのように区別されて理解されているのかを考察したい。

とくに「フォー」は、一九世紀末以降、ハノイないしはナムディンで、広東料理のタンメン(湯麵)にフランス料理で使われる牛肉片が加わってできた料理と考えられている。それは、フランス料理の「ポトフ」(煮込み)の「フー」(火を意味する)を、呼称の語源とする説が有力である。

また、ベトナム人は、米でできた料理をベトナムのもの、小麦の料理を中国のものと考えることが多い。例えば、ベトナムの生春巻きは、小麦粉でなく米粉で包皮などを作るのが特徴である。それは、英語で「サマー・ロール」、中国語で「夏巻」、などと呼ばれて、中国の「春巻」と区別されている。

第3章「タイ――パッタイの国民食化・海外展開へ至る道」では、まず、国際情勢とともに変化するラタナコーシン朝と、その宮廷料理をたどって、華人と中国料理の強い影響力を確認する。さらに、一八世紀末以降のタイ料理の形成、一九世紀における西洋料理の重用と、中国料理の周縁化を見ていく。二〇世紀のタイについては、ナショナリズムが高揚し、立憲君主制に移行し、第二次世界大戦で日本の同盟国となり、戦後にアメリカの支援で経済復興をとげるという激動の政治史のなかで、反華人主義が台頭したことを確認する。そしてそのなかで、中国の麵料理をベースとして発案された「パッタイ」が、タイの国民食になっていった過程を検証する。くわえて、近年にタイ料理が、どのように体系化されて、国外に宣伝されるようになったのかについても見ておきたい。

第4章「フィリピン――上海春巻きや広東麵が広まるまで」では、まず、一六世紀から始まるスペイン統治時代の華人の地位と、「パンシテリア」(中国料理店)の出現について見る。続いて、一九世紀末から第二次世界大戦期までのアメリカ合衆国の統治時代に、アメリカに渡ったフィリピン人移民が、チャプスイなどのアメリカ式中国料理を好んで食べていたことを確認する。

さらに、二〇世紀におけるフィリピン料理の形成、および「パンシット」(麵)や「ルンピア」(春巻き)をはじめとするフィリピン化した中国料理についても見ておきたい。

第5章「インドネシア――オランダ植民地・イスラーム教と中国料理の苦境」は、まず、古代以来の中国とインドネシア諸島の間の交易と、中国食文化の伝播、バタヴィア(ジャカルタ)などで一七世紀から始まるオランダ支配の下の華人とその食文化について概説する。日中戦争期、上海からバタヴィアに逃げてきた華人のもたらしたとされる料理についても見ておきたい。

続いて、一九五〇年に成立したインドネシア共和国においては、「インドネシア料理」という共通の概念が形成されつつあることを確認する。他方で、中国料理は、国民の大半を占めるイスラーム教徒に豚肉料理が忌避されているのにくわえて、反華人感情が高まったせいで、苦境が続いた。だが、二〇世紀末以降の民主化のなかで、ニョニャ料理や中国料理が、広がりを見せつつあることなどを述べる。

第6章「韓国――ホットク・チャプチェ・チャンポン・チャジャン麵」では、まず、朝鮮（韓国）料理の形成を概観する。日本の植民地時代に、すでに朝鮮語で朝鮮料理に関する書籍が刊行されており、日本人も「キムチ」「ソルロンタン」「カルビ」などを評価していた。だが、朝鮮の宮廷料理がナショナル・シンボルとして整備されていったのは、一九六〇年代の韓国の朴正熙《パクチョンヒ》政権期からであることなどを論じる。

続いて、植民地時代の京城・仁川《インチョン》では、大型中国料理店が繁盛し、それらが朝鮮民族運動家や反植民地活動家の拠点になっていたことを述べる。さらに、第二次世界大戦後には、中国料理の担い手が、華人から韓国人へと変わり、それに伴って、「チャンポン」が辛くなり、「チャジャン（炸醬）麵」の黒味と甘みが増すなど、中国料理の韓国化が進んだことなどを見ていく。

くわえて、中国料理と関わりの深い「チャプチェ（雑菜）」、チャンポンの成り立ちや、チャジャン麵の国民食化の過程も検証しておきたい。

第7章「インド――赤茶色の四川ソース」では、まず、第二次世界大戦期、イギリスと中国が連合国になったことから、イギリス領インド帝国の拠点であるコルカタやボンベイでは、中国料理店が一つの最盛期を迎えたことを見る。さらに、その頃にアメリカ式中国料理の「チャプスイ（雑砕、chop suey）」が伝わったのではないかと推察した。

その後、二〇世紀後半以降には、チャイナタウンの衰退が続いたが、二一世紀までには、「シェズワン（四川）ソース」を特徴とするインド式の中国料理が広まっていることも見ておきたい。

第三部「米欧の人種主義とアジア人の中国料理」の第1章「アメリカ合衆国――チャプスイからパンダエクスプレスまで」は、近年に蓄積された研究成果を整理しながら、重要史料を確認・補足して、アメリカ合衆国の中国料理と華人の歴史を概論する。とくに、アメリカ人の反華人感情は、一八八二年に人種差別的な「排華法」が制定された頃にピークに達した一方、中国料理ブームが、一八九六年の李鴻章の訪米後や、中国とアメリカが連合した第二次世界大戦期に盛り上がったことを論じる。

また、李鴻章のコックが、チャプスイを創案したという俗説は、誤りであることを確認する。さらに、一九世紀末から一九六〇年代まで、アメリカ式中国料理の代名詞であったチャプスイが、「フォビドゥン・シティ」のようなナイトクラブで提供されたり、絵画・写真・音楽の題材になったりしていたことを見る。

ほかにも、ニューヨークのユダヤ人は、なぜこよなく中国料理を愛するのか。中国料理店で出されているフォーチュンクッキーが、日系人によって発案されたのはなぜか。アメリカ軍は、なぜチャプスイを全米および世界に広めることになったのか。これらの興味深い問題について、詳しく見たい。くわえて、英語による初期の中国・日本・朝鮮の料理書に関しても見ておきたい。

第二次世界大戦後については、一九六五年の移民法の改正や、七二年のR・M・ニクソン大統領の訪中がきっかけになって、アメリカの中国料理に大きな変化の波が押し寄せたことを見ながら、アメリカにおける移民と料理の地位の関係を論じる。

続いて、セシリア・チャンなど、アメリカの中国料理の発展に貢献したレストラン経営者のライフ・ヒストリーをたどる。最後に、アメリカの中国料理との比較材料として、アメリカにおけるタイ料理などの普及と、カナダにおける中国料理の普及について補足する。

第2章「イギリス——チャプスイ・中国飯店・中国料理大使」では、まず、二〇世紀初頭までにチャイナタウンが形成されていたロンドンにおいて、S・ローマーが創作した「東洋の怪人フー・マンチュー博士」に代表されるような、華人に対する危険なイメージが蔓延したことを見る。しかし、第一次世界大戦後には、アメリカと同様に、チャプスイを中心とする中国料理への関心が高まったことを論じる。さらに、ロンドンでも日本人が中国料理店を経営していたが、アジア太平洋戦争勃発後には、在英日本人が抑留されたことを述べる。

第二次世界大戦後には、ロンドンの中心街に、本格的な中国料理店と、新たなチャイナタウンができて、植民地・香港などからの移民が店主・店員になった。そこでは、一九八〇年代から観光開発が進められ、九〇年代以降には、中国大陸出身者による中国料理店も増えたことなどに着目する。

くわえて、イギリスでも、ケネス・ローやマイケル・チャウのような中国料理店経営者が、著名人になったことを紹介したい。

第3章「ヨーロッパ・オセアニア・ラテンアメリカ——中国料理の文化的意味の多様性」は、その他の国々における中国料理の特徴や位置づけについて、次のようなことを中心に見ていく。ヨーロッパでは、フランスの中国料理は、スープが最初に出されたり（中国では最後）、ロゼワインを飲みながら食べたりする。また、フランスでは「中国・ベトナム料理店」、オランダでは「インドネシア・中国料理店」が開かれた。ドイツでは、ハンブルクを中心に、多くの中国料理店ができ、それらが近代性や世界主義の象徴になった。

ロシアでは、中国の食品の安全性が疑問視されたり、中国人労働者に職を奪われる危機感から、反中感情が起こることがある。そのため、朝鮮、日本、タイなどの料理に比べると、中国料理が普及しづらくなっている。ブルガリアでは、二〇世紀末に社会主義が崩壊すると、中国系移民が流入して、中国料理店ができた。ブルガリア人にとって、アメリカ映画で見ていた中国料理を食べることは、グローバルで西洋的な体験を意味していた。

オーストラリアでは、一九世紀に華人労働者が流入してから二〇世紀中葉まで、排他的な白豪主義が強まった。だが、一九七〇年代に多文化主義が導入されて、D・A・ダンスタンのように、中華鍋をもつことを勧める政治家まで登場した。ニョニャ料理のカレーラクサは、多人種社会のオーストラリアを象徴するものになった。

ラテンアメリカでは、ペルーのリマが、中国料理店のもっとも多い都市である。華人経営の食堂は、炒める調理法や米などをペルーに普及させる役割を果たした。そして一九三〇年代には、高級中国料理店が増えて、中国料理店を指す「チーファ」という呼称もでき、「チーファ」はその後、ペルーの中国料理を指すようになった。「ロモ・サルタード」(牛ロース肉の炒めもの)をはじめとするチーファは、現在までにペルー料理の中核に位置づけられている。ペルーの日本人移民も中国料理を好み、戦後には中国料理店を経営する者も増えた。

また、ペルーのリマのほかに、ブラジルのサンパウロでも、中国料理店が多く、チャウメン(焼きそば)、チャーハン、チャプスイなどが好まれている。サンパウロの東洋街は、ジャパンタウンからチャイナタウンへと様変わりしつつあるという。

第四部「日本食と中国料理の境界――世界史のなかの日本の中国料理」は、ここまで見てきたアジア・米欧諸国の中国料理の歴史をふまえながら、世界史的な観点から日本の中国料理を見直そうとする。日本の中国料理に関して、本書で改めて論じたいのは、おもに次のようなことである。

すなわち、第1章「近代という時代――偕楽園・チャプスイ・回転テーブル・味の素」では、明治期の中国料理を代表した偕楽園の料理が、長らく江戸時代の卓袱料理の影響下にあったことから論じ始める。このような明治維新後の日本における中国料理の低迷と同じことが、西洋化を目指していた同時代のタイでも見られていた。そして、大正・昭和初期の日本には、米欧経由で、チャプスイなどの中国料理が流入した。また、中国料理の回転テーブルの日本発祥説は誤りであり、それは欧米や中国ですでに広く提唱されていたことを明らかにする。

くわえて、中国料理と日本料理ほど、近代以来、様々な観点から多くの比較・対照が重ねられてきた二つの国民料理は少ない。他方、日本発祥の味の素が、中国、日本、東南アジア、米欧の中国料理の味を均質化して、中国料理の標準化を促し始めていたことを確認する。

さらに、第2章「近代から現代へ――ラーメン・陳建民・横浜中華街・中華おせち」では、国際情勢の変化に伴うラーメンの呼称変化、ソバ粉ではなく小麦粉で作る「沖縄そば」が「そば」と呼ばれるようになった歴史的経緯、インスタントラーメンや餃子が国民食そして世界食へと発展する過程などを論じる。また、第二次世界大戦期の東アジアを渡り歩き、戦後にそれぞれ中国、台湾、日本、アメリカに定住して活躍したトップシェフたちの履歴や、横浜中華街のフードテーマパーク化を見ていく。そして、「和魂漢才」の中国料理の系譜と、その一例である中華おせちが日本で成立し、普及するまでの歩みも明らかにしたい。

以上のように、「中国料理」や中国の「四大料理」というカテゴリー、さらには、現在の中国を代表する美食文化の数々が誕生し、また、中国各地方の料理が日本や世界各国へと広まっていったのは、おもに一九～二〇世紀の現象である。

本書は、中国料理が形成され、広がっていく近現代のアジア・米欧諸国における政治・社会・国際情勢の変化を読み解きながら、勃興する国民国家が料理を作り替え、作り上げていく軌跡を浮き彫りにしたい。同時に、中国料理に関する俗説や常識を疑いながら、中国人・華人のほかにも、日本人をはじめとする世界各国の人々が、中国料理の発展・普及に果たした役割に注目して、中国料理の皿の上から見えてくる世界史像を描き出したい。

第一部　中国料理の形成——美食の政治史

第1章　清国の料理——宮廷料理から満漢全席へ

中国四大料理はいつ登場したのか

日本でもよく知られる中国の四大料理体系は、中国の国土を大まかに、東・西・南・北の四大地方に分けて、それぞれの気候風土や地域経済圏と関連づけながら、四つの代表的な地方料理を説明する。(1)

しかし、歴史学者の金括らが論じるように、「四大」ないしは「八大」の料理系統（「菜系」）は、二〇世紀の後半以降、とくに外国人にわかりやすく説明するために常用されるようになった分類方法である。(2)なかでも、「八大」料理体系に至っては、北京では一九八〇年に『人民日報』（「我国的八大菜系」、六月二〇日四頁）が、山東・江蘇・浙江・広東・福建・安徽・湖南・四川を挙げている。だが、香港や台湾などでは、それぞれ異なった地方が挙げられるように、現在でも統一見解があるわけではない。

中国ではしばしば、すでに古代から南北の二つの料理系統があって、唐・宋時代までに各地方で異なる料理が発展し、清代初期までに四大料理が認知されたと言われる。(3)こうした通説は、必ずしも史料で完全に裏づけることはできないが、一概に退けることもできない。以下で論じるように、明末清初頃までに、①北方、②江南（淮揚）、③四川、④広東・福建の料理は、知識人の間でそれぞれある程度広く認知されていたと考えられる。なお、ここでは「江南」を、淮揚と同じように長江（揚子江）下流域を広く含むことのある地域概念として用いている。

六一〇年、中国大陸の二大河川である黄河と長江をつなぐ大運河が、隋の煬帝によって開通された。運河の建設負担は、隋朝（五八一～六一八年）が短命に終わる一因になる。しかし、隋を滅ぼした唐朝（六一八～九〇七年）は大運河を使って、江南から首都・長安や東都・洛陽に米などを輸送した。唐代以来、北方は首都の置かれる政治の中心、南方は北方に食糧を送る経済の中心、という地域間関係が定着した。そして、この大運河による南北物流の要地として、淮揚地方（淮河と揚子江の下流地域）が繁栄し、そこで中国を代表する料理体系の一つである淮揚料理が育まれることになった。

また、唐代には楊貴妃がライチを好んだことがよく知られるように、広東から長安の都にまで果物を取り寄せることがあったという。しかし、その後も広東料理が、一つの優れた料理体系として評価された様子はなく、むしろ北方からの来訪者の間では、広東の食物はひどく嫌なものだという評判が続いた。例えば、北宋の著名な詩人・政治家の蘇軾《そしょく》（蘇東坡《そとうば》、一〇三七～一一〇一年）は、最初の左遷地の黄州（現在の湖北省内）で、豚の角煮（「東坡肉《トンポーロウ》」）を発案した食通として知られる。だが蘇軾は、二度目の左遷地の恵州（現在の広東省内）で、妻が蛇のスープを飲んで亡くなったと伝えられており[4]、最後に流された海南島の食物も嫌っていた[5]。

なお、蘇軾（蘇東坡）は、たしかに豚肉を好み、湖北省の黄州で豚肉を煮る方法を発案したのかもしれないが、それが独創的なものだったかどうかはわからない。さらに「東坡肉」という名称自体は、明代において蘇軾を崇拝する文人官僚たちがそれを宴会で出したり、贈物にしたりするなかで登場した。東坡肉（豚の角煮）は、庶民の家庭料理ではなく、明清時代の士大夫（知識人層）の身分を象徴する料理であった[6]。それゆえ、「東坡肉」は、一〇八九年頃、杭州の太守として西湖の工事を行ったお礼に、蘇軾が土地の人々からもらった豚肉と紹興酒で作らせたのが始まりである、という有名な逸話は、[7] 史料的裏づけのない後世の創作にすぎない。

例えば、杭州・西湖の畔に建つ「楼外楼」（一八四八年創業）は、無錫《むしゃく》の「迎賓楼」、蘇州の「松鶴楼」と並んで、江南の三大有名老舗料理店ともいわれ、東坡肉を名物料理の一つとして提供している。楼外楼には、一九二〇年代に芥川龍之介が、中華人民共和国成立後にリチャード・M・ニクソン米大統領をはじめとする国内外の要人が、それぞれ訪れたことで知られる。[8] しかし、芥川は楼外楼の訪問記のなかで、東坡肉について何も語っていない。[9] 東坡肉が杭州の名物料理になったのは、早くても中華民国時代以降のことと考えられる。[10]

宋代からの新たな変化——地方料理の認知と炒め物の登場

さて、宋代における重要な変化としては、都市が発達し、印刷物も広まったので、各地方の食物の伝統が、体系的に認知されるようになったことである。『東京夢華録《とうけいむかろく》』（孟元老撰、一一四七年序）は、北宋末期の皇帝・徽宗の治下である一二世紀初めの汴京《べんけい》（現在の河南省・開封）を記録したもので、酒楼、食物店、肉や魚の市、飲食物や果物などについて記している。そして『東京夢華録』（巻四「食店」）には、魚料理などを売る「南食店」（南方＝江南料理店）、「川飯店」（四川料理店）が登場しており、[11] 汴京（北方）の現地料理とあわせて、宋代には三大地方料理が確立されていたといえる。

すなわち、首都の汴京には、士大夫が、全国から科挙受験などのためにはるばるやってきた。そのため、各地方の習慣にあわせた宿や食堂が営業され、北方の食物があわない江南の人々に南方の味を提供する「南食店」が繁盛した。江南では独自の麵が発達しており、汴京の「南食店」は蝦類の麵を特徴とした。さらに汴京には、蘇東坡に代表される蜀（四川）の人たちも多く往来・滞在していたので、「川飯店」ができた。[12]

ちなみに、この『東京夢華録』は、中国料理を代表する調理法である炒め物が、宋代までにはすでに存在していたことを示す史料でもある。『東京夢華録』（巻二「飲食果子」）に登場する三種類の炒め物のうち、二種類が魚介類（アサリと蟹）である。[13] そのことから、中国文学者の張競は、炒め物が、おそらく江南沿海地域で魚介類など短時間の加熱が望ましい食材から始められて、その後ゆっくりと肉類の加工にも広がったと考えている。そして宋代では当初、「羹《あつもの》」（汁物）が中心の唐代までの料理と同じであったが、宋が金に敗れて江南に遷都してから、炒め物が多くなったと推察している。[14]

石毛直道の説によれば、炒める技術は、宋代以降にコークスが炊事に利用されるようになり、さらに鉄鍋が普及していったことから広まった。くわえて、中国では古代から穀物を粒のまま蒸して食べており、蒸す技術は、世界のなかでも中国でとくに発達したものであった。こうして蒸す技術と炒める技術が、中国料理を特徴づける料理法になった。[15]

さて、金の追撃を避けて杭州に逃げ込んだ高宗は、一一三八年からそこを首都に定めて、「臨安」と称した。南宋の国都になった臨安（現在の杭州）には、全国（とくに北方）から多くの避難民や訪問者が集まり、大小の料理店や食物屋が昼夜を問わず開かれ、高度な技能を要するプロの料理も生み出された。臨安では、汴京からやってきた人々も料理店を開き、北宋の都があった河南と、南宋の都ができた浙江の料理の融合が進んだ。[16]

例えば、『東京夢華録』の体裁を模して南宋の都・臨安を描いた『夢粱録《むりょうろく》』（呉自牧撰、一三三四年序）という随筆集には、「その昔、汴京では、江南の麵食店や四川料理店（川飯分茶）が開かれて、江南を往来する士大夫が、北方の食事では不都合なことに便宜をはかった。南渡からおよそ二〇〇年余りがたち、人々は気候風土にすでに慣れ、飲食物も混淆しあって、南北の区分はなくなった」（巻一六「麺食店」[17]）とある。臨安では、南北の料理をはっきり区別するのが、難しくなっていたという。[18]

さらに、明代（一三六八～一六四四年）の末頃までに、第四の料理として広東（粤）料理が加わり、山東（魯）、江南（淮揚を含む）、四川、広東の四つの料理が認知されたと考えられる。[19] 謝肇淛《しゃちょうせつ》（一五六七～一六二四年）の著した博物誌『五雑組』は、明末・万暦年間頃の各地方の食物や産物に関する情報が多く、そこに「口福に関しては、呉・越は閩・広に及ばず」（地部二「九福」）とある。謝肇淛は福建（福州府長楽県）出身の文人官僚であるから、故郷の食物を自賛しているようにも見える。だが、謝の生母は浙江（杭州）の出身であったことから、[20] 当時までには福建・広東の料理が江南の料理と同等に評価されていたことが窺える。

なお、中国において食材や調理法の記述は、紀元前一一〇〇～六〇〇年頃の詩歌を集めた『詩経』にまでさかのぼれる。[21] 料理を記した書には二種類あり、一つは本草的効能にもとづき、諸病の食療法や養生法を目的とした書で、唐代の昝殷《さんいん》の『食医心鑑《しょくいしんかん》』や、元代の忽思慧《こつしけい》の『飲膳正要《いんぜんせいよう》』などが挙げられる。これらの書は、治病養生を目的とするので、食材に詳しい。それに対して、もう一つには加工調理をおもに述べた料理書があり、鮮卑族の王朝・北魏の末年頃に成立して現存最古の料理書・農書とされる賈《か》思勰《しきょう》の『斉民要術《せいみんようじゅつ》』などがこれに当たる。[22]

料理書の刊行の中心地は江南であり、時代が下るにつれてその刊行量は増えた。だが、中国の料理書は、男性知識人によって執筆されるものであった。女性が執筆した最初の中国料理書は、清末の一九〇七年に女医・詩人の曾懿《そうい》（一八五二～一九二七年）が刊行した『中饋録《ちゅうきろく》』とされている。[23] 同じ頃に、中国とアメリカ合衆国で活躍した金雅梅（第6章参照）とあわせて、近代の食の分野では、中国第一世代の女性医師が果たした役割が大きい。

清国の成立と料理――満洲族・山東・江南の料理

中国最後の統一王朝である清朝（一六一六～一九一二年）は、中華世界に君臨した最大規模の多民族国家であり、現代中国に直接つながる支配領域や支配構造を形成した国家であった。清国の支配構造は、直接統治下の「旗」（特権的な社会集団の旗人は東北部にあった時代から満洲族のほかにモンゴル族や漢族を含んだ）と「漢」（中国内地の漢族）、間接統治下の「藩」（モンゴル・チベット・新疆・青海）に大別できる。これらの構成民族は、民国初期に主として北方で唱えられたスローガン「五族共和」の諸族（漢・満・蒙・回・蔵）につながる。ただし、孫文らは一九二〇年代には「五族共和」を否定し、単一の「中華民族」による国家統合を強調した。そして、清国の直接統治区域が現代中国の省に、間接統治区域が現代中国の自治区にほぼ対応した（青海省は例外）[24]。

ここで重要なのは、モンゴル・チベット・中央アジアには清国が版図を拡大し、東南アジアには清代に多くの華人が渡航したので、これらの地域に麵食をはじめとする中国食文化が普及したことである[25]。さらに清国は、近現代中国の「国宴」（state banquet, 本書では政府の主催する宴会である国家宴会を「国宴」と略して表記する）や、「国民料理」（national cuisine）の形成にも、大きな影響を及ぼした。そこで本章ではまず、皇帝たちの食事や国宴を例として、清国がどのような料理を形成したのかを見ておきたい。

満洲族（「満人」）は、清朝を建てる前から、すでに東北部で農耕を営んでいたので、鹿などの狩猟の獲物のほかに、豚や羊といった家畜を養った[26]。だが、その調理方法は、比較的素朴なものであった。清朝の創始者・ヌルハチ（一五五九～一六二六年）は、食物に関しては質素であった。しかし、一六三六年、第二代のホンタイジ（一六二六～四三年在位）が、国号を金から清に改めると、外藩の領袖などを盛京（現・瀋陽）の宮殿に招いて、大々的に式典を執り行った。それは、各種料理を取りそろえた最大・最高級の宴会の先例になった。清朝は、支配体制が固まって経済状況もよくなると、しだいに高度な料理を追究するようになった。また、満洲族の官員を各地に派遣したので、高度な料理を全国に広めた。[27]

ところで、現在の標準中国語（「普通話」「国語」）の基になっている清代の北京官話（マンダリン）は、北京の宮廷や中央官庁で官僚たちが用いていた言語である。明末、満洲語を母語とする満洲（女真）族を中心とする旗人は、本拠地としていた遼東平野（現在の遼寧省の遼河以東）で、すでに漢語を用いていた。その漢語は、遼東と交流が盛んな山東地方の方言にもとづくものであった。旗人たちは、北京に移った後、山東方言にもとづく独自の旗人漢語を持ち込んで、北京官話に発展させた。[28] そして、清朝の宮廷料理も、北京官話と同様の形成過程をたどったといえる。すなわち、満洲族を中心とする支配層が、遼東から北京へと本拠地を移しながら、山東の地方料理を基礎とする独自の宮廷料理を発展させていったのである。

清国の宮廷料理人は、第一に、満洲族のいた東北部の食材と調理法を用いた料理が、清朝の宮廷料理の基本であったことから、満洲族の料理人がもっとも多かった。彼らは、漢族（「漢人」）の料理人に対して優越する立場にあった。第二に、明朝では北京遷都（一四二一年）から、宮廷料理人に山東人が多くなり、清朝もそれを受け継いだので、山東の料理人が多かった。第三に、乾隆帝（第六代、一七三五～九六年在位）が、江南（蘇州や杭州など）を幾度も行幸し、その料理を好んだので、乾隆年間に江南の料理人が加わった。

こうして、清国の膳房（厨房）の料理人は、満洲族のほかに、山東と江南の出身者が多くなったのである。そして、満洲族・山東・江南の三つの料理体系は、明確に区別されていたわけではなかった。東北地方の食材で、山東・江南の料理を作ったり、満洲族のコックが、山東・江南の料理を作ったりすることがあったので、相互に影響して融合していった。(29)

清朝の宮廷料理――御膳房と光禄寺

清朝の皇帝は、一日二回の正式な食事（「正餐」）をとり、その他に不定期で軽食もとったが、食事はたいてい一人だった。皇太后（母）以外は、皇帝と食卓を並べることが許されず、皇后や皇妃は、それぞれ独自の厨房をもち、皇帝と食事をともにすることがほとんどなかった。ただし、清朝の初代皇帝となるヌルハチは共食したので、清朝はその伝統を受け継いで、皇帝の食卓とは別に食卓が用意されて、家族や臣下に与えるための料理が置かれたという。(30)それゆえ、中国料理で大皿料理が発達したのは、皇帝が家臣と食事を共にして親睦を図っていたからである、というのは説得力に乏しい俗説である。

清朝の全盛期の端緒を開いた名君・康熙帝（第四代、一六六一〜一七二二年在位）は、一般的な食物で満足し、美食を追求することはなく、贅沢をしなかった。しかし、康熙帝は在位期間に計二回、六五歳以上の満洲・モンゴル・漢族の文・武官や士・庶民などを数千人も招く巨大宴会「千叟宴《せんそうえん》」を催している。それは、満洲族の料理を代表する「野意火鍋」（狩猟の獲物の肉の鍋）や「餑餑《ボボ》」（後述の軽食）などを出し、料理と宴会によって国の安泰を図るという、明らかな政治目的をもっていた。「千叟宴」は、乾隆帝の時代にも二回行われ、朝鮮の国使を招待することまであったが、その後は行われなかった。(31)

康熙帝は、北方・東北・山東・江南などを巡幸し、それも後代の乾隆帝へと引き継がれる。(32)康熙帝は、とくに北方に数十回も巡幸した。そして、清朝に忠誠を誓って貢物を送ってきたモンゴル各部族などの使節のために宴席を設け（「九白宴」）、清朝と同盟を結んだモンゴル各部族の王侯貴族や、後には回族やチベットなどの部族も招いて宴会を行った（「外藩宴」）。さらに乾隆帝は、東トルキスタン一帯を「新疆」と称して、理藩院（各民族による自治的統治を認めた藩部の事務を管轄する機関）の統治下に置くと、こうした宴会は最盛期を迎えた（「大蒙古包宴」）[33]。

このような国宴で、乾隆帝は、しばしば乳茶（バター茶）をふるまった。茶に牛などの乳を入れるのは、漢族にはない風習であり、満洲族の清朝が他の遊牧民族との友好関係を築くために、それを用いていたのである[34]。

清国は、康熙、雍正、乾隆帝の時代に版図を拡大して、最盛期を迎える。そうしたなかで、権威の象徴である宮中宴会も、康熙時代から変革が始まり、乾隆の治世において態勢が固まった[35]。皇帝の食事を担ったのは、内務府の下の「御茶膳房」（清代初期）ないしは「御膳房（内膳房）」（清代中期以降）であった。だが、実際に御膳房を指揮したのは、内務府ではなく、皇帝の好みをよく知る宦官たちになった。そして、御膳房の下に、清末の組織改革の以前には、「葷局《くんきょく》」、「飯局」、「点心局」、「素局」、「包哈局」といった部門があった。御膳房でもっとも重要だったのは「葷局」であり、そこには多数の「灶」（カマド）があって、鍋を置いて様々な方法で食材に火を入れた[36]。

そして「包哈局（掛炉局）」は、直火焼きの肉料理を作るところで、鹿や羊なども焼いたが、とくに「双烤」といわれた豚とアヒルの焼き物が発達した。豚肉は、漢族も古代からよく食べていたが、北方の遊牧民による直火焼きの調理法は独特であった。とはいえ、すでに六世紀の『斉民要術』（巻九、炙法第八〇）には、豚の丸焼きの方法が「炙豬法」として、「緩火遙炙急転勿住」（弱火で遠目に炙りつねに

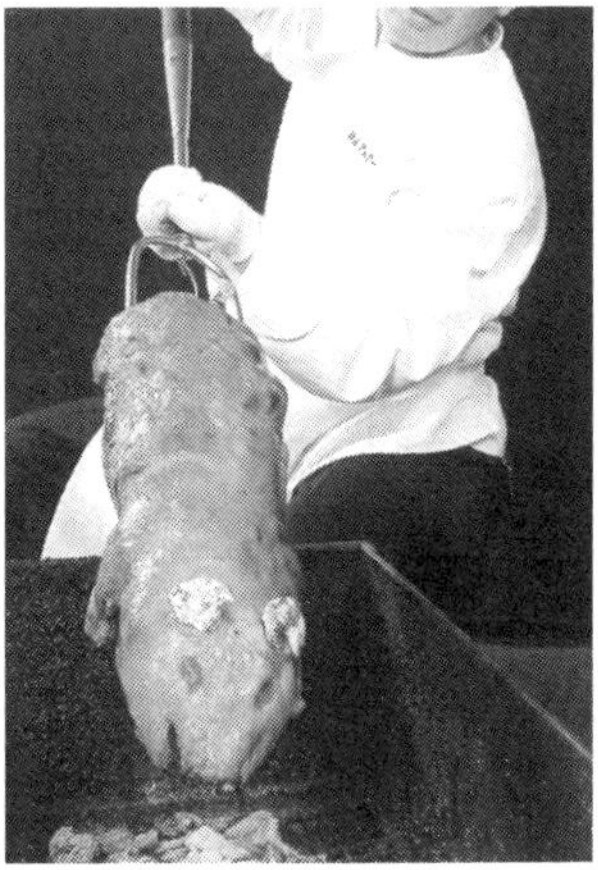

図1－1　紅烤乳猪（銀座アスター）

回転して止めないようにする）と現れている。[37]

清代には、豚の丸焼きは「満席」の最上級のご馳走として扱われ、それを宴会の場で切り分けて食べることが、満洲族の礼節として重視された。[38] そして、仔豚の丸焼き（「焼（烤）乳猪」、図1－1）は、広東では、清明節の祭祀用料理として定着した。[39] さらにそれは、二〇世紀に広州・香港で盛行された満漢全席（大漢全席）によって、広東料理の婚礼に欠かせない代表的なメニューにも加わったと考えられる。[40] また、もう一つの「烤鴨《カオヤー》」（アヒルの丸焼き）については後述する。

ほかにも、「光禄寺」という機関が、清朝宮廷の祝典や祭祀を司り、皇帝に貢物を献上する外国・外藩・各省の官員などのために、宴会をしてもてなした。光禄寺は、明朝の機構を受け継いで、一六四四年に礼部の下に設けられ、七一年に独立した部署になった。[41]

一六八四（康熙二三）年に編纂が始まった『大清会典』（行政上の法規・事例集）には「光禄寺則例」があり、それは「満席」と「漢席」を厳格に区分して、「満席」を「漢席」よりも格上とし、「満席」を六等（例えば、皇帝・皇后の崩御後の宴席では第一等、朝鮮の朝貢使節では第五等、越南・琉球・暹羅［シャム］などの使節では第六等）、「漢席」を三等に分けて、各等級の「満席」「漢席」に用いる食材の分量などを事細かく定めている。[42]

このように宮中では、支配者である満洲族の料理を他の民族の料理と一緒に並べる「満漢全席」が設けられることはなかった。「満席」「漢席」の区分は、漢族を治めるための政策であったのと同時に、食において満洲族の特色を保持するための努力でもあった(43)。

「餑餑」——満洲族の食文化

ここで、満洲族の食文化を代表した「餑餑《ボボ》」について見ておきたい。「餑餑」とは、小麦や雑穀の粉で作った点心（軽食類）である。それは、清代初期には、東北地方の穀物だけで作られていたが、乾隆帝期頃からは、黄河流域などの穀物も用いられた。満洲族の「麻花」（小麦粉をこねて縄状にして油で揚げたもの、図1－2）などがよく知られたが、モンゴル・回・漢族および各省のものもあり、それらの融合が見られた。例えば、江南の菓子作りの技術や工具が、清朝宮廷の「餑餑」作りに取り入れられることもあった(44)。

図1－2　麻花

満洲族は「餑餑」作りを得意としたので、「満点漢菜」といわれたように、満洲族の点心（小麦粉で作った軽食類）と漢族の料理が、宴会の献立の中心になった(45)。それだけでなく、満洲族の「餑餑」は、清国の祭祀や政治の様々な場面に欠かせず、特別な地位にあった。

例えば、「煮餑餑」とは、水餃子のことである。餃子の歴史は長いが、それは満洲族にとっても、重要な主食になった(46)。宮中ではヌルハチの代から、大晦日に肉を使わない素餡（ただし光緒帝期からは肉餡）の餃子を食べて死者を祭り、それが祖先の遺訓となって続けられた。とくに西太后が「垂簾聴政」（摂政政治）を行った清朝末期には、大晦日に宮中の多くの人々を集めて餃子を包んで、元日に皆で食べて、神の加護と祖先の庇護に感謝した。[47]

また、春巻きは、晋の周処（二三六〜二九七年）の『風土記』に登場する「五辛盤」（五種の辛味のある春野菜をクレープ状にしたもの）を原型とし、唐代には「春盤」といわれ、宋代以降には「春餅」ともいわれ、立春の頃に春の訪れを祝って食べるものであった。清朝宮廷は、その習慣を取り入れ、とくに乾隆帝の時代から、立春の前日には、具に東北産の動・植物を包んだ「春餅」を食べることにした。[48] このように、春巻きは、清朝の宮廷料理に取り入れられると、満洲族の色彩が濃いものになった。

ほかにも、月餅は、唐の李世民（太宗、六二六〜六四九年在位）の時代に、吐蕃（チベットの統一王朝）の商人から伝わったという伝説がある。宋代頃から、中秋節に月餅を食べることが盛んになり、明代には、様々な餡の月餅が作られた。清の宮廷でも、多様な月餅が食べられて、とくに中秋節を元旦の次に重要な節句として、月餅を供えて祭った。[49]

これらの国宴で用いられた「餑餑」は、民間にも伝わって、北京には専門店の「餑餑鋪」もできた。「餑餑鋪」は、宮中の点心をまねたが、それらを八種類取り合わせて一セットにして、「大八件」「小八件」という宮廷にはない商品なども販売した。[50]

美食家の皇帝——燕の巣・アヒル・淡水魚の料理を好んだ乾隆帝

北京の中国第一歴史档案館には、清朝宮廷の日常的な食事に関する記録（「清宮膳底档」）が保管されており、なかでも乾隆帝時代の文献がもっとも多く残されている。第六代の乾隆帝は、食物に贅をつくした美食家で、一日二回の食事（朝六〜七時頃と午後一〜二時頃）のほかに茶や軽食もとったが、毎回の食事時間は一五分にも満たなかったとされる。そして乾隆帝は、満洲族・漢族、北方・江南のすべての料理を日常的に食べて、清国領内の各地への巡幸にも料理人を伴い、盛京（瀋陽）で江南料理、江南で北方料理を食べることも多かった[51]。

「盛京照常節次膳底档」は、乾隆帝が盛京に巡幸した時の毎日の食事状況を記録している。それを見ると、乾隆帝がもっとも気に入っていたコックは、蘇州出身で江南の料理・点心作りを得意とする張東官であったことがわかる。張東官は、一七六五年から八四年の二〇年間近くにわたって、宮廷料理人を務めた。乾隆帝の毎日の食事における最初の料理は、たいてい張東官が作ったものであり、また乾隆帝が張東官を指名して、料理を追加させることも多かった[52]。

乾隆帝は、燕の巣、アヒル、江南の淡水魚の料理や点心などを好んだが、フカヒレ・ナマコ・エビ・アワビなどの海産物はほとんど食べなかった。朝鮮から大量のナマコが献上されても、乾隆帝は鑑賞しただけだったという[53]。

ちなみに、燕の巣は、すでに一七世紀初頭から、オランダ領東インドのバタヴィア（現在のジャカルタ）で、中国に向けて輸出されていたことが、ヨーロッパ人の観察者によって記録されている。一八世紀にはタイでも、華人商人が燕の巣の採掘や輸出を盛んに行い、一九世紀にはバタヴィアのほかにシンガポールも、燕の巣の交易拠点となった。一八世紀のバタヴィアでは、毎年約四〇〇万の巣が交易されて、一九世紀末には、毎年約八五〇万の巣が広東に届いたと推算され、そのなかでもっとも良質のものが北京に運ばれた[54]。

乾隆帝の時代には、江南の料理人のほかにも、皇帝・皇妃の好みに合わせて、様々なコックが新たに雇われた。例えば、一七五三年、北京の街で豆乳（「豆汁」）風味の料理が流行すると、内務府は、民間から技術の高いコックを雇って、宮中で豆乳を作らせた。また、一七五九年、清はジュンガルを平定すると、ジュンガル旧領などを「新疆」と名づけて統治する。この時の戦争で清軍に味方したウイグル族の一族から乾隆帝に嫁いだのが、容妃（一七三四〜八八年、伝説上の香妃のモデル）である。宮中では容妃のために、回族のコックが雇われて、「清真膳」（中国式ハラール料理）が作られたという[55]。

乾隆帝以後の皇帝では、道光帝（第八代、一八二〇〜五〇年在位）だけが、質素な食事をした。しかし、その他の嘉慶帝（第七代、一七九六〜一八二〇年在位）、咸豊帝（第九代、一八五〇〜六一年在位）、同治帝（第一〇代、一八六一〜七五年在位）、光緒帝（第一一代、一八七五〜一九〇八年在位）はみな、乾隆帝に勝るとも劣らない豪華な食事をとった。そして、咸豊帝の側妃、同治帝の母である西太后（慈禧太后、一八三五〜一九〇八年）が、食事の豪華さで極みに達した[56]。

食材から見ると、清朝の宮廷は、康熙帝の時代までは、基本的に東北地方の食習慣を守って、食材の大半を北京・モンゴル・東北で調達していた。乾隆帝の時代以降には、それらに加えて、江南および西北・新疆の食材が大幅に増えた。道光帝の時代には、再び江南の食材が減って、北方の食材が中心になった。同治帝の時代の宮廷料理は、乾隆帝の時代よりも豊富・多彩であり、当時までには、福建の燕の巣をのぞく南方の多くの名産品（ハム、キノコ、野菜など）が、北方でも作れた。また、光緒帝は、とりわけ海産物を好んだので、沿海地方のフカヒレ・アワビ・ナマコ・エビ・コンブなどが、毎食のように使われるようになった[57]。そして未発達な沿海漁業を補っていたのが、日本の俵物の輸入であった。

ちなみに、中国ではフカヒレの需要が高まり、しだいに国産品だけではまかないきれなくなった。そのため、大量のフカヒレが、インド、フィリピン、オランダ領東インド、ビルマ、ハワイ諸島などから輸入されるようになった。一九世紀末には、インドのボンベイ（現・ムンバイ）やマドラス（現・チェンナイ）の港が、中国へのフカヒレの一大供給地となり、一九二〇年代には、中国の輸入するフカヒレの大半が、インドから来るようになっていた[58]。

宮中のコックの数も、乾隆帝・嘉慶帝の時代が約四〇〇人と多く、道光帝の時代に約半分に減ったが、その後また増加した。宮廷のコックにも、技芸に応じて等級があり、もっとも数が多いのは、雑用する下働きの者たちであったが、厚遇を受けたコックは、知県（地方の下級行政官）と同じ七品官の俸禄を与えられた。技術のある料理人は、たいてい世襲であったために、宮廷料理があまり大きく変化しなかった[59]。

光緒帝の幽閉と飾り物の料理

光緒帝の治世期、清朝はすでに滅亡の危機にあったが、宮中の宴席は依然として豪華であった。そして、料理の品数や宴会のレベルはむしろ、乾隆帝やその息子の嘉慶帝の時代よりも大幅に増加・向上していた。ところが、光緒帝は、飲食に至るまで、西太后の指図を受けるようになる。そして一八九八年、光緒帝の支持の下で進められた政治改革を、西太后が袁世凱らと共に挫折させたクーデター（戊戌の政変）によって幽閉されると、光緒帝はひもじい思いをさせられた。

『清稗類鈔《しんはいるいしょう》』（第四七冊「飲食（上）」の「徳宗食草具」）が伝えるところによれば、「光緒帝には、毎食数十品の料理が出されたものの、席から少し離れた所に置かれた物が、半分腐って臭いがしていたのは、毎日進呈される料理が飾り物にすぎないので、かえられていなかったからである。残りの料理も、乾燥して冷たく、おいしくないので、〔光緒帝は〕毎食満腹にならなかった。たまに〔光緒帝は〕料理を一品かえるように、御膳房に命じたが、御膳房は、必ず西太后に言上し、西太后は、いつも倹徳を説いて責めるので、〔光緒帝は〕あえて言わなくなった」（〔　〕内は岩間補記、以下同じ）という[60]。

図１－３　西太后

西太后の美食――アヒルと豚の料理

そして、清朝最末期に実権を握ったこの西太后（図１－３）こそが、清朝全盛期の乾隆帝をこえる美食家、浪費家として知られている。西太后に仕えた女官・徳齢の回想小説『御香縹緲録《ぎょこうひょうびょうろく》（*Imperial Incense*）』（英語版一九三三年、中訳版一九三四年）の「九　天厨玉食（Court Cookery）」によると、西太后の一日二回の食事（「正餐」）には、毎回一〇〇品もの料理を、一日二回の軽食（「小吃」）には、毎回二〇～五〇品ほどの料理を出すことになっていた。しかし、西太后が食べられるのは三～四品くらいであり、残った物は捨てられたり、女官や宦官に与えられたりしたという。[61] 徳齢のこの記述に関しては、あながち誇張ではないことが、清末の宦官・信修明の書いた『宮廷瑣記《きゅうていさき》』や、故宮博物院に保存されている西太后の食事の献立から明らかになっている。[62]

さらに、同じく徳齢の『御香縹緲録』「九　天厨玉食」によると、西太后の大好物には、「清燉肥鴨」「清燉鴨舌」と称される、アヒルやアヒルの舌の煮込み料理があった。「清燉肥鴨」は、『御香縹緲録』の英語版では、「ペキン・ダック（Peking duck）」と記されているが、後述する現在の「北京ダック（北京烤鴨）」とは別の料理である。

また、「烤鴨」（アヒルの丸焼き）、「焼乳猪」（仔豚の丸焼き）、「燻鶏」（チキンスモーク）、「煨羊腿」（羊足の焼き物）なども好まれて、西太后の食卓に常に上った。こうした焼き物のなかでも、西太后は、皮付きの豚肉を少量の油で焼いた後に煮た「焼猪肉皮」をとくに好んだ。また、小さい塊に切った豚肉を、サクランボとともに漬けて煮込んだ「櫻桃肉（cherry pork）」という料理も、とても気に入っていたという[63]。

ただし、乾隆帝と西太后の両者に出された御膳料理の献立（故宮博物院蔵）を比べると、対照的な一面もわかる。乾隆帝は、アヒルのほかに、野生の鹿や山鳥の肉を多く食べていた。それに対して、西太后は、飼育した動物の肉が多く、さらに新鮮な野菜類やキノコ類が多く取り入れられて、白菜や豆腐の料理も多かったという[64]。

とはいえ、西太后は、清朝宮廷の伝統的な食事とは異なる完全な「素食」（菜食）化には抵抗があった。仏教徒以外では第一世代のベジタリアンとされる伍廷芳（一八四二～一九二二年、シンガポールに生まれてロンドンで法律を学んだ政治家・外交官）による菜食の勧めは、西太后には受け入れられなかった[65]。なお、清朝後期の宮廷料理の一部は、北京と東京（銀座）の「厲家菜」で味わえる。

ラストエンペラー・溥儀の食事と清朝の伝統

そして、清朝最後（第一二代）の皇帝（宣統帝、一九〇八～一二年在位）となった愛新覚羅溥儀（一九〇六～六七年）は、自伝『わが半生（我的前半生）』（北京、群衆出版社、一九六四年）において、宮中では毎食三〇品以上の料理が出されていたと語っている（品数はもっと多かったとする証言も存在する）。

とはいえ、溥儀の『わが半生』によれば、御膳房の料理は、皇帝の一声ですぐ持っていかなければならないので、半日ないしは一日前から作り上げて温められて待機しているうちに、火が通りすぎてしまっていた。そのため、光緒帝の時代以来、太后および太妃の厨房で作られたばかりの料理が送られてきて、皇帝はそれを食べることが習慣化されていた。御膳房で作られた料理は、遠く片隅に置かれて見本になるだけだったという[66]。

溥儀は、日本軍の傀儡国家「満洲国」（一九三二〜四五年、三四年に溥儀が皇帝に即位してからは「満洲帝国」などと呼ばれた）の執政・皇帝に就任した。そして満洲国は、宮内府の下に司房（会計所）、膳房（料理を作る所）、茶房（点心を作る所）、倉庫を設け、清朝の食事に関する規則も受け継いでいた。満洲国の宮中の料理責任者であった常栄は、何代にもわたって清朝の料理人として仕えた家柄の者で、宣統帝が退位した後も皇帝に随行した名人気質の忠臣であった。

当時の溥儀の側近従者であった尚士科の回想によると、満洲国の膳房のコックは、北京の清朝宮廷から連れてきた満洲族の者が多かった。だが、新京（長春）で雇われた者もおり、そのうち一人が、西洋料理・日本料理を作ったという。他方で、宮中の官員たちの食事は、ヤマトホテルのコックが提供していた。満洲国時代の溥儀は、「八菜、八飯、一湯」（八品のおかず、八品の主食、一品のスープ）くらいの食事が通常であった。しかし、情緒不安定のため、実際には精進料理（素菜）しか食べない期間が二〜三年ほどあったという[67]。

なお、同時代の日本の天皇の食事に対しては、侍従による毒見がすでに廃止されていた。しかし、満洲国皇帝の溥儀の食事には行われ続けていて、そのことが、一九三五年の初来日の際にトラブルを生んだ。宮内庁大膳職主厨長として宮中の調理を総括した秋山徳蔵の回想によると、溥儀一行は、真鍮のたがのはまった大桶を赤坂離宮に担ぎこんで、宿泊部屋の近くにすえた。それは、満洲で作ってわざわざ持ってきた蒸留水であり、一行は蒸留器具も持ちこんで、四六時中作って補充し、係の者が厳重に番をしていた。そしてこの蒸留水を使って、料理・茶・コーヒーなどすべてを作らなくてはならなかった。

さらに、厨房にはいつも二〜三人のおつきがいて、片時も目を離さず、秋山が皇帝の料理をつくっているると、そばによってきて、一挙一動を監視していた。できた料理は、日本側の主膳の手で運ばれるが、厨房から部屋までの間に、廊下にも階段にも、満洲側の者たちが立って目を光らせている。そして、料理が運ばれると、二〜三人の毒見役がいて、せっかく美しくこしらえあげた料理を、箸やフォークでいじくり回して壊してしまう。これに耐えかねた秋山が詰めよると、その後は改善されたという。[68]

満漢全席の誕生——仔豚の丸焼きと燕の巣のスープ

ところで、「満漢全席」とは、満洲族と漢族の双方の料理から選りすぐったメニューを取りそろえた最高級の宴会料理として知られる。しかしそれは、宮中で実際に提供されたことはなく、清末に民間で生まれたものと考えられている。すなわち、前述のように、宮中の公的な宴席は、「満席」と「漢席」に大分され、それぞれに等級が設けられていた。そこでは、満と漢の両者をはっきり区別する清朝の政治思想が反映されており、官界では「満、漢席」はあっても、両方混ぜて一緒に出す「満漢席」はなかった。[69]

一六八四（康熙二三）年に編纂が始まった『大清会典』に、「満席」「漢席」の規定が書かれている。そのことから、康熙年間には宮中で、「満席」「漢席」が、分けて出されていたといえる。「満」「漢」の料理の併記としては、上海の学者・姚廷遴が、自らの生まれた一六二八年から九七年までの履歴を書いた『歴年記』の一六九四（康熙三三）年の記述で、「擺満、漢飯」（満、漢席を設ける）と書いているのが最初とされる。[70]

そして、乾隆帝は、六〇年間の在位期間中、計六回の「南巡」（江南一帯の大規模な巡遊）を行っており、巡遊期間中にも、各地の高位高官から、特産物が送り届けられていた。こうした乾隆帝の南巡は、北京の宮中・官界に「南味」（江南料理）を広めて、歴代王朝が各地方の料理を集成・融合した最後の典型例をつくった。それと同時に、乾隆帝の南巡は、江南の漢族富裕層に、北京の宮廷料理の影響を「満、漢席」として広めたと考えられる。(71)

「満、漢席」の記述は、袁枚《えんばい》の『随園食単《ずいえんしょくたん》』（一七九二年）などにも見られる。銭塘《せんとう》（杭州）の人・袁枚の書いた『随園食単』は、美味に関する知識へのこだわりと強い主張から、ほぼ同時代のフランスの美食作家であるジャン・アンテルム・ブリア＝サヴァランの『味覚の生理学』（邦題『美味礼讃』）（一八二五年）と比較される著作である。(72) その『随園食単』の「須知単」「本分須知」は、「満洲菜多焼煮、漢人菜多羹湯」（満洲の料理には煮物が多く、漢人の料理には汁物が多い）と分類する。そしてその後で、満洲族の官員が、漢族の官員を漢族の料理でもてなし、漢族の官員が、満洲族の官員を満洲族の料理でもてなすことを記して、本分を忘れていると批判している。(73)

ほかにも、乾隆年間ないしはそのすぐ後の料理書とされる『調鼎集』は、「焼小猪」（仔豚の丸焼き）、「掛炉鴨」（アヒルの丸焼き）、「白哈尔巴」「焼哈尔巴」（豚などの膝周りの肉の料理）などを、「満席」の基本料理に挙げている。(74) それに対して、「漢席」の代表的な料理としては、燕の巣のスープ、フカヒレやナマコの煮込みなどがあった。しかし、清代には、「漢席」の最上級の料理とされた燕の巣のスープすらも、「満席」の豚の丸焼きより低く位置づけられていた。

現在に至るまで、中国料理の最高級の献立として継承されている漢族の代表的な料理は、揚州の「満、漢全席」を記録した李斗の『揚州画舫録』（一七九五年）の巻四「新城北録中」(75) でも確認できる。(76) 当時の揚州は、北京の宮廷と特別な関係をもっていた。政府の専売政策によって豊かになった塩商人は、水陸交通の要衝であった揚州を拠点としており、乾隆帝も、巡幸によって彼らとの関係を強化しようとしていた。そうした塩商人たちが、『揚州画舫録』に描かれる揚州の食文化の絶頂期を支えていたのである。[77]ちなみに、筆者は未見だが、日本で一七八四年に刊行された『唐山款客之式』も、「満、漢之席」を紹介しているという。[78]江南の食文化が、いち早く長崎に伝わったものと考えられる。

そして、中国料理史研究者の趙栄光によれば、「満、漢席」ではなく、「満席」「漢席」が合わさって一席となった「満漢席」と確認できる最初の記述は、平歩青（一八三二～九六年）の『霞外攟屑《かがいくんせつ》』（巻三「辛夷垞蕞言」）が収録する陳文述（銭塘［杭州］の人、一七七一～一八四三年）の書いた『蓮花筏《れんかばつ》』（巻一「戒殺生」[79]）であるという。それゆえ、「満漢席」は一九世紀初めころまでに、江南地方の民間の料理店で確立されたとする説が有力である。「満漢席」よりもさらに豪華な感じのする「満漢全席」という呼称も、松江（現・上海市）の韓邦慶が一八九二～九三年に連載した散文を集めた小説『海上花列伝』（一八九四年刊）の第一八回において、[80]上海の妓院での接待の場面で初めて登場する。こうして満漢全席は、清朝末期までにもっとも豪華な高級宴席を指す一般名称となって、官・民で広く用いられた。[81]

しかし、太平天国の乱（一八五一～六四年）でも見られた「満族」に対する「漢族」の排他的な民族主義が、清朝が打倒された辛亥革命の前後に高揚する。孫文の「五族共和」は名目だけになり、満洲族を主体として清朝末期に四～五〇〇〇万人いた旗人たちは、民国期には清朝政権と同一視されてしまい、政治的・民族的差別を免れなかった。そのため、多くの旗人が、満族姓を漢姓に変え、自らが旗人であることを隠すようになった。[82]

そして、それと同じことが、料理の世界でも起こる。すなわち、辛亥革命によって満洲族の清王朝が倒されると、上海などでも、「満漢席」と同じ内容の料理が、「大漢全席」と呼ばれるようになった。[83]

「大漢全席」の呼称は、広州や香港では、すでに清末から使われていたという。[84] 中華民国時代には、北京・上海・広州・香港などで高価な「大漢全席」が挙行されて、とくに広州の「謨觴館」の豪華な満漢全席が有名であった。[85]

一九三二年に日本軍が主導して建国した傀儡国家・満洲国の高級料理店でも、「満漢全席」「満漢酒席」や「三套碗席」(満洲族の大型宴席)などが出されたという。[86] 例えば、満洲国の国都となった新京(現・長春)の中央飯店などで、「満漢全席」が提供されていたことを確認できる。[87] ほかにも、満洲国の満漢全席のなかには、「満洲小八炒」というコースがあり、その八種類の料理名は、例えば「御府八宝醤」(八種類の食材の醤油炒め)など、すべて「御府」を冠したという。一六四四年に明が滅亡し、清が山海関を越えて北京に遷都する前に、瀋陽(一六三四年から盛京と称す)を国都とした時期(一六二五〜四四年)の宮廷料理を「御府菜」といったことから、そのように命名されていた。[88]

香港と北京における満漢全席の再生

①香港の大同酒家

ところで、香港の「大同酒家」は、一九二五年に創業し、二七年から大規模な宴席を開いて有名になっていた。[89] 香港では、豪華な宴席のなかでも、燕の巣、フカヒレ、ナマコ、「魚肚」(魚の浮き袋)、「鮹魚」(ヒラコノシロ)、ラクダのこぶ、鹿筋、熊掌《ゆうしょう》などの水陸の八珍を使い、仔豚の丸焼き、焼鴨(ローストダック)、「哈尓巴」などの満洲族の風味と、小麦粉で作った点心類を備えると、満漢全席(大漢全席)と呼ばれたという。満漢全席は、香港を統治するイギリス人の批判を受け、また贅沢に対する反感もあって、第二次世界大戦の頃には一度衰退したが、戦後に復活する。[90]

そして一九五六年八月、香港の美食家たちが、大同酒家で二日間にわたる「大漢全筵《だいかんぜんてい》」の大宴会を開いた。それが、第二次世界大戦後最初の本格的な満漢全席であるとされる[91]。これ以後、香港の中国料理店は、例えば、珍味を取り揃え、豪華な部屋飾りをし、宮廷音楽を演奏し、宦官や女官に扮した服務員が大げさに料理を出すなどしながら、清朝の宮廷料理として「満漢全筵」(「満漢華筵」「大漢全筵」など)を売り出した。こうした満漢全席は、一九六〇〜七〇年代、拝金主義的な豪華さを増した[92]。そしてそれは、台湾や日本にも伝わった(図1－4、図1－5)。

図1－4　満漢全席の様子(香港・大同酒楼，1973年)

図1－5　満漢全席(大漢全筵)の部屋の装飾(香港・大同酒楼，1973年)

日本では、一九六五年三月、お茶の水の湯島聖堂内にあった書籍文物流通会が、香港への「満漢全席の旅」を主催したのが、満漢全席を目指すフードツーリズム(食旅)の始まりである[93]。その後も、お茶の水女子大学の中山時子などが中心になって、香港の大同酒家へ満漢全席を食べに行く旅行団が結成された[94]。そして一九七七年には、ＴＢＳのテレビ番組「料理王国」が「国賓大酒楼」で、香港史上もっとも高価な満漢全席を行って放送して注目を集めた。さらに翌年にも、同店の満漢全席がテレビ放送されたことから、日本全国で中国料理に対する新たな関心を呼び起こし、香港や台湾に満漢全席を食べに行く団体旅行が相次いだ[95]。

一九六〇〜七〇年代の香港では、ベト

ナム戦争特需で儲けた新興成金などにも、満漢全席がもてはやされていた。しかし、ビジネスに多忙な香港の人々が、食事に多くの時間をかけなくなった。また、婚礼や通常の宴会にも満漢全席が出されて、その目新しさがなくなった。結局、一九八〇年代までに満漢全席の人気は衰えて、わずかに満漢全席ツアーを組んだ日本人観光客だけが、喜んで食べているような状況になった。一九八九年、満漢全席で有名であった李樹福シェフが亡くなって、「金冠酒楼」が閉店すると、ショーとしての満漢全席もほとんど行われなくなった(96)。

しかし、こうして香港で満漢全席が消失しかかっていた頃、一九八六年四月には、中国共産党政権下の上海で初めての満漢全席が、南京路の燕雲楼で行われていた(97)。

②北京の仿膳飯荘

そして北京でも、清朝宮廷料理および「満漢全席」の技芸が継承されていた。辛亥革命の後も、清朝最後の皇帝・溥儀とその一族は、「清室優待条例」（一九一二年）の庇護のもとで、紫禁城に住み続け、豪奢な暮らしを続けていた。だが一九二四年、馮玉祥《ふうぎょくしょう》が、溥儀を復辟させて利用しようとする勢力に対抗し、北京政府の財政上の負担も軽減するために、「清室優待条例」の廃止を宣言して、溥儀らを紫禁城から追放した。すると翌年、清朝の御膳房のコックと使用人たちが、北海公園で「仿膳茶荘《ほうぜんちゃそう》」を創業した。仿膳茶荘は当初、点心と茶を売り、しばらくして簡単な料理も出すようになったが、民国期には満漢全席を提供していなかった。

中華人民共和国の成立後、一九五五年に仿膳茶荘が、国営化された。一九五六年、店名を「仿膳飯荘」に改めて、五名の清朝・御膳房の元コックを招いた。仿膳飯荘は、同年の国慶節（一〇月一日）に、初めて外国人賓客をもてなす宴会を開いて、西太后が斎戒の時に食べたとされる「小糖窩頭」（トウモロコシ粉と大豆粉を混ぜて円錐形にして蒸した食品）を四〇〇〇個も提供したという。

その後、仿膳飯荘は、おもに清朝時代の宮廷料理を出すようになり、一九五九年、湖（北海）の北岸から、乾隆年間の古い建物が並ぶ湖中の島に移転した。中国商業部は、全国各地から数多くのレシピを発掘・整理させるとともに、各地方料理の名コックを集めて、仿膳飯荘の調理技術を向上させた。仿膳飯荘で現在提供される「満漢全席」は、こうした共産党政権下の努力で作り上げられたものである[98]。

また、周錦（一九四五年生まれ）というコックは、一九六二年から、清朝宮廷の御膳房・葷局の「御厨」（コック）であった楊懐に技芸を学び、六七年に師が亡くなると、同窓の先輩の蘇徳海（北京の便宜坊鴨店の名コック）などに学んだ。周は、二〇〇二年に『満漢全席』（農村読物出版社）を出版するなど、満漢全席を広く紹介した。さらに二〇〇四年には、第五回中国料理世界大会に参加して、周の創作した「満漢全席・祝寿宴」が、金賞を受賞した。周は、北京御膳房満漢席研究センターを創始して、調理技術を現在に継承し、「国宝級烹飪《ホウジン》大師」の一人に選出されるまでに至っている[99]。

図1－6　仿膳飯荘の料理「葱扒駝掌」（ラクダのひづめのネギ煮込み）

二一世紀の中国大陸では、あたかも一九六〇～七〇年代の香港や日本と同じように、満漢全席が脚光を浴びている。満漢全席に関するテレビ番組としては、二〇〇二～〇七年にかけて中央電視台・中国烹飪協会・青島電視台が共同制作した中華美食文化の大型テレビ番組シリーズの『満漢全席』がある。また、マンガとしては、二〇〇九～一〇年に、揚眉が上海の東方出版センターから刊行したシリーズがあり、専門書としては、一七～一九年に北京の故宮出版社が相次いで刊行している。

以上のように、清朝宮廷では、満洲族、そして山東や江南の食文化が融合した料理が作られた。清朝の皇帝は、乾隆帝以降に豪華な料理を食べるようになり、清末に実権を握った西太后の豪奢ぶりが有名であるが、西太后だけが突出していたわけではなかった。

他方、よく知られる満漢全席は、もともと清朝宮廷とは直接関係なく、一九世紀以降に民間で発展した宴会料理であった。二〇世紀に入ると、満漢全席は、中華民国時代の食都となった上海や広州などで盛行され、日本の傀儡政権である満洲国でも行われ、イギリスの統治が続いた第二次世界大戦後の香港でも流行した。

満漢全席は、香港では一九八〇年代に衰退したが、中華人民共和国では、政府の保護によって、一九五〇年代に北京で復興し、近年に再び民間でも豪華な宴席として注目を集めるようになっている。このように現在に伝わる満漢全席は、清朝宮廷の遺産というよりも、民間の豪奢な風潮、そして中華人民共和国の政府の努力によって発展したところが大きい。

第2章　近代都市文化としての中国料理——北京・上海・重慶・香港の料理

清代北京の料理店——都一処の焼売

一六四四年、明朝が李自成率いる農民反乱軍によって滅ぼされ、それを機に、清の幼帝・順治帝（第三代、一六四三〜六一年在位）が、北京に入城する。清朝は、明朝の国都であった北京の皇城（紫禁城）・内城・外城という三層構造を継承し、入城から数年後には、城内に居住する漢族に城外への移動を命じた。そのため、北京の内城には、旗人の官員・軍人やその家族などが、外城には、漢族の官員・民間人が居住することになった。漢族のいなくなった内城は、商業が衰退した。だが、城内外の境にある正陽門・崇文門・宣武門の外側に、賑やかな商業街区ができて、とくに中央の正陽門の一帯（現在の前門大街）に、多くの料理店（「飯荘」）が密集した。(1)

前門大街に現存する「都一処《といっしょ》」も、そうした料理店の一つである。この店に関しては、乾隆年間の一七三八年(2)に山西出身者が開店し、有名な特色のある焼売を同治年間（一八六二〜七五年）から売り始めた（図1－7）。一七五二年には、乾隆帝がお忍びで来店して、その後に店名の扁額を賜った、という物語が、近年にはなかば公式の歴史のように繰り返し記されている。

しかし、これらの出来事については、いずれも史料的な根拠を見つけることができない。袁家方の古

図1－7　都一処の焼売

書研究によると、都一処の創業者は、山西籍の人である可能性が高そうだが、小さな料理店としても存在が確認できるのは嘉慶年間（一七九六～一八二〇年）からであり、乾隆帝にまつわる伝説が店の宣伝に用いられるようになったのは、民国期以降のことだという。[3]

清代の北京では、江南に比べると、コックを雇って家で接待するのではなく、料理店で宴会をすることが多かった。潘栄陛《はんえいへい》の『帝京歳時紀《ていけいさいじき》勝《しょう》』（一七五八年刊）などから、乾隆年間の北京では、満洲族の料理の比重が大きかったものの、山東、清真（イスラーム教）、江南、山西、四川などの名物料理・点心もあったことがわかるという。[4] 北京の料理店は、職業が制限されていた旗人が出資者となり、経営者・コック・雑役には、漢族のなかでも山東人がなることが多かった。ただし、一九世紀の道光年間（一八二一～五一年）の頃から、「旗民分城」「満漢分居」の制度が弛緩して、城内にも店舗が増えていき、一九世紀後半の咸豊年間（一八五一～六一年）の頃から、旗人に対する職業制限も緩んでいった。

辛亥革命によって清朝が滅んだ後も、城内外の移動には、正陽門・崇文門・宣武門を通らなければならず、さらに、清末から京奉・京漢鉄道が整備されて、正陽門付近に駅がつくられたので、門周辺が混雑して、市内交通が滞っていた。しかし、一九一三年から城壁を一部取り壊し、城門付近を改造して道路をつくり、交通の利便性を向上させたことによって、「満漢分居」の名残も完全に消失した。北京では、満洲族の貴族官僚が没落すると、彼らがひいきにしていた料理店の商売も凋落し、代わって新たな料理店が勃興した。例えば、北京ではもともと山東料理が盛んであったが、民国初期に袁世凱が大総統になると、袁の出身地の河南料理も人気になった[5]。

ちなみに、袁世凱自身は、「清蒸鴨子」（アヒルの蒸し料理）が好物で、冬になると毎食それが食卓の真ん中に置かれたという。さらに主食としては、マントウや米飯のほかに、米・粟・トウモロコシ・緑豆で作る粥をよく食べており、それは河南の食物であった。また、袁世凱は、李鴻章幕下の淮軍を率い、一八八二年に閔妃《ミンビ》政権の要請に応じて朝鮮に出兵して、壬午軍乱を鎮定してから、九四年に帰国するまで、宗主国の清を代表して朝鮮王朝に対して強い影響力を有した。こうして、袁世凱は朝鮮に長く滞在し、しかも朝鮮王妃の妹・金氏を妾として迎え入れていたので、彼女の漬けた「高麗白菜」も好んだという[6]。

一九二七年四月、蔣介石が南京に国民政府を樹立し、南京が中華民国の首都としての役割を担い始める。一九二八年に「北平」と改称された北京では、それまでもっとも繁盛していた前門街と、その横道の大柵欄の商業街区が凋落した。飲食店は西長安街に集中するようになったが、そこでも往事の繁盛は望めなかった[7]。

清末民国期の食都・上海——「中国菜」「華菜」および各地方料理の認知

アヘン戦争後にイギリスと清が締結した南京条約（一八四二年）は、主権・人民・領土を規定した国家の存在を前提としており、ここにおいて中国における国民国家形成の動きが始まったともいえる[8]。そして、南京条約によって、上海・寧波《ニンポー》・福州・厦門《アモイ》・広州が開港され、香港島がイギリスの植民地になった。そのことは、中国から多くの移民が、海外に渡って中国料理を普及させるきっかけになったのと同時に、中国都市の人々が、外国文化に接しながら中国文化を知る機会を増やした。

例えば、清末民国期の上海を代表する新聞『申報』（一八七二年創刊）のデータベースを調べると、中国料理を意味する「唐菜」の用語が一八七七年から、後代に常用される「中国菜」「華菜」が一八八四年から、それぞれ使用されていることを確認できる。中国料理を意味する「唐菜」「中国菜」「華菜」「中餐」の語彙は、西洋料理を意味する「番菜」「外国菜」「西菜」「西餐」の語彙と対応関係にあり、後者が前者の生まれる契機になっていた。[9] 一九世紀末の当時は、自分たちの中国を世界の列国のなかの一つと見なす世界観が一般的になりつつあり、二〇世紀初頭の光緒新政における近代国家としての諸制度の整備へとつながっていく時期にあった。[10]

上海では、一九世紀前半にはまだ、地元料理のほかに、安徽料理と寧波料理くらいしかなかったという。安徽（徽州）商人は、アヘン戦争以前から上海で活躍し、塩や布の販売以外にも、造船や金融（銭荘や質屋［典當］）の分野を支配していた。一九世紀の上海には、安徽商人の質屋や安徽料理店が多かった。しかし、上海の開港後、安徽商人の経済力はじょじょに衰退し、上海に近い寧波の商人が台頭し、それに伴って寧波料理店が増えた。

上海では、一八四五年にイギリス、四九年にフランスが租界を開設した。その後、太平天国の反乱（一八五一〜六四年）と、それに影響を受けた秘密結社・小刀会による上海県城の占拠（一八五三年）が起こると、上海の租界内に多くの避難民が押し寄せて、外国人商人が家賃収入を稼ごうとした。こうした混乱のなかで、租界内に外国人だけでなく中国人も住む「華洋雑居」が黙認されて、最初の不動産ブームが巻き起こった。そしてこの頃から、上海の租界には、中国各地方の料理店が登場し始めた。上海で最初の北京料理店は、同治年間に創業した「新新楼」であるという。その後、高級な北京料理店は、北京などからやってくる官吏の接待に便利であったことから繁盛して、以前の安徽料理店の地位に取ってかわった[11]。

さらに、井上紅梅（一八八一～一九四九年、麻雀を日本に初めて紹介したとされる中国文学者）によれば、上海の租界内では、光緒初年（一八七五年）頃まで、天津料理が全盛を極めて、寧波料理店などは、常に二流の位置にあった。続いて、南京・揚州料理店、南北折衷料理店などが現れ、光緒末年（一九〇八年）頃に、北京・天津料理が復興した。辛亥革命後には、まず「南方派」（許崇智ないしは後述の福建系海軍のことか）の勢力が増すとともに、福建料理が台頭し、次に革命の発端となる民衆蜂起が起こった四川の料理が流行り、一九一〇年代には、福建・四川料理の全盛に至ったという[12]。こうした数多くの地方料理の目まぐるしい流行変化こそが、清末以降に見られる食文化の近代性といえた。

また、天津でも、開港に伴う料理店の急増が、上海と同様に見られた。一八六〇年に北京条約で開港された後、天津には中国でもっとも多い九カ国の租界が設けられた。さらに、直隷総督・北洋通商大臣、諸外国の領事、洋行（外国商社）および中国企業が集まって、商業が発展し、「八大成」といわれた八つの大型店をはじめとする多種多様なレストランが繁盛した。民国期の天津は、北京の奥座敷のような場所となり、多くの政治家・軍閥・官僚、外国人商人・中国人買弁、清朝の遺臣などが租界に住んだので、飲食業も繁盛した。ほかに北京でも、とりわけ二〇世紀初めから、南方（江南・上海）の料理店が数多く開店した。民国期には、北京の料理店が南方に進出するよりも、ずっと多くの南方の料理店が北京に進出してきて、飲食業界の競争が激化したという[13]。

このように、上海をはじめとする大都市において、料理店が激しく競合しながら料理業が発展していた当時、中国の人々は、自国料理と外国料理を見比べながら、自分たちの食文化への自信を深めていた。孫文（一八六六～一九二五年）は、一九一二年に南京で成立した中華民国の臨時大総統に一度就任した後、

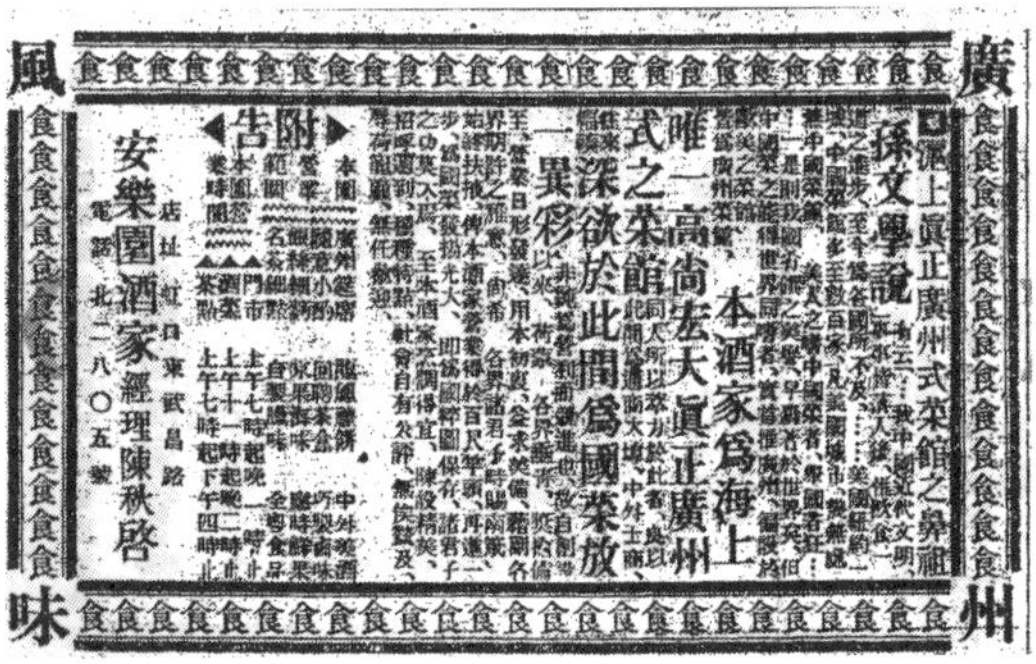

図1－8　上海の広州式菜館・安楽園酒家の広告（『申報』1927年3月28日付）

日本への亡命（一九一三〜一六年）を経て、一九一七年に広州で成立した中華民国軍政府（広東政府）の大元帥に選ばれたが、主導権争いに敗れて翌年に辞職すると、[14]『建国方略　孫文学説』（一九一九年初版）を執筆した。そのなかで孫文は、「我が中国の近代文明の進化は、ことごとくみな人に先を越されて遅れをとっているが、ただ一つ飲食の進歩だけは、今に至るまでまだ文明各国が中国に及ばない」などと論じている。[15]

この『孫文学説』の言説は、例えば、一九二〇年代上海・虹口の広州料理店・安楽園酒家の広告にも引用されて、商売に利用されている（図1－8）。そして、孫文が自賛した米欧に広まっている中国料理とは、実際には広州（広東）料理が中心だった。[16]なお、孫文のこの中国料理優越論は、二一世紀に中国料理をユネスコの無形文化遺産に登録申請しようとする議論でも、度々引用されることになった。[17]

そして、目まぐるしい流行変化が続く民国期の上海では、中国各地方の料理の違いが、しだいに広く認知されていった。一九一七〜二〇年に上海の商務印書館から出版された徐珂（浙江杭州籍）の『清稗類鈔』は、後述するように、中国料理を日本料理・西洋料理と比べながら自賛したが、そればかりでなく、中国各地方における食の嗜好の違いについて指摘している。

すなわち、徐珂は「北方の人々はネギやニンニクを好み、雲南・貴州・湖南・四川の人々は辛い物を好み、広東の人は薄味を好み、江蘇の人は甘い味を好む」と述べている。[18] たしかに、歴史学者の金恬が指摘するように、徐珂は単に中国各地の食物に関する目立った風習を列挙しただけであり、各地方料理系統の体系的な分析には程遠い。[19] とはいえ、中華民国の食文化の中心的な発信地といえる上海において、中国料理の優越性とともに、中国各地方の食文化の相異が認知されていたことを確認できる。

近代上海の四川・広東・福建料理

それでは、ここでとくに、①四川料理、②広東料理、③福建料理を取り上げて、これらの料理がどのように上海に伝わったのかを考えたい。さらに、この三つの地方料理の近代における状況を、食都・上海から見てみよう。

①四川料理と麻婆豆腐

民国期以降の上海の中国料理の流行変化については、当時の最高水準の美食ガイド『上海的吃』(狼呑虎嚥客編、上海・流金書店、一九三〇年刊）などが、いきいきと伝えている。両大戦間期の上海の美食ガイドにおいて、四川料理は精緻で美しいとされたが、それほど辛い料理としては特徴づけられていない。第二次世界大戦後に日本で四川料理の代名詞ともなる「麻婆豆腐」も、戦前の上海ではまだ受容されていないようである。

ちなみに、麻婆豆腐は、清末の成都城北門郊外で発祥したとされ、同治年間に陳氏が発案したとする説と、光緒年間に温氏が発案したとする説がある。[20] 有力なのは、陳という姓のコックの妻が食堂でそれを作り始め、彼女の顔にあばた（「麻」）があったことから、「陳麻婆豆腐」、さらに略されて「麻婆豆腐」と称されるようになったという説である。[21] 傅崇矩《ふすうく》（一八七五～一九一七年）の編纂した『成都通覧』（成都通俗報社、一九〇九年刊）には、「成都の著名な食品店」の一つとして「陳麻婆之豆腐」という記載があることから、[22] 麻婆豆腐は清末の成都で、地元の名物料理の一つになっていたといえる。

また、清末の成都を記した『芙蓉話旧録』（周詢著、刊行年不祥）の巻四には、「北門の外には陳麻婆という者がいて、豆腐をうまく調理して、調味料や食材および調理工賃をすべて豆腐の価格に加えても、一碗銅銭八文で売っている。酒や飯も売り、もし豚肉・牛肉も加えたければ、客が自ら持って行っても、店が客に代わって買いに行ってもどちらでもよい。その店名は多くの人が知らないが、陳麻婆といえば知らない者はいない」とある。[23]

『芙蓉話旧録』の「陳麻婆」の記載は、「小食」（間食）の項目に入っていることから、当時の麻婆豆腐は地元庶民の軽食であって、一流料理店で出されるような一品料理ではなかったことがわかる。また、もともと肉は別に加えるものだったが、一九二〇年代までに肉の入った料理となり、二〇世紀中葉には高級調味料であった豆板醤《トウバンジャン》も使われるようになったと考えられている。[24]

このような麻婆豆腐が、全国的に知られる料理となったのは、早くても、日中戦争期に各地の人々が国民党支配下の四川に退避して、戦後に全国各地に戻ってからのことであろう。例えば、上海の大新聞『申報』に「麻婆豆腐」が初めて登場したのは、一九四八年五月に成都の食物を紹介した記事である。ちなみに、この記事では、麻婆豆腐の由来が、三国時代における諸葛亮の軍隊のエピソードにまでさかのぼるとされている。[25] そして、人民共和国が成立した頃には、共産党政権から離れるなどしたコックたちが、香港や台北でも四川料理や麻婆豆腐を広めることになった。とくに日本では、陳建民（一九一九～九〇年）の功績が大きかった。

ほかにも、入手できずに未見だが、清末の『錦城（成都）竹枝詞』にも「麻婆陳氏」を記す一節があるという。また、二〇〇二年には「麻婆豆腐宴」が「中国国宴」という評価を得た。さらに二〇一〇年には、「陳麻婆豆腐」が成都市の無形文化遺産に登録された。[26] 麻婆豆腐の誕生をめぐる伝承は、今後も語り伝えられて定着していくものと思われる。

②広東料理――「食は広州にあり」

話をもどすと、上海における四川料理の流行は、一九三〇年代までには、完全に広東料理に取ってかわられる。[27] 広東料理（「粤菜《えつさい》」）は、広東出身の華人商人たちが南京路に開業した四大デパート（先施・永安・新新・大新公司）のレストランなどから新たに流行し、「吃（食）在広州（食は広州にあり）」という名声が上海で広まった。[28] 上海における広東料理の勃興は、一九二六年に広州から北伐を開始した蔣介石の国民革命軍にも喩えられた。[29] その含意は、中国のほかの地方料理をすべて打ち負かし、西洋料理にも対抗したことにあったと考えられる。[30]

例えば、新新公司から独立した新都飯店では、上海の黒社会の頭領・杜月笙《とげつしょう》の子息の結婚披露宴が開かれた。また、その新都飯店と並び称された新雅粤菜館は、「上海の外国人がもっともよく知っているのは「新雅」であり、彼らは「新雅」の広東料理を国菜と認識し[31]」ていると言われるほど有名になった。新雅粤菜館は、日中戦争後には客の三分の二が欧米人となり、李宗仁総統代理が外国人賓客を招くのにも用いたという。[32]

そして、民国期の食都であり、大衆文化の中心地でもあった上海の新聞・雑誌には、広州の飲食を称える記事が数多く掲載された。「食は広州にあり」という言葉について、文学者・作家の周松芳が、おもに民国期の上海から広まったのではないかとする説を唱えている[33]。この見解は、新聞やインターネットのニュースサイトにも掲載されて広まり[34]、『百度百科』（中国版ウィキペディア）の「中国菜（中国料理）」、「四大菜系（四大料理）」にも採用されて定説化してきている。さらに周は、上海式の広東料理（「海派粤菜」）の隆盛に着目して、それを「国菜」、「民国を象徴（表征民国）」する料理とまで高く評価している[35]。

ただし、周松芳は、民国期の上海の雑誌で広州の飲食を紹介した記事を分析したが、そのうちもっとも多いのは、「茶楼」（茶館）に関する記事である[36]。中国料理研究家の飛山百合子によれば、元来、飲茶《ヤムチャ》はお茶を飲むことに重点を置いたので、「茶楼は料理を扱わず、酒楼（料理店）は点心を扱わない」という不文律があった。そのため、一九二〇年代頃までの茶楼は、餅食《ビンシック》（クッキー類）だけを提供していた。一九三〇年代頃から、じょじょに茶楼と酒楼の区別はなくなっていったが、それでも茶楼が出すのは、餃子・焼売・マントウなどの点心や麵・飯類が中心であったという[37]。

したがって、民国期上海の人々が、「食は広州にあり」という言葉でイメージしていたのは、おもに茶館の飲茶であった。上海の人々は、上海式の広東料理をもてはやしていたが、広州現地の本格的な料理に詳しかったわけではなかったことがわかる。

他方、一九〇〇年頃から香港には、広州の多くの料理店経営者が進出して、アワビやフカヒレなどの高級料理を出す店を始めた[38]。だとすれば、当時の香港から見ると、まさに「食は広州にあり」という状況になり、この有名な言葉は、まずは清末民国初期の香港で広まって、その後に上海に伝わった可能性も否定できない。さらに、上海で「食は広州にあり」という認識が広まった一九二〇年代頃には、広東ではすでに「食は広州にあり」が色あせ始めて、「食は香港にあり」という状況へと変わりつつあったともいわれる[39]。

なお、広州の名店についても、ここで簡単に見ておこう。一九二〇年代において「食は広州にあり」を代表するもっとも有名な「四大酒家」（四大料理店）は、「南園」「文園」「西園」「大三元」であった[40]。このなかで最初に創業した「大三元酒家」は、一九一九年、粥や麺を売る小店として始まったといわれ[41]、広州の料理店としては最初にエレベータを設置し、一九三〇年代までにその名声が広まった（二〇〇〇年閉店[42]）。

また、広州随一の名店となる「広州酒家」の前身の「西南酒家」が開店したのは、一九三五年[43]ないしは三七年[44]の頃である。広州酒家は、民国期の政・商有力者から「食在広州」「広州第一家」の額を賜り、人民共和国建国後の一九五七年から中国輸出商品交易会（広州交易会）が開かれると、対外接待用の店にも指定された。

広州酒家とともに、人民共和国初期に編纂された『中国名菜譜』に掲載された名店「大同酒家」[45]は、その前身の「広州園酒家」が、一九三八年に日本人の中沢親礼《ちかのり》によって開店された。その後、広州園酒家が経営不振に陥ると、一九四二年に香港の大同酒家（前述の満漢全席の有名店）の店主・馮倹生らに買収されて、「大同酒家」に改名されたという[46]。

③福建料理と中国海軍

福建料理は、辛亥革命後の全盛期を過ぎても、「小有天」の「紅焼魚翅《ホンシャオユイチー》」（フカヒレの醤油煮）が有名であった。福建料理は、とりわけ日本人に好まれ、一九二二年に日本人居住区の北四川路で「中有天」が開店すると、連日のように日本人がそこを訪れて、「小有天」から客を奪うことになったという[47]。

他方、簡素で安価な福建料理店が、上海南の江辺碼頭一帯に林立した。そこは、中国海軍の軍艦の停泊地で、海軍の司令部があった。それらの店の料理は安かったが、司令艦長のプライベートコックだった腕利き料理人もいて、小有天などの有名料理店にも劣らないほどおいしかったという(48)。

ちなみに、海軍将校・兵卒が福建料理を好んだのは、福州に近い馬尾に、一八六六年、当時東アジア最大の造船廠「福州船政局」、六七年、海軍学校「福州船政学堂」が開設されて、それ以来、福建(とくに福州)出身者が、海軍の最大派閥になったからである。中国海軍内では、福建出身者の海軍と批判されるほど同郷意識が重んじられ、福建籍でなければ司令官になれないといわれるほど、同郷人が重用された。

一九〇五年、清国政府は、南洋・北洋海軍を統一し、上海の江南製造総局(江南造船廠の前身)に海軍の事務機関を設立し、そこを拠点として、福州生まれの薩鎮冰に南洋・北洋海軍を統括させた。福建系の海軍は、辛亥革命後には北京政府の「中央海軍」となり、蔣介石が北伐を始めると、国民革命軍に加わって、そのまま国民政府の「中央海軍」となり、日中戦争前夜まで海軍の最大派閥としての地位は揺るがなかった(49)。

上海料理の形成と香港への伝播——老正興館と徳興館

そして、上海料理(「上海本幇菜」)の形成と普及について見たい。上海語が、寧波や蘇州などの方言が融合してできたように、上海料理も、寧波の料理技術や蘇州・無錫などの味が合わさってできていた(50)。上海料理の最大の特色は、「濃油赤醬」を用いることである(51)。それは、油が多く、濃厚で、甘みがあり、色が艶やかな醬油で、「紅焼」(醬油煮)に適している。

民国期の上海において、上海料理は「本帮菜」「本地菜」と呼ばれた。そうした店は、たいてい寧波料理店が変化したものであり、規模が小さく日常の食事(「家常便飯」)を提供するだけであった。「老正興館」「正興館」「全興館」といった名の上海料理店が軒を連ねて、料理店横町(「飯店弄堂」)のような有様になったという[52]。一九二六年に上海を再訪した谷崎潤一郎は、「縄暖簾式のめし屋」「下等な所」に行くことを望んで、「老正興館」に案内される。そこは「純粋の寧波料理」の店であり、客の多くも寧波の人で、大部分の料理の食材に鮮魚を用いていた。それを食べた谷崎は、子供の頃に母がお総菜にこしらえてくれた魚の煮付けを思い出している[53]。

上海料理は、一九二〇年代以前には、地元上海でも名声に乏しかったが、三〇年代に急速に広まった。その背景として、十六鋪(黄浦江岸)の「徳興館」(一八七八年ないしは一八八三年の創業)のような上海料理店(「本帮菜館」)が、「蝦子大烏参」(大根で模したナマコの中に肉やエビの卵を入れて蒸して醬油だれをかけた料理)などの名物料理や名コックを生み出して、上海本帮菜の品格と地位を上げていたことがある。さらに、杜月笙や宋美齢(蔣介石夫人)らの有名人が、上海料理を愛して注目を集め、そのフォロワーも増えた。ただし、上海料理が流行って「老正興」(一八六二年に寧波籍の祝正本らが開業した屋台が最初とされる)という店名がよく知られるようになると、あちこちで「老正興」という名の店が開かれて、偽物の上海本帮菜も多くなったという[54]。

日中戦争の終結後、上海の多くの人々は、戦前の繁栄を取り戻したいと願い、上海料理は、往事を思い起こさせるものとなって人気が高まり、その最盛期を迎えた。蔣介石の息子・蔣経国は、中国大陸での国民党政権最末期における「打老虎」(金銀・米ドル・物資の隠匿者の取り締まり)の最中にまで、徳興館の上海料理を食べにきたという。

人民共和国が建国される一九四九年前後、上海の多くの人々が香港、台湾などに移住すると、上海料理は、故郷を懐かしむ料理となり、香港や台北でも上海料理店が開業した。一九五〇年代の香港では、上海出身者が多く住んで「小上海」と言われた北角（ノースポイント）を中心に、人気を二分した「和平菜館」「四五六」をはじめとして、多くの上海料理店（「滬菜館」）が開店して繁盛した。当時の香港では、地元香港よりも、上海からやってきた人々に裕福な者が多く、彼らが広東料理よりも上海料理で豪華な宴会を行った(55)。

ちなみに、民国期の上海では、欧米風のナイトクラブやシアターレストランの業態を取り入れる中国料理店（酒楼）ができていた。そこでは、バンドの生演奏に合わせて、歌手が歌い、客はそれを聞きながら飲食をして、フロアでダンスも踊れた。アメリカでは、第三部第1章で見るように、チャプスイレストラン（中国料理店）が、ナイトクラブの先駆けになっていたので、その流行が上海に及んだとも考えられる。そしてこうした店が、一九五〇年には香港の北角などで開店し、「酒楼夜総会」ないしは「海派酒楼」（上海風レストラン）と呼ばれ、六〇年代の香港における「夜総会」の黄金時代を築いた(56)。

杜月笙は、一九四九年に香港に移住して、五一年にそこで病没するが、その短い間にも上海料理を懐かしみ、上海から香港にコックを招こうとした。杜月笙は、上海市副市長の潘漢年の特別な許可を得て、徳興館の名コック・湯永福とその弟子を香港に招いて、上海料理を作らせた(57)。その徳興館は、香港の中環（セントラル）に「公教倶楽部」「麗池花園」を出店し、上海の有名料理「蝦子大烏参」も歓迎されたという(58)。さらに、一九五五年に上海の「老正興」の支店もできて、九三年に「老上海」と改名している(59)。

他方、上海の徳興館は、一九五〇〜六〇年代、鄧小平・宋慶齢（孫文夫人）・陳雲・李富春・羅瑞卿といった多くの党・政府指導者を接待する店になった。陳毅は、上海市長であった当時、鄧小平を徳興館に招いて、「蝦子大烏参」などの上海料理をふるまい、好評を得たという[60]。人民共和国初期までに、北京や天津などの大都市でも、「美味齋」「老正興」といった上海料理店が開かれた。とはいえ、計画経済が実行されるなか、上海以外の地で上海料理が流行ることはなかった[61]。上海料理が全国的に脚光を浴びたのは、後述のように、一九九〇年代末からのことである。

上海料理が一九三〇年代に確立され、九〇年代末に全国に広まるのは、両大戦間期と「改革・開放」(計画経済の改革や市場の対外開放)の時期における上海の経済的な繁栄と無関係ではない。近代に誕生した上海料理は、現在までに、長い歴史を有する淮揚料理よりも有名な地方料理になっている。

首都・南京から陪都・重慶へ――「官菜」と「川揚」料理の形成

南京には、すでに清末民国期から、城南の繁華街に数多くの料理店があった。さらに、一九二七年に南京国民政府が樹立されると、その首都になった南京の飲食業は、飛躍的に発展した。全国の政治家・官員などが南京にやってきたのに伴って、広東・北京・四川・寧紹(寧波・紹興)などの各料理系統の店が数多くできて、競合するようになった。

例えば、一九二八年に南京国民政府の初代主席・行政院院長に就任した譚延闓《たんえんがい》(一八七九~一九三〇年、湖南出身)は、南京の湖南料理店・曲園をひいきにし、そこには多くの政治家や文化人が訪れたという[62]。また、一八四〇年に回民(ムスリム)の屋台として始まった馬香星は、辛亥革命後に政治家や文化人との関係ができて、一九二七年以降には汪精衛(汪兆銘)や白崇禧《はくすうき》といった国民政府高官にひいきにされた。さらに馬香星は、一九四六年に国民政府との交渉のために訪れた周恩来にも庇護されて、五八年に国有化された。それは、現在でも健康に良い清真料理を提供し、アラビア文字を広告に利用して、南京で現存最古の料理店として健在である[63]。

さて、日本軍の侵攻を受けた国民政府は、一九三七年一一月に「国民政府移駐重慶宣言」を発出し、一二月から重慶を中華民国の戦時の首都とした。国民政府の中央機関は、暫定的に武漢に移動されて、蔣介石も一二月七日に南京を脱出した。一二月一三日、南京は日本軍によって陥落された。一九四〇年九月六日、国民政府は、重慶が中華民国の「陪都」（国都に準じる都市）であることを正式に定めた。その状態は、戦後の一九四六年五月に国民政府がようやく「還都令」を発布して、重慶から南京に凱旋するまで続くことになる。

こうして、戦時の臨時首都になった重慶でも、外食業が繁盛した。全国各地の人々が重慶に集まり、重慶の機関・企業で働く人員には家族を伴わない者が多かったので、俸給生活者たちの日常の食事から接待の宴会まで、料理店の需要は大きかった。くわえて、戦時重慶では娯楽業が発達していなかったので、多くの人々が食の楽しみを追求することで娯楽に代えていた[64]。

当時の重慶には、地元の四川料理店のほかに、北平の豊澤園（山東料理）、厚徳副（河南料理）、曲園（湖南料理）、広州の大三元（先述）、上海の冠生園（広東料理・洋食）といった各地方料理の名店ができていた[65]。とくに、上海を本拠地として重慶に分店を出した外食・製菓業の冠生園は、一九四三年までに、国民政府が外国の賓客を招く宴会・茶会も引き受けるようになった[66]。

しかし、重慶にやってきた政府官吏やその家族などはしばしば、現地の四川料理が口に合わなかった。そのため、官庁・官員に雇われたコック（「官厨」）は、四川料理に改良を加えて、四川料理の特色を保ちながらも、沿海地域の人々の嗜好に合う料理を作り、それが「官菜」と呼ばれた。おそらく、大型の宴会が多く開かれることで知られた中央飯店の料理などが、「官菜」と呼ばれたと考えられる。こうした重慶の「官菜」は、近年では「中華民族の不幸な歴史の産物にすぎない」と評価されており、それを歴史・文化的に価値のある料理として発掘したり、商業的に再生したりすることには批判的な意見が多い。[67]

ところで、一九四〇年代初頭から南京や上海では、南京（淮揚）と重慶（四川）の両方の料理を出す店が出現した。この頃には、両地の官・軍関係者の移動に伴って、四川と淮揚のフュージョン料理である「川揚」料理が創作されて流行し、一九四五年の終戦後にはさらに人気になった。

その代表店である梅龍鎮は、一九三八年に上海・威海路に開業した小店から始まり、揚州の軽食などを出していたが、経営に行き詰まると、左派文芸家の李伯龍が店を買い取り、南京路の現在地に移転し、舞台・映画女優で共産党地下党員の呉湄《ごび》（一九〇六～六六年）が経営を任された。呉湄が有名コックを招くと、梅龍鎮は、淮揚料理店として名を馳せる。日本敗戦の一年前、呉湄は、日本が必ず負けて、その後四川料理が上海で流行すると考えて、四川料理の名コック・沈子芳を招いて料理を作らせた。こうして梅龍鎮は、揚州料理に四川の味が加わり、四川と揚州が融合した上海式の料理となった。

呉湄が予想した通り、戦勝後に重慶から上海に、国民政府の接収人員やその家族などがやってきて、彼らが四川の味を懐かしんだので、上海でまた四川料理が流行し始めた。梅龍鎮は大繁盛して、四川と揚州の料理が融合した「川揚」料理を定着させた。[68]一九四六年一〇月の市財政局の統計によると、上海市の一一一四店の中国料理店のうち三六店が川揚料理店であった。[69]

一九四九年、国民政府が台湾に退くと、官僚やその家族、そして政府機関で料理を作っていた川揚スタイルのコックたちも、台湾へと移った。後述するように、台北で一九五二年に開業した圓山大飯店で料理長を務めた程明才が、その一例である。[70]本章で見たように、国民政府の所在地は、中国各地の料理を集積したが、国民政府の移転に伴って、料理の中心地も南京→重慶→台北へと移った。

他方、上海の呉湄は、その後も梅龍鎮酒家の支配人を続け、一九五六年に飲食店の公私合営化が完了すると、上海市飲食服務公司の副経理に就任した。だが、文化大革命が始まると、江青に女優時代のことを攻撃されて残酷な迫害を受けて、冤罪を背負いながら死ぬことを余儀なくされたという。[71]

上海の董竹君と錦江飯店の四川料理

ここで、二〇世紀の上海を代表する女性実業家・董竹君《とうちくくん》（一九〇〇～九七年）が、四川料理店・高級ホテルとして名高い錦江飯店を創業する歩みを見ておこう。董竹君は、一九〇〇年に上海で生まれ、一三年に妓楼に入ったが、一四年に元四川省副都督の革命党員・夏之時と結婚し、日本に渡って東京女子高等師範学校の全課程を修了すると上海にもどり、一男四女をもうけたが、三四年に離婚した。董竹君は、上海の四川料理が、味が濃すぎ、辛すぎ、胃もたれすることから、四川の人以外にはあまり客がいなかったことを見て、味付けなどを変えた四川料理店を上海で開こうと考え、一九三五年三月、上海の大世界遊楽場の近くに小食堂を開いて、「錦江」と名づけた。
開店後の錦江は、連日大盛況で、南京国民政府の要人、上海の軍・政界人、黒社会・秘密結社の頭領までがやってきて、席につくまで長時間待たなければならなかったという。なかでも、秘密結社・青幇の頭領で美食家の杜月笙は、錦江の常連となり、店の拡張にも力を貸した。[72] ちなみに、民国期の上海でレストランを開くためには、経営者が秘密結社（幇会）・警察・党・政府などと特別な関係を取り結ぶ必要があったことから、飲食業は「下等行業（下等の業界）」として見下されることがあった。[73]
当時の四川料理は、官界の宴席と庶民の料理とはまったく異なり、前者は凝っていて、脂っこくなく、辛さもそれほどではなかったが、後者は簡単な料理で、脂っこく、強烈に辛かった。錦江は、両者のいいところを取り合わせて、四川人の嗜好に偏らず、中国の南方人や北方人そして外国人にも合うようにして、華人や外国人客も引きつけた。とくに「香酥鶏」（中国風ローストチキン）、「紙包鶏」（ペーパーチキン、油紙で包んで揚げた鶏肉）、「乾焼冬筍」（タケノコの揚げ煮）などは人気があり、イギリス出身の喜劇役者・映画監督のチャーリー・チャップリンも、香酥鶏を好んだという。

また、一九三六年には、フランス租界のフランス公園（現・復興公園）の近くに、錦江菜館の分店として「錦江茶室」を開店した。日本の占領下（一九四一～四五年）の上海では、茶室がエロティックな歌とウェイトレスの媚態によって集客する傾向が強まった。そのため、正統派の茶室の雰囲気を維持した錦江は、営業上では打撃を受けたが、大手新聞『大公報』（一九〇二年創刊で現在まで続き、中国で発行期間が最長）の女性記者に称賛されることもあったという。

図1－9　錦江菜館の前に立つ董竹君（1935年）

錦江の成功によって、世界各地に多くの模倣店が生まれ、香港・台湾・パリ・ロサンゼルスなどでも「錦江」を名乗るレストランが出現した。また、アメリカ大使館商務公使が、ニューヨークに分店を出すよう誘ったり、国民党政府機関紙『中央日報』が、中央銀行からの融資で錦江をホテルにする計画をもちかけたり、杜月笙が、自ら創設する大型総合娯楽施設内に錦江を開店する話をもちかけたりもしたが、いずれも実現しなかった。一九四〇年、董竹君はフィリピン・マニラに亡命し、そこでも錦江マニラ分店の開設が一度決まったが、アジア太平洋戦争の勃発で中止になった。

汪精衛の対日協力政権の下でも、上海の錦江は盛況であったが、経営代理責任者が私腹を肥やしていたという。一九四五年一月、董竹君は、日本軍占領下のマニラから難民船で脱出し、門司・釜山・奉天・天津を経由して、二月に上海にたどりついた。その年の晩春、董竹君は、新四軍連絡部長の陳同生に使いを出し、すでに帰国して、党組織との関係を求めていることを伝えた。曹荻秋《そうてきしゅう》（新四軍行政公署主任、人民共和国成立後に上海市長に就任）らが、董竹君と連絡を取ったことを饒漱石《じょうそうせき》（中国共産党華中局代理書記・新四軍政治委員）に報告すると、董竹君は、地下印刷所を開業して文化宣伝工作にあたるように指示された。日本の敗戦後、一九四六年晩夏に中国共産党が上海局を成立させると、錦江菜館・茶室は、党の正式な秘密連絡拠点になった。

一九四九年五月、上海に人民解放軍が進駐すると、その数日後には錦江菜館に、元・新四軍の各方面の責任者が多数姿を見せて、大宴会が行われた。一九五一年初春、上海市公安局と市党委員会が、錦江菜館・茶室を一三階建ての華懋公寓（キャセイマンション、元々イギリス系ユダヤ人のサッスーンが保有、現在の錦江飯店北楼）に移転して、中央指導者や高級幹部、外国からの賓客などを接待する高級ホテルに発展させるように要請した。錦江菜館・茶室の整理と移転の費用は、上海市党委員・副市長の潘漢年が用意した。ホテルの名称は「錦江飯店」とし、董竹君が会長兼総支配人に就任し、一九五一年六月に正式に開業した。

ちなみに、『百度百科』「錦江飯店」によれば、錦江飯店が最初に接待した外国人賓客は、著名な朝鮮の舞踊家・崔承喜《チェスンヒ》（一九一一～六九年？）であったという。崔承喜は、日本でモダンダンスを学び、朝鮮舞踊の要素も取り入れて、日本や欧米で高く評価され、日中戦争期には日本軍に慰問活動も行い、戦後は夫と共に北朝鮮に移ったが、一九五一年には北京に舞踊の指導に来ていた。

董竹君は、一九五三年、政治的な理由で突如、錦江飯店の経営の第一線から退けられて、会長兼顧問にされた。董竹君はその後、一九五四年に上海市人民代表大会代表、五七年に中国人民政治協商会議委員に任命されたが、文化大革命では一九六七年から五年間の牢獄生活を強いられた[74]。しかし、その頃の錦江飯店は、一九七二年に訪中したニクソン一行が宿泊し、二月二七日、米中共同声明（「上海コミュニケ」）の調印会場にもなった[75]。

こうした董竹君のドラマチックな生涯は、一九九九年にテレビドラマ『世紀人生』（謝晋総監督）となっている。「紅色資本家」として称賛された董竹君のサクセス・ストーリーからは、日中戦争と中国革命の激流のなかで、四川料理の小食堂が上海を代表する高級ホテルへと発展した道筋をたどることができる。

社会主義コンテストと飲食展覧会——人民共和国初期の北京・上海におけるコックの地位

都市におけるレストランの数は、景気に敏感に反応して増減する。日中戦争前に約三〇〇〇店あった上海のレストランは、日中戦争初期、上海の租界に人・モノ・金が逃避してきたのに伴って、一時は一五〇〇店ほどにまで増加したが、その後は、物資不足や物価高騰などから急減した。戦後の経済復興に伴って、一九四六～四八年には七〇〇〇店余りにまで回復したが、共産党政権の樹立前から官僚や富豪が上海から逃避したために、レストランの営業額が減少し、四九年には店数も六〇〇〇店余りにまで減少した。

しかし、人民共和国初期には党・軍幹部などの接待のために、北京や上海の料理業界は再び活況を呈した。また、一九五三年には、一時的に自由市場が拡大して、企業の利潤が増加し、資本家にとって忘れがたい黄金の一年となって、大いに食べて飲む社会現象が広がり、レストランも繁盛した。そのため、民営企業の公私合営化（実質的な国営化）の完了が宣言された一九五六年にも、上海には八〇〇店近くのレストランがあった。[76]

中国共産党は一九五〇年代、地方・中央の党・政府幹部などを接待する必要があったことから、高級料理店を再建する努力をした。一九五〇年代末から六〇年代初頭にかけて、政治エリートがそうした料理店のおもな顧客になった。官僚たちは、大躍進政策に続く大飢饉の時でさえ、良い食事をしていたとされる。それゆえ、一般の労働人民の購買力よりも値段の高い名物料理を出す店が存続できたのである。[77]

しかし、一九五〇年代の上海では、料理店が商業中心地の黄浦区などに集中し、工場の近くや郊外にはないという非合理的な地理的分布や、料理店で会計・接待・雑務の人員はいてもコックがいない「三多一少」という状況が、深刻な問題になった。[78]とくに、コック不足が生じたのは、上海の飲食業界が苦境に陥っていたので、コックたちが弟子を受け入れられず、さらに他地や他業に転属させられたコックも多かったからである。[79]その解決策として、料理店は消費の場所ではなくて生産の場所であると戦略的に位置づけ直されて、コックの訓練がなされ、高級料理店のコックも社会主義の模範的な労働者とされた。[80]とはいえ、このような「社会主義競賽（社会主義コンテスト）」によっても、コック不足は解消しなかった。[81]

ちなみに、中国における調理技術の教育は、一九六〇年頃まで、師匠が弟子を受け入れる請負方式が主流であったが、この頃から、旧来の徒弟制にかわって、近代的な学校教育へと移り変わりつつあった。一九六〇年代には、北京・上海をはじめ全国各都市で、調理のための職業学校（「飲食業学校」）が開校して、学校が標準化した料理を広めることになった。[82]ただし、上海では他省から多くの生徒が来ていて、練習するために教室で行列する事態も見られた。さらに、調理学校の生徒たちは、接待任務や政治運動に忙しく、業務訓練への熱意を失うこともあった[83]。

さて、上海市の中心・黄浦区の新都飯店では、一九五六年五月、「飲食展覧会」が開催されて、全市の注目を集めた。飲食展覧会は、各地方料理系統の飲食店が送ってきた約三八〇〇種類のメニューのなかから、広東・北京・蘇州・湖南・四川などの一五地方の一四一九種のメニューを選び出して展示した。その展示は、二〇〇種余りの「名菜名点（有名料理・点心）」のほかに、「欣賞菜点（鑑賞料理）」、「一般菜点（一般料理）」、「回菜、素菜（ハラール・精進料理）」、「糕団点心（菓子類）」、「西菜西点（西洋料理）」、「野味鹵味（ジビエをタレで煮た料理）」の七部門に分かれていた。展覧会で展示された有名料理・点心は、黄浦区の有名料理店のほかに、錦江飯店・国際飯店などの一流ホテルが派遣したコックによって作られた[84]。

また、上海市に続いて広州市も、同年六～七月に「広州市名菜名点展覧会」を開催して、広州酒家の一階ホールに約六〇〇の料理と一三八の点心を展示した。これらの料理・点心のレシピのほとんどは、中華民国時代の有名店のものであったという[85]。

ただし、これらの飲食展覧会が開催された一九五六年の当時、各地方（幇）の料理の特色が失われて、有名老舗料理店でも料理の質が下がっていた。中央政府の商業部が、商業経営において優れた特色を保持すべきだと明確な指示を出していたので、上海市政府もこの問題を重視した。当時は、後の文化大革命期とは異なって、「飲食店経営の特色を保持・発揚する」ことが、重要な任務だと考えられていた。有名コックの社会的地位は高く、人々は有名コックを尊敬し、またそうすることが求められていた[86]。一九六〇年までに、上海市の第二商業局は、中国料理が「我が国の貴重な文化遺産の一つ」であり、上海には四〇店の特色ある名店があり、名物料理・点心が五～六〇〇〇種類あり、失われつつあった伝統的な特色ある料理や調理技術は基本的にすべて復活した、と認識するまでになっていた[87]。

そして、この頃の北京では、国務院（政務院）総理の周恩来の配慮によって、全国各省市から優秀なコックが引き抜かれてやってきて、党中央・国務院の各機関や市内の大ホテルなどに配属されていた[88]。例えば、一九五六年八月、広州の大同酒家は、北京にコックと服務員を送り、北京でも大同酒家を開店させたという[89]。他方で国務院は、一九六四年、四九名のコックと三名のフロア服務員を北京から上海に派遣し、半年間の訓練を受けさせた。コックたちは、錦江飯店では四川料理と広東料理・点心を、国際飯店では北京料理と麵や点心を、上海大廈では淮揚料理と麵・点心を、和平飯店では上海・四川料理とアジアの国々の料理を、華僑飯店では福建・広東料理を学んだ。服務員はみな、錦江飯店で学んだ[90]。

注目すべきことに、上海の北京料理としては、国際飯店がよく知られ、北京からコックが学びに来るほどであった。一九四七年に国際飯店は、北京の豊沢園飯荘（一九三〇年創業、人民共和国期には十大元帥の一人・葉剣英の意向で、外国人接待用レストランになったという[91]）と合弁し、ホテル二階に豊沢園餐庁を開き、その後、北京・天津からコックを招いた。

人民共和国建国後、国際飯店は、外国政府の首脳や外国人の賓客を接待する渉外用のホテルとなり、なかでも「干焼黄肉魚翅」（フカヒレの煮込み）が、国宴で常用される中心料理となった。改革・開放期までに、国際飯店の北京料理は、伝統を保ちながらも「上海化」した。例えば、「糟溜魚片」（粕汁味の魚肉の餡かけ）は、北京・天津ではコイを用いるが、コイを入手しづらい上海の国際飯店では、「黄魚」（ニベ・グチ・イシモチの類）で代用した[92]。

『中国名菜譜』の成立とその政治背景——特級厨師と第一期調理技師

こうしたなかで、一九五八～六五年には『中国名菜譜』(第二商業部飲食業管理局編、軽工業出版社）全一一巻が出版された。その後に、家庭向きの『大衆菜譜』(軽工業出版社、一九六六年一月初版）が続く。さらに一九七五～八二年には、『中国菜譜』(中国財政経済出版社）全一二巻が刊行された。これらは、中国各地方の料理を一つの国民料理として体系化した最初期の料理書として位置づけられる。

ちなみに、中華民国時代にも、数多くの料理書が出版されていた。例えば、『家庭食譜』(李公耳著、中華書局、一九一七年)、『家庭食譜』続・三・四編（時希聖編、中華書局、一九二四、二五、二六年)、『美味烹調秘訣——食譜大全』(李公耳編、世界書局、一九二五年)、『葷蔬烹調——中西食譜大全』(祝味生編、大通図書社、一九三五年）などがある。しかし、これらはいずれも、上海などで暮らす都市中間層の女子学生や主婦などに提供する日用的なレシピ集であり、科学的な観点から書かれた料理や食品に関する啓蒙書という意味では画期的であったが、全国および外国の人々に中国料理を体系的に解説しようとする意図は見られなかった。

図1－10　人民共和国初期の北京の「四大名コック」(左から陳勝・範俊康・羅国栄・王蘭，『北京晩報』1959年10月20日付)

人民共和国初期に『中国名菜譜』が編纂された政治背景として、当時の北京では、陳勝（広東料理人、一九五九年北京市労働模範)、範俊康（四川料理人で北京飯店副経理、一九五九年全国労働模範)、羅国栄（四川料理人、北京市政治協商会議委員)、王蘭

（淮揚料理人、一九五九年度北京市労働模範）の四人が、中国料理界の「四大名コック」（図1－10）と言われて、権威と発言力を有するようになっていた。この四人の名コックは、国宴の料理を担ったことから、彼らの「国粋食芸」が人民共和国の外交に不朽の貢献をしたと評価されて、「中国の外交業務の功臣」として讃えられた。

この陳勝・範俊康・羅国栄・王蘭に梁書増（新僑飯店、ロシア料理）をくわえた五名は、一九五九年、北京で調理技術実演大会が開催されると、「特級厨師」として最終審査に当たっている。この大会で優勝したのは、上海市から北京飯店に配属されてきた揚州料理の李魁南《りかいなん》であった。そして、一九六〇年一月、中央政府の商業部は、五四人の名コックに「第一批烹飪技師（第一期調理技師）」の称号を授けた。その筆頭が範俊康、序列二位が羅国栄、三位が陳勝、四位が李邦慶（北展餐庁、ロシア料理）、五位が王蘭、六位が梁書増であり、ほかにも九位に彭長海（後述の北京飯店譚家菜）、三一位に李魁南、四四位に伍鈺盛《ごぎょくせい》などがいた。[93]

このうち、伍鈺盛（一九一三～二〇一三年）について見ておきたい。伍は、四川省遂寧県に生まれ、三三年から重慶でもっとも有名な白玫瑰《はくばいかい》酒家に勤めた。国民党政権が重慶に移り戦時の首都にしたことで、蒋介石・何応欽《かおうきん》・宋子文・孔祥熙といった国民政府有力者のために宴会料理を作ることになった。とくに、蒋介石の重要な宴会を司るようになり、蒋の四つの公館すべてで料理を作り、そこでは宋美齢や蒋経国のねぎらいを受け、国民党・共産党両党の折衝のために来た周恩来の姿も見かけたという。一九四六年から二年間、上海の玉園餐庁で働いて、秘密結社領袖の黄金栄・杜月笙、大実業家の栄毅仁・胡文虎などの宴会料理も作った。その後、香港に移り、香港やマカオの総督にも料理を出した。

しかし、一九五一年に周恩来の招きを受けて、香港から北京に移り、中華人民共和国の建設に加わった。伍鈺盛は、国家副主席の張瀾（中国民主同盟の創始者の一人）、政務院副総理の董必武（中国共産党の創始者の一人）などに高く評価されて、西長安街に北京最大の四川料理店である峨嵋酒家を開き、梅蘭芳《メイランファン》（京劇俳優）や張友漁（法学家）といった各界名士の顧客を得た。

一九五一〜五六年には、峨嵋酒家が「三反・五反」運動（官僚・民族資本家の綱紀粛正を図る政治運動）の影響によって、休業を余儀なくされた。だが、伍鈺盛は、四〇年間の長きにわたって峨嵋酒家でコック長を務め、「峨嵋派」の四川料理を確立した。とりわけ、一九五〇年に伍が改良した「宮保鶏丁《ゴンバオジーディン》」（鶏肉とナッツの唐辛子炒め）は、鶏を四角い塊に切って熱の伝わり方を均等にし、味のしみこむ面を広くしたもので、最上級の料理「状元菜」として称えられた。[94] そして、一九五八年に刊行された前述の『中国名菜譜』には、その「宮保鶏丁」をはじめとして、伍の得意とする峨嵋酒家の八つの料理が収録され[95]て、五九年に、伍は人民共和国の第一期の「烹飪技師」五四人の一人に選ばれるに至ったのである。[96]

文化大革命と上海蟹

さて、一九六六年に文化大革命が発動されると、コックや服務員が何らかの特色のあるサービスを行うことは、「資産階級のために奉仕する」として批判された。そうした「修正主義経営路線」は、中国のフルシチョフである劉少奇と、その上海における代理人の陳丕顕《ちんひけん》（中国共産党上海市委員会書記、上海市のトップ）や曹荻秋《そうてきしゅう》（上海市長）が求めたものであると批判された。[97]

料理店は、労働者・農民・兵士のために大衆化されたが、大衆化とは、すなわち簡素化のことであった。その結果、地方料理店の伝統が失われて、四川・北京・広東・淮揚などの料理も特色がなくなった。[98]

例えば、前述の梅龍鎮酒家は、毎日昼間に南京西路で列を作る配達トラックの運転手たちが食事をする場所になったという。[99] また、「五味齋」は「人民」に、「新雅」は「紅旗」に、「大三元」は「工農兵」と、それぞれ革命風に店名が改められた。それればかりでなく、これらの店は、中の至るところに「毛主席像」「毛主席語録」が貼られて、労働者・農民・兵士向きの大衆食堂、さらには紅衛兵のアジトや無料食堂と化した。[100]

一九七六年、文化大革命を指導した「四人組」が失脚したのは、ちょうど蟹のおいしい秋だった。そのため、上海の人々は、四人組を「三匹の雄と一匹の雌」の蟹に喩えて、蟹を茹でて酒を飲んで勝利を祝ったという。そのことを報じる記事は、姚文元が「新編歴史劇『海瑞罷官』を評す」（一九六五年一一月一〇日）を発表して、文化大革命の発端を作った上海の『文滙報《ぶんわいほう》』に、一九七七年二月四日に掲載された。

『文滙報』によれば、四人組は何もできないのに、党・政府・軍・文化の至るところに蟹のように爪を伸ばして権力を握り、横歩きしかできない蟹のように横暴にふるまった。だが、結局蟹のように何も摑み取ることはできず、歴史の裁判台に登らされたという。[101]

改革・開放期の国家の名コックと日本

その後の改革・開放の時代には、コックの地位が再び上昇する。その背景には、調理協会の設立があった。一九八四年には「北京烹飪協会」、八七年には全国組織の「中国烹飪協会」、九一年に「世界中国烹飪聯合会」が創設された。くわえて、一九九四年には飲食業経営者のための「中国飯店協会」も設立されている。

そして二〇〇二年、北京烹飪協会が一六名の「北京国宝級烹飪大師」を選出し、〇六年、商務部が初めて全国の名コックを表彰した。二〇一二年、北京烹飪協会と商務部が、初めて「国家」の名称を冠したコックの立志伝集『国家名厨』（中国商業出版社）を刊行した。『国家名厨』に掲載される名コックの条件としては、まず何よりも、「愛国愛党」が求められる。そして、人格・技芸両面に優れて選ばれた六一名の「国宝級烹飪大師」を見れば、そのうちの三分の一以上にあたる二三名が、北京に居住しているコックである。[102]「国宝級」コックの選出は、首都・北京に偏重しているので、北京以外ではその声望や影響力も限定的であるかもしれない。

指摘すべきことに、「国宝級」コックの経歴を見ると、改革・開放初期の中国料理の発展、とくに「国家」を代表する名コックや国民料理として中国料理の確立において、日本が重要な役割を果たしていたことがわかる。例えば、「国宝級」の山東料理の泰斗とされる崔義清は、一九二二年に山東省済南で生まれ、三八年に済南の日本閣という料亭で日本料理を学び、その後に東京・銀座で西洋料理も学び、四六年から済南の聚豊徳で山東料理を修業した。そして一九六〇年代には、『中国名菜譜』の制作に加わるほどになっている。

また、「中華料理鉄人」の称号をもつ崔玉芬《さいぎょくふん》（一九四三年生）は、一九七〇年から北京の全聚徳《ぜんしゅうとく》烤鴨店に配属され、七四年から「全鴨席」の名コックであった王春隆を師と仰いだ。一九八二年に東京で新高輪プリンスホテルが開業すると、そこの中国料理店で二年間働き、昭和天皇にも料理を出して称賛された。一九八五年から、北京国際ホテルの山東料理店の料理長を務めた。そして一九九九年、日本のフジテレビの招待を受けて「料理の鉄人」に出演し、著名な陳建一を打ち破って「中華料理の鉄人」の称号を得た。

この崔玉芬のほかに、『国家名厨』で確認できるだけでも、「国宝級烹飪大師」六一名のうち一九名が、一九八〇年代から二〇〇〇年代前半にかけて日本にやってきて、ホテルのコックや料理長、調理実演・講演者、調理の国際大会の出場者・審査員などを務めている[103]。この時期には、日中両国間の経済格差が大きく、中国料理の一流コックにとって、日本は有望な働き場所となり、さらに日本での経歴が、中国で名望を獲得するのにも役立った。他方で、その当時の最高水準の中国料理が、時差なく日本に伝わっていたともいえる。

改革・開放期の地方料理の流行変化——広東料理・四川火鍋・上海料理

四川の人が、上海の四川料理店で四川料理を味わえば、それは四川料理ではないといい、広東の人が、上海の広東料理店に入れば、それは上海の広東料理であるという。一九八六年、上海市の飲食業者は、「ある料理系統の本物であることを強調すべきかどうか」について討論した。だが、結論は否定的で、上海の料理店は自らの道を歩み、上海料理の系統（「海派菜」「上海菜系」）の特色を創り出さなければならないと提案している。また、上海（本幇）料理店は、上海料理（本幇菜）のほかに、四川・山東・広東など各地方料理を提供して、顧客に選んでもらえばよいとも考えた[104]。こうして再び、上海における地方料理の目まぐるしい流行変化が始まったのである。

一九八〇年代、広東省では香港文化が改革・開放のシンボルであり、香港の広東料理が熱狂的に受け入れられ、その流行の波は、中国全土の大都市に広がり、上海では「粤菜北伐」といわれた。民国期には蔣介石の北伐に喩えられた、広東料理の流行の再来である。上海では多くのレストランが、香港から招いたコックを呼び物とし、なかでも新鮮な海鮮料理がもてはやされた。その後、潮州料理が流行り、多くのレストランが潮州式を標榜するようになった[105]。

一九八九年六月の天安門事件では、民主化運動が弾圧され、改革・開放も停滞した。だが、一九九二年、鄧小平が南方各都市で、市場経済の推進を唱えるいわゆる「南巡講話」を発表する。その後、個人経営店に対する規制が緩んだことから、全国規模の家常菜（家庭料理）ブームが起こった。[106] それは、豪華な海鮮を中心とした広東料理のライバルになった。例えば、一九九〇年代半ばの上海では、接待用の高級料理店が軒を連ねる黄河路に対して、「熗蝦」（エビと野菜などの和え物）、「酔蟹」（蟹の酒漬）、「咸泡飯」（スープかけご飯）といった家常菜を出す手軽な店が中心の乍浦路の美食街が競合した。[107]

さらに、同じ頃の上海では、広東料理や家常菜にくわえて、四川料理、とくにその火鍋料理が人気になり、一九九二〜九三年冬頃には「四川火鍋」、九五〜九六年冬頃には「鴛鴦《えんおう》火鍋」（白赤スープの二色鍋）が流行した。[108] 当時の四川料理は、一般的には「大菜不辣小菜辣」（大皿の宴会料理は辛くなく小皿の家庭料理は辛い）といわれていた。宴会には様々な嗜好の人々がやってくるので、誰の口にも合う料理にする必要があったからである。こうしたなかで、前述の錦江飯店の四川料理も、上海で再び脚光を浴びた。それは、四川をルーツとするが、四川とは異なる独特の味になっていた。例えば「巴蜀飄香」という料理は、福建料理の高級スープ「佛跳牆《ぶっちょうしょう》」の特色などを取り入れて、辛いと同時にとても味がよかったという。[109]

そして、一九九〇年代末からは「上海料理」が、上海市そして全国で注目を集めるようになった。その頃、上海の旧県城地区では、豫園・湖心亭の茶館（一八五五年創業）や緑波廊（明代以来の歴史があるが一九七八年に料理店になった）、南翔饅頭店（一九〇〇年創業とされる）といった老舗料理店を囲む中心街が再開発された。さらにその近くの通りにも、明清時代や中華民国時代の街並みを再現した「上海老街」がつくられて、地方の特色のある観光地として整備された。

このように、地元政府・企業・有力者が往事の街並みを復元して、地元ならでは飲食物を提供する観光開発は、全国各都市で進められる。ただし、社会人類学者の河合洋尚が、広州市西関でのフィールドワークから明らかにしたように、新たに創られた「食の景観（foodscape）」は、古くからそこに住む地元民の目には、偽物であり不適切なものに映っていた[110]。

一九九九年頃、上海市の二万余りのホテル・レストランの約三分の一が、上海料理（「上海菜」「本幇」）を売り物にしていたという。さらに上海料理は、一九九〇年代末に初めて全国的に流行し、北京や深圳などでも「上海本幇菜」「正宗上海菜」「上海家常菜」の広告が見られるようになった。北京でも、広東料理・四川料理に続いて、上海料理が一世を風靡し、一九九七年の時点で三〇店以上も比較的大きな上海料理店ができた。例えば、北京のレストラン「夜上海」は、一九三〇年代の映画『天涯歌女』『馬路天使』などのポスターを貼り、当時の流行歌「四季歌」などのレコードをかけた。上海料理店は、しばしば「海派文化」を前面に押し出しながら、料理をプロモーションしていた。

しかし、上海では、流行に乗って広東料理などから鞍替えした店も多く、上海以外の上海料理店では、上海出身者が経営している店はほとんどなかった。そのため、上海料理（「本幇菜」）のメニューに、四川料理の「麻婆豆腐」や、広東料理の「蠔油牛肉」（牛肉のオイスターソース炒め）も見られるようになった。それは「離譜」現象（本来の献立からかけ離れる現象）と称された。こうして、偽物の上海料理（「假本幇」）が出回るなかで、本物の上海料理とは何かが繰り返し議論された[111]。

ちなみに香港でも、上海料理店はもともと、上海からやってきた一部の人々だけが利用し、多くの香港市民には知られていなかったが、一九九〇年代末になって、高級上海料理店が続々と開店した。香港特別行政区の初代行政長官・董建華（一九九七〜二〇〇五年在任）は、一九四七年に一家で上海から香港に移住してきた大実業家であった。董は、行政長官在任中に上海を訪れた際、わざわざ徳興館の総経理で「国家級高級技師」の任徳峰を招いて料理を作らせた(112)。

客家料理・「新派粤菜」から見る香港社会の変化

一八四二年、アヘン戦争に敗れた清はイギリスと南京条約を締結し、香港島がイギリスに割譲された。さらに、アロー戦争の結果、一八六〇年に締結された北京条約では、九龍半島南部がイギリスに割譲され、九八年には九龍半島北部の新界も、九九年間の期限でイギリスが租借した。

こうして、一九世紀にイギリスの植民地となった香港は、二〇世紀の大半もイギリス帝国の一部であり続けた。香港は、アジア太平洋戦争中に日本軍によって占領されたが、戦後にはイギリスが植民地支配を再開し、一九四九年に成立した中華人民共和国もその状況を維持・利用した。イギリスによる香港統治は、一九八〇年代の返還交渉を経て、新界の租借期限が切れる九七年に、中国が香港全域を回収して終わった。

このような香港の二〇世紀史を、中国料理に注目して論じた名著として、飛山百合子が香港随一の料理評論家・実業家の唯靈《ウェイリン》（一九三六年～）に取材した『香港の食いしん坊』（白水社、一九九七年）がある。『香港の食いしん坊』は、唯靈と飛山の中国料理に対する造詣の深さを遺憾なく発揮して、示唆に富む。だが、おもに唯靈の体験と認識に基づいて書かれていることから、史実の考証が不十分で、不正確な記述もある。また、二一世紀の状況は論じられていない。

本書では、これらの点を補いながら、まずは客家料理と「新派粤菜」という対照的な二つの流行を取り上げて、香港の食文化の現代史を振り返りたい。

図1－11　代表的な客家料理の梅菜扣肉
（梅菜という漬物と豚バラ肉を蒸した料理）

①客家料理——梅菜扣肉

第二次世界大戦後間もない一九五〇年代の香港で、客家《ハッカ》料理が流行した。客家は、漢族ではあるが、「客人」「新来者」を意味し、典型的には中国南部の辺鄙な高原地帯などに分散して住んでいて、各地域における社会的な地位も低かった(113)。また、客家は、古代以来、北方から南下してきた人々とされており、中原（黄河流域）の古音を残すといわれる客家語を話すエスニック・グループである。

客家料理は、「肥」（脂っぽい）、「咸」（塩辛い）、「香」（香りがよい）を特徴とし、大移動の歴史を反映して、塩漬けの魚や肉、乾燥野菜、漬物などの保存食に長けている。代表的な客家料理としては、醤油で下味を付けて揚げた豚バラ肉と「梅菜」という漬物を蒸し上げた「梅菜扣肉《メイツァイコウロウ》」（図1－11）などが有名である。一九五〇年代の香港では、軽工業が発展し、大規模なインフラ整備も進められていたので、それらで働く労働者にとって、おいしくて脂肪分豊富な客家料理は好ましいものであった。香港の客家料理は、一九六〇年代に最盛期を迎えて、三〇軒以上の客家料理店ができたという(114)。

とはいえ、一九八〇年代までには、香港の急速な経済成長をへて、生活に余裕のある層を中心に、いっそう繊細でエキゾチックで洗練された料理への欲求が強まった。その結果、客家料理レストランは衰退した。

ところが、一九九〇年代末、客家料理が、再び脚光を浴び始めた。その背景には、第一に、客家料理が香港の経済発展を映し出すものであり、老年世代に古き良き日々の記憶を思い起こさせたこと、第二に、香港住民が日常的に華南地方へと旅行に出かけるようになり、客家村落も観光地化されて、そこで伝統的な食生活が再現されたこと、第三に、香港経済の不況によって高級ディナーの需要が大幅に低下したことなどの理由があった。(115)

②新派粤菜――素材の味を生かす広東料理

続いて、「新派粤菜（ヌーベル・カントニーズ）」（新広東料理）の興隆について見たい。それは、一九七〇年代初頭のフランス料理の新たな潮流である「ヌーベル・キュイジーヌ」の影響を受けて、香港で七〇年代に開花し、八〇年代に盛んとなったコスモポリタン的な広東料理と定義できる。

その特徴は、海鮮素材や果物・野菜を多様に使いこなし、炒め物や揚げ物を減らして、素材の持ち味を生かした軽くて健康的な調理をし、塩分やスパイスを抑えた薄味で、「上湯（シャンタン）」と呼ばれる手間のかかるストックを作り、干しアワビや干しナマコなどの乾物を多用し、しばしば無地のボーンチャイナに盛り付けて素材をよく見せることなどであった。また、日本料理の影響も受けて、ワサビなども用いられることがあった。(116)さらに、「野味」といわれる蛇、キョン（鹿）、狸などの野生鳥獣（ジビエ）の料理や、フルーツを多用した料理、食後のフルーツの盛り合わせ、「外省菜」（広東以外の中国各地方の料理）なども、新派粤菜の重要なポイントになった。

大手外食企業のマキシムグループ（美心集団）は、一九七一年、「翠園（ジュードガーデン）」を開店した。それは、中国料理店に洋風のサービスと経営手法をいち早く導入し、タキシードに白手袋をはめたウェイターが、小皿に取り分ける「マキシム式サービス」を普及させた。また、「外省菜」の店をチェーン展開するなど、マキシムグループは、新派粤菜の興隆に大きな役割を果たした[117]。

ただし、広東料理が常に変化するなかで、新派粤菜の潮流がいつ興ったのか、特定するのは難しい。一九三〇～四〇年代の上海式広東料理はすでに、例えば、日本式の刺身の前菜、パイナップルやレモンを使ったアヒル・鶏肉料理、「龍蝦沙律」（イセエビの身をゆでてマヨネーズであえて、頭と尾の間に盛りつけたサラダ）など、香港の新派粤菜を連想させる料理を出していたという。他方、初期の新派粤菜は、例えば、丸焼きの仔豚の目にチェリーをあしらったり、電球を点滅させたりするなど、既存の料理の盛り付けに工夫を凝らして、新しさを演出するようなものが多かった[118]。

図1－12　萬寿菓魚翅（パパイヤのフカヒレ蒸しスープ，周中菜房・白金亭）

新派粤菜の出現の背景には、一九七〇年代までに香港が、ビジネスマン、ホワイトカラーを中心とする分厚い中間層を擁する豊かな現代都市となり、彼らがより洗練された高級料理を求めたことがあった。一九八〇年代以降には、カナダの都市部のモールにも、新派粤菜のレストランが登場した[119]。

こうした新派粤菜の台頭に伴って、旧来の「甘脆濃肥」（甘く、パリパリし、コクがあって、脂っこい）という味覚が時代遅れになると、保守的な「老派粤菜」も、時代のニーズである「清淡自然」（あっさりとして薄味、食材の味が生きている）という味覚に近づかざるをえなくなった。そのため、一九九〇年代には、「新派」と「老派」の垣根がしだいになくなり、香港の広東料理として次のステージに入っていったとされる[120]。

なお、日本では、新派粤菜の代表的なシェフの一人であった周中が、二〇〇六年に東京・白金台で「周中菜房　白金亭」を開店している。この店は、パパイヤの実の容器をくり抜きながら食べるフカヒレの蒸しスープ（「萬寿菓魚翅」）がおいしい（図1－12）。それは、ハワイで冬瓜のスープを作ろうとした周中が、市場で冬瓜を入手できないことから思いついた料理だという。

「盆菜」から見える香港政治

そして、一九九〇年代の香港では、土着的・家庭的・伝統的な調理技術を前面に出す、田舎風料理が人気になった。そのなかでももっとも有名になったのが、「盆菜《プンチョイ》」と呼ばれる宴会料理である。盆菜は、香港郊外の新界地域に古くから居住する人々の間で、一般に祖先祭祀の儀式や結婚式の披露宴などで出されるメイン料理である。安価な食材を何層にもわたって一つの大きな「盆」（たらい）のなかに盛り、人々はそれをテーブルの中心に置いて、全員で手を伸ばして食べる。

盆菜を食べること（「食盆」）は、食事をともにすることで、宗族（父系同族集団）の境界を明示する役割を果たし、新界の地方政治から客家系の人々を排除する働きをすることがあった。さらに、新界の盆菜文化は、地元の観光産業の振興に一役買い、一九九〇年代以降には、外国人観光客よりもむしろ地元観光客を引きつけるようになった。

盆菜の起源については、様々な言い伝えがあるが、いずれにせよ、盆菜は近年になって「再発見」された土着料理であり、地元の観光業者によって、「伝統の味」として、大々的に喧伝されたものである。それは、多くの香港住民にとって、中国大陸と区別される香港の土着の伝統としてイメージされるものであった。盆菜のような香港の土着的、田舎的、前植民地的な伝統の探求は、一九九七年の香港返還前後の不安定な時期において、香港住民の間で芽生えたアイデンティティの自覚および危機を反映したものであった。

盆菜は、一九九〇年代の香港で、イギリス支配の終焉が近づくにつれて、多くの香港住民が文化的な帰属意識を求めているという、政治的なメッセージを帯びて、新界だけでなく、香港全体の統合のシンボルになった。[121] そして、一九九七年六~七月には、香港政府観光局（当時は「香港旅遊協会（Hong Kong Tourist Association）」）などの行政組織や各種団体が、香港におけるイギリス支配の終焉という歴史的イベントを祝うために、盆菜の宴会を開いた。こうして盆菜は、香港のイギリスから中国への返還、そして中華人民共和国の特別行政区という香港の独特な地位の象徴になった。[122]

ただし、盆菜は、その後にチェーン・レストランなどで商品化されて、政治的な意味が薄められた。二〇〇〇年頃から、マキシムグループのチェーン店が、春節に盆菜を提供し始めて、ほかのファーストフード・チェーンも追従したので、〇四年頃までに、香港では一年中いつでも盆菜を食べることができるようになった。マスメディアは、盆菜を「本物の香港料理」、広東人にとって長い伝統を有する新年の食物として宣伝した。盆菜は、家族の集まりなどのために買って帰るのに便利であることから、香港の都市中間層の間で人気になった。

とはいえ、香港の九割以上の住民は、新界出身ではなく、もともと盆菜のことを知らなかったので、それを新界の料理と考えて、香港全体の伝統文化とは認識していなかった。その意味で盆菜は、近年に創造された香港の文化遺産の一つである。[123]

そして、香港・新界をフィールドとした著名な社会人類学者のJ・ワトソンによれば、二〇一〇年代半ば以降、盆菜は香港の社会・文化の変化を反映して、再び政治的な色彩を強めているという。二〇一四年、行政長官の選挙方法に抗議する反政府デモ（「雨傘運動」）が起こり、香港の自治や民主化を求める運動が高揚するなかで、盆菜は、中華人民共和国への忠誠の意味合いをもつ料理となっていった。

　例えば、二〇一四年に放送された中国中央電視台の『舌の上の中国（*A bite of China*）』（後述）では、盆菜が、香港に隣接する経済特区・深圳にある広東人の村の宴会料理、そして広東省北部の梅州の客家の料理として登場していた。中華人民共和国では、盆菜は香港のものではなく、広東のものと認識されているのである。

　二〇一七年には、香港が中国に返還された二〇周年を祝って、盆菜を食べる宴会が数多く開かれた。例えば、新界のある組織が開いた盆菜の宴会では、一万三〇〇〇人が香港回帰二〇周年を祝い、政府の経済改革を支持し、反政府デモの中環占拠に反対したという。もちろん、反政府デモの参加者も盆菜を食べることはあったが、それが運動の象徴になることはなかった。

　また、同年には、ロンドンのチャイナタウンの中心・ジェラード通り（Gerrard Street）でも、香港特別行政区政府の経済貿易代表部とつながりのあるロンドン・チャイナタウン協会が、盆菜の宴会を組織した。そこには、国際開発担当大臣（Minister of State for International Development）や、いくつかのロンドン自治区の区長などを含む、約八〇〇人が招かれたという。

　さらにこの年、盆菜は、香港の代表的な無形文化遺産の一つに選定されて、中国政府に登録された。こうして盆菜は、香港の脱植民地化、香港が中国の一部であることを意味する料理として、不動の地位を確立し

図1－13　香港の盆菜

たのである。(124)

以上のように、清代から中華民国時代をへて、中華人民共和国期に至るまで、様々な料理が、都市文化の一部になって、国内政治の影響を受けながら、目まぐるしく盛衰してきたことがわかる。都市と国家の発展が、全国各地の料理を融合し、新たな食文化を生み出すスピードは、近代において著しく速まった。

とくに、中央政府が強力な中華人民共和国の樹立は、中国料理の体系化を促し、国民料理の形成をもたらした点で重要であった。次章では、中国の内政から外交に目を転じて、中国が外交の現場で用いる料理の変遷を見ていこう。

第3章　中国の国宴と美食外交――燕の巣・フカヒレ・北京ダック

グラント米国前大統領の世界一周と中国・日本料理

さて、アメリカ合衆国の南北戦争（一八六一～六五年）において、北軍の司令官としてその勝利に貢献したユリシーズ・S・グラント将軍（Ulysses Simpson Grant, 一八二二～八五年）は、一八六九年三月から七七年三月まで、第一八代大統領に在任した。そして、大統領の退任から間もないグラントは、一八七七年五月、フィラデルフィアを出発して、七九年九月にサンフランシスコに到着するまでの二年余りをかけて、妻子らとともに世界一周の旅をした。

グラントの世界一周旅行に同行したアイルランド生まれのジャーナリストのジョン・R・ヤングは、早くも一八七九年内に、『グラント将軍と世界一周旅行』という、イラスト付き、二巻組の旅行記を刊行して大きな反響を呼んだ(1)。

①タイ――西洋料理とタイ風カレー味の料理

この世界一周の終盤において、グラントは、アメリカの大統領経験者としては初めて、一八七九年四月にタイ（当時はシャム）、五月に中国（当時は清）、六月に日本を訪れて、各国の首脳に丁重なもてなしを受けている。

タイ国王が主催した晩餐会では、アメリカ人たちが手を出せなかったタイ風カレー味の何品かをのぞいて、ヨーロッパ式の料理が提供された(2)。一八七〇年代のタイ王宮では、第二部第3章で見るように、ラーマ五世が熱心に西洋料理と西洋食器を導入する最中にあった。

②中国――フォークとナイフで食べる燕の巣のスープ、フカヒレの煮込み、アヒルの焼き物

こうしたタイや、後述の日本では、政府主催の国宴が、西洋料理で行われたのに対して、中国での国宴は、中国料理がふるまわれていたことが特徴的である。広東（広州）での晩餐会は、おそらく両広総督の劉坤一が主催したものと考えられるが、ナイフ・フォーク・グラスが使われたほかは、完全な中国料理であり、箸も出されたという。燕の巣のスープ、フカヒレの煮込み、豚の丸焼き、アヒルの焼き物などを含んだ約七〇品にも及んだ料理は、これ以上ない最高ランクのもてなしであったといえる。

ところが、ヤングは、燕の巣のスープを「彼らの文明の到達点の一つ」として尊重しながらも、「単純に味がなく」、「味付けが必要な、不快ではない粘り気のある食物」と批評している。さらにフカヒレの煮込みに至っては、中国でとても珍重されていることを理解しつつも、「油っぽくて悪臭を放つ」と酷評している。また、グラント一行は、中国の晩餐ではパンが出ないこと、食事の間ずっと共有する大皿やそこから料理をつまむ箸を交換しないことに、不満を感じていたようである(3)。

グラント一行は、マカオ・上海を経由して、天津に寄り、そこで直隷総督兼北洋通商大臣の李鴻章に会った後、北京に向かった。北京の宮廷では、幼少の光緒帝やその後見人の西太后に代わって、光緒帝の叔父で軍機大臣・総理衙門大臣の恭親王（愛新覚羅奕訢《えききん》）が、グラント一行をもてなす国宴を主催し

た。北京の晩餐会では、やはり燕の巣のスープ、フカヒレの煮込み、アヒルの焼き物などが出されたが、広東・上海・天津での宴会とは異なって、静かな雰囲気で行われたという。グラントと恭親王たちの会談は、ダイニングルームのテーブルに茶・菓子・シャンパンを置いてさらに続けられた（図1－14）。

その会談の話題は、中国の教育、資源開発、外国の政治的影響などに及んだ。とくに、恭親王は、日本の琉球処分について、「琉球は明代から中国の主権を認めてきたが、この島の国王が日本に連れて行かれて退位させられたので、その主権が消失した」のであり、これは国際法に反すると批判して、日本がこれについて清国側と何も議論しようとしないことに不満を表した。それに対してグラントは、今は一介の民間人なので力はないとしながらも、非戦の重要性を説き、日本でこの問題を協議することを約束している。

図1－14　U・S・グラントと恭親王（愛新覚羅奕訢）の会談（1879年）

グラント一行は、日本に向かう途中で、再び天津を通る。そこで再会した李鴻章は、恭親王の議論を繰り返したうえで、琉球諸島が日本に領有されれば、清国の太平洋への通商ルートがふさがれるので、清国はこれを許すわけにはいかないことを付け加えた。李鴻章に対して、グラントは、この問題の平和的な解決の助けになることに意欲を示している。

そして、一八七九年六月の天津では、食文化交流としての意義もある宴会が開かれた。天津の海関税務司のG・デットリング（Gustav Detring）は、グラントと李鴻章をディナーとイブニングパーティーに招いた。李鴻章は、一八九六年に外遊するが、それよりもずっと以前に、女性も出席する夕食会の席で、欧米人に会って社交する最初の機会を得ることになった。

また、李鴻章夫人が、グラント夫人や天津租界に在住する何人かの欧米人夫人を、夕食会に招待した。会場のテーブルは、ヨーロッパ式に設置されて、フランス製の銀食器が置かれ、多くの花が飾られ、さらに隣室にはピアノも置かれた。料理は、まず先にヨーロッパ式のコースが出され、続いて銀の器、銀の小柄杓《こひしゃく》、象牙の箸とともに、中国料理と中国酒が出された。ただし、欧米の夫人たちは、懸命に中国料理を試し、箸も使おうとしていた一方、中国の夫人たちは、中国料理だけを食べていたという(4)。

③日本――魚の天ぷら・刺身・汁物

世界一周の最後に、グラントは日本を訪れた。それは、アメリカ合衆国の大統領経験者による初めての訪日になった。日本では、一八五四年の日米和親条約調印後、幕府が横浜でM・C・ペリー提督らを鮮魚中心の本膳料理で饗応したが、「琉球人のほうが明らかに日本人より食生活では優っていた」などと不評であった(5)。そのためか、一八六七年に徳川慶喜将軍が大坂城で英・仏・米・蘭の四国公使を饗応した際には、横浜の外国人居留地でホテル経営をするフランス人にフランス料理を調製させている(6)。

その後も日本政府が主催する国宴で、日本料理がふるまわれることはなかったようである。だがその代わりに、グラント来日の際には、長崎の商人たちが市中の古い寺院に一行を招いて、六〜七時間にもわたって地元料理をふるまって盛大にもてなしたことを、ヤングが詳細に記録している。

何種類もの魚の汁物、シマダイなどの天ぷら、刺身、なます、海藻といった海産物料理が充実し、料理を富士山の風景のように盛り付けるなど、外国人に対して日本料理の特色を強調するコースになっていたようである。しかし、グラント一行は、米と日本酒だけで、パンやワインがないことに不満を感じており、また、盆上で跳ねる活魚をスライスして食べる勇気ももてなかったようである[7]。

グラント夫妻は東京に行き、皇居で岩倉具視にエスコートされて、明治天皇と皇后に会見している。グラントは、大統領在任中の一八七二年、訪米中の岩倉使節団に会見しているので、岩倉とは七年余りぶりの再会になった。そして、この再会当時の岩倉は、明治政府の中枢を担っていた。この会見で、明治天皇は自ら進んでグラントと握手を交わした。それは、日本の天皇が賓客と交わした最初の握手とされる[8]。

天皇は、後日に改めて、グラントとの非公式の会談を申し込み、皇居で岩倉具視らをまじえて、長時間にわたって談話した。そこでは、国会の開設や、外債の危険性などが論じられたほかに、中国で恭親王や李鴻章がグラントに託していた琉球問題も話題にされた。岩倉が、清国との友好関係の重要性を確認し、グラントは、諸外国に東アジアでの影響力を拡大されないためにも、日本と清国が琉球問題などを話し合って、戦争を避けるべきであると力説したという。

しかし、岩倉具視は、グラント一行が訪れた日光に、伊藤博文と西郷従道を派遣して、七月二二日に再度、琉球問題を論じさせている。伊藤が、琉球に対する日本の主権は、古くからのものであると主張すると、グラントは、清国が容認して日本の権利も侵害されない方法があるかもしれず、軍事力では日本が清に勝るかもしれないが、日本と清の戦争はヨーロッパ諸国に利すると、改めて説いたという[9]。

④サンフランシスコでの華人の歓迎

世界一周を果たしたグラント一行は、一八七九年九月、サンフランシスコに到着した。グラントは、市長をはじめ各方面の代表者から歓迎を受けた。だが、そのなかで、サンフランシスコの華人商人の挨拶は、受け入れるかどうかが問題になった。一八七〇年代のカリフォルニアでは、第三部第1章で見るような、反華人感情がピークに達していたからである。

しかし、グラントは、中国の支配者や政治家に親切にしてもらった返礼として、アメリカの華人に対して厚意を示したいと考えたという。I・マクドウェル将軍の公邸で開かれたレセプションの日に、グラントは華人代表と表だって挨拶を交わしている。(10)

清末民国期の国宴——消える鹿肉料理

以上で見たグラントの世界一周旅行記をのぞいては、清国および中華民国の政府が外国人賓客をどのような料理でもてなしていたのかについて、詳細に記した史料があまり残っていない。しかしここでは、中国政治外交史を研究する川島真が発掘した史料を一つ紹介しておきたい。

台湾の中央研究院台湾史研究所には、一九一〇年一一月一一日(宣統二年一〇月一三日)、清国の外務部が主催した晩餐会のメニューが残されている。そこでは、「清湯官燕」(燕の巣のスープ)、「焼桂花魚」(鱖魚の煮込み)、「白焼魚翅」(自然の味・色のフカヒレ煮込み)、「紅焼鹿筋」(鹿肉の醤油煮込み)、「白焼鼈群」(自然の味・色のスッポンの煮込み)、「炒八宝菜」(五目炒め)、「紅酒沙雀」(赤ワイン)、「焼鴨」、「什錦桂花糕」(キンモクセイの蒸し菓子)、「鮮果」(果物)が出されていたことがわかる。(11)

これらは、清末当時の宮廷料理を反映しており、鹿肉料理には、支配民族である満洲族の影響を見ることができる。また、「白」(調味料で味つけせずに材料本来の自然の色に仕上げる)や「白煮」(スープや湯の中で白煮する)は、「焼烤」(肉類の直火あぶり焼き)と並んで、満洲族に特徴的な調理法であり、(12)「白焼」がこの献立にも見られる。

くわえて、このコースでは、中国料理に洋酒（赤ワイン）が合わされている。同史料には、チーズ・バター・ホワイトソース・フォアグラ・生野菜などを使った、フランス料理のコースのメニューも掲載されている。そのため、清末の外国人賓客は、中国料理だけでなく、フランス料理でももてなされていたことが確認できる。

そして、満洲族の建てた清王朝が滅亡した後、中華民国の国宴では、清朝時代に一躍上等な食材となった鹿の尾などの料理が出されなくなった[13]。そのことは、一九一三年一〇月一〇日、袁世凱が中華民国の大総統に就任した日の夕食会の献立からもわかる。イギリス代理公使のダニエル・ヴァレらの記録によれば、「燕の巣、フカヒレ、エビ、鶏の煮込み、ほうれん草と肉、卵ケーキ（カステラ）、魚の煮込み、鴨の煮込み、野菜、果物、コーヒー」が出されたという[14]。この献立には、鹿肉、直火あぶり焼きの料理、できるだけ調味料を使わない「白」の料理などが含まれず、満洲族の影響が完全に消し去られている。

他方、清代に漢族の料理（「漢席」）を代表した燕の巣のスープやフカヒレの煮込みは、中華民国の国宴にも引き継がれていた。これらにくわえて、アヒルの丸焼き（後の「北京ダック」）などが、外国人賓客を接待する国宴に不可欠の料理として、清国から現在の中華人民共和国まで引き継がれていく。

譚家菜のフカヒレ煮込み――広東料理が国宴料理になるまで

中華人民共和国の国宴を論じる前に、清末民国期に名を馳せた「譚家菜」が、国宴料理の一つになるまでを見ておきたい。譚家菜の確立は、広東の美食家の料理が中国を代表する料理となる軌跡であり、近代中国において個人・家族・地方の料理が国民料理になる一例である。

広東料理（「粤菜」）は、中華民国時代に一つの隆盛期を迎えた。とくに、江太史公（江孔殷）（一八六四〜一九五一年）の「太史菜」と、そして譚篆青《たんてんせい》の時に全盛期を迎えた「譚家菜」が、名声を勝ち得た。この二つの料理は、「食は広州にあり（食在広州）」の時代を開いたと言われることも多い[15]。そして、太史菜が、広州で広東料理の伝統を守ったのに対して、譚家菜は、淮揚料理など他系統の料理と融合し、北京で最高級の「官府菜（官衙料理、官吏接待料理）」、さらには国宴料理となった。

清末北京の官員はしばしば、相互に宴会を開いて接待し合っていた。広州出身の譚宗浚（一八四六〜八八年）は、北京の翰林院（詔勅などの文書を起草する官庁）の役人になると、北京の料理を故郷広東の料理と巧みに融合させた、独特の風格のある美味でもてなした。譚宗浚は、四川、江南、雲南に赴任した後、役人の道を退いて、故郷への帰途に病没した。

しかし、三男の譚篆青は、美食への情熱では父・宗浚に劣らず、父に随って各地に赴くと、そこで古い食譜（献立集）を集めた。父の没後、譚篆青は、広東の故郷には戻らず、北京に定住して官職に就いた。他方で譚篆青は、民国初年から金を惜しまずに各地の有名コックを招き、それに伴って譚家菜が、多くの人々に称賛されるようになった。当時の北京では、段祺瑞（北京政府の陸軍総長などを歴任）の「段家菜」をはじめとして、いくつかの私家菜の名声が広まっており、譚家菜もそれらに加わった。譚家菜の礎を築いたのは、譚篆青であったといえる。

一九二〇年代、譚家はすでに没落していたが、譚篆青の美食への情熱は衰えることがなく、家財や家屋を売却して、それを続けていた。しかし、家が困窮するなかで、譚篆青はついに譚家菜を売ろうと思い至り、宴会を請け負って代金を受け取り始めた。ただし、家の体面を保つために、看板をかけて営業することはせず、家のなかで宴会するだけにして、「家厨別宴（家の厨房の宴）」と名づけた。一九二三年の曹錕賄選（曹錕が国会議員を買収・脅迫して中華民国大総統になった選挙）の前後、北京では、賄賂で潤った議員などが現れて、高官の間で贅沢な食事が蔓延した。そうしたなか、譚家菜も、上流社会の間で一世を風靡して、なかなか予約が取れないほどになったという。

譚家菜の一番のコックは、陶三という淮揚料理の名手のお抱えコックなどから学んだ第一夫人であり、それを第二夫人が手伝った。一九二〇年代末に両夫人が亡くなると、譚篆青は料理に長けた第三夫人を広州から娶って、北平で譚家菜の提供を続けた。一九三〇年代、国民政府の行政院院長であった汪精衛が、北平で宴会をするために、譚家からコックを借りだそうとしたが断られた、というエピソードが知られている。一九四〇年代になると、譚篆青とその第三夫人が相次いで亡くなり、譚家菜は精神的支柱を失って没落した。そのため、譚家菜から、彭長海（前述）・崔鳴鶴・呉秀全と彼らの弟子の陳玉亮が独立して、四人のコックで北京の西単に料理店を開いた[16]。

人民共和国成立後、政府は譚家菜を保護するために、それを広東料理店の「恩成居」に吸収させて、譚家菜部を作らせた。西単付近に移った恩成居は、前院で一般の広東料理を、後院で譚家菜を販売した[17]。とはいえ、譚家菜を食べたことのある高級官員たちは、人民共和国成立前に逃亡したり、没落したりしていた。また、彭長海らも、共産党政権下の北京で、旧社会の最高級の官衙料理（「官府料理」）を標榜することはできなかった。

しかし、一九五八年、周恩来がフランスからの賓客を接待する際、外交部礼賓司（儀典局）が彭長海らの譚家菜を用いることを提案した。その機会に譚家菜を味わった周恩来らは絶賛して、それは国粋的な料理であるから、できる限り保護すべきだと考えたという。そして同年、彭長海らは全員で北京飯店に入り、北京飯店には山東・広東・四川・淮揚料理に続いて、譚家菜が加わることになった。北京飯店は、多くのコックを育てて、後述の人民大会堂や釣魚台《ちょうぎょだい》国賓館にも輩出したので、譚家菜は、国宴料理の一部になったといえる。

譚家菜の特徴は、強い火力で急速に炒めることはせず、焼く、蒸す、「燴」（片栗粉の餡かけで煮たてる）、「燜」（ふたをしてとろ火で煮込む）、「扒」（とろ火で長時間煮込む）など、いずれもゆっくりと火をかける技術を用いる料理である。また、塩と砂糖だけを用いて、食材のおいしさを引き立て、胡椒・山椒・味精（旨味調味料）は用いない。フカヒレと燕の巣が、譚家菜の宴会料理の双璧といえる。[18] 北京飯店内の譚家菜は、今日では国賓以外の一般人にも開放されており、筆者は二〇一九年に訪れたが、やはりそこは個人で食べに行く所ではなく、公費の宴会を行う所なのだと感じた。

北京飯店と「開国第一宴」の淮揚料理

さて、中華人民共和国の建国者である毛沢東は、乾隆帝や西太后のように、食物に関して贅沢を追求することはしなかったが、孫文らと同じように、中国料理に対して大きな誇りをもっていた。一九五〇年代に毛沢東の保健医を務めた徐濤の回想によると、毛沢東は次のように語っていたという。すなわち、「中国には世界にもっとも貢献するものが二つあり、一つは中国の医学、漢方薬であり、もう一つが中国の料理である。飲食も文化である。全国にいくつもの省や地方があるので、料理も何種類あることか?」、「西洋人の食物は脂っぽく、西にいけばいくほど脂っぽくなり、彼らのなかには心臓病になる者が中国よりも多い」、「中国料理は道理にかなっており、健康に関しては西洋料理よりもずっと良い」などと述べた。[19]

本章ではとくに、中国の「国宴（国家宴会、state banquet）」について見ていく。それは、国家元首や政府首脳が、国外の賓客や国内の要人を招いて挙行する正式な宴会である。政府が主催する「公宴」には、「国宴」のほかに「省宴」「市宴」「県宴」「郷宴」などもあるが[20]、それらのなかで「国宴」は、もっとも格式の高い宴会である。また、外交上の宴会には、「国宴」のほかに「晩宴（晩餐会）」、「招待会」、「鶏尾酒会（カクテルパーティー）」、「茶会」、「便餐（食事会）」などもあるが[21]、「国宴」はもっとも厳粛で正式な宴会である。

一九四九年一〇月一日、建国式典（「開国大典」）の後、周恩来・朱徳・劉少奇など中央人民政府の指導者と国内外の来賓六〇〇人余りは、ともに天安門広場から北京飯店に移動して、正午[22]から中華人民共和国の初めての国宴を盛大に開いた[23]（図1－15）。

図1－15　中華人民共和国の開国第一宴（1949年10月1日，北京飯店）

その会場となった北京飯店は、北京（北平）の中心部に位置する数少ない高級ホテルとして、激動する中国近代史の舞台になってきた。北京飯店は、一九〇〇年、フランス人が東交民巷で開業し、翌年、義和団を支持した清朝の軍隊による公使館区域の包囲を解いた八カ国連合軍の駐屯地の北側に移転し、さらに〇三年に、長安街・王府井南口の現在地に移転した。北京飯店は、孫文が一九二五年にこの世を去る前に最後に宿泊したホテルであり、三六年の西安事件の後に、張学良が蒋介石と最初に会ったホテルにもなった。

アジア太平洋戦争が勃発すると、北京飯店は、フランス人経営者から日本人経営者に売り渡され、戦後には国民政府によって接収された。一九四六年一月にはそこで、国民党の張群、共産党の周恩来、アメリカのジョージ・マーシャルが三者会談を行い、停戦協定を発表した。[24]そして一九四九年に、中華人民共和国の「開国第一宴」が開かれて、北京飯店が最大の歴史的使命を果たすことになる。

一〇月一日、北京飯店のスタッフは、前晩に中南海懐仁堂で開かれた政治協商会議準備会の閉幕式の宴会も担っていたので、連夜の業務となった。[25]建国式典の宴会は、淮揚料理を主とし、さらに全国各地方の料理系統（菜系）を集めた。フカヒレ（紅焼魚翅）、コイ（紅焼鯉魚）、豚肉団子（紅焼獅子頭）、アヒル（紅扒鴨）など、計八種類の加熱調理したメイン料理（本菜）が出された。[26]総料理長を務めた朱殿栄は、淮揚料理（揚州周辺の料理）に精通し、「焼獅子頭」などを得意としていた。[27]

前述のように、淮揚料理は、隋の煬帝が開通させた黄河・長江一帯を結ぶ大運河の南北交流によって育まれた料理といえる。それが人民共和国の建国式典に選ばれたのは、北と南の調理技術の系統、塩辛い料理系統と甘い料理系統の中間にあり、全国各地からやってきた誰の口にも比較的合いやすかったからだとされる。[28]さらに詳しい経緯については、淮揚料理が江蘇省淮陽出身の周恩来にとってなじみ深く、周恩来が国宴のために九名の淮揚料理のコックを選んだとする説もあるが、[29]政務院典礼局局長の余心清や北京飯店の経理（支配人）の王韌《おうじん》が、政治協商会議から建国式典までの宴会料理を中間的な淮揚料理に決めたとする説もある。[30]

人民共和国初期の国宴と周恩来・毛沢東

一九四九年一〇月に中央人民政府外交部が成立し、それを前身として五四年九月に、中華人民共和国外交部が成立した。外交部長の周恩来は、「穏やかな立場に立ち、政策を掌握し、業務を熟知し、紀律を厳守する（站穏立場、掌握政策、熟悉業務、厳守紀律）」という「一六文字の方針」を打ち出した。それは、外交部に入った者が最初に学ぶ言葉になったという[31]。一九五四年、中華人民共和国外交部の「礼賓司（儀典局）」が正式に成立し、その初代司長に柯華が就任して、周恩来の影響を強く受けながら、国宴を手配することになった。

例えば、雑誌『小康』の記者・孫暁青が外交部档案館で見つけた周恩来の手稿によると、一九五六年二月、周恩来総理は、国宴の形式について指示を出して、宴会の雰囲気を良くして気脈を通じやすくするため、方卓を円卓に変えることを求めていた[32]。方卓から円卓への変更は、台湾の国宴では二〇〇〇年に就任した陳水扁総統の時代に行われたことであり[33]、周恩来の国宴に関する細やかな創意工夫が、先駆的なものであったことがわかる。

一九五七年四月一七日、毛沢東が中南海懐仁堂で、ソビエト連邦最高会議幹部会議長（国家元首にあたる）のクリメント・ヴォロシーロフを出迎えた。その晩には、劉少奇や周恩来など中国共産党の最高指導者がすべて出席して、国宴が挙行される。ヴォロシーロフは、一九五六年二月にニキータ・フルシチョフがスターリン批判を始めると、一時的に旧スターリン派に加わって、フルシチョフを攻撃していた（五七年六月に権力闘争に勝利したフルシチョフ側に寝返った）。当時の中国の国宴は、北京飯店で行われており、中南海（党中央委員会、国務院、党・国家指導者の居宅のある政務の中心地）で開かれるのは破格の待遇であり、スターリン批判に反発していた毛沢東の意向が働いたと考えられる。外交部档案館に残されている史料によると、当晩のメニューは、燕の巣やフカヒレを含む六つのメイン料理が出る、豪華なものであったという。

他方、フルシチョフも一九五八年と五九年に訪中したが、こうした厚遇を受けることはなかった[34]。外交の場では、相手の重要度によって、宴会の内容に差がつけられるのであり、国宴の料理内容が、賓客に対する政治的な判断によって大きく変えられたことがわかるエピソードである。

人民共和国初期の国宴では、燕の巣とフカヒレがもっとも頻繁にメイン料理となり、最重視されたという。[35] 国宴で使う食材は吟味されて、燕の巣はタイの上物、フカヒレは南シナ海産、アワビは大連、高麗エビ（中国白エビ）や真鯛は山東、龍蝦（イセエビ科のエビ）は福建、羊は張家口、鰣魚《しぎょ》は鎮江、ナツメグ（「金絲小棗」）は楽陵など、産地が厳選された。くわえて、時期的にももっとも旬の食材が使われるようになった。[36]

あるコックの回想のよると、建国初期の国宴を担当したコックは一六〇名ほどで、総料理長が一人、その下に八部門の正・副コック長がいて、特級・特技・高級・中級といった等級もできた。国宴を担うコックは全国から選抜され、政治審査を受けて政治的素質（中国共産党への忠誠心）が高くなくてはならなかった。さらに、文化的素養も求められて、世界各国の風俗・文化と全国各地の有名料理を研究しなければならなかったという。[37]

人民大会堂の「堂菜」――「中菜西吃」

一九四九年の人民共和国の建国から五九年九月まで、国宴は北京飯店で行われていた。しかし、建国一〇周年の国慶節に間に合うように、人民大会堂が創建されると、一九五九年九月三〇日夜七時、そこで建国一〇周年の祝宴が開かれて、四六四七人（そのうち外国人が一六八一人）が参加した。ただし、大規模であるためビュッフェ形式となり、さらに、大躍進運動の失敗に起因する大飢饉の影響で、この頃には豚肉が入手できなくなっていたという。

その後、国賓を歓迎する正式な宴会は、人民大会堂で挙行されるようになった。人民大会堂ができたことによって、数千人以上の大規模な国宴が、しばしば開かれるようになった[38]。

そして、人民大会堂のおもなコックたちは、自分たちの料理を「堂菜」と呼ぶようになった。「堂菜」は、西洋料理の調理法も数多く採り入れた。周恩来は当初、食材はすべて国産品だけとするように指示していたが、西洋式の料理が出されるのに伴って、早々に禁令を解いた。

一九五九年に人民大会堂のコック（司厨）となり、その後五〇年間働いて料理長（司厨長）も務めた郭成倉によると、スープが前菜（冷菜）の次、本菜の前に出されることが、「中餐西吃（中国料理を西洋式に食べる）」という、人民大会堂での国宴の特色をよく表していたという。

また、国宴で使う食材の調達は、建国以来、北京東華門大街三四号に置かれた特別供給所（「特供処」）が担って、そこは長らく秘密保持のために「三四号」とだけ呼ばれていた。人民大会堂の厨房の食品安全検査に対して、公安部局は直接関わらず、人民大会堂の化学検査室とその専門の検査員が担当した。食材を切った後や、加熱した料理を鍋から出した後、科学検査員がサンプルを取ってただちに保管し、食事が終わって二四時間後までに問題が起こらなければ廃棄されたという[39]。

図1－16　人民大会堂の国家宴会料理「孔雀開屏」「鳳穿牡丹」

釣魚台国賓館の「台菜」――「清鮮平和」

さらに、同じ一九五九年九月には、釣魚《ちょうぎょ》

台《だい》国賓館も竣工して、ここでも国宴が挙行されるようになった。釣魚台は、およそ八〇〇年前に金の章宗が、台を築いて釣り糸を垂れたことから名づけられたとされる。この地は、元代には遊覧の名勝地、明の永楽年間以降は高官や貴族の別荘地となり、清の乾隆帝が離宮に定めた。釣魚台国賓館は、外国の国家元首、政府首脳、代表団などの国賓を接待する施設であり、日本の天皇、イギリスの女王、アメリカの大統領なども宿泊した(40)。

そして、釣魚台国賓館の料理は、「台菜」と呼ばれて有名になり、中国料理も西洋料理も高い評価を得た。「台菜」は、中国の各地方料理の長所を取り入れて、上は宮廷料理から下は民間の風味まで、外は各国の風味から内は国内の八大料理系統に至るまで、広く吸収してその精髄を集めた。「上等な味は淡泊でなければならない」という中国の伝統を踏まえながらも、「低糖、低塩、低脂肪、高蛋白」を重んじる世界的な傾向を考慮して、適度に改良を加え、「清鮮平和」「清淡鮮嫩」という釣魚台料理独自の味の基調が作り上げられたという(41)。

釣魚台国賓館は、一九七九年から門戸を外部に開放し、多くの著名人や旅行団を迎え入れている。さらに、釣魚台国賓館の中国料理は海外に進出して、シンガポール・香港・マカオなどでその調理技術が紹介されている。一九九二年に東京のフォーシーズンホテル椿山荘で中国料理店「養源齋」が開業すると、釣魚台国賓館は、一年交替で調理長以下数名のコックを派遣していた（二〇〇五年に閉店(42)）。

ちなみに、北京飯店も一九九九年九月から、四九年一〇月一日の「開国第一宴」のメニューを再現して売り始めた(43)。さらに、人民大会堂も一般開放されて、ここでプレスリリース（新聞発布会）を行うことは、企業や個人の身分の象徴になった。例えば、二〇〇五年二月には、中国扶貧基金会が人民大会堂で慈善晩宴（チャリティー晩餐会）を実施し、最高の「総統貴賓席」は、一人三・八万元（約五〇万円相当）であったという[44]。

しかし、中国烹飪協会の会長・蘇秋成によれば、二〇〇五年頃までには、「国宴」「国宴大師」「国宴菜点（国宴料理）」の標語を使って、レストランの営業を拡大させようとする広告が目立つようになったという。蘇秋成は、「国宴」とは、国家主席や総理が国を代表して行う儀礼・儀式の一つであり、強い政治性を帯びた厳粛な呼称であるから、国宴で料理を作ったことのないコックやその料理を宣伝する際に、むやみにその言葉を使って消費者を誤解させないように呼びかけている[45]。なお、二〇一九年六月に筆者が北京を訪れた際には、北京飯店の「開国第一宴」のメニューはすでになく、人民大会堂の参観も受け付けられなくなっていた。

北京ダックの誕生——南京の「塩水鴨」と北京の「烤鴨」

人民共和国の成立後、北京ダックの名声が日増しに高まって、海外でも知られるようになった[46]。一九五八年に刊行された『中国名菜譜』の第一輯（第二商業部飲食業管理局編、軽工業出版社）の冒頭（五頁）には、「掛炉烤鴨」「北京烤鴨」が掲載されて、「全聚徳」と「便意《ママ》坊」（「便宜坊」の誤りではないか）がもっとも有名であると記されている。こうして公式に、北京ダックが中国料理を、全聚徳が北京ダックを代表することになった。

しかし、「烤鴨」（アヒルの焼き物）が、北京および中国を代表する料理となったのは、北京が中国の首都になったからにほかならない。歴史的に見ると、北京よりも南京のほうが、アヒル料理が発達していた。そこではすでに先秦時代からアヒルを食べていたことが、『楚辞』などから確認でき、明代までに、アヒル料理が首都・南京の名物の一つとなり、清末までに、南京のアヒル料理は全国に知られるまでに発展していたという。西太后は、毎年南京から大量の「塩水鴨」（塩漬けにして茹でたアヒル料理）や「板鴨」（塩・醤油漬けにして乾したアヒル料理）を買いつけたので、「塩水鴨」「板鴨」は献上品として栄誉をえていた。

例えば、南京の「韓復興」（一八六六年創業）の「板鴨」は、北京の役所に納められて、「官礼貢鴨」として知られるようになった。それは、一九一〇年に南京で開催された中国初の大型物産博覧会である南洋勧業会で金賞を獲得し、民国期には南京のアヒル料理のトップとして、北京の全聚徳と並び称されていたという。韓復興板鴨店は、一九九四年に南京の他の食品業者と合併して、南京桂花鴨集団となっている。ちなみに、南京の人々は、「無鴨不成席（アヒルがないと宴席が成り立たない）」と言う。また、今でも北京の人々が「烤鴨」をレストランで食べることが多いのに対して、南京の人々は「塩水鴨」などを買って家で食べることが多い。北京よりも南京のほうが、庶民生活にアヒル料理がより深く根差しているともいえる(47)。

江南・淮揚地方のアヒル料理が、北京に持ち込まれたのは、一四二一年に明朝が南京から北京に遷都した頃だと考えられている。江南のアヒルは、檻に入れて船で大運河を通って運ばれてきたので、北京に至るまでには太って脂がのった。しかし、北京では、現地のアヒルを短期間で太らせる必要があるために、口から飼料を流し込む「塡鴨《ティエンヤー》」という方法が発案されたと考えられている。「塡鴨」の文献上の初出は、浙江銭塘（現・杭州）の人である夏曾伝（一八四三〜八三年）が著した『随園食単補証』（「蒸鴨」）であり、そこに「北方の人は（飼料をアヒルの口に）詰め込んで飼育し、短期間で太らせることができる」とある(48)。こうした強制的な給餌による飼育法は、フランスのフォアグラと同様に、現在の動物倫理からすれば批判されかねないものである。

注目すべきことに、アヒルの焼き方には二種類あって、一つは蒸し焼き（「燜炉《もんろ》烤鴨」）で、明初に南京から北京に伝わったとされ、北京では便宜坊が有名になった。もう一つが直火焼き（「掛炉烤鴨」）で、清朝宮廷で始まり清末までに民間に伝わったとされ、それを全聚徳が導入し、便宜坊と差別化した。[49]

二〇二一年現在、企業のホームページなどで公式に宣伝されているところでは、便宜坊は一四一六年の創業とされ、二〇〇八年にその技術が国の無形文化遺産に選定されて、同年に北京燜炉烤鴨技芸博物館を開館している。[50] また、全聚徳は一八六四年[51]に創業し、二〇〇八年にその技術が国の無形文化遺産に選定され、[52]一四年に創業一五〇年を記念して烤鴨博物館を開館している。[53] ただし、便宜坊の実際の創業は、一八五五年[54]ないしは一八六九年、全聚徳の創業は、一九〇一年と、比較的新しいとする説もある。[55] 中国を代表する老舗料理店といえども、実際よりも古く設定された創業年が宣伝されている可能性がある。

そして、周恩来総理は、北京ダックの利用価値に大いに注目しており、視察や外国賓客の接待のために、計二九回も北京の全聚徳に行った。周は、アヒル肉を巻く餅《ビン》の形を、真ん丸から楕円形に変えさせて、外国人賓客の好評を得たという。[56] また、一九六六年八月、文化大革命が発動された北京で、最初に紅衛兵が乗りこんだ料理店は全聚徳であり、彼らは「反革命」などの罪状を店に貼り出して、店名を「北京烤鴨店」に変えた。そうしたなかでも周がやってきたことが、全聚徳の料理人たちの心の支えになった。[57]

さらに一九七一年七月、極秘裏に訪中して周恩来と会談したヘンリー・キッシンジャーは、周恩来にふるまわれた全聚徳の北京ダックをとても気に入った。キッシンジャーの帰国後、R・M・ニクソン大統領が、この秘密会談と翌年の訪中予定を電撃発表して、日本をはじめ世界各国に衝撃を与えた（ニクソン・ショック)。キッシンジャーは、後に中国を再訪した際にも、全聚徳を訪れることになる。[58]そして、ニクソン訪中時に周恩来が北京ダックをふるまったことが契機になって、アメリカ合衆国で北京ダックが大流行することになった。

アメリカ人作家のパール・S・バックは、宣教師の娘として江蘇省で育ち、南京でも長く暮らした。それにもかかわらず、バックは最晩年の一九七二年に出版した『パール・バックのオリエンタル・クックブック』(四〇八頁、図3-7)のなかで、南京の「塩水鴨」ではなく、北京の「烤鴨」を名物として紹介している。[59]このように、南京ダックではなく、北京ダックが中国内外で有名になったのは、北京を首都とした中華人民共和国政府が、その料理を重んじた結果だといえる。

国宴改革と周恩来の反対

さて、党中央宣伝部副部長として『毛沢東選集』を編纂するなどした胡喬木の回顧によれば、張聞天(一九五四~五九年に外交部副部長)は、周恩来総理の疲れを知らない仕事ぶりに敬服していた。だが、周には瑣末主義(「事務主義」)の欠点があり、物事に具体的に関わりすぎて下の者に任せず、その分、政策研究や規則・制度の設計といった基本業務が不十分になるとも考えていたという。[60]たしかに周は、国宴の子細な手順にも、気配りを欠かさなかった。

例えば、礼賓司の司長代理を務めた魯培新の回顧によれば、周恩来は、国宴における席順をとても重視し、自ら電話して座席を指示していたという。また、一九六〇年代に中ソ論争が始まると、国宴で中ソ双方が講話を発表し、ソ連の使節団がいつも抗議の意を示すために宴会の途中で退席するようになった。当時は、加熱調理したメイン料理を出す前に講話を発表することになっていたので、多くの使節が、メイン料理を食べる前に、腹を空かせたまま退席することになった。それを知った周首相は、礼賓司に指示を出し、三つ目のメイン料理を出してから講話するという順序に改めて、ソ連の使節団を満腹にさせてから行かせるようにしたという[61]。

一九五七年、外交部副部長の張聞天は、外国人賓客に対して過剰に接待しており浪費が多いとして、国際的な慣例に合わせた「礼賓改革」を行おうとした。ところが、この時には、国務院総理のほかに外交部長を兼任していた周恩来が、今後外国人にご馳走するカネがなければ私の給料を使うと、強く反対して、「礼賓改革」は実施されなかった[62]。

しかし、一九五九年七月、外交部は「各国の元首と政府代表団を接待する礼遇処置を調整することに関する建議（草案）」を提出し、国宴の規模を大々的に縮小する提案をした。さらに一九六五年二月、外交部は「国賓を接待する礼儀の手配を改善することに関する何点かの意見」を提出した。それは、国宴で外交団が祝杯を挙げること（祝酒）、酒を勧めること（敬酒）を取りやめ、協議後に外交団が列を作って酒を勧めに行くのを避け、中国の指導者も各使節のテーブルに酒を勧めに行かないことなどを提案していた。

ただし、これらの改革は、その後の文化大革命中には進まず、ようやく一九七八年九月から正式に実施されるに至った[63]。このように、外交部を主体とする国宴改革の簡略化の進展が遅れたのは、周恩来がそれに消極的であったことが大きく影響していると考えられる。

「四菜一湯」――毛沢東の国宴改革

それに対して、毛沢東の「革命は客を食事に招くことではない」という名言が、文化大革命に際して、革命歌曲の名称にもなって広く知られている。[64]毛は、盛大な国宴にもきわめて批判的であり、一九六五年三月、側近の汪東興を通じて、国宴に関する意見を示した。[65]一九六五年から約二〇年間にわたって礼賓司の参事官（「参賛」）を務めた呉徳広が参考にしたノートには、中華人民共和国の指導者の礼賓（儀典）や礼儀に対する指示・談話の要点が記されていたが、なかでも毛の指示は厳しかったという。

すなわち、毛沢東の指示によれば、接待の宴会は、派手にやることばかり考えられて、食べきれないものが多く、国家の金銭と物資を浪費している。みな同じ調子で燕の巣やフカヒレなどの上等な料理を出せば、多くのカネを費やし、また実利的でもない。外国人によっては、これらをまったく食べようとしない。外国人を招くときは「四菜一湯」があればそれでよい、と指示していたという。[66]毛の批判を受けて、周恩来総理は「四菜一湯」（四つの本菜と一つのスープ）を国宴の標準とすることに決めた。[67]呉徳広によれば、一九六五年、周は礼賓司に対して、「〝礼賓革命〟の四文字を壁に貼って、心にとめておくように」と述べたという。[68]

こうした国宴改革は、毛沢東自身の食生活を反映したものでもあった。関係者の回顧によると、毛は、毎日の食事でも「三菜一湯（三つの本菜と一つのスープ）」ないしは「四菜一湯」を守っていた。豚肉のほかに、ほうれん草などの野菜をよく食べ、素材本来の味を好み、唐辛子は使うが、ショウガやネギなどの香味野菜は使われず、醤油も少なめであった。毛がもっとも好んだのは、主食では「八宝飯」（蒸したもち米を砂糖やラードなどで味つけ、キンモクセイ、ナツメヤシ、蓮の実、リュウガンなどを加えた臘八節《ろうはちせつ》［旧暦一二月八日］を祝う料理）、副菜では「紅焼肉《ホンシャオロウ》」（豚バラ肉を醤油で味つけて炒めた後に煮込んだ料理）で、いずれも質素なものであった。

また、毛沢東は、豚肉の脂身や、ラードで調理した料理を好んだことでよく知られる。とくに「紅焼肉」には目がなく、中国共産党が抗日戦争時に拠点とした延安で、妻の江青に紅焼肉を食べるのは田舎者（「土包子」）だと阻まれてから、彼女と食事を共にしなくなった。続く国共内戦期にも、毛は、それを強壮剤（「補脳子」）だと言って食べていた。また、毛は、大根の新芽と葉の柄の部分を油で煎って煮た「娃娃菜《ワーワーツァイ》」（その場にいる人々を笑わせる料理という意味）を自ら創り出し、その苦味を好んでよく食べただけでなく、国宴料理にも推薦して、一九六〇年に武昌で北朝鮮の賓客をもてなしてから使うようになったという。

他方で毛沢東は、燕の巣・フカヒレ・ナマコなどの高級食材には興味がなかった。例えば、インドネシアでは、一九六五年の九・三〇事件（国軍部隊のクーデター未遂）によって、中国共産党と親密であったインドネシア共産党が壊滅させられて、多くのインドネシア華人が犠牲になり、華人と中国とのつながりが徹底的に監視された。この頃、中国政府はインドネシア華人の保護を表明したので、インドネシア華人は大量の燕の巣を中国に送った。しかし、毛沢東はそれを少しも手元に残さずに、すべて人民大会堂で外国人を接待するのに使うよう指示したという(69)。

なお、今でこそこのように、毛沢東の食生活がつまびらかになっているが、毛の存命中、それは国家秘密であった。一九五六年から七六年にかけて毛沢東・江青の専属コックを務めた程汝明《ていじょめい》（一九二六～二〇一二年）の回想によると、程は毎回の食事を作り終えた後、その献立表を自ら処分していたという。これは、食事のメニューの変化から、国家指導者の健康状態が漏れ出るのを防ぐために行われていた(70)。

さて、毛沢東の意向に沿った極端に質素な国宴料理の一例としては、一九六五年五月、アルバニアからの三〇人余りの一行を、周恩来が大寨《だいさい》に連れていってもてなした食事がある。そこで周は、「大寨精神」を話題にして、中国共産党の「艱苦奮鬥、自力更生」（勤勉と自立）の輝かしい歩みを紹介するとともに、おいしくて実利的な「大寨飯」でもてなした。太原で組織されて大寨に連れて来られたコックと服務員が、「玉米面窩窩頭」（トウモロコシ粉と大豆粉をまぜて蒸したもの、粗末な食品で貧乏人が食べるとされていた）、粟がゆ（「小米稀飯」）、羊肉の餃子、ラード入りの餅（「油糕」）といった主食と「四菜一湯」を出した。さらに一行は、大寨の白酒（「大寨高粱白」）を飲みながら、切り刻んだジャガイモの炒め物（「土豆絲」）や漬物（「腌咸菜」）を食べたという。[71]

一九六六年九月には、外交部が宴会での節約に関する報告をして、「四菜一湯」のほかに、宴会時間を一時間半にすることなどを提案して、中央政治局に承認されたという。「四菜一湯」の原則は、その後も厳しく守られ、さらに一九九〇年代末からは「三菜一湯」「両菜一湯」の標準も試されて、二〇〇〇年代初頭から「三菜一湯」が標準になった。ただし、料理数の規定は、あくまでメイン料理（「本菜」）の数に関するものであり、前菜（冷盤）、点心、果物などは含まれないため、実際にはそれらを何皿でも出せる。また、一皿に二種類の料理を盛り付けることも許されている。[72]

鄧小平時代の国宴改革──規模・時間の合理化と「分餐制」

一九七八年から、鄧小平が外交業務を担うようになる。すると外交部は、人力・物力・財力および中央指導者の時間を節約しつつも、中華民族が礼を重んじることを示し、国際的な標準からも外れないようにするために、約二〇項目におよぶ「礼賓改革」のプランを示して、承認されている。そのプランの大半は、鄧小平が自ら審査・修訂したものであった。これ以降、国宴では講話が発表されず、また使節が国宴に加わらないことになったので、国宴の規模は約五〇卓から一〇卓程度に縮小された。[73]

ちなみに、国宴を合理的に改めた鄧小平は、けっして美食家というわけではなかったが、毛沢東とは異なって、高級食材も食べて、それを称賛することがあった。広東料理では、アワビとフカヒレが高級宴会料理に欠かせない二大食材であり、一九七〇～八〇年代の香港では、アワビは「富臨飯店」、フカヒレは「新同楽」「福臨門」が名店として知られた。富臨飯店の創業者・楊貫一（愛称「阿一」）は、一九八六年、釣魚台賓館に招かれて、政府要人のためにアワビ料理を作った。それを食べた鄧小平は、「国家が開放政策を行っているから、このようにおいしいアワビを味わえるのだ」[74]と、改革・開放政策を自賛しつつ、楊のアワビを褒めたという。この発言は中国で報道されて、楊貫一のアワビ料理が有名になり、富臨飯店は中国政府の要請を受けて、一九九五年に北京に支店を開いた。[75]

また、そのほかの国宴改革として、人民共和国の建国初期の国宴は、料理を大皿でテーブルに出し、各テーブルで服務員が各人に取り分けて、余ったものをテーブルの真ん中に置いて、食べたい人が食べるようにしていた。しかし、一九八七年から、コックがあらかじめ宴会の人数に基づいて料理を分けて盛り付け、一人一人に出す「分餐制」に改まった。胡耀邦総書記が、フランスを訪問した際、「分餐制」の国宴を体験し、帰国後に、前述の程汝明や警衛局服務処の幹部と議論して、その導入を決めたという。[76]フランス料理の作法が、中国料理の国宴に影響を及ぼした一例である。ほかにも、建国初期の国宴は二～三時間かけて行われていたが、一時間一五分という時間も定められた。[77]

国宴ブランドと「国酒」——茅台酒から紹興酒へ

そして、建国初期には、「中華」ブランドのタバコ、貴州の茅台酒《マオタイ》、浙江の龍井茶《ロンジン》などが、国宴の標準品目に定められていたが、改革・開放後に「礼賓改革」が進むと、国宴にタバコや強い酒が出されなくなった。その代わりとして、紹興加飯酒、王朝葡萄酒、天津干白葡萄酒、コカコーラ、燕京ビール、

図1－17　茅台酒でニクソン大統領をもてなす周恩来首相（写真は1972年2月25日）

橙宝（オレンジジュース）、椰子汁（ココナッツジュース）、碧雲洞砿泉水（ミネラルウォーター）などが、国宴で使われるおもな飲料になった[78]。

ちなみに、貴州の蒸留酒（白酒）である茅台酒は、一九一五年にサンフランシスコで開催されたパナマ・太平洋万国博覧会（Panama-Pacific International Exposition）で、紹興酒とともに金賞を受賞している[79]。一九三五年三月、紅軍（中国共産党軍）が貴州・茅台に入った時、現地の習慣に倣って酒で顔や脚を洗う兵士を、周恩来が戒めたというエピソードもあった。一九五〇年九月、人民共和国建国から二年目の国慶節を祝う酒として、政務院総理の周が茅台酒を選び、貴州省党委委員会書記の蘇振華に自ら電話して取り寄せて[80]、これ以降、茅台酒は国宴用の酒として定着した。一九六九年三月、周は、茅台酒（白酒）を国宴で使わないことを指示したという[81]。

とはいえその後、一九七二年二月二七日、上海で米中共同声明（「上海コミュニケ」）に調印した後の祝宴でも、周恩来は、ニクソンに上海蟹を食べさせながら、シャンパンや紹興酒ではなく茅台酒を勧めていた。こうした周のもてなしは「茅台外交」としてよく知られて[82]、茅台酒を世界的に宣伝した（図1－17）。国宴で使われる貴州の茅台酒は、「国酒」と呼ばれるようになり、一九七五年には国務院副総理の王震が、貴州・茅台酒を「国酒」とすることを、全国的な会議の場で宣言した[83]。くわえて、一九八六年には、パナマ・太平洋万国博覧会での金賞受賞から七〇周年を記念して、『茅台酒の伝説』（貴州電視台）という連続テレビドラマも放映されている[84]。

しかし、一九八八年八月に李鵬首相が日本の竹下登首相をもてなした頃から、国宴でおもに使われる中国酒が、茅台酒から紹興酒にかわった。当晩に外交部の官員が、『人民日報』の記者に答えたところによると、強烈な酒を出して貴賓をもてなすことが、国際慣例上少なくなっていることから、茅台酒を含む強い酒を出さないように改革されたという(85)。

紹興酒は、一九一〇年に南京で開催された南洋勧業会や、一九一五年のパナマ・太平洋万国博覧会で、金賞を受賞して知られた。一九五二年、周恩来は、紹興酒の生産設備の改善と、国宴酒の専用倉庫の建設を命じた。一九五五年、外交部・商業部・軽工業部・浙江省が、資金を出してそれを実現させて、紹興酒の生産量と品質を向上させた。さらに、一九五六年から六七年にかけての「一二年科学計画」にも、「紹興酒の総括と向上」のプロジェクトが含まれた。紹興市醸酒総公司が生産する「古越龍山」ブランドの紹興酒（加飯酒、花彫酒）が、一九五九年から釣魚台国賓館や中国大使館などで使われて、海外でも知られるようになった。

そして、一九八八年に茅台酒が国宴で使われなくなると、紹興酒が、国宴専用酒としても注目された。するとすぐに、「名牌」（有名ブランド）、「紹興特産」、「名酒」などと偽称する劣悪な紹興酒が、市場に出回った。そのため、紹興市醸酒総公司は、「加飯酒」などを商標登録してブランドを守り、「国賓酒」としての名声を保つようになった(86)。

なお、日本では二〇一二年四月、古川元久・国家戦略担当大臣が、日本酒や焼酎を「國酒」として位置づけて、海外への売り込みを支援する方針を発表した(87)。そしてその後に、官民連携の「ENJOY JAPANESE KOKUSHU（國酒を楽しもう）」プロジェクトが始動する。国家戦略室のホームページによれば、「日本酒・焼酎は日本の「國酒」であり、日本の気候風土、日本人の忍耐強さ・丁寧さ・繊細さを象徴した、いわば「日本らしさの結晶」」であるとされている。[88] こうした日本の「國酒」プロジェクトは、中国が貴州・茅台酒を「国酒」としていたことに啓発されたものである。[89]

各国要人に合わせた国宴

ところで、国宴は、各国の風俗・習慣にデリケートな注意を払って、料理を準備する必要があった。例えば、一般的な国際会議の宴会は、イスラーム教の教義などを考慮して、豚肉が使用されない。[90] 釣魚台国賓館の副総料理長を務めた王洪友によれば、国宴を司るコックは、ほかにも各国の食物の禁忌をよく知る必要があるという。

例えば、牛を神聖視するインド人（ヒンドゥー教徒）には、ビーフステーキを出せず、ヤギと孔雀を不祥とするイギリス人には、この二種の動物の形に食物を彫刻できず、菊の花を好まないフランス人には、それを出せない、といったことがあった。[91]

ここではとくに、北朝鮮、アメリカ合衆国、イギリス、日本、ロシアの例を、順番に見ておきたい。

①金日成主席と犬肉料理

一九七〇年四月、周恩来総理が北朝鮮を訪問した際、金日成主席は、すべて犬料理の昼食会（「全狗午宴」）を設けてもてなした。さらに、金が訪中して毛沢東や周らが接待した時にも、必ず金の好物の犬肉料理が一品加えられたという。[92]

ちなみに、中国における犬食の歴史は悠久で、紀元前の『周礼』でも、犬肉は士大夫（貴族層）以上の人々が日常的に食べるもので、養生・養老に適する肉として高く評価されていた。ただし、犬を狩猟に使う遊牧民が支配民族となり、また、不殺生の思想をもつ仏教が広まった六朝時代から、犬食は下火になり、一般庶民の食べる下級料理へと変わっていった。[93] 近年にも、広東で犬肉がよく食べられるのは、犬肉を食す習慣のあった漢族が、南下した結果だと考えられている。[94]

香港では一九五〇年に、犬を飼う愛犬家たちが狂犬病の大流行をうまく利用して、犬食を禁止する条例を出させた。[95] 台湾でも二〇〇一年に、「動物保護法」が修正されて、犬や猫などの愛玩動物を屠殺することが禁じられた。[96] 中国大陸では今でも犬肉を食べるが、朝鮮半島のように犬肉が国民料理となって、文化的なアイデンティティと結びつくようなことはない。

②ニクソン大統領の国宴のメニュー

一九七二年二月二一日夜七時、訪中したR・M・ニクソン大統領を招いて人民大会堂で開かれた国宴のメニューは、各新聞・雑誌の報道によって若干異なるところもあるが、およそ次のようなものだった。すなわち、「白汁冬筍」（タケノコの白汁煮）、「紅焼魚翅」（フカヒレ煮込み）、「油爆大蝦」（大エビ油炒め）、「皮蛋」（ピータン）、「蛋捲」（エビすり身焼卵巻き揚げ）、「火腿香腸」（雲南ハムと腸詰め）、「椰子燉鶏」（ヤシ汁入り鶏肉の煮込み）、「北京烤鴨」（北京ダック）、「杏仁奶露」（アーモンド入りミルク）、「蒸餅時菜」（蒸した餅《ピン》と野菜）などである。

一九七九年の米中国交正常化に向かう端緒となる歴史的な国宴の料理に対して、在日華人の中国料理人・研究家たちは、「日本の物価に直せば一卓三万五〇〇〇円くらいでしょうが、新中国になってから大国の元首だからといって、特別扱いしなくなっているのではないか」（顧中正）、「手軽に国内で入るものでつくったメニュー、とくに燕の巣の料理、ナマコの料理を欠いているのは高級料理としてさびし

図1－18　北京飯店の厨房で試食するニクソン大統領夫人パトリシア（1972年2月22日）

い」（臼田素娥［有名作家・邱永漢の姉］）といった酷評を下していた(97)。しかし、当時の国宴には、前述の「四菜一湯」の基準が設けられており、前菜（冷菜）や軽食（点心）をのぞく本菜（熱菜）は、原則として四種類までと定められていた(98)。

さらに、この国宴の食材は通常以上に厳選されており、例えば、タケノコは四川省長寧県のもので、県はタケノコを二斤（約一kg）調達するように緊急指令を受けた。県側は、何に使うか知らされないまま、政治任務としてタケノコを集め、後の報道からニクソンの国宴で使われたことを知った(99)。

また、二月二五日の返礼宴では、アメリカ側がフカヒレを出さないように求めたので、その代わりに白キクラゲ（銀耳）を出そうとした。しかし、白キクラゲは当時、野生種のために貴重で、フカヒレの五倍の値段であり、良質のものはすべて輸出していたので入手しづらく、なんとか北京の同仁堂に漢方薬用としてあったものを購入したという(100)。

ほかにも、ニクソンをもてなす宴会では、黄海のアワビが使われた。それは、政治任務を受けた遼寧省大連市長海県獐子島《しょうしとう》人民公社の潜水隊が、一九七二年一月末に零下二〇度の酷寒の海で採って、良いものを選んで北京に送ったものだった(101)。

こうした周恩来のニクソンに対するもてなしによって、中国料理は、アメリカおよび全世界に宣伝された。ニクソン大統領夫人のパトリシアが、北京飯店の厨房を訪れた様子は、テレビ放送されて、全米で中国料理ブームが巻き起こるきっかけになった[102]（図1–18）。周恩来の主催する国宴は、「茅台外交」としてだけでなく、「烤鴨外交」としても知られ[103]、ニクソン訪中は、アメリカで北京ダックの流行を生んだ（第三部第1章）。

ニクソンの訪中後には、藤山愛一郎、三木武夫、竹入義勝、川崎秀二、そして田中角栄といった日本の政治家が訪中し、晩餐会で中国料理のもてなしを受けた。それを報じた日本の週刊誌は、「中国料理は中国外交のもっとも有名な武器」と書いた[104]。

③エリザベス女王と佛跳牆

一九八六年一〇月、イギリス女王エリザベス二世が訪中した。当時の最高実力者の鄧小平は、北京の釣魚台国賓館の養源齋で女王一行に会見して、昼食の宴会に招待し、「佛跳牆《ぶっちょうしょう》」（図1–19）というフカヒレ・アワビ・ナマコなどの高級食材を数日かけて調理する福建料理のスープを出した[105]。さらに、上海に行ったエリザベス女王は、豫園商城の緑波廊酒楼で点心を食べて、それが「国宴小吃」として知られるようになった[106]。

ちなみに、「佛跳牆」は、僧が壁を飛び越えて食べに来たほどおいしい、というその料理名の由来が有名で、アメリカのロナルド・レーガン大統領（一九八一～八九年在任）やジョージ・H・W・ブッシュ大統領（一九八九～九三年在任）も好んだという[107]。佛跳牆の成立過程ははっきりしないが、清末・福州の官銀局の長官が、家に布政司を招いてもてなした福州の料理が基になっている、という説が流布している。

佛跳牆は、福建から地理的に、そして言語・文化的に近い台湾には、一九五〇年代までに伝わっていた。台北で佛跳牆を知った香港の富商・高卓雄は、一九六〇年代末に「金冠酒楼」で、フカヒレに続く看板料理として佛跳牆を出し、それが香港で最初の佛跳牆とされる[108]。そして広州でも、一九六〇年代半ばに、海外の要人をもてなす政府の宴会料理として評判になったという[109]。なお、日本でも人気漫画『美味しんぼ』（雁屋哲原作・花咲アキラ作）で「究極のメニュー」の一つとして佛跳牆が登場した（第九巻第二話、一九八七年）。

図1－19　佛跳牆（銀座アスター）

このように佛跳牆は、接待宴会用の料理として重宝されてきたといえる。佛跳牆は、多くの乾物をもどしたり煮込んだりするのに大変な時間がかかる。それにもかかわらず、流行に乗った屋台、小レストラン、ファストフード店などがメニューに加えるが、即製ではおいしくないために、流行は長続きしない[110]。こうした状況は、かつての香港でも、そして近年の上海でも繰り返されている。

④平成の天皇・皇后と上海蟹

話をもどすと、さらに注目すべきことに、国宴は、各国要人の特別な事情に配慮して行われることがあった。例えば、一九九二年一〇月、平成の天皇と皇后が中国を友好訪問した。日本の天皇の訪中は、史上初のことであったので、日本のメディアの関心がきわめて高かった。

天皇が上海を訪れる時、国宴で上海蟹が出されることになっていた。だが、日本側は、天皇が蟹を食べている様子は、テレビでのイメージが悪いと考えて、その取り消しを求めた。この不安に対応したコックは、蟹肉をあらかじめほじりだし、蟹の甲羅に詰め直して、天皇が食べる時に手を使わないですむように工夫したという。

⑤エリツィンと茅台酒

また同年一二月、ロシア連邦初代大統領のボリス・エリツィンが初めて訪中すると、人民大会堂で国家主席の楊尚昆が、盛大な国宴を挙行した。当時の礼賓司代理司長の魯培新の回顧によると、この国宴は、料理の分量を多めにして、ロシア人の好まないナマコを使わなかった。

他方、当時すでに国宴に激しい酒は使われなくなっていたが、慣例を破って茅台酒を出したという(11)。

以上で見たように、中国の国宴料理は、燕の巣のスープ、フカヒレの煮込み、アヒルの焼き物など、清代から現代まで変わらない継承性がある一方、指導者の考えや外交姿勢を反映して、調整が繰り返されてきた。

そして、中華人民共和国の建国は、中国国内における中国料理の体系化や国民料理の創成だけでなく、外国の賓客をもてなす国宴料理の整備や変革にも、重要な意味をもっていた。中華人民共和国の豪華で周到な国宴料理は、周恩来の指導の下で完成したが、毛沢東によって簡素化され、鄧小平によって合理化されて、今日に至っているといえる。

第4章　ユネスコの世界無形文化遺産への登録申請——文思豆腐から餃子へ

中国国内の無形文化遺産をめぐる政治

続いて本章では、中国が、フランス・日本・韓国などと同じように、自国の料理をユネスコ（国際連合教育科学文化機関）の無形文化遺産に登録しようとする政治過程を見ていきたい。それは端的に言えば、中国の高度な調理技術を国外に示そうとする試みが、国内での利権争いを伴いながら、失敗を繰り返した過程であった。

二〇〇三年一〇月、ユネスコの総会において「無形文化遺産の保護に関する条約」が採択され、中国も、〇四年八月までに条約を締結している。すると、中国ではさっそく二〇〇三年から、各省・（直轄）市・自治区、市・県などで、無形文化遺産の申請・認定の作業が、活発に行われるようになった。そして国務院が、二〇〇六、〇八、一一年に国内の国家級の無形文化遺産リストおよびその拡大リストを公布し、一一年には「中華人民共和国非物質文化遺産法」（無形文化遺産法）を公布・施行している[1]。

この法律の第一章総則の第一条には、「中華民族の優秀な伝統文化を継承・宣伝し、社会主義精神文明建設を促進し、非物質文化遺産の保護・保存業務を強化するために、本法を制定する」とある。さらに第四条には、「非物質文化遺産を保護するには、その信憑性、完全性、伝承性を重視すべきで、それによって中華民族の文化的アイデンティティの向上、国家統一と民族団結の維持、社会の調和と持続可能な発展に貢献する」とある。こうして「非物質文化遺産法」が繰り返し強調するように、中国政府は、「中華民族」の伝統文化を発展させることを無形文化遺産登録の目的としている。[2]

そして、中国政府の文化部は、二〇〇七、〇八、〇九年に、国家級の無形文化遺産を代表する伝承者のリストを発表した。ただし、飲食関連の項目は、伝統手工技芸・伝統中国医薬・民俗などの異なるカテゴリーに、機械的に振り分けられてしまっていた。[3] 例えば、二〇〇八年、国務院が定めた第二期の「国家級非物質文化遺産」の「伝統手工技芸」のリストには、全聚徳の掛炉烤鴨や、聚春園（福州、一八六五年創業）の佛跳牆など、約七〇もの飲食関連の項目が含まれた。これは、政府文化部が、料理や食品を無形文化遺産として登録することに、積極的ではないことを物語っている。そもそも、一九八七年に成立した中国烹飪協会は、民生部に登記して商務部に管理されたので、文化部には直接接触することすらできなかった。[4]

また、企業名を冠した無形文化遺産の申請には、少なからず議論があったようである。参考までに『百度百科』「飲食申遺」（二〇二一年四月頃に削除）に記されていた状況を紹介すると、二〇〇九年に省・市が公示した無形文化遺産のリストには飲食関連が含まれたが、それらの多くは製造工場や商店の名で推薦されていたという。全聚徳の烤鴨など、中国の老舗には優れた技芸・生産工程・伝統があり、無形文化遺産にふさわしいという意見がある一方、無形文化遺産が商業広告に利用されかねないことを批判する意見も出ていたという。

世界無形文化遺産への登録をめぐる議論

二〇一一年、中国烹飪協会は、三五カテゴリー、一三〇系列の伝統的な技芸を含んだ中国の調理技術をテーマとして、初めてユネスコの無形文化遺産リストへの登録申請を試みている[5]。しかし、この申請では、何らかの具体的な料理ではなく、中国の調理技術全体の登録を試みていた[6]。そのため、無形文化遺産の保護・伝承者が、プロの料理人ということになり、主婦や家庭を含んだ広範な民衆の食の実践がなおざりにされたことが要因となって、登録申請は失敗に終わった[7]。

中国料理の世界無形文化遺産への登録申請をめぐる議論は、二〇〇八年から始まっていた。二〇一一年一一月には、第一回アジア食学壇が杭州で開催されて、そこで揚州大学旅遊烹飪学院の季鴻崑が発表した論文は、メディアの注目も集めて、激しい論争を喚起した。季鴻崑は、「中国烹飪」(中国の調理)という名称で、とくに包丁さばき、火かげん、風味の調節の三つの技術を重視して、世界無形文化遺産へ登録申請することを提唱した。それに対する反論として、中国料理には各料理系統があって、全国にあまねく広がった料理や食品はないので、「中国の調理」と一言で言い表すことはできないし、また、飲食の遺産は民衆の口によってのみ保護されるものだから、世界無形文化遺産に申請する必要はない、といった主張がなされたという[8]。

例えば、民俗学者の万建中は『中国芸術報』で、中国料理は世界無形文化遺産に登録して保護しなければならないような危機的状況にはなく、フランス料理などよりも発展しているから、登録しなくても輝かしい未来があるだろうと主張している[9]。これに対して、季鴻崑は、異なる民族や地域の食文化に優劣をつけた誤った考え方であると批判している[10]。

しかしながら、李鴻崑が取り合わない万建中のもう一つの指摘のほうが、核心をついている。それは、世界無形文化遺産への登録申請に関わるカネと権力の問題である。すなわち、その申請過程や申請結果が、巨大な経済的利益をもたらすので、多様な地方料理・エスニック料理のなかから、何かを「代表」「典型」に選んで保護しようとすれば、その保護が特権化して争奪の対象となり、登録申請が政治現象となる。さらに、無形文化遺産としての登録は、結果として、食文化に国際級・国家級・省級・市級・その他などの優劣をつけて、そのことが文化保護の原則に背くことになるという。

例えば、中国国内で四つの地域の端午節を国家級の無形文化遺産に登録すると、それ以外の地域の端午節は、むしろ廃れる危機に瀕した。[11] また、牛・羊肉の調理技術の典型として、国家級の無形文化遺産に二〇〇八年から登録されたのは、北京の「東来順」などの老舗企業であり、豚肉を食べない回族（中国ムスリム）の多い寧夏や甘粛の料理ではなかった。[12]

ちなみに、『中国名菜譜』によれば、咸豊四（一八五四）年に北京の前門街に開店した「正陽楼」が、羊肉しゃぶしゃぶ（「涮羊肉」）を販売した漢族の最初の店であるといい、それは肉を切る技術を改良して名を馳せた。[13] この正陽楼の羊肉料理が、一九一〇年代以降に満洲の日本人社会、さらに日本へと伝わったジンギスカン料理の原型であると考えられている。[14] そして東来順は、一九〇三年に回民の丁子清が開業した飯屋が始まりで、一二年に正陽楼の優秀な切肉の技師とその弟子たちを招聘して、羊肉しゃぶしゃぶを売り始めた。一九四二年に正陽楼が休業すると、東来順の羊肉しゃぶしゃぶが、北京でもっとも有名になったという。[15]

韓国との比較論争

そして二〇一〇年代には、世界各国の食文化が、ユネスコの無形文化遺産に登録されていったことも、中国料理の登録申請を促した。二〇一〇年にフランス人の美食術、メキシコの伝統料理（二〇〇五年には登録に失敗していた）、一一年にトルコの祭礼料理・ケシケキ（結婚式の祝いの食事）の伝統、一三年に韓国のキムジャン（キムチ作りと分かち合い）、トルココーヒーの文化と伝統、地中海食、日本の和食が、それぞれ登録に成功した。

とくに、中国が強く意識していたのは、フランス・トルコ・韓国・日本である。中国では、世界三大料理体系のなかで、フランス料理とトルコ料理はすでに世界無形文化遺産に登録されたが、中国料理だけがまだだという認識があった。さらに、韓国料理や日本料理は、中国の料理系統から枝分かれしたものであるにもかかわらず、中国料理に先んじて登録されたという見方もあった[16]。そして、中国烹飪協会で働いたことのある飲食業研究家の程小敏は、中国人の飲食文化に関する実用主義的な哲学が、フランスのフランス料理を堅守しようとする姿勢、日本の和食に対する畏敬、韓国の韓食に対するプライドのようなものを失わせていると論じている[17]。

なかでも、韓国の自国食文化に対する誇りと積極的な対外宣伝が、中国の人々を強く刺激し、論争にまで発展することがあった。韓国では早くも二〇〇五年、江陵の端午祭が、ユネスコの無形文化遺産に登録されている。中国では、中国から韓国に入った端午節とその食の民俗が、中国に先んじて世界無形文化遺産になっていることは、一つの警鐘であると考えられてきた[18]。

そして韓国は、二〇〇九年から「韓食の世界化」戦略を推進して、韓国の食文化を国内外で積極的に宣伝している。李明博《イミョンバク》大統領（二〇〇八〜一三年在任）は、様々な場面で韓国料理に対する誇りを表明し、二〇一七年までに韓国料理を世界の五大料理の一つに発展させると公言していた[19]。韓国では、キムチを漬けて冬を越し、近隣でそれを分かち合って、連帯感・帰属感を育んできたとされる。光州は「キムチの郷」「文化の都」として宣伝され、一九九四年から毎年一〇月にキムチ祭りを挙行している。

ところが、中国では、紀元前の詩を収める中国最古の詩集『詩経』に現れる「菹《しょ》」が、キムチのルーツといえる漬物の一種だと解釈されている。そして二〇一三年に、キムジャンがユネスコの無形文化遺産に採用された際、中国のインターネット上では、四川にも「泡菜」（韓国のキムチとは別の漬物だが、中国語ではキムチも「泡菜」と表記する）があるとの意見が多く出されて、韓国のキムチのルーツは四川か、それとも中国東北部かが議論された。くわえて、韓国がもともと「中国白菜（Chinese Cabbage）」などと呼んでいたものを、申請前に「キムチ白菜（Kimchi Cabbage）」と改名したのは、心が狭いからだとも論じられた[20]。

さらに二〇二〇年一一月、中国の泡菜の製法が国際標準化機構（ＩＳＯ）に認定されると、今度は韓国のインターネットユーザーが、それに強く反発した。これに対応した韓国の農林畜産食品部が、中国の泡菜に関するＩＳＯ認定と韓国のキムチは無関係とする声明を発表すると、そうした韓国政府の態度を、中国共産党中央委員会の機関紙『環球時報』が伝える[21]。さらに、中国・韓国の「泡菜」をめぐる論争は、中・韓の人気ユーチューバーのコメント欄などに飛び火して拡大し、中国共産党の中央政法委員会のＳＮＳにまで取り上げられたという[22]。

ちなみに、韓国の食文化研究者・李盛雨らは、韓国の漬物に対する中国の「菹」の影響を認めながらも、近世の朝鮮半島で、山椒・ニンニク・ショウガ・唐辛子・魚やエビの内臓を発酵させた醬などを加えて、独自の風味をもつ漬物が進化したことを論じている。こうした見解は、中国でも紹介されていた[23]。

『舌の上の中国』・ソフトパワー・世界無形文化遺産

またほかにも、中国の人々の自国料理に対する誇りが表明されているものとして、中国中央電子台（国務院直属のテレビ放送局）が二〇一二、一四、一八年に放送したドキュメンタリー番組『舌の上の中国（*A Bite of China*）』がある。それは、料理のおいしさや調理方法を紹介するというよりは、中国の様々な地域・民族・世代の人々が、それぞれの生活習慣のなかで食文化を作り上げていく過程を丹念に描いている。『舌の上の中国』は、中国を多民族国家として描いて、中国式の多文化主義を形成しようとするものであったといえる。

『舌の上の中国』で見せられる多くの物語は、中国の視聴者を感動させて、自分たちの食文化に対する自信を与え、「中華美食」（中華民族の美食）というような考え方を喚起した。それは、習近平政権が二〇一二年一一月に打ち出した「中国の夢」、すなわち「中華民族の偉大な復興」という国家統治理念にも合致していた[24]。

『舌の上の中国』の製作顧問を務めた中国食文化研究者・董克平は、中国料理の無形文化遺産登録と、中国のソフトパワー向上を直接関連づけて考えていたようである。参考までに、『百度百科』「飲食申遺」（二〇二二年四月頃に削除）に掲載されていた董の発言を紹介しておきたい。董によると、「中国料理にとって、ユネスコの無形文化遺産への申請は、世界に大きな一歩を踏み出すことを助ける。今日に至るまで、国外のチャイナタウンの中国料理は、依然としてもっとも安く、これは私たちの文化的地位とまったく符合しない。〔中略〕中国料理の飲食文化が、中国のソフトパワーを向上させることは、まったく疑いようがない」という。

しかし、『舌の上の中国』は、食文化の分野における中華人民共和国の領域を画定しようともしていたといえる。すなわち、二〇一二年のシリーズは、新疆の「饢（ナン）」（胡餅、小麦粉を発酵させて円盤状に焼いた「餅」の一種）、チベットのマツタケとともに、台湾のカラスミを登場させていた。また、二〇一四年のシリーズは、各地域の特産を示した中華人民共和国の地図のなかに、台湾を含んでいた[25]。

ちなみに、同じ頃に出版された『中国飲食文化史』（趙栄光編、中国軽工業出版、二〇一三年）の全一〇巻シリーズも、漢族の居住地域に合わせて、中国を一〇の大地域に分けている。そして、新疆・モンゴル・チベットなどの少数民族の食文化については、独自の巻を編纂することなく、各巻のなかに分散して編入して、見えづらくしている。これらは、今日の国民国家としての中華人民共和国の輪郭を出発点として、その地域的な枠組みに、料理の歴史を適合させたものである[26]。

また、中国烹飪協会に近い立場の飲食業研究家の程小敏によれば、従来の中国料理の海外発展は、国家戦略による推進ではなく、外国の消費者の好みに適応しながら現地化するものであった。そうしたやり方によって、中国料理は世界の味となったが、現地化の過程で「中華飲食文化の伝統」が失われるのは避けがたい。それはすでに「真正な中国飲食文化」ではないので、たとえ、多くの中国料理店が世界中に広がって、国際的な称賛を得られたとしても、伝統文化の堅守とそれに対する自尊心は減じられるという[27]。

このように、国家戦略によって真に正しい中国飲食文化を世界に広めるべきだ、という主張が展開されている頃、中国烹飪協会が、米欧の孔子学院を拠点にして、中国料理の展示会や教習を活発に展開し、国家のソフトパワーと民間外交の影響力を発揮しようとしていた[28]。なお、孔子学院は、中国語や中国文化の教育・宣伝を目的とする中国政府の機関であり、二〇〇四年一一月にソウルに設立されたのが最初で、日本では〇五年設立の立命館孔子学院が最初であった。

世界無形文化遺産登録への試行錯誤

中国では、ユネスコが二〇〇四年に採用した「創造都市ネットワーク（Creative Cities Network）」のプロジェクトにおいて、成都市（二〇一〇年）、広東省仏山市の順徳区（一四年）、マカオ（一七年）、揚州市（一九年）が、「美食の都市（City of Gastronomy）」に認定されている（日本では出羽三山の精進料理で知られる鶴岡市［一四年］のみ）。これらの都市では、食をテーマにした観光（フードツーリズム）の宣伝活動も開始されている。[29]

そして、中国烹飪協会の秘書長・馮恩援によると、中国烹飪協会は、中国政府の文化部によって、二〇一三年までに世界無形文化遺産への登録申請を準備するように求められて、「中国烹飪」（中国の調理）の名称で申請することを決めたという。[30]

二〇一三年一〇月、ユネスコの創造都市サミットが北京で開催され、ユネスコの事務局長であったイリナ・ボコヴァ（Irina Georgieva Bokova）が訪中した。その際に、中国烹飪協会の馮恩援会長が、世界無形文化遺産リストへの中国料理の登録申請について意見交換を行っている。[31]

二〇一四年七月、中国烹飪協会は、翌年に中国料理をユネスコの無形文化遺産リストへ登録申請することを正式に発表した。中国では二〇〇一年、昆曲がユネスコによって無形文化遺産に登録されることが事実上確定（〇九年に正式登録）したのを皮切りに、一三年末の時点で世界最多の二七項目が世界無形文化遺産として登録されており、これまでの申請の経験やその影響力に、強い自信をもっていた。[32]二〇一五年になると、中国の八大料理体系の権威とされる一〇〇名以上のコックが北京に集まり、トップシェフたちが料理を披露し、ユネスコへの申請を協議して、中国烹飪協会が正式に申請を宣言した。

しかし、広大な中国には、あまりにも多くのバリエーションに富んだ料理と食文化が存在した。中国烹飪協会の馮恩援によれば、三五カテゴリー、一三〇系列に分けられる中国料理の技法では、「炸」（油で揚げる）という一つの調理法だけでも七〜八種類はあり、内容が多様すぎてどう表現するのかが難しかったという。また、蘭州の料理人は蘭州ラーメン、四川の料理人は火鍋、河南の料理人は「洛陽水席」（唐代の則天武后の時に始まったとされる全二四品のスープ料理のコース）といった具合に、みなそれぞれ自分たちの地方料理を推薦するので、何を申請したらよいのか決まらなかった。

議論の段階では、①調理技芸（「蘭花刀」［野菜に美しい切りこみを入れる］など）、②飲食の習俗（円卓や、春節に餃子を包むことなど）、③伝承保護の成功事例（山西清除県の老陳醋［酢］の醸造）が申請候補として挙げられて、このなかで②習俗が最有力視されていた。そして中国烹飪協会は、専門チームを全国に派遣して最有力候補を探させて、北京ダック・「年夜飯」（旧暦の大みそかのご馳走）・餃子・月餅・豆腐・蘭州ラーメン・火鍋・ちまきなどを申請候補として検討した[33]。

ちなみに、蘭州ラーメンは、中国でラーメンといえば「蘭州ラーメン」を指すほどまでに広まっている。しかし、蘭州ラーメンは、回族の馬保子という料理人によって一九一五年頃に創作された比較的新しい料理である。「清真」料理（中国ムスリム料理）とされることもある蘭州ラーメンを、蘭州以外で食べられるようになったのは、一九九〇年代以降のことである。また、中国各地で蘭州ラーメン店を経営する店主は、蘭州市出身者ではなく、隣省の青海省の化隆回族自治県やその周辺の出稼ぎ農民が多い。さらに、蘭州ラーメンのチェーン店のなかには、回族資本でない企業もある[34]。それでも、甘粛省蘭州市では、二〇二〇年に林和宮集団董事長（会長）・甘粛省民族企業聯合商会会長の馬有林が発起して、蘭州牛肉麵博物館を開館している。(35)

「敗戦部隊」の料理——度重なる失敗

さて、日本の場合と異なって、中国政府はユネスコへの申請に関する詳細を公開しておらず、その後の政策決定のプロセスは不明である。しかし結局、候補に挙がった料理はほとんど選ばれることなく、二〇一五年にも、中国の八大料理体系の調理技術を結集して、申請が行われることになった。二〇一五年三月、中国烹飪協会は、食用油の大企業・金龍魚の協力を得て、二〇人のコックをパリのユネスコ本部に随行させ、一四〇人のユネスコの官員、各国代表、無形文化遺産の審査委員を招いて、中国八大料理の調理技芸の実演と品評会を催している。

この時、中国烹飪協会は、広大・深遠・複雑な中国の料理体系のなかからもっとも代表的な料理として、次の八品を選んでいる。すなわち、「広式焼鴨」（広東式ローストダック）、「剁椒蒸魚」（湖南のトウガラシを使った蒸し魚）、「杏香蝦排」（エビの衣揚げ）、「蒜香鶏翅」（手羽先のニンニク醬油焼き）、「五香凍羊糕」（羊肉の煮こごり）、「揚州炒飯」（卵チャーハン）、「文思豆腐羹」（清代・乾隆帝期の揚州の名僧・文思が作りだしたとされる豆腐スープ）、「梅干菜燜牛排」（広東省梅州［客家の居住地］の漬物・梅菜とともに煮込む牛バラ肉の料理）の八品である。

同時に、中国の伝統的な調理技芸として、「龍須麵」（北方のとても細長く伸ばす麵）、「果蔬雕刻」（彫って装飾を施した果物）、「莜面窝窝」（桶状にして巣のようにいくつも並べた燕麦麵）、「擀皮」（薄くのばした点心の皮）、「包餃子」（皮で包む餃子）、「切豆腐絲」（糸状に細く切った豆腐、文思豆腐もその一種）、「埶絹布切肉絲」（山東の肉を細く切る料理）の調理が、実演・披露された。例えば、金龍魚国際烹飪研究院（二〇一〇年開校）の周暁燕院長が、中国の無形文化遺産申請団の副総料理長を務めて、文思豆腐の豆腐を細く切る技法などを披露している。そしてこの後すぐに、中国政府はユネスコに対して、中国料理の無形文化遺産リストへの登録を正式に申請した[36]。

二〇一五年の申請は、各料理系統の代表的な料理を計五〇品余り取りそろえて、中国食文化の豊かな歴史と内容を全面的に提示したものだった。それらのなかには、中国国内の省・市・県級の無形文化遺産に登録されているものが、少なからず含まれていたという[37]。

しかし、この登録申請でも、中国料理が無形文化遺産に登録されることはなかった。『人民日報（海外版）』によれば、二〇一五年の登録申請では、人々を驚かせる調理の技芸、珍しい食材、豊富な料理だけではなく、民衆を主体として、人々が共に享受し栄養をつけて健康に良い食文化であることを重視してアピールしたという[38]。とはいえ、実際には依然として前者に重きがおかれて、後者が際立っていなかったといえる。申請内容には、中国烹飪協会の一流コックたちの調理技術に対する強いこだわりと自尊心が滲んでいた。

『科技日報』の楊雪は、ユネスコ本部でもっとも代表的な料理として披露された前述の八品を、「敗戦部隊」と呼んで、痛烈に批判している。楊によれば、それらの高尚すぎる料理は、食通でも半分くらいしか食べたことがなく、欧米に遊びに行って食べる一般的な「宮保鶏丁《ゴンバオジーディン》（kung pao chicken）」にも及ばないという[39]。

さらに、その八品のもっとも代表的な料理のなかで、地方色の濃い料理としては、「揚州炒飯」だけが入っている。このことからも、中国国内で批判の出ていた食文化の保護をめぐる政治的な争奪戦の結果が透けて見える。ちなみに、揚州の家庭では、卵チャーハンをよく食べるものの、それは「揚州炒飯」と呼ばれているわけではない。(40)

孔府菜の申請失敗

また、二〇一六年にも、山東省曲阜の「孔府菜」について、世界無形文化遺産リストへの登録申請が行われた。(41)『百度百科』「孔府菜」などによれば、孔府菜は、北宋第四代皇帝・仁宗の治世下の宝元年間（一〇三八～四〇年）に、曲阜で孔府（孔家の公邸）が整備されてから成立し、清代の乾隆年間に最盛期を迎えたとされている。しかし、清の康熙帝（第四代皇帝）や乾隆帝は、巡幸で曲阜の孔廟（孔子を祀った廟）を訪れていたが、「孔府菜」なるものを食べていたとは考えづらい。

孔府菜は、中国でもその特色を知る人は少なく、多くの人々の日常生活に根ざした食習慣からはほど遠かった。それゆえ、孔府菜の登録申請が、多くの人々の理解を得られていたとはいえなかった。『科技日報』の楊雪によれば、韓国のキムジャン（キムチを漬けること）の登録申請では、キムチそのものは申請内容の二割にすぎず、キムチを作る過程での近隣との付き合いや、キムチを食べる習慣がその土地の人々の精神文化に及ぼす影響に、申請の重点が置かれていた。それに対して、孔府菜の申請は、中華の儒教文化の正統性を顕彰しようとするものであったという。(42)

そもそも、孔府菜の申請は、ユネスコを利用して料理をブランド化しようとする商業目的が目立って、中国国内の専門家や国家官僚も距離を置いていた。そのような料理が、世界無形文化遺産に登録される可能性は乏しかった。(43)

餃子の申請──「美食非遺」から「飲食非遺」へ

二〇一一、一五、一六年の三回の失敗を経て、ユネスコの無形文化遺産への次回の登録申請に向けては、山海の珍味や高貴な宮廷料理・官府（官衙）料理ではなく、情感のある故郷の味、母の味、多くの人々の記憶に残る平凡な食物が提案されるようになった。具体的には、餃子・豆腐・火鍋・月餅・ちまきなどが、候補に挙げられている。[44] なかでも、中国烹飪協会の副主席・高炳義や副会長・辺疆の発言からは、餃子の申請が進められていることが窺える。

高炳義によれば、「餃子は二〇〇〇年の優秀な歴史を有し、中国の家と愛情の印となってきた。毎年大晦日の夜に、一家団欒していっしょに餃子を包むことは、中国の大部分の地域の伝統的な習俗である。〔中略〕歴史の深さ、地域の広さ、食用の頻度、文化的な意味合いのいずれからも、餃子は中国の美食を代表するものとして優れている」という。[45] また、辺疆によれば、二〇一七年の時点ですでに、餃子を中心とする「年夜飯」（大晦日の一家団欒の夕食）を申請することが確定しつつある。

ただし、ユネスコに登録申請するためには、まず中国政府の文化部（二〇一八年に「文化和旅遊部」「文化・観光部」に改組）に推薦して、選抜される必要がある。しかし、餃子の申請は、まだ業界団体と民間組織が推進している段階であり、政府の関心と資金が不十分であったという。[46] 文化部が料理の登録申請に消極的なのは、単に費用便宜分析にもとづくものであった。だから、民間団体としては、その登録申請が、たしかにユネスコに受け入れられるものであることを示す必要があった。[47]

そうしたなかで、二〇一八年には、一五年の申請の協賛企業であった金龍魚が、「中華餃子全席」を主催した。米・仏など二〇カ国の使節が招かれて、一六名の国宴を担うコックが、金龍魚の業務用餃子粉を使って、一〇八種類の味の餃子を作った。こうした企画によって、ユネスコの無形文化遺産リストへの餃子の登録申請が推進されようとしている。(48)

ちなみに、餃子は、その起源となる「嬌耳」というものを、後漢末の医学家・張仲景が発明したという民間伝承がある。だが、文献に登場するのは、三国時代・魏の漢語訓詁学者・張揖《ちょうゆう》が記した百科事典『広雅』(二二七~二三二年頃に成立)に登場する「餛飩」(ワンタン)が最初とされる。さらに一九五九年には、新疆ウイグル自治区トルファン県アスターナ村にある唐代の墓から、今と変わらない餃子とワンタンの化石が出土している。(49)それゆえ、中国の餃子にはおよそ一三〇〇年以上の歴史があることは間違いない。

文化人類学者のP・デムジェンスキーは、料理が文化そして無形文化遺産として認められるためには、高度な技術を必要とする高級料理でなければならないとする、中国烹飪協会などの誤った認識を、「エリート主義」的な感覚として批判している。しかし、こうしたエリート主義的な傾向には、近年、変化の兆しが見られる。例えば、食の無形文化遺産を意味する用語が、「美食非遺」から「飲食非遺」へと変わったという。それに伴って、国民文化よりも地方文化が注目されるようになり、世界無形文化遺産に関しては、グローバルなものになるためには、まずローカルなものになっている必要があることが理解されてきているという。(50)

二〇二〇年末には、シンガポールのホーカー文化(飲食屋台街)が、ユネスコの無形文化遺産に登録された。そのことも、中国の関係者に啓発を与えたであろう。

第二部、第三部で詳しく見るように、中国料理は、国家によって体系化された国民料理としてではなく、各地方で発達した民間の料理として、世界各国に広まってきた典型例である。デムジェンスキーの指摘が示唆的であるのは、それと同様のことが、最近の世界無形文化遺産の登録申請においても再現されていることである。

すなわち、一九世紀から現在に至るまで、ナショナルなものよりもローカルなもののほうが、かえってグローバルになりやすいという局面があった。そして現代中国は、中国料理の世界的な認知や評価を高めるために、「美食のナショナリズム」を超克するという課題に直面しているといえる。

第5章　台湾料理の脱植民地化と本土化——昭和天皇・圓山大飯店・鼎泰豊

日本統治時代の台北の中国料理店

本章では続いて、台湾史に目を転じよう。注目すべきことに、日本統治時代の台湾の中国料理（「台湾料理」「支那料理」）については、近年の「台湾人」アイデンティティの形成とも関連して、精力的に研究が進められてきた(1)。

「台湾料理」という呼称は、一八九五年に台湾が日本に領有されてから遅くとも三年以内には、台湾の日本人によって使われ始めている(2)。ただし、「台湾料理」と「支那料理」の呼称は、混用されていた。当時の「台湾料理」とは、中国の宴会料理のことを指し、フカヒレなどの高級食材を使うものであった(3)。

そして、最初の「台湾料理」の料理書は、一九一二年に刊行された『臺湾料理之栞《しおり》』である。台湾総督府法院通訳の林久三が著し、台湾打狗（高雄）新浜の里村栄が発行している。林はその緒言で、台湾料理は調理法が平易で、ただ鍋・包丁・蒸籠で足りるので、奥様方は日々のおかずに試してみてはいかがかと推奨している。この本は献立集であり、そのなかにはカレー粉を使った「加里鶏」「加里魚」もあった。

また、日本統治時代の台北の三大繁華街は、古い順に城内、艋舺《もうこう》（現・万華《ばんか》）、大稲埕《だいとうてい》である。日本の植民地支配が始まって間もない二〇世紀初頭、飲食・娯楽業は艋舺がもっとも発展していたが、大稲埕が茶貿易などによって勃興し、台北人口の半分以上が集中する中心地となって栄えた（4）。

ここではまず、台湾料理史研究の第一人者である曾品滄《そうひんそう》・陳玉箴《ちんぎょくしん》夫妻の研究に拠りながら、日本統治時代の台北の代表的な中国料理店を五店だけ紹介したい（5）。

①平楽遊と福建料理

一八九六年頃の艋舺では、曲芸師・黄潤堂が、福建料理店「平楽遊」を創業した。平楽遊は当初、大繁盛したが、一九一〇年代までに凋落した。その凋落の原因としては、台北に日本経由で中国各地の料理が伝わり、平楽遊の単純な福建料理では客を満足させられなくなったことや、平楽遊では芸妓に「南管」（南方歌曲）を習わせていたが、当時は「北管」（北方歌曲）や流行歌が歌われることが多くなっていたことがあった。

しかし、それ以上に、平楽遊の凋落の原因として大きかったのは、艋舺の旧紳士が没落し、大稲埕の商人・地主が新世代のエリートとして台頭してきて、紳士・文人たちの集会・宴会場所が、艋舺の平楽遊から大稲埕の「東薈芳《とうわいほう》」などに移ったことであった。

②大稲埕の東薈芳

東薈芳は、一八八四年（諸説あり）、台北の大稲埕で、厦門の料理人・白阿扁が創業した。一九一〇～一三年頃に、呉江山が経営に加わると、日本料亭や西洋料理店のような華麗な装飾を施して、東薈芳は人気を博した。呉江山は、中国や南洋を遍歴し、多くの中国語方言を話し、広い人脈を有した実業家

図1－20　江山楼の外観（『台湾日日新報』1921年11月18日付）

であった。

しかし、一九二五年に東薈芳のオーナー（股東）たちがいざこざを起こして店を閉じると、「江山楼」が台湾一の中国料理店になった。

③江山楼――台湾最大の「支那料理屋」

江山楼（図1－20）は、一九二一年（一七年など諸説あり）に大稲埕で創業されて、日本統治時代の台湾の中国料理店のピークを極めた名店といえる。東薈芳の経営から退いた呉江山が、上海で遊覧した新世界遊楽場（一九一五年開業）を手本に創建したので、江山楼の建物は、日本よりも上海の近代建築に近くなった。それゆえ、江山楼は、台湾の人々が日本帝国圏の範囲をこえて、中華圏の現代性も積極的に取り入れていた代表例といえる。

江山楼は、四階建てで八〇〇人余りを収容し、理髪や入浴の施設も備えた。江山楼は、台湾の地元名士の顧客が多く、種々の政治・商業・文化活動に利用された。そこは、初めて「花魁《かかい》票選」（投票によるお気に入りの妓女選び）が行われるなど、華やかな場所になった。このような江山楼は、台北の「梅屋敷」（日本料亭・旅館、孫文も宿泊したことから、国父史蹟記念館として移設・現存）、「鉄道ホテル」（西洋料理店）、あるいは上海の「新世界」（遊戯場）と並び称された。

江山楼は、「支那料理屋」として広告を出し、福建料理のほかに、中国各地（北方・四川・江蘇浙江・上海・広東など）の料理を提供した。江山楼のメニューには、北方の「掛炉烤鴨」（北京ダック）や浙江の「東坡肉」（豚角煮）などもあった。

ただし、日本人は、江山楼を「台湾料理」の代表と認識していた。後述のように、一九二三年に日本の皇太子（後の昭和天皇）が台湾を行啓した際、「台湾料理」を提供したのは、おもにこの江山楼であった。

④春風得意楼――台湾文化協会の反植民地運動

大稲埕は、日本統治時代の台湾において、新思想や新文化の発信地になった。「春風得意楼」（一九二〇年頃に開店）は、そのことがよくわかる店である。春風得意楼では、台湾文化協会が宴会や演説会を開催し、さらに一九二二年には、社会運動家の蔣渭水《しょういすい》（一八九〇～一九三一年）が、春風得意楼のオーナーになったことで知られる。

台湾文化協会は、一九二一年に蔣渭水や、実業家の林献堂（一八八一～一九五六年、四五年には貴族院勅選議員にもなった）が設立した。それは、表向きは「促進本島文化」（台湾文化の発展）を掲げていたが、実際には植民地主義に反対する社会文化運動の主要機関であり、台湾の議会設置請願運動の中心組織でもあった。こうした台湾文化協会は、後に台湾人アイデンティティの歴史的な根拠にもなる。

⑤蓬萊閣の福建・広東・四川料理

「蓬萊閣」は、一九二七年（二二年とする説もある）に東薈芳の新ビルで開業し、台湾を代表する中国料理店に発展する。蓬萊閣は、江山楼などと同様に、「支那料理店」を自称したが、「台湾料理」の代表と認識されていた。

蓬萊閣は、当初は福建料理を主としたが、経営者の黄東茂が、自ら上海・杭州・蘇州・天津などを遊歴して、中国各地の料理を研究した。黄は、とくに四川料理のコックを雇って台湾に招き、さらに広東料理のために孫文のお抱え料理人であった杜子釗を招いた。四川料理は、日本では日中戦争後に広まったが、台北ではそれ以前の日本統治時代に、すでに経営者たちの努力によって入ってきていた。

また、蓬萊閣が創業された一九二七年当時は、左派労働運動の高潮期にあたり、蓬萊閣では多くの大衆集会が挙行された。

そして、一九三六年に経営を引き継いだ陳水田（食料品卸商・五星商会の主人）も、すぐに中国各地（北平、上海、南京、福州、広東、香港）、および日本の東京以西の各地の有名料理店に「料理行脚」に出かけて、蓬萊閣の料理の発展を図った。(6)

蓬萊閣は、一九五五年に閉店した。だが、そのコックや従業員たちは、一九五〇〜六〇年代に観光開発が進んだ新北投の「蓬萊閣別館」などで活躍して、現在の台湾料理の源流の一つとなった。

植民地時代の台湾の日本人にとって、台湾文化は中国文化の代替物であった。日本人は、これらの「酒楼」（中国料理店）を、中国文化の一部と見なしていたが、しだいに日本帝国を構成する植民地の風物として解釈するようになっていった。中国の伝統文化に精通した日本人にとって、酒楼に行って中国料理を味わい文人文化を体験することが、観光の目玉になった。とくに、一九二〇年代に江山楼や蓬萊閣が開店すると、その高くそびえ立つ高楼やおいしい料理が、台湾の都市文化を象徴するものとして、日本人の描く台湾紀行に登場するようになった。

それと同時に、台湾の中国料理店は、日本化していった。例えば、店先の「御料理」と書かれた木牌の看板、日本料理（および日本酒・日本ビール・コーヒー・ケーキなど）の提供、日本式の衣服を着る従業員、日本語を話す芸妓や酌婦などが見られるようになった。[7]

植民地料理としての「台湾料理」――皇太子の台湾行啓

日本の植民者たちは、「台湾料理」を「支那料理」（中国料理）と区別することによって、中国文化から切り離して、日本帝国の文化の一部に編入しようと企てていたといえる。例えば、一九〇三年に大阪で開催された第五回内国勧業博覧会では、台湾総督府が「新領土」を紹介するために、台湾館を設置した。そこでは、台湾の烏龍茶を紹介する喫茶店のほかに、台湾の酒楼を模した「台湾料理店」が開かれて、台湾から招かれたコックが、麵、鶏・鴨（豚はない）、魚・エビ・蟹、フカヒレなどの料理を提供し、四万人近くに食べさせた。[8] こうして、一九〇三年の内国勧業博覧会は、「台湾料理」を宣伝し、中国料理を初めて日本の「植民地料理」として認知させた。

その後、東京で開かれた各博覧会でも、「台湾料理」のプロモーションが続いた。例えば、勧業博覧会（一九〇七年、上野）では、台湾烏龍茶などを出す喫茶店が出店された。[9] 平和博（一九二二年、上野）では、台湾料理店が開かれた。[10] 台湾博（一九二二年に両国の国技館で開催）では、「烏龍茶宣伝部」によって「定食の台湾料理」が提供されたという。[11]

さらに「台湾料理店」は、日本内地でも開店した。一九一一年、通訳の陳千萬という人物が、京都市の大宮通り花屋町上る所に店を開き、四月上旬に開業祝いを兼ねて、新聞記者を招待して、披露会を行った。その店は、「十二三歳の愛らしき少女二三名を使用し極めて安直に諸種の台湾料理を販売」し始めたという。京都の本山の寺院に、大遠忌（宗祖の没後の法要）にやってくる台湾（「本島」）の人々の便

図1－21　訪台する皇太子（『台湾日日新報』1923年4月26日付）

宜を図りつつ、台湾の人々の生活を日本内地の人々に紹介することを目的にしていた。これを報道した『台湾日日新報』の記事が、管見の限り、日本内地の台湾料理店のもっとも古い記録であり、同時に、京都でもっとも古い中国料理店（普茶料理を除く）の記録でもある。[12]

そして台湾には、一九二三年四月に皇太子（後の昭和天皇）が訪問し、それは天皇・皇太子が植民地に巡幸した唯一の例となった（図1－21）。皇太子の台湾行啓は、蔣渭水らによる台湾議会設置請願運動などの民族運動が活発化するなかで実施された。それは、台湾を天皇制の支配する空間内の「地方」として認識させて、「帝国」の統合強化を目指す儀式戦略の一環であった。[13]

この台湾行啓において、皇太子は「台湾料理」を食した。燕の巣やフカヒレなどの代表的な高級食材が、現地の高級中国料理店である江山楼・東薈芳によって「台湾料理」として提供されると、そのことが『台湾日日新報』で大々的に報じられている。[14] 日本の天皇・皇太子が、植民地で現地の料理を食べることも、海外で西洋料理以外の外国料理を食べることも、これが初めてであり、そのためには手の込んだ儀礼が必要であった。調理する原料は、江山楼・東薈芳両店の精進部によって精選され、料理を作る主人・料理人の八名は、一週間前から隔離された場所で斎戒沐浴した。[15] このような皇太子による「台湾料理」の賞味は、植民地を帝国に組み入れるための統合儀礼の一環として理解できる。

ただし、その後の昭和天皇は、中国料理を好んで食べるようになった。後に「天皇の料理番」といわれる秋山徳蔵は、一九一三年にフランスから帰国した後、一七年には初代の宮内庁大膳職主厨長に就任して、大正・昭和天皇の食事を用意し、宮中の調理を総括した。その秋山が、一九二二年に宮内省によって中国大陸に派遣されて、上海を拠点に半年間中国料理を研究すると[16]、二五年頃までに宮中で中国料理をしばしば出すようになった[17]。

さらに、皇太子に続いて続々と台湾を訪れた秩父宮（一九二五年五月）、朝香宮《あさかのみや》（二七年一〇月）、久邇《くにの》宮《みや》（二八年四月）、伏見宮（二九年五月）、梨本宮（三四年一〇月）といった皇族たちも、「台湾料理」を食した[18]。これらの日本の皇族たちが「台湾料理」を食べたことが、『台湾日日新報』で繰り返し報じられることによって、「台湾料理」が「支那（中国）料理」とは区別されて、「帝国の一地方[19]」の料理であると広く認識されていったのである。そして、一九四三年五月に訪台した東条英機首相も、長谷川清総督主催の招待晩餐会で「台湾料理」をふるまわれ、それをひどく気に入った様子であったという[20]。

「台湾料理」「朝鮮料理」「満洲料理」——日本帝国の植民地料理

ここで追記しておきたいのは、日本人が「支那料理」（中国料理）と区別して帝国文化の一部に編入しようとした料理には、「台湾料理」のほかに「満洲料理」があったことである。一九三二年三月に、日本軍が傀儡政権「満洲国」（一九三四年三月から「満洲帝国」）を建国した後、日本本国では、満洲国とゆかりのある様々な料理が広められた。例えば、満洲国の建国を祝う「新満洲ちらし」、「新国家丼」、「五族協和丼」（図1−22）、「国旗弁当」が作られた。また、満洲で生産される大豆・緑豆で作る豆モヤシを使った中国料理や、満洲の食糧資源である高粱《コーリャン》などの雑穀を練り込んだ栄養価の高い「満洲パン」の普及が図られた。さらに、白菜・雉・鶉《うずら》といった満洲の特産品を取り入れた高級日本料理も創案されたのである。[21]

注目すべきことに、「満洲料理」は、「満洲国」という国民国家の国民料理として体系化されて、普及させることが目指された。満洲国は、多民族国家であり、その主体である中国人にしても「混血民族」であったのだから、「正確の《ママ》意味から言えば満洲料理などと特殊の割烹がある筈はない」というのが現実的である。[22] しかしそれにもかかわらず、例えば、当時の著名な中国料理研究家の山田政平は、「北京料理の基調を成しているものはかえって満洲料理である」、「かつての清朝が北京料理を大成したように我らは今後の満洲に満洲料理の大成を切望する」[23] などと述べた。山田は、中国料理とは区別される「満洲料理」を確立しようとしていた。

図1－22　五族協和丼（『糧友』1939年）

また、満洲国の関係者も、中国料理ではなく、「満洲料理」の呼称を用いていた。[24] このように、「満洲文化」を中国文化から切り離して、前者の固有性・独自性を強調することは、民族学、歴史学、国立博物館の展示、映画など多くの領域で一貫した、満洲国の文化政策を反映していた。

一九三四年七月にジャパン・ツーリスト・ビューロー（以下「ＪＴＢ」と略す）の大連支部は、『旅行満洲』（一九三八年四月号より『観光東亜』に改名）という旅行雑誌を創刊した。それを見ると、南満洲鉄道株式会社が経営するヤマトホテル、鉄道の食堂車、国策旅行会社のジャパン・ツーリスト・ビューローなどが、満洲国独自の食文化の創成を目指して、ヤマトビフテキ、ジンギスカン料理、高粱の菓子といった名物を創り出していたことがわかる。ただし、これらの「満洲料理」「満洲食」は、現地中国人の支持を欠いており、満洲国崩壊後、中国東北部ではほとんど痕跡をとどめなかった。[25]

他方で、日本本国には、満洲の料理として、焼き餃子やジンギスカン料理などが伝わった。中国語の「餃子（jiǎozi, ジャオズ）」に対する日本語の「ギョーザ」「ギョウザ」という発音が、二〇世紀前半当時の中国東北（満洲）訛りの中国語音であることは、根拠になる同時代の文献史料が複数あるので間違いない。[26] また、羊の焼き肉料理を「ジンギスカン」と名づけたのは、一九一〇年代の北京にいた日本人記者であり、ジンギスカン料理は、北京から満洲および日本内地の各都市に伝播したと考えられている。[27] 一九二七年一一月、陸軍糧秣廠の外郭団体である糧友会の機関誌『糧友』（二巻一一号）は、巻頭で「羊肉食宣伝の趣旨」を掲載している。その頃から、日本内地でもジンギスカン料理の普及が始まった。例えば、一九三三年三月、東京・大井の春秋園で開かれた満洲国建国の一周年を記念する晩餐会のメイン料理は、「成吉思汗料理」であった。[28]

このように、日本帝国が台湾・朝鮮・満洲を領有すると、日本人は植民地の食文化に比較的強い関心をもち、日本内地でも「台湾料理」「朝鮮料理」「満洲料理」というカテゴリーが認知されていた。植民地の料理が、本国の料理雑誌や女性誌にしばしば掲載されることは、アジアに進出したヨーロッパ列強諸国では見られなかった現象である。その背景としては、本国の日本が、植民地の台湾・朝鮮と同じアジア圏に属する国であったために、食文化の類似性があったことが大きい。さらに、日本が西洋列強から遅れて、極東に植民地を建設して小帝国を築いた時代、食の分野では、日本料理よりも中国料理が、世界的に普及していたことも、「台湾料理」「満洲料理」への関心の背景にあったと考えられる。

そして、「台湾料理」は二〇世紀初頭から、「満洲料理」は一九三〇年代から、どちらかといえば現地の被植民者よりも、日本人の植民者によって強調される料理のカテゴリーとして目立っていた。これらとは対照的に、後述の「朝鮮料理」はしばしば、植民地の民族主義を象徴した。

ちなみに、日本帝国の植民地料理であった「台湾料理」「朝鮮料理」「満洲料理」は、第二次世界大戦後には、それぞれ異なる道筋を歩んだ。台湾現地の文化人は、一九三〇年代末から郷土料理を「台湾料理」と呼んでいたが、六〇年代には地元の庶民料理を「台菜」と称して提供する店が増えた。[29]「朝鮮料理」は、民族文化として発展・宣伝されていくが、朝鮮戦争後の南北分断によって「韓国料理」と「朝鮮料理」の区分が生まれた。そして「満洲料理」は、日本人の引き揚げとともに中国大陸では姿を消すが、わずかに日本でのみノスタルジーの対象となって残影を留めた。[30]

第二次世界大戦後の台湾に生まれた食文化——淮揚・四川・湖南料理の流行

一九四九年一二月、国共内戦に敗れた蔣介石らが台北へ退き、そこで中華民国政府を維持すると、台北の道路名には、三民主義の「民族」「民権」「民生」や、中国大陸の省名・都市名が付けられるようになった。中華民国政府とともに、中国大陸のコック（「大陸厨師」）が台湾にやってきたが、彼らの多くは、軍人・高官・富商などのお抱えコックで、江蘇・浙江や湖南の出身者が中心であった。例えば、台北市中心の衡陽路に、上海・浙江・江蘇の人々が移住し、彼らがレストランを始めると、台北の「小上海」になった。台北は、一九六〇年代までに、世界の中国料理の中心地の一つとして知られるようになった。

その当時の台湾でとりわけ流行したのは、第一に、江蘇・浙江料理（「蘇浙菜」）、あるいは淮揚料理であった。蔣介石をはじめとして、国民党の党・政府・司法関係者には江蘇・浙江出身者が多かったので、江蘇・浙江料理が「官菜」といわれて広まった。

第二に、四川料理が流行したのは、重慶で対日抗戦した後に台北にやってきた国民党関係者に、四川出身者が多かったからであった。例えば、一九五〇年創業の「渝園《ゆえん》川菜餐庁」は、台湾で一番古い四川料理専門店とされ、「螞蟻上樹」（蟻が樹に登る）という肉入り春雨が名物料理であった。また、一九三八年に上海で創業した梅龍鎮菜館は、前述のように、戦後に「川揚」料理（四川と淮揚の融合した上海風料理）を提供して繁盛したが、台北でも一九六一年に開店している。台北では、一九八四年までに四川料理店だけで三〇〇軒以上もでき、当時そのような都市は、世界でも台北だけだったという。

第三に、湖南料理が流行したのは、陳誠が一九四八年、蔣介石に先だって軍を率いて台湾にやってきて、台湾省主席兼台湾警備総司令に就任したことが影響したといわれる。陳誠の妻は、湖南督軍兼省長・湘軍総司令であった譚延闓《たんえんがい》の娘であり、陳誠の軍関係者には、湖南地方の出身者が多かったことから、湖南料理は、「軍菜」ともいわれた。くわえて、四川料理と湖南料理が融合して「川湘菜」（四川・湖南料理）となり、台湾の小食堂でしばしば出され、家庭料理にも取り入れられた。(31)

こうしたなかで、第二次世界大戦後の台湾では、台湾を代表するような重要な料理が、いくつか生み出されて、その後に定番料理として定着した。ここでは、「左公鶏（ジェネラル・チキン）」、「清粥小菜」、「三杯鶏」、「牛肉麵」の四品を紹介したい。

①左公鶏（ジェネラル・チキン）——アメリカに広まった台湾生まれの湖南料理

台湾で生まれた湖南料理として有名なのが、「左公（左宗棠）鶏（General［Governor］［Tso's］chicken）」（揚げた鶏肉に甘辛いタレをかけた料理）である。発案者の彭長貴（一九一八〜二〇一六年）は、一九五二年に国民政府の海軍将校が、アメリカ海軍第七艦隊の司令官をもてなすための宴会で、この料理の原型を初めて作った、と語ったことがある。だが彭は、一九五五～六年頃にこの料理を創作したとも話しており、後者の時期が有力である。だから当然ながら、湖南出身の毛沢東に何度も料理を作った湖南料理の有名コックも、「左公鶏」という料理を知らなかった。

ちなみに、料理名にある「左公」とは、左宗棠《さそうとう》（一八一二～八五年）のことである。左は、湖南省出身の有力者で、清末の太平天国の乱の討伐では閩浙《びんせつ》総督となり、陝甘《せんかん》総督として回民起義（イスラーム教徒の清朝に対する反乱）やヤークーブ・ベクの乱も平定した。とくに左は、沿海部の防備を優先する李鴻章らの海防論に反論して、内陸部の辺境防備を重視する塞防論を唱えたことで知られる。それゆえ「左公（左宗棠）鶏」とは、大陸反攻の夢を諦めない蔣介石たちの意志に沿う料理名といえた。

彭長貴は、一九四九年の人民共和国成立の前後に台湾に渡り、一九七四年頃に渡米して、ニューヨークのマンハッタンに「彭園」を開いた。すると彭園がすぐに、ABCテレビのニューヨークのローカルニュースで取り上げられた。そのことを端緒として、「左公（左宗棠）鶏」が「李鴻章チャプスイ」に代わって、アメリカ合衆国でもっともよく知られる中国料理の一つになり、さらに、アメリカから韓国・フィリピン・ドミニカなどにも広がっていった。また、中国大陸の大都市にも伝わっている。

ただし、彭長貴によれば、湖南料理は、アメリカの左公鶏のように甘くなく、ブロッコリーを盛り付けることもないという。今でもアメリカで人気のある左公鶏のレシピは、アメリカ人の好みに合わせて、皮をクリスピー（パリパリ）にするなど、幾多の改良が重ねられたものである。

なお、一九七七年には、当時交換留学生であった馬英九（湖南出身で後に台北市長・中華民国総統）が、彭園で結婚式を挙げている。また、H・キッシンジャーも、彭園とその左公鶏をお気に入りであった。

しかし、彭長貴は、一九八〇年代にニューヨークの店を閉めて台湾に戻り、その後は台湾で彭園のチェ

ーン展開に成功している。(32)

②「清粥小菜」――「台湾料理」から「台菜」へ

ところで、冷戦期の台湾では、海外からの輸送が滞って、高級食材が手に入りにくくなることがあり、大陸反攻を目指す蔣介石政権の下で、奢侈な宴席も増えなかった。それゆえ、一九六〇〜七〇年代には、高級宴会料理店にかわって、質素な日常食を提供する「台菜」(台湾料理)の店が増えていった。

この頃、お粥とともに食べる軽食の「清粥小菜」が、ナイトクラブなどで遊んだ後、深夜に食べるものとして定着した。そして、例えば、「菜脯蛋」(魚・干し大根の卵焼き)などが、「台菜」を代表する一品になった。(33)一九六四年には、「清粥小菜」を売り物にした台湾料理店「青葉」も、中山北路で開業している。

「台湾料理」という呼称が、日本統治時代から使われていたのに対して、「台湾菜」「台菜」は、中華民国政府が台湾に移ってから使われるようになった。そして、「料理」という言葉は手の込んだ高級なもの、「菜」は一般的な日常食を指すようにもなった。

一九六〇年には、「台湾菜」を初めて書名に入れた料理本である『台湾菜烹飪精華』(鄭文龍著、台中、瑞成)が刊行された。それは、植民地時代の日本食文化の影響を残しながらも、台湾の露店で売られる軽食類を収録した点が特徴的であった。また、一九七七年に李秀英が開いた料理店「欣葉」は、一九九〇年代以降の本格的な「台湾菜」「台菜」の興隆の先駆けであり、李も一九九七年に『台菜精選料理』(台南、中流)という著書を刊行している。(34)

③三杯鶏——一九七〇年代に広まった国民食

くわえて注目すべきことに、今日台湾を代表する料理は意外に新しく、第二次世界大戦後に創案されて、普及したものであることが少なくない。例えば、「三杯鶏」（図1－23）は、醤油・米酒・ゴマ油という三杯の調味料や砂糖を加えて鶏を土鍋で煮込み、最後に味の決め手である「九層塔」（台湾バジル）を加える料理である。

それは、戦後初期には、外省人の間では、江西などから伝わったと言われ、本省人の間では、鶏の調味期限を延ばすため、あるいは女性の産後の滋養のための料理などと言われていた。しかし、三杯鶏は、一九七〇年代に「土鶏城」（郊外の屋外で地鶏などを食べる施設）ができてから広まり、調理法も標準化されたと考えられている。[35]

図1－23　三杯鶏

④牛肉麵——台湾発祥説の真偽

そして台湾といえば、「牛肉麵」を真っ先に連想する世代があるかもしれない。台北と香港の食物に関する多くのエッセイを書いた古代史家の逯耀東によれば、台湾の「紅焼牛肉麵」のルーツとしては、第一に、高雄市・岡山《こうざん》の空軍基地から始まった可能性がある。岡山の空軍の兵員やその家族は、成都からやってきた者が多く、岡山では豆板醤が生産され、現地化されて甘くなった「岡山豆板醤」ができた。それを使った牛肉料理「紅湯牛肉」が同様に現地化され、麵が入って、台湾の牛肉麵ができたのかもしれない。

また、牛肉麵のルーツとして、第二には、同じ頃に台北で流行していた「清真牛肉麵」が考えられる。清真牛肉麵には、よく煮えた牛肉のほかに、「反共抵俄餅」(発酵した小麦粉を焼いて政治標語の印字をしたもの)が浮いていたという。清真牛肉麵の屋台の多くは、山東出身者が懐寧街・博愛路一帯で出していたが、道路整備のために屋台が散り散りになると、清真牛肉麵が没落して、四川風味の牛肉麵だけが残ったのかもしれないという。[36]

こうした牛肉麵の台湾発祥説は、よく知られるようになったが、史科的な根拠を欠く推論の域を出ない。日中戦争期までには、四川・湖南・上海などで、様々な牛肉麵を食べることができたともいわれている。[37]ともあれ、一九六〇年代後半以降に台湾で、インスタント麵が製造・販売されるようになると、紅焼牛肉麵が各社の主力商品として普及した。

さらに、一九七〇~八〇年代には、華人実業家たちが、アメリカ(カリフォルニア)および中国大陸で、牛肉麵店をチェーン展開した。そのため、現在の中国都市でも、「李さんカリフォルニア牛肉麵大王(李先生加州牛肉面大王)」や、「アメリカ・カリフォルニア牛肉麵大王(美国加州牛肉面大王)」といったチェーン店を見かける。

圓山大飯店の開業――中華民国の国威発揚

さて、台北の圓山大飯店(The Grand Hotel)(図1-24)は、中華人民共和国の釣魚台賓館に当たる国賓接待用のホテルである。圓山大飯店は、台湾神社(台湾神宮)の跡地に建てられた台湾大飯店を改築し、一九五二年に開業した。

ちなみに、台湾神社は、一九〇一年に剣潭《けんたん》山に創建され、台湾の総鎮守とされて、四四年に「台湾神宮」に昇格されていた。一九五〇年六月にダグラス・マッカーサーが台北を訪れた際には、台北にはまだ国賓用のホテルがなく、ちょうど蔣介石が士林官邸に引っ越したばかりで空いていた陽明山の草山官邸に泊まった。[38]草山官邸は、もともと一九二三年に皇太子（後の昭和天皇）が台湾を行啓するのに先だって、二〇年に台湾製糖株式会社が建てた保養施設である。それは、一九四九年末に蔣介石が台北に退いた後には、最初の総統官邸となり、五〇年に退居した後にも、蔣らが避暑に用いていた。二〇〇二年、台北市政府はそれを「歴史建築」に指定し、「草山行館」と命名した。[39]

また、一九二三年の皇太子による台湾行啓の際、台湾神社へ参拝するために作られた「勅使街道」が、第二次世界大戦後に中山北路となる。一九五〇年代、中山北路に沿って、国民党の上級官吏の住居、アメリカ軍の施設、外国大使館などができたので、その中山北路が、国際・国内政治の舞台になった。中山北路の沿道では、国賓を出迎えるために動員された学生たちが、立ち並んで旗を振った。そして、中山北路にある圓山大飯店が、外国賓客を受け入れた。

図1－24　圓山大飯店（2010年）

台湾の中華民国は、朝鮮戦争の後、アメリカと西太平洋諸国との安全保障の枠組みに加えられた。一九五三年末、アメリカのR・M・ニクソン副大統領とJ・F・ダレス国務長官が相次いで訪台し、五四年一二月、冷戦期の米台関係を規定する米華相互防衛条約の締結につながる。こうしたなかで、一九五四年七月、蔣介石は、観光事業の発展を宣言して、外国人客を受け入れられる水準のホテルを整備しようとした。中華民国政府は、政権の正統性を打ち立てて国威を発揚するという政治的な理由から、観光業に関心をもっていた[40]。

なお、一九六四年に海外渡航が自由化された日本人の台湾（台北）観光は、夜の街を楽しむ「男性天国」と言われた。しかし、一九七七年二月に『レジャーアサヒ』が、「女性のための台湾ツアー」を企画している。それは、一九六七年にアメリカの『フォーチュン』誌で世界一〇大ホテルに選ばれていた圓山大飯店に泊まり、台湾生まれの歌手の「ジュディ・オングを囲んでチャイナ・ドレス・パーティー」を行い、「四川・広東・上海・台湾料理を食べ放題」で「料理天国・台湾」に女性観光客を誘うものであった。だが、そこでとくに注目されていた飲食物は、四川料理、飲茶、海鮮料理、紹興酒、台湾フルーツなどであり、「台湾料理」というべきものは影が薄かった[41]。

圓山大飯店の国宴料理――「川揚」料理を中心に

圓山大飯店とその国宴料理についても、曾品滄と陳玉箴による優れた研究がある[42]。圓山大飯店は、個人で所有された商業用のホテルとして登録されたが、実際の管理者は蔣介石夫人の宋美齢とその姪の孔令儀であり、現職の総統の家族によって経営されるホテルであった。一九六〇年代には、中華民国と中華人民共和国の外交的な競争が激しくなるなかで、国民政府は、台湾を訪れる外国人を接待する圓山大飯店を拡張した。

圓山大飯店は、一九七三年に一四階建ての中国宮殿式メインホールを増築して、現在の姿になっている。台湾の伝統的な建築様式は、おもに南福建のスタイルであったが、それは、当時大多数を占めていた中国大陸出身の中・高級官吏からすると、一地方の特色にすぎなかった。中華民国政府は、例えば、一九六六年から毛沢東の文化大革命を「伝統文化の破壊行為」として批判し、それに対抗して「中華文化復興運動」を発動したように、民族固有の伝統文化の復興を提唱していた。そのため、その頃に建てられた国立歴史博物館（一九六四年落成）や国立故宮博物院（六五年落成）などの公共施設は、みな古典中国スタイルの建築になり、圓山大飯店のメインホールもその一つであった。

また、台湾において国賓や王族をもてなす国宴は、総統府・中山堂（国会が開かれていた）・士林官邸などでも開かれた。そして、これらのいずれの場所でも、圓山大飯店のコックやスタッフが、国宴の準備に重要な役割を担っていた。中華民国政府は、王朝時代の中国のイメージを台湾に移植しようとしたので、国宴では、蔣介石や官僚たちが中国の伝統的なローブ（「長袍」）を着たり、中国の家具を置いて伝統音楽をかけたり、メニューを紀元前の秦代の篆書体で書いたりもした。

初期の圓山大飯店で料理長を務めた程明才（Cherng Ming-Tsai, 一九二一～八一年）は、揚州に生まれ、江蘇・浙江の料理を専門として、上海のレストランで働いた後、国民政府の官僚とともに一九四九年に台湾に渡る。そして、蔣介石家族のプライベートシェフとして働いた後に、圓山大飯店の料理長に任命された[43]。ちなみに、程はその後、日本に渡って横浜や東京でコックをし、一九七三年にアメリカに渡った。そして、程明才の息子のアンドリュー・チャン（Andrew Cherng, 程正昌）が、アメリカ初の中国料理のファーストフード・チェーンであるパンダエクスプレス（後述）を創業する[44]。

注目すべきことに、程明才の下のコックたちは、「川揚」（四川・淮揚のフュージョン）スタイルを得意とする者が多かったので、圓山大飯店は、川揚料理の中心・発信地となった[45]。蔣介石の友人・奚炎の義理の娘である厳裘麗《げんきゅうれい》によると、蔣介石は、江蘇・浙江料理を好んだが、「魚香茄子」（魚香という辛いソースでナスを炒めた料理）など、四川料理もいくらか食べたという[46]。それゆえ、川揚料理は、蔣介石の家族やその他多くの中央政府の官僚たちに好まれて、台湾の政府高官の宴会で常用される共通料理となった。

川揚料理が、国民政府関係者によく使われたのは、戦中・戦後で中国が貧しい時期にふさわしかったからである。当時には、魚・エビ・蟹などの高級な海産物を用いて、軽い味にする淮揚料理よりも、安い豚・鶏肉の切り身を用いて、油っこい豊かな味を出す川揚スタイルの料理のほうが好ましかった。一九六〇年代には、圓山大飯店を中心として、川揚料理が、国宴から一般市民にまで広がって、宴会料理の主流を成した。

とはいえ、淮揚料理や四川料理も、国宴に用いられていた。そして、一九七〇年代から、川揚料理は衰退し、当時の経済発展を背景として、新鮮な海鮮を用いる広東料理が台頭し、台湾人意識の高まりに伴って、地元の台湾料理も注目を集めるようになった[47]。川揚料理のほかに、圓山大飯店は、北京ダック、フカヒレ、鳩肉などでも有名であった[48]。

ちなみに、川揚料理は、上海から台北に伝播しただけではなく、上海から北京や天津にも伝わっていた。北京の民族飯店は、一九八三年に『北京民族飯店菜譜――川蘇菜』（中央旅遊出版社）というレシピ集を刊行した。それによると、「川蘇料理」（「川蘇」は「川揚」とほぼ同義）は、上海で始まり、北京や天津などでも人気になり、民族飯店のコックも、それを上海で習ったという[49]。

また、圓山大飯店は、北京の釣魚台国賓館や人民大会堂と同じように、外国賓客の飲食のタブーに細心の注意を払っていた。例えば、鶏肉を食べない人は比較的少なく、牛肉・羊肉を食べない人は比較的多いと考えていて、豚肉はムスリムなどに配慮して原則として用いず、酒を飲んではいけない国であるかどうかも注意したという[50]。

一九五八年、イラン皇帝モハンマド・レザー・パフラヴィー（パーレビ国王、一九七九年のイラン革命で失脚した最後の皇帝）が訪台すると、全台湾から清真料理の名コックを集めて、三〇種類以上もの料理を作らせてもてなした。回教協会の派遣したアホンが、イスラーム教の教義に則って、動物を屠殺するときにコーランを朗誦した。[51] なお、圓山大飯店は、二〇一七年に中国回教協会の「ムスリムフレンドリーホテル」認証を取得するなど、ムスリム市場開拓を展開している。

国宴料理の変遷――豪華な広東料理から「族群融合」・環境保護へ

さらに注目すべきことに、台湾の国宴の頻度や内容は、総統の交替とともに大きく変化した。蔣介石総統の時期の国宴は、西洋式と中国式があり、中国式の場合には、上述の川揚料理が中心であり、メニューも篆書体で縦書きであった。また、食後にマントウ（「包子」「饅頭」）が出されたのは、まだ多くの戦乱を経て間もない時期のために、賓客を満腹にさせる配慮であった。

蔣経国総統の時期には、メニューが楷書で横書きになった。質素倹約の観点から、国宴の回数は減り、時間も短縮され、イセエビやフカヒレは欠かされなかったものの、その他の料理には日常的なものが増えた。「五（六）菜一湯」（五〜六の料理とスープ）からなる素朴な「梅花餐」は、すでに蔣介石時代から国宴に採用されていた。だが、蔣経国時代には、質素倹約を目指す宴会改革運動が展開されて、政府が各級機関や公営・民営の事業団体に梅花餐を広く推奨した。

そして、李登輝総統の時期に、もっとも多くの盛大な国宴が開かれた。当時には、台湾経済が豊かになったので、国宴も体裁が重視され、全一〇品に及ぶ広東料理が中心になり、フカヒレ・アワビ・イセエビなどの高級海鮮を使う豪華なメニューになった。また、圓山大飯店のほかに、民間の高級ホテルも国宴に使われるようになった。[52]

さらに、陳水扁総統（二〇〇〇〜八年在任）は、二〇〇〇年に中華圏で初めて民主的な選挙による政権交代を実現させて、民進党から選ばれた初めての総統になった。陳総統は、李登輝前総統の路線を継承して、台湾を中国の一部と見なさずにその主体性を強調し、呼称を「中国」から「台湾」に変えようとする「台湾本土化」を加速させたことで知られる。

二〇〇〇年五月の陳水扁総統の就任を祝う国宴には、平民化・本土化・族群融和といった政治的な意味が込められた。例えば、「四季宴」のなかの「夏之育」として、「台南碗粿」（台南ボウルケーキ）や「虱目魚丸湯」（サバヒー［milkfish］のツミレのスープ）を作り、台湾の本土化や総統の平民化を象徴させた。蒋介石夫人の宋美齢は、圓山大飯店の「紅豆鬆糕《ホンドウソンガオ》」（アズキのスポンジケーキ）が好きで、それが名物になっていた（図1－25）。陳水扁総統の国宴は、積極的に台湾本土の食材を用いる工夫をしたので、紅豆鬆糕のアズキ餡を、サトイモやサツマイモをおろしたものにかえて、アズキは表面にふりかけた。こうして、サトイモとサツマイモによって、「族群融合」（本省人、外省人、閩南人、客家人といった各社会集団間の融合）が表現された。

図1－25　圓山大飯店の「紅豆鬆糕」（アズキのスポンジケーキ）

さらに、二〇〇四年五月、陳水扁総統の二期目の就任を祝う国宴は、「南北一家親」（南北一家族）がテーマであった。そのため、総統府は、できるだけ台湾本土の食材、ないしは「族群融合」を意味する食材を用いるように求めた。また、陳水扁総統の時期には、地方が重視されて、国宴は台北の圓山飯店だけでなく、高雄・台中・宜蘭・新竹などの地方都市でも行われた。くわえて、台湾各地方の特色ある食材が、季節に合わせて選ばれた。例えば、夏であれば、三芝の「美人腿」（美脚）といわれる白竹（青竹）の芽や、宜蘭の「鴨賞」（アヒルのハム）、屏東のサクラエビなどが用いられた。

馬英九総統（二〇〇八〜一六年在任）の就任の国宴は、高雄の圓山大飯店で行われた。それは、「環保」（環境保護）、「節能減碳」（省エネ・低炭素）がテーマであったために、食材を遠方から運んだり、遠方に買いに行ったりしなかった。しかし、メイン料理である「龍蝦」（イセエビ科のエビ）だけは、輸入品を用いるしかなかった。また、環境保護を追求するために、保護対象とされたサメを用いるフカヒレや、高価なアワビなども、マスコミに注目されるので使用できなかった[53]。

とくにフカヒレが使われなくなった背景として、二〇一〇年、世界的な影響力のあるNGOの世界自然保護基金（WWF）が、サメの乱獲や残虐な漁法に反対する運動を始め、アメリカNBAの元プロバスケットボール選手・姚明や、映画スターのジャッキー・チェンらが賛同していた。そして二〇一一年には、アメリカのハワイ州やカリフォルニア州、カナダのトロントなど、中国系住民の多い地域でフカヒレの所持や売買が禁止された。こうした動向を受けて、二〇一二年から世界各地のペニンシュラホテルのレストランは、フカヒレを用いた料理を提供しなくなった[54]。

そしてこの頃に、中華人民共和国と中華民国（台湾）がともに、国宴のメニューからフカヒレ料理を外した[55]。近世以来、接待宴会に欠かせない最高級料理となっていたフカヒレは、日中戦争期にも汪精衛政権によって燕の巣・熊掌・アワビとともに宴会での使用が禁じられたことはあったが[56]、二一世紀初頭に至ってその地位を完全に失ったのである。そうした世界的なフカヒレ反対運動にくわえて、中国大陸では二〇一三年に食品浪費反対運動の「光盤行動」（皿の料理を食べつくすという意味）が開始され、二〇一一年には「反食品浪費法」も公布・施行されて、フカヒレなどの高級食材を公務接待の宴会料理に用いることが禁じられた。

これらの影響によって、サメ水揚量日本一の「サメまち」を標榜する気仙沼のフカヒレ価格は、二〇〇六年の史上最高値から一〇年以内に六割程度にまで落ち込んだ。ただし留意すべきことに、気仙沼に水揚げされるサメの九割以上を占めるヨシキリザメとネズミザメ（モウカザメ）は、絶滅危惧種ではない。そして、江戸時代末頃からフカヒレ製造が始まった気仙沼では、明治期からサメ肉を使ったちくわ・かまぼこ・はんぺんなどの練り物製造も盛んになり、けっしてヒレ以外をすべて捨ててきたわけではない。さらに、日本の水産庁は二〇〇八年から、サメからヒレを取り除いて残りを海に捨てるフカヒレ漁（shark-finning）を禁じている。[57]

二〇世紀後半の美食外交と傅培梅

一九五六年当時、欧州の中国料理店は五〇〇軒以下であったが、六三年頃には約三〇〇〇軒に達し、イギリスだけでも約二〇〇〇軒、フランス・オランダがそれぞれ約二〇〇軒、西ドイツが約一〇〇軒、ベルギーが約五〇軒になった。同じ頃、アメリカの中国料理店は一万軒をこえ、ニューヨークだけでも二〇〇〇軒以上になり、日本でも華人経営の中国料理店だけで二〇〇〇軒をこえ、インドや中南米でも中国料理店が増えていた。こうしたなかで、世界各地の華人経営の中国料理店では、コックが不足するようになっていた。

一九六三年、中華民国政府の僑務委員会は、世界各国にある大使館と華人団体に書簡を出して、華人経営のレストランで必要なコック数を調査させた。その後、僑務委員会と台湾省台北区国民就業輔導中心が、中国料理のコックを選別し、経験が豊富な九三人を採用した。その多くは、それぞれ、西ドイツ、日本、琉球、韓国、イタリア、フランス、レユニオン島（仏領）、スペイン、ポルトガル、ポルトガル領東アフリカ（現・モザンビーク）、イギリス、ベルギー、スウェーデン、マレーシア、タイ、イラン、エチオピア、アメリカに出国して、各国の料理店に紹介されて雇われた[58]。

さらに、一九六四年七月には、中華民国政府が、韓国に中国料理の専門家を派遣した。彼らは、レストランの経営管理の方法や調理技術を紹介したり、韓国の料理専門家の会合に赴いて、訓練班を設けたりした。そして、料理の面では、単純な北方の味だけでなく、各種の料理・点心をメニューに付け加えさせるなどの成果をあげたという[59]。

また、中華民国政府の僑務委員会は、海外の中国料理業の発展のために、一九八七年から料理専門家の傅培梅《ふばいばい》の調理ビデオ「中式菜譜」を購入し、欧州各国（ベルギー、スペイン、西ドイツなど）の華人団体に送り、料理を改善・革新するための参考資料として提供して好評を得た。とくに、東南アジアのインドシナ半島などからの移民が経営する中小の中国料理店では、プロのコックを雇えないことが多いので、そのビデオ教材がとても役立ったという[60]。そして、中華民国による中国料理の対外宣伝において、この傅培梅が果たした役割はとても大きかった。

傅培梅（一九三一～二〇〇四年、図1－26）は、山東籍で、関東州大連市に生まれて日本語教育を受け、日本語を少し話せた。一九四九年に台湾へ渡り、六一年から自宅で料理教室を始め、六二年の台湾におけるテレビ放送の開始とともに、料理番組を担当するようになる。一九七〇～八〇年代には、フィリピン、日本、シンガポール、香港、韓国、マレーシア、オーストラリア、南アフリカ、アメリカ、オランダなどの諸外国を訪れて中国料理を教えた。また、一九七八～八三年には、日本のフジテレビの「奥さまクッキング」に出演して、中国料理を教えている。さらに、フィリピンでも、傅の番組がタガログ語に吹き替えられて放送され、アメリカでも、大使館の役割を担った台北経済文化代表処の要請を受けてテレビに出演した[61]。

歴史学者の金括の検証によれば、傅培梅は、『培梅食譜（*Pei Mei's Chinese Cookbook*）』を一九六九年、七四年、七九年に刊行したが、このうち、一九六九年版（台北、中国烹飪補習班）は、中国料理を東・西・南・北の四大料理体系に分けて説明した、世界で最初期の料理本の一つである。一九六九年版の『培梅食譜』によれば、中国の地方料理を四つに分けることは、インテリの中国人読者が単純すぎると反対するかもしれないが、外国人読者が中国各地方の料理の違いを容易に把握するのには良い方法であるという。中国の四大料理体系は、外国人への説明様式として一般化したことがわかる。

図1－26　台湾でテレビ出演している傅培梅

ちなみに、『培梅食譜』（一九六九年版）は、家庭では作りづらい北京ダックや、アメリカの中国料理であるチャプスイも掲載していた。そして、一九六九年当時は、中華民国（台湾）の国際的な影響力の絶頂期にあったので、中華民国の歴史を孫文にさかのぼりながら、中国料理を中華民国の料理として宣伝することができていた[62]。

ところが、一九七一年、国連総会が、中華人民共和国の中国代表権を認める決議を採択して、中華民国は、国連に留まれなくなった。そのため、一九七四年版の『培梅食譜』は、まだ孫文の三民主義を引用しているものの、台湾の政治的・物質的な成功を強調するようになっている。さらに、一九七九年版の『培梅食譜』やそれ以降の書籍は、台湾の政治的な名声に関わる叙述を大幅に減らし、中国料理の文化的な面を強調して、台湾を中国全土の料理が食べられる場所として提示し、さらに福建・湖南とともに、台湾を独自の地方料理の系統に加えた。

とはいえ、傅はこの世代の多くの人物と同様に、台湾だけが本物の中国料理の伝統を保持しているという考え方を宣伝していた。こうした視点は、台湾でのみ中国の伝統文化が繁栄しているとする、当時の国民党の主張の一部でもあった(63)。

傅培梅は、一九六〇～八〇年代の台湾の中国料理を代表する人物であった。だが、一九九〇年代からは、台湾料理(「台湾菜」)の本の出版があいつぎ、なかでも、鄭衍基《ていえんき》(阿基師、一九五四年～)の料理本とテレビ番組が人気になり、傅培梅の地位にかわった(64)。

二一世紀の美食外交と鼎泰豊の小籠包

国連の加盟国でなくなった台湾(中華民国)にとって、文化外交、とりわけ美食外交は、貴重な外交手段の一つになっている。台湾政府が台湾の食物の普及を支援・促進する目的は、台湾と中国大陸の食物の違い、そして台湾の魅力や面白さを認知してもらい、食物を通して観光客を誘致するためである(65)。例えば、二〇〇七年一二月 台湾政府は、パリでの美食の展示会で「鼎泰豊《ディンタイフォン》」を後援し、それは台湾の外交イベントとなった。しかし、鼎泰豊が呼び物としたのは、台湾のローカルフードではなく、小《シャオ》籠包《ロンバオ》(ショウロンポウ)をはじめとする上海周辺の料理であった。

今や海外で台湾を代表するレストラン・チェーンにまで成長した鼎泰豊の創業者・楊秉彝《ようへいい》は、一九二七年に山西省に生まれ、青年時代は地元で入隊して抗日戦争に加わり、四八年夏に上海から台北に渡った。楊は、一九四九年に親戚の紹介で「恆泰豊」という油業者に就職し、その後に同僚の頼盆妹(台湾生まれの客家）と結婚し、五八年に「鼎泰豊」という油業者を始め、七二年に同名のレストランを開業した。その顧客には、蔣緯国・連戦といった外省人の有力者がいたが、本省人の李登輝や陳水扁などは、訪れたことがなかったという。

早くも一九九六年に、鼎泰豊は、高島屋とフランチャイズ契約し、日本で五店舗を展開して、小籠包を日本で流行させた。そして、二〇〇〇年が、鼎泰豊の大転機の年になった。その年に鼎泰豊は、外部資金を入れて家族経営から法人経営となり、専門の経営者チームを招き入れ、手作りの小籠包以外はすべて工場生産にした。さらに同年から、中国（上海）やアメリカ（南カリフォルニアのアルカディア）など世界各国に支店を開いていった[66]。

台湾が、その文化を世界に発信し、いわば「ソフトパワー」としてそれを強化することは、二〇〇〇年、民進党・陳水扁総統の下の副総統・呂秀蓮（二〇〇〇〜〇八年在職）によって始められた。そして、二〇〇八年に成立した国民党の馬英九政権（二〇〇八〜一六年）は、それを引き継いで本格的に推進した[67]。

例えば、イギリスにおける台湾政府の美食外交は、二〇一〇年、馬英九総統が、台湾の食物などを販売促進するために、約二〇〇〇万ポンドを投資して始まった。その後、イギリスでも、後述の「タピオカミルクティー（bubble tea，珍珠奶茶）」が急速に広がるなど、台湾の食に対する認知度は、確実に高まった。そしてパリでも、二〇一四年九月、台湾政府の文化部が、九日間にわたるフードフェスティバルを主催している。こうした台湾政府の文化外交は、ますます台湾人固有のアイデンティティを強調するようになっており、台湾（中華民国）が、中国大陸（中華人民共和国）から区別されることを目指している。

また、二〇一三年には、台湾は三四二〇万ドルを使って、台湾の食文化の普及促進を図った。海外での台湾のレストランの開業を支援し、台湾内外で三五〇〇店ほどの台湾系レストランを開店し、六二〇〇万ドル近い民間投資を生む計画であった。これによって、例えば、アメリカ・カリフォルニア州のアーバイン（Irvine）では、カフェ「85℃」が人気になったという。

ほかにも、台湾政府は、台湾系レストランや台湾人シェフの訓練を支援したり、調理コンテストを主催したり、料理に関するシンクタンクを創設したり、食品・観光産業の連携を支援するネットワークを創ったりした。また、台湾の「夜市」（飲食屋台街）を観光するツアーも支援された。

ちなみに、マレーシア政府も、台湾政府と同様に、屋台街を美食外交に用いており、ロンドン、ニューヨーク、ロサンゼルスに屋台街を設けたことがある[68]。また、前述のように二〇二〇年末には、シンガポールの飲食屋台街であるホーカー文化が、ユネスコの世界無形文化遺産に登録されている。ただし、台湾、シンガポール、マレーシアの飲食屋台街は、外国人から見て、区別がつきづらいものになっている。

タピオカミルクティー――海外における台湾飲食文化の象徴

最後に、台湾の飲食物を代表するほど海外でよく知られるようになったタピオカミルクティーについても見ておこう。タピオカミルクティーは、甘めのミルクティーに大粒の黒タピオカパールを入れ、専用の太いストローで飲む台湾発祥の飲料である。台湾の繁華街に多いドリンクスタンドの代表的なメニューで、タピオカのモチモチした独特の食感を楽しむ。

一九八〇年代頃、台湾の屋台では、ストロー付きのポリ袋に入った紅茶を売っていた。さらに、紅茶と氷をシェーカーに入れて作る、おしゃれな「泡沫紅茶」が流行り、それにかき氷などのトッピングに使われていた大粒のタピオカを入れて、タピオカミルクティーが誕生したものと考えられる[69]。

日本では一九九〇年代、台湾人ニューカマーの経営する新宿の台湾料理店「吟品」などで、タピオカミルクティーがいち早く取り入れられた。二〇〇〇年以降、日本アジア航空のCMに大々的に登場し、ロッテリアの期間限定シェイクやファミリーマートのキャンペーン商品にも取り入れられて、原宿にタピオカミルクティーを売り物とするファーストフード店も登場した。日本でブレイクしたことで、香港でも注目を集めて受容され、香港から華人ネットワークを通じてマレーシアやシンガポールなど東南アジアに伝わり、また中国大陸、韓国、アメリカでも出店された[70]。

近年には、海外進出している台湾の主要外食企業の上位は、タピオカミルクティーのチェーン店が占めており、そのことが、台湾の外食企業の国際化の特徴になっている。さらに、それらの企業はいずれも、中国大陸への出店集中度が高く、台湾の多くの外食企業にとって、国際化＝中国大陸進出という状況を生み出している[71]。また日本でも、二〇二〇年のコロナウイルスによる新型肺炎の世界的な大流行の直前まで、タピオカミルクティーの第三次ブームとなり、横浜中華街から東京都内の商店街に至るまで、現地資本の店も急増していた。

このようなタピオカミルクティーは、中国の茶が欧州に渡り、紅茶と化したものが台湾に逆輸入され、黒タピオカを入れて改良されて、再び世界に売り出された飲料である[72]。それは、牛肉麵や鼎泰豊の小籠包などとともに、外国人にとっては台湾飲食文化の象徴的な存在になっている。

すなわち、タピオカミルクティーの創出とは、外国から受容したものを、自国で改良して発展させたということである。そのことは、台湾文化の特長として理解されて、台湾人のアイデンティティと関連づけて論じられることもある。外国文化の受容と応用を得意とすることは、私たち日本人だけでなく、台湾をはじめとするアジアの多くの国や地域の人々が誇りとしている。

本章では、植民地当局が日本の皇太子・皇族や首相をもてなした「台湾料理」から、蔣介石が圓山大飯店で国賓をもてなした川揚料理、山西省生まれの創業者が台湾から世界に発信した鼎泰豊の小籠包まで、中国大陸で生まれて台湾で育った料理を紹介した。

また、第二次世界大戦後に台湾の庶民料理として人気になった「台菜」から、一九八〇年代頃に台湾の屋台で生まれて日本・アジア・アメリカへと広がるタピオカミルクティー、食材や献立で「台湾本土化」や環境保護を表現した二一世紀の台湾の国宴料理まで、台湾で生まれて台湾で育った飲食物も見てきた。

これらはいずれも、それぞれの時代の台湾を象徴する飲食文化といえる。そしてその変遷は、日本の植民地から、中国大陸への反攻拠点、さらに独自のナショナル・アイデンティティを有する地域へと発展する台湾現代史の軌跡と重なるものになっている。

第6章　豆腐の世界史――ナショナリズムからグローバリズムへ

中国・日本・朝鮮半島・ベトナムの大豆食品

中国料理のなかで、もっとも世界に広まっている基本的な食物は、麵や豆腐である。このうち麵については、紀元前の中国におけるルーツから、近現代日本におけるラーメンの発展に至るまで、興味深い研究書が多く[1]、本書では第四部で論及する。本章では、豆腐および大豆食品が、中国で発祥・発展し、東アジアおよび欧米で受容される過程を確認したい。近年には、地球規模の人口増・食糧不足・環境破壊への対策として、低コストにタンパク質を摂取できる大豆食品への期待が、ますます高まっている。そのため、豆腐や大豆の世界史についても、ウィリアム・シャートレフと青柳明子や[2]、クリスティン・デュボワ[3]などによって、優れた研究成果が発表されている。

豆腐がよく食べられている中心的な地域は、中国・日本・朝鮮半島・ベトナムである[4]。ここではとくに、豆腐をはじめとする大豆食品が、東アジアに早くから広まり、もはや中国由来であることが忘れられているほど、食生活に深く浸透していたにもかかわらず、近代中国では、それがナショナル・シンボルにもなっていたことを見ておきたい。

中国の大豆食品としては、「豉《し》」（大豆を塩漬けにして発酵させた調味料）が、前漢（紀元前二〇六年～紀元後八年）までに使われ始めた。また、「醬《しょう》」（ひしお、味噌・醬油のルーツとされる）が、前漢から宋中期頃にかけて、主要な調味料であったと考えられている。[5]

豆腐の製法は、北方の遊牧民族による牛・羊乳製品の作り方に、漢族が習ったとする説がある。[6]明代の李時珍が記した薬学書『本草綱目』（一五九六年刊、一六〇七年に林羅山が長崎で入手して徳川家康に献上している）によると、前漢を建てた劉邦の孫の淮南王・劉安（紀元前一七九～一二二年、『淮南子』の主著者）が発明したという。しかし、豆腐が文献に初めて登場するのは、一〇世紀の五代末か北宋初に陶穀が記した『清異録』の「小宰羊」であり、劉安発明説は、伝説にすぎないとされる。[7]ただし、劉安より約二世紀後の後漢の墓地（一九五九～六〇年に河南省密県打虎亭村で発掘）に描かれた絵が、豆腐の原型となる食物を作っているものと解釈する説も有力である。[8]

また、朝鮮半島では、三国時代（紀元前一世紀から紀元後七世紀）の高句麗ですでに、大豆から発酵調味料「醬（チャン／ジャン）」が作られていたと考えられている。ただし、二一世紀に入って、高句麗は、朝鮮民族の独立国だったのか、それとも中国の一地方政権であったのかという、韓・中間の「高句麗論争」が激化する。その高句麗論争が、「醬」を作り出したのは、朝鮮人か中国人かという論争につながった。[9]

朝鮮では、三国時代から数世紀後までに、「カンジャン」（醬油）や「テンジャン」（味噌）が発展した。そして、一六世紀後半に唐辛子が流入すると、一七世紀後半までに「コチュジャン」も作られたと考えられている。[10]

日本では、平安時代に「醬」が現地化されて、大豆だけでなく米を入れて作る味噌ができ、室町時代には味噌汁も発展した。他方で、醬油については、鎌倉時代の禅僧・覚心が、南宋時代の杭州に留学して、「径山寺《きんざんじ》味噌（金山寺味噌）」の作り方を故郷の紀州・湯浅に伝え、それからしみ出した「たまり醤油」が醤油の始まりとする説などがある。一方、味噌に比べて自家醸造が難しい醤油は、ようやく一六世紀頃に広まり、江戸時代には刺身や寿司などにつけて盛んに使われた[11]。

また、豆腐は、日本には八世紀頃に伝来し、留学僧や帰化僧がもたらしたと考えられている[12]。現在に至るまで、日本以外の国で豆腐専門の高級料理店は見当たらず、日本は豆腐料理を独自に発展させてきたといえる。

ベトナムには、「醤」が、紀元前の中国で作られた直後に伝わったとする説がある[13]。そして豆腐は、五世紀[14]、あるいは一〇～一一世紀頃、ベトナムに伝わったとする説などがある。一〇～一一世紀はベトナムにおける仏教の最盛期で、中国の宋とそれに冊封されたベトナムの李朝との間の仏教交流に伴って伝わったとも考えられている。

ベトナムの文献史料には、ようやく一八世紀に、大豆や豆腐が登場する。黎朝後期の官吏・学者である黎貴惇（Lê Quý Đôn, レ・クイ・ドン、一七二六～八四年）の『芸台類語（*Vân đài loại ngữ*）』（一七七三年）には、「大豆」「豆腐」が登場している[15]。そして、著名な医師・黎有晫（Lê Hữu Trác, レ・フウ・チャック、一七二〇～九一年）の『女功勝覧（*Nữ công thắng lãm*）』（一七六〇年）でも、「豆⿰豆寧（Đậu Nành）」（豆腐）が論じられている。『女功勝覧』の字喃（チュノム、ベトナム語の漢字表記）の原典は、入手できなかったが、黎有晫は、豆腐の製法や豆腐を使った野菜料理、そして豆腐の様々な効用（負傷の回復、女性の美容、解毒作用など）を紹介しているという。これらの記述から、ベトナムでは一八世紀頃に、豆腐が一般的な食物になったと考えられる[16]。

インドネシアのテンペ

インドネシア諸島でも、大豆食品が伝わって、そこで独自の進化を遂げている。一二九三年、モンゴル帝国（元）軍がジャワへ遠征し、さらにその元軍が追い出されて、マジャパヒト王国（一二九三～一五二七年?）が建国された。その時、元軍から逃亡してジャワにとどまった華人兵士などが、インドネシア諸島に豆腐の製法を伝えたとされる。

また、一七世紀までにはスマトラに大豆が伝わっていたことを、イギリス人の探検家や入植者が記している。ただし、オランダ領東インドの時代（一六〇九～一九四九年）には、とくに一八二五～三〇年のジャワ戦争によって、反植民地運動が鎮圧された。その後のオランダ帝国は、植民地においてタバコ・茶・コーヒーのプランテーションを導入する一方、米や大豆など日常食用の作物の栽培を軽んじた。[17]

そして、現在のインドネシアにおいてもっとも代表的な大豆食品は、豆腐ではなく、大豆などをテンペ菌で発酵させた「テンペ（tempe）」（図1－27）である。一八一四年に書かれたジャワ語の古典的な物語・教訓集『スラット・チェンティニ（*Serat Centhini*）』は、テンペを栄養食品として記述している。[18] 当時はイギリス東インド会社のT・ラッフルズ（シンガポールの創始者）が、ジャワ島の植民地経営に当たった短い時期（一八一一～一六年）であった。その後一九世紀末までに、オランダ領東インドは、ヨーロッパ人と現地人を公的に区分する法制を整備していった。それに伴って、オランダ人家庭では、ヨーロッパと現地の食物を区別して、テンペを食べないようになった。だが、子供達は親の目を盗んで、テンペをワルン（warung、売店）で買うなどして食べていたという。

一九四九年、インドネシアの独立を達成したスカルノ大統領は、「テンペの国になってはならない」、つまり、テンペのような安くて平凡な物を食べて生きていく国民になってはならない、と繰り返し述べた。スカルノの考え方は、土着の食物であるテンペを食べてはならないとした、植民地の支配者層の考え方を受け継ぐものであった[19]。

しかし、一九六八年にスハルト政権が誕生した後、七〇年代からは、インドネシア政府の教育部が全国的にテンペ作りを広めようと、インドネシア語と各地方の方言で書いた小冊子を配布し始めた。こうした教育努力は、あまり効果がなかったが、その後、タンパク質不足の人々が多い島々に、豆腐やテンペの製造者を派遣することによって成果を上げた。そして、一九九七年のアジア通貨危機の影響による経済不況の時期には、肉の消費が減り、大豆食品がそのタンパク質不足を補った。

インドネシアの家庭では、華人のものというイメージもある豆腐よりも、テンペのほうがよく普及している[20]。テンペは、貧富の差なく広く食べられているので、二〇〇〇年代には「民主的」と再評価されている[21]。そしてテンペは、大統領官邸のパーティーでも、国を代表する食物としても出されるようになった[22]。

図1−27　テンペ（ジャカルタ）

二〇一七年、テンペは、インドネシアの無形文化遺産に含められ、ユネスコの無形文化遺産への登録も目指している[23]。ただし、注目すべきことに、マレーシア政府の国家文物部（Jabatan Warisan Negara, National Heritage Department）の公式サイトが掲載する無形遺産のリストにも、テンペが含まれている[24]。

大豆食品とナショナリズム――近代中国の菜食主義

ところで、中国北方（華北）の大豆は、大豆粕肥料として、揚子江下流域の綿花栽培に用いられてきた。しかし、一八四〇年代からは、浙江・広東・福建のサトウキビ栽培に、もっとも多く使われるようになった。そして、一八九〇年頃からは、工業用材料（石鹸や印刷インキなど）・肥料として需要が高まった日本への輸出がもっとも多くなった。(25)

ヨーロッパでも一九世紀後半から、フランスの順化協会や、オーストリア王立農業学院のフリードリヒ・ハーベルラントなどを中心として、大豆を食品・油・飼料とする研究が進められていた。(26) 二〇世紀初頭のパリで、若き日の李石曾《りせきそう》（一八八一～一九七三年、故宮博物院院長などを歴任）は、生物学を学びながら無政府主義に傾倒していたが、満洲からヨーロッパへの大豆輸出が増えたことに乗じて商売をして利益を得た。

すると李石曾は、一九〇九年、パリ郊外で豆腐・豆乳およびその他の大豆製品（ソース・麵・ビスケット・ケーキ・オイル・パン・スプレッド）を作る工場を創業し、第一次世界大戦後の不況にさらされた二一年まで操業した。一九一〇年にイギリスで、李は「野菜のミルクおよび大豆粒を用いたその派生物」の特許も申請している。李は、菜食（「素食」）主義を提唱しながら、植物からミルクを製造する中国の方法を熱心に紹介していた。(27) ただし、当時の李は、おもに孫文の中国同盟会のパリにおける代表として活動していたのであり、豆腐会社は革命の隠れ蓑であって、実際には豆腐の製造・販売を行っていなかったとする説もある。(28)

さらに李石曾は、一九一〇年に上海で、ベジタリアンの外交官・伍廷芳とともに、中国初の菜食主義団体である「慎食衛生会」を創設した。また、李石曾はおそらくそれよりも前に、菜食主義を試した西洋料理店として、上海のフランス租界のホテルの一角に「密采里」を開いていた。「密采里」の試みは、パリの豆腐会社と同様に急進的すぎて短命に終わった。だが、一九二二年に上海で「功徳林」が創業し、仏教の精進料理の店として名を馳せるよりも前に、中国人の手によって菜食主義の西洋料理店が開かれていたことは興味深い[29]。

一九二〇年代までにヨーロッパでは、菜食主義が進歩的、科学的、衛生的な慣行とみなされるようになっていた。ただしアジアでは、一八八〇年代末にロンドンに滞在してから菜食主義者になったガンディーのように、菜食主義はナショナリズムにも関わる慣行であった。

上海では一九一七〜一八年にかけて、『東方雑誌』誌上において、その編者の章錫琛や胡愈之、気象学者の竺可楨《じくかてい》らが、海外の論説を紹介しながら菜食主義を提唱した。彼らは、肉食は生活費を増やすし、貧しい人々から安くて健康的な食物を生産する土地を奪うものであると批判していた。一九一七年には、北京大学の学生が、菜食の食堂の開設を求める公開書状を出すと、校長の蔡元培（一八六八〜一九四〇年、学術の自由を擁護し、新文化運動にも関わっていた）は、それに肯定的に応じていた[30]。

そして、香港で西洋医学を学び、マカオと広州で医師を務めたこともある孫文は、一九一九年に公表した『建国方略』のなかで、豆腐を中国の国民食のように位置づけて提唱している。すなわち、孫文によれば、「中国の素食者〔菜食主義者〕は、必ず豆腐を食べる。〔豆腐は、実は植物のなかの肉類であり、それは肉類の効用があるが、肉類の毒はなく、それゆえ中国全土で皆、素食の人々が〔豆腐を〕常食しているのであり、これには〔西洋の〕学者の提唱を待つまでもない[31]」という。

しかし、中国では一九二〇年代末までに、反菜食主義が台頭して、菜食主義は下火になった。一九二七年、生物化学者・栄養学者の呉憲は、「栄養に関する現代知識に照らした中国の食物」という影響力のある論文を発表している。それによれば、中国の食物における動物性タンパク質の量は、欧米諸国はもちろん日本よりも少なくて（ただし朝鮮よりは多い）、不適当であるという(32)。呉憲をはじめとする栄養学者たちは、大豆が動物由来のタンパク質の代用品になることに懐疑的で、卵の消費を増やし、牛乳やバターの使用を奨励した。

だがそれにもかかわらず、当時の経済状況で動物性タンパク質の摂取は現実的でないために、大豆および大豆製品の使用が勧められることになった。そして、中国の栄養学者や生理学者などは、旧来の「豆漿」（水でふやかした大豆をすったもの）を、近代的で良質な豆乳（「豆奶」ないしは「豆乳」）に作り変える実験に取り組んだ(33)。

一九二八年から、生理学者の祝慎之《しゅくしんし》（Ernest Tso）らが、嬰児に母乳・牛乳のかわりに豆乳を与える効用に関する研究成果を発表した。さらに一九三三年には、南京市政府が、栄養失調の幼児たちに豆乳を配布する試験的な計画を実行した。一九三四年の上海市政府の調査によると、共同租界の周辺には、一五以上の豆乳工場があったという。また、日中全面戦争勃発以前の上海における豆乳の開発と普及には、セブンスデー・アドベンチスト教会の医療宣教師であるハリー・ミラーの貢献も大きかった。

一九三七年一一月から三八年三月にかけて、上海難民児童営養委員会は、豆乳と「豆渣餅」（大豆粕で作った焼きパン）を、一万から一万五〇〇〇人程度の難民児童に配布した。一九三〇年代末までに、豆乳の広告は、子供をおもな受益者として重視するようになった。アメリカのビジネスマンのジュリアン・アーノルド（Julean Arnold）は、一九三七年に日本軍が中国に侵攻すると、豆乳を中国の人々の栄養補給に使うための支援を行った。また、カナダの華人商人の息子で医師の陳達明（Harry Chan）は、一九三九年、自ら開発した製法の豆乳を「鈣奶生營養粉」として上海で発売した。

彼らは、大豆を「中国の乳牛（Cow of China）」と呼んでいた。二〇世紀前半において、豆乳は科学的なものとなったことから、中国の発展の象徴として扱われた。しかし、今日では、豆乳を含め大豆製品を中国のナショナリズムと関連づける議論は、もうほとんど見られない。[34] とはいえ、中国では現在でも、豆乳の種類が牛乳に比べてはるかに豊富にある。

また、大豆食品としてもう一つ重要なものに、醤油がある。キッコーマン（亀甲萬）の醤油は、味の素・仁丹と並んで、近代中国で販路を拡大した日本製食品であった。日本醤油の醸造は、満洲において、日露戦争中に軍需を満たすために始められて、戦後にはその機材が在留日本人に払い下げられた。満洲は大豆の産地であり、日本人も現地で日本醤油を安く生産でき、その下等品は中国醤油と価格面でも競争できるようになって、中国の高級中国料理店や中・上流家庭に普及した。一九三〇〜四〇年代には、キッコーマン（野田醤油）やヤマサなどの大手醸造業者も、満洲に進出して現地生産を開始した。

しかし、中国醤油の主産地である長江以南の地域では、中国醤油の上等品が、日本人も使用できるほど品質がよく、価格も日本醤油の半値以下であったことから、日本醤油は販路を拡大できなかった。中国醤油は、中国市場および次に述べる世界市場において、第二次世界大戦期までは日本醤油との競争で完全に優位に立っていた。[35]

欧米に広まる大豆食品——醤油から代用肉まで

西洋人が日本や中国で大豆を見聞した記録は、一六世紀末から存在するが、大豆が実際に欧米に伝わったのは、一八世紀になってからである。一七三九年に中国在留のフランス人宣教師からパリ植物園宛てに大豆種子が送られて、パリ植物園がそれを栽培した[36]。

北米で最初の大豆は、一七六五年、ジョージア植民地で植えられた[37]。そして一七七〇年、ベンジャミン・フランクリン（Benjamin Franklin, 一七〇六〜九〇年、政治家・物理学者）が、友人のジョン・バートラム（John Bartram, 一六九九〜一七七七年、「アメリカ植物学の父」とも評される）に送った手紙では、どうすれば豆からチーズが作れるのかが説明されている。中国の発明品である豆腐が、この頃すでに、アメリカの入植者にまで伝わっていたと考えられる[38]。とはいえ、一九世紀末まで、大豆栽培は、北米の農家や科学者にほとんど無視され続けていた。

また、醤油については、一八世紀までにオランダ商人が、日本からヨーロッパ各地に伝えた。一九世紀には日本の醤油が、ヨーロッパでブームを起こして、輸出量を増加させた。しかし、ヨーロッパでは、ソースに醤油を混ぜて旨味をもたせるために使用するのが中心であったために、高価な日本醤油に代わって、品質は劣るが安価な中国醤油が用いられるようになる。さらに、インドネシア産醤油の「ケチャップ」が、日本醤油と同じような容器に入れられて、日本醤油として安く売られた。その結果、日本醤油は明治初年までに、ヨーロッパ市場から駆逐されそうになった。こうして、日本語の「しょうゆ（sooyu）」から転化したオランダ語の「ソヤ（soya）」は、日本の醤油およびその原料の大豆ではなく、主として中国醤油を意味するようになった[39]。

ちなみに、一八三七年、イギリスで製造・販売が始められたウスターソース（worcestershire sauce）にも、醤油が用いられている。そしてそれは、欧米におけるもっとも早い時期の醤油の商業的な利用であった[40]。

さて、日清戦争（一八九四〜九五年）の後、極東での大豆貿易が拡大すると、一八九八年、アメリカ合衆国農務省は、新種の大豆の栽培を始めた。そして日露戦争（一九〇四〜五年）は、満洲（中国東北部）の大豆権益をめぐる戦争でもあった。この戦争を境に、世界経済における大豆の重要性が増し、日本は満洲産の大豆を欧州に、油・石鹼の原料として輸出するようになった。しかし、第一次世界大戦期（一九一四〜一八年）に、ヨーロッパで油脂が不足しても、満洲大豆は品質が悪かったために、アメリカ産の大豆が市場を拡大した。

アメリカ合衆国において、大豆栽培と大豆研究が盛んになるのは、二〇世紀に入ってからである。とくに第一次世界大戦期には、農務省や軍が、アメリカ人の味覚に合った大豆食品の研究を進めた。そうしたなかで、アメリカの医科大学を卒業した中国の女性医師・金雅梅（一八六四〜一九三四年）が、研究の先導や啓蒙活動に重要な役割を果たして、一九一七年一月の『ニューヨーク・タイムズ』に大きく掲載されている[41]（図1−28）。また、フォード社は、自動車産業のほかに「農産化学」の分野で革新的な事業を展開し、一九三〇年代、代用肉、繊維、プラスチックなど、大豆の独創的な使用方法を編み出していた。

第二次世界大戦中の一九四二年までに、アメリカ合衆国の大豆生産量は、ついに満洲を上回った。アメリカ産の大豆は、大豆油、軍用糧食（K-ration）、マカロニ、マーガリンなどの原料として使われた。第二次世界大戦中には、肉類の多くが兵士の食料にまわされたので、アメリカの農家は大豆の増産を求められ、市民は大豆をもっと食べるように促された。一九四三年には国中のスーパーマーケットに大豆粉が並ぶようになり、大豆は、肉や焼き菓子を増量する効果で、人気を集めるようになった。

図1−28『ニューヨーク・タイムズ』に掲載された金雅梅の肖像（1917年）

第二次世界大戦が終結すると、大豆タンパク質は威光を失い、大豆を使った加工食品の消費は落ち込んで、大豆かすは食用から飼料用へと変わった。しかし、一九七〇年代後半から盛んになったニューエイジ運動（New Age Movement, 神秘主義的な自己啓発運動）は、個人や人類にとって道徳的に正しく純粋な食物として、再び大豆に注目した。また、アジア系移民の増加や、健康・医学の見地からも、大豆への関心が高まったので、アメリカにおける大豆食品の消費は盛り返していった。

また、一九七〇年代までに、テイクアウトのフライドチキン店が全米に数多くできていた。その食材となる家畜には、大豆を食べさせ、鶏などを揚げるのにも、大量の大豆油を使用したので、大豆の需要が大きく増えた。[42]

その当時から、ブラジルやアルゼンチンが、大豆生産において、アメリカと競合するようになった。二〇二〇年には、この三国が、全世界の大豆生産量の約八割を占め、ブラジルが、アメリカをぬいて世界一の大豆生産国となっている。しかし、ブラジルでは、ほとんどの大豆を油や鶏の飼料として使っており、豆腐や大豆食品は、日系人や華人に食べられているが、それがブラジル料理の一部にはなっていない。[43] ちなみに、人口一人当たりの大豆消費量を、米国農務省の統計から概算すると、パラグアイ、アルゼンチン、ブラジルが最多のグループになり、中国はアメリカ合衆国よりも少なく、日本はその中国よりも少なくなる。[44]

中国では、紀元前にさかのぼる「素菜」（大豆をはじめとする植物・菌類で作る料理）の長い歴史がある。そして近年には、アメリカ・日本・台湾などで、大豆やエンドウ豆などを原料とする高品質な「代替肉」の開発と市場拡大が加速している。本章でその初期を見た大豆食品のグローバル化は、料理の国籍やジャンルをこえて、今後さらに進展しそうである。ただし、よりおいしい大豆食品の生産と消費のあり方が、安全・環境・貧困により配慮したものになっていくことも期待されている。

大豆や大豆食品は、中国から東アジア、欧米へと広がって、食のグローバル化を促してきた。大豆や大豆食品は、清末民国期には、中国のものとして、自国食文化に対する誇りや民族意識をかきたてることがあった。しかし、現在までに大豆食品が、中国の国内外で、中国由来のものとして強く意識されることは、ほとんどなくなっている。

このようなプロセスは、中国地方料理の普及過程と同様である。海外では、中国の料理が、反華人感情や華人排斥の高まりに伴って、苦境に陥ることが少なくなかった。しかし、さらに重要なことに、中国の料理が、中国ナショナリズムを離れて、中国のものとは意識されなくなり、むしろホストカントリーのナショナリズムの高揚のなかで、改良されて普及し、外国料理の一部になることも多かった。続く第二部、第三部では、こうした両面を見ていきたい。

第二部　アジアのナショナリズムと中国料理

第1章　シンガポールとマレーシア――海南チキンライス・ホーカー・ニョニャ料理の帰属

東南アジアの中国料理――各地方料理の現地化

世界各地のチャイナタウンで現地調査を行った人文地理学者の山下清海によれば、中国料理は、華人が異国に街を形成していくときの最大の「武器」「資源」である。そして、日本料理とは異なる中国料理の強みとは、移住先の食材を利用して容易に現地化し、現地の人々に好まれて大衆化することであるという。山下は、インドのカレーや中東のケバブも、海外において「汎用性」が高い食であるが、中国料理ほど移住先の人々に広く好まれ、現地の材料を用いて現地の人々の好みに合わせて調理される適応力をもつ食はほかにはないとして、世界各地における中国料理の広がりを高く評価している(1)。

山下の説には、筆者も異論がない。筆者は、世界各国の料理のなかで、中国料理の最大の特色とは、世界の多くの国々で現地化して、人々の食生活に深く浸透した点、さらに、外国料理やエスニック料理の範疇をこえて、ホストカントリーの国民食になることが多かった点にあると考えている。広く世界を見渡すと、中国大陸と台湾をのぞけば、とくに東南アジア、日本・韓国、米欧において、中国料理が独自の進化を遂げており、くわえてペルーやインドなどでも、独自の中国料理が発展している。

それでは、中国料理はなぜ、世界的にこれほど大きな影響力を及ぼしたのだろうか？　第一に、一〇〇度以下の水で煮炊きし、素材から旨みを引きだすのが中心の日本料理などと比べると、二〜三〇〇度の油で炒めたり揚げたりし、調味料で外から旨みを注入するのが中心の中国料理のほうが、未知の現地食材に対応しやすかった。

そして第二に、中国系移民の人口の多さ、そして移民の歴史の長さが挙げられる。中国国外の華人人口については、各種統計によって、約四〇〇〇万人から約六〇〇〇万人まで様々に推算されて、このうちの七〜八割が、東南アジアに住んでいると考えられている。(2) とくに、一九世紀後半以降の大量出国の時代には、先に移民した同族・同郷者を頼って移民するチェーン・マイグレーションが増えた。

そのために東南アジアでは、例えば、広東人・客家人・海南人は、どこにでも移民しており、福建人(閩南人)は、マレーシア・シンガポール・インドネシア・フィリピンに移民した者が多く、潮州人は、タイ・ラオス・カンボジアに移民した者が多く、雲南人は、タイ・ミャンマーに移民した者が多くなっている。(3) こうして東南アジアでは、中国の異なる地方の料理が各地に伝わり、各地でそれぞれに現地化しながら発展したので、中国料理とそれに影響を受けた現地料理が豊かに多様化した。(4)

それゆえ、東南アジアにおいて、中国料理と現地料理を区別することは、しばしば容易ではない。東南アジアの台所では、両側に取っ手のついた中華鍋が、万能の料理鍋として広く使われているし、料理用の包丁も長方形の刃をした中国式のものが普通である。(5) 東南アジア各地で一般的になっている豆腐、麵料理、炒める調理法、鶏・アヒル・豚肉と白米を一緒に食べる料理などは、中国料理の影響を受けたものである。(6) ただし、東南アジアでは中国とちがって、小麦が生産されないので、ライスヌードル(米麵)が多い。

くわえて、東南アジアの都市には多くの華人がいるので、現地の華人を顧客として中国料理を商品化していくことができ、中国料理が、ある程度そのまま原型を保って、各地で受け入れられた。それに対して、アメリカの中国料理店は、最初から華人以外の地元民を顧客としたので、中国にはまったく存在しないチャプスイなどのアメリカ化された中国料理を多く出すことになった[7]。

本章ではまず、東南アジアにおける中国料理の中心地といえるシンガポールと、その隣国のマレーシアの状況から見ていこう。「シンガポール料理」や「マレーシア料理」がどのように形成され、それらのなかで中国料理がどのように位置づけられているのかを明らかにしていきたい。

シンガポールの植民地化と中国地方料理

シンガポール（当初は「テマセク」）は、一三～一五世紀には貿易港として繁栄したが、イギリス東インド会社が進出する一八世紀末頃には中世の繁栄の面影はなく、小さな漁村にすぎなかった[8]。一八一九年、イギリス東インド会社のT・ラッフルズが、ジョホール王国（一五二八年～）の内紛に乗じて、シンガポール島（当時は「シンガプラ」）を買収して、要塞と商館を建設し、自由貿易港を宣言した。一八二四年、イギリス帝国は、シンガポールの主権および領有権を獲得し、二六年、ペナン・マラッカ・シンガポールからなる海峡植民地を成立させた。海峡植民地は、インドのベンガル総督府の管轄下に置かれていたが、一八六七年にイギリス植民地省の管轄に移された。

そして一八八七年、シンガポールにラッフルズ・ホテルが創建される。そこは、一八八九年から「ティフィン・ルーム（Tiffin Room）」（ティフィンとは昼間の食事を意味する南アジアの言葉）でチキンカレーなどの軽食を提供し、一九一五年からロングバーで甘口カクテル「シンガポール・スリング（Singapore Sling）」を作るなど[9]、今日でもシンガポール観光の呼び物となっている、世界的に有名な飲食物の発祥地になった。

一八二〇年代、マレー半島では錫ブームがおこり、半島全域に約一万二〇〇〇人の華人鉱夫が渡り、六〇年頃までに一〇万人ほどにまで増えた。それに伴って、シンガポールでは、一八三〇年代まではマレー人が人口の多数を占めたが、四〇年代から華人が支配的になって、人口の過半数をこえた。一八四四年、イギリスは海峡植民地に生まれた人々について、イギリスの臣民と考え、保護権が及ぶと宣言した。これに対抗するために、清国は同地の中国系の人々を、とりあえず「華民」「人民」「商民」の名で、清国の臣民であると主張し始めた。ここに至って、華人は事実上、清の公認を受けた。

さらに清国は、一八六八年に領事の派遣を決定し、七七年から派遣を開始した。一九〇九年に清国が制定した「大清国籍条例」は、父系血統主義を基本とし、両親のいずれかが中国籍であれば、その子は自動的に中国臣民となり、重国籍を否定しなかった。ちなみに、血統主義と重国籍容認は、一九二九年に国民政府が制定した「中華民国国籍法」にも継承された。しかし、ようやく一九五〇年代半ばから、中華人民共和国が、東南アジア諸国との友好のために方針転換して、八〇年に制定した「中華人民共和国国籍法」が、重国籍を認めないことを初めて明記した[10]。

清末における中国の再生・再建に向けた輿論は、立憲派・革命派ともに、漢族を核とする国民国家形成を目指し、両派は華人の存在を見直して、「愛国華僑」の財政的・精神的支援を重視した。「滅満興漢」（漢族政権の復興）を訴える孫文は、興中会を組織し、広州での蜂起に失敗した後、興中会幹部の尤烈がシンガポールに移って、保皇派の康有為一派の勢力を抑えた。孫文は、いったん日本そしてハワイへ逃避し、一九〇五年に東京で中国同盟会を、翌年にその分会をシンガポールにつくった。

シンガポールでは、一九世紀末から、「華僑」という集団を、英語のネイションという近代的観念を通して理解する現地華人の知識人層が出現していた。そして、一九一九年に孫文が中国国民党を結成し、シンガポール・マレー半島の華人と関係を築き、四九年の中華人民共和国成立後には、その関係が台湾の国民党政権に引き継がれた。他方、シンガポールの大富豪・陳嘉庚《ちんかこう》が、中国大陸に帰郷して、北京で人民政治協商会議副主席などを務めたように、共産党政権に肩入れする華人も数多くいた。[11]

二〇世紀前半のシンガポールの料理状況について、一九三二年に刊行された華人向けのシンガポール指南書によると、シンガポールの酒楼（中国料理店）では、潮州・広東・福建・海南島・マレーの料理を食べることができたという。[12]また、一九四〇年代の日本人の回想によると、シンガポール方面の在留日本人は、どちらかといえばマレー料理でなく、中国料理（「支那料理」）を食べに行く人が多かった。シンガポールの中国料理は、食材の調達が困難であることから、あまり上等とはいえなかったが、燕の巣、蟹、エビ類は豊富で、比較的安くてふんだんに食べられた。くわえて、「大衆的な支那蕎麦屋」がどこでも繁盛しており、大多数は広東系であるが、福建麵（「福建饂飩」）が、とくに長崎方面の人に喜ばれたという。[13]

また近年には、海南チキンライス・カヤトースト・三水ジンジャーチキンなどが、郷愁を誘う食物として商品化されて、シンガポールを代表する料理になっているが、これらのルーツも、後述のようにこの頃にある。シンガポールの国民食ともいえるこれらの料理が、いずれも高級料理ではなく、手軽な庶民の食物であるのは、もともと移民が経営する自営小店舗で移民労働者たちが食べていたものだったからである。

シンガポールの第二次世界大戦と脱植民地化

さて、一九三〇年代には、世界不況のあおりと、イギリス植民地政庁の一貫しない農民政策によって、華人が農村に入って、マレー人と反目するようになっていた。さらに一九四一年末から、日本軍がマレー半島に侵入すると、抵抗を抑えるために町に住む華人を農村に追い出したので、マレー人と華人の緊張関係を助長した。一九四二年二月、シンガポールのイギリス軍が全面降伏すると、日本軍は民族別の統治政策を用い、反英の要としてマレー人左派を重視しつつ、抗日華人の取り締まりや強制労働への徴用にマレー人役人を利用した。そのため、両民族間の敵対感場が煽られて、それもマレー人と華人の民族間の軋轢の一因になった。

一九四五年八月の日本の敗戦後、イギリスが再びマレー半島を統治下に置いた。しかし、マラヤ共産党（一九三〇年結成）が、日本占領期の抗日ゲリラ戦争で華人社会に強い基盤を築いており、一九四八年からは、イギリスからの独立を求めて武装闘争を開始した。その後、華人が抗日運動や共産勢力を支持した過去は、中国大陸の共産党政権に呼応して、現地で革命運動を行うのではないかと疑われる要因となり、そのことによって抑圧された華人の現地化を促した[14]。

マレー半島では、第二次世界大戦期にイギリスが、日本の進攻に対する防衛に失敗したことで、戦後には、古い秩序には戻れないと考えられるようになり、国家としての独立が、以前よりも重要な政治問題になった[15]。一九四六年、イギリスのもとで「マラヤ連合（Malayan Union）」がつくられ、その憲法は、種族の別なく市民権を与えるものであった。これに対して、「マレー人のマラヤ」を唱えるマレー人は不満であり、同年に「ＵＭＮＯ（United Malays National Organization, 統一マレー人国民組織）」という団体を結成した。それは、複合民族国家をつくることを目指していたが、実際には華人の市民権を制限しようとしていた。

一九四八年、イギリスはマラヤ連合を解体させ、マレー各州の象徴的な君主（スルターン）の地位を回復させて、マレー人に先住民の特権を認める「マラヤ連邦（Federation of Malaya）」を成立させた。そして一九五七年、マラヤ連邦がイギリスから独立して、UMNOが主導権を握ったうえで、マレー人・華人・インド人の三つの民族政党が連立して政権を担った。さらに一九六三年、マラヤ連邦に旧英領のシンガポール・サバ・サラワクを加えた「マレーシア連邦」が成立したが、六五年にシンガポールが分離独立する。(16)

脱植民地化の時代におけるシンガポールの食文化――西洋料理と中国料理

このように第二次世界大戦後、マレー半島がイギリスから独立して新たな国家の形を模索するなかでも、シンガポールで出版される料理書は、地元の食材を利用したヨーロッパの料理を紹介することが多かった。一九五二年には、現地の筆者によるシンガポールの料理のレシピ集が、初めて刊行された。(17)とはいえ、その翌年に刊行されたP・アリックス『マラヤのメニュー』（P. Allix, *Menus for Malaya*, Singapore: Malaya Publishing, 1953）は、依然として、イギリスの植民地主義的なガイドブックの伝統を受けついでいた。この料理書は、メニューの「多くはヨーロッパ・スタイルで、マラヤの伝統もある」というものであった。ここで言う「マラヤの伝統」とは、植民地の伝統、すなわちヨーロッパの伝統であって、マレーの現地料理ではない。そのほかには、異国情緒を少し加えるためのものとして、「サンデー・カレー」や中国料理が、時々含められていたにすぎなかった。(18)

しかし、一九五〇年代から数多く刊行された欧米人向けのシンガポールの旅行ガイドは、マレー料理をほとんど掲載していないが、中国料理とその店は数多く紹介している。例えば、一九五六年刊行のある旅行ガイドには、「シンガポールの東洋レストランの完全美食ガイド（A Complete Gastronomic Guide to Singapore Oriental Restaurant）」が付されている。そこでは、福建麵がスパゲッティに、クェイティアオ（ライスヌードル）がタリアテッレ（イタリアのパスタの一種）に、広東のワンタンがラビオリに似ていると紹介された。さらに、広東、広東精進（Cantonese vegetarian）、潮州、北京、四川、海南料理のレストランも掲載されている。例えば、北京料理では「北京ダック（Peking duck, 香蘇鴨）」、海南料理では海南チキンライス（後述）を出すレストランが紹介されている。[19]

そして一九六〇年には、シンガポールの食物専門のガイドブックが、欧米人の兵士・船員・パイロットやその家族などのために刊行されている。そこで紹介されている全二〇六品の大半は、西洋料理に属するものである。しかし、中国料理は二〇品も掲載されていて、酢豚（sweet and sour pork）、叉焼（Chinese barbecued pork）といった定番広東料理のほかに、アメリカ式のチャプスイ（chop suey）や、「海峡華人（Straits Chinese）」（の料理）と注記された揚げ春巻き（popiah goreng）なども含まれていた。中国料理は、サテ・カレー（satay curry）とマラヤ風パパイヤ（papaya à la Malaya）の二品だけのマレー料理に比べれば、ずっと多く掲載されていた。[20]

ほかにも、一九六一年刊行の欧米人向け観光ガイドは、チャイナタウンのピーポーズ・パーク（Peoples Park in China town）を、安い食物が手に入る人気の場所として紹介している。そして、ベンクーレン・ストリートの「香港飯店（Hongkong Bowl）」や、メイフェア・ホテル内の「シャンハイ・ルーム」などを、代表的な中国料理店として挙げている。[21]

また、一九七一年刊行のシンガポールの美食ガイドは、近年賑わう食事場所として、①福建麵などがおいしい福建ストリート、②ビーチ・ロードの小さな袋小路に「サテ（satay）」（串焼き）の屋台が一列に並んだ「サテ・クラブ（Satay Club）」（一九四〇年代〜九五年）[22]、③福建麵、サテ、オイスターオムレツ、マトン・カレー、「ムルタバ（murtabak）」（揚げパン）、揚げバナナ、亀のスープなどの単品を販売する移動式屋台が集まるオーチャードロード・カーパークなどを紹介している。[23]なお、福建麵にはおもに三種類あり、シンガポールはエビ入りの白い焼きそば（図2-1）、クアラルンプールは黒い焼きそば、ペナンは赤い蝦ラーメンになっている。

このように、シンガポールは、欧米人ツーリストにとって、植民地時代からの西洋料理にくわえて、多様な中国各地方の料理の異国情緒を満喫できる都市になっていた。そして、手のこんだ高級料理から、手軽な屋台料理まで、また、中国各地の定番料理から、海外で現地化した風変わりな料理まで、豊かな中国系の料理群を、いかにして「シンガポール料理」として再編集していくのかが、イギリスおよびマレーシアから独立したシンガポールという国民国家の課題になったのである。

図2-1　シンガポールの福建麵

ちなみに、サテ（satay）は、インドネシア・マレーシア・シンガポール・フィリピン・タイなどで広く食べられている串焼き料理であり、おそらく南アジアのケバブをモデルにして、ジャワ人の露天商が開発したものだと考えられている。[24]ただし、「サテ」の名称は、中国語（広東語）で三つを意味する言葉に由来するという俗説があり、[25]その流布は、一九〇九年にまでさかのぼって確認できるという。[26]

第二次世界大戦前・戦時のマレー半島に滞在した日本人も、サテは安くておいしいので、とてもよく食べたという。日本人には、「サッテ」は「牛や山羊の骨についている小さい肉を削り取り串に差し、辛いカレー汁の中につけては焼いたもので、内地の焼鳥と云ったもの」であると理解された[27]。なお、現在のシンガポール華人のサテ屋台では、ポーク・サテも頼むことができる[28]。

また、台湾などでよく見かける「沙茶」（サチャ）の味つけは、サテに由来する。一九世紀に潮州・汕頭《スワトウ》の移民が、東南アジアから故郷にサテを持ち込んで「沙茶」に改良し、それが第二次世界大戦後に対岸の台湾に伝わって、「沙茶醬」「沙茶牛肉」「沙茶火鍋」などとして浸透した。サテ・サチャともに、地域によって多くの種類があるが、サテのほうが、甘辛くピーナッツの味が濃いのに対して、サチャのほうが、辛くなく蝦醬《かしょう》の味が濃い[29]。

シンガポール・フードカーニバル――「多文化社会」の強調

シンガポールの穏健な民主社会主義派のリーダーのリー・クアンユー（Lee Kwan Yew, 李光耀、一九二三～二〇一五年）は、一九五四年にＰＡＰ（People's Action Party, 人民行動党）をつくり、左派勢力の支持も集めながら、華人のナショナリズムの心情にも応えて、発言力を増した。一九五七年に成立したマラヤ連邦が、六三年のマレーシア連邦結成に向けて統合を進めていた時期に、リーは国民投票に訴えて、新連邦への加盟にこぎつけた。だがリーは、ＵＭＮＯの指導部と対立し、ＰＡＰの内部でも親共派と袂を分かった。そうしたなか、一九六四年には、マレー系住民への優遇政策を求めるデモ隊と中国系住民が衝突する「シンガポール人種暴動」も起きた。

一九六五年八月九日、ＵＭＮＯ党首でマレーシア連邦首相のアブドゥル・ラーマンと、ＰＡＰ党首のリーの合意の上、マレーシア連邦から追放される形で、シンガポールが分離独立した。独立を国民に伝えるテレビ演説で、リーは涙を流しており、シンガポールにとっては望んでいなかった独立であった[30]。この分離独立以降、関係が冷えたマレーシアは警戒すべき隣国となり、駐留イギリス軍の撤退も発表されるなか、政治的・経済的な生き残りが、シンガポールの国民的な心情になった。そして、国民形成と国家存続が優先されるなかで、国民の歴史（ナショナル・ヒストリー）の構築は後回しにされた。とくに、エスニック・グループ（民族集団）に固有な記憶は、潜在的に民族間の衝突を招きかねないことから、政府によって意図的に消去された[31]。

しかし、こうしたシンガポールの分離独立から二ヶ月もたたない一九六五年九月末から一〇月初め、早くも「シンガポール・フードカーニバル（Singapore food carnival, 新嘉披佳餚嘉年華會）」というイベントが開催されている。そのパンフレット（図2－2）は、「シンガポールでより多くの東洋を見よう（YOU SEE MORE OF THE ORIENT IN SINGAPORE.）」と宣伝し、フードカーニバルのおもな挙行目的を「各国の観光業の代表者に、我が国の観光業の発展を、より一層理解してもらうことである」と説明している。

図2－2　シンガポール・フードカーニバル（1965年）のパンフレット

そのためにフードカーニバルは、「我が国の華（中華）、巫（マレー）、印（インド）などの各民族の著名な料理を紹介」しようとした。

フードカーニバルに向けて、リー・クアンユー首相は、「シンガポールの各種各様の料理には、私たちの多文化社会（multi-cultural society）が反映されている」というメッセージを寄せている。政府観光促進局（The Singapore

Tourist Promotion Board、政府観光局［ＳＴＢ］の前身で一九六四年一月一日創設）主席のＫ・Ｍ・バーンも、カーニバルがシンガポールの「多くの人種の人々（the peoples of many races）」によるものであることを強調している。

だがそれにもかかわらず、カーニバルで紹介された料理のほとんどは、華人のものであった。「佳餚美点（Special Dishes）」（特別料理）としてパンフレットで紹介された七一店のレストラン・フードストール（屋台）のうち、西洋料理と確認できるのが三店、日本料理が一店、マレー料理が二店、インド料理が一店で、残りはすべて中国料理店だと考えられる。とくに、「麗華酒家」や「喜臨門大飯店」の北京ダック（「北京烤鴨」「北京塡鴨」）、「香港名厨師」を招いた「九龍楼」の広東料理、「梅林菜館」の「江南」名菜などが、大きく取り上げられていた。(32)

このように、シンガポールの食文化においては、実際には中国料理が大半を占めて強力であったが、こうした実態は、統治理念・文化政策においては、一貫して目立たないようにされた。そして、シンガポールの料理書や観光ガイドの制作理念としては、イギリス統治時代の半ば無意識な植民地主義から、独立後には意識的な多民族・多文化主義の強調へと様変わりしたといえる。

ニコール・タルレビッチの表現を借りれば、独立後のシンガポールは、中国の過去を喚起することによって、それまでに創造されていたイギリスの伝統を、意識的にアジアの過去へと置き換えた。それと同時に、多人種主義にもとづいて、多様な料理の伝統に例外なく敬意を示すようになったといえる。こうした料理のイデオロギーは、リー・クアンユーの有名なアジア的価値を擁護する言論、すなわち、アジアを一般化して、その現在と過去を主張することによって、植民地化以前のシンガポールの歴史の不足を補おうとする言論につながるものである。(33)

『ミセス・リーのクックブック』――シンガポール人のニョニャ料理

一九七四年、リー・クアンユー首相の母であるリー・チンクーン夫人(李進坤夫人、Mrs. Lee Chin Koon, Mama Lee)は、かつては家族の秘伝であったニョニャ料理の技術を開示するために、実用的な料理書『ミセス・リーのクックブック(*Mrs Lee's Cookbook*)』を出版した。李夫人によれば、当時には、主婦が家族内で料理を学ぶ機会がなくなりつつあり、ニョニャ料理は消滅寸前であった。

李夫人は、当該書の序において、自らが「海峡生まれの華人(Straights-born Chinese)」の四代目であり、「私たち海峡華人は〝プラナカン〟として知られ、女性は〝ニョニャ〟、男性は〝ババ〟と呼ばれる」と説明したうえで、「私たちニョニャ(We Nonyas)」および「私たちのニョニャ料理(our Nonya food)」を紹介すると述べている。そして「私たち海峡華人は、もはや分離したグループではなく、私たちはすべて、シンガポール人である(We Straits-born Chinese are no longer a separate group, but instead we are all Singaporeans.)」という一文で序を結んでいる。[34]

この「ニョニャ料理」に関する先駆的な著書は、シンガポール政府によるシンガポール人としての帰属意識を作ろうとする政策課題を先取りしていた。[35]

なお、この本の刊行から約三〇年後の二〇〇三年、李夫人の孫娘であるシャーメイ・リーが、『ミセス・リーのクックブック』の新版を刊行している。[36] その目的は、「本物のプラナカン料理(authentic Peranakan dish)」を後代の人々に伝えるという、李夫人の願いを達成することであった。

シャーメイ・リーのリメイク版は、李夫人のオリジナル版に比べると、例えば、レシピを簡略化して作りやすくしたり、スパイスや味付けをまろやかにしたり、マレー人に配慮して鶏肉の使用を増やして豚肉を減らしたりするなど、家庭での普及を図る工夫が見られる。さらに、料理の呼称が、「ニョニャ料理」から「プラナカン料理」へと書き換えられていることが、後述するように注目すべき点である。

シンガポール料理の創成――海南チキンライス・ロジャック・チリクラブ

さて、一九八〇年代半ばから、シンガポール政府は、記憶を共有することが国民という感覚にとって重要なものだと明確に認識し、シンガポールの過去の再生を本格的に始めた。シンガポールは、国として長い歴史を有さないので、それぞれのエスニックグループの歴史をシンガポールの歴史につなぐことによって、より深遠な国のルーツを創り出そうとした。当時までには、民族固有の歴史がもはや、政治的緊張につながるとは考えられなくなっていた。こうして、それまで公式の歴史言説では周縁化されていたか、あるいは無視されていたプラナカンや広東人といったサブ・エスニックグループの記憶を表現することが熱望された。

そこで注目されたのが、料理である。シンガポールには、国民国家よりも長い歴史を有する食物が数多くあったので、そうした食物は、エスニックグループのアイデンティティにとって重要なものとして、記憶を集積するための最有力の手段の一つになった。例えば、「海南チキンライス（海南鶏飯）」は、中国の海南島の鶏肉料理ではない。しかし、その料理が、中国で長い伝統を有すると示すことによって、シンガポール料理としての正統性も与えられることになった。

このように、シンガポールの国民料理を構成するのは、各地方の料理ではない。シンガポールとその料理にとって重要なのは、「華人系シンガポール人、マレー系シンガポール人、インド系シンガポール人（Singaporean-Chinese, Singaporean-Malay, Singaporean-Indian）」といったハイフンのついたエスニック・アイデンティティが、ナショナル・アイデンティティと共存する空間を作ることである。そしてそこでは、多民族・多文化間の相違が、標準化・融合されることなく、むしろ強調・固定化されることになることになる[37]。

シンガポールの人々は、このような多文化主義を「ロジャック（rojak）」（図2－3）という料理に喩えることがある。ロジャックとは、マレーシア・シンガポール・インドネシアなどのフルーツ・野菜サラダで、香辛料の入った蝦醤ソースやピーナッツが使われる。「ロジャック（rojak）」という言葉は、マレー語で混合（mixture）を意味し、すべての食材が同じサラダボウルに入っているが、それぞれ分離していることを指す。現在にいたるまでシンガポールでは、多様な文化を混ぜ合わす「文化的なるつぼ（cultural melting pot）」の考え方が広まったことがない。PAPは、言語習慣・住宅・コミュニティ組織などに介入して、ハイフンのついたエスニック・アイデンティティがナショナル・アイデンティティを脅かすことを防いできた。

図2－3　ロジャックのレプリカ（ペナンのワンダーフードミュージアム［食物狂想館，2015年開館］）

ちなみに、マレーシアでは「ロジャック文化（kebudayaan rojak）」という言葉は、マレー人のヘゲモニーや言語・文化の純粋性を保とうとするマレー人民族学者などが、否定的な意味で用いることもあるという。しかし、例えば、短編アニメ「ロジャック（Rojak!）」（二〇〇九年）のように、リベラルなマレーシア人は、その言葉を肯定的に用いている。この映画のラストは共食のシーンであり、すべてのマレーシア人を結びつけるのは、食物に対する愛であることが示されている[38]。

また、シンガポール政府は、一九七九年に国家口述歴史部（National

図2−4　シンガポールのチャイナタウン

Oral History Department）、九三年に国家文物局（National Heritage Board, NHB）を創設する。国家口述歴史部は、国家文物局の支援下で、国立公文書館（National Archives）によって運営されて、シンガポールの人々がナショナル・アイデンティティを共有するために、「国民の記憶（national memory）」を保管する業務を行っている。さらに、二〇一一年からは国家文物局の支援の下で、シンガポールの食の記憶を記録するシリーズ（"Singapore Memories Gastronomic Literary Series"）が出版されて、それには『郷愁はもっとも有力な調味料』などの本が含まれている。[39]

こうしたなかで、再開発に伴って、公衆衛生の観点からフードセンターに移転されていたチャイナタウンの飲食屋台街は、二〇〇一年、約二〇年ぶりにフードストリートとして再生された。また、シンガポール政府観光局（Singapore Tourism Board, STB）のプロモーションに沿って、歴史をテーマにしたプラナカン料理店や、広東スープレストランなども開店した。[40]

さらに、シンガポール政府は、一九九四年から国内外で、フードフェスティバルを定期的に開催し、海南チキンライスなどを提供している。インドのムンバイ（一九九八年）やチェンナイ（二〇一三年）では、チリクラブ、ミーゴレン（辛味調味料サンバルなどで味つけした焼きそば）、タフゴレン（野菜をつめた揚げ豆腐）・「ポーピア（popiah, poh pia, 薄餅）」（生春巻き）、ロンドン（二〇〇五年）では、サテ、「アイスカチャン（ais kacang）」（かき氷）、日本（二〇〇六年）では、上述の「シンガポール・スリング」なども出された。[41]

ちなみに、チリクラブは、一九五〇年代に、シンガポールに住む潮州籍の警察官の妻が発案したものとされている。普段食べている蒸し蟹と違う調理法として、蟹をトマトソースとともに炒め、さらにトウガラシを入れる工夫が加えられた。夫婦はそれをまず手押し車で売り出し始めて、一九五六年に海岸沿いに小さな食堂を開いたのが発祥とされる。[42]

「プラナカン」と「ババ」「ニョニャ」

マレー半島における中国系プラナカンの起源は、一五世紀に明の永楽帝が、マラッカのスルターンに娘を嫁がせ、さらに永楽帝の娘の侍女たちが、スルターンに仕える役人たちに嫁いだのが始まりとする伝説がある。「プラナカン（peranakan）」ないしは「ババ」「ニョニャ」の呼称は、一般的に、福建ないしは潮州の開拓者とマレーの現地人女性の夫婦の子孫を指す。マレーシアやシンガポールのプラナカンは、母国語としてクレオール（混合）化したマレー語を話すが、ペナンのプラナカンは、マレー語よりも現地化した福建語を話すし、シンガポールのプラナカンの多くは、今日までにマレー語よりも英語を話すようになった。男性は「ババ」、女性は「ニョニャ」（マレー語で奥様の意味）と呼ばれる。[43]

なお、一九七〇年代以降のシンガポールでは、「ババ」「ニョニャ」よりも、あえて「プラナカン」という呼称を頻繁に用いることで、海峡華人だけでなく、サラワクや東南アジア島嶼部における華人全体を含めた連帯を目指す政治的思惑が込められることがあった。そしてそれは、「プラナカン主義（Peranakanism）」として批判されることもある。[44] 本書では、「プラナカン」という呼称が、男女両方を含んで便利であることから、その用語に統一するが、料理に関しては、より一般的な「ニョニャ料理」の呼称を用いることにする。

一八～一九世紀、中国本土からマレー半島に華工（中国人移民労働者）がやってきていたが、プラナカンが実力でも人数でも、本土からの華人労働者をしのいでいたのは、成功した移民が、常にプラナカン社会に吸収されていたからであった。華人は、マレー語を話すなど文化変容をとげても、ムスリムではないからマレー人とは見なされず、華人であり続ける。さらに、華人がイスラーム教に改宗しても、マレー人として受け入れられることはなく、逆に彼らは非ムスリムの華人に、華人として認められなくなってしまう。そのために、文化変容を遂げてもイスラーム教に改宗しないプラナカンが、存続することになった。

一八三〇年代頃から、イギリス領のマレー半島も、経済の国際分業化に組み入れられた。そこでは、胡椒・ガンビール（染料）・サゴなどのプランテーション、錫の開発が行われ、アヘンからの収益も増えて、プラナカン社会の成長が加速した。プラナカンは一九世紀中葉頃から、イギリスに忠誠を誓った「国王の華人（King's Chinese）」を自認しつつ、洋服を着る職業（植民地の官吏やイギリス企業の職員など）に就いて、上流階層に加わる者も少なくなかった。

一八九〇年代には、海峡全体（ペナン・マラッカ・シンガポール）で、プラナカンは五万人、総人口の一割程度と、マレー半島におけるプラナカンの割合は大きかった。しかし、一九世紀末までには、「新家」と呼ばれる中国（とくに福建）からの新移民が急増する一方、プラナカンの事業の一部も行きづまり、プラナカンの社会・文化はじょじょに凋落へと向かった。そして、アジア太平洋戦争中・戦後のイギリス帝国の衰退に伴って、親英的と見られたプラナカンのコミュニティも衰退し、一九四〇～五〇年代には物質文化も多くが失われた。今日までには、特徴的な工芸品や料理・服飾が、文化遺産や観光資源として残るだけになっている[45]。

ニョニャ料理――ラクサ・チャプチャイ・ポーピア・クエパイティー

ニョニャ料理は、「中国の調理法とマレーシアの食材・香辛料との結婚」と言われることがある。ニョニャ料理のマレー系の要素としては、①ココナッツミルクやヤシ油を使うこと、②酸味料として酢のかわりにタマリンド・ジュースや柑橘類を使うこと、③調味料として「サンバル（sambal）」（インドネシアやマレーの料理に使う代表的な辛味調味料）、「ブラチャン（belacan）」（小蝦やアミを塩漬けにして三週間～四カ月程度かけて発酵させて固めたペースト）、「サンバル・ブラチャン（sambal belacan）」（ブラチャンを用いて作ったサンバル、蝦風味の辛子ペースト）、「グライ（gulai）」（インドネシアやマレーシアにあるココナッツミルクの入ったカレースープ）などを使うことなどである。

例えば、代表的なニョニャ料理に、「ラクサ（laksa, 叻沙）」がある。ラクサは、スパイシーなスープのライスヌードルであり、シンガポールやマレーシアを代表する料理にもなっている。「ニョニャ・ラクサ」は、ラクサの元祖とも言われ、ココナッツミルクを大量に使った濃厚な味わいが特徴的である。

ニョニャ料理のいくつかは、マレー人の料理のようでもあるが、豚肉を使うことが、プラナカンとマレー人の料理を明確に区別する。他方で、中国料理の残影が色濃い料理には、「チャプチャイ（chap chai, 雑菜）」（金針菜や干し湯葉、ハルサメなどを炒めたプラナカン風野菜炒め）、「ニョニャ・ポーピア」（卵をふんだんに使ったなめらかな皮、黒砂糖と米粉を溶いたソースが特徴の生春巻き）などがある。重要なことに、マレーシアやシンガポールでは、「ニョニャ風……」といえばハイグレードな料理と理解されるほど、その調理技術が高く評価されている。ニョニャ料理の高級店もあるし、ミシュランガイドで星を獲得する店もあるほどで、ニョニャ料理は、家庭料理の域を完全にこえて発展している。[46]

くわえて、ニョニャ料理には、イギリス植民地時代の影響が見える点も興味深い。例えば、ニョニャ料理の定番の前菜である「クエパイティー（kuih/kueh pie tee）」は、タルト風の小さなカップのなかに、小エビなどの具材を入れる料理である。クエパイティーは、形が山高帽に似ていることから「トップハット（top hat）」とも呼ばれるように、イギリスで一八世紀末に発案されて一九世紀中葉から上流階層の間で流行したシルクハットの形に着想を得て、マラッカで生み出された可能性が高い。

ただし、日本軍がシンガポールを占領した時期に知られた「昭南パイ」が元になっているという説もある。また、ペナンのニョニャ料理では、イギリスのウスターソースを「インチ・キャビン（inchee kabin）」（フライドチキン）などの料理に用いることがある。ほかに、パイナップル・タルトも食べられる。[47]

『リトル・ニョニャ』――プラナカン文化のコンテンツ化

さてここで、話は少しそれるが、プラナカン文化のコンテンツ化（作品化）について論及しておきたい。二〇〇八年一一月〜九年一月、シンガポールのメディア企業・メディアコープは、テレビドラマシリーズ『リトル・ニョニャ（小娘惹、The Little Nyonya）』（中国語、英語字幕）を放送した。それは、一九三〇年代から七〇年間にわたる、三つの裕福なプラナカン家族の苦難の物語であった。『リトル・ニョニャ』は、シンガポールにおいて、中国語話者、英語教育を受けた華人系シンガポール人、中国語を話さないマレー人やインド人など、幅広い人々にプラナカンの文化への関心をよみがえらせた。さらに、『リトル・ニョニャ』は、シンガポールに続いて、マレーシア、カンボジア、フランス、フィリピン、ミャンマー、アメリカ、ベトナム、タイ、上海、中国、香港などでもすぐに放送された。

しかし、このテレビドラマは、プラナカンの現状を、その歴史に投影したものであった。第一に、ドラマで描かれたように、一般的なイメージとしてプラナカンは、第二次世界大戦前の海峡植民地におけるエリートと見なされて、貧しいプラナカンは稀だと思われている。貧しく勤勉に働く中国生まれのクーリーと、裕福な現地生まれのプラナカンという、二分法で理解されることも多い。だが実際には、必ずしもプラナカンが、同じように裕福であったわけではない。

第二に、ドラマでは、プラナカン女性が普段着に「ケバヤ（kebaya）」（マレー人やジャワ人などの婦人服）を着ていた。しかし、一九三〇〜五〇年代のプラナカン女性は、華人女性と同様に、家では「上海ドレス」とも言われた「サンフー（samfoo）」（中国の婦人服）を着ていた。

第三に、ドラマでは、一九三〇〜六〇年代のマレー半島における多民族・多言語状況、すなわち、プラナカンが日々マレー人、インド人、ユーラシアンといった現地の人々と、相互にふれあっていたことが描かれていない。ドラマに登場したのは、中国語を話す有力者と、何人かの英語を話すイギリス人だけであった。このことは、英語と中国語の両言語が経済発展のために必要であるという、現在のシンガポールの開発主義者たちの抱負を反映しているといえた。(48)

このように、中国系プラナカンは、シンガポールのコスモポリタンを象徴した。さらに、そのイメージは、政府観光局によって、外国人訪問客に対するシンガポールのブランド化のために利用されるようになった。(49)

シンガポールでは、一九八〇年代にプラナカン文化の再生が始まったものの、九〇年代にはプラナカン協会が、その文化・伝統の消滅の危惧を公表していた。しかし、二一世紀に入ってから、プラナカン

図2－5　プラナカン女性が着たケバヤとサルン（クアラルンプールのマレーシア国立博物館）

図2－6　ショップハウスに開かれたニョニャ料理店（マラッカ）

図2－7　クルア入りチキンカレー（ayam buah keluak）（シンガポール・カトンのプラナカンイン）

文化の再興が進んだ。例えば、二〇〇八年には、国立のプラナカン博物館やババ・ハウスが開かれて、そこに工芸品・家具・食器などが、文化遺産として展示された。さらに、料理を通してプラナカン文化を広めることを目的として、多くのプラナカン・レストランが開業していった。

プラナカン・レストランのイメージ構築
――ケバヤ・サルンとショップハウス

シンガポールのプラナカン・レストランの宣伝広告には、ケバヤや「サルン（サロン）（sarung, sarong）」（男女ともに着る腰衣）を着たプラナカン女性のイメージが使われる（図2－5）。レストランはしばしば、プラナカンの「ショップハウス」（棟割り長屋形式で一階が店舗、二階が住居）に開かれて、ニョニャ料理の台所用具や食材などを陳列し、ケバヤ・サルンを着たプラナカン女性が挨拶や給仕をし、プラナカンの磁器食器を用いて料理や茶を出す（図２－６）。皮肉なことに、伝統的なニョニャ料理が生き延びるためには、レストランで販売される必要があり、そのためには「本物」を改良していく必要があった。例えば、クルアの実を入れたチキンカレーの「アヤム・ブア・クルア（ayam buah keluak）」（図２－７）は、典型的なニョニャ料理であるが、苦いクルアを取り去って、エビや豚挽肉を入れるレストランもある。[50]

シンガポール政府観光局は、プラナカン料理を「シンガポールが有する固有の料理にもっとも近い（the closest Singapore has to an indigenous cuisine）」（二〇〇一年）と宣伝している。それを受けて、プラナカン・レストランは、「本物の伝統的な海峡華人の料理（authentic and traditional Straits Chinese cuisine）」などと広告している。[51]

社会学者のA・アパデュライは、インドの国民料理の創成のためには、「ムグライ料理」（ムガル帝国で発達した南アジアと中央アジア・イランの食文化が混成した料理）を「インド料理」として示すことが重要であったと論じている。それに対して、シンガポールにおいては、ニョニャ料理が、国民料理の創成に不可欠な役割を担っている。ニョニャ料理は、民族・文化の混成性の象徴になるし、また、プラナカンのコミュニティは規模が小さいので、ニョニャ料理の強調は、既存の民族的なヒエラルキーを不安定にすることもない。だから、ニョニャ料理は、シンガポール国民の過去を想起させるのに役立つのである。[52]

さらに対外的にも、シンガポールの国民文化として、プラナカン料理が宣伝されている。二〇一〇年の上海万博では、シンガポール館において、ラクサ・クエパイティー・カレーチキンといったニョニャ料理が、ベストセラーになった。その年には中国で、ケンタッキーフライドチキンが、カレー味のニョニャ鶏手羽先（Nyonya chicken wing）を発売し、ケバヤとサルンを着た女性の写真で宣伝した。

さらに、同年八月に北京で、政府系企業のインターナショナル・エンタープライズ・シンガポール（International Enterprise Singapore）が、シンガポールの食のプロモーション・キャンペーンを始めた。そこでは、サルンとケバヤを着たモデルが、シンガポールの食文化を披露した。この頃には、シンガポールの女性外交官が、北京のイベントで、しばしばサルンやケバヤを着て登場している。

そして二〇一一年からは、シンガポール政府観光局や、インターナショナル・エンタープライズ・シンガポールなどが、「シンガポール・テイクアウト（Singapore Takeout）」というプロジェクトを始めた。著名なシェフが、世界の主要都市（ロンドン・パリ・ニューヨーク・香港・上海・モスクワ・シドニー・デリー・ドバイ）を訪れて、ラクサ・エビカレー・春巻きなどのニョニャ料理を作って、シンガポール料理を広めている。こうして、プラナカン女性（ニョニャ）のイメージが、シンガポール文化の象徴となり、プラナカン（ニョニャ）料理は、シンガポールを代表する料理として海外でも認知された。[53]

郷愁の味の再生

ニョニャ料理のほかにも、ここではさらに、シンガポールを代表する料理として広く知られるようになった食文化を五つ紹介したい。

①海南島にはない海南チキンライス

本章でも度々登場する海南チキンライス（海南鶏飯）（図2－8）は、一九三〇年代、ブギスの「逸群

（Yet Con）」などで出されたのが始まりとされている[54]。また、後にシンガポールで最高のチキンライスを出した店として伝説化される「瑞記（Swee Kee）」の創業は、一九四九年とされる[55]。

海南島に「海南鶏飯」という料理はもともと存在しない。それはおそらく、シンガポールないしはマレーシアの海南島出身者が、海南省文昌市の有名な文昌鶏飯をもとに再考案したものと考えられている。海南チキンライスは、特別の唐辛子ディップ（辣椒醬）を使うほかは、中国料理のごく一般的な食材を用いたファーストフードである。

この種の鶏飯は、シンガポール・マレーシアの海南チキンライスのほかに、広東の「切鶏飯」、タイの「カオマンガイ」、ベトナムの「コム・ガー」、インドネシアの「ナシ・アヤム」、カンボジアの「バーイモアン」など、中国から東南アジアにかけて広く分布し、調味料・調理法も多様である。とくに、シンガポール・マレーシア・タイなどでは、国民食ともいえるほど代表的な屋台料理として定着している。さらに、アメリカなどのシンガポール料理、マレーシア料理の専門店では、メニューに必ず海南鶏飯が含まれており、タイ料理店でも、たいていカオマンガイが出される。

このように、海南チキンライスは多国籍の食品であるが、とくにシンガポールがその国民食化に熱心であり、観光客などが覚えやすいように「シンガポール・チキンライス」と称することもある[56]。

図２−８　海南チキンライス（シンガポールの津津餐室，1955年創業）

②海南出身者の開いたコピティアム

マレー半島で海南チキンライスを発案した可能性の高い海南島出身の人々は、「コピティアム（kopitiam）」と呼ばれるコーヒーショップを開いたことでも知られる。彼らは、後発移民であったために、先発移民である福建・潮州出身の人々を相手にした軽食屋台を開業したり、イギリス植民地行政官家庭の料理人・使用人として働いたりしていた。ただし、海南島に、独自のコーヒー文化は存在しない。そのため、茶を飲みながら長話をする海南島の習慣（「老爸茶」）が、マレー半島に持ち込まれて、そこで現地およびイギリスの食習慣と融合しながら、華人たちが朝食などにコーヒーを飲み、パンを食べる習慣が定着したものと考えられている。(57)

コピティアムは、砂糖・コンデンスミルク入りの「コピ」（コーヒー）や「テー」（紅茶）などのドリンクと、「カヤトースト」（カヤジャムとバターを挟んだトースト）などの軽食を出す店である。現存する有名店としては、一九一九年に「キリニー・コピティアム（Killiney Kopitiam）」、四四年に「ヤクン・カヤトースト（Ya Kun Kaya Toast, 亜坤珈琲店）」（二六年開店のコーヒーショップが前身）が創業している。(58)

一九二八年に公表されたシンガポールの各業界の調査報告によると、三六六軒のコーヒーショップ（「珈琲茶店」）が、工部局の許可をえて営業されており、経営しているのは、広東・福州・海南島（瓊《けい》州）から来た者が多かった。(59) また、当時の華人向けのシンガポール指南書によると、シンガポールでは、コーヒーが日常的な飲料として広く普及しており、にぎやかな街の中心にも町はずれの路地にも、コーヒーショップが建ち並んでいた。同様に西洋料理店も多く、その経営者やコックの多くが海南島出身であったことから、西洋料理が「海南菜」（海南料理）と呼ばれることもあったという。(60)

興味深いことに、コピティアムは、シンガポールの国民の歴史と重ね合わせて理解されることがある。

例えば、海南島からシンガポールにやってきたヤクン・カヤトーストの創業者が、中国人の妻を娶って、民族の境界を保ちつつ、勤勉と自己犠牲によって、無一文から会社を興したという物語が有名である。それは、リー・クアンユーの自伝とも重なり合い、シンガポールのナショナル・ヒストリーを強化するものになっている。それゆえ、シンガポール国立博物館（一八八七年に創立されたラッフルズ図書館・博物館をもとにして二〇〇六年一二月に開館）は、シンガポールの民族の多様性、異文化交流、文化的革新を反映しているものとして、一九五〇～七〇年代のシンガポールのストリートフードを展示したことがあった。そこでは、海南チキンライスやコピティアムも、祖先の歩みを理解するうえで重要な文化遺産とみなされた[61]。

一九五〇年代から、麵や粥などを提供するコピティアムも現れて、テレビが一般家庭に普及するまでは、人々が社交し、情報を交換する重要な場所になっていた。コピティアムは現在までに、ショップハウスからモールへ、自営小店舗からチェーン店へと発展した。現代的なコピティアム・チェーンは、「南洋」や「海南」といったキーワードを使い、懐古主義に満ちた店内装飾を施して、シンガポール・マレーシア華人の心の琴線にふれるようなノスタルジックな過去をたくみに利用している。

さらに、現代的なコピティアムは、イスラーム教徒のマレー人も飲食できるハラールフードを提供し、民族の垣根をこえて共食できる場所になっている。だから、コピティアムは、民族・階級・ジェンダー・世代をこえた多様性や、市民の民主的言説を歓迎するコスモポリタンの飲食空間とみなされる。それは、国内外のシンガポール人・マレーシア人のオンライン公開討論サイトの名称に用いられることがあり、シンガポールやマレーシアにおける市民のナショナル・アイデンティティの象徴にもなっている。

ただし、こうしたコピティアムの飲食文化は、商業的には近年、香港スタイルのカフェである「茶餐《チャツァン》庁《ティン》」の挑戦を受けている。[62]

③スープレストランと三水ジンジャーチキン——広東料理の復興

現在のシンガポールでは、「スープレストラン（The Soup Restaurant）」ないしは「三盅両件」というレストランが、チェーン展開している。スープレストランの料理は、チャイナタウンの発祥であり、その文化遺産の一部になっている。シンガポールでは一九七〇年代までは、旧市街地の大半がチャイナタウン的な様相を呈していたが、今日にチャイナタウンといえば、観光ガイドに「チャイナタウン」と記されている広東人街の牛車水地区を指す。シンガポール政府観光局は、一九九八年、牛車水を飲食街として再生するために出資することを宣言して、本格的な観光開発を始めた。[63]

図2－9　三水ジンジャーチキン（三水姜茸鶏）（スープレストラン［三盅両件］）

スープレストランは、このチャイナタウンに元々あった広東の茶館をモデルにしており、シンガポールのチャイナタウンで生まれた広東人経営者のモク・イップパン（Mok Yip Peng）が、自らのルーツであると思うものを保存したいという思いから開店した。スープレストランは、一九二〇年代（一説には一九世紀末）頃からシンガポールにやってきて、建設現場などで働いた広東・三水の女性の画像を用いている。三水の女性たちは、故郷・三水の水害とシンガポールの人手不足から働きに来て、頭に付けた「赤頭巾」がトレードマークであり、シンガポール最初の女性労働者であったという。

スープレストランは、広東・三水出身の女性労働者たちが旧正月（春節）に食べていた三水ジンジャーチキン（「三水姜茸鶏」）（図2－9）を呼び物にしている。ただし、従来のものからは改良も加えられていて、三水ジンジャーチキンは、元々はハレの日の特別の料理であったが、現在では日常的な料理になった。またそれは、元々は塩のついた固い骨付き肉の塊を、ショウガのディップに付けて食べるものであったが、今は骨なしのスライスした肉を、レタスとともに食べる健康志向な料理になっている。

さらに、スープレストランは、広東料理に重要なスープと、広東の家庭料理では炒め物よりも多い蒸す料理を専門としている。これらの料理は、経営者のモクにしてみれば、チャイナタウンにとって自然なものである。だが、蒸す料理は時間がかかり、飽き飽きすると思われるようになって、衰退しつつある。そして、香港スタイルの広東料理が入ってくると、多くのレストランは、ますます標準的で特徴に乏しい料理を出すようになっている。[64]

④フィッシュヘッド・カレー——シンガポールの南インド系移民の創作料理

マレー半島で中国とインドの食文化が出会い、新たな料理が誕生した好例として、フィッシュヘッド・カレー（図2－10）がある。南インド出身のヒンドゥー教徒のタミル人の多くは、イギリスの植民地当局によって、英領マラヤのインフラ建設のために募集された労働者の子孫である。また、インド亜大陸からの移民の一部はムスリムであり、彼らがマレー人と婚姻関係をもつと「ジャウィ・プラナカン（Jawi peranakan）」となった。[65]そして、マレー半島の南インド系移民も、中国料理の諸要素を取り入れた。フィッシュヘッド・カレーは、香辛料や調理法が南インドのフィッシュ・カレーに似ているので、インド料理と信じられているが、インドの人々が魚の頭だけを料理に使うことはない。

シンガポールでは一九五〇年頃までに、南インドからの移民が、バナナの葉にのせて手で食べるスパ

図2－10　シンガポールのフィッシュヘッド・カレー

イシーな料理を出すホーカー（hawker，屋台）を数多く営むようになっていた。ケーララ（Kerala）州出身のゴメス（MJ Gomez）という人物が、ホーカーを営みながら、華人たちが魚の頭を好んで食べるのを見て、一九四九年、魚の頭とカレーをいっしょに調理して、華人客の人気を得ることを思いついた。その後、ゴメスは故郷に帰っても、フィッシュヘッド・カレーを広めたという。

さらに、一九三六年にシンガポールにやってきたホン・アコン（Hoong Ah Kong）という華人が、インドの料理を学び、魚の頭をカレーに入れる前に蒸すことで、歯ごたえを良くする工夫を思いつき、一九五一年に自らの店を開いて、フィッシュヘッド・カレーを売り出した。その後、シンガポールでは、フィッシュヘッド・カレーの大ブームが巻き起こり、一九六〇年代には、フィッシュヘッド・カレーに使うために魚頭の値段が高騰するほどであった。

くわえて、一九七二年に作られた観光名物のマーライオンは、上半身がライオンで、下半身が魚の像である。それは、元々ついていた魚の頭を、フィッシュヘッド・カレーに使われてしまったので、ライオンの頭がつけられた、というジョークさえも生まれたという[66]。

⑤世界無形文化遺産になったホーカーセンター

そして、一八六〇年代頃から、手軽なローカルフードを売るホーカーが、シンガポールでありふれた光景になっていく。一九五〇～六〇年代には、急激な都市化のなかで、ホーカーセンター（飲食店・屋台を集めた複合施設）が数多くできた。一九六八～六九年には、シンガポール全土でホーカーの登録が実行され、七四～七九年にホーカーセンターの建設が強化されて、街頭のホーカーは消えた(67)。ホーカーセンターには、料理人としても顧客としても、あらゆる民族・性別・世代の人々が集まった。そこは、安くておいしい日常の食事を提供するだけでなく、家族や友人との社交の場ともなって、シンガポールの食生活に欠かせないものになっている。

近年には、ホーカーセンターが、シンガポールに共通の国民意識を育むことを期待されて、シンガポール文化を象徴し、それを体験する場所として、保護されるようになってきている(68)。国父リー・クアンユーの息子であるリー・シェンロン首相（李顕龍、一九五二年生まれ、二〇〇四年から在任）は、二〇一八年八月、シンガポールのホーカー文化をユネスコに推薦することを表明した。二〇一九年三月、シンガポール政府は「ホーカー文化――多文化都市の状況におけるコミュニティの食事と料理の実践（Hawker Culture in Singapore: Community Dining and Culinary Practices in a Multicultural Urban Context）」を世界無形文化遺産に登録申請し、二〇年一二月に登録に成功している(69)。

図2－11　ラオパサ（ホーカーセンター）

シンガポール政府観光局は、ホーカーセンターおよびホーカー・スタイルの料理を、シンガポール・ブランドとして確立しようとしてきた。例えば、観光地としてもっとも有名なホーカーセンターであるラオパサ（Lau Pa Sat）（図2－11）のマーケットは、一九七三年にナショナル・モニュメント（国指定の歴史建造物）に指定されている。ラオパサは、一八九四年にウォターフロントから現在の市中心部に移転するにあたって、特徴的なヴィクトリア様式の八角形の建物を基本形として引き継いで、時計塔と鋳鉄の骨組みを追加した。もともと、ウォターフロントのマーケットであったラオパサは、ホーカーセンターとして国に認可されてブランド化され、観光資源に転用されて宣伝されるようになっている。[70]

ただし注意すべきことに、マレーシア・台湾・香港などにも、シンガポールのホーカーセンターと同様の飲食屋台街がある。すでに述べたように、台湾やマレーシアも、それを対外的な観光資源として宣伝している。

また、シンガポールのホーカーセンターでは、すべての国民が無条件に共食できているわけでもない。たしかに、一九六〇年代頃までは、ムスリムのマレー人と華人がホーカーセンターで一緒に食事をし、豚肉やラードの含まれない料理を食べて、酒を飲むのは日常的であった。しかし、一九六四年のシンガポール人種暴動や、翌年のシンガポール分離独立に象徴される、マレー人と華人の間の緊張関係が続くなかで、食事におけるイスラーム教の戒律がしだいに厳格化されていった。例えば、一九七〇年代半ばから、マレー人の多い地区にイスラーム化したホーカーが出現し、「ハラール・ホーカー・センター（halal hawker centre）」などと呼ばれている。[71]

マレーシア料理の創成とナシレマッ

さてここで、シンガポールからマレーシアに目を転じでみよう。マレーシアでは、国民料理が体系化・制度化されているとはいいがたく、したがって「マレーシア料理」といっても、はっきりイメージできない人々が多い。その背景の一つとしては、イギリスの植民者が、マレー料理をほとんど無視していたことが、その認知や発展を妨げたと考えられる。「マレーシア料理」が未発達なことは、「台湾料理」が日本の植民者の宣伝によって発達したことと対照的である。

しかし、もし「マレーシア料理」とは、マレーシアで作られて食べられる一連の食物であると定義すれば、それは存在しているともいえる。ココナッツミルクや香辛料を用いて現地の食材を調理し、豚肉と関連する食材を避けたものが、マレーシア特有の料理として見なされる[72]。

マレーシアの料理は、イギリス統治時代にさかのぼる「ＭＣＩＯ（Malays, Chinese, Indians and Others）」というエスニックグループの分類を反映して、次の四つに分けて説明されることが多い。

①「マレー料理（Malay cuisine）」―スパイスとココナッツミルクが特徴。

②「マレーシア中国料理（Malaysian Chinese Cuisine）」―「バクテー（肉骨茶、bak kut teh）」、「チャークェイティアオ（炒粿条、char kway teow）」（焼きライスヌードル）、カレー麺、ペナン福建麺、「板麺（pan mee）」（客家風の麺）、ワンタン麺など。

③「マレーシアインド料理（Malaysian Indian cuisine）」―バナナリーフ・ライス、チャパティ（一種のパン）、フィッシュヘッド・カレーなど。

④「ニョニャ料理（Nyonya cuisine）」の四つの料理[73]。

二〇世紀初頭から、イギリスの植民地支配に対するマレー・ナショナリズムが高揚し、マレー人と呼ばれる一つの共通のエスニシティ（民族集団）が形成されていった。植民地政府が導入した民族別の土地法や官僚機構などが、マレー人と非マレー人を明確に区別したことは、独立後の民族政治を方向づけた。マレー人のアイデンティティ形成に重要なのは、イスラーム教、マレー語、スルターン（イスラーム世界の君主）の地位の三つである。一九六九年にマレーシアの首都・クアラルンプールで、マレー人と華人が総選挙の結果を原因として衝突した暴動（五月一三日事件）が起こり、多くの死者を出す大惨事となった。その背景には、一九六三年の建国以来、自由放任経済のなかで華人の経済力が伸びたのに、マレー人は取り残されている、という不満があった。

この暴動を契機に、マレーシア政府は、ＵＭＮＯ（統一マレー人国民組織）の主導のもとで、一九七一年、貧困状態にあるマレー系を優遇する新経済政策（通称「ブミプトラ政策」）を導入した。こうして一九七〇年代から、ムスリムのマレー人は、マレーシアのその他の土着の人々とともに、華人と対抗するために、「ブミプトラ（Bumiputra）」（土地の子）という旗印の下にまとまった。

同時に、マレーシア政府は、国民の統一と民族の調和を強調した政策を貫徹させ始め、その一環として、一九七一年にはクアラルンプールのマラヤ大学で、国民文化会議（National Culture Congress）を開催した。そこでは、マレーシアの国民文化の三原則の一つとして、イスラーム教の重要性が表明されている(74)。

そして一九七二年にはマレーシア観光発展協会（The Malaysian Tourist Development Corporation）が創立され、八七年に文化観光省（The Ministry of Culture and Tourism）がその役目を引き継いだ。一九九八年から文化観光省（二〇一三年からは観光芸術文化省［The Ministry of Tourism, Arts and Culture Malaysia］に改編）は、「マレーシア・真のアジア（Malaysia Truly Asia）」という有名なキャンペーンを始めた。そこでは、多くのエスニックグループが平和的に共存するマレーシアこそが、「真のアジア」であると説明されている。

マレーシア政府は、一九九〇年代から、観光資源としての食に多くの関心を払うようになった。二〇〇六年、「世界のマレーシア・キッチン」プログラム（'Malaysia Kitchen for the World' programme, MKP）を導入して、政府が海外のマレーシア料理店の開業や改善を援助した。その第一号として、二〇〇八年に東京で「ジョム・マカン（Jom Makan）」が開かれている（二〇一〇年代後半に閉店）。マレーシア政府が支援する半官半民のレストランは、東京に続いてロンドンなどでも開店された。とくに二〇一〇年から、マレーシア政府はマレーシアの国民料理を厳密に定めて、イギリス・アメリカ・オーストラリア・中国などの世界各国で普及を試みるようになった。[75]

マレー料理、そしてマレーシア料理を代表するものとしては、インディカ米をココナッツミルクで炊いた「ナシレマッ（nasi lemak）」が挙げられることが多い。ムスリムのマレー人、多くの菜食主義者がいるインド系の人々、豚肉を食べる華人のいずれもが、主食として米を食べる。ナシレマッは、菜食主義者にも拒まれず、華人の粽《ちまき》にも似ていることから、マレーシアの全国民に愛されやすい。[76]

ただし、このようにマレーシアの国民食と考えられているナシレマッは、シンガポールでもとても人気がある。華人やプラナカンは、独自のスタイルのナシレマッを開発している。例えば、華人のナシレマッのホーカーのなかには、ココナッツミルクが胃腸にガスを出すと考えて、それを入れないで作るところもあるという。[77] また、ナシレマッと同様の理由で、海南チキンライスもマレーシアの全国民に愛されやすいが、[78] 海南チキンライスがシンガポールの国民食になっているのは、すでに見た通りである。

マレーシアのバクテー（肉骨茶）と中国料理

さらに注目すべきことに、マレーシア政府は、自国文化を宣伝するためにエスニックフードを用いるが、イスラーム教の原理に基づいて、公式に紹介する料理を選別している。「マレーシア・真のアジア」キャンペーンのウェブサイトでは、華人系の料理であるチャークェイティアオ、海南チキンライス、「ヨントーフ（釀豆腐、yong tau foo）」、月餅などが紹介されている。ヨントーフとは、ゆがいた魚のすり身・豆腐・野菜などの具に、麺とスープを入れて食べる客家式の料理で[79]、孫文の好物であったという[80]。

しかし他方で、豚肉やラードを使うものは避けられて、とくによく知られるバクテーが、マレーシア政府によって自国料理として紹介されることはない[81]。バクテー（肉骨茶）は、豚の骨付き肉を各種香料とともに煮込んだスープ料理である。バクテーは、その手軽さとおいしさから、マレーシアやシンガポールの華人に愛される代表的な食物で、近年には日本でもよく見かけるようになった。

バクテーの発祥については諸説あって、マレーシアのクラン（Klang，巴生）という港町と、シンガポールとの間で論争にもなっている。一九八三年（二月一九日）にマレーシアの『新生活報』で公表されたインタビュー記事（邱敬耀「尋訪巴生肉骨茶傳人」）によると、第二次世界大戦前のクランの南区（旧街区）一帯では、福建省永春から来た華人たちが、街頭で故郷の軽食を売っていた。その頃すでに、骨付きの豚肉を醬油で煮込んだ「肉骨」があった。さらに、福建・永春では、漢方薬のスープで体を補強（「補身」）する食習慣があったので、華人たちは、豚肉を煮込む時に、漢方薬を入れるようになった。

そして、第二次世界大戦期に廃墟となったクラン南区の一角で、終戦後に李文地という人物が、「肉骨」の専門店「徳地」を開いて人気になった。李文地の「肉骨」は、名前から一文字とって「肉骨地」と呼ばれ、福建・永春方言では「地」と「茶」が同音であったことから、「肉骨茶」という呼称が広まったという。

また、当時は原材料の豚肉も漢方薬も安かったので、バクテーはもともと港湾労働者の食物であった。

彼らは、アヘンを吸引した後、バクテーの屋台にやってきて、濃いお茶を少しずつ飲んで、喉を回復させた。そのことが、「肉骨茶」の名称と関連しているともいわれる。このように「バクテー（肉骨茶）」という呼称自体は、第二次世界大戦後に生まれた。だが、李文地の父親も、戦前の一九三六年までに、バクテーというべきものを売り始めていた。それゆえ、この料理の発祥は、一九三〇年代以前のクランにさかのぼることができるという[82]。

ただし、バクテーには、潮州・広東・福建の三つのバージョンがあって、潮州のものが一番人気であり、それは福建省永春のものとはルーツが異なるかもしれない。これに対して、シンガポールのバクテーのルーツは、明らかにされていない。参考として、シンガポールで多店舗展開してもっともよく知られる「松發肉骨茶（Song Fa Bak Kut Teh）」（図2－12）は、一九六九年にシンガポールの中心的繁華街・ブギスで創業している[83]。

図2－12　バクテー（肉骨茶）（シンガポールの松發）

マレーシアでは、豚肉やラードに関して、格別の注意が払われており、学校などの公共施設の食堂で豚肉が出されることはない。さらに、マレー人は華人の家に遊びに行ったとしても、豚肉製品と接触があったかもしれない食器は使いづらいので、店で買って来たパッケージ入りの飲料がふるまわれる。また、華人の結婚式を中国料理店で行う場合、ムスリムの友人のために別のテーブルが用意されるが、それでも不安なムスリムがいるほどである[84]。

なお、マレーシアの中国料理の特色として、華人では福建出身者がもっとも多いにもかかわらず（ただしクアラルンプールやイポーな

図2－13　チャークェイティアオ（炒粿条）のレプリカ（ペナンのワンダーフードミュージアム［食物狂想館，2015年開館］）

どでは広東人が多い）、料理としては広東料理が多いことがある。その背景としては、飲食業界で活躍する広東出身者が多いからである。また、たとえ家庭では福建料理が日常的に食べられていたとしても、レストランではよりエキゾチックで国際的にも知られる広東料理を宣伝したほうが、魅力的になるからだとも考えられる。マレーシアでは、広東料理のコックが一番優秀というステレオタイプもある。さらに、広東料理の名声は、しばしば香港と結びついてきた。例えば、「香港点心」、「香港焼烤」（豚・鴨・鶏の焼き物）、「香港ワンタン麵」のように、料理名に「香港」を入れる店も多い。

くわえて、マレーシアでは、インドネシア人ムスリムの物売りが、中国の麵、マントウ（「包子」）、春巻きなどを売っていることがある。マレーシアのマレー人は、ようやく一九八〇年代頃から、中国料理をよく食べるようになったのに対して、インドネシアの多くの人々は、古くから中国料理を食べていた。インドネシア諸島とマレー半島の人々は、言語・文化的に近いために、インドネシアの人々の手によって、マレーシアで中国料理が普及することになったのである。[85]

マレーシアとシンガポールの料理の共通性と競合

マレーシア政府の国家文物部（Jabatan Warisan Negara, National Heritage Department）の公式サイトが掲載するマレーシアの無形遺産のリストには、すでに論じたナシレマッ、シンガポールの多文化主義の象徴にもなっているロジャック、ニョニャ料理の定番前菜のクエパイティー、この後で紹介する「イーサン（魚生、yee sang）」、ポーピア（生春巻き）などが含まれている[86]。このほかにも、マレーシアとシンガポールの華人には、海南チキンライス、バクテー、チャークェイティアオ（図2－13）、カレーラクサなど、数多くの共通の料理がある。

マレーシアとシンガポールは、一九六五年以降、二つの独立した主権国家となったが、もともと同一の文化圏に属している。プラナカンのフードライターのクリストファー・タン（Christopher Tan）は、シンガポール料理とマレーシア料理は、似ているが大きな違いもあり、それは「アクセント（accent）」のようなもので、両者にはそれぞれ異なるアクセントがあると論じている[87]。

それゆえ、この二国の知識人や在地有力者・華人政治家などは、それらの料理のナショナル・アイデンティティをめぐって、論争を繰り広げてきた。観光振興のために食物を宣伝することに関しては、シンガポールのほうが積極的であったが、近年ではマレーシアも熱心である。これらの共通料理は、シンガポールの料理であると宣伝されているが、それに反対して、マレーシアの在地有力者や華人政治家が、マレーシアの料理であると主張している。シンガポールとマレーシアの間で共通する代表的な料理を最後に七つ紹介して本章を終えたい。

①ニョニャ料理

シンガポール料理の中核に位置づけられるニョニャ料理は、クアラルンプールの観光民族レストランでも、ペナンなどの地方料理として登場する[88]。

プラナカン文化は、シンガポールと同様にマレーシアでも、文化遺産として政府の支援を受けている。

一九八〇年代からは、シンガポールとマレーシアの両国で、ニョニャ料理の商品化が進んでおり、さらにインドネシアでも、ニョニャ料理のレストランができている。そして、プラナカンは、華人としてのアイデンティティも有しているので、ニョニャ料理は、中国料理の一種ともいえる。[89] ニョニャ料理が、どこか一国の料理であると特定するのは難しい。

図2－14　ペナンのイーサン（魚生）とローヘイ（撈起）

②海南チキンライス

海南チキンライスは、鶏肉をゆでて、そのスープで炊いた米飯と一緒に食べる料理である。

二〇〇九年、マレーシアの海南会館聯合会は、海南チキンライスの合格証を発行して、料理が本物であることを証明することにしたという。だが実際には、マレー半島の華人が創り出した料理は、現在の国境に基づいてどちらかの料理に区分することはできない。[90]

③イーサン（魚生）

ほかにも、「イーサン（魚生、yee sang）」と呼ばれる刺身サラダを、旧暦正月に発財・長寿を願って、「ローヘイ」と掛け声をかけながら混ぜて食べる「ローヘイ（撈起、lo hei）」（prosperity toss）という習慣が定着している（図2－14）。

ローヘイは、シンガポール独立前年の一九六四年、「麗華酒家（Lai Wah Restaurant）」（一九六三年創業）

が始めて、シンガポールを代表する食文化として知られるようになった(91)。
しかし、生魚を食べる習慣自体は、「膾」として古代中国にさかのぼれる。そして、マレーシアの華人が、イーサンの起源に異議を唱え、マレーシアの国家文物部も、それをマレーシアの無形遺産に含めるに至っている(92)。

④ポーピア（薄餅）

「ポーピア（薄餅、popiah, poh pia）」（図2－15）と呼ばれる生春巻きは、マレーシアやシンガポールで人気があるが、福建省の「潤餅」が伝わったものと考えられる。さらにそれは、インドネシアやフィリピンでも、「ルンピア（潤餅、lumpia）」と称されて、それぞれ材料や大きさなどが異なっている。

東アジアに広く伝わる春巻きのバリエーションは実に多様であるが、その全体像を明らかにすることは、今後の課題である。

図2－15　ポーピア（薄餅）（ペナン）

⑤ホーファン（河粉）

マレーシア、シンガポールおよびタイには、「ホーファン（河粉、hofan）」（ハーフェンなどとも呼ばれる）という幅広のライスヌードルがある。

マレーシアでは、イポー（怡保、Ipoh）のスタイルがもっとも有名になって、「イポー・ホーファン（怡保河粉）」と称される。イポー・ホーファンは、「沙河粉」（沙河は広州市街地の地名）ともいうので、おそらく近代の広州から伝わったものである。

イポー・ホーファンは、オーストラリアなど海外のマレーシア料理店でも出されていて、マレーシアの中国料理を香港・台湾の料理から区別する目印になるものである。

⑥潮州粥

マレーシアで粥といえば、「潮州粥」が有名である。東南アジアの華人にとって、粥は通常、嬰児や病人の食べるものになっている。しかし、潮州出身の人々は、塩魚や漬物をおかずにして、日本の粥に似た具の入らない白粥を好んでよく食べている。

なお、東南アジアでよく知られる潮州料理としては、さらにスティームボート（鍋料理）、クェイティアオ、燕の巣のスープ（「燕窩湯」）、そしてフカヒレ料理などがある。

⑦オイスターオムレツ（蠔煎）

「オイスターオムレツ（蠔煎、oh chian）」は、福建南部や潮州で見られる食物である。マレーシアとシンガポールでは、屋台でよく売られている軽食として知られる。(93)

本章で見たように、イギリス植民地時代のシンガポールの代表的な料理は、欧米人にとっては西洋料理、中国人・日本人などにとっては中国料理であった。第二次世界大戦後に至るまで、シンガポールの英語版旅行ガイドは、西洋料理のメニューを並べた。他方、シンガポールが独立した一九六五年、政府が主導して開催したフードカーニバルは、中国料理のレストランと屋台を集めていた。

しかし、その後のシンガポールは熱心に自国料理を体系化し、それをナショナル・アイデンティティの拠り所や観光資源として利用してきた。シンガポール料理の中核に位置づけられるニョニャ料理や、ユネスコの世界無形文化遺産に登録されたホーカー文化は、いずれも衰退・消滅の危機にあったなかで、シンガポールの建国後に保護・再生されたものである。

また、一九三〇年代に始まる海南チキンライスの歴史が掘り起こされて、それがシンガポールを代表する料理として注目されるようになるのも、八〇年代以降のことである。シンガポールのこれらの食文化は、いずれもマレーシアと共通の料理であることから、シンガポール料理が整備されて対外的に強く宣伝されるほど、マレーシアとの間で議論が生まれやすくなる。

第2章　ベトナム――フォーとバインミーに見る中国とフランスの影響

中国の文化的影響――漢越語と箸と南国意識

東南アジア諸国のなかで、中国の影響がもっとも大きいのは、ベトナムである。現在のベトナム北部は、中国によって紀元前一一一年から紀元後九三九年の一〇〇〇年以上にわたって統治された歴史がある。すなわち、紀元前二二一年に中国を統一した秦の始皇帝は、二一四年、現在の華南からベトナム北部を含む嶺南地方を平定した。秦滅亡後の紀元前二〇三年、同地に南越国が建国されたが、紀元前一一一年、南越国は漢の武帝によって滅ぼされて、交趾・九真・日南の三郡が建てられた。その後にベトナム北部では、幾度も反乱が起きたが、九三九年に最初の民族王朝・呉朝が独立を達成するまで、大半の期間を中国の支配下におかれた。

この「北属期」のベトナムにおいて、中国の諸王朝は、儒教にもとづく官僚制度、漢字によるベトナム語表記（「漢越語」、今日でもベトナム語の語彙の六五～七〇％は漢語起源の漢越語が占める）、科挙など中国式の儀式や行政などを導入して、ベトナムの人々を「文明化」した。他方、中国とベトナムを地方官、商人・農民などとして来往し、なしくずし的にベトナムに同化した中国の人々も多かった(1)。

こうして長きにわたって、ベトナムは中国の大きな影響を受けた。ベトナムは、中国系の住民が主体のシンガポールをのぞくと、東南アジアで唯一、中国料理や麺を食べる時以外のすべての食事で主として箸を用いる国になっている。ベトナムの次には、タイで箸が比較的よく使われるが、インド文明の影響が強い東南アジアの国々では、手食が中心であった。ベトナムでは、紀元前三世紀の秦による越南侵攻頃から、じょじょに箸が広まったと推定されている。それに対して、日本では六〇七〜八年に、推古天皇が小野妹子を遣隋使に派遣してから、箸が広まっていったと考えられる。だから、ベトナムでは日本よりもずっと古くから、箸が使われていたことになる。[2] ちなみに、中国では、箸を卓に並べる向きが横向きから縦向きに変わったが、箸を横向きに置く古い習慣は日本だけで残り、ベトナムや朝鮮半島では、現在までに中国と同じように箸を縦向きに置くようになっている。

ベトナム研究者の古田元夫によれば、ベトナムは、一〇世紀に中国から自立してから、一九世紀にフランスの植民地支配下におかれるまで、基本的に自らを中華世界の一員とみなしていた。前近代ベトナムの国家意識とは、中国を「北国」とし、これに対するベトナム＝「南国」の文明性と自立を主張するものであった。

このように自らを中華世界の一員とみなす自意識は、一〇〇〇年以上にわたる中国の支配の遺産・産物というよりも、ベトナムの自主的な選択であった。それは、中国の圧力に対抗するための選択であり、「脱中国のための中国化」ないしは「中国化されないための中華化」であった。この「南国意識」というベトナム版中華意識は、中国に対抗する国家意識の強化につながった。だが他方で、周辺の中華文明を共有していない人々・国々とベトナムの相違を、文明対野蛮の図式で強調する傾向をもっていたという。[3]

阮朝時代の料理――宮廷料理と庶民料理

近代という時代には、都市化・産業化が進み、ナショナリズムが勃興する。一七八九年、西山朝が清国の干渉を退けてベトナムを統一したが、一八〇二年、阮福暎がフランスの援助を受けて西山朝を倒し、阮朝の初代・ジャロン（嘉隆）帝（一八〇二～二〇年在位）となった。こうして成立したベトナム最後の王朝・阮朝（一八〇二～一九四五年）が、近代のベトナムを統治することになった[4]。

阮福暎は、一八世紀末の前半生に、メコンデルタでの戦いにあけくれるなかで、質素な食生活を送っていたので、阮朝の宮廷料理は、貧しい世帯でも食べられる料理を含むものになった。阮福暎らが軍事的に勝利したのは、メコンデルタでプランテーションを実施して、豊富な米を栽培できるようになったからであった。さらに、皇帝に嫁いで国都のフエ（順化）にやってきた側室たちが、宮廷に庶民の食物をもたらしていた。ただし、宮廷には、高地の野生獣の肉や各地の米など、全国から特産品が送られるようになった。

二代皇帝のミンマン（明命）帝（一八二〇～四一年在位）は、宮廷料理の規則を定めて成文化した。皇室の食物は、内務府によって監督されるようになり、皇帝は一人で食事をして、毎回の食事は五〇の料理からなり、不潔なことを禁じられた一五名の料理人が作り、それぞれの料理人が自らの作る料理に責任をもった。ただし、料理の数は、ラストエンペラーのバオダイ（保大）帝（一九二六～四五年在位）の時までには、三五品に減っていた。

王室に嫁いだチュオン・ティ・ビック（Trương Thị Bích，張氏璧、一八六二～一九四七年）という女性は、『食譜百篇（*Thực Phổ Bách Thiên*）』という宮廷料理書を書いた。それによれば、阮王室では、第一に川魚、貝、海産物を米とともに食べ、第二に野菜、そして肉は第三の位置づけにすぎなかった。発酵した魚や野菜の漬物は人気があったが、他方でフカヒレ・アワビ・燕の巣といった中国料理で使われる高級食材は、たまに出されるにすぎなかったという[5]。

一七世紀に清朝が樹立されると、それ以前からやってきていた広東・福建の商人にくわえて、明朝の旧臣や兵士などがベトナム（安南）に逃げてきて、ホイアン（会安）に定住して集落をつくった。さらに、現地生まれの中国系移民の子孫たちが、商売のために僑寓しているだけの華人とは区別されるようになり、一八二七年には彼らの村落が、「明香社」から「明郷社」へと改称された。このような「明郷（ミンフォン）」は、服装などの風俗習慣をベトナム風に改めるように求められたが、阮朝の官吏になる道も開かれた[6]。

東南アジアにおける華人と現地人女性の混血者のなかで、現地社会に同化した明郷は、独自の文化を継承することがなかったので、タイのルークチーンに近く、シンガポール・マレーシア・インドネシアのプラナカンやフィリピンのメスティーソとは異なる[7]。一九世紀初頭までには、三万人以上の華人がベトナム南部に住み、数千人の華人・ベトナム人の混血者がいて、少なくとも広東・潮州・福建・海南・客家の五つの方言を話す人々がいたという。

ベトナム人の妻は、夫が一代目か二代目の中国系移民であれば、華人や明郷を雇って特別な料理を準備させることがあった。さらに、ベトナムの都市に中国料理店ができて、おもに広東料理を出した。広東出身の男性が、食料雑貨店、肉屋・肉加工品店を開き、その店先には叉焼や、塗り物をされたアヒルが吊された。広東人商人が、ゆっくり炊きこんだ粥（「老火粥」）・湯麵・ワンタン麵などをベトナムに持ちこみ、それらがベトナムの「鍋（lẩu）」料理、「フーティウ（hủ tiếu）」（豚肉・エビ・モヤシなどを入れたベトナム南部の半乾燥ライスヌードル料理)、「ワンタン(北部では vắn thắn, 南部では hoành thánh)」などに進化していったと考えられる[8]。

フランスの植民地支配の社会的影響と華人

フランスのナポレオン三世は、一八五八年、阮朝による宣教師処刑を口実として、スペインとの連合艦隊をベトナムに派遣した。フランスは当時、中国でイギリスとともにアロー戦争を戦っていたが、一八六〇年にそれが終結すると、兵力をベトナムに集中した。一八六二年、フランスはサイゴン条約を結んで、阮朝を開国させるとともに、サイゴンを含むコーチシナ(ベトナム南部)の東部を割譲させた。フランスは、一八八〇年代にベトナム北部にも侵攻し、八四年に清仏戦争に勝利して、翌年の天津条約でベトナムの保護国化を認めさせた。一八八七年、フランスは、ベトナムとカンボジアをフランス領インドシナ連邦とし、さらに九九年にラオスも保護国化してそれに編入した。

こうして始まったフランスの植民地支配(一八八七〜一九四五年)は、ベトナムを中華世界から切り離すうえで大きな役割を果たした。すなわち、フランスによる支配は、①ベトナムに対する中国の宗主権を否定し、②ベトナムを「インド化した東南アジア」の一員であるカンボジア、ラオスとともにインドシナという枠組みに入れて支配し、③科挙制度を廃止して、ベトナム語のローマ字表記法を普及させて、知識人を漢字文明から切り離した。この三つの側面において、フランスの植民地支配は、ベトナムの脱中華世界化を図ったといえる[9]。

フランス植民地時代のベトナムにおいて、華人商人は、ベトナム人との交易を拡大し、フランス人とベトナム人の仲介者としての役割を果たした。ベトナムの中国系移民は急増し、一八八〇年頃には約四万五〇〇〇人であったが、一九〇二年までに約二倍、一一年までに約三倍に増えた。それにもかかわらず、フランス領インドシナで、華人はいかなる政治的権利ももたず、フランス人は、華人を外国人と見なして、彼らが植民地にいること自体が特権だと考えていた。フランス人は、華人を仲介者として使用するのと同時に、利潤の出る経済部門では、華人の地位に取って代わろうとした。

このように、一九世紀のベトナムとアメリカでは、華人の置かれた経済的環境が対照的であった。すなわち、アメリカでは、華人労働者と現地の白人労働者が競合し、下層の人々の間で「黄色いプロレタリアート」に対する恐れが広がった。それに対して、ベトナムでは、すでに地位を確立していた華人実業家に対して、新たにやってきた野心的なフランス人実業家がいらだっていた。[10]

そして、フランス領インドシナにおけるステレオタイプの言論は、華人貿易商が、多くの金を儲けて妻をめとり、恥知らずにもベトナム人の妻子を捨てて、中国に戻ってから本当の家庭をつくる、と主張していた。だが実際には、華人とベトナム人の混血者である明郷のコミュニティが、都市に形成されて、地方にも広くつながっていた。また、ベトナムにおいては、辮髪のほかに肥満が、華人男性の目印になることがあった。ベトナム人は一般に華人よりもやせており、華人は貧しいベトナム人を犠牲にして太っている、と主張された。

ほかにも、一八八〇年代には、サイゴンのチャイナタウン・チョロンに住む華人の大富豪が、フランス人のシェフを高給で雇い、各種の高級中国料理を作らせているという噂が広まった。噂の真否は不明だが、華人有力者がフランス人シェフを訓練し、洗練された中国料理を作らせているという認識は、植民地における華人実業家の富と権力の評判を確固たるものにした。[11]

フランス植民地時代の飲食文化――バインミーとベトナムコーヒー

ここでは、フランス植民地時代のベトナムの食文化に関して、おもにE・J・ピーターズの優れた研究に基づいて論じたい。それによると、「ヌクマム（ニョクマム）（nước mắm）」（小魚を塩漬けにして発酵させた魚醬）や米酒（ネップモイなど）などの日常的な飲食物は、もともとベトナムのものだとは認識されていなかったが、フランスの攻撃を受けてから、ベトナムを代表する飲食物になっていったという。

しかし同時に、ベトナムの料理は、フランスの料理に大きな影響を受けた。一八八五年、フランスが親仏派のドンカイン（同慶）帝（一八八五～八九年在位）を擁立して、フエで即位させる。ドンカイン帝は、即位後の最初のテト（Tết, 旧正月）のお祝いなどで、フランス人官吏らを招いて、豪華なヨーロッパ式の宴会を開いた。ドンカイン帝が用意した豪華な西洋料理は、フランス人には認められたが、ベトナム人にはドンカイン帝が対敵協力者のように見られることもあった。

また、チョロンの有力者で、明郷の大富豪であったド・フウ・フォン（Đỗ Hữu Phương, 杜有芳）は、フランス料理を取り入れてベトナム料理を洗練させたことで知られる。一八九三年までに、彼は自宅を訪れる様々な人々を、豪華なベトナム料理でもてなせるようになっており、とくにフランス人の賓客に対しては、念入りにベトナム料理の宴会をした後に、ヨーロッパ式に大きなステーキを出してもてなした。[12]

さらに、フランスの植民地統治が始まるとまもなく、ベトナムでフランスのバゲットが広まった。それは、当初は「西洋パン」を意味する「バインタイ（bánh tây）」、後に「小麦パン」を意味する「バインミー（bánh mì）」と呼ばれた。

バゲットは最初、マーガリンやバター、砂糖、あるいはジャムをつけて食べられていた。しかし、二〇世紀初頭頃から、ベトナムのバゲットは革新され、ベトナムの食材を挟んで毎日食べる便利なサンドイッチのようなものに変わった。バインミーは、ベトナムの人々にとって、昼食や夕食の温かいご飯に替わるものではなく、朝食か軽食に食べられた。

ちなみに、南北分断期（一九五五～七五年）の南ベトナムでは、北からの難民に対してチェダーチーズなどを配給した。だが、それは人気がなかったので、バインミーに挟まれて安く売られることになったという[13]。

また、一八八〇年代までに、フランスの酒類が、ベトナムの宴会で出されるようになった。ベトナム人エリートや華人富裕層が、フランスのワインやシャンパン、および香港から入ってくるそれらの偽物を飲んで、一九一〇年代にはフランス産ワインの消費が急増した。

ほかにも牛乳が、シャンパンなどとともに、近代化を図りつつ対敵協力もしているベトナム人の象徴になることがあった。一九世紀末までにサイゴンでは、フランス人にミルクを提供するために、タミル人移民が多くの搾乳場を開いた[14]。さらに第一次世界大戦期には、缶入り粉ミルクの広告が、ベトナム語の新聞にも載るようになった。ベトナム語の広告は、輸入品の粉ミルクによって、健康や体の丈夫さを保ちつつ、社会的上昇も示せることを宣伝した。都会のベトナム人たちは、缶入り粉ミルクをデザート・ソース・コーヒーに入れて使った。

ミルク入りのベトナムコーヒーも、フランス植民地時代から飲まれるようになったものである。一八八〇年代末には、サイゴンのあちこちの街角で、ベトナム人女性がコーヒーを売っていた[15]。そして当時から、コーヒー豆の大規模農場が広がっていき、ベトナムのコーヒー生産量は現在、ブラジルに次いで世界第二位にまでなっている。

フランス人植民者の食生活と華人コック・中国料理

他方で、フランス人の植民者は、人種的に穢れることを恐れて、ベトナムや中国の食物を食べなかった。フランス人の小さなコミュニティは、食文化の伝統の境界を厳格に維持していたので、アジアの食物を食べるフランス人と、フランスの食物を食べるアジア人を批判した。植民地のフランス人たちは、本国の人々より多くの肉と、フランスではめったに食べない缶詰の野菜を食べた。ただし、カレーは、ベトナム現地の料理ではなく、イギリスによって解釈・修正されているので、植民地のフランス人の食卓にもしばしば登場した。

そして、多くの植民地エリートたちが、もっとも親しくした華人男性は、彼らのお抱えコックであった。一八七〇〜八〇年代のコーチシナでは、華人男性が植民地でもっとも優れたコックであることが、共通の認識になっていた[16]。

しかしそれでも、一九世紀には中国においてさえも、中国料理の宴会に加わるフランス人は少なかった。中国在住のフランス人は、宴会で食べたくないものをテーブルの下に投げ捨てるか、すでに食事を済ませたと言って、宴会を断ることを勧められていた。一九〇六〜七年にかけて、コーチシナで鼠径腺《そけいせん》ペストが流行すると、中国の食物に対する恐れが高まり、すべての中国系移民がコーチシナに入ることが禁じられて、華人コミュニティに対する監視も強化された。ベトナムのフランス人は、中国のフランス人よりもさらに、中国料理を受け入れようとせず、ようやく一九二〇年代頃になって、彼らのなかで華人と商売をする人々が、中国料理の宴会に積極的に参加するようになったという[17]。

フランス人とは対照的に、ベトナム人は、ヨーロッパの食物と同様に中国料理を食べ、それが植民地における都会の洗練を示し、個人の威信を高めることにもつながった。毒や汚染などの噂があるにもかかわらず、ベトナムの人々は、中国料理店に行き、街頭で売られる中国の食物を食べ、華人の作った食品・お茶・酒を楽しんだ。あるベトナム人下級官吏は、故郷のサイゴンでお気に入りのカフェと中国料理店があり、一九二二年にハノイへ旅行に行っても、そこのベトナムの料理店よりも中国料理店のほうが、故郷にいるように感じたという[18]。

ベトナム大飢饉と戦争の時代の食物

一九四〇年に、日本軍がフランス領インドシナに到着すると、フランスのヴィシー対独協力政権下にあったジャン・デクー（Jean Decoux）提督のインドシナ植民地政府は、日本に米やゴムなどを供給することに合意した。こうして、日本軍の進駐後も、フランスの植民地支配が続いた。一九四一年七月、日本はフランス領インドシナ南部への進駐を求め、フランスのヴィシー政権は、インドシナにおけるフランスの主権を日本が認めることを条件に、それを承認した。日本軍およびフランスのインドシナ植民地政府による食糧徴発は厳しかったとはいえ、戦時期の配給制度では、有力なベトナム人や華人も「ヨーロッパ人」の配給カードを入手していたし、缶詰や輸入物の酒などが闇市場に出回っていた。

しかし、一九四四年秋には、悪天候による凶作のうえに、アメリカ軍の空襲によって橋などが破壊されて、さらに軍需品の輸送が民需品よりも優先されたので、肥沃な南部メコンデルタから北部への食糧輸送が困難になった。こうして「ベトナム大飢饉」が発生し、ベトナム北部を中心に、未曾有の数（最多で約二〇〇万人と推定される）の餓死者を出した[19]。

他方、一九四一年、ホー・チ・ミン(胡志明、一八九〇〜一九六九年)の率いる「ベトミン(越盟)」(ベトナム独立同盟)が、正式に成立した。注目すべきことに、それは「ベトミン(越盟)」を組織名に冠している。「ベトナム(越南)」は、阮朝時代の正式な国号であったが、二〇世紀初頭にはファン・ボイ・チャウ(潘佩珠)らが祖国の独立を回復する枠組みとして提示し、一九四〇年代には民族独立を目指す党派の名称に共通して用いられるようになっていた。[20]

ベトミンは、第二次世界大戦時には日本軍、戦後には日本軍の本国送還を監視するために北ベトナムにやってきた中国国民党軍の食糧徴発に対して、地方住民を組織して貯蓄食糧を隠匿した。「ベトナム大飢饉」の影響で、ベトミンへの支持が広がり、ホー・チ・ミンの指導下で、植民地支配と戦う政治勢力の結集が図られた。ホー・チ・ミンは、日本が降伏した一九四五年八月に全国で蜂起して、ベトナム民主共和国を樹立した。[21]

しかし、一九四五年九月には、イギリスの第二〇インド歩兵師団がサイゴンに到着し、フランスの植民地支配の継続を図った。その後にフランス軍も到着すると、フランスとベトナム民主共和国との間でインドシナ戦争が始める。一九四九年には、フランスが南部にベトナム国をつくり、阮朝最後の皇帝であったバオ・ダイ(保大帝、一九二六〜四五年在位)を擁立する。さらに、同年の中華人民共和国成立の影響によって、ベトナムが共産主義化することを恐れたアメリカも介入して、フランスを支援した。

それに対してベトミンは、農村に撤退して抵抗を続けた。数万人もの都市居住者が、農村で闘争を続けたので、一九四六年から七年間続く反植民地戦争は、史上最悪の「ベトナム大飢饉」直後の農村の食糧不足を深刻化させた。

ただし、北ベトナムでは一九四〇年代末から、地主の土地を小作農民に譲渡する土地改革が始まって、五二年から加速した。土地改革は、多く地主を村の法廷で裁いて処刑する残酷なものであったが、小作農民を動員して、戦場に食糧を供給させることを可能にした。そのことが、一九五四年のディエンビエンフーの戦いで、ベトミンがフランス軍に勝利することにつながった。敗北したフランスは休戦に傾いて、同年にジュネーブ休戦協定が成立する。その協定は、北緯一七度線を境に休戦して、二年後に南北統一選挙を実施することを決めた。

ところが、アメリカはバオ・ダイを追放して、ゴ・ディン・ジエム（呉廷琰、一九〇一～六三年）にベトナム共和国（一九五五～七五年）をつくらせ、南北統一選挙は実施しなかった。これに対してホー・チ・ミンは、一九六〇年に南ベトナム解放民族戦線（ベトコン）をつくって対抗し、南ベトナムでゲリラ蜂起を展開した[22]。

フランス・アメリカ・ロシアの食文化――バゲット・白パン・黒パン

こうして南ベトナムでは、一九五五年一〇月、フランスに代わってアメリカを後ろ盾とするゴ・ディン・ジエム政権が成立する。すると、アメリカの国民食であるハンバーガーやホットドッグ、インスタントコーヒー、リプトン紅茶などが、若者の間で流行した。とはいえ、サンドイッチを作る白くて柔らかいスライスされたパンが販売されても、フランスのバゲットほどの人気を獲得することはなかった。アメリカの影響下にあった時期の南ベトナムには、数多くのアメリカ軍人・民間人、外交官・ジャーナリスト・支援労働者などがやってきて、アメリカ人がフランスの飲食物やレストランを好んだので、アメリカよりもフランスの食文化がめざましく発展した[23]。

アメリカは、一九六四年のトンキン湾事件をきっかけに、北ベトナムへの空爆（北爆）を開始し、六五年から、ベトナムに大規模な軍隊を投入し、ナパーム弾や枯れ葉剤を用いるなどして、人的被害を拡大させた。しかし、アメリカは、苦戦を強いられるなかで財政難に陥り、一九七三年のパリ和平協定でベトナムから撤退した。

アメリカ合衆国が史上初めて敗北したとされるこの戦争において、アメリカ軍が提供していた缶詰は、ベトナム兵にとってはなじみのない味で、人気がなかった。一九六〇年代末、魚醤は傷みやすいと考えられて、アメリカ産の糧食では大豆醤油が使われるようになると、南ベトナムの兵士の士気が下がるほどだった。他方、南ベトナムに展開した北ベトナムの兵士は、反植民地戦争の時に導入していた、戦場で煙を出さない炊飯を再導入して成功した(24)。

一九七五年、ベトナム民主共和国（北ベトナム）の勝利によって、ベトナム戦争が終結し、南北ベトナムが統一された。すると、一九七〇年代末から八〇年代にかけて、ソ連から多くの役人やビジネスマンなどがやってきて、ロシアの黒パンやサワークリームなどが、ベトナムにもたらされた。当時は、カリカリしたバゲットが、低品質の小麦粉では作ることができずに不足し、その代わりに、ロシアの黒パンが市場に出回った。とはいえ、ロシアの多くの食品は、高価なうえに食感も合わなくて、一般庶民にはそれほど広まらず、ベトナムの消費者は、ソ連の人員が去るとすぐに、ロシアの食物を忘れ去ったという(25)。

他方、フランス植民地時代に広まったコーヒーは、共産主義下の北ベトナムでも愛飲され続けた。そして二〇一〇年代には、共産主義をコンセプトにしたレトロなカフェであるコム・カフェ（công càphê）が、ハノイを中心に店舗を増やした。

フォーの誕生——中国料理の麺とフランス料理の牛肉片

ベトナム料理を代表する国民食となっている「フォー（phở）」（肉入り米粉麵）は、フランス植民地時代の二〇世紀初めまでにできて、ベトナム戦争（戦争期間に諸説あるが、ここでは一九五四〜七五年とする）の時期に広まったものである。フォーは、けっして長い歴史を有する食物ではないが、現地で食べておいしさを再発見できる料理の一つである。E・J・ピーターズはそれを、広東のタンメン（湯麵）に、フランス料理で使われる牛肉片が入って、新たなクラシックになったものだと述べている[26]。しかし、フォーの成立過程は、おそらくそれほど単純ではない。さらに、広東のタンメンは小麦粉麵だが、フォーは米粉麵である、という違いの重要性は、後で明らかにしたい。

図2-16　フォー・ボー（牛肉のフォー）（ハノイの老舗・ザーチュエン）

フォーの起源については、調べてもはっきりしない。一九世紀末から二〇世紀初めにかけて、フランスの植民者から牛肉食が伝わってハノイでできたか、あるいはフランス兵に提供する料理として、ハノイから南東約一〇〇キロのナムディン（Nam Định，南定）で生まれた、とする説などがある。

フランスの植民地となる以前のベトナムでは、農耕で使う牛の肉を食べることはなかった。だが、二〇世紀初頭までに、フランス兵が、ハノイおよびベトナム各地に駐留するようになると、フランス料理のビーフシチューが、レストランだけでなく家庭でも作られて、ベトナム人も食べるようになった。例えば、ベトナム風のビーフシチュー「ボーコー（bò kho）」が、通り沿いの屋台でも、それをつけて食べるパンとともに売られるようになった[27]。

「フォー」の語源は、フランス語で「火」を意味する「フー（feu）」であり、「ポトフ（pot-au-feu）」（牛肉の煮込み料理）の「フー」とする説が有力である。往事のフォーは、竹竿に二つの木箱をつるして持ち歩く街頭の物売りが提供していた。物売りは、その木箱を街頭に置いて火を焚きフォーを温めたので、それを見たフランス兵が、「フォー」と呼んだとも推察できる[28]。

ほかにも、麺のほうに着目して、平たいライスヌードルの「ホーファン（hofan, 河粉）」、同じくライスヌードルの「クェイティアオ（kway teow, 粿条）」、あるいは、原料の米粉の「フェン（fen, 粉）」などを語源とする説もある。しかし、ベトナム語研究者の清水政明（大阪大学外国語学部）に聞いたところによれば、「ホーファン」以外からの音声変化は、ベトナム北部では起こりづらいという。また、紅河の埠頭で華人労働者に提供された牛肉ライスヌードルが、もともと「グウニュックファン（ngưu nhục phấn, 牛肉粉）」と言い、それが屋台で短縮して呼ばれて「フォー」になったとする説もある[29]。

そして、フォーの成立年代に関して、もっとも綿密な研究をしているチン・クワン・ズン（Trịnh Quang Dũng, 鄭光勇）は、一九〇八年頃にフォーが誕生し、三〇年代から五四年頃に最初の全盛期を迎えたと考えている。二〇世紀初頭には、フランス人や中国人の運営する汽船が、中国雲南省からベトナム北部へ流れる紅河（ホン川）を通って、ハノイ・ハイフォン・ナムディン（南定）・バクザン（Phủ Lạng Thương, 諒滄府）などを往来していた。それらの埠頭で、まず「サオ・チャウ（xáo trâu, 炍犊）」という水牛スープが売られるようになり、華人がそれと自分たちの麺を合わせて、新しい料理を作り出したと考えられる。

さらに、タン・ダ（Tản Đa, 傘沱）という詩人の「賭博（Đánh bạc）」（一九〇五〜〇七年）という詩にフォーが出てくる。また、G・デュムティエ（G. Dumoutier, 一八五〇〜一九〇四年）という人物が、「フォーは一九〇七年以前にはベトナムになかった」と書き残している。これらのことをあわせると、フォーの誕生は、一九〇八年頃であると推測できる。(30)

また、フォーの発祥地とされることもあるナムディンは、フランス植民地時代に繊維工業を主体とした工業都市に成長し、ハノイとハイフォンに次ぐ、ベトナム北部紅河デルタ第三の都市になっている。二〇〇〇年頃からハノイでは、「フォー・ナムディン（Phở Nam Định）」を掲げる店が現れた。

これらのフォー店の約八割の店主は、ナムディンのなかでも同じヴァンクー（Vân Cù）村からやってきて、同じ「コウ（Cồ, 瞿）」という姓の人々であった。ヴァンクー村では、農耕地が少なくて稲作が十分にできず、村人は村外へ商売に出た。フォーを売るコウ姓の村人は、ディン・ボ・リン（丁部領、丁先皇、九二四〜七九年）が、ベトナム北部を平定して、九六八年に国号を「大瞿越《だいくえつ》」と定めて丁朝を開いた時から続く一族であると語り伝えている。彼らによれば、フォーの発明者は誰かわからないが、最初にハノイにやってきてフォーの店を開いたのは、「ヴァン（Vặn）」という名の村人で、それは一九二五年のことであったという。(31)

ちなみに、ナムディンのフォーが、あまり甘くないのに対して、ハノイのフォーは、牛骨でだしをとり、牛肉の甘さを際立たせるのが特徴になっており、サイゴンのフォーも、さらに甘いとされる。(32)ナムディンは、近年に中国製の綿布が輸入されるようになると街がさびれ、多くの人々がハノイやホーチミンなどに流出した。そのため、全国的に有名になったナムディンのフォーも、現在ではおいしくなくなったと言われる。

図2－17　ブン・チャー（ホーチミンのダックキム，1966年創業）

フォーは、もともと庶民的な食物で、茹でた牛肉を入れたものしかなく、ハノイでも一九四五年以前には、鶏肉のフォーを出す店はほとんどなかったという。[33] しかし、一九三九年、「フォー・ガー（phở gà）」（鶏肉のフォー）が広がったのは、政府が使役動物の屠殺を管理するために、毎週月・金曜日二日間の牛肉販売を禁止したからとする説や、[34] 日本の侵略によって、戦争末期に牛肉が入手困難になったからとする説がある。[35] ハノイでは、一九六〇年代にも同様に、牛肉の販売禁止に伴う鶏肉のフォーの普及があった。[36]

他方、豚肉はフォーの味に合わないとされるが、もう一つのライスヌードルの「ブン（bún）」では、豚肉とともに食べる「ブン・チャー（bún chả）」（図2－17）がとても人気がある。ブンは、ところてん式に穴から押し出して作る細麵で、よく見ると生春巻きなど多くのベトナム料理に用いられており、平打ち麵のフォーと並んで、ベトナムの国民食と言われることもある。古都のフエに有名なブンがあり、[37] 海株子（阮文珊）編輯『大南国語』（一八九九年刊）にも「粉米粖」（三二頁）と見られるので、ブンはフォーよりも古いベトナムの麵料理である。

フォーの普及――北部から南部、そして世界へ

さて、一九三四年には、トゥ・モー（Tú Mỡ，本名はホー・チョン・ヒエウ、Hồ Trọng Hiếu，胡重孝、一

九〇〇～七六年）というハノイの愛国的風刺詩人が、「フォーの頌歌（Phở Đức Tụng）」を作り、「フォーを見ずぼらしい食物として見下してはならない」と歌っている[38]。この詩からは、ハノイではフォーが、両大戦間期までに代表的な庶民の食物になっていたことがわかる。

さらに一九五七年には、ハノイ生まれの作家のグェン・トゥワン（Nguyễn Tuân, 阮遵、一九一〇～八七年）が、「フォー（Phở）」というエッセイを発表している。美食家であったグエンは、ベトナム人にとってフォーがもつ特別な意味や、ハノイの様々なフォーやフォーの店、フォーをめぐる生活習慣や思いなどを活写している[39]。ただし、このエッセイは、中華人民共和国の「百花斉放・百家争鳴」の影響を受けて、ベトナム民主共和国でも政治的に自由な雰囲気のあった時期に発表されたものであり、革命精神を鼓舞するような内容ではなかった。だから、「フォー」というエッセイはその後、ベトナム労働党によって「中身の貧弱な、社会主義リアリズムにもとる作品」として批判されて、グエンは自己批判を迫られたという[40]。

そして、一九五四年のジュネーブ休戦協定締結によって、フランスがインドシナから撤退すると、北ベトナムから約二〇〇万人もの人々が南ベトナムへと逃れた。これを契機に、フォーがベトナム北部から中部・南部へと広まった[41]。

ちなみに、ベトナム南部の食文化は、①メコンデルタのクメール人の食物で、ココナッツの果実・ミルクを多用し、スパイシーな香辛料を好む、②一七世紀の明・清王朝交替期の政治難民以来、広東からサイゴンなどにやってきた人々の食物で、鍋・麵・ワンタンなどが代表的で、砂糖を多用する、③ベトナム北部から南下してやってきた人々の食物、の三つの融合として理解できる[42]。サイゴンには、一九五〇年頃にはフォーが伝わっていたといわれる。一九五四年以前のベトナム中・南部にも、フォーがあったかもしれないが、他の中国麺との区別が曖昧で、しかも目立った地位にはなかった[43]。

一九五〇年代末以降、政府が多く事業を国営化すると、人々はフォーを食べるのにも、国営の麺店に並ばなければいけなくなった。ハノイの街頭で売られるフォーには、米を節約するためにジャガイモ澱粉の麺が使われたし、店のコックも素人であった。そのため、おいしいフォーは食べられなくなったが、それでも後には、この頃のフォーがノスタルジーの対象となる。一九六五年にアメリカが、ベトナムに本格的な軍事介入を始めると、サイゴンではベトコンのスパイ組織が、「フォー・ビン（Phở bình）」という小さな店を始めた。そこは、諜報や武器輸送に重要な役割を果たし、六八年のテト攻勢でも拠点になったという[44]。

そして、一九七五年のベトナム戦争終結を機に、世界中に亡命したベトナム人によって、多くの国々にフォーが広められた。かつての宗主国・フランスの首都・パリにも、一九八〇年代にベトナム人移民によってフォーがもたらされて、その後人気になった[45]。また、ニューヨークのチャイナタウンにも、もともと広東省出身の中国系ベトナム・ラオス・カンボジア難民がやってきて、イースト・ブロードウェイを中心に集住した[46]。

ちなみに、ベトナムの朝食は、フォー、ブン・チャー、バインミー、「ソイ（xôi）」（おこわ）が中心であったが、近年に即席麺が朝食風景を変えたといわれる。ベトナムの即席麺の消費量は、日本よりも多く、世界第三位（二〇二〇年）である（五三八頁参照）。とくに、一九九五年にベトナムに進出したエースコックの看板商品「ハオハオ（Hảo Hảo）」（二〇〇〇年販売開始）が、ベトナムの即席麺の五〇%以上のシェアを占めて、ベトナムの新たな「国民食」とさえ言われている[47]。

ベトナムの華人と中国料理――サイゴンのチョロン

ベトナムで中国料理がもっとも発達したのは、サイゴン（一九七六年にホーチミンに改名）のチャイナタウン・チョロンである。一九三〇年代末から五〇年代にかけて、中国から多くの難民がチョロンにやってきて、ベトナム共和国（南ベトナム）時代の華人経済の基礎を築いた。

ベトナムではハノイにチャイナタウンがないように、もともと華人の大部分が南部に住んでいたが、ジュネーブ停戦協定で南北が分断されたとき、さらに多くの華人が南へ移動し、サイゴンのチョロンに居住した。一九五〇年代のチョロンには、様々な中国料理店があり、「プチパリ」と呼ばれたサイゴンのなかの「小広州」と呼ばれたチョロンは、香港よりも大都会であった。

一九七五年のベトナム民主共和国（北ベトナム）によるサイゴン接収以前、サイゴン市人口の約三七〇万人のうち、華人が約一一〇万人（約三〇％）を数え、チョロンだけで約七〇万人の華人が居住していた。しかし、その後多くの華人が海外脱出を図り、私営商業が全面禁止される一九七八年頃までに、チョロンの華人人口は一〇万人ほどにまで減少した。

ベトナムで華人の地位が回復されて、その人口も増えていくのは、一九八六年の「ドイモイ（刷新）」政策への転換、そして九〇年代の中越関係修復の後のことである。チョロンの中国料理店の主流は、屋台やそこから発展した小規模のレストランであり、大型の中国料理店のなかには、ベトナム共和国時代を彷彿させる店があるという。

くわえて注目すべきことに、ベトナムから海外に再移住した華人たちが、世界各地でベトナム料理を普及させてきた。ベトナム料理を出す中国料理店は、東京に限らず日本各地にあり、それらのなかには、ベトナムから日本へ移住した華人が開いている店もある。香港の有名ベトナム料理店「燕萍」（二〇〇一年創業）も、ホーチミン出身のベトナム華人夫婦が開いたという[48]。

ベトナム料理と中国料理の境界

ところで、中国では「南米北麵（南方人は米食、北方人は小麦粉の麵食）」と言うが、ベトナムでは「ベトナム人は米粉麵、中国人は小麦粉麵」と言う。ベトナム人がベトナム人と中国人を比べるのは、中国人が南方人と北方人を比べるのと同じことであり、ベトナムと華南（中国南部）は、歴史的には同一の「越（Yue / Việt）文化圏」に属しているといえる[49]。

それゆえ、ベトナムと華南で、共通の食物が各々の地域の伝統料理になっていたり、ベトナムの代表的な食物が、実は中国由来であったりすることが多く見られる。興味深いことに、第二次世界大戦後の日本で開店したベトナム料理店は、当時の日本ではベトナム料理が知られていなかったので、中国料理店を名乗っていたという[50]。ベトナム料理と中国料理は、外国人には容易に見分けがつかないほどよく似ているのである。ここでは、五つの例を挙げておきたい。

①魚醬・蝦醬

例えば、「ヌクマム（nước mắm）」は、何にでもつけるベトナムの代表的な伝統調味料とされ、魚を塩漬けにして発酵させて作る魚醬の一種である。だが、魚醬は、福州などで醬油よりも頻用されるし、香港など中国東南沿海部では、魚醬の長い歴史がある。

ほかに、もう一つの代表的なベトナムの調味料である「マムトム（mắm tôm）」は、エビを発酵させた

調味料（蝦醬）であり、香港など華南で広く用いられている。(51)

それゆえ、香港のベトナム料理は、メニューが豊富、味がマイルドで、本場ベトナムよりもおいしいとさえ言われることがあった。(52)

②バインクオン（餅巻）と腸粉（チョンファン）

また、ベトナムの「バインクオン（bánh cuốn, 餅巻）」（図2－18）は、米粉の生地を広げて蒸し焼きにして、ひき肉や木耳などの具を入れて巻いたものの蒸し春巻きである。バインクオンと香港の「腸粉《チョンファン》（cheung fan）」は、米粉の蒸し焼きという一つの料理が、二つの地方の伝統料理になって、バインクオンがベトナム料理、腸粉が中国料理として認知されるようになったものである。

図2－18　バインクオンとヌクマム

ベトナムでは、バインクオンを朝食に食べるという一五〇〇年以上の歴史がある。広東では一九三〇年代に、腸粉が流行した。抗日戦争期に広州の「洋塘荷仙館」が創り出し、広州の「銀記」の牛肉腸粉が、皮が薄いのに歯ごたえがあって食感も滑らかで、もっとも有名になった。また、豚肉腸粉も、一九三〇年代に屋台の軽食から広まったと考えられている。

広東の貿易商人は、ベトナム人と数百年にわたって交易を行ってきている。それゆえ、バインクオンは、広東商人によってベトナムから広州に持ってこられ、少し改良されて豚肉腸粉となり、それが現在の香港の腸粉になったと考えられている[53]。なお、広州の銀記腸粉店は二〇二〇年現在、トロント・ロサンゼルス・サンフランシスコ・ニューヨーク・シンガポールでも出店している[54]。

③ゴイクォン（夏巻き）と春巻き

生春巻き（ゴイクォン［gỏi cuốn］、北部ではネムクォン［nem cuốn］ともいう）は、フォーとともにベトナム料理を代表する一品として、とりわけ日本など海外でよく知られている。日本ではタイのスイートチリソースをつけて食べられるようになった。揚げ春巻きが中国全土で食べられているが、ベトナムの生春巻きは、とくに皮が（小麦粉でなく）米粉で作られている点が特徴的である。

ベトナムの生春巻きは、中国語では「越南春巻」ないしは「夏巻」、英語でも「サマー・ロール（summer roll）」と呼ばれて、中国の揚げ春巻き（春巻、spring roll）と区別される。

他方、ベトナムにも、肉・キノコ・野菜をライスペーパーで包んで揚げた春巻き（チャーゾー［chả giò］、ネムザン［nem rán］）がある。それは、植民地時代の終わりまでに、フランス人にも食べられて、フランスのパティスリーでも販売されたことがあり[55]、その後もベトナム人移民とともに欧米に広がっている。

④バインチュン、バインテットとちまき

ほかにも、ベトナム風のちまきである「バインチュン（bánh chưng）」と、それを旧正月（春節）のお供え物とした「バインテット（bánh tét，餅越）」も、中国由来の食物でありながら、ベトナムのものとして認識されている。

春節の慣行や「bánh（餅）」「tết（節）」といった名称は、すべて中国由来であるが、ベトナム各地にもバインテットにまつわる伝説が伝わっている。すなわち、紀元前の文朗国の六代王が、後継者を決めるために王子たちを競わせて、世界で一番すばらしい食物を持ってこさせ、この質素な餅（ちまき）を持ってきた王子を後継者にしたという寓話である。この伝説は、王にとって人々に食物を与える能力が最重要であること、そして高級料理よりも米が重要であることを物語っているとされる。

バインチュンやバインテットは、祭祀に欠かせない食物であっただけでなく、西山（タイソン）の乱（一七七一年）から、ディエンビエンフーの戦い（一九五四年）、そしてベトナム戦争（一九五四〜七五年）に至るまで、兵士の糧食として重宝された。それは、保存・携行に便利で、栄養価とカロリーが高いだけでなく、ベトナムを代表する食物として認識されたので、文化的・心理的な満足も得られた(56)。

⑤クワイと油条

ちなみに、二〇一九年のベトナム旅行で、観光ガイドなどから聞いたところによると、中国料理は、現在のベトナムでもっとも人気のある外国料理である。ライバルの日本料理やフランス料理は値段が高く、タイ料理や韓国料理は辛いというイメージが強いという。

そして、旅行中に観察した中国料理とベトナム料理の区別は、やはり微妙なものであった。管見の限り、ワンタンやマントウは中国料理であるのに対して、チャーハンはベトナム料理と認識されていることが多い。この区分には、小麦は中国のもので、米はベトナムのものという観念が、影響しているのかもしれない。

興味深いことに、ベトナムの朝食で、フォーや粥といっしょに食べる「クワイ（quẩy）」は、中国の

「油条」によく似た細長い揚げパンである。だがそれは、米粉で作られており、ベトナムの食物として認識されている。

また、中国料理とベトナム料理の相異として、中国料理では鍋など温かい料理が好まれるのに比べて、ベトナム料理には、温かい米や麺も不可欠だが、常温のものも比較的多いように感じた。

本章で見たように、ベトナムで使われる箸は、紀元前からの中国による支配の影響、そしてベトナムで食べられるバインミーは、一九世紀からのフランスによる支配の影響を受けた食文化の代表例である。それらに対して、フォーは、二〇世紀に中国（華人）とフランスの二つの食文化の影響を強く受けながらも、ベトナムで豊富な米の麺を用い、ベトナム北部で発案されて全国に広まり、そして世界へと発信された、ベトナムを代表する料理として位置づけることができる。

ベトナム料理と中国の広東料理は共通点が多く、また、中国料理はベトナムでもっとも人気のある外国料理の一つである。だが、ベトナム料理は、中国料理と明確に区別される。そして、ベトナム料理におけるフランス食文化の影響は、台湾料理における日本食文化の影響と同じように、自分たちを中国と区別するアイデンティティの拠り所になりうるものである。ただし、インドシナ戦争の末に独立を勝ち取ったベトナムの人々のフランスに対する思いと、独立戦争を経験していない台湾の人々の日本に対する思いとは、たとえ食文化に関してでも、同様に論じることはできないのかもしれない。

第3章　タイ――パッタイの国民食化・海外展開へ至る道

タイの華人とラタナコーシン朝の成立――米の生産と輸出

タイ（旧国名は「シャム」だが「タイ」に統一表記する）と中国には、南宋以来の人的交流がある。スコータイ朝（一二四〇年頃～一四三八年）は、元に朝貢し、明代の鄭和が寄港したことも知られる。

タイ南部に根をはった華人は、アユタヤ朝（一三五一～一七六七年）の時代に、タイ社会にとけこむ糸口を得た。タイも華南も、魚と米を食べ、気候も似て、宗教的にも違和感がない。アユタヤ朝は、王家を中心に独占的な貿易を行い、おもに中国南部への米の輸出で国力をつけた。だが、農業を重んじる反面、職人やサービス業、商人への関心が相対的に低く、その空白を埋める形で華人が受け入れられた。一七～一八世紀、マニラへの福建船は年に三〇隻あまり、バタヴィアへは一〇～二〇隻であったのに対して、タイに向かった福建・広東船は一〇〇隻ほどにも達したという。国都・アユタヤの人口の一〇分の一以上が、華人であったとも考えられている。

一七六七年、ビルマのコンバウン朝の侵入によって、アユタヤが破壊され、アユタヤ朝は滅亡する。地方政権の一つであったトンブリーのタークシン（鄭信、中国・潮州系のタイ人）が、ビルマ人に反撃し、独立を回復して王位についた。タークシン王は、トンブリー（現・バンコク都内）を新都とした。そしてバンコクのターチャン地区には、華人の大居住地ができ、王の郷党の潮州人が勢力を伸ばした。

タークシンの政権は、アユタヤ朝を継承したというよりは、インドシナ半島に張り巡らされた華人ネットワークが国家になったようなものであった。タークシン王はさっそく、一七六八年から清朝に使節を派遣し、七六年に暹羅（シャム）国の鄭昭として朝貢が許可されて、清朝との通交を復活させた。ちなみに、タークシン王が、清国から大量の鍋を購入したという記録があり、当時のタイにいた清朝援軍や華人商人などがそれを必要としていたものと考えられている。(1)

しかし、タークシン王はしだいに奇行が目立つようになり、一七八二年、部下のチャクリーが王位を奪って、現在にまで至るラタナコーシン朝（チャクリー朝）を建てた。このチャクリー（ラーマ一世、一七八二～一八〇九年在位）は、タークシンの中国名・鄭昭をもとにして、あたかも王朝が連続しているかのような鄭華という名を使って、朝貢貿易を続けた。

そして、チャクリーの息子のラーマ二世（一七六七年生まれ、一八〇九～二四年在位）は、詩人としても有名であり、皇太子時代に、食物をたたえる御座船漕ぎ歌「カープ・ヘールア・アーハーン・カーオワーン（Kap He Chom Khrueang Khao Wan）」を作っている。これは初めて、タイの数多くの料理を包括的に表現したものである。それには、インドのカレー、中国の軽食、ポルトガルのデザートなども登場するが、多くの料理は、当時のバンコクの一般の人々が、特別な機会に食べていたご馳走と同様であり、今日のタイ料理の先駆として位置づけられている。(2)

ラタナコーシン朝は、トンブリーの対岸のバンコクを首都とし、もともと華人の豪商の土地であったチャオプラヤー川沿いの土地を譲り受けて王宮を建てた。さらに、王宮近くにあった華人集住地を移転させるために、現在のサンペン街を代替地として新たに造成した。一八六四年には、王宮から領事館街に届くチャルンクルン通り（ニューロード）ができて、約三キロにわたる華商街が生まれた。

また、バンコクが首都になって以来、チャオプラヤー川の広大なデルタ湿地が、米やサトウキビのプランテーション地帯に変わっていった。ラタナコーシン朝も、王室独占貿易に財政基盤をおく通商国家としての性格を有し、バンコクを中心として交易と農業で栄えた。タイは、華人の最大の渡航先となり、港湾統計によれば、一八二四〜一九一七年の間、タイに流入した華人の総数は二〇三万人、このうち出稼ぎ労働者をのぞく純流入者が約三七％を占めた。(3)

タイ王国の宮廷料理――タイ・中国・西洋の料理

タイと清国との交易は、ラーマ三世（一八二四〜五一年在位）の時代に最盛期を迎え、清国および近隣諸国から多くの移民がやってきたタイは、国力を高めた。そして当時までには、タイの宮中の台所においても、中国食文化の重要性が増していた。例えば、旧正月に華人が鶏やアヒルを王に献上し、王がそれらを僧に与えた。また、王族や政府高官などは、外食をするよりも、公邸で華人コックを雇うことを好み、西洋料理のほかに中国の軽食も作らせていた。

例えば、ジャン・バティスト・パルゴワというフランスのカトリック僧が、ラーマ三世王の時代の一八三〇年にタイに来て、六二年にバンコクで生涯を閉じている。パルゴワの記録によると、当時のバンコクで食べることができたのは、タイ料理と中国料理の二種類で、タイ料理は辛くてたまらず、中国料理は味が薄いと感じたという。(4)

ラタナコーシン朝は、ラーマ四世（モンクット、一八五一〜六八年在位）とラーマ五世（チュラーロンコーン、一八六八〜一九一〇年在位）の時代、ビルマを併合したイギリスと、インドシナを獲得したフランスの両方から領土の割譲を迫られて、植民地化の危機を迎えた。ラーマ四世は、一八五四年に清国への朝貢をやめて、冊封体制から脱した一方で、翌五五年にイギリスとボーリング条約を締結し、王室の貿易独占を改めて、自由貿易を受け入れ、三%の定率関税、領事裁判権・治外法権、アヘン取引の合法化などを認めた。

しかしそれでも、王室の独占貿易を担っていた華人たちが、没落することはなかった。ヨーロッパ人たちは、タイ市場での語学力・知識・ネットワークの欠如から、華人商人に頼らざるをえなくなり、ヨーロッパの資本を既存の華人貿易ネットワークに注入するだけということになった(5)。その結果、一九世期末には、タイ王国の華人の三分の二がバンコクに住み、バンコクの人口の約半分が華人になっていたという推計もある(6)。

イギリスとの不平等条約の締結を余儀なくされたラーマ四世は、外国人顧問を数多く受け入れて、タイの近代化を図った。例えば、ラーマ四世は、イギリスからアンナ・レオノーウェンズを家庭教師に招き入れて、子弟に西洋の教育を受けさせた。なお、この時のことは、後にマーガレット・ランドンの小説『アンナとシャム王』(一九四四年)に描かれて有名になった。ただし、この小説を原作とする映画やミュージカルは、ラーマ四世を正しく伝えていないとして、タイでは評判が悪く、上映禁止になった。そして、このようなラーマ四世の時代の宮中晩餐会では、まず先に西洋料理、続いてタイ料理・中国料理という順番で料理が出されるようになった。

こうして食事の面でも、中国文明が最高点と見られた時代は過ぎ去り、西洋式によって文明化が図られるようになった。例えば、箸は、ラーマ四世の時代には、タイ人エリート層にとって慣れ親しんだものになっていたが、スプーンやフォークも、ラーマ三世の治世末期から、少しずつ使われ始めていた。

そして、一八七〇年にラーマ五世が、タイの国王として初の外国訪問となるシンガポールを訪れた後、日頃の食事にも、ヨーロッパ式の朝食や、スプーン、フォーク、テーブルクロスが本格的に導入されて、八八年までにフルセットの西洋食器が用いられるようになった。それに伴って、王の日常の食事でも、まずテーブル中央に西洋の食物が置かれ、続いて王の右側に米とともに食べるタイの食物、左側に中国の食物が置かれるようになり、王族や高級官僚もこれに倣った。(7)

さらに、ラーマ五世は、巧みな外交でイギリス・フランスと渡り合ったので、タイは国土を大幅に割譲したとはいえ、東南アジアで唯一、植民地化の危機を免れて、独立を保つことができた。それゆえ、タイは列強間の緩衝地帯になったので、独立を維持できたという説は、タイの学者によって挑戦を受けている。

そしてタイは、食の体系においても植民地化されたことがないので、味覚の脱植民地化が議論されたことはない。一九世紀末までに、西洋式のアーモンドケーキやアイスクリームといったデザートのレシピが、英語版の『バンコク官報（*Bangkok Gazette*）』に掲載されるようになり、ヨーロッパの食品が、タイの国民に抵抗なく受け入れられていたことがわかる。(8)くわえて、ラーマ五世の卓見のもと、西洋の技術と華人労働者の力で、一八九七年から鉄道網が北へ、東北へと延ばされた。こうして大量輸送がスムーズになった二〇世紀初頭からは、タイの東北部・北部から豚肉が運ばれてきて、バンコクでは華人以外の人々も、豚肉をよく食べるようになった。(9)

さらに、このラーマ五世の治世後半頃に、近代タイ料理の形式（食材、食器、調理法など）が定まったと考えられている。ラーマ五世に仕えて大臣を歴任した官僚貴族の夫人であるタンプージン・プリエン・パーサコーラウォン（Thanpuying Plien Phasakoravongs）は、還暦祝いに『メークルワ・フワパー（*Mae*

Krua Hua Pa）』（一九〇八年初版）を刊行している。それは、一九世紀後半におけるタイ宮中やそれに近い人々の食卓を反映したもので、タイの料理を網羅的に集めた最初の本格的なレシピ集であり、近代タイ料理のスタートラインになるものであった。

『メークルワ・フワパー』は、イギリスの作家のイザベラ・ビートン（Isabella Beeton, 一八三六〜六五年）が一八六一年に刊行した『家政読本（*The Book of Household Management*）』をモデルにして書かれていた。ただし、『家政読本』が中間層向けであったのに対して、『メークルワ・フワパー』はタイの上流階層に読まれるものとなった。そして『メークルワ・フワパー』も、燕の巣のスープやチャーハンなど、多くの中国料理を取り込んでいた。[10]

バンコクのチャイナタウンと中国料理店の興隆――フカヒレと燕の巣

また、一九世紀末にはバンコクのチャルンクルン通りの華商街の近隣に、ヤオワラート路がつくられて、チャルンクルン・ヤオワラート・サンペンの三本の並行した通りが、華人の拠点になった。タイ政府は、国家が独占していた木材・酒・アヘン・賭博などの事業を民間に払い下げて、そこから安定した財源を確保しようとした。さらに、国が城外の土地を民間に安く売り渡し、王族・官僚貴族・華人富豪が投資して、道路や運河を建設することで、それぞれが莫大な資産を得た。

こうしてヤオワラートを拠点とする華人大富豪が生まれ、バンコクがシンガポール・香港と並ぶ華人商圏の中心地になった。ヤオワラート路周辺には、タイでもっとも高いビル、ナイトクラブ、賭博場、売春窟、演劇・映画・音楽、市場などができて賑わった。

そしてヤオワラートには、「ラオ（楼）」と呼ばれる高級中国料理店ができた。最初のラオは、一九一二年に、客家や潮州人の富豪らが創業して、社交場にした「海天楼《ホイティユンラオ》」である。海天楼は、二〇一〇年までパンパシフィックホテルで営業していた。

ラオができた当時のタイでは、外食文化が発達しておらず、ホテル内の西洋料理店をのぞいて、本格的なレストランがなかった。そのため、ラオやそれに範をとった中小レストランが、バンコクだけでなく、華人の多い地方都市にも広がった。それに伴って、中国料理とタイ料理が融合し、高級店を中心に、中国料理をベースとした料理が多く見られるようになった。こうして、日常的には、タイの料理を家で作るか、市場で買ってきて家で食べて、レストランでは中国料理をベースとしたご馳走を食べるのが一般的になった。[11]

図2－19　フードコートにも入っているフカヒレ料理専門店（バンコクのショッピングモール）

なお、タイの中国料理については、近年に至るまでバンコクの有名中国料理店のほとんどが、中国の南方料理を出していて、フカヒレや燕の巣といった南方産の高級食材をよく見かける。とくに、バンコクのチャイナタウンは、潮州出身者が多いので、潮州で盛んなフカヒレ料理の専門店が目立つ。他方、バンコクで北京ダックなど中国北方の料理を探すことは、今でもそれほど容易ではない。[12]

ナショナリズムの高揚と華人に対する同化政策

ラーマ六世（ワチラーウット、一九一〇～二五年在位）は、タイではナショナリズムの父と見なされることがある。ラーマ六世は、「ラック・タイ（lak thai）」（タイの原理）、すなわち「チャート、宗教、国王」への絶対的忠誠を主張した。「チャート（chat）」とは、民族・国民・国家の三つの意味をもつネイションに相当する言葉で、一八八〇年代以降にタイで多用されるようになっていた[13]。

タイ経済は、一八五五年のボーリング条約以来、華人に支配された食品産業への依存度を高めていた。そして一九一〇年、前年に導入された人頭税に対して、バンコクの華人がゼネストを起こすと、食品生産が滞って価格が上昇し、華人に対する感情が悪化した。

そうしたなかで、ラーマ六世の筆といわれる『東洋のユダヤ人（*Jews of Orient: Phuak Yiw Haeng Burapha Thit*）』（一九一三年刊）は、華人が同化せず、日和見主義的で二面性があり、市民としての徳性に欠け、拝金の徒であると論じた。それは、タイ国民が自国の主権と自主性にめざめ、新時代に向かっていくために、華人に注目するように啓発したものであった。ただし、このような反中国感情によって、タイから中国料理が排除されることはなかった[14]。

一九一〇〜二〇年代は、華南からタイへの人口流入がピークに達し、農業以外の労働力の六〜七割、実業界の約八五％、貿易の約九割を、華人が占めるほどになったという。こうしたなかで、一九一三年に施行された国籍法は、出生地主義に基づくものであり、華人の現地人化を図っていた。タイでは、華人と現地人の通婚の普及によって、「ルークチーン」（中国人を父として生まれた者、中国語では「僑生」「華裔」）や「ルアットファッソム」（逆にタイ人を父、中国人を母として生まれた者、華人コミュニティでは周縁化される）が増えた。だが、一九五〇年代の一時期を除いて、タイ国内の出生者は、親の国籍と関係なく、タイ国籍を取得できた。さらに、一九一九年に制定された私立学校法は、東南アジアの他の国々に先駆けて、外国人学校に対して、授業でのタイ語の必修時間数を課し、外国人学校の校長に対して、タイの中学教育修了の資格を求め、外国人教師に対して、タイ語習得の資格を要求した。

こうした強制同化策がとられた背景には、タイにおけるナショナリズムの高揚とともに、中国女性の移住と中国式の家庭が増えて、華人の同化のテンポが遅くなっていたことがあった。当時には、華人の移住者の増加に伴って、街に大規模な市場が増え、その周辺でクェイティァオなどの簡単な中国料理が売られるようになっていたという。

しかし、労働力不足は解消され、やがて飽和していった。バンコクにおけるタイ人と華人労働者との不和は、一九二八〜三四年頃にピークに達し、二八年にはボイコット、三二年以降にはストライキが次々と起こった。さらに、一九三〇〜三三年の世界不況のために、ゴム・錫の市場が崩壊して、賃金が下がり、華人のタイへの入国は激減した⑮。

一九三二年六月二四日、人民党が立憲革命を実行し、国王ラーマ七世（一九二五〜三五年在位）もそれを受け入れて、タイは無血で立憲君主制に移行した。その後には、宮廷料理を知る貴族がレストランを始めたり、料理書を書いたりして、宮廷料理の知識が、バンコク社会に広まり始めることになった。一九三三〜三八年に首相を務めた人民党のパホン（ポッジ・パホンヨーティン、一八八七〜一九四七年）は、立憲制を定着させるにあたって、国歌制定や祭日の国旗掲揚といった「チャート」重視の政策を打ち出した。それは、人民の忠誠を国王から別のものに向けさせることを目指していた。

同時に、一九三六年の商業登録法によって、商業が一律に政府の統制下におかれると、華人商人の営業が制限されて、商店の看板も、タイ語で表記されるようになった。立憲政府の先鋭的な官僚のなかには、すでに同化した裕福な華人の子孫が多数おり、彼らにしてみれば、タイの歴史・文化こそが文明であって、中国色を保守する華人に反撥した。また、中国国民党が反英を掲げていたことから、イギリス寄りであったタイ人官僚が、華人を信用していなかった[16]。

そして一九三八年、ピブーン（プレーク・ピブーンソンクラーム、一九三八～四四、四八～五七年に首相在任）が首相に就任する。ピブーンは、チャート建設を基本政策に掲げて、経済面や軍事面で成果を出すことを目指しつつ、国民文化創造・国民形成に一層力を入れた。一九三九年、ピブーン政権は、立憲革命の日の六月二四日をチャートの日に定め、三九年六月二四日に最初の「ラッタニヨム」（チャート独自の風習・伝統をもつための首相府布告）を発表し、国名も他称の「シャム（サヤーム）」から「タイ」へと改めた。

さらにピブーンは、ラッタニヨムを補う要請・通達・命令などを続々と打ち出した。例えば、一九三九年六月には、名前をタイ国籍にふさわしいタイ語風の発音に変更すべきという通達が出され、四〇年には、中国の旧正月を休日扱いにすることが禁止された。ラッタニヨムは、華人に対するタイ国籍の付与と同時に行われて、華人をタイ人化させる同化政策の意味合いをもっていた。それと並行して、ピブーン政権は、経済と教育のタイ化も推進した。例えば、タバコや精米の工場のほかに、船舶業・石油業にも政府が介入して、それらがタイ人の手に渡った。また、所得税法が改められて、華人の税負担が重くなった。さらに、華人学校が閉鎖されたり、華語新聞社が厳しく統制されたりした[17]。

そしてこの時には、華人による燕の巣の採取までも統制を受けた。タイでは一八世紀から、特許を得た華人商人たちが、燕の巣を採取してきた。燕の巣は、タイ料理に取り込まれることはなく、おもに中国やベトナムに輸出されていた[18]。

第二次世界大戦時・戦後の華人をめぐる政治と食文化——タイ料理の台頭

一九四一年一二月八日、日本軍はタイに進駐し、ピブーン政権は、日本軍に協力することを決めた。同月二一日、日泰攻守同盟条約を締結して、タイは日本の同盟国となり、さらに翌年一月、英米に宣戦を布告したことで、事実上の枢軸国として世界大戦に加わった。その後もピブーン政権は、満洲国承認、汪精衛政権承認など、日本寄りの姿勢を強めた。

こうしたなかで、抗日運動に従事していた華人たちも態度を一変し、蔣介石の写真を焼き、汪精衛政権の旗を掲揚した。一九四二年一月、タイの中華総商会は、汪精衛への全面的協力と、重慶国民政府への援助打ち切りを声明した。タイや日本の華人は、抵抗しながらも対日協力政権を支持し、「親日」に転換することで生き延びねばならなかったのである。

しかし、一九四四年七月、ピブーンは失脚して、首相を辞任する。そして、アメリカで立ち上げられたタイ人の抗日レジスタンス「自由タイ運動」（一九四一〜四五年）のリーダーらが、政権を引き継いだ。タイの中国国民党組織は、一九三九年までに壊滅していたが、自由タイ運動は四二年から、重慶国民政府と連携をとっていた。

一九四五年八月の日本の降伏後、イギリスは、タイを敗戦国として扱おうとした。だが、アメリカは、タイをフランスと同様に扱い、タイの宣戦布告を不問とし、その戦争責任は問われないことにした。ただし、ピブーンら対日協力者は、拘束された。さらに、日本降伏の二日後の八月一六日、中華総商会会頭の陳守明が、何者かの手によって暗殺された。犯行は、日本軍占領時代にリーダーシップをとっていた陳に恨みを抱く、華人地下組織によって行われた、というのが一般的な見方であった[19]。

反日路線を主張した自由タイが、アメリカに協力していたことから、タイは、枢軸国としての責任をとらされることなく、さらに戦後には、アメリカの支援で経済復興が進められることになった。対日協力者として捕らえられたピブーンも、一九四八年に政権に復帰し、親米反共路線をとった。

在タイ華人の間で、一九四八年春から五〇年夏にかけて、中国共産党の人気と政治力が高まった。しかし、五〇年六月から翌年末にかけて、タイ政府が反共政策を強化し、朝鮮戦争でも中国軍が後退し、さらに五一年頃には、土地改革の悪評が潮州から伝わったこともあって、在タイ華人の親北京熱は、しだいに冷却していった。『華僑日報』は、一九五一年一〇月頃までに、共産党支配下の中国大陸の実態を取り上げて、中共政権にたてつくようになった。

さらに、ピブーン政権は、一九五二〜五四年にかけて、厳しい反華人政策を実施し、華人学校を弾圧し、タイ化運動を推進した。それは華人にとって、一九三九〜四〇年の暗黒時代（第一次ピブーン内閣成立、華人不穏分子検挙、日本軍仏領インドシナ進駐）に匹敵する、厳しい時期になった。反共主義と反華人主義が結びついて、軍事的・反民主的支配の維持のために利用されて、華人に対する偏見が、一九三八年よりも強まったという[20]。

一九五七年九月、サリット・タナラット将軍（一九五九〜六三年に首相在任）が中心になって、クーデターを起こし、ピブーン政権を倒した。一九五九年二月に首相に就任したサリットは、かつてラーマ六世が定式化した「チャート、宗教、国王」のタイ的原理を、国家建設のイデオロギーとして前面に打ち出した。サリットは、立憲革命から低下していた国王の権威を高めながら、自らの権威主義体制を正当化し、外国資本を積極的に導入して、開発独裁を展開した。一九四六年から二〇一六年までの長きにわたって在位したラーマ九世（プーミポン王）も、積極的に王権を強化し、その後、超法規的措置によって首相を辞任に追い込むなど、非公式な政治権力を何度も行使するまでになった。

サリットの開発政策によって、東北タイからの労働者が、続々とバンコクに流れ込むと、彼らが、東北部の料理を中央部に持ち込んだ。東北タイの食文化であるイーサーン料理は、タイの他の地域とかけ離れた伝統を有した。主食はもち米で、生食肉や昆虫食の習慣もあり、調理法も独自なものがあったので、イーサーン料理は当初、外国料理に近いもののように扱われた。

サリットは、一九六三年に病死したが、その後の政権は、いずれも軍を背景として議会政治を抑え、開発を進めるという、開発独裁の体制を維持した。また、タイではたびたびクーデターが起こっており、そのたびに国王のラーマ九世が調整するという、独自の立憲君主政が機能してきた。なお、タイは一九七五年に、中華人民共和国と国交を樹立している[21]。

そして、一九六〇~七〇年代からは、バンコクのレストランでも、中国料理の影響が相対的に減少し、タイ料理が勃興していった。第二次世界大戦後のバンコクでは、いくつかの高級中国料理店と、ホテル(オリエンタルホテルなど)の西洋料理店くらいしか、大きなレストランの選択肢がなかった。それにくわえて、小さな店では、クェイティアオや「カノムジーン」(khanom chin, 日本のそうめんに似た細い押し出し麵)といったライスヌードルや、タイカレーが売られるくらいであった[22]。

しかし、一九六〇~七〇年代には、ホテルに中国料理店が常備されるようになり、中国料理店とは別に、タイ料理店のある中・高級ホテルも増えた。それらは、タイ料理を食べたいという観光客の要望に応えたものであったから、辛さを抑えて、肉類を多用するなど、タイ料理にアレンジを加えていた。その背景としては、多数のアメリカ軍兵士が、ベトナム戦争中の休養地としてタイを訪れ、彼らを顧客としたタイ料理レストランができて、タイ料理が外国人にも知られたことがあった[23]。

さらに、バンコクでは、一九七六年にバス路線が民営から公営に切り替わると、通勤圏が拡大し、人口が増加して、その頃に五〇〇万人をこえた。こうした新興開発地には、一九八〇年代中頃から、広大な敷地を生かした巨大レストランが出現した。そしてそのメニューは、中国料理の影響を受けてはいるものの、タイ料理がメインになっていた[24]。

政府が主導したパッタイの誕生――中国麺料理との差別化

さて、タイを代表する国民食であり、外国人にも人気のある「パッタイ」(pad thai; phat thai, タイ炒め、タイ風焼きライスヌードル)は、第二次世界大戦頃に発案されて、戦後に広まった比較的新しい食物である。一九三〇年代末のバンコクにおいて、ナショナリズムの観点から、中国の麺料理とタイの麺料理が区別されて、パッタイが発案された[25]。

パッタイの発案・普及に関しては、バンコクの研究者に協力を仰いで、同時代資料を探し回ったものの、残念ながら直接的な根拠となる史料を発見することはできなかった。現在インターネット上で言い伝えられているエピソードを編集したものとしては、日本語版「ウィキペディア」の「パッタイ」の記述が興味深いので、そちらに譲りたい[26]。ここではおもに、プーンポン・コーウィブーンチャイの近年の研究にもとづいて、パッタイが成立した事情を概観しよう。

熱伝導率の良い金属製の鍋とラード(豚脂)を使って炒めるという調理方法は、タイでも華人によってもたらされた。それ以前のタイでは、土鍋で調理をしたので、調理方法は浸す、和える、煮るなどであり、炒める方法にもっとも近いのは、油を使わずに炒るという方法であった。一九三四年からは、国民が健康であれば、国も健康になると考えた政府が、ラードの代わりに植物油を使おうと呼びかけるキャンペーンを実施した。植物油は高価であり、料理に香りも艶も加えられなかったにもかかわらず、一九五七年頃には本格的に使われるようになったという。

パッタイは、ピブーン政権の時代に誕生した料理である。当時、「クェイティアオ（粿条）」というライスヌードルを炒めた中国料理が、すでに人気を博していた。第二次世界大戦の影響で米価が高騰するなか、白米の生産工程ではじかれた砕米を原料とする米粉に、他の物を混ぜて作るクェイティアオは、安価で手に入り栄養バランスも良かった。政府も、米の消費を減らすため、クェイティアオを食べることを奨励していた。

そして、一九三九年一一月に公示されたラッタニヨム第五号は、タイ国民に自国で生産・製造された消費財を使うよう定めたものであり、その第一項は「タイ国民はタイ国内に起源をもつもの、タイ国内で生産したものを使った食物のみを消費すること」と記していた。ピブーン首相らは、クェイティアオを大豆豆腐、乾燥エビ、ニンニクの葉、卵、生のモヤシと炒めることで、中国料理の名残を消して、タイ料理にしようと考えた。とくに、豚肉は中国料理の食材であり、タイ人は豚肉をあまり食べなかったので、その代わりにエビを入れた。

この料理は、新たに「クェイティアオ・パッタイ」（後述のティップサマイによる説明では「クェイティアオ・パット」）と名づけられ、政府によって、クェイティアオの代わりに作って食べることが奨励されるようになった。クェイティアオをパッタイに代えたのは、タイ文化の領域から中国を排除するタイ政府の努力の一環であり、パッタイは、中国料理を改良して、完全なタイ料理として確立させたものといえる。

それと同時に、政府は「モヤシを栽培し、近所の人に売るだけで、貧乏から抜け出せる」という標語のもとで、国民が自分たちの手でモヤシを栽培し、消費するキャンペーンを実施した。さらに政府は、ラッタニヨム第七号で、「毎日卵を食べるように」と、鶏の飼育を奨励した。卵は手に入りやすく、栄養豊富な食材だからである。こうしてパッタイは、絶対君主制が崩壊したばかりで、まだ階級による文化の違いが色濃く残っていた時代に、国民誰しもが身分に関係なく食べられる料理となり、タイの階級社会に新たな規範を作ったともいえる。

第二次世界大戦後、タイは戦後補償として、イギリスに一五〇〇万トンの米を無料で提供する義務を負った。クェイティアオやパッタイを食べることは、タイ国内での米の消費を減らすことにつながった。タイ政府は、パッタイが国民自身から生まれた文化であると、国民に思わせることに成功し、パッタイは、タイ国民が現在に至るまで抱いている「タイらしさ」の形成に、重要な役割を果たすことになった。[27]

このように、タイのパッタイは、ベトナムのフォーと同じように、中国の麵料理をベースとして、それと区別して創り出されたタイ料理である。さらに、パッタイの発案や普及は、フォーに比べて、政府の影響力に拠るところが大きいのが特徴的である。注目すべきことに、パッタイが発案・普及された一九三〇~五〇年代は、タイでナショナリズムが高揚し、反華人感情が高まり、華人のタイへの同化政策が強力に推進された時期にあたる。タイの同化政策は、華人のみならず華人の食物にも及んだのであり、パッタイはその産物であった。

パッタイの国民食化とクェイティアオ

くわえてここでは、バンコクでパッタイ発祥の店と称している「ティップサマイ（Thipsamai）」（二〇一九年三月訪問）の宣伝する物語を紹介したい。ティップサマイは、ホームページで自店とパッタイの歴史に関する動画を公開している。[28] それによれば、一九三八年、ピブーンが首相に就任した後、不足する米の消費を抑えるために、麵食を奨励し、国民食として「クェイティアオ・パット（kuay tiew phad）」

を発案して、その普及を図った。「パット」とは、炒めるという意味であり、この「クェイティアオ・パット」が、後に「パッタイ（phathai）」、すなわち「タイ炒め」と呼ばれるようになったという。

一九三九年、幼いサマイ（Ms. Samai）は、母を手伝って、運河の船上で食物を売りながら、料理を学んだ。サマイは、結婚後の一九四八年、夫とパッタイの屋台を始めると、評判を聞きつけたピブーン首相も、そこに食べにやってきたという。サマイらは、一九六六年に店舗を構えて、「ティップサマイ・パッタイ・プラトゥーピー（Thipsamai Padthai Pratoopee）」（プラトゥーピーは町名）と名づけた。サマイらはその後、家賃をつり上げられて屋台に戻るが、八三年に再び店舗を構えた。二〇一二年に、サマイの子息（Dr. Sikarachat Baisamut）が店を引き継ぐと、現代的な経営を始めて、本物のパッタイとタイ文化を世界に伝えることを目指しているという。

ティップサマイは現在、二種類のパッタイ（図2－20、図2－21）を提供しており、ピブーン首相も食べにきた元来のパッタイのレシピも維持している。それは、ライスヌードルのセン・チャンを炒めて、濃厚なエビ油にからめて、卵に包み、エビをのせたものであり、馴染みのないパッタイであるがおいしい。くわえて、ティップサマイは、家庭でも店舗と同じ味に作れるパッタイソースも販売している。

一九四八年、首相に就任したばかりのピブーンが、評判のいいサマイの屋台を訪れて、パッタイを食べたという言い伝えは、事実にもとづく可能性が十分にある。第二次世界大戦後のタイ政府は、食糧不足や失業対策から、パッタイの普及を図っていたようである。ピブーンは、全国各県の学校教師や役人などにまで、ライスヌードルを売るように求めて、その「タイ化」を進めようとしていた。[29] こうしたパッタイの国民食化の過程において、中国の料理がタイ料理に同化されたことによって、反華人感情が忘れ去られていった。

図2－20　バンコクのティップサマイの元来のレシピにもとづくパッタイ（Superb Padthai）

図2－21　バンコクのティップサマイの現在一般的なパッタイ

　ちなみに、中国のライスヌードルは、ラーマ五世（一八六八〜一九一〇年在位）の時代までには、タンメン（湯麺）や焼きそば（炒麺）として、バンコクで人気のエスニックフードになっていたという[30]。それゆえ、パッタイと同じように、クェイティアオを用いる中国料理が、今でもタイで数多く食べられている。例えば、黒い醤油スープの「クェイティアオ・ルア（kuaitiao rua）」は、酸っぱく辛い味つけでタイ人の味覚に合わされている。それは、「ボート・ヌードル（boat noodle）」とも呼ばれるように、もともと運河の小舟で提供されていて、一九四二年に大洪水が起こった時に、バンコクに広まったといわれている[31]。

　こうしたタイ式ラーメンにも様々な種類があり、「クェイティアオ・ラッドナ（kuay tiew rad naa）」は、炒めたクェイティアオに肉や野菜を入れ、少し粘りけがあって甘くて塩辛いスープを用いる。これは、日本の「広東麺」に近く、タイでもっとも人気のある中国料理の一つになっている[32]。注意すべきなのは、このようにクェイティアオを使った麺料理が数多くあるなかで、パッタイだけが、タイ料理を代表する国民食となって、そのほかは、タイ式の中国料理とされている点である。

　なお、ライスヌードルのほかにも、タイの食物に対する中国料理の影響は広範囲に及んで、タイ料理と中国料理の区別は、微妙な場合が少なくない。例えば、中国でよく食べられる「烤鴨」（ローストダック）、八角などで煮込んだ豚肉、魚団子、発酵大豆などが、タイ料理のレパートリーに取り込まれている。くわえて、タイのストリートフード（屋台の軽食）は、中国由来の食物が少なくない。[33] 例えば、「カノム・ジーブ（kanom jeeb）」は、中国の蒸し焼売を、タイ式にアレンジしたもので、皮が米粉で、具が少しスパイシーに味つけられている。[34] ほかにも、「カオソーイ（khao soi）」は、雲南の回族からミャンマーおよびラオス・タイ北部に伝わった麵料理で、そのタイ式は、ココナッツミルクを加えたカレースープに卵麵を入れて食べる。[35]

「グローバル・タイ」計画とタイの四大地方料理

ところで、タイ国外でタイ料理店が開かれるようになったのは、公式には一九八五年からとされている。[36] その頃には、国民アイデンティティ委員会（National Identity Board）が、首相官邸に設置されて、タイのアイデンティティにとって、食が重要であることが認識されていた。[37] そして二〇〇二年から、タックシン・チナワット首相（Thaksin Shinawatra, 丘達新、華裔客家系の実業家、二〇〇一〜六年在任）の下で、世界のタイ料理店を増やす「グローバル・タイ」計画が始動した。

すなわち、タイ政府は、タイ料理店の開業を指揮・監督し、タイの望ましいイメージを増進するレストランに、「タイ・セレクト」のレッテルを発給した。そうしたレストランには、特定のタイ料理をメニューに入れて、タイのナショナル・イメージを固守することが求められる。パッタイは、トムヤムクン、トムカガイ（鶏肉のココナッツスープ）、グリーンカレーなどとともに、タイ料理の標準化・画一化された公式メニューに含まれている。[38] そしてパッタイは、アメリカなどで、トムヤムクンに次いで人気のあるタイ料理にもなっている。

この「グローバル・タイ」計画は、すぐさまイギリスの経済紙『エコノミスト（*The Economist*）』に取り上げられて、「美食（胃袋）外交（gastrodiplomacy）」として論評された。そして、その後の台湾の「点心外交」、韓国の「キムチ外交」、インドの「サモサ外交」などの先駆けとなった。(39)

タイ料理は、地方による差異があるが、それにもかかわらず、魚醬、レモングラス、コリアンダ、ニンニク、甘いタイ・バジル、ミント、唐辛子、ショウガあるいはカヤツリグサ（galingale）などを混ぜ合わせて調和させた味が、タイのものと認識できる共通の味わいとなっている。なお、大豆で作る醬油は、タイでは中国料理以外ではあまり重要ではない。すなわち、タイ料理の味の基本は、ハーブとスパイスの組み合わせから生じるものであって、日本料理の出汁、あるいは中国料理の「湯《タン》」（煮出し汁）、フランス料理のフォンやブイヨンなどから生じるものとは異なる。

ちなみに、タイの宮廷料理は、農民料理に比べると、原材料の質や出される品数が異なり、より洗練され、味の調和がとれ、甘く、そしてより念入りに装飾・給仕される。だが、両者の料理構成は同じで、宮廷だけの特別料理があるわけではない。それゆえ、一九七〇代から、宮廷料理を簡易化して調理しやすくした料理が、本物のタイの味として料理書で再現されるようになっている。(40)

そしてタイ料理は、北部（チェンマイなど）、東北部（イーサーン地方）、中部（バンコク）、南部の四つの地方料理に分けることができ、それぞれの隣国から影響を受けているとされる。例えば、南方のカレーには、ココナッツミルクが入るが、北東部の料理は、ラオスの影響が大きくて、ココナッツミルクをあまり入れない。タイの地方料理は、近年まで首都・バンコクの料理の影響が大きかった。しかし、一九八〇年代頃から、外国人観光客や移住者が増えると、バンコクにおいて各地方の料理を提供する場所が増えて、地方料理の違いが注目されるようになった。(41)

例えば、タイ・バンコクの文化省文化促進部（Department of Cultural Promotion, Ministry of Culture）は、『四地域におけるタイ料理のアイデンティティ（*The Identity of Thai Cuisine in the 4 Regions*）』という本を発行している。[42] その序言によれば、「タイ料理は、価値の高い卓越した国民の文化遺産で、認知を広げるために、普及・促進する価値のあるものであり」、「文化省は、無形文化遺産の専門家に支持されたタイ料理の情報を、企業家、組織、一般公衆に伝えたいと考えている」という。タイ政府の文化省は、このようにタイ料理を宣伝するために、タイの食文化を四つの地方料理（北部・中部・南部・東北部）に分けて説明している。そして、その公式見解においても、華人から引き継がれた中国料理の影響について論及している。

すなわち、『四地域におけるタイ料理のアイデンティティ』によれば、第一に、チェンマイなど北部料理のアイデンティティは、ねばりのある米、「ナン・プリク・オング（nam phrik ong）」というスパイシーな豚肉とトマトのディップ、豚肉を発酵させて保存する方法、サラダでも野菜によく火を入れることなどにあるという。そして北部料理には、中国系移民の「チン・ハウ（Jee Haw, Chin Haw）」（多くは雲南出身でミャンマーやラオスを経由してタイに来た人々）の影響を受けた「カオソーイ（khao soi）」という麺料理が含まれている。

第二に、中部の料理は、女性が果物や野菜を花形に彫るような宮廷文化の影響にくわえて、交易が活発であった国々の影響を受けているとされる。例えば、ココナッツミルクとカレーミックスを含んだ料理が、インドから伝わり、油で炒めることやそのための丸鍋が、中国から伝わった。ちなみに、中国から鉄鍋が伝わる以前のタイでは、料理を串焼きにするか、土器で火にかけていた。[43] さらにパッタイも、この中部の料理の一つとして取り上げられている。

第三に、東北料理のアイデンティティは、「プラーラー（pla-rah）」という、魚を塩漬けにして発酵させた調味料を日常的に使うことや、「ラープ（laab）」（肉を使ったサラダ）や「ソムタム（somtam）」と呼ばれるパパイヤサラダで、地元の野菜を食べることなどにあるという。ちなみに、東北部のイーサーン料理は、タイの人々にとっても、特殊な料理と見なされることがある。それを標準的なタイ料理に含めるために、バンコクの中間層は、発酵した魚、昆虫などの料理を取り入れず、ソムタム・ラープ・グリルチキンなどの唐辛子を減らし、砂糖を増やして、味を修正した。

くわえて第四に、南部料理のアイデンティティは、辛さ、塩辛さ、ウコン、新鮮な野菜などである。(44)

以上で見たように、タイでは一八世紀から現在まで、ラタナコーシン朝が続いているにもかかわらず、庶民料理とは異なる特別な宮廷料理が発展したわけではない。タイの宮中では、一九世紀前半には中国料理、一九世紀後半からは西洋料理と中国料理が、タイ料理とともに国王の食卓に上っていた。

一九世紀のタイは、イギリスやフランスに植民地化されることは免れたが、経済面では貿易から食品産業に至るまで、華人への依存を深めた。そのため、タイの都市部では、大富豪から労働者まで、華人人口が大きな比率を占めるようになり、華人の社会的・文化的影響力が強まって、食の分野も例外ではなかった。

しかし、二〇世紀におけるナショナリズムの高揚に伴って、タイ政府は、厳しい反華人政策や、華人文化のタイ化運動を推進し、華人と中国文化は、タイ人とタイ文化への同化を強く求められた。パッタイは、こうした同化政策の一環として、中国の麺料理「クェイティアオ（粿条）」をタイ風に改良して、タイ料理として成立したものである。

ベトナムのフォーとタイのパッタイはともに、二〇世紀に、中国の麵料理を改良して誕生し、それぞれ国民食になるまで普及して、海外にまで広がった点で共通している。しかし、パッタイは、フォーよりも三〇年余り後に成立し、フォーとは異なって、政府が主導して創案・普及させた料理である。すなわち、フォーが、誕生後しばらくしてから、ベトナムのナショナリズムに関わるようになったのとは異なって、パッタイは、「タイ炒め」を意味するその名が示す通り、タイのナショナリズムの直接的な産物であった。

第4章　フィリピン——上海春巻きや広東麺が広まるまで

スペイン統治時代の華人とパンシテリア

一五六五年からスペイン帝国は、フィリピン（ルソン島）の植民地化を進め、七一年には通商と布教の基地としてマニラ港を開港し、その後に、マニラとアカプルコ（メキシコ）をつないで利潤の大きいガレオン貿易を始めた。華人は、すでに宋代までにはフィリピンにやってきていたが、その頃からフィリピンでの定住者が急増し、一六〇〇年頃までには、スペイン人を凌駕する約二万人の華人がマニラ周辺にいた。一六〇三年には、スペイン当局が反乱を疑って、約二万人の華人を虐殺する事件が起こった。だがそれでも、多くの華人が経済機会を求めてやってきて、マニラの華人人口は、数年のうちに一万人台にもどった。

一七～八世紀頃、フィリピンおよびジャワやマレーに渡った華人の主流は、福建南部の人々で、広東東部の人々もいた。華人商人たちは、絹織物や陶磁器をマニラに持ち込んで、メキシコ銀と交換したほか、マニラからトウモロコシ・サツマイモ・タバコ・落花生といった新大陸の作物を仕入れた。それらは、一七世紀から、中国における未開発地の拓殖で威力を発揮したが、福建はじめ中国内地の人口激増にもつながって、再び移民を海外に押し出す一因ともなった。

一六二一年、スペインの植民地政府は、マニラの「パリアン」（一五八一年に設置した華人指定居住区）の華人の数を、六〇〇〇人以内とする布告を出した。ただし、カトリックに改宗した者や、現地女性と雑婚して生まれた「メスティーソ」（改宗混血者）は、パリアンの外で先住民と混じって自由に住むことが許された。

そして一六三九、六二、八六、一七六二年にも、華人の虐殺が起こった。だがそれでも、華人は経済的機会を求めてフィリピンにやってきたので、一七世紀の大半を通じて、華人人口は二〜三万人の規模を保った。しかし、一七五五年と六六年には、華人に対する大規模な国外追放が行われて、その後の数十年間は、華人人口が五〇〇〇〜一万人と低水準になった。

このようなスペインの統治時代、フィリピン在住の華人が、より自由でしかも一般に裕福な社会層と目されていたメスティーソの範疇に流れ込み、中国姓を捨てるようになった。そのため、メスティーソは、一八世紀にはフィリピン人口の約五%を占めるまでになり、一九世紀までにメスティーソといえば、ほぼ中国系のそれを意味するようになった。例えば、独立運動で有名なホセ・リサール（一八六一〜九六年）は、五世代目の中国系メスティーソであった（後に先住民に転籍した）。

中国系メスティーソは、マニラ市内とその周辺およびルソン島中部の町々に集住し、マニラと地方を結ぶ物流の要所に進出して、フィリピンの経済・社会において重要な役割を果たした。だが、マレーシアやインドネシアのプラナカンのように、独自の料理を発展させることはなく、独立した社会集団としての中国系メスティーソは、スペイン統治末期までに消滅した。

近年のフィリピンにおいて、華人の人口比率が一%余りと小さいのは、改宗政策と雑婚のせいで、同化が促されたためである。フィリピンではタイと同様、華人の現地社会への同化が早くから進んでおり、国民国家建設においても、華人系の人々が活躍した。フィリピンとタイは、インドネシアやマレーシアのように、国民国家建設にあたって華人の存在が大きな問題になった国々とは対照的といえる。[1]

そして、スペインの植民地政府は、タバコ産業を育成して歳入を増加させたが、それに伴って、工場労働者に食事を提供する華人の行商人が出現した。こうした行商人は、まもなく自らの店をもつようになり、それらが「パンシテリア（panciteria）」と呼ばれるようになった。タガログ語の「パンシット」は、中国式の麵を意味し、福建語の「便食（pian-sit）」（準備するのに便利な食物）ないしは「扁食（pian sit）」（福建の薄くて平らなライスヌードル）に由来すると考えられている。パンシテリアは、その麵を提供する所という意味で、麵のほかに各種中国料理も提供したので、中国料理店全般を指す呼称になった。これが、フィリピンにおける中国料理店の原型といえる。

フェリペ二世（一五五六〜九八年在位）の時代の公務員の手紙によると、当時のパンシテリアのメニューでは、中国料理の名称が、スペイン語で書かれていたという。すなわち、フィリピンでは早期には、中国料理が、スペイン語を媒介として受け入れられていたことがわかる。パンシテリアのメニューはその後、スペイン語のほかに、タガログ語や英語も併記されていった。[2]

フィリピンの独立運動とアメリカの植民地支配

一八三四年、スペイン帝国が、それまで独占していたマニラ港を、国際貿易港として開港すると、フィリピンでは、サトウキビ・マニラ麻・タバコといった輸出用商品作物の栽培が急速に広まった。プランテーション開発による商品作物の大量栽培が経済を発展させて、その結果、メスティーソや「インディオ」（フィリピン諸島の原住者）のあいだにも、富裕層が出現した。そして、新興富裕層の子弟たちが、スペイン留学の機会を与えられて、彼らが外部からフィリピンを客観的に位置づける視点を獲得したことが、フィリピン革命へとつながっていった。

一八九六年八月、「カティプーナン」と称する秘密結社が、反スペインの武装蜂起をすると、九八年にエミリオ・アギナルドが、独裁政権を樹立して独立を宣言した。アギナルドらは、一八九九年一月に内閣を組織し、憲法も発布して、フィリピン共和国（第一次フィリピン共和国、マロロス共和国）を正式に樹立した。それは、アジアにおける最初の民族解放闘争の勝利であり、現在でもフィリピン人のアイデンティティの源泉になっている。しかし、アメリカが米西戦争（一八九八年）、米比戦争（一八九九〜一九〇二年）に勝利して、フィリピンを植民地としたので、この時のフィリピン独立は、短命に終わった。[3] ただし、アメリカ植民地時代のフィリピンでは、自治・選挙・議会が導入されて、マヌエル・ケソンのような熟達した議会政治家が現れていたことが、第二次世界大戦後の国家建設に影響を及ぼした。[4]

他方、一八三四年のマニラ開港以降、大量の中国系移民の流入が許されるようになり、アメリカが植民地支配を始めた頃のフィリピンには、一〇万人ほどの華人がいた。アメリカで一八八二年に制定されていた「排華法」（三七二頁参照）は、アメリカ領となったフィリピンにも一九〇二年に適用された。だが、すでにいる華人たちは、帰化不能な外国人として扱われて「排華法」の対象外になったので、彼らが植民地の商業活動を掌握することになった。その結果、フィリピン人ナショナリズムが高揚して、「排華」の気運が醸成され、一九二〇年代から四〇年にかけて、外国人の商業活動に様々な規制がかけられた。とはいえそれでも、一九三九年までに華人は、一二万人足らずに増えていた。

一九三〇年代、海外の華人は、中国での抗日運動に、資金や人民の調達、宣伝活動などで貢献したが、なかでもフィリピンの華人は熱心で、そのことは日本側も認識していた。一九四二年に日本軍がフィリピンを占領すると、日本に協力する華人もいたが、多くの華人は地下に潜り、あるいはゲリラに参加する者もいた。日本の占領期から戦後にかけてのフィリピンは、飢餓と貧困に苦しんだ時代にあった。人々はおもにサツマイモ粥・タケノコ・中国醬油・豆豉醬などを食べて、飢えをしのいだ(5)。

他方、アメリカ本国のフィリピン人は、帰化不能な外国人として扱われたものの、アメリカの移民制限の対象にはならなかったので、一九三〇年までに、カリフォルニアの農業労働者の約一四%を占めるまでに増えた。第二次世界大戦後までに、約一五万人のフィリピン人が、アメリカ・ハワイ・アラスカに住んでいた(6)。

そして、アメリカのチャイナタウンでは、一九二〇年代までにフィリピン人が、現地の食材を使ってフィリピンの料理を提供するレストランや食品店を開いていた。さらに一九三〇年代までには、フィリピン人街（「フィリピーノ・タウン」「リトル・マニラ」「マニラ・タウン」）が、ロサンゼルス・サンフランシスコ・シアトル・ストックトンなどの中心部にできた。フィリピン人街は、日本人街と同様にチャイナタウンに隣接し、それに依存しながら形成された。さらにフィリピン人は、中国料理店にもしばしば行った。フィリピン人は、中国料理に慣れ親しんでいたし、米を食べられるし、中国料理店内では差別的な扱いを受ける心配もなかったからである。とくに、フィリピン人街のない地域では、フィリピン人は中国料理店を重宝した(7)。

フィリピン人にとっても、第三部第1章で述べるユダヤ人移民などと同様に、八宝菜に似たアメリカ式中国料理の象徴的メニューである「チャプスイ（chop suey）」を食べにいくことは、アメリカ化することを意味していた。アメリカのフィリピン人は、給料日、誕生日、洗礼した日といった様々な機会に、チャプスイを食べに出かけた。一九三六年には、フィリピン系アメリカ人による最初の食品チェーン店が、カリフォルニアのピズモ・ビーチで創業された。その後、P・I・マーケット（フィリピン・アイランド・マーケット）が、フィリピン系アメリカ人コミュニティの拠点になっていく。現在でもフィリピン系アメリカ人は、アジア系アメリカ人のなかで中国系に次いで多い。ただし、フィリピン人は、レストランを主要な収入源としなかったので、フィリピンの食物は、後述するアドボ・ルンピア・パンシットをのぞいて、フィリピン系以外のアメリカ人には知られなかった。(8)

一九四六年のアメリカ合衆国の独立記念日（七月四日）に、フィリピン共和国が独立を果たした。だがそれは、アメリカによって与えられた独立であり、独立後もアメリカ軍の駐留が続き、アメリカに依存したモノカルチャー経済が維持された。さらに、華人の経済支配に対する警戒心が強く、一九五四〜七五年にかけては、華人の経済活動が制限された。国籍取得にかなり高いハードルが課せられていたうえに、外国籍の住民は、小売業をはじめとする様々な分野の経済活動から締め出されて、家屋や土地の所有も制限された。また、フィリピン人に対して、外貨を優遇して割り当てる制度が実施されて、外国貿易をフィリピン人が担うことが目指された。

そしてその後も、親米反共のマルコス大統領（一九六五〜八六年在任）が、一九七二年から八六年まで軍事独裁政権を維持し、開発の利権を一族で独占した。だが、一九八六年二月、市民による非暴力の抗議活動であるピープル・パワー革命（エドゥサ革命）によって、マルコスがハワイに亡命し、コラソン・アキノ大統領（一九八六〜九二年在任）が就任した。アキノ大統領は、福建省泉州府同安県（現・厦門市同安区）の許氏の子孫で、メスティーソの流れを汲む人物であった。(9)

フィリピン料理の形成——マレー・中国・スペイン・アメリカの影響

「フィリピン」という名称は、スペインの遠征隊が、一六世紀のスペイン皇太子フェリペ（後のフェリペ二世）にちなんで、「イスラス・フェリピナス」（フェリペ王の島々）と呼んだことに由来する。「フィリピーノ」という言葉が、島嶼部のすべての人々を包括するようになったのは、一八九六〜八年のフィリピン革命と共和国の樹立、そして独立に介入してきたアメリカとの戦争を通してであった。「フィリピーノ」の自覚は当初、少数の富裕なエリート層に限られていたが、フィリピンの解放とフィリピン人の自由のために身を賭す動機が、カトリックの信仰を通して、一般民衆の間にも芽生えていった。フィリピンの独立運動家のホセ・リサール（一八六一〜九六年）の処刑は、イエス・キリストの受難になぞらえて理解された[10]。

さて、一八九八年のフィリピン共和国の発足を祝うパーティーでは、フランス料理がふるまわれた。そして、第二次世界大戦後の独立から近年に至るまで、マカラニアン宮殿（大統領官邸）の晩餐会でも、フィリピンの食物は、時折何品か出されているにすぎない。このように、フィリピン政府が自国料理を格下に扱ってきたのは、近代に植民地化され、第二次世界大戦後に再植民地化された影響ともいわれる。しかし、大都市を除いた地方のレストランでは、スペイン・アメリカの食物が出されることはほとんどないし、中国の食物は長い時間をかけて同化したので、完全に土着のものと思われている。すなわち、フィリピンでは総じて、いわゆる「植民地料理（colonial cuisine）」よりも、土着の食物が多く食べられているといえる[11]。

そして一九一八年、ジャーナリスト・作家・フェミニストのピュラ・ヴィラヌエヴァ・カロー（Pura

Villanueva Kalaw, 一八八六〜一九五四年)が、小冊子『土産の調味料(*Condimentas Indigenas*)』をスペイン語で公刊し、その後にタガログ語などの翻訳版も刊行した。この小冊子は、ナショナリズムの基準にもとづいて食物を選択しており、もっとも早い時期のフィリピンの料理書の一つとされる。とはいえ、その後もフィリピン料理は、食堂や売店で食べるものであり続け、テーブルクロスをかけるようなフィリピン料理の高級レストランが登場したのは、ようやく一九七〇年代頃のことになる[12]。

フィリピン料理は、次の四層からなるといえる。第一に、広義のマレーの食物が、土着のものとして基礎になっており、果実・果汁を料理に用い、葉を包装・装飾に使うココナッツや、米が重要である。特徴的な「シニガン(sinigang)」(タマリンドを用いた酸味のあるスープ)も、マレー系の料理に含まれる。

第二に、中国との交易が九〜一一世紀頃に始まっていたと考えられており、中国の食物の影響が深く浸透しているため、フィリピンの人々は、もはやそれを外来のものとは思っていない。例えば、パンシット(麺)、ルンピア(春巻き)、「トクワ(tokwa, 豆乾)」(豆腐乾、押し豆腐)、「トヨ(toyo, 豆油)」(醬油)、「ビーホン(bihon)」(ビーフン)、「ソタンホン(sotanghon)」(緑豆ハルサメ)、「ショパオ(siopao, 焼包)」(マントウ)、「ショマイ(siomai, 焼売)」などが、日用食として浸透しているし、炒める調理法も中国から取り入れている。

第三に、スペイン料理は、中国料理と異なって、おもにクリスマスや家族の再会など、お祝い料理として食べられている。例えば、「レチョン(lechon)」(仔豚の丸焼き)や「モルコン(morcon)」(牛肉巻き)などがある。また、「アドボ(adobo)」は、マリネを意味するスペイン語であり、酢・醬油・ニンニクのたれに漬けこんで、鶏・豚・魚・イカ・貝・空心菜などを煮込んだ料理である。

第四に、アメリカの影響は、パイ・フライドチキン・サンドイッチなどに見られる。ほかにも、アラブやインドの食文化の影響が、南部を中心に見られる。

これら料理のなかでも、とくにパンシットやアドボは、フィリピンの「国民食（national dish）」の候補である。ただし、パンシットは、現地化しているとはいえ、明らかに中国の麺料理に由来している。また、アドボは、少なくとも料理名が、スペインないしはメキシコの肉の漬け焼き「アドバーダ（adobada）」に由来している。[13]

くわえて、アメリカ合衆国の統治時代（一八九八〜一九四六年）には、ほかにも例えば、ハンバーガー・ホットドッグ・スパゲッティ・サラダ・ハム・ベーコンなど、アメリカの食文化がフィリピンに入ってきた。かつての食のスペイン化は、おもにスペイン人の官吏や修道士などと関わりをもった一部のエリートだけに限られたが、食のアメリカ化は、衛生や科学的な食育や、雑誌・新聞、映画・音楽、料理書などの大衆文化を通して、より多くの人々に広がった。アメリカの食物は、伝統的なものと見られているスペイン料理よりも威信に乏しいが、強い影響力があり、五〇年足らずのアメリカ統治が、三〇〇年以上のスペイン統治（一五六五〜一八九八年）よりも、フィリピンの民衆生活には大きな影響を与えたとさえいわれる。

また、アメリカの統治時代は、華人にとっても相対的に良い時代であり、中国の食物も、街のあちこちにあるサリサリ（家族経営の雑貨店）で買うことができた。[14] フィリピンでは中国料理店やその他のレストランで、チャプスイがよく食べられ、安価なことから家庭でも作られる。それはおそらくアメリカ統治時代に普及したものと考えられるのだが、確かなことはわからない。

フィリピン化する中国料理

フィリピンの華人の九割近くは、福建省南部にルーツのある人々である。フィリピンの食卓に欠かせない「白菜（pechay）」、「韮菜（kuchay）」（ニラ）、「豆油（toyo）」（醬油）、「豆芽（toge）」（豆モヤシ）といった食品は、中国語のなかでも閩南語の名称で呼ばれている。フィリピンにおいて中国料理は、多くの人々の日常生活に浸透している。

一九四九年に中国共産党が中華人民共和国を建国すると、中国とフィリピンの往来は困難になったが、一九六〇年代末から七〇年代半ばにかけて若干容易となり、華南から香港を経由してフィリピンに多くの移民がやってきた。彼らは、フィリピンの華人商人の親戚で、中国大陸に閉じ込められていたか、香港に取り残されていた人々であった。そしてこの頃に、マニラなどでは、中国料理店・中国薬品店、およびマントウ・焼売・厦門春巻きなどの軽食類を売る小店が続々と出現した。当時のフィリピンの人々は、たとえ中国由来の食物であっても、フィリピンのものだと認識することが多かった。

フィリピンの中国料理は、もともと福建ないしは広東の料理であったが、フィリピン化された料理へと変わっていった。こうした進化の典型例が、パンシットやルンピアである[15]。ここでは、フィリピンの食文化に根づいた中国由来の料理を五つ紹介したい。

①パンシット（麵）

中国式麵を指す「パンシット（pansit）」という名称は、福建語の「便食（pian sit）」（準備するのに便利な食物）ないしは「扁食（pian sit）」（福建の薄くて平らなライスヌードル）に由来すると考えられる。フィリピンのパンシットは、中国と同様に、健康長寿や多幸を願うことを意味する一方、クリスマスの饗宴にも用いられる。

図2－22　パンシット・カントン（マニラのチャイナタウンのカフェ・メザニン［Café Mezzanine］）

図2－23　ルンピア・シャンハイ（マニラ）

フィリピン各地には、「パンシット・マラボン（pancit Malabon）」、「パンシット・マリラオ（pancit Marilao）」といった、ご当地のパンシットがある。さらに卵麺の「パンシット・カントン（pancit Canton）」（広東麵、図2－22）には、唐辛子、「カラマンシー（calamansi）」（フィリピンで人気のある柑橘類）、甘辛といった様々な味付けのインスタント麺が登場した。

すなわち、フィリピンのパンシットは、日本のラーメン、韓国の「チャジャン麺（炸醬麵）」、マレーシア・シンガポールのラクサと同じく、現地化された中国麵料理の一つである[16]。

②ルンピア（春巻き）

「ルンピア（lumpia）」（春巻き）の語彙は、福建語の「潤餅（lun bnia）」に由来している。フィリピンでは、福建の春巻き、とくに「厦門ルンピア（E-meng lumpia）」が有名である。また、「ルンピア・シャンハイ（lumpiang Shanghai）」（上海春巻き、図2－23）も人気があり、具に豚挽肉、細かく刻んだニンジン、ジャガイモ、玉ネギを入れて、ケチャップないしはトマトベースの甘いソースを付けて食べる。ルンピアには、生春巻きと揚げ春巻きの二種類があるが[17]、これらはいずれも揚げ春巻きである。

フィリピン人が出稼ぎに進出した周辺国にも、フィリピンスタイルの中国食品が広がった。国外のフィリピン人の宴会では、とくにパンシットとルンピアが欠かせず、フィリピンの人々は、もはやこれらが中国起源の食物で、福建語由来の名称であることを完全に忘れている。

他方で注意すべきことに、フィリピンのパンシット・カントン（広東麵）やルンピア・シャンハイ（上海春巻き）は、広東や上海には存在しない。中国に行くフィリピン人への一般的なアドバイスとして、「上海で上海春巻きを、広東で広東麵を探さないように」というのがあるという[18]。すなわち、日本の天津丼が天津にはないのと同じことが、フィリピンの上海春巻きや広東麵にもいえる。

③マミ（チキンラーメン）

「マミ（mami）」（チキンラーメン）は、第二次世界大戦後に馬文禄という学校教師が、「バミ（ba-mi）」という豚肉麵をもとに、開発・販売したものである。それは、一九七八年刊行の『フィリピンの遺産――ネイションの創成』に収録され、フィリピンの国民的な文化遺産として扱われている[19]。

④ショパオ（焼包）とショマイ（焼売）

「ショパオ（siopao，焼包）」（マントウ）や「ショマイ（siomai，焼売）」は、広東由来の食物だが、これらのタガログ語の名称は、福建語から派生している。ショパオやショマイは、学校や職場などでパーティーの食物となり、セブン－イレブンなどのコンビニエンスストアでも売られるようになった。

ショマイは、豚肉餡が中心であったが、一九九〇年代から点心（中国の粉食・軽食類）が流行すると、野菜・カニカマ・ウズラ卵・ベーコン・ハム・鶏肉など、多様なシュマイが登場した[20]。

図2－24　ホピア（左側はエンビーティン［永美珍］のもの）

⑤ホピア

「ホピア（hopia）」は、緑豆（mongo）や紫山芋（ube）の餡を薄皮で包んだ中国系フィリピン・スイーツである（図2－24）。それは現在では、セブン－イレブンなどでも売っており、フィリピン人が海外に行くときによく土産に用いる。

タガログ語の「ホピア（hopia）」は、福建語の「好餅（hobnia）」に由来し、福建省にもホピアに似た菓子があり、また、マレーシアの「豆沙餅（mung bean biscuit）」も、ホピアに近い菓子である。二〇世紀初頭までに、ホピアはフィリピンに伝わり、当初は緑豆ないしは小豆で餡を作り、小麦粉で皮を作った簡単な菓子であり、二つの盆を肩に担いだ小商人が売っていた。早期には「日本ホピア（hopiang hapon）」と呼ばれるものもあり、それは外皮が日本紙のように薄いものであったという。

フィリピンの人々にとって、ホピアはしだいに当たり前のものとなり、見かけが良くて衛生的な機械製の菓子に取って代わられていった。こうして、ホピアの売り上げが落ち込むなかで、一九八五年に、「エンビーティン（Eng Bee Tin，永美珍）」（一九一八年に屋台として創業）の三代目社長であるジェリー・チュア（Gerry Chua）が、紫山芋（ube）のアイスクリームにヒントを得て、紫山芋の餡のホピアを発案する。それが大ヒットして、ホピアの売り上げは持ち直した。さらに、二〇〇六年から、チュアは、フィリピン人が好むスペイン・アメリカ由来の味付けのホピアを開発し、紫山芋ミルク・紫山芋チーズ・紫山芋ジャックフルーツ、チョコピーナッツなどのホピアを発売した[21]。

ちなみに、観光地化が遅れていたマニラのチャイナタウンは[22]、二〇一九年に訪れると整備されていて、明るく清潔でおしゃれだが値段も高めの料理店・土産物店が数多くできていた。現在のマニラのチャイナタウンでは、綺麗に包装された「永美珍（Eng Bee Tin）」のホピアを、あちこちの店で見かける。

ほかにも、「タフ（tofu，豆腐）」、トクワ（豆腐乾）、「タホ（taho，豆花）」（柔らかい豆腐）、トヨ（醤油）、「タウシ（tausi，豆豉）」（トウチー）、「トゲ（toge，豆芽）」（豆モヤシ）といったきわめて多様な大豆食品が、中国（おもに福建）から受容されている。また、「ソタンホン（sotanghon）」（緑豆ハルサメ）は、「山東粉（sua-tang-hun）」を語源とし、スープなどにしばしば入れられる[23]。

そしてフィリピンでは、一九八〇年代にファーストフードが普及して、中国料理のファーストフード店も開業し、それがパンシテリアの簡易な食物を、明るく清潔な環境で、早く安く提供するようになった。よく知られている「ジョリビー（Jollibee）」は、一九七五年、華人系フィリピン人のトニー・タン（Tony Tan）が、アイスクリーム店として創業した。現在までにジョリビーは、国内最多の一〇〇〇店をこえるハンバーガー・チェーン店を開いて、ナショナル・ブランドになっている。一九九八年には、カリフォルニアのデーリー・シティ（Daly City，サンフランシスコの北）に初進出し、その後、アメリカでもチェーン展開している。

そのジョリビー・グループは、一九八五年から「チョウキン（Chowking，超群）」という中国料理のファーストフード店をチェーン展開しており、中国料理の軽食類（麵・チャーハン・肉饅・ワンタン・焼売など）を提供している[24]。世界的に見ても、フィリピンのチョウキンは、アメリカのパンダエクスプレスの次に成功した、中国料理ファーストフード・チェーン店といえるだろう。

フィリピン料理、そしてフィリピンの食文化は、日本ではあまり知られていないが、南方系の中国料理の現地化や、アメリカの食文化の影響の大きさなど、日本との共通点が多い。フィリピンでは、麵類、春巻き、大豆食品をはじめとする中国料理が、もはや中国由来のものとは認識されないほど日常生活に深く浸透し、中国には存在しないオリジナルの広東麵や上海春巻きも定着している。フィリピンのこうした状況からは、日本の中国料理を連想させられる。

ただし、マレー・中国・スペイン・アメリカの四層の食文化が重なり合ったフィリピン料理は、国宴料理を見ても、まだ十分に体系化されているとはいえないことがわかり、フィリピン料理における中国系の食物の位置づけも十分に定まっていない。また、日本に比べると、歴史を刻んだ老舗の高級中国料理店が、十分に発達してきているとは言いがたい。

とはいえ、中国料理のファーストフード・チェーン店が、これほど成功を収めている国は少なく、華人がフィリピン人に同化したのと同様に、中国料理がフィリピンの食文化によく同化している。フィリピン発のユニークな中国食品は洗練されてきており、フィリピン人の海外進出やフィリピンへの観光客の増加に伴って、今後さらに注目を集めて、販路を拡大していく可能性がある。

第5章　インドネシア――オランダ植民地・イスラーム教と中国料理の苦境

ジャワの華人と中国料理の伝来――大豆食品と中国野菜

考古学上の発見によると、漢代から、中国とインドネシア諸島の間に交易関係があったことがわかる。七～一〇世紀初頭にかけて、マラッカ海峡における交易によってスマトラ半島で栄えたシュリーヴィジャヤ王国は、六七〇年頃から七四一年まで、唐に朝貢していた。華人の海外進出も、唐代なかば（八～九世紀）に始まり、ジャンク船が発達した北宋のなかば（一一～一二世紀）から本格化した。その後、しだいに現地妻をもつ華人や、定住する華人が増えていき、明代までにチャイナタウンが形成されるに至った(1)。

一二九三年にモンゴル帝国（元）軍がジャワに遠征し、さらにその元軍が追い出されて、マジャパヒト王国が建国された。その時、元軍の逃亡兵が、処罰を恐れてジャワにとどまったことから、華人のインドネシア諸島での定住が始まった。こうして元軍がインドネシア諸島に、豆腐の製法、白菜やカイラン（芥藍）などの中国野菜、その野菜を炒めるという調理法などを伝えたと考えられている。ジャワの人々にとって、中国料理の炒める、あるいは煮込む（「燜」）、醤油煮込みする（「紅焼」）などの調理法は未知のものであり、ナマコや燕の巣の調理法も、従来とは異なる技術が必要だった。

他方、中国では南宋・元・明の時代に、都市部の食生活の水準が向上して、胡椒の需要が増えた。そしてその最大の供給地は、スマトラ島であった。ジャワのマジャパヒト王国やタイのアユタヤ朝が、明との朝貢貿易と東南アジアの域内貿易を結びつけて繁栄した[2]。

明朝（一三六八～一六四四年）は、倭寇などの密貿易を防ぐために、一三八一～一五六七年にかけて、厳重な沿岸封鎖、つまり「海禁」の令を下した。だが、沿岸貿易を許しており、福建南部から広東にかけて、海禁は有名無実であった。日本の鎖国のような海禁になるのは、後の清代の広東貿易体制（一七五七～一八四二年）だけであった。

一四〇六～二三年に、鄭和率いる明の艦隊が到来した時までに、ジャワの沿岸地域には、主要な貿易港とその周辺地域を中心に、多くの華人が定住していた[3]。鄭和は、雲南出身のムスリムであり、一四〇五～三三年の三〇年間で七回にわたって、東南アジアから東アフリカ東岸まで遠征した。鄭和の南海大遠征は、大艦隊を率いて、各地の勢力に明朝への朝貢を促すことがおもな目的であったが、交易の活発化を促し、さらに中国からメッカに巡礼するための安全な海上ルートを開拓することも目指していたと考えられている。

現在のインドネシアでは、鄭和の来航は、インドネシアのイスラーム化に中国人が貢献した例として語られ、ムスリムが人口の約九割を占めるインドネシアにおいて、華人の歴史的な重要性を強調する言説を創り出している。こうして鄭和は、ポスト・スハルト期にさかんに議論されるようになった「多元主義（pluralism）」や「寛容（toleransi）」のシンボルの一つになっている。ただし、インドネシア国内のイスラーム教の起源が、アラブだけではなく、中国を経由した可能性を示唆する鄭和の再評価は、センシティブな問題であり、常に好意的に支持されているわけではない[4]。

イスラーム教がインドネシア諸島に伝入する以前には、人々は豚肉を食べ、とくに森にいる野生の豚を好んでいた。一三世紀末頃からイスラーム教が受容されると、豚肉などを食べることが禁じられて、食肉は家禽類や牛に限られた。もちろん、現地の人々がすべてムスリムになったわけでなく、カトリック・プロテスタント・ヒンドゥー教・仏教などを信仰する人々もいたが、豚肉は華人の目印になった。

現在のジャワ島のムスリムには、「サントリ（santri）」という敬虔なムスリムと、「アバンガン（abangan）」という、ヒンドゥー教・仏教・アニミズムと混合した、戒律の緩いイスラーム教を実践する人々とがいる。このうちサントリは、豚肉を使わず、家禽や牛の肉も正規のイスラームの儀礼に則って屠殺されたハラール（「清真」）の食物であることが明らかでない限り、中国料理店を避ける。サントリに対しては、豚肉を使ったと誤解されるような料理名、例えば「蟹肉巻」のように「肉」の字が入るものなどが、すべて変更される必要がある。[5]

しかし、インドネシアはフィリピンと同様に、マレーシアやシンガポールに比べると、華人の数が少ない。そのため、ハラールの中国料理を提供するなどして、中国料埋がより一層現地化して、現地の食文化に溶け込んだ。ジャワの多くの人々が、中国料理を好み、敬虔なムスリムも麺、モヤシ、白菜、豆腐・ゆば、豆醬（まめびしお）・醬油・醬油膏（どろどろで甘辛い醬油）などを日常食としている。

マントウや焼売も、街頭で売られて、現地の人々に好まれるようになった。ラマダーンの期間中でも、夜は食事をして良いので、マントウがよく売れている。ラマダーンが終わると、東南アジアのムスリムは、「クトゥパ（ketupat）」という、粳米を袋状に編んだヤシの葉に入れて蒸したちまき（マレー半島でもよく食べられるので中国語では「馬来粽」［マレーちまき］という）などを食べる。なお、ジャワ島中部の華人は、元宵節の日によく似た物を食べ、それは「十五夜飯団（Lontong Capgomeh）」と称されて、ヤシではなくバナナの葉に米飯を包む[6]。

オランダの植民地支配の始まり――徴税と専売を請け負う華人

一五七〇年代は、世界資本主義システムの幕開けといえる時代であった。南米ポトシ銀山がフル稼働し、長崎とマニラが開港して、日本銀やメキシコ銀と中国産品が大量に交換されて、東高西低型の世界貿易が隆盛をきわめた。そして、一六世紀末のジャワ中部では、米生産と海上交易を掌握したマタラム王国が勃興していた。ジャワに出かけて成功した華人は、現地妻を娶り、その時にたとえ名目的にでもイスラーム教に改宗して永住し、タイの華人と同じように、諸税の請負などをしてマタラム王宮に仕えた。

しかし、ポトシ銀山の銀産出量は、一六三〇年代から急速に衰える。アジア有数の産銀で知られた日本は、一六三五年から南蛮貿易をやめて鎖国に向かう。清国も、鄭成功一族の鎮圧にあけくれるようになる。そして、東南アジアの海上王国の両雄であったマタラムとジャワ西部のバンテン（バンタム、一五二七年頃〜一八一三年）は、一六二八年頃からオランダの武力に圧倒され始めた。こうして、東アジアの多くの地域で、貧困への兆候が見え始めていた[7]。

その後、オランダ東インド会社（ＶＯＣ、一六〇二〜一七九九年）は、貿易の独占のみならず、政府に準じる特権（条約締結や交戦など）を与えられた勅許会社として、インドネシア諸島の植民地支配を実行した。一六一九年、オランダ東インド会社が、ジャヤカルタ（Jayakarta）を占領し、バタヴィア城をつくり、バタヴィア（Batavia）へと地名も変更する。ちなみに、バタヴィアはジャガタラ（Jacatra）とも呼ばれ、オランダと交易した江戸時代の日本では後者が定着して、ジャガイモの名称に由来になったと考えられている。

バタヴィア城建設の時には、技術者と数千の労務者が福建から送られ、同じ頃に福建の製糖業がジャワに移植された。ほかにもオランダは、家屋・道路・運河をつくる労働者や、兵士の服・靴や時計などの持ち物を修理する職人を必要とし、華人の移民を促した。華人は、バタヴィアおよびジャワ島北岸に集住し、彼らの命運は、オランダ領東インド総督の手に握られることになった。

オランダ東インド会社は、種族間の融合を図ることなく分割統治を進め、居住区制をしき、華人を農村から排除して、都市に住まわせた。オランダ東インド会社は、支配する民を「外来東洋人（Foreign Orientals）」と「先住民」に分けて、身分や法を厳しく区分した。そして、声望や富のある華人が、甲必丹（カピタン）を頂点とする役人グループにとりたてられた。華人有力者は、カピタンやそのさらに上位のマヨールなどになって、徴税のほかに、アヘン・酒・塩などの専売を請け負って、富裕商人になる者が現れた。華人たちは、その勤勉さが尊敬されることもあったが、貧しい華人が、国の安全を脅かす者として見なされることもあった。

こうしたオランダ植民地時代の住民区分や華人徴税者などの統治形態が、インドネシア独立以後の華人への法的、社会的差別の源泉になった。すなわち、オランダが分割統治を行ったインドネシアでは、華人が一五世代にもわたって中国姓を捨てずに、系図を編み続けることがあった。インドネシアとは対照的に、例えばタイでは、出世してタイ人上層部に入りこむ道が開けていたので、華人が三～四世代でタイ姓を名乗って同化した。このように、植民地統治のあり方が、華人の社会的地位に及ぼした影響は大きかった。(8)

オランダ領東インドの華人と福建由来の食物

さて、一六九〇年代から一七三〇年頃にかけて、バタヴィアは砂糖作りの最盛期を迎えたが、その後背地の製糖場を経営する企業家は、ほとんどが華人であった。しかし、バタヴィアの砂糖は、ヨーロッパ市場では、安い西インド植民地の砂糖の挑戦を受け、そしてアジア市場では、復活したベンガル砂糖の挑戦を受けた。また、ペルシアでの砂糖需要は、サファーヴィー朝の衰亡で減退し、日本もやがて徳川吉宗の殖産興業策に沿って、砂糖の国産化に向かう動きを示した。ブームが去りゆく兆候のなかで、東インド会社は、砂糖の買い付け値を引き下げたので、華人企業家に多くの破産者が生じ、失業したアウトローの集団も発生した。

一七四〇年当時、バタヴィアの華人人口は約一・五万人に達していたが、砂糖輸出の低迷で多くの失業者が出て、バタヴィアの治安が悪化した。しかも、華人とオランダ人官吏、華人と現地人の間の関係が、良好とはいえなかった。華人の失業者をもてあました東インド会社は、オランダ領セイロンに華人労務者を移すプランを立てる。だが、洋上で海中に棄てられるのではないかというデマが流れると、反乱者が宣戦を布告し、バタヴィアの市内でも反乱に応じる者が現れた。オランダ側は報復として、先住民や奴隷と協力して、女性や子供を含む約一万人もの華人を大量虐殺した。これは、「バタヴィア事件」「紅河事件」「紅渓惨案」などと呼ばれる。

このバタヴィア事件の後から、経済的な成功を願う華人が、現地女性と結ばれて混血した「プラナカン(Peranakans)」が目立つようになった。人口では一%ほどにすぎないプラナカンは、富や栄達を独占していった。華人男性は、ジャワ人女性と結婚して混血を重ねていくが、イスラーム教への入信の問題などがあって、半同化の状態が続いた。そうした人々は、ジャワ料理やジャワ服、西洋風の建物を採り入れる一方、中国姓や祖先崇拝を棄てず、独自の混合文化を形成し、先祖の名前を覚えているプラナカンとして、ジャワ人とは区別された。

さらに一九世紀には、藍の染料をとるインディゴや、砂糖・タバコ・コーヒー・茶の大農園（プランテーション）、バンカ島の鉱業会社や、スマトラの炭鉱などで働くために、華南や東南アジアからの新たな移民が増加した。一九世紀半ばまでの華人は、三分の二がジャワ本島に住み、圧倒的に福建人が多かったが、一九世紀半ばから広東移民がやってきて、インドネシアの華人人口を急増させる。広東移民は、「契約移民」の形式で、船賃と三年分の賃金を先渡しされ、苛酷な条件のもとで、白人の経営するプランテーションで働かされた。例えば、スマトラ東岸州には、一九世紀末から一九三〇年代までに、のべ約一〇〇万人が汕頭《スワトウ》から渡ったとされる(9)。

だから、もともとバタヴィアおよびジャワ島の華人の多くは福建人で、広東人や客家の流入は、それよりも遅れた。ジャカルタの話し言葉では、中国語から借用語の八割以上は福建語であり、ジャカルタの中国語由来の地名・道名の九割近くが福建語である。インドネシア語は、最多の人々が話すジャワ語ではなく、通商言語になっていたマレー語を母体に人工的に作られて、一九四五年に国語に制定された言語である。食物では例えば、「クェイティアオ（kueitiao，粿条）」、「ビーフン（bihun，米粉）」、「ペツァイ（pecai，白菜）」、「チャプチャイ（capcai，雑菜）」などが、福建語由来と考えられるインドネシア語の例である(10)。

オランダ植民地時代の食物に関して、詳しいことはわからないが、A・G・ボーダーマン（A. G. Vorderman）は、一八八〇〜一九〇一年にかけてオランダ領東インドの衛生部門に勤めて、その在職中に、当時の華人および現地の人々の食物に関する詳細な調査を実施している。それによれば、華人の食物は、魚・肉・家禽・生野菜などを除いて、漬物・塩漬け卵・エノキタケなど、多くを中国から輸入していた。だが、「豆腐や醬油膏、および米から醸造された「アラック（arak）」（安い酒として東インド会社がオランダ人兵士に売っていた）などは、現地で生産されていた[11]。

ちなみに、オランダの植民者たちは、米でさえもアジアの人々の主食と位置づけて、自分たちには相応しくない食物と考えていた。だがそれにもかかわらず、「ライスターフェル（risttafel; ricetable）」という、米飯とインドネシア各地の食物を皿に盛ってテーブルに並べる特別な料理が創案されている。とはいえこれすらも、オランダ本国の人々から見れば、植民地の食物として距離をとるべきものだった[12]。

二〇世紀のナショナリズムと華人社会――プラナカンとトトク

一九世紀末頃から、インドネシア諸島にやってきた華人は、すでに本国でナショナリズムの洗礼を受けており、中国への思い入れが強く、本国の政変に敏感であった。二〇世紀になると、中国女性の移住も増えた。広東人を中心とする新たな移民は、「新客」（広東語でシンケ）と呼ばれていた。そして「新客」のなかにも、現地で中国人同士で結ばれた人々は、中国風の家庭をつくり、中国語（広東語）も忘れず、中国文化を保持した「トトク（totoks）」と呼ばれる社会集団にまとまった。その結果、華人のコミュニティは、トトクと、現地に同化したプラナカンとに分かれ、トトクの勢力が、プラナカンをも凌ぐほどになった。ちなみに、こうしたトトク化の動きは、マレーやフィリピンでも生じていた。

そして一八九八年、利益率のもっとも高かったアヘンの専売請負制度が全廃されて、ジャワ島のプラナカンらの多くが経済的に困窮することになった。こうしたなかで、裕福なプラナカンを中心に、なぜ華人が窮状に陥ったのかという問題が追究されて、プラナカンのアイデンティティの模索が始まった。

一九〇〇年、プラナカンとトトクの有力者によって中華会館が設立され、それが出身地と言語の区別をこえた華人としてのアイデンティティの形成のきっかけになった。しかし、一九〇一年から中華会館学校が開かれると、それに対抗して、一九〇八年からオランダ植民地政庁が、オランダ中華学校を創立した。さらに一九一〇年に生地主義のオランダ臣民法が制定されると、多くの華人が二重国籍となり、華人たちが中国派とオランダ派に分かれることになった。

一九一一年、辛亥革命の成功と中華民国の樹立によって、プラナカンもトトクも、中国への心理的距離を近づけて、華人間の結束が強まった。だがそのことは、オランダ植民地政府の華人に対する懸念を強めたとともに、華人と華人以外の現地の人々との間に、軋轢が引き起こされるきっかけにもなった。反華人感情の高まりは、一九一一〜一二年にかけてジャワ島東部の都市・ソロで結成され、数年のうちにジャワ全土に広がったイスラーム系大衆団体の「サレカット・イスラーム（Sarekat Islam）」（イスラーム同盟）によって表面化し、組織化された。さらに一九二〇〜三〇年代に中国本土で、国民党と共産党の対立が深まると、ジャワの中国派のグループも細分化が進んだ[13]。

第二次世界大戦と中国料理――ルジャック・シャンハイとエス・シャンハイ

一九三七年七月に日中全面戦争が勃発すると、上海から多くのコックが、より安全な地を求めてバタヴィアにやってきた。上海からやってきたコックたちは、戦時中バタヴィアに留まり、現地の顧客から日本人に間違われることもあった。そして上海から来たコックが、『咕嚕肉（kuluyuk）』（酢豚）などの中国料理をもたらしただけでなく、バタヴィアで「クルユ（kuluyuk）」ないしは「ルジャック・シャンハイ

図2−25　ルジャック・シャンハイ

ハイ（rujak Shanghai）」（図2−25）と呼ばれるイカのサラダや、「エス・シャンハイ（es Shanghai）」と呼ばれるフルーツかき氷を発案したと考えられている。

一九四二年二月の日本軍の侵攻によって、三〇〇年以上続いたオランダの植民地支配は終焉し、バタヴィアは、ジャカルタ（Djakarta, 一九七二年からJakarta）に改名された。ルジャック・シャンハイやエス・シャンハイなどは、第二次世界大戦中のジャカルタで、日本人にも提供されたという。また、戦時中に金持ちになった人々は、有名レストランに家族を連れていって、これらを食べさせた。

第二次世界大戦後には、連合国軍の関係者をおもな顧客として、中国料理店が再び繁盛した。一九五〇年の雑誌広告からは、ジャカルタのチャイナタウン・パンコラン（Pancoran）地区に、少なくとも六店の大きな中国料理店があり、それらはみな戦前から続く店が発展したものであったことがわかるという。[14]

インドネシア共和国の成立と中国料理店

さて、「インドネシア」とは、ヨーロッパの地理学者が名づけた、インド亜大陸から広がる島々を意味する呼称である。一九二八年一月、バタヴィアで開かれた第二回インドネシア青年会議は、「青年の誓い」を採択して、それが「インドネシア」を祖国・民族・言語の名称として宣言している。[15]

第二次世界大戦における日本の敗戦を受けて、一九四五年八月一七日、インドネシア共和国の初代大統領のスカルノ（一九〇一〜七〇年）と、副大統領のモハマッド・ハッタ（一九〇二〜八〇年）が独立宣言を出して、翌一八日には「インドネシア共和国憲法」が制定された。だが、オランダは、独立宣言を承認せず、インドネシアの再植民地化を目指した。

インドネシア共和国が単一の主権国家となるまでには、いくつかの段階があり、一九四九年一二月のハーグ円卓会議において、オランダがインドネシア連邦共和国に主権を移譲した。そして翌一九五〇年八月、単一国家のインドネシア共和国に移行した。その首都・ジャカルタは、スカルノの主導によって、オランダ色を払拭するために、地名や通り名が変更されただけでなく、モニュメントや新しい建築物などによって、ナショナルな空間に演出されていった。例えば、オランダ植民地時代の政治の中心にあったコーニングス広場は、独立広場と改名されて、その中心に独立記念塔が建てられた[16]。この後、オランダによる植民地支配を脱して国民国家を樹立した物語に対する共通の了解こそが、インドネシアが政治対立をこえて一つの国としてまとまり続ける最大の拠り所となっていく[17]。

こうして発足したスカルノ政権は、社会主義を共に分かつよしみから、アジアのなかで率先して、一九五〇年四月に中華人民共和国と国交を樹立した。一九五五年のバンドン会議に象徴されるように、インドネシア共和国と中華人民共和国は、東西冷戦下の非同盟諸国連合として多くの戦略的利益を共有し、スカルノ、ハッタ、毛沢東、周恩来らの政治的指導者の個人的交流も活発に行われた。スカルノは、インドネシア共産党を支持することによって、国軍とのバランスをとっており、中国共産党に近しい華人に対しても、わりと開かれた政治を行った。そうしたなかで、オランダの商業権益が撤収されると、華人が、全インドネシアの非農業経済を一手に収めるかに見えた。

しかし、インドネシア共和国の独立当初から、約一万人の華人がオランダに渡っていた。そして一九五〇年代前半には、「ベンテン政策」が実施されて、特定の物品輸入に関わる許可や融資が、インドネシアの民族資本の企業に優先的に与えられるようになった。さらに一九五九年、インドネシア政府は、大統領令一〇号（ペペー・スプル、"PP 10"）を発して、華人が農村部に居住したり、小売業を営んだりすることを禁じた。その結果、さらに多くの華人が、中国大陸や台湾、オランダやヨーロッパ諸国、アメリカ・オーストラリア、南米などに移住した。[18]

このように、華人をめぐる政治・経済状況が悪化すると、ジャカルタの中国料理店も衰退した。道路拡張のために、チャイナタウンの大型レストランは消失し、何軒かの小さな店が残るだけだった。そのうちの一軒は、一九二三年以前に創業された客家料理の老舗「シアウ・ア・チャップ（Siauw A Tjiap）」である。当店は「クマク（ku mak）」（赤い発酵米で味つけられた苦味のある緑色野菜）とともに料理したウナギの炒め物を発案したと主張しており、ジャカルタに何店かチェーン店を展開した。

また、一九五九年創業の麺店「バクミー・ガジャマダ七七（Bakmi Gajah Mada 77）」は、もともと家具製造業者であった広東人の店主が、日本占領時代に仕事を失い、戦後に家具製造を再開したが困難で、客に時々出して好評だった麺を商売にして始まった。当店も、その後にチェーン展開するなど、麺店として成功している。

ほかにも「ユンニャン（Jun Njan, 永源）」という海鮮レストランは、一九五〇年、広東人移民二世の朱という人物が、ジャカルタの外港のタンジュン・プリオク（Tanjung Priok）のスラム街に出店して始まったという。朱の父は、錫鉱石を運ぶ船舶の修理工であり、第二次世界大戦後にジャカルタにやってきていた。朱が船の修理の時に見かけたエビの料理を出す屋台を始めると、蒸しエビとそれにつける唐辛子ディップが有名になり、高級官吏や銀行家・外交官・将軍までもが来店するようになった。一九七六年にジャカルタ中心部に移転したが、ユンニャン海鮮レストランは、朱の子供たちによって引き継がれたという。[19]

スハルト政権の成立と華人の苦境――「ティオン・ホア」から「チナ」へ

一九六〇年代にも、経済状況の悪化とともに、反華人感情が高まっていく。その過程において、陸軍が反華人感情を煽ろうとしたのとは対照的に、中国共産党と親密であったインドネシア共産党は、華人を庇護する立場をとったので、華人のなかには共産主義に親近感を覚える人々が増えた。しかし、一九六五年にインドネシア国軍部隊の左派系軍人が、クーデター(九・三〇事件)を起こすと、それを鎮圧したスハルト(一九六七~九八年に大統領在任)が、インドネシア共産党の関係者を大量に虐殺して、党を壊滅させた。

一九六六年、スハルトを中心とする陸軍は、スカルノから政権を委譲された。すると陸軍は、権力掌握のために、政権交代に公然と反対する北京政府の影響力を排除しようと、インドネシア華人と中国とのつながりを徹底的に監視した。陸軍は、中国語による情報戦を嫌って、北京政府のプロパガンダの一翼を担うと見られた華語学校や華語出版社のほとんどを閉鎖・接収してしまった。そしてスハルト政権は、一九六七年に中国と断交した。この間にも多くの華人が、移民を選択することになった。[20]

スハルト政権は、諸民族の文化の混交形を国民文化としてフォーマット化し、文化的多様性を政治的に管理しようとしたが、こうした国家による文化プロジェクトから、華人は完全に締め出された。一九六七年七月、スハルト政権は「チナ問題解決基本政策」を発令した。スハルト体制下における「チナ問題」とは、人種・民族としての華人、中国という国家、儒教をはじめとする信仰や文化のすべてを対象としていた。それまで「ティオン・ホア(Tionghoa)」(中華)と呼ばれていた華人や、「ティオン・コック（Tiongkok）」（中国）と呼ばれていた中国の名称が、どちらも蔑称である「チナ（Cina）」（支那）に統一するように徹底された（二〇一四年にユドヨノ大統領がようやく廃止）。

インドネシアの華人の間では、同化主義（中国らしさや華人だけによる意見表明を否定する主張）と統合主義（中国系インドネシア人の独自の文化を維持したまま、他の種族と平等に扱われるべきだとする主張）の間で論争があった。スハルト政権は、同化主義的な政策を採用し、「中国宗教、信仰、慣習に関する一九六七年大統領訓令一四号」を出して、公の場における中国的な宗教行事や文化活動を禁止した。中国語の使用、中国語教育、旧正月などの中国的な慣習の実践が禁止されて、公認宗教から儒教が削除され、個人や商店の中国名がインドネシア風の名前に改称された。

こうした時代には、一部の家庭が、年中行事に関連した食を受け継いだり、華語学校の元教員などを家庭教師に雇ったりすることで、辛うじて私的に華人文化を継承した。とはいえ、華人文化に関する集合的記憶をもたない、ロスト・ジェネレーションが生まれることになった[21]。

スハルト政権下における華人系財閥の台頭と高級中国料理店の活況

反共と開発主義を軸とするスハルト政権期（一九六七〜九八年）は、多くの華人にとって受難の時代になった。だが一方で、権力に近い一部の華人企業家にとっては、黄金の時代でもあった。スドノ・サリム（林紹良）などの多くの企業家が、スハルトおよび陸軍のビジネスパートナーとなり、独占的・特権的な事業権を得て、巨万の富を築いた。一九六五年からは、インフレが昂進したので、スハルトが現地の企業家との合弁企業の形で外資を呼び込むと、多くの華人が外資系企業のパートナーになった。他方、強力なインドネシア人企業家が登場するのは、一九七〇年代末まで待たねばならなかった。

一九七三年八月、バンドンで反華人暴動が起こる。さらに一九七四年一月、日本の田中角栄首相がジャカルタを訪問したのを機に、インドネシア政府に対する不満が、反日暴動に発展した。このマラリ事件（一月一五日の惨禍）は、開発独裁の進展によって貧富の差が拡大し、特権階級の軍人や、日系企業と協力関係にあった華人系財閥に対する不満が顕在化したものであった。その後も、華人系財閥は発展を続け、一九八〇年代後半には、一連の経済自由化政策の追い風を受けて、アジアを代表する企業家に成長する華人も現れた。このように権力を利用して富を築く華人は、「チュコン（Cukong、主公）」と呼ばれるようになった。(22)

スハルト政権とそれに近い華人財閥が牽引する経済発展のなかで、一九八〇年代には、インドネシアのレストラン業が再び活況を呈した。例えば、一九八〇年代初頭から、高級ホテルのレストランが、カラオケ施設を備えるようになった。一九八〇年代後半からは、香港式の点心のランチを提供するレストランが登場し、とりわけ、友人と昼食をともにする女性たちに人気となり、点心を大量生産してレストランに提供する企業も現れた。

一九九〇年には、六七年から断交していた中国と国交を樹立し、貿易関係も回復したので、中国料理店が続々と開店した。当時には、中国大陸や台湾の高級料理店のほかに、簡便な麵店も目新しかった。中国料理の選択肢は広がり、南方の広東、海南、潮州・汕頭、客家料理のほかに、上海・北京・四川・湖南料理、そして台湾の粥まで食べられるようになった。さらに一九九〇年代には、マンションに住む人々に向けて、中国料理の宅配サービスも行われるようになった。(23)

一九九八年の反華人暴動の衝撃

しかしながら、経済格差とそれに伴う労働・土地争議は、政府の失政ではなく、強欲な華人企業家に起因するものだと考えられて、インドネシア華人の社会的立場を危うくしていた。華人企業家のパートナーであったスハルト大統領も、社会不満の矛先を、政府ではなく、華人企業家に向けさせるようになっていった。一九九〇年代には、ジャワ・スマトラの主要都市で、華人商店の焼き討ち事件が頻発していた。

一九九七年七月、タイ・バーツの暴落で始まったアジア通貨危機に対して、スハルト政権は有効な対策を打ち出せなかった。一九九八年一月から、ルピア暴落と日用品急騰に歯止めがかからなかったことから、全国各地でスハルトの退陣と民主化を求めるデモが続発した。そしてこうしたデモが、スハルト体制下で経済的利益を享受してきたとされる華人に対する暴動へと転化した。

とくに、一九九八年五月のジャカルタでは、チャイナタウンであるグロドッ（Glodok）の商業地区を中心に、五〇〇〇軒以上の華人商店と住宅が襲撃されて、放火や強盗などの被害を受けた。華人を含めて約一二〇〇人が死亡し、数万人が国外へ避難したといわれる。混乱のなかで華人女性を標的としたレイプ事件が起こり、これらの事件が軍の一部によって意図的に扇動されたものとの理解が広まり、華人社会を恐怖の底に陥れた。一九九八年五月の暴動は、首都ジャカルタで起こったために、国内外で広く報道されて、国際社会から非難を浴びただけでなく、インドネシア社会に内在する人種差別の危険性を認知させる衝撃的な事件となった。

その結果、スハルト退陣以降の政権では、「華人性」という重荷を軽減する方向に舵がとられて、「華

人文化」の発信が後押しされて、中国料理も広がることになった。(24)

インドネシア料理の形成とインスタント調味料

ところで、現在のインドネシア共和国は、約七〇〇の言語を用いる約三〇〇の民族からなる二億六〇〇〇万人以上の人口と、一万七〇〇〇以上の島々を擁する巨大な国民国家である。この驚くべき文化的多様性を踏まえれば、単一の「インドネシア料理」を形成するのがいかに困難かは、容易に想像できるだろう。

しかし、多言語・多民族のインドネシアでは、料理書よりもインスタント調味料が、国民料理の形成に重要な役割を果たしている。久保美智子の研究によれば、料理書が全国の調理技術を標準化するのと同様に、インスタント調味料は、人々が開封してそれを食材と混ぜるだけで、毎回同じ風味の料理を再生産できるようにする。このことによって、インドネシアでも、エスニックグループや地方料理の枠組みを超えた「インドネシア料理」という共通の概念が形成されつつあるという。

味の素は、東南アジアではフィリピン（一九五八年）、タイ（六〇年）、マレーシア（六一年）に続いて、インドネシアでも現地生産を始めるために、一九六九年にPT味の素インドネシア（PT Ajinomoto Indonesia）を設立した。「マサコ（masako）」は、その主力商品であり、インドネシアのトップブランドの風味調味料である。それは、日本の「ほんだし」に相当し、チキン風味・ビーフ風味などがあって、異なる名称でタイ・ベトナム・フィリピンなどでも販売されている。

この他にも味の素は、オイスター味やテリヤキ味の液体調味料「サオリ（saori）」、「ナシゴレン（nasi goreng）」（インドネシア式焼き飯、中国のチャーハンの調理法が伝わったとする説もある）やフライドチキンの調味料ミックスなどを販売している。二〇一〇年代にも味の素は、インドネシアの工場を増・新設して、現地生産を増強している。味の素のほかにも、一九八七年にバンドンで創業したコキタ（Kokita）、九四年に統合・上場したインドフード（Indofood）などが、インドネシアを代表するインスタント食品企業になっている。

久保美智子は、インドネシアのインスタント調味料ミックス、料理書（インドネシア語・英語・日本語）、ジャカルタでのアンケート（二〇〇八年実施）、東京のインドネシア・レストランなどの総合的な調査を行った。それによると、インドネシア料理としては、「ガドガド（gado-gado）」（甘辛いピーナッツソースをかけた温野菜）、「レンダン（rendang）」（ルンダンともいい、牛肉などの煮込み料理）、「グライ（gulai）」（ココナッツ風味のカレースープ）、「ソト（soto）」（スープ）が共通している。これらの料理が、特定のエスニックグループとは関係なく、多くの人々に、一般的な「インドネシア料理」と認識されているという。

これらは、とくにスハルト時代の労働者の移動を通して全国に広まった地方料理であり、インスタント調味料も作られて、国民食になっている。くわえて、インドネシアの代表的な調味料であるケチャップマニス（ココナッツシュガーを用いた粘性の高い甘口醤油）で味つけするサテ（串焼き）や、ケチャップマニスおよび代表的辛味調味料のサンバルなどで味つけするナシゴレンやミーゴレン（焼きそば）もとても人気があり、とくにナシゴレンやサテは、インドネシアの国民食ともいわれる。

だか、これらはすべて、マレーシアでも広く食べられている。さらに、上述のレンダンは、マレーシア政府の国家文物部の無形遺産リストにも入っており、インドネシアとマレーシアの間で、いずれの国の料理なのか議論がある[25]。レンダンは、インドネシアでは「パダン（Padang）」料理に分類される。

ちなみに、パダン料理は、インドネシア共和国観光クリエイティブ・エコノミー省の日本語公式ホームページの「インドネシア料理を楽しむ」においても、郷土料理として、首都・ジャカルタの料理に先んじて紹介されている。それによれば、「おそらく、島々でもっとも好まれている食事は、西スマトラのミナンカバウ族の、スパイスが効いた激辛のパダン料理です。スマトラは、群島の西の端にあるため、インドとアラブの貿易商人の最初の寄港地となり、沿岸のスマトラ人は貿易商人がもたらすスパイス、シチュー、カレー、ケバブなどを喜んで受け入れました」という。(26) 今のジャカルタ市内を歩くと、店頭でガラス越しに、料理を入れた多数の皿を重ねているパダン料理店を、とてもよく見かける。

華人文化の解禁とニョニャ料理・中国料理

一九九八年五月の暴動を受けて、スハルト大統領が辞任し、ユスフ・ハビビが副大統領から大統領に昇格した。ハビビ大統領は、言論の自由や人権の保障など、民主主義の基盤を整え、それと同時に、スハルト時代に制定された華人に対する差別的な法令の改正に着手し、華人文化も解禁した。二〇〇〇年には、ハビビの後任のアブドゥルラフマン・ワヒド大統領によって、「中国宗教、信仰、慣習に関する一九六七年大統領訓令一四号」の廃止が宣言されるとともに、華人に対する差別的な法律がすべて無効にされた。

その結果、三〇年以上にもわたって抑圧された華人文化が、政治的意図を含んで、表舞台に再登場した。例えば、ジャカルタ郊外の公営テーマパーク「タマン・ミニ・インドネシア・インダー」(美しきインドネシアのミニチュア公園の意味、一九七五年開園)には、もともと華人に関する展示はなかった。しかし、一九九八年に、全国の各種華人団体の傘組織として設立された印華百家姓協会(PSMTI)が企画母体となって、「印華文化公園」が設立された。さらにその付近には、鄭和記念館とインドネシア客家博物館が開館している（二〇一九年八月訪問）。

また、インドネシア政府は二〇〇八年から、「ビジット・インドネシア」という観光プロモーションを推進している。それを主催するインドネシア共和国の観光クリエイティブ・エコノミー省の英文公式サイトでは、中国の旧正月の祭りやその食物、華人に関係する寺廟などが多数掲載されている。[27] 各地方の華人文化が、いまや観光資源になり、インドネシアの公式文化に含まれるようになったことがわかる。[28]

華人文化に続いて、プラナカン文化（華人と現地人の混血者の文化）も、消費可能な形で切り取られて、提供され始めている。例えば、西洋式ではなく植民地期のカピタンのような「伝統的プラナカン装束」をまとい、中国式の儀礼を行うプラナカン結婚式が開催され始めた。また、二〇一三年にはタンゲランに、プラナカンをテーマとする「ベンテン・ヘリテージ（Benteng Heritage）」という個人経営の博物館が開館した。そこでは、ハラールのニョニャ料理によるパーティーや、プラナカン風の服装を着た写真撮影などが計画されたという。

そして、ニョニャ料理が、とても人気となった。①ステーキなどオランダ料理も出す「峇峇厨房（Dapur Babah）」、②「ニョニャ料理の最高傑作」ともいわれる「アヤム・クルア（ayam keluak, 黒果燗鶏）」［クルアの実と鶏肉の煮込み］）などを出す「三女店（Kedai Tiga Nyonya）」、③「酸湯排骨」（酸っぱいスープで調理したあばら肉）などを出す「紅石榴（Mira Delima）」の三店が、とくに有名になった。これらのレストランでは、客が多くの種類の「サンバル（sambal）」（インドネシアでもっとも基本的な辛味調味料）を選択できた。[29]

インドネシアでは民主化以降、中国料理が、ショッピングモールでも食べられるようになった。近年、ジャカルタの屋台で、粥・麵・焼売などを売っているのは、華人ではなく、インドネシア人である。中国料理の食材は、たいてい中国大陸・香港・シンガポールから輸入されて、ジャカルタ北部のチャイナタウンの市場で買うことができた。さらに近年にはスーパーマーケットでも、中国からの輸入食品が日本からの輸入食品の隣に置かれるようになった。[30]

くわえて、二〇一八年にジャカルタのポドモロ大学に提出された博士論文では、チャイナタウンに「中華民族料理文化保存センター」を開設する構想が論じられている。[31] とはいえ、二〇一九年夏の訪問時、ジャカルタのチャイナタウン・グロドッは、治安は悪くないものの、浮浪者やネズミ・ゴキブリが目立ち、衛生状況が劣悪であった。付近の街中には、中国料理店はあるが、国民の九割近くを占めるイスラーム教徒は、豚肉が使われていることを恐れて気楽に入れないという。

チャイナタウンの入口近くにある、比較的大きくて目立つ中国料理店「汲泉茶舎(Pantjoran Tea House)」に入った。そこで食べた「フーヨンハイ(fuyunghai, 芙蓉蟹)」(カニ玉)や「チャプチャイ(capcay seafood kembang taihu, Chinese mix vegetable & dried beancurd with seafood / chicken)」は、とてもおいしかった。ただし、これらはいずれも、二〇世紀前半までに世界各国で見られる古典的な定番料理である。さらに、汲泉茶舎のメニューには、中国のチャーハンに似たナシゴレンが何種類もあるものの、中国料理のバリエーションは少なかった。インドネシアにおける中国料理のメニュー進化は、まだこれからのように感じられた。

以上で見てきたように、インドネシア諸島では、オランダの植民地時代から独立後の共和国時代に至るまで、経済的な成功をおさめる華人富裕層が出現した。他方、民衆が反華人感情を暴発させる事件が断続的に起こり、政府もしばしば反華人政策を実施して、華人の社会的地位が不安定であり続けた。

さらに、豚肉を忌避するムスリムが国民の大多数を占めているので、インドネシアは、中国の近隣諸国のなかで、中国料理の発展が遅れている国の一つといえるだろう。しかし、それにもかかわらず、中国との長い交易の歴史によって、麺や大豆商品などの中国由来の食物が、インドネシアの多くの人々の日常生活のなかに浸透していることは見逃せない。

第6章　韓国——ホットク・チャプチェ・チャンポン・チャジャン麺

日本統治下の朝鮮料理——神仙炉・ソルロンタン・カルビ・キムチ

韓国の韓国（朝鮮）料理および中国料理については、近年に詳細な歴史研究が進められている。本章では、ナショナリズムの視点に留意しながら、拙見も交えつつ、最新の研究成果を簡潔に整理して紹介していきたい。

最初に指摘すべきことに、近代の朝鮮料理は、植民地の料理として発達したので、当時の朝鮮料理店の状況は、台湾に類似している点が多い。朝鮮に初めに数多く入ってきた外国人は、日本人であったので、一八八七年までに高級日本料亭が登場する。さらに、一八九六年に日本人芸者の朝鮮渡航が許可されると、一九〇〇年代には朝鮮で日本料亭が増加した。

そして、日本料亭が数多くできたことが、それに倣った朝鮮の料理屋・食堂の発展につながった。一八九〇年代からは、朝鮮人男性の客が飲食し、妓生（キーセン）を呼んで遊興する、朝鮮人経営の高級料理店ができた。一九一〇年の韓国併合前後からは、王室専属の料理人「熟手《スクス》」たちも独立して料理屋を始め、そのなかの一つの「明月館」（一九〇九年創業）が、植民地期の朝鮮を代表する有名な朝鮮料理店に成長した。

図2－26　神仙炉（悦口子湯）（ソウルのコリアハウス）

例えば、「神仙炉《シンソルロ》」（図2－26）は、宮中では「悦口子湯《ヨルクジャタン》」と呼ばれ、中央に煙突がついているような独特の容器を用いる寄せ鍋料理で、日本人には朝鮮名物になっていた。しかし、植民地時代の高級朝鮮料理店は、神仙炉をはじめとする宮廷料理だけでなく、和・洋・中も取り込んだ国際的な料理を出していた。すなわち、一部の宮廷料理しか作れない料理人たちが、品数を確保するために西洋料理を重宝し、さらに中国料理や日本料理も出していたのである[1]。

日本内地では一八九五年、最初の朝鮮蕎麦屋「日韓楼」が、朝鮮帰りの日本人の経営者によって神戸・湊山温泉に開かれた。次いで一九〇五年に、日本最初期の朝鮮料理店である「韓山楼」が、京城（現・ソウル）の朝鮮人・李人稙《イインジク》によって、東京・上野で開店された。韓山楼のメニューも、神仙炉などの朝鮮料理のほかに、中国料理・西洋料理を混合したものであり、その顧客は、韓国の外交官員・知識人、朝鮮赴任経験のある日本の官員、物好きの日本人などであったという。さらに一九二七年頃、京城の妓生・盧瓊月《ノギョンウォル》が、東京・神田で「明月館」（京城「ソウル」の明月館と無関係）を創業した。明月館は当初、朝鮮人留学生相手の食堂のような店であったが、しだいに高級店化し、一九三二年頃に永田町に進出すると、政治家の接待にも利用された。

これらの高級店のほかにも、日本の朝鮮人コミュニティには、朝鮮人向けの安い食堂がたくさんできて、「平壌冷麵」、「関東煮」（おでん）、「センマイ」（牛の第三胃袋）などが人気だった。だが、こうした朝鮮料理は、中国料理とは異なって、当時の日本人にはあまり知られていなかった。

ちなみに、佐々木道雄の研究によると、客が自ら肉を焼いて食べる「焼肉屋」は、朝鮮からカルビ焼きやプルコギを取り込んだ大阪・猪飼野の朝鮮食堂が生まれ変わって誕生したという。焼肉は、一九三〇年代に大阪在留の朝鮮人が生み出し、朝鮮人によって、日本帝国圏内の大阪から京城、そして満洲へと広められた。満洲では、朝鮮の植民地化および「満洲国」建国の影響で、朝鮮北部からの朝鮮人移民が増加し、それに伴って、朝鮮料理店も増えていた。

注目すべきことに、朝鮮を植民地として統治した日本人が、朝鮮料理に対して「おどろくべき無関心ぶり」[2]を示していたという通説は覆されている。高級な朝鮮料理店は、日本人にしばしば酷評されていたが、ソルロンタンやカルビなどの庶民料理は、まずまずと評されることが多かった。

さらに、当時贅沢な漬物として完成していたキムチは、中国の漬物などに比べて評価が高く、昭和戦前期の漬物に関する日本語の書籍のおよそ半分に収録されるほどであった。日本人は、朝鮮半島に進出し始めた頃には、朝鮮語由来の名称（「沈菜」「ちんさい」「キムチ」など）を用いていたが、すぐに日本人側からの名称である「朝鮮漬」と呼ぶようになった。キムチは、韓国併合後に日本人に広く認知されたものの、普及の面では芳しくなかった。しかしそれにもかかわらず、料理書などでしばしば取り上げられていたのは、「内鮮融和」「内鮮一体」の方針にもとづいて、日本人を朝鮮文化になじませるために、政府・民間が連携して、キムチの普及活動を展開していたからである[3]。

そして、植民地期の朝鮮では、朝鮮料理に関する書籍を朝鮮語で刊行することが、ある程度は許容されていた。例えば、方信栄《パンシニョン》（一八九〇～一九七七年、梨花女子大学教授などを歴任）は、一九一〇年から母校の（京城）貞信女学校で教鞭をとり、一九二五～二六年には東京の栄養学校に留学し、著名な朝鮮料理研究家・栄養学者として、『朝鮮日報』などに度々寄稿していた。とくに、方信栄が公刊し教材に用いた『朝鮮料理製法』（一九一七年初版は散逸）は、朝鮮初の近代的料理書といわれ、分量を計った材料表をつけて、五〇〇余りの朝鮮料理の作り方をわかりやすく記した。

他国の料理書に比べて、朝鮮料理に関する書物が少ないなかで、方信栄は、ある独立運動家の愛国啓蒙運動に感化されて、『朝鮮料理製法』を執筆した。[4] それは、一九三三年に著作権侵害の裁判に勝訴し、[5] 四二年までに第二四版まで増補・再版を重ねて出版されるなど、[6] 植民地期を通じて強い影響力を有した。

このように「朝鮮料理」は、植民地の民族主義を象徴することが多く、第一部第5章で見た「台湾料理」や「満洲料理」が、日本の植民者によって宣伝されることが多かったのとは対照的であった。『台湾日日新報』では、皇太子・皇族・首相が台湾を訪れて、「台湾料理」でもてなしを受けるという報道が繰り返されていたが、『朝鮮日報』では、同様の報道を見ることができない。[7]

朝鮮宮廷料理の公式化と黄慧性

李氏朝鮮王朝が一三九二～一八九七年、大韓帝国が一八九七～一九一〇年と続いた朝鮮半島の宮廷料理や、庶民生活に根づいたキムチなどは、朝鮮半島が日本の植民地支配から脱して、大韓民国が建国された後に、ナショナル・シンボルとして制度化・商品化されていく。

朝鮮宮廷料理の専門家として有名な黄慧性《ファンヘソン》（一九二〇～二〇〇六年）は、朝鮮から来日して京都女子専門学校（京都女子大の前身）を卒業後、一九四三年から韓熙順《ハンヒスン》に、宮廷の厨房の秘技を学んだという。韓熙順（一八八九～一九七二年）は、朝鮮王の食事を準備した宮廷女官の最後の生き残りとされていた。一九六一年の軍事クーデターで成立した朴正熙《パクチョンヒ》政権（大統領在任は一九六三～七九年）が、一九六二年に文化財保護法を制定すると、黄慧性と韓熙順は政府に働きかけて、一九七一年に宮廷料理が重要無形文化財の第三八号に指定された。
その後、黄慧性とその家族が、宮廷料理の定義や公式化・標準化のプロセスに大きな影響力を発揮し、一九九〇年代以降、朝鮮宮廷料理のブランド化と商品化に成功した。例えば、黄慧性は、一九九一年に国立劇場内に「チファジャ（지화자）」という料理店を開業し、同店ブランドの菓子や軽食も販売した。黄慧性はその後、ソウルのロッテデパートの地階に、チファジャのメニューを呼び物にした宮廷料理の展示コーナーも設置した。

黄慧性は、二〇〇二年、アシアナ航空のファーストクラスの乗客に宮廷料理のメニューを提供し、続いて、二〇〇三~四年に放送されたテレビドラマ『大長今《テジャングム》（宮廷女官チャングムの誓い）』の調理を監修した。この大ヒットしたテレビドラマは、宮廷料理のナショナル・ブランド化を目指した文化政策プロジェクトの一環として、日本および世界でも売れることを目指して創作された商品であった。

ドラマでは、宮廷女官の調理が強調されている。たが実際には、女官は、補佐的な役や膳の賄いなどの世話にあたるだけで、食事を作ったとしても間食や飲物などに限られており、宮中の料理は、基本的に官職についた男性料理人に委ねられていた(8)。

ナショナル・シンボルとしてのキムチと日本・中国

また、韓国食文化のもう一つの象徴になっているキムチは、一九六五~七三年にベトナム戦争に派遣された韓国軍に供給するために、産業化が図られて、缶詰製造が始まった。韓国内では、一九九〇年代に「ミシ族（미시족）」（未婚のように見える既婚女性）という新語も生まれ、しだいに、家でキムチを作ることが重視されなくなった。二〇〇六年にはチョンガジプ社が、ノスタルジックな母親の愛情を強調

する自社キムチのテレビ広告を流して成功している。キムチは、商品化が進むに伴って、ソウルの味を基準に標準化が進められていった。

また、一九八〇年代から、キムチが外国向けに輸出され、とくに日本へのキムチ輸出量は、九〇年代の一〇年間に九倍近くに増えた。日本におけるキムチ人気が、韓国のキムチ産業を発展させて、キムチは、グローバル化に対応した金泳三《キムヨンサム》大統領（一九九三〜九八年在任）の経済戦略の成功例になった。だが皮肉なことに、その当時は、韓国人のキムチ消費量が減少に転じていた。ちなみに、一九九〇年代のキムチと同様に、二〇一〇年代のマッコリも、日本市場での人気が、韓国国内で見直されるきっかけになり、商品化や海外輸出が促された例である(9)。

日本では、一九八六年のソウルでのアジア大会と、八八年のソウル五輪、そしてバブル期（一九八六〜九八年頃）のエスニック料理ブームによって、九〇年代に国内のキムチ消費が急増し、キムチ生産量も四倍近くに増えた。そしてキムチは、たくあん・福神漬け・梅干・浅漬けを上回って、もっとも生産量の多い漬物となった。しかし、韓国のキムチ生産者は、本物志向のキムチが、期待したほど日本では売れず、日本式のキムチが売れていることに気づかされる。日本式キムチは、塩気や発酵したすっぱさがなく、発酵した魚・エビ・貝・イカ・魚の内臓などを用いない。一九九〇年代半ばまでに、あっさりとした日本式キムチが、韓国式キムチとは異なるものとして認知された。

そして、一九九六年のアトランタ五輪で、日本製キムチが、公式食品に名乗りを挙げると、韓国と日本の間で、論争がヒートアップした。韓国は一九九五年、キムチの国際標準を設ける必要性を指摘し、日本製キムチを標準としない案を、国連の食料・農業関連の委員会組織であるＣＡＣ（The Codex Alimentarius Commission）に提出した。二〇〇一年、韓国の主張が認められて勝利したと、韓国国内では認識されたが、実際には、長い協議の末に韓国と日本の官僚が共同提案した案が採用されたのであり、日本式キムチも排除されていなかった。(10)

また近年、韓国の多くの食品会社は、キムチの自社生産をやめて、その代わりに、中国から輸入して自社ブランドとして販売するOEM（original equipment manufacturing）を行っている。しかし、二〇〇五年秋、中国製キムチのサンプルから寄生虫の卵が発見されたと、韓国の食品医薬品安全処が公表すると、多くの韓国人が中国製食品の安全性に疑問をもった。

これに対抗して、中国政府は国内のキムチ工場を閉鎖し、キムチの輸出を禁じ、多くの韓国製キムチでも寄生虫の卵が発見されたと発表して、輸入を禁じただけでなく、韓国製のその他の副食品や化粧品の輸入も禁止しようとした。この強い反応に警告された韓国政府は、事態の鎮静化に動き、韓国製キムチでも寄生虫の卵が発見されたと公表して、韓国製キムチの評判が傷ついた。そもそも、中国のキムチ工場の大部分は、韓国人企業家によって経営されていた。こうした中国とのキムチをめぐる騒動は、韓国市場における中国産キムチのシェアを落とすのではなく、日本市場における韓国産キムチのシェアを落とすという、皮肉な結果に終わった。(11)

そして二〇〇九年からは、李明博《イミョンバク》大統領（二〇〇八〜一三年在任）と金潤玉《キムユノク》夫人が中心になって、韓国の国家イメージを向上させるために食を利用する「グローバル韓食」キャンペーンを、本格的に始動させた。それは、韓国の農産物や食品の輸出、海外の韓国料理店、および韓国への観光客を増やすことを目指した。

二〇一一年、韓国政府は、日本の会席料理の国際的に高い評価を強く意識しながら、朝鮮の宮廷料理をユネスコの無形文化遺産リストに登録申請したが、却下された。(12)同年には日本でも、東日本大震災の衝撃からの回復も意図して、会席料理を中心とする「和食」をユネスコの無形文化遺産リストに登録しようとしていたので、韓国の申請の不調は、日本の関係者にも驚きをもって受け止められた[13]。韓国の宮廷料理や日本の会席料理は、人々の日常生活に根ざした食文化とは言いがたかったので、ユネスコの無形文化遺産の趣旨にそぐわなかった。

結局、二〇一三年に韓国が「キムジャン、韓国のキムチ作りと分かち合い」、日本が「和食、日本人の伝統的な食文化、とくに新年の祝い」、一五年には北朝鮮が「朝鮮民主主義人民共和国におけるキムチ作りの伝統」を、それぞれユネスコの無形文化遺産リストに登録することに成功している[14]。そして、ソウル特別市は二〇一四年、キムジャンの世界無形文化遺産への登録を祝う「ソウルキムジャン文化祭」を開催している。その場で主催者は、「もはや韓国がキムチの宗主国であるかどうかを討論する必要はなくなった。中国と日本はキムチを自分たちのものだとは主張できない」などと述べていた[15]。

また参考までに、一九八六年にソウルの中区筆洞に開館した「キムチ博物館」は、おそらく韓国最初の食の専門博物館である。同年にソウルで開催されたアジア競技大会で市庁前に展示された二〇〇種類以上のキムチのプラスチック製レプリカが、おもなコレクションになった。キムチ博物館の運営主体である食品会社のプルムウォン（Pulmuone）は、一九九八年、それを体験型の博物館へとリニューアルして、江南区三成洞のＣＯＥＸセンターで開設した。さらにキムチ博物館は、二〇一五年、仁寺洞の複合文化施設・マルに移転して、「ミュージアムキムチ間」となっている。来館者は、五〜一〇歳の子供と外国人がもっとも多いという[16]。

日本統治時代の朝鮮の中国料理——山東料理と粉食

朝鮮半島における華人の歴史は、一八八二年の壬午政変の鎮圧のために侵攻した清国軍とともにやってきた、清国商人から始まるとされる。そしてこの時から、朝鮮半島で中国料理が食べられるようになったと論じられることが多い(17)。壬午政変は、大院君の煽動などによって、漢城（現・ソウル）で起こった兵乱であり、政権を担っていた閔妃《ミンビ》らが、朝鮮に駐屯した袁世凱に頼って窮地を脱したので、朝鮮政治における袁世凱と清国の影響力が強まるきっかけになった。そして、一八八二年に清と朝鮮が結んだ「商民水陸貿易章程」に基づいて、八四年に仁川、八六年に釜山、八八年に元山に清国専管租界が設置された(18)。こうしてできた中国租界は「清館」と通称されて、そこが近代の朝鮮半島における、中国料理の発祥・発信地になった。

さらに、一九〇〇年に中国で起こった義和団の乱は、朝鮮半島対岸の山東一帯を戦乱に陥れた。そのため、多くの華人が、海を渡って仁川に避難しにやってきたので、仁川の清国租界は、漢城と並ぶ華人の一大集住地になった(19)。そして、日本の植民地時代の一九一四年に、清国の租界が廃止された後も、仁川ではそこが「清館コリ（청관거리）」（清館街）と呼ばれ続けた(20)。

ちなみに、二〇〇一年から仁川広域市の中区庁が、「仁川中華街」の建設を中核とする観光開発を始めた。二〇〇二年には中区庁の職員が、横浜中華街を視察した。横浜の華人たちは一九五五年に、旧来の「唐人街」「南京町」ではなく、「中華街」という新たな呼称を掲げて、街のイメージアップを図っていた。仁川のチャイナタウンが、日本でのみ一般的な「中華街」という呼称を用いているのは、横浜の先例に倣ったからである。

そして、二〇〇一年には五店しか残っていなかった仁川の中国料理店は、〇七年末までに三〇店をこえた。大きな中国料理店の料理人・従業員や、中国物産・食品店の経営者には、この頃以降に山東省な

図2－27　仁川中華街の中心街（正面に共和春と清館を見る，2020年）

どからやってきた「新華僑」が多い。こうしたなかで、「清館コリ」が、ようやく「チャイナタウン」や「中華街」と呼ばれるようになった。今の仁川チャイナタウンの中心部で、有名店の共和春の隣にあって目立つ中国料理店「清館」は、植民地時代からある老舗ではなく、近年に観光開発が進められるなかで、昔の情緒と味をよみがえらせて伝えようと開かれた店である。[21]

話をもどすと、朝鮮半島における初期の中国人移民の出身地は多様で、山東出身者は半分程度を占めただけだった。一九〇〇年の義和団事件以降、山東省近辺からの移住者が急増して、山東出身者中心の華人社会が形成された。山東省および河北省出身のグループは、「北幇」と呼ばれ、山東省のなかでも福山県（現在の煙台地域）の出身者が多く、反物や日用品雑貨などの小商店、そして飲食店を経営する者が多かった。だから今でも、韓国の中国料理には、山東料理系統が多い。

朝鮮半島の華人人口は、日本の植民地時代に約一〇万人にも達した（現在では朝鮮族を除いても二〇万人以上）。華人人口がもっとも集中する首都・京城（ソウルの日本統治時代の呼称）では、現在の中国大使館がある明洞から小公洞一帯、タプコル公園の南側あたりが、中国人居住区であった。ほかに仁川でも、約一万人の華人が住んだ。当時は、商売や野菜栽培にたけた華人に反感を抱く朝鮮人もいたという。

朝鮮華人の大半は、春節前に家族の住む故郷に帰省していたので、「チェビ（제비）」（つばめ）と呼ばれた。それは、まるで渡り鳥のように韓国で金を稼いで故郷へ帰ってしまう、という意味がこめられた別

名であった[22]。

中国料理店は、すでに一八八〇年代から漢城にできており、二〇世紀初頭までには、朝鮮語では「ホットクチプ（호떡집）」、中国語では「烤餅舗」、日本語では「饅頭屋」などと呼ばれたホットク屋が繁盛した。「ホットク（胡餅）」とは、中に黒砂糖と胡桃の餡が入ったお焼きで、日本統治時代の京城では、鐘路《チョンノ》の中国人街や、学校・学生下宿の多い斎洞《チェドン》・雲峴宮《ウニョングン》などに、多くの有名なホットク屋ができた。廉価なホットクは、庶民向けの食物で、朝鮮人労働者も口にしていた。

調理技術が簡単なホットク屋、そして後には、麵などの粉食屋の経営には、朝鮮人の参入も早かった。そのため、一九二一年、華人の中国料理関連業者の同業組合である「中華民国料理店組合」が結成されて、過当競争の防止と業界の秩序維持が図られた。一九三〇年一〇月に実施された国勢調査に基づいて、歴史学者の李正熙が集計したところによれば、当時の朝鮮半島において、中国料理店（麵・マントウなど軽食店を含む）は一六三五軒、ホットク屋は一一三九軒、合計で二七七四軒に達していた。一九二〇年代までには、ホットクをはじめとする中国の軽食類が、朝鮮半島で朝鮮人や日本人にも好まれて大衆化していたと考えられる[23]。

京城・仁川の名店

さらに、京城（漢城）では、「雅叙園」（一九〇七～七〇年）、「四海楼」（一九〇九年創業）、「大観園」（一九一〇～七七年）、「悦賓楼」、「金谷園」、仁川では、「共和春」（山東会館が一九〇七年に開館、共和春としては一九一二～八三年、二〇〇四年に韓国人が名義を借りて再開）、「中華楼」（一九一八～一九年頃創業）といった、大型の高級中国料理店が開業した[24]。

ここではまず、雅叙園と中華楼を取り上げて、詳しく見ておきたい。

①京城の雅叙園

山東省福山県出身の徐鴻洲（廣彬）は、一八九九年、二〇歳の時に韓国（大韓帝国）にやってきて、雑貨商や飲食店経理職員として七年間働いた後、一九〇七年、友人二〇人余りと合資で、漢城の中心地・乙支路に雅叙園を創業した。

一九三四年に半島ホテルが創建されると、三六年に雅叙園は、半島ホテルと朝鮮ホテル（一九一四年開業で現存、植民地時代には欧米人向けの迎賓館になった）の間の土地に移転して、三階建てレンガ造りの店舗を建てた。さらに雅叙園は、一九五〇年に増築して四階建ての店舗になると、九〇〇人余りを収容できる韓国最大の中国料理店となり、華人の結婚式のほとんどが雅叙園で開かれるまでになった。

雅叙園の最盛期は、朝鮮戦争（一九五〇～五三年）の休戦後から、一九六〇年代初頭の頃までであった。一九五四～五六年頃には、朝鮮戦争に参加したアメリカ軍人が、雅叙園のおもな顧客であった。それ以降には、自由党・共和党の政府関係者の社交場ともなり、金九《キムグ》（大韓民国臨時政府主席）・李承晩《イスンマン》（大韓民国の初代大統領）・李起鵬《イギブン》（李承晩政権下の実力者）・丁一権《チョンイルグォン》（国務総理・国会議長）などが顧客になった。くわえて、中国の言語学者の林語堂や、孫文の子で中華民国の立法院院長などを歴任した孫科らも訪れた。

一九六九年、徐鴻洲の一人娘が、雅叙園の土地・建物をロッテに安値で売却し、七〇年までに雅叙園は営業を終えた[25]。雅叙園にあった庭の滝は、半島ホテルの敷地を買収して一九七九年に全館開業したロッテホテル本館のラウンジから、今でも見ることができる[26]。

②仁川の中華楼

仁川の中華楼については、後続店が営業を続けているので、歴史記録がよく残されている。一八八九年、後に「朝鮮の海運王」として知られる堀久太郎が、事業の本拠地としていた仁川で、朝鮮半島最初の西洋式ホテルである大仏ホテルを開業した。当時の仁川には、外国人専用の旅館がなかったことから、大仏ホテルの開業は、仁川の日本大使館関係者をたいへん喜ばせたという。

ところが、一八九九年、京城―仁川間に京仁鉄道が開通すると、旅行者は仁川に宿泊する必要がなくなった。さらに、一九〇五年に日露戦争が終わり、同年に日本帝国が大韓帝国を保護国化し、一〇年にその併合へと進むにつれて、朝鮮は日本内地の延長となっていった。くわえて一九〇五年には、京城と釜山をつなぐ京釜線が開業し、仁川は、朝鮮交通路の門戸としての役割を失って、一国内港となった。これらのことから、仁川の大仏ホテルは、西洋人の宿泊客を失って、廃業に追い込まれた[27]。

しかし、一九一八～一九年頃[28]、頼紹唱（一八七二年生まれ、山東・福山籍[29]）をはじめとする華人たちが、大仏ホテルを引き受けて、「中華楼」という北京料理店を創業すると、仁川のみならず京城にまで知れわたるほど繁盛したという。中華楼では、洋館には不釣り合いな金箔塗りの看板が、異国情緒を誘い、往事の大仏ホテルをしのばせる古いピアノが、玩具として鳴らされた[30]。

一九三〇年代、店主が親戚の頼家声に代わった後も、中華楼は大繁盛を続けた。だが、一九五〇年に朝鮮戦争が勃発すると、頼一族の大半は釜山、そして台湾やアメリカへと逃避し、中華楼の経営も大きな影響を受けた[31]。一九六〇年代以降には、仁川の「清館街」が衰退し、中華楼も、七〇年代初頭までに経営難に陥って、七八年までに完全に閉業した。

ただし、大仏ホテル・中華楼の洋館では、二〇一八年、仁川広域市の中区庁が、生活史展示館を開館し、往事の大仏ホテルの様子を再現している。また、中華楼の料理長を務めた孫世祥の子息・孫徳俊（仁川中華街協会会長・仁川華僑協会副会長などを歴任）が、近くの別の建物で、中華楼を再び営業している。(32)

民族運動の拠点となる中国料理店

これらの中国料理店は、華人たちのほかにも、朝鮮民族運動家の知識人や反植民地活動家などによって、頻繁に利用されていた。さらに、華人や朝鮮人だけでなく、朝鮮総督府の官僚を含めた日本人も、中国料理店で各種宴会をしばしば行っていたし、一九三〇年代には京城や釜山などで、日本人経営の中国料理店も続々開業した。

しかし、朝鮮人の民族運動家や反植民地活動家にしてみると、中国料理店は、日本料亭よりも支配者層から距離があるので、拠点にしやすい場所であった。李正熙《イチョンヒ》の研究によれば(33)、植民地時代の中国料理店では、例えば、次のようなイベントがあったという。

● 一九一九年一月、ＹＭＣＡ（キリスト教青年会）学生部幹事の朴熙道《バクヒド》が主導して、京城市内の専門学校学生代表八名が会合し、三一独立運動に参加することを決定した。その場所は、大観園であった。ちなみに、大観園は、一九一〇年に山東省出身の王某が開店し、雅叙園・泰和館とともにソウルの三大中国料理店に数えられることもあったが、七七年に閉店している。(34)

● 一九一九年四月、一三道の代表二三名が集まって、臨時政府を樹立するための宣布文と、国民大会の趣旨書・決意事項を朗読したのは、京城（鐘路区瑞麟洞）の「奉春館」であった。

●一九二一年五月、李載根《イジェグン》など五名の朝鮮独立運動家が、独立運動の軍資金を工面するために謀議して逮捕されたのは、「第一楼」であった。

●一九二五年四月、朝鮮共産党の結党大会が秘密裏に開かれたのは、雅叙園であった。

●一九三一年五月、早稲田大学を卒業後に朝鮮日報社に入って政治部長などを歴任した李瑄根《イソングン》の『朝鮮最近世事』の出版記念会が、朝鮮日報副社長などを務めた朝鮮独立運動家の安在鴻《アンジェホン》などの発起で開催された。その会場は、四海楼であった。

●一九三一年一一月四日、『朝鮮日報』は号外を出して、満洲出兵反対の檄文を発するなどした反帝国主義の秘密結社、ならびに朝鮮共産党に属する京城帝国大学の学生などが、二カ月前に検挙されていたことを報じている。その「反帝同盟」が結成されたのは、「中華園」という中国料理店であったことが、写真入りで報じられた。

●一九三三年一二月、法政大学でフランス文学を学び抒情詩運動の先頭に立っていた異河潤《イハユン》の翻訳詩集の出版記念会が、詩人・金億《キムオク》などの発起で開催された。その会場は、金谷園であった。

●朝鮮文学者の金台俊《キムテジュン》が、新羅の郷歌をはじめとする古歌を集めて『朝鮮歌謡集成　古歌編』を編纂し、その出版記念会が、一九三四年三月、李光洙《イグアンス》などの発起によって開催された。その会場は、雅叙園であった。

●一九四〇年、児童小説家・民族運動家の方定煥《パンジョンファン》（雅号は小波）の朝鮮語による全集『小波全集（소파전집）』の出版記念会が開かれたのは、悦賓楼であった。

このように、中国料理店は、民族運動や反植民地活動の拠点になった。そればかりでなく、中国料理店は、アヘン密売の温床にもなっていた。『朝鮮日報』からは、表向きは中国料理店の看板を掲げているが、実際には、アヘンの密輸商人であったことが露わになる事件が、跡を絶たなかったことがわかる。(35) 一九世紀のアメリカのチャイナタウンにおいて、アヘン窟と中国料理店が隣り合わせにあったのと同じようなことが、二〇世紀の朝鮮でも見られていたのである。

華人排斥と中国料理店――一九二七年、三一年、三七年

こうした背景もあって、現地の人々の間で反華人・反中国感情が高揚すると、中国料理店がその標的になることは、日本統治時代の朝鮮でも例外ではなかった。朝鮮で賃金の安い中国人労働者の流入に対する脅威論が台頭するなかで、中国東北三省の政府が、朝鮮人の駆逐や居留・土地租借の制限に関わる多くの規定や訓令を発した。それに対して、朝鮮語新聞が、在満同胞擁護運動を起こすべきだと訴えたことが契機になって、一九二七年一二月に華人排斥事件が勃発した。

華人の経営する麵麭屋（パン屋）などの飲食店に対する暴行が広がり、多くの中国料理店が群衆の襲撃を受けて、ガラスや器物を破損されたり、休業に追い込まれたりする被害を受けた。(36) その後にも、中国料理店への投石が頻発する地域があり、(37) 朝鮮人の客が来なくなって閉店する中国料理店の報道も散見される。(38) だがそれでも、中国料理店の数は、しだいに回復に向かった。

しかし、一九三一年七月二日、日本政府によって、間島から中国吉林省の万宝山に入植させられた朝鮮人と、それに反発する現地中国人農民との小競り合いが、日本・中国の警察を巻き込む衝突に発展した。間島とは、豆満江以北の満洲の朝鮮民族居住地で、現在の中国の延辺朝鮮族自治州一帯である。こ

の「万宝山事件」は、死者なく収まったものの、七月三日に配布された『朝鮮日報』の号外が、「三〇〇余りの中国官民が三姓堡の同胞を包囲し事態がますます険悪化」し、同胞の安危が急迫していると報じた[39]。それをきっかけに、激しい華人襲撃が始まり、七月六日頃まで約四日間続いた。

一九三一年の華人排斥の被害は、二七年の華人排斥に比べて大規模かつ深刻で、朝鮮の中国料理店が約六〇〇店も減少したという。京城では、約四割の中国料理店が、投石や窓・ドア破損などの被害を受けた。注目すべきことに、京城でも、高級中国料理店は被害をあまり受けなかった一方で、朝鮮人の顧客の多い鍾路区のホットク屋が最大の被害者となり、その後もホットク屋の回復は遅かった。とはいえ、帰国した華人がじょじょに朝鮮にもどってきて、新たに中国料理店を開いたので、一九三六年までの短期間に、中国料理店の数は、三〇年の九割以上までに回復した[40]。

それゆえに、この時期の朝鮮では、中国料理の担い手が、華人から朝鮮人へと交代することがなかった。日本では、一九三一年九月の満洲事変の影響で、華人料理人が帰国したことで、日本人の中国料理コックが増えたのとは、異なる状況になった[41]。

ところが、一九三七年七月に日中全面戦争が勃発すると、朝鮮に住んでいた華人が大量に帰国して、三一年の華人排斥の時よりも急激に、中国料理店が閉店した。その後ゆるやかに回復したものの、一九四三年には、朝鮮総督府による戦時経済統制の強化と、小麦粉配給制の実施によって、中国料理店は再び減少に転じた[42]。

このように、朝鮮の中国料理店は、襲撃の標的になったり、戦争の影響で華人が帰国したりして減少しても、またすぐに回復傾向にもどった。そのことは、当時までに中国料理が、朝鮮半島の人々の日常生活に浸透して、不可欠なものになっていたことを示している。一九三〇年代の朝鮮では、日本女子大学出身で長らく中国に住んだ中国料理研究家の鄭順媛《チョンスヌオン》が、たびたびメディアに登場し、中国料理の啓蒙・普及活動を展開している。鄭順媛は、例えば、一九三三年、ラジオの家庭講座で家庭の中国料理を紹介している(43)。また、鄭順媛は一九三五年五月から、女子基督青年会主催・朝鮮日報学芸部後援の「中国(清)(支那)料理講習会」を始めて(44)、そこで教えた料理のレシピを、教材として『朝鮮日報』紙上で連載している(45)。

さらに、一九三〇年代後半には、『朝鮮日報』のほかにも、『東亜日報』や『毎日新報』などの大手新聞社が、競い合うかのように中国料理講習会を開催した(46)。ちなみに、朝鮮料理についても、一九三四年五月の『朝鮮日報』紙上で、家庭婦人協会主催・朝鮮日報学芸部後援の「朝鮮料理講習会」が開催されたり(47)、洪承嫄《ホンスンウォン》の「朝鮮料理講座」が連載されたりしている(48)。だが、これらはその後に継続されておらず、翌三五年から始まる中国料理講座に比べると、朝鮮料理講座は、開催回数が少なく短期間で終了していた。

チャプチェ――中国の影響

ところで、日本の韓国料理店でよく食べられる「チャプチェ(雑菜)」は、一九世紀末以降に流入した中国料理の影響を受けて、新たに生まれ変わった朝鮮料理の典型例である。一六七〇年頃に編纂された、朝鮮最古の料理書ともいわれる『飲食知味方』は、「雑菜」について、「キュウリ、大根、緑豆モヤシは生で、桔梗の根、ウチゴヤシ、干瓢はゆでて、細く裂いてから味つけする。各材料を一寸長さの細切にし、それぞれ油と醤油で炒めて、任意で混ぜ合わせ、大皿に盛る。汁はていねいにかけ、山椒、胡椒、ショウガをふる」と述べている(49)。

このように、一七世紀当時のチャプチェは、ハルサメ（「唐麵」）や牛肉を入れず、汁をかけているので、現在のチャプチェとは異なっている。朝鮮王朝時代の料理書には、ハルサメ入りのチャプチェは登場しない(50)。

すなわち、李朝時代からある野菜だけのチャプチェと、近代以降に中国料理の影響を受けたハルサメ・肉入りのチャプチェの二種類がある。そして、前者のチャプチェは、「韓定食」（李朝の宮廷料理に始まる高級宴会料理）の一品などとして残る一方、後者のチャプチェが、今の韓国・日本の中国・韓国料理店で一般的なメニューになっている。

ハルサメは、一九世紀末に華人が朝鮮半島に持ち込み、それを朝鮮の人々が、「唐麵《タンミョン》（당면）」などと呼んだと考えられる。例えば、一九二三年一〇月の『東亜日報』には、沙里院《サリウォン》（平壌の南）の廣興工廠製麵部の広告が掲載されており、それは「私たちの手で製造した在来支那製の唐麵　粉湯　胡麵」を宣伝している(51)。中国料理店の増加に伴って、一九二〇年代には朝鮮各地にハルサメ（唐麵）工場ができており(52)、三〇年代までに、沙里院のハルサメは、当地の名産品として全国的に知られていた(53)。

チャプチェのレシピを見ていくと、油で炒めた豚肉や、ハルサメが入っているチャプチェの作り方は、方信栄の『朝鮮料理製法』（一九二一年版）に掲載されており(54)、この頃までに、それが朝鮮料理として受け入れられていたことがわかる。一九二四年に刊行された李用基《イヨンギ》著『朝鮮無雙新式料理製法』（韓国書林、一五二～三頁）は、チャプチェ（「잡채」）の製法を記載しているが、それも豚肉などを味つけして油で炒め、ハルサメ（「唐麪」）を入れるバージョンである。また、一九三〇年の『東亜日報』に掲載された京城の「同徳女高普」の教師・宋今璇《ソングムソン》による「ご夫人の知っておきたい春季料理法」のチャプチェも、ハルサメと豚肉を入れて炒めるレシピである(55)。

一九三七年七月に日中全面戦争が勃発し、華人が大量に帰国して、多くの中国料理店が閉店した頃から、ハルサメ入りのチャプチェが、朝鮮人の家庭でも作られるようになったと考えられる。そして、一九七六年に出版された黄慧性教授の『韓国料理百科事典』（ソウル、山中堂、二九八頁）は、チャプチェをナムルなどと同様に、朝鮮宮廷料理の「熟菜」（「生菜」と対照的に火を通した野菜などのあえもの）の一つとして掲載しており、それには炒めた牛肉やハルサメが入っている。こうして、ハルサメ入りのチャプチェが、韓国で市民権を得て、朝鮮の伝統料理の一つになった(56)。

このように、一九二〇年代にはすでに、ハルサメと肉の入ったチャプチェが、朝鮮の料理書に現れていたのだから、朝鮮戦争でアメリカ軍が進駐した頃、アメリカのチャプスイが、韓国のチャプチェに変化をもたらしたとする説は当たらない。また、韓国語のウェブサイトでは、ハルサメ入りのチャプチェが、アメリカ起源であり、駐米大使の中国人が、アメリカで接待を受けた時に食べたものを中国に持ち込んで、アメリカから中国経由で韓国に伝わったとする俗説が見られる。しかし、中国にはチャプスイもチャプチェもほとんど伝わっていないので、この説も考えづらい。

チャンポン——日本の影響

また、日本統治時代の朝鮮では、中国料理が日本の食文化の影響を受けることも多かった。典型例として、「チャンポン（炒碼麵）」が、今でも韓国の中国料理店で「チャジャン麵（炸醬麵）」に次ぐ人気メニューになっている。チャンポンは、混ぜ合わせるという意味の中国語（「攙和《チャンフオ》」）ないしはマレー語の発音を語源とする説が有力で(57)、一八九九年に長崎で福建出身の陳平順が創業した四海楼は、最初のチャンポン屋ではなかったが、ボリューム感のある現在のスタイルを確立した店と考えられている(58)。

朝鮮半島のチャンポンは、九州―釜山航路の船員が、釜山に持ち込んだのが広まったという説や、もともと華人が持ち込んでいた「炒碼麵」を、朝鮮の日本人が「チャンポン」と名づけたとする説などがある。中国（福建など）から日本の長崎を経由して朝鮮に伝わったと考えられるチャンポンの伝播経路は、山東（中国）から朝鮮に直接伝わったチャジャン麺とは異なっている。

ちなみに、辛さを好む韓国では、早くからチャンポンに糸唐辛子を載せていた。だが、チャンポンが現地化して唐辛子で真っ赤な辛いスープが用いられるようになったのは、一九七〇年代後半以降のことである。[59]

チャンポンのほかにも、韓国の「ウドン（우동）」は、もともと山東系湯麵の「大滷麵《ダールーミエン》」が、植民地時代に日本語の「うどん」と呼ばれるようになったものと考えられる。また、チャジャン麺の付け合わせとしても欠かせない「タンムジ（단무지）」は、日本のたくあんが植民地時代の朝鮮半島で定着した漬物である。[60] さらに、日本の海苔巻きが「キンパ（김밥）」に改良されて普及している。

ただし、日本統治時代に受容された食物は、韓国では「日帝残滓」（日本帝国主義の残りかす）として、批判的に語られることもある。

第二次世界大戦後の中国料理店――蔑視とノスタルジー

朝鮮半島では、一九四五年八月、北緯三八度線以北にソ連軍が、以南にアメリカ軍が進駐して、九月から米ソ両軍が軍政を敷き、朝鮮人による即時の建国を認めなかった。米国軍政府は、一〇月に米の自由市場の導入を宣言したものの、一九四六年二月までに、日本統治時代の配給制度が復活し、四七年までには、第二次世界大戦末期に生まれていた闇市が大繁盛するようになった。アメリカ軍の占領地域には、大量の食糧が輸入され、軍用缶詰が闇市で交易され、キャンディーやガムが、アメリカ兵から朝鮮半島の子供たちに渡されていた。

他方、戦後の北朝鮮の食糧事情は、南朝鮮のアメリカ軍占領地域よりは良かった。二五万人の日本兵・居留民が、すべて南に移動したのにくわえて、北の工業地帯で働いていた朝鮮人も、南部の故郷に帰ったので、北朝鮮の人口圧力が少なくなったからである。とはいえ、ソ連軍が北朝鮮で、しばしば食糧を徴発して運び去った。さらに、一九四六年二月に北朝鮮臨時人民委員会（金日成委員長）が成立すると、ソ連軍のための食糧徴発を強化した。そして同年から北朝鮮は、食糧配給制度を社会管理の道具として利用し始めたのと同時に、徹底的な土地改革を断行して、農地改革に遅れをとっていた韓国に対するプロパガンダに使う武器とした。

こうした食糧事情の下で、大韓民国（韓国、李承晩大統領）と朝鮮民主主義人民共和国（北朝鮮、金日成首相）が、一九四八年八、九月にそれぞれ樹立された。さらに、建国間もない両国の間で、朝鮮戦争（一九五〇～五三年）が勃発する。朝鮮戦争の戦局は、スターリンと毛沢東に許可を得た金日成の北朝鮮軍の南進、D・マッカーサーによる仁川上陸作戦の敢行と国連軍のソウル奪還、中国人民志願軍の参戦と中・朝軍のソウル奪還、国連軍によるソウル再奪還、そして三八線を挟んだ一進一退へと、目まぐるしく変化した。

激戦の続く朝鮮半島では、一九五一年までに三〇〇万人以上が難民となって、食糧難が発生した。そのため、日本が急遽、アメリカ軍・連合国軍・韓国軍の物資供給拠点となる。例えば、一九五一年春には、日本の農家で生産された玉ネギ・レタス・ハツカダイコンが、毎日七トン以上も空輸された。さらに朝鮮戦争は、補給のために空輸や冷凍設備が、初めて本格的に用いられた戦争でもあった。[61]

ところで、一九四七年頃の北朝鮮には、約四万人の華人がいたが、五〇年六月に朝鮮戦争が勃発すると、難民になって三八度線をこえて南下した華人がいた。そして、貿易業をおもな稼業とした華人たちのうち、大商人は中華民国（台湾）に移住したが、中小・零細商人たちは、各地で中国料理業を営んで糊口をしのいだ。一九五〇年一〇月、中国人民志願軍が朝鮮戦争に参戦し、五一年一月にソウルを占領すると、中国軍に捕えられて中華人民共和国に帰国させられる華人もいた。北朝鮮では一九五三年頃から、大規模な集団帰国が行われて、のべ三万人の華人が帰国し、さらに同年八月頃から統制経済が強化されて、飲食業に携わる華人商人もいなくなった[62]。

他方、第二次世界大戦終結頃に約一万人いたとされる韓国の華人は、植民地時代から朝鮮戦争頃までは羽振りがよかったが、その後、中国大陸との国交断絶、さらに韓国政府の執拗な華人抑制政策によって、苦難の時代を迎えた。一九四八年の大韓民国成立当初から、韓国政府は、為替取引規制や倉庫封鎖令などで華人の経済活動を圧迫した。さらに、外国人名義の貿易商登録を認めず、外国人は農地・林野を所有できなくするなど、規制はどんどん強まった。そのため、在韓華人は、「世界で唯一成功できなかった華僑」とも言われた。

こうした厳しい規制のなかの生き残り戦略として、レストラン業に転業した華人は多かった。そしてそのことから、中国料理・中国料理人・中国人に対する蔑視が生まれた。今日に至るまで、韓国の人々は、日本料理・料理人を上に見て、中国料理・中国料理人を下に見ることがある。とはいえ、当時の韓国の庶民にとって、中国料理店がほぼ唯一の外食場所になっていたので、中国料理は後にノスタルジーの対象になった[63]。

韓国の中国料理業は、一九五〇年代には華人が独占していた。一九六〇年代にも、韓国華人の事業全体が縮小傾向のなかで、飲食業だけは盛況で、韓国の華人経営の中国料理店は、約四〇〇〇軒に達して全盛期となった[64]。この頃、韓国人の中国料理人が増えなかった理由の一つは、一九五〇年に勃発した朝鮮戦争で敵対した中華人民共和国に対するイメージの悪化が影響したからとも考えられる[65]。

一九六〇年の四月革命で、李承晩大統領が辞職し、翌六一年、朴正熙《パクチョンヒ》（一九六三～七九年に大統領在任）が、軍事クーデター（五・一六クーデター）を起こして、軍政を敷く。朴正熙政権は、初期の一九六六年までは、とくに節約を奨励して、軍人・公務員の料理店への出入りを禁じたために、多くの中国料理店が休業したり、店舗を貸し出したりした。

また、経済再建に乗り出した朴正熙政権は、一九六二年六月、通貨改革（デノミネーション）を行い、一〇ファン（圜）を一ウォン（圓）（現行の新ウォン）に切り下げて、インフレを鎮静化させた。だが、通貨改革の直後には、韓国の人々の購買力が低下したので、中国料理店は苦境に陥った。その後、韓国政府は、食品の価格制限を行い、米などの定量販売制を実施した。そのため、中国料理店が通常通り営業するためには、闇市で食材を求めざるをえず、食材が高騰するなかでも、料理の値段は変えられなかったので、中国料理店の営業状況は芳しくなかった[66]。

一九七〇年代における中国料理の韓国化――黒くて甘いチャジャン麺と赤くて辛いチャンポン

一九七〇年代初頭までに、韓国の華人人口は約一〇万人にまで増えていたが、七〇年代には、韓国華人の中国料理業が、「没落時代」を迎えた[67]。一九七〇年、朴正熙大統領のもとで出された外国人特別土地法は、外国人が五〇坪以上の店舗、二〇〇坪以上の住宅用地を使用することを禁じたので、華人たちは、大型レストランを経営できなくなった。

さらに一九七三年には、朴正煕政権が、家庭儀礼準則、および中国料理店に対する米飯販売禁止令を出した。これらは、華人の抗議によって三カ月で廃止されたものの、質素倹約が声高に叫ばれるようになり、それまで祝宴などで大きな利潤を得てきた中国料理店が、大きな打撃を受けた。その結果として、一九七〇～八〇年代に、ソウルの雅叙園、大観園、仁川の中華楼、共和春などの老舗有名中国料理店が、続々と閉店することになったのである。[68]

一九七〇年代には、韓国からアメリカや台湾に移住する華人も増えて、韓国の華人経営の中国料理店は、一九六〇年代の約半数の二〇〇〇軒前後にまで減少した。同じ頃には、韓国華人がアメリカで開いた中国料理店が約一〇〇〇軒、ロサンゼルスだけでも二〇〇軒以上できたという推計もある。[69] また、一九七〇年に大阪万博を開催した日本では、中国料理のコックが不足していた。第二次世界大戦前から大阪・神戸には、山東華人の経営する中国料理店が多かったこともあって、関西の山東系料理店に韓国華人がやって来て、コック不足を解消することがあったようである。ただし、当時の韓国華人は、まだ中華民国（台湾）の国籍のままであり、一九七二年に日本が中華民国と断交したので、彼らは短期間で日本を離れなければならなかった。

他方、韓国人経営の中国料理店が、一九五〇～六〇年代にでき始めており、六三年頃、韓国人の開いた中国料理店は、華人経営の店の五％くらいになっていた。当時の韓国では、華人経営の中国料理店が、人件費の安い韓国人の助手を雇って利益を増やそうとした。だが、韓国人は熟練すると店をやめて独立し、低価格の店を出して華人店のライバルとなった。[70]

一九七〇年代初めにも、中国料理といえばまだ華人が独占していた。だが、一九七六年に、朴正煕政権が華人に対して、財産権や教育権を剝奪するような厳しい政策をとったので、七〇年代末までに、ソウルの中国料理店の経営者は、韓国人が中心になった。韓国人経営者によって開店された店は、新しく装飾されて清潔であり、古くて汚く見える華人オーナーの店を見劣りさせた。こうして一九七〇年代に、韓国人経営の中国料理店が増えたのに伴って、中国料理の韓国化が進んだ。例えば、チャンポンが赤く辛くなり、チャジャン麺の黒味と甘みが増し、ポックンパプ（チャーハン）にチャジャン麺の黒いタレがかかったり、チャンポンの赤いスープがついたりするようになった(71)。

さらに、一九六五年の日韓国交正常化から五年後の七〇年、朴正煕大統領が日本文化を解禁すると、日本料理店が急速に発展し、日本料理が中国料理よりも、ハイクラスの味覚として認知されるようになった。しかしながら、韓国では、日本料理に対しては、植民地時代から続く抵抗感があり、また、洋食に対しては距離感を感じて、中国料理に対しては、親近感を覚えるという人々がいた。今でも韓国ドラマのシーンにあるように、政財界の有力者が日本料理店で密談した一方、反政府活動家は、愛国の旗印のもとで中国料理店に集まり、日本料理を味気ないと批判していたという。かつて中国料理店が反植民地運動の場であったことが、日本に対して開国した朴正煕政権に対する批判と重なり合った。こうして中国料理店が、韓国の人々の愛国主義的な歴史意識を醸成する役割を果たした(72)。

韓・中国交樹立と「中国」／「中華」料理

一九七〇年代の韓国の中国料理には、現地化（韓国化）のほかにも、重要な発展が見られた。まず、一九七〇年代末までには、韓国の一般的な家庭でも、「糖醋肉《タンスユク》」（酢豚ならぬ揚げた牛肉の酢牛）、「八宝菜《パルボチェ》」、「饅頭《マンドゥ》」（餃子）、「冷菜《ネンチェ》」、チャジャン麺などの中国料理が食べられるようになった(73)。

また、一九七〇年代頃から、韓国の中国料理で一般的な山東系の「清料理」と差別化するために、韓国の高級中国料理店が、北京・四川・広東などの各地方料理の看板を掲げるようになった。そして現在までに少なくとも、北京ダックが北京料理、辛いものが四川料理を象徴するようになっている[74]。

とはいえ、その後の一九八〇～九〇年代において、韓国の中国料理店の発展は、芳しいものではなかった。一九八七年には、韓国の華人経営の中国料理店は、九〇〇軒余りとなり、六〇年代の約四分の一にまで減り、それらはいずれも中・小店ないしは家族経営店になっていた[75]。一九八〇～九〇年代の韓国では、外食業が発展し、日本料理店数は六倍以上に増えたが、中国料理店は一・四倍程度に増加しただけだった[76]。

そして一九九二年八月には、韓国が、中華人民共和国と国交を樹立し、中華民国（台湾）と断交した。この時には、一部の中国料理店が、宣伝文句に使う言葉を、中華民国をイメージしやすかった「中華」から「中国」に変更した。とくに、韓国人経営者は、「中国」を広告に用いることが多くなった。それに対して、韓国華人の大半は、韓国との国交断絶後も中華民国（台湾）の国籍であった。そのため、中国料理店の華人経営者は、旧来の「中華」を、中華民国だけでなく伝統中国も連想する普遍的な名称として、好んで使い続けた[77]。

一九九二年の韓中国交樹立の後、韓国の人々が中国大陸へ観光旅行に行って、現地の料理を体験すると、韓国の中国料理がいかに韓国化されていたかに気づくことになった。そして、韓国人ツーリストにとっては、北京がもっとも中国らしい都市になる。その点では、しばしば上海をより好んだ当時の日本人とは対照的であった。韓国の人々にとって、北京ダックがもっとも本物らしい中国料理となり、北京の全聚徳で北京ダックを食べることが不可欠になった。

他方、韓国の人々にとって、広東料理はあまり中国らしくなく、エキゾチックなものであり、飲茶レストランは、韓国では流行しなかった。この点でも、横浜中華街の聘珍樓などから点心が広まった一九八〇～九〇年代の日本の状況とは対照的であった。そして一九九〇年代のソウルでは、北京の全聚徳、天津の狗不理、香港の蓮花園などが、中間層の住む地区に支店を開き、ロッテホテルが、台湾・中国大陸からコックを雇って、本場の中国料理を提供しようと試みていた(78)。

また、一九七〇年代までには、アメリカや台湾に移住していた韓国華人が帰国し始めた。彼らが再開したレストランは、「中華」や「中国」ではなく、「山東」の料理であることを強調して、質素な農民スタイルの中国料理を意図的に創り出し、上品な高級料理よりも高い値段をつけた。このような中国料理店は、韓国の人々に過去の記憶をよみがえらせ、またそれこそが本物の中国料理であるという印象を与えた。ノスタルジックな山東料理店は、とりわけ中間層のインテリたちに人気になって、彼らが子供を連れて韓国の昔話をする場所になった。こうした流行のなかで、糖醋肉が郷愁を誘う食物として見直されて、チェーン店を含めた多くの中国料理店で重んじられるようになった(79)。

チャジャン麺の誕生――仁川の共和春とチャジャン麺博物館

さて、チャジャン麺（炸醬麵、図2－28）は、「炸醬（チャジャン）」をかけた麵料理である。炸醬とは、大豆などから作られた黒味噌にカラメルを加えた春醬《チュンジャン》で、玉ネギや豚肉などの具材を炒めたソースである。

チャジャン麺は現在、韓国の「国民食」の一つになっている。大宴会、家族の小宴会、友達の集まりに至るまで、食事の最後、コーヒーの前に、一碗のチャジャン麺が、キムチ、タンムジ（たくあん）、玉ネギ（ヤンパといい、そのまま食べるか、酢ないしは春醬や麵醬［ミョンジャン、甜麵醬］などをつける）

とともに出されるのが、韓国スタイルの中国料理の食べ方として定着している。チャジャン麺は、近年に至るまで街の中国料理店が一つでも配達してくれたので、その手軽さから韓国の庶民生活に密着した[80]。

チャジャン麺は、仁川港の労働者の食物にルーツがあり、一九〇七~八年頃、仁川の山東会館の食堂のメニューとして出され始めたと考えられている。この食堂は、辛亥革命によってアジア初の共和国・中華民国が誕生した一九一二年、「共和国の春が来た（共和國的春天到了）」を意味する「共和春」に店名を改めた。一九一四年、日本の朝鮮総督府が中国租界を撤廃すると、仁川の華人社会は一時低迷した。だが、一九二〇年代半ばからは、多くの移民労働者が山東から流入し、三〇年代までに中国料理店が数多くできた。共和春などの老舗も、政財界や地元の有力者などが訪れて繁盛したが、一九八三年に閉店している[81]。

図2－28　共和春のチャジャン麺（2020年）

しかし、一九九二年の韓中国交樹立の後、仁川と釜山の両地方政府は、チャイナタウンを再開発した。それによって、チャイナタウンを訪れる観光客数は増加したが、乱開発という批判もつきまとっていた。そして二〇〇四年には、再開発中の仁川のチャイナタウンの中心地において、「共和春」の店名を取得した韓国人経営者が、新たにそれを開店した[82]。他方、共和春の旧店舗は改装されて、二〇一二年からチャジャン麺博物館となって、チャジャン麺の歴史にまつわる様々な場面を再現して賑わっている。

チャジャン麺が発案されてからしばらく、それを食べていたのは、おもに華人であり、朝鮮人が食べることはほとんどなかった。中国料理店

図2－29　獅子牌春醤（仁川のチャジャン麺博物館）

でも、チャジャン麺は主要なメニューになっていなかった。新聞に朝鮮の中国料理の一つとして、チャジャン麺が最初に登場したのは、一九三六年二月一六日の『東亜日報』（夕刊三面最下段）であった。東亜日報社学芸部主催の第三回全朝鮮男女専門学校卒業生大懇親会の「大会余記」に、「ウドンを食べ、チャジャン麺を食べ、冷や飯を食べて、君たちに教えるのだ」とある。

一九四〇年頃でも、中国料理店は、都会に行けば見かけるものであり、チャジャン麺といえば、遠方から訪ねてきた親戚を接待する時など、チャンポンなどとともに、特別な時に食べる高級な外来食であった。当時には、チャジャン麺を食べたこと自体が、自慢になったという[83]。

チャジャン麺の多様化・コンテンツ化・国民食化

第二次世界大戦後の一九四八年、山東華人の王鬆山が、ソウルで「永華醤油」という工場を開業し、韓国人の好みに合わせて、カラメル（「焦糖」、白砂糖を加熱して粘り気をつけて褐色にしたもの）を入れることで甘くした「獅子牌春醤」（獅子ブランドの春醤）を製造・販売した（図2－29）。このことは、チャジャン麺が広い人気を獲得するきっかけになった[84]。

一九五四年、アメリカとの間の「相互安全保障法」（Mutual Security Act, MSA、一九五一年～）が改定されて、援助額の一定割合を米国の余剰農産物購入に当てるように規定した四〇二条が挿入された。同年にアメリカ議会が制定したＰＬ四八〇（余剰農産物処理法）は、アメリカの余剰農産物を、援助国の学校給食に無償で提供できる、という内容を含んだ。[85] これによって、日本や韓国の学校給食用に、小麦粉が無償で供給されて、パン食が広まった。さらに重要なことに、アメリカの無償小麦援助は、日本ではラーメンが、韓国ではチャジャン麺が、台湾では牛肉麺（第一部第5章）が、国民食といわれるまで普及していく契機になった。

韓国では、一九六三年に大統領に就任した朴正煕が、粉食奨励運動を推進し、小麦食品の消費を増加させると、それ以降の中国料理店では、チャジャン麺・チャンポン・ウドンが大衆的なメニューとして定着した。さらに一九七〇年代までに、チャジャン麺には黒味と甘みが欠かせない、という認識が定着して、カラメルのような人口着色料が加えられるようになった。

また、チャジャン麺は、一九七〇年代まで、政府の価格統制の対象であり続けた。そのため、一九六四年からアメリカ政府が小麦の無償供給を行わなくなると、中国料理店の店主は、チャジャン麺にジャガイモなどを入れて、原価を抑える方策をとった。小麦などの価格が上昇するなか、一九七五年には、漢城中華料食業総会の要請に応じて、二カ月余り論争した末、ソウル特別市は、チャジャン麺の値上げを認めた。だが、この論争は、華人に対する社会的な反感を巻き起こした。[86]

そして一九八〇年代、チャジャン麺はさらに大衆化した。チャジャン麺をアレンジした「チャパゲティ」（一九八四年～、ノンシン［農心］）や、「チャチャロニ」（一九八五年～、サミャン［三養］）のような、インスタント食品が発売されて、辛ラーメン（一九八六年にノンシンが発売）などと同様に、気楽に食べられるようになった。

一九九〇年代から、チャジャン麺は、さらに多様にアレンジされて、韓国人が作り出し、韓国人が消費する韓国料理として発展した。例えば、「四川チャジャン」（辛めのソースをかけたチャジャン麺）、「エンナル・チャジャン」（ノスタルジックな昔風のチャジャン麺）、「ソン・チャジャン」（手打ち麺を用いたチャジャン麺）、「チェンバン・チャジャン」（大きな盆に盛り、数人で一緒に食べるチャジャン麺）といった、ユニークなアレンジが続々と発案されている。さらに、バレンタインデーやホワイトデーに無縁であった若い男女が、黒い服を着て、黒いチャジャン麺を一緒に食べる「ブラックデー」という記念日もできた。

また、韓国のドラマや映画にも、チャジャン麺が頻繁に登場する。二〇〇〇年代初頭には、『チャジャン麺』というマンガも刊行された。それは、一九九七年のアジア通貨危機の影響を受けた財政危機と不況の韓国において、チャジャン麺を作って生計を立てたり、安いチャジャン麺を食べなければならなかったりする人々を描いている(87)。

二〇〇六年、韓国文化部は、「一〇〇大民族文化シンボル」の一つに、チャジャン麺を選定した。こうしてチャジャン麺は、名実ともに韓国の「国民食」となった。チャジャン麺に関する本は多く、チャジャン麺は、おそらく日本のラーメンに次いで著作物の多い「国民食」だろう。

さらに、チャジャン麺は、海外の韓国華人や韓国人の経営する中国料理店・韓国料理店でも出されて、韓国人が国外でナショナル・アイデンティティを確認する食物にもなっている。例えば、アメリカでは、一九七〇年代末、韓国の山東華人がロサンゼルスやニューヨークに移住し、コリアンタウンかその近くに中国料理店を開いて、チャジャン麺や糖醋肉などを出した。ハワイのケアモク通りは、もともと日系人のコミュニティがあったが、一九七〇年代からコリアンタウンへと変わっていった。そこでは、韓国の山東華人が経営する中国料理店が、黒いチャジャン麺や赤いチャンポンを出した。

また、台北県永和市の中興街には、韓国華人のコミュニティが形成されており、そこの韓国式中国料理店では、キムチやタンムジ（たくあん）を付け合わせたチャジャン麺が出される。ちなみに、台湾では、二〇〇四年から放送された韓国ドラマ『大長今（宮廷女官チャングムの誓い）』の影響で、韓国料理ブームが起こり、新たに開店した韓国料理店は、「韓式炸醤麵」（韓国式の黒いソースがかかった炸醤麵）を出した。ほかにも、東京・新大久保の韓国式中国料理店や、北京で韓国人や中国の朝鮮族が営む店でも、チャジャン麺が食べられている。(88)

日本の植民地支配は、たしかに朝鮮料理の形成・発展を遅らせたといえる。植民地の日本人も、宮廷料理の神仙炉をはじめとして、キムチ・ソルロンタン・カルビなどを高く評価していた。だが、宮廷料理をはじめとする朝鮮料理が保護・体系化されたのは、大韓民国が建国され、朝鮮戦争も休戦してしばらくたった、一九六〇年代以降のことである。

そして、朝鮮料理店のほかに、中国料理店が、植民地時代の民族活動家や、開発独裁政権下の反政府活動家にひいきにされていたことは興味深い。ただし、日本の朝鮮総督府は、華人の中国料理業者を直接抑圧することはなかった。朝鮮半島における中国料理の発展が遅れたのは、日本の植民地支配の影響よりも、大韓民国が華人に対して厳しい経済政策を実施した影響のほうが大きかった。

韓国と日本の中国料理を比べると、韓国には老舗といえる中国料理店が見当たらず、それゆえ高級中国料理の水準も近年まで日本に大きく引けを取った。二〇世紀初頭、大韓帝国や日本統治の時代のソウルや仁川では、大型の高級中国料理店が創業したが、そのほとんどが一九七〇年代頃に閉店していたからである。

他方、庶民向けの中国料理は、二〇世紀の朝鮮・韓国の食文化を豊かにした。おもに韓国人経営者・コックの手によって、韓国式に改良されたチャジャン麺・チャンポン・糖醋肉といった中国由来の料理がユニークに発展し、ホットクのように安くておいしい食物が広まって、韓国の日常生活に深く根づいている。この点は、ラーメンや焼き餃子などが欠かせない日本式の中国料理と同様であり、韓国式の中国料理をおいしくて魅力的なものにしている。

第7章　インド——赤茶色の四川ソース

イギリス領インド帝国の華人とチャプスイ

近年には南アジアでも、インド式中国料理というべきものが台頭している。東京の個人経営のインド料理店でも、チャーハン、「チャウメン」（焼きそば）、「チャプスイ」（あんかけ焼きそば）、そして料理名に「四川（Schezwan）」とついた赤くて辛い魚や鶏肉の料理などが、メニューに加わっていることがある。(1)

こうしたインド式中国料理は、中印関係の悪化から華人人口が減少した後に、都市の若者を中心に広まった食文化のようである。だが、なにぶん現状では研究がほぼ欠落しており、その歴史も現状もよくわからない。しかし、中国料理の世界史を論じるうえでは、今後研究すべき重要テーマに思えるので、現状でわかることを簡潔に紹介しておきたい。

イギリス東インド会社（一六〇〇年設立）は、一七五七年、プラッシーの戦いでフランス側に勝利し、その後インド各地の現地勢力と戦争をして、支配領域を拡大していった。インド亜大陸東部で中国から近いコルカタに、最初の華人がやってきたのは、一七七八年頃のことで、コルカタの南約三〇キロの村に、最初期の華人の墓が残っているという。(2) イギリス東インド会社は、一八五七年に起こったインド大反乱を鎮圧し、翌五八年にムガル朝を滅亡させた。一八七七年、ヴィクトリア女王がインド皇帝に即位して、インド帝国が成立した。こうして、イギリス領の国際都市となったコルカタやボンベイ（現・ムンバイ）には、清国の商人や船大工などが、経済的機会を求めてやってきた。

ただし、今日のコルカタにいる華人の先祖の多くは、二〇世紀前半の中華民国時代に移民してきた人々である。[3]一九二〇年には、インド最初の中国料理店とされる「欧州酒店」が、広東省梅県からコルカタに移住してきた家族によって開かれた。コルカタには第二次世界大戦以前にも、多くの中国料理店ができ、この「欧州酒店」や「中華酒楼」が有名であった。コルカタのほかにも、ボンベイ、マドラス（現・チェンナイ）、ダージリンなどにも、中国料理店ができたという。[4]

第二次世界大戦中、インドの中国料理店は一つの最盛期を迎えた。広東、北方（北京・天津）、江蘇・浙江などの料理店・茶館が、コルカタ・ボンベイ・カラチなどに、計一五〇店くらいできたとされる。この時期には、日本軍の進攻する東南アジア各地から、インドに避難してやってくる華人が増えていた。[5]とくにコルカタは、一九一一年までイギリス領インド帝国の首都機能を担い、その後も経済の中心地になっていた。さらに第二次世界大戦中には、連合国軍の基地や中国遠征軍の駐留地になり、一九四二年には、蔣介石・宋美齢夫妻がガンディーに会見するなど、国民政府の要人もたびたび訪れていたので、コルカタは多くの華人を引き寄せた。[6]当時のコルカタやボンベイの中国料理店は国際的で、英・中の敵国人となった日本人を常客としている店もあり、[7]また、増加する連合国軍の関係者を顧客とする店も多かった。[8]

それゆえ、第二次世界大戦期までに、アメリカの代表的な中国料理であるチャプスイが、インドに伝わったと考えられる。例えば、戦後の一九五一年、インドのコルカタと日本を結ぶイギリス（元英領インド）籍の大型貨物兼客船「サンゴラ」は、「海に浮かぶ美食家のパラダイス」と言われ、乗客は朝・

昼食に異なる国籍の食事を選ぶことができ、ベーコンエッグ、チャプスイ、パキスタン・ゴア・インド式に調理された三つのカレーなどを選べた。[9]

ここで注目すべきことに、英国籍の客船の食事として、イギリス・インド（パキスタン・ゴア）とともに一角を占めた中国の料理は、米英式のチャプスイであった。このことは、チャプスイが、アメリカ→イギリス→インドと伝わった可能性が高いことを示している。

第三部第1章で詳しく見るように、一八八〇年代までにアメリカで誕生したチャプスイは、一九二〇年代までには、ロンドンでも様々な種類のものが食べられていたし、第二次世界大戦時のアメリカ軍の食堂では、欠かせない料理になっていた。チャプスイはインドで広く普及し、今でもそれがアメリカ由来の中国料理として認識されているようである。筆者は、東京・西大島の南インド料理店「マハラニ」で、「American Chop Suey（インド風あんかけかた焼きそば）」を食べたことがある。

チャイナタウンの衰退と中国料理の興隆

さて、イギリスは一九四七年、イギリス連邦内の自治領として、インド・パキスタン両国の独立を認め、インドは五〇年、パキスタンは五六年に共和国となった。そして、インドの華人人口は、一九五〇年代に一度ピークに達して、六万人近くになる。[10] この頃、共産化した中国からコルカタに逃れた華人が中国料理店を開き、広東出身家族の開いた「南京」という店などが有名になった。[11] 一九六〇年頃、インドの中国料理店は、コルカタやムンバイなどの大都市に三〇店余りあり、その顧客はインド在留の欧米人、インドの中・上層の人々、華人など多様であった。当時のインドの中国料理は、広東料理や河北料理（冀《き》菜）が中心であった。[12]

しかし、一九五〇年代後半から、国境問題やチベット動乱で中印関係は悪化し、六二年には中印国境紛争が勃発する。すると、新たな華人はインドにやって来なくなり、多くの華人がコルカタなどから、カナダのトロント、アメリカ、香港、オーストラリア、ヨーロッパへ移住していった[13]。一九六二年以降のコルカタの華人の苦境については、チャイナタウンでもっともおいしい麺を作ったという伝説の女性を探し求めた、イギリスBBCのドキュメンタリー番組が描いている[14]。

中印の首脳レベルの交流が再開したのは、一九八八年のラジーヴ・ガンディー首相（一九八四〜九年在任）の訪中以降のことで、その後にビジネスを中心として中印交流が拡大している。とはいえ、国境問題や、インドが敵視するパキスタンとの関係など、インドの中国への警戒感は強い。

こうしたなか、一九九〇年代以降、コルカタ市が環境規制を強化すると、多数の皮革工場が廃業して、中国料理店に転業した。また、コルカタのチャイナタウンを、観光地として再開発する計画もある。だが依然として、商店閉店や華語学校廃校などがあって、コルカタの華人街は縮小している[15]。

ところが、こうしたコルカタのチャイナタウンの衰退とは対照的に、インド式中国料理は、大都市を中心に広まっている。二〇一七年のデータ調査によれば、インド三六都市の五万四一〇三店のレストランのうち、二万三二五店（三七・六％）が、中国料理を提供しているという。インド式中国料理の特徴は、南アジアで常用される粉末香辛料やマサラ（多種類の香辛料を粉状にして混ぜ合わせた物）、および現地の食材を使うことなどである。ニンニク・ショウガ・醤油・唐辛子をブレンドした味が、中国のものとして受容されており、インドにおける中国の食物の独自性になっているという。

インド式中国料理では、チャーハンやチャウメン（焼きそば）などが、いずれも醤油・唐辛子・チリソースの混ざった赤色ないしは茶色をしている。インドでは、赤茶色で、辛くて、脂っこいことが、中国料理の特徴として認識されている。とくに、ニンニクや赤唐辛子の味が強い「シェズワン・ソース（Schezwan sauce）」（「四川」を「スチュワン」ではなく「シェズワン」と発音する）は、インド独自の調味料であり、人気がある。インド式中国料理は、肉や魚の使用が少なく、獣肉では鶏肉以外を使わない[16]。

ほかにも、インドでは、書、龍、提灯、中華鍋（wok）、中国寺院、太った華人コック、碗や箸、仏像、華人に似た北東インドのスタッフの多さなどが、しばしば中国料理店のシンボルになっているという。また、料理を平たい皿に盛るのではなく、碗（ボウル）に入れることも、インド式中国料理の大きな特徴である。碗は箸とともに、中国や中国文明が影響を与えた地域（日本・朝鮮半島・ベトナム）で常用されている食器である[17]。

インドは、中国と同様に、多くの人口、広大な国土、多様な民族を有し、東南アジアおよび全世界に大きな影響を与えた食文化を擁する国である。そのインドにおいて、独特な中国料理が広範に普及していること自体が興味深く、今後の研究が待たれる。

管見の限りでは、インドにおける中国料理の普及過程では、イギリスの植民地支配、アメリカ軍、現地人のレストラン経営者など、華人以外の影響が大きいことが窺える。

続く第三部では、アジアから米欧に視点を移して、とくに華人や中国に対する国民感情と中国料理に対する社会的態度の関係に着目しながら、各国における中国料理の普及過程を見ていきたい。

第三部　米欧の人種主義とアジア人の中国料理

第1章　アメリカ合衆国――チャプスイからパンダエクスプレスまで

アメリカ人の対中感情と飲食文化――茶と牛肉の象徴性

アメリカ（以下ではアメリカ合衆国の略称としてアメリカを用いる）では、人種主義的な反中国人の感情と、中国人に対する共感の双方が交錯してきたといえる。本章でこれから見ていくように、アメリカ人の反華人・反中国感情は、一八七〇～八〇年代にピークに達し、一八八二年の「排華法」の制定につながった。他方で、アメリカで親中国の国民感情が醸成された時期としては、ゴールドラッシュ以前の一九世紀初期、バーリンゲイム条約が締結された一八六〇年代、李鴻章が訪米した一八九〇年代、中国がアメリカの連合国として第二次世界大戦を戦うことになる一九三〇～四〇年代、R・M・ニクソン大統領が訪中して米中国交樹立に向かう一九七〇年代などがあった(1)。

アメリカは、一七七六年にアメリカ独立宣言を発し、イギリス本国との戦争を経て、一七八三年のパリ条約によって政治的な独立を達成した。独立戦争後には、イギリスに頼らずに中国から茶を輸入することが、アメリカの独立の象徴となった。一八二〇年代までに、茶と青・白磁器が、アメリカの一般家庭でも広く用いられるようになった。一九世紀中葉のアメリカのビジネスマンや政治家などは、中国が民主的な貿易相手国になる可能性があると見なしていた(2)。

アメリカ人は、独立からおよそ一世紀の間、イギリス人よりも多くの肉や砂糖を消費する傾向があったものの、イギリスの食文化の伝統から自由になっていなかったとされる。一八六〇年頃までは、アングロサクソン系のアメリカ人にとって、豚が主要な肉であり、アメリカは「豚の共和国（The Republic of Porkdom）」とさえいわれることがあった。

しかし、一八八〇年代までに、冷凍貨車の運輸システムが整備されて、牛肉が安くなると、白人たちが牛肉を崇め奉って豚肉を見下すようになり、牛・羊・鶏・豚の順番に食肉がランク付けされるようになった。牛肉を豊富に食べられることで、アメリカ人は自分たちを、ヨーロッパの人々よりも良い食生活を送っていると信じるようになった。豊富な牛は、白人たちのアメリカンドリームの一部となり、そしてアメリカの民主主義の象徴になった。ただし、牛肉が豊富だからといって多くの調理法が生み出されたわけではなく、大きな肉塊のステーキ・煮込み（シチュー）・ハンバーガーが、長い間おもな料理であり続けた(3)。

ゴールドラッシュと南北戦争の時代の華人

一九世紀から一九三〇年頃にかけて、世界は大規模な移民の時代を迎えていた。この時期にヨーロッパから新大陸へ、累計約四二〇〇万人が移住した。とくに一八四〇〜五〇年代、アメリカのカリフォルニアやオーストラリアがゴールドラッシュに沸いた頃、アイルランドやドイツでは不作や不況のために、一五〇〇万人が新大陸に渡った。インドでも一八九〇〜一九二〇年にかけて、約一二〇〇万人がセイロンや東南アジアに出稼ぎに向かい、そのうち約九〇〇万人が帰国した。中国東北部（満洲）にも一九世紀前半から、累計約四〇〇〇万人に及んだとされる大移住が始まった。さらに一八六〇年代以降のウラジオストック開港、東清鉄道の建設、旅順・大連といった植民地都市の建設に伴って、ロシア人、漢人のほかに朝鮮人、日本人も満洲に吸い寄せられていった。

そして、一八九一〜一九三八年に東南アジアに流入した華人は一四〇〇万人以上、その大半が労働者で八割以上は帰国したが、一九三〇年代半ばに約六二〇万人の華人が東南アジアに居住したと推計される。概していえば、この時期に世界資本主義のシステムが、ヨーロッパから新大陸そしてアジアを含む周縁部へと広がり、あちこちに労働力市場ができて、安い労働力を引き寄せたといえる。(4)

アメリカの中国料理の歴史は、日本などの場合に比べると、華人の歴史と重なる部分が大きい。「チャプスイ（雑碎、chop suey）」に代表されるアメリカ式の中国料理は、華人にとって華人排斥の時代に仕事を見つけるための道具・戦略であり、華人のアメリカ社会への創造的な適応を象徴するものといえた。(5)中国系移民がアメリカに渡ったのは、一説には、一八〇八年が最初だと伝えられ、記録としては、アメリカ移民局に一八二〇年に来たというものが最古とされる。(6)後者にしても、一七七六年にアメリカ独立宣言が発せられてから、わずか四四年後のことである。

そして、もともとスペイン領であったカリフォルニアは、米墨戦争の結果、一八四八年二月二日にメキシコからアメリカに割譲された。だが、その九日前の一月二四日、カリフォルニアのサクラメント・バレーにおいて砂金・金塊が発見されていた。一八四九年までに、カリフォルニアではゴールドラッシュが起こり、中国系移民もやってきた。「フォーティ・ナイナーズ（四九年組）」とは、このときの金ブームに、最初に殺到した人々のことである。サクラメントの金山には、一八五〇〜五九年の間に約七万人の広東人が招き寄せられて、その約半数がアメリカに残った。(7)

一八四九年から、サンフランシスコで中国料理店が開かれ始めた。アメリカ初の中国料理店は、「広東酒楼」であったと伝えられている。[8] 一八五〇年代には、サンフランシスコにチャイナタウン（華人街）が形成され始めて、「リトル・チャイナ」と呼ばれた。そこはもともと、「フォーティ・ナイナーズ」が幌馬車を止めて寝泊・飲食・遊興し、金の掘れない冬を過ごすベースキャンプとして始まった。

しかし、一八五二年から炭鉱地区は混乱し、経済的な脅威や、民主主義の原則に相容れないことや、不衛生や病気をもちこむといった理由から、反華人感情も生まれた。中国料理店は、中国料理だけでなく、ステーキ・ハム・卵などの基本的な料理も出したが、アメリカ人の顧客を思うように得られず、おもに華人だけに愛顧されていた。[9] 一八六〇年代には、香港・上海の有名広東料理店「杏花楼（Hong Fer Low）」（一八四六年に香港初の茶楼［茶館］として開店、[10] 五〇年代には上海でも同名店が開業）の名前を借りた中国料理店が、サンフランシスコに開店した（一九六〇年代まで存続）。「杏花楼」という名の中国料理店はその後、ポートランドやボストンのチャイナタウンの中心街でも開業した。[11]

南北戦争中の一八六三年、A・リンカーン大統領（一八六一〜六五年在任）が、奴隷解放宣言を発表した。そして、戦後再建期の政治を、共和党急進派の議員たちがリードして、中国系移民をも含む新しい国民統合の形が模索された。その結果、一八六八年には、バーリンゲイム条約（天津条約追加協定）が締結され、米清間で両国民の自由往来が相互に認められ、自由意志に基づく中国人移民の受入が奨励された。さらに、南北戦争前にカリフォルニアで試みられていた華人労働者に対する差別的な立法も、バーリンゲイム条約に反して違憲であるという判決を受けて退けられた。

だが、こうした南北戦争後の急進的な政治は、長くは続かなかった。[12] 例えば、リーランド・スタンフォード（一八二四〜九三年）は、セントラル・パシフィック鉄道を設立した実業家で、早死にした息子の名を残すために、スタンフォード大学を創立したことでも知られる。スタンフォードは、共和党出身で初めてカリフォルニア州知事になった政治家でもあり、一八六二年の州知事就任演説では、白人労働者の間で増大する反華人感情にへつらう発言をし、その後も彼は白人の擁護者となった。

当時、カリフォルニアの共和党と民主党は、ともに反中国を表明して競合し、一八七六年までには、両党ともに反中国の条項を政治綱領に入れていた。ところが、実際にはスタンフォードは、鉄道建設で多くの華人労働者を雇用していたし、中国料理を好み、しばしばサンフランシスコの有名な漢方医にもかかっていたという(13)。

一九世紀の反華人感情と中国料理店の苦境——一八七〇~八〇年代

清国によるアメリカへの常駐使節派遣は、一八七八年、初代の出使大臣(駐外公使)の陳蘭彬《ちんらんひん》(一八七五~八〇年在任)が、ワシントンに赴任して公使館を構えてから始まった。サンフランシスコには、翌一八七九年に領事館が設立されて、八二年に中華会館、一九〇七年に中華総商会の前身の金山中華商務総会が成立した。一八八二~八五年にサンフランシスコ総領事を務めた黄遵憲は、現地の華人商人とともに中華会館を組織するなど、華人社会に熱心に関わり、在外公館は「僑務」(華人に関する業務)を内政の延長として考えるようになった(14)。

しかし他方で、一八七〇~八〇年代は、「中国系アメリカ人に対する忘れられた戦争」(J・ファルザーの書名)が展開された時期でもあった。例えば、一八七一年には、ロサンゼルスで反華人の暴動が勃発して、一九人の華人が亡くなる。また、一八八五年には、アメリカ史上で最悪の人種暴動の一つである「ロックスプリングス虐殺」が起こって、五一人の華人が殺された(死者数には諸説ある)。一八六〇年代までは、アメリカの小さな街にも華人コミュニティができていたが、七〇年代以降に消滅して、チャイナタウンは大都市だけのものとなった[15]。

一八七五年には、アメリカ合衆国で初めて移民を制限した法律であるページ法（The Page Act）が制定されて、アジアからの売春婦や強制労働者の入国が禁止された。一八七〇年代には、市や州といった地方レベルで、中国人労働者に対する差別的な法を制定される動きも強まる。

そして一八八二年、中国人労働者（商人や留学生などを除く）の入国を禁止した「中国人上陸制限法一五条」が制定されて、それは「排華法」「華人排斥法」として知られるようになる。自由移民の原則を堅持してきたアメリカ政府にとって、特定国籍の移民を対象とした最初の移民制限立法であり、アメリカの移民政策史上、転機をなすものであった。中国からの渡米者は、一八八二年をピークとして減少に転じ、一八九〇年頃から一九二〇年頃までで、アメリカの華人は一〇万人余りから六万人余りにまで減少した[16]。

こうしたアメリカの華人排斥は、国民国家化の過程にあった周辺諸国に参照される。直接的・間接的な「排華法」が、カナダで一八八五年、オーストラリアで一九〇一年、メキシコで〇八年、ペルーで〇九年に次々と成立していった[17]。

ちなみに、日本では、当時の中国と賃金水準に大差がなかったので、アメリカと異なって大量の華人労働者が流入することはなかった。さらに、アメリカで中国人労働者が排斥されると、同じ理由から、代わりに多くの日本人が労働者として、アメリカやハワイに移住することにつながった。とはいえ、日本も一八九九年に、中国人労働者の国内就労を制限した。また、一九二一年からは、中国における自然災害・戦争・不況の影響で、中国人労働者の日本への流入が激しくなったので、二四年から、中国人労働者の日本入国に対する取り締まりが強化された[18]。

話をもどすと、一九世紀のアメリカでは、中国料理店が相対的に低迷していたといえる。サンフランシスコの華人人口も、一八六〇年の三〇〇〇人足らずから、七九年の三万人余りにまで増えて、北米最大の華人コミュニティが形成されていた。また、南北戦争の後、サンフランシスコの白人人口が急増し、旅館住まいの独身開拓者、中間層（ミドルクラス）の家族や観光客をおもな顧客として、多種多様なレストランが繁盛するようになった。

それにもかかわらず、中国料理店の増加は鈍く、一八八二年の住所録では、華人の洗濯業者が一七五軒もあるのに対して、中国料理店は一四軒のみであったという。一八七〇〜八〇年代にはまだ、サンフランシスコの白人たちは中国料理店を避けていた。つまり、華人の洗濯業は非華人向けであったが、レストラン業は華人向けの商売であったことが窺える。(19)

一九世紀末における中国料理の普及の兆し

しかしながら、当時のアメリカでは、中国系移民が他国の移民より優れていると見直されて、とくに華人の料理人に対する評価が、好転する兆しも見え始めていた。サンフランシスコのチャイナタウンは、いち早く白人たちの都市観光の目的地となり、一九世紀の終わり頃にはようやく、チャイナタウンが華人以外の人々に中国料理を広める場へと変わっていった。

例えば、一八八〇年には、ラザフォード・ヘイズ大統領（一八七七〜八一年在任）が、チャイナタウンを訪れた最初のアメリカ合衆国大統領になった。さらに、一八八〇年代前半までには、U・S・グラント元大統領（一八六九〜七七年在任）とその家族、イギリス人女優のリリー・ラントリーとそのボーイフレンドといった多くの著名人たちが、サンフランシスコのチャイナタウンの中国料理店に立ち寄っている。ただし、実際には中国料理を食べずに、お茶を飲むだけの人々も多かったようである。[20]

一九世紀の終わり頃までにアメリカでは、中国料理店が、地域社会で良好な関係を築くために利用されるようになった。例えば、サンフランシスコの華人の企業やコミュニティのリーダーは、しばしば白人有力者を中国料理の宴会に招いて接待し、カリフォルニアの市民や公人と良好な関係を保とうとしていた。さらに一八七〇年代末までに、ニューヨークには、アメリカでサンフランシスコに次いで二番目に大きなチャイナタウンができていた。ニューヨークの華人たちは、一八九九年六月、グランド・セントラル・パレスで中国フェアーを開催して、約一〇〇種類もの中国食品を展示している。[21]

また、シカゴのチャイナタウンは、アメリカ西海岸における差別や暴力を避けた華人たちが、目的地にした場所の一つである。そこは、華人の同化運動や権利獲得運動の拠点になっただけでなく、清国の政治改革運動を支える動きを顕著に見せた。

一九〇六年にシカゴで、チン・F・フォイン（Chin F. Foin）が、「瓊彩楼《けいさいろう》（King Joy Lo）」を開店する。チンは、一八九九年にカナダのヴィクトリアで康有為が設立した改革派の政治団体「保皇会」に活動資金を提供したので、瓊彩楼の開店セレモニーには、康有為も出席していた。さらにチンは一九一一年、後にシカゴの有名店となる「マンダリン・イン・カフェ（Mandarin Inn Café）」を開いた。その店は、東洋の異国情緒を表現しながら、チャプスイや「チャウメン（炒麵、chow mein）」（焼きそば）、そして西洋料理を提供した。[22]

李鴻章とチャプスイの伝説

日清戦争敗北から一年余り後の一八九六年夏、李鴻章（図3-1）は、アメリカ（ニューヨーク→ウェストポイント→フィラデルフィア→ワシントン）とカナダ（トロント→バンクーバー）を訪れた。訪米のおもな目的は、対米関係を強化することと、一八八二年制定の「排華法」や、中国系移民労働者の待遇に対して抗議することであった。

李鴻章は、アメリカにおいて、名士の待遇ないしは「国王のもてなし（royal reception）」[23]を受けた最初の中国人といわれる。李鴻章の訪米は、北米における中国の地位を向上させることにもつながった[24]。そして、この時に発案されたという都市伝説が広く信じられたのが、アメリカ式中国料理「チャプスイ（雑砕、chop suey）」である。

チャプスイとは、豚肉や鶏肉、あるいはハムなどの肉類と玉ネギ、椎茸、モヤシなどの野菜類を炒め、スープを加えて煮た後、片栗粉でとろみをつけ、そのまま食べるか、麺や白飯にかけて食べるものである。チャプスイは、一九〇〇～六〇年代におけるアメリカの中国料理の代名詞であった[25]。

アメリカの中国料理店は、しばしば「チャプスイハウス」「チャプスイレストラン」「雑砕館」と呼ばれるようになり、また、中国料理店の店名にも「チャプスイ」が付け加えられた。例えば、一八九八年にアメリカに併合される以前の一八七九～八三年に、ハワイで少年時代を過ごした孫文がお気に入りだった「ウォーファット（Wo Fat）」は、後に「ウォーファット・チャプスイ（Wo Fat Chop Suey）」に改名されたという[26]。

図３－１　李鴻章

チャプスイの起源には、一九世紀に大陸横断鉄道の工事に従事した華人労働者のコックが発案したとする説のほかに、李鴻章が一八九六年にニューヨークを訪れた際に連れてきたコックが発案したとする説があった。後者の説によると、アメリカ滞在中の李鴻章は、自らの主催する宴会を訪れたアメリカ人客をもてなすために、お抱えコックに料理を作らせた。するとコックは、セロリにモヤシ、肉をおいしいソースでからめた料理を出し、アメリカ人と華人の双方を満足させて、それがチャプスイの始まりになった。その後、ニューヨークからサンフランシスコの中国料理店にまで、チャプスイの流行が広がったという[27]。

しかし、アメリカの新聞・雑誌には、一八八〇年代からチャプスイが度々登場していた[28]。さらに、一八八九年刊行の『ザ・テーブル』という料理書は、豚肉入りのチャプスイを、典型的な「香港メニュー(Hongkong Menu. China.)」の一つに挙げている。『ザ・テーブル』は、ニューヨークの老舗高級レストランのデルモニコス(Delmonico's、一八二七年創業)のシェフなどをしたアレクサンダー・フィリピーニ(一八四九年スイス生まれ)が著したものである。

ちなみに、『ザ・テーブル』は、香港(中国)のメニューとして、米と茶を強調し、フカヒレや燕の巣なども挙げている。また、「横浜メニュー(Yokohama Menu. Japan.)」として、刺身、煮魚、照焼き・塩焼きなど、多くの魚料理を挙げて、醬油や酒も紹介している。他方、「韓国メニュー(Corea Menu.)」としては、アメリカ式中国料理である「チャウメン(Chow Mien)」などを挙げて、韓国では中国の流行がよく追いかけられると記している[29]。すなわち、すでに一八八〇年代までに、フィリピーニは、チャプスイやチャウメンをよく知り、それらが中国・韓国で広く食べられていると信じ込んでいた。

そして一八九六年八~九月、李鴻章が出席したパーティーを報じた『ワシントン・ポスト』や『ニューヨーク・ジャーナル』の記事には、チャプスイが登場した。だが、もちろんそれが、李鴻章と特別に関連づけられることはなかった[30]。

また、李鴻章は『ニューヨーク・タイムズ』の取材に応じて、「排華法」はもっとも不公平な法律であると述べたうえで、「安い労働力は安い商品、そして低価格のより良い商品を意味する。あなたがたは自由を誇りとしているが、これが自由といえるのですか？」と強く訴えていた。[31] こうした主張から、李が何度かチャイナタウンを訪れて、チャプスイも食べていたとする風説があった。[32] しかし実際には、李はチャイナタウンを訪れてはいない。アメリカに駐在した清国の歴代の出使大臣（駐外公使）のほとんどが、李鴻章の人脈につながり、彼らが一八八二年の「排華法」の成立当時から、李に頻繁に情報を送っていた。[33] そのため、李は、華人がアメリカで劣等人種として扱われていることをよく知っており、中国系アメリカ人と交わろうとはしていなかったのである。[34]

ちなみに、外国訪問中の李鴻章の食に関しては、もう一つ有名な風説がある。一八九六年八月、ニューヨークに先立って訪れていたロンドンで、旧知の将軍の遺族から、ペット用に犬を贈られた。だが、李はそれを食用と勘違いして、「年を取って飲食はあまり進まないが、珍しいものを賞味できることは貴重で喜ばしい」などと書いた礼状を送ったという。[35] このもっともらしいエピソードも、史料的な根拠に乏しく、チャプスイ誕生の物語と同様に、李鴻章をめぐる都市伝説の一つであろう。

他方、一八九六年の李鴻章の訪米中には、多くのニューヨーカーたちが、チャイナタウンにやってきて、エキゾチックな中国文化を楽しんだ。ニューヨーク市長のウィリアム・L・ストロング（一八九五～九七年在任）もその一人で、一八九六年八月にチャイナタウンを訪れ、そのことが広く伝わると、中国料理店・商店の繁盛にもつながった。

中国料理店は、おもに華人に対する人種差別的な制限から、利益率の高い酒類を販売できず、茶だけを提供し続けることになった。とはいえ、李鴻章の訪米は、在米華人に対して、洗濯業に続くもう一つのレストラン業という職業機会を与えることになった。[36] 一九〇〇年一月二九日の『ニューヨーク・タイムズ』のタウン情報によると、ニューヨークでは中国料理店が急増して、「チャプスイ狂（"chop-suey" mad）」の状況になっていたという。[37]

そして、一九〇三年に訪米した梁啓超によれば、ニューヨークだけでも、三〜四〇〇軒のチャプスイレストラン（「雑碎館」）があり、全米では三〇〇〇人以上の華人が、それで生計を立てているという。チャプスイレストランのメニューには、中国人の食べない「李鴻章雑碎」「李鴻章麵」「李鴻章飯」といった料理名が大きく書かれており、「西洋人の英雄を崇拝する性質と、物好きの性格が、このようなものを生み出した」と、梁啓超は考察している。[38] すなわち、在米華人のレストラン経営者たちは、一八九六年に訪米して有名になった李鴻章の名前を、積極的に商売に利用していたのである。[39] 李鴻章のコックがチャプスイを発案したという伝説も、こうした中国料理店の営業活動のなかで生まれたものと考えられる。

なお、チャプスイは、モダンなアメリカ式中国料理として世界中に広がり、日本にも一九二〇年代に、銀座アスターや京都のハマムラのメニューとして伝わっていた（第四部）。しかし、アメリカではその頃までに、チャプスイが本物の中国料理ではなく、アメリカでアメリカ人のために発案されたものではないかと疑われるようになっていた。そのため、一九三〇年代には、アメリカの多くの中国料理店が、チャプスイ以外にもメニューの幅を広げなければならなくなった。[40]

「排華法」「排日移民法」とアジア主義・黄禍論

二〇世紀に入ってもアメリカは、華人およびアジア人の移民を厳しく制限し続けた。一八八二年に制定された「排華法」は、もともと一〇年間の時限立法であったが、一八九二年と一九〇二年に延期措置がとられ、最終的に〇四年に無期限延長となった。そのことが一因となって、一九〇五年に中国の都市でアメリカ製品のボイコット運動が起こると、アメリカでも反中国感情が高まった[41]。

また、駐米日本大使館の努力も空しく、一九二四年にアメリカ連邦議会を通過した移民法（ジョンソン＝リード法）は、日本人を含む「帰化不能外国人」の移民を全面禁止する条項が加えられた。実際に移民法が適用されるのは、出稼ぎ目的の者だけであり、エリート商社マンや外交官には関係のないことに思われた。だがそれにもかかわらず、日本では「排日移民法」と呼ばれて、衝撃をもって受け止められ、全国で反米の気運が盛り上がった[42]。

実は、その五年前の一九一九年のパリ講和会議においても、日本は、人種差別撤廃の条文を国際連盟規約に盛り込む提案を行っていた。しかしそれは、白人優位主義の強かったオーストラリアのイギリスに対する根回しが功を奏したこともあって、否決されていた[43]。この時にも、人種差別撤廃を求めて、日本の世論は高揚した。ただし、日本の提案は、日本が国際社会において「一等国」であろうとするためのものであって、他のアジア諸国のことを置き去りにしており、そのことには中国の知識人も気づいていた[44]。そして、一九二〇～三〇年代には、アメリカの一九二四年移民法と同様にアジア移民全般を排斥する法が、カナダ・ブラジル・ペルーでも施行されることになった[45]。

一九二四年の日本では、アメリカの「排日移民法」に対する反感から、反米・反西洋意識が高まっていた。その背景として、すでに二〇世紀初頭から、アメリカ西海岸で起こった日本人排斥の知らせに激怒した日本人が、反米やアジア主義を唱えていたことがあった。アジア主義とは、日本が、アジア諸国と連帯して、西洋列強の圧力に抵抗し、西洋列強による支配からアジアを解放しようとする思想潮流である[46]。そして、アジア主義がアメリカに伝わると、アメリカで黄禍論（黄色人種脅威論）が醸成されて、

日系人排斥がさらに強まる、という悪循環が続いていた。(47)

こうしたなか、一九二四年の神戸で、最晩年の孫文に依頼されたのが、有名な「大亜細亜問題」に関する講演である。それは、欧米列強の侵略をはねのけるために、日本と中国の提携を核にしてアジア諸民族の団結を図ることを訴えたものとして、日本の聴衆に受けとめられた。(48)この時の日本訪問中に孫文は、「アジア主義」という言葉を使って、日中提携による西洋列強への対抗を繰り返し論じている。しかし、孫文のいうアジア主義には、中国以外のアジア諸国の解放が視野に入っておらず、孫文の発言は、中国革命の達成と国家建設に向けて、日本の支援を得るための便宜的なものであった。(49)ちなみに、アメリカでようやく「排華法」が撤廃されたのは、米・中が第二次世界大戦で対日連合国となっていた一九四三年のことになる。

ポテトとライス――二〇世紀に続く中国料理の苦境

そして、華人に対してと同様に、中国料理に対する否定的な見方も、二〇世紀のアメリカに根強く残っていた。大衆誌では、華人は、ネズミや蛇をお気に入りとし、スープも箸で食べ、中国料理には、チャプスイとチャウメンのほかは、米しかないなどと言われた。

とくに、中国人はネズミを食べる、という迷信は根強かった。例えば、ペスト対策のネズミ取り器「ラフ・オン・ラッツ（rough on rats）」は、華人の食習慣に関して、人種差別的な宣伝を行った。一八九七年の広告では、華人の男性が口をあけてネズミを食べようとしており、さらに「彼らは去らねばならない！（They Must Go!）」と書かれている（図3－2）。このフレーズは、カリフォルニアの白人労働者の極端な政治的スローガンでもあり、広告上の「彼ら（They）」は、ネズミのことではなく、華人を指している。

さらに、一九三〇年代に延安の中国共産党幹部を取材して有名になるジャーナリストのエドガー・スノー（一九〇五～七二年）は、幼少時代に小学校で、次のような歌をよく歌っていたという。「チャイナマン、チャイナマン、死んだネズミを食べろ！　それを噛め、ジンジャースナップクッキーのように。(Chinaman, Chinaman, Eat dead rats! Chew them up Like gingersnap!)」[50]。アメリカ人小学生の口ずさむ歌までもが、ネズミを食べる人々として華人を中傷していた。

ほかにも、米を中心とする中国の食事と、肉やパンやポテトを中心とするアングロサクソン系アメリカ人の食事の相違が、人種的な討論に発展することがあった。一九一七年に第一次世界大戦に参戦すると、アメリカも食糧不足になり、ニューヨーク市政府が白人労働者に、ポテトよりも米を多く食べるように奨励した。すると、人々はそれに反発して、アメリカの労働者に中国人の食物を食べさせようとしていると非難した。この一九一七年の食糧をめぐる騒動において、ニューヨークの母親たちも、飢餓対策の食糧として米を用いることに抗議している。米を食べることは、食糧の格下げを意味した。ボストンでも、数百人の白人労働者が食糧品店の前で、「ポテトをよこせ（We want potatoes!）」と叫んだという。

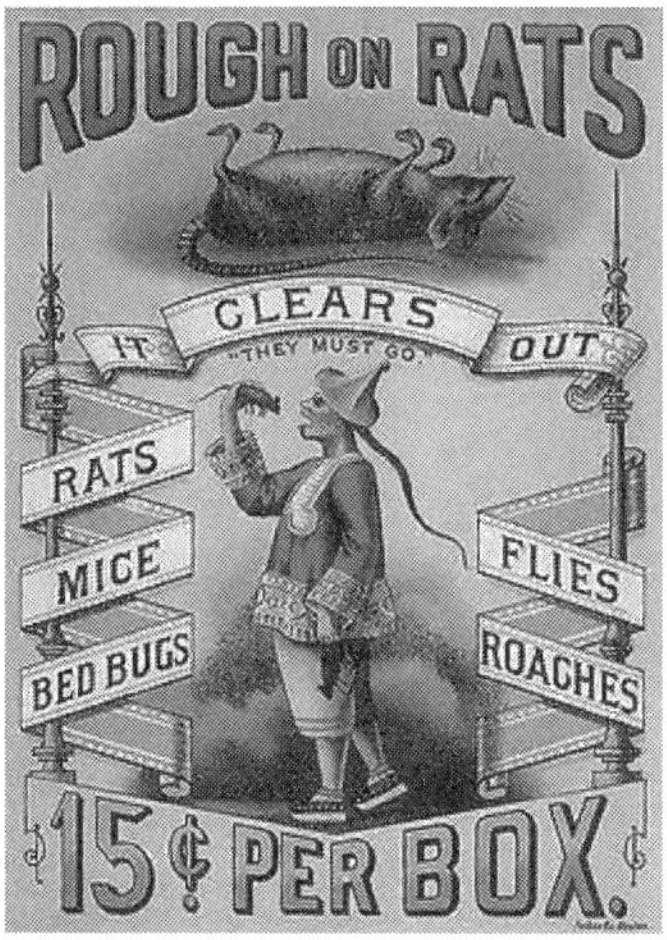

図3－2　ラフ・オン・ラッツのポスター広告（1897年）

ちなみに、アメリカでもサウスカロライナ州・ジョージア州などの南部では、米が主要な作物であり、高品質の米は、富裕層の食物で、英国やヨーロッパにも輸出されていた。だがそれにもかかわらず、米は、中国人と関連づけられると、ポテトよりも下位に位置づけられた[51]。周知のように、一九一八年に全国規模の米騒動が起こった日本では、むしろジャガイモが、米の不足を補って空腹を満たすものであり、同時期のアメリカとは主食品の位置づけが真逆であった。

チャプスイレストラン――東洋的な雰囲気と安くておいしいランチ

さて、アメリカにおける一九世紀以来の華人とその食文化に対する拒否反応は、二〇世紀にはしだいに相対化されていく。二〇世紀の前半には、チャプスイが、アメリカの国民食といえるほどまでに普及して、中国料理店が、アメリカのモダンな都市文化を体現するようになった。

一九一一年、孫文は革命の資金を集めるため、四回目のアメリカ大陸訪問をして各都市を回り、その時に「アメリカで中国料理店がない都市はない」と気づいた。孫文は、一九一九年刊行の『建国方略　孫文学説』において、「かつて中国と西洋が通商する以前には、西洋人が一つの調理法しか知らないので、フランス料理を世界一としたが、中国の味を試してからは、皆が中国料理を世界一とする」とまで自賛している[52]。

世紀転換期の頃には、米欧で中間層による大衆ツーリズムが台頭した。富裕層以外の人々にとっても、アメリカ国内の都市が、安・近・短のエクスカーションの対象となり、チャイナタウンも、異国情緒のある観光地になった。当時のチャイナタウンは、危険なイメージがあるため、その観光は、ツアーガイドに従って、観光用に設置された偽のアヘン窟を見て、寺院・劇場・お土産屋そして中国料理店を回るというものであった。

そして当時、フランス料理がエリートのものだとすれば、中国料理はより下層のスラーマー（冒険的で反抗的な都市の若者）やボヘミアン（自由で放浪的な生活をする人）のものになった。チャプスイレストランは、夜遅くまで営業していたので、夜遊びをする男子が一〇代の若い女子たちを連れ込むケースが目立つようになった。だが、一九一〇年末頃までに、警察の手入れが厳しくなって、減少していった。[53]

一九世紀末まで、アメリカの大半の華人が、西海岸都市のチャイナタウンに住んでいた。しかし、ニューヨークの華人の多くは、白人が支配的な郊外に住んで、激しい人種差別に耐えていた。一九一八年、ニューヨークには中国料理店が五七店あり、そのうち三三店がチャイナタウンの外にあったという。

第一次世界大戦期、ニューヨーク中心街の中国料理店は、よく知られたバンドを呼んできたので、そこはダンスをしながら、アメリカと中国の両方の料理を楽しめる魅力的な場所になり、アメリカのナイトクラブの先駆けにもなった。こうしてニューヨークの中国料理店は、低賃料の地区で、低所得層を顧客にする店と、観劇後の人々などを、疑似的な東洋の雰囲気とアメリカのダンスバンドで楽しませる店とに分かれた。このうち後者は、料理よりもライブの音楽やダンスを重視して、とくに白人男性をひきつけた。

さらに、チャイナタウンの近くで働く女性たちも、安くておいしいランチを求めて、中国料理店にやってきた。[54]一九二五年一二月二七日の『ニューヨーク・タイムズ』は、「チャプスイの新たな役割」という記事を掲載している。それによれば、働く女性たちは、東洋的な雰囲気を求めてというよりは、単にランチを食べるのに良いところを求めて、チャイナタウンにやってきているという。[55]

一方、サンフランシスコでは、低賃金で働く華人や日系人の労働者に、職を奪われると感じる白人労働者を中心として、排外感情が醸成されていた。そうしたなかで、一九〇六年に大地震と火災が起こると、街が破壊され、醜悪な反黄色人種の事件も引き起こされた。この地震をきっかけに、多くの日系人がロサンゼルスに移住して、そこに「リトル東京（Little Tokyo）」が誕生した。

同時に、サンフランシスコにも、震災復興によって、以前よりも清潔な東洋街区（オリエンタル・シティ）がつくられ、チャイナタウンの外にも中国料理店ができた。サンフランシスコのチャイナタウンには、一九二二年開店の「上海楼」やその分店の「ニューシャンハイ・カフェ（New Shanghai Café）」をはじめ、多くの新たなナイトスポットができた。[56] 一九二九年に開店したマンダリン・カフェは、最初の「アメリカ人経営（American-managed）」（白人経営）の中国料理店だとされる。[57] もしそれが事実ならば、アメリカでは約八〇年もの間、中国料理店を開いていたのは、華人だけだったということになる。

ちなみに、一九二〇年代のアメリカの女性誌からは、チャイナタウンのカフェで中国料理を食べた中間層の主婦のなかに、家庭でも醤油やモヤシを使ったり、ホームパーティーでチャプスイやチャウメンを作ったりする者も現れていたことがわかる。ただし、こうした中国料理の広がりが、華人に対する社会的態度を変えるには至らなかった。[58]

そして、サンフランシスコのチャイナタウンは、近代的な観光地へと発展していった。一九三八年三月の『ビジネス・ウィーク』のレポートによると、サンフランシスコのチャイナタウンの若い実業家たちは、チャイナタウンの外見を刷新して、街の「人種的な個性」を取り戻そうとしているように見えたという。例えば、野外劇の復活、中国服の着用、一般に開かれた中国式庭園の開園、交通標識の美化、街路名をチャイナタウンに合ったものにすること、中国風の建築物および建物の中国的な装飾を増やすことなどが実施された。[59] さらに、一九三九年の金門万国博覧会（Golden Gate International Exposition）では、多くの人々がサンフランシスコを訪れ、チャイナタウンの観光地化が進んだ。

なお、一九三〇～四〇年代において、アメリカ全土では二八のチャイナタウンがあったが、人口が増加したのは、ニューヨークとサンフランシスコだけであった。そして、ニューヨークのモット・ストリートとサンフランシスコのグラント・アベニューが、それぞれのチャイナタウンのメインストリートであり、中国料理店や骨董品店などが建ち並んだ。両都市のチャイナタウンは、全米の中国料理店に必要な食品・食材の生産・流通の中心にもなった。

ほかにも、ロサンゼルスで一九三八年に新設されたチャイナタウンの入口には、映画『大地（*The Good Earth*）』のセットが飾られて、観光客を魅了した。『大地』は、パール・S・バックの一九三一年の小説が、三七年に映画化されたもので、日本でも同年に上映されている。周知のように、バックは、一九三八年にノーベル文学賞を受賞している。[60]

フォビドゥン・シティ——中国風アメリカ料理とアジア系ダンサー

「フォビドゥン・シティ（Forbidden City, 紫禁城）」という有名なナイトクラブ・キャバレーは、一九三八年、チャーリー・ロウ（Charlie Low, 劉英培、図3－3）が、サンフランシスコのチャイナタウンのすぐ近くに開いた店である。ロウは、金持ちの母から遺産を引き継いで、プレイボーイの生活を送り、生涯に四回結婚して、毎晩のように映画や舞台のスターとともに過ごし、競走馬のオーナーになるなど、その豪遊ぶりが知られた。

他方で、ロウは、戦争債の資金調達を支援したり、紳士的な農家として振る舞ったりもした。サンフランシスコのチャイナタウンでは、一九三七年までに中国戦争救済協会（The Chinese War Relief Association, CWRA）が組織されて、チャイナタウンで働くすべての人々に対して寄付を求めていた。寄付すること

図3−3　チャーリー・ロウ（劉英培）

は、フォビドゥン・シティのような贅沢な娯楽・消費に対する批判を和らげるのに役立った[61]。

フォビドゥン・シティのステージでは、一九六二年の閉店までの間に、フレッド・アステア（ハリウッドのミュージカル映画全盛期を担った俳優・ダンサー）、ジーン・ケリー（ハリウッド俳優・ダンサー・振付師）、エレノア・パウエル（「タップの女王」とも言われた女優）らが踊り、ビング・クロスビー、ソフィー・タッカー、フランク・シナトラといった歌手が歌声を披露した。

そして、フォビドゥン・シティのダンスはしばしば、ハリウッド映画に由来していた。ハリウッド映画におけるオリエンタリズムの全盛期は、一九一六〜二六年頃とされるが、三〇〜四〇年代にもオリエンタリズムは見られていた。フォビドゥン・シティのダンサーたちはしばしば、中国化したコスチュームに身を包みながらも、ハリウッドやデニショーン（一九一五年にロサンゼルスで開校した舞踊団・学校）が概念化したインドや北アフリカなどの動きを寄せ集めて踊っていた。

ロウは、フォビドゥン・シティで、「華人の愚かさ（Chinese Follies）」「華人の悪だくみ（Chinese Capers）」「最高のスキャンダル（Celestial Scandals）」といったショーを上演させた。これらは、おもに華人が演じていたが、華人以外が創作しており、華人に対する皮肉なパロディーになっていたので、アメリカにおける華人の人種的な役割を強調して宣伝することになった。

また、ロウは、「日本人をとっつかまえろ（let's "nip the Nips"）」といった、反日のスローガンを喧伝した。だがそれは、愛国的な忠誠を宣言するための打算的な行動にも見えた。実際には、フォビドゥン・シティで働くパフォーマー（役者）のなかには、数多くの日系人が含まれ、さらに朝鮮（韓国）、エスキモー、フィリピンなどの血統をもつ者がいたが、ロウは彼らに華人のふりをさせていた。例えば、ドロシー・タカハシというダンサーは、ドロシー・トイとして活躍していた。ロウのフォビドゥン・シティは、華人のステージというアイデンティティを保持していたので、アジア系アメリカ人が白人を演じるために、まずは中国人だと偽るという屈折した状況が生まれていた。[62]

そして、残存する一九四三年のフォビドゥン・シティの食事メニューを見ると、「アメリカン・メニュー」と「チャイニーズ・メニュー」とに分かれている。前者はサラダ、サンドイッチ、ステーキとチョップ、後者はチャウメン、チャプスイ、スープヌードル、チャーハン（fried rice）が充実していた。興味深いことに、前者のサラダには「上海ジェスチャー（SHANGHAI GESTURE）」と「香港フルーツサラダ（HONGKONG FRUIT SALADA）」があり、上海と香港の二都が、西洋を連想させる国際都市であったことがわかる。

他方、チャプスイには「李鴻章（LI HONG JANG）」があり、「中国野菜、バージニア・ハムとチキン（Chinese Vegetables, Virginia Ham and Chicken）」が入っているという。また、一日前に予約すれば、R・M・ニクソン大統領の訪中前のアメリカではわりと珍しい「北京ダック（中国の薄く折り重なったバンズで包んで食べる特別なアヒルの丸焼き）（PEKIN DUCK, Special Whole Barbecued Duck with Chinese Tissue Layer Buns）」を食べることもできた。[63] ロウのフォビドゥン・シティは、ステージと同様に料理についても、華人のアイデンティティを保持しながら、アメリカの料理とアメリカ化した中国料理を提供していたといえる。

ただし、フォビドゥン・シティは、こうした中国風アメリカ料理やアメリカ式中国料理によって知られたのではなく、華人をはじめとするアジア系のダンサー・ストリッパーのパフォーマンスによって有名になった。チャイナタウンでは、ロウが女性ダンサーたちに肌を多く露出させ、休養中の船乗りや兵士に親しくさせすぎていると信じられていた。フォビドゥン・シティの客は、その料理ではなくてヌードダンスに魅かれていたのであり、アジア女性の誘惑的でエキゾチックなイメージが、店の最大の売りであった。フォビドゥン・シティには、ボブ・ホープ（英国生まれのアメリカのコメディアン・俳優）や、ロナルド・レーガン（映画俳優からカリフォルニア州知事となり一九八〇年代にアメリカ大統領を務めた）らも訪れていた。[64]

フォビドゥン・シティに象徴されるような、ダンスやパフォーマンスと食事を合わせた中国料理店の業態が、一九三〇～四〇年代のアメリカで広まった。[65] 例えば、一九四三年に訪米した中国の社会学者・費孝通が、ワシントンで中国料理店を訪れると、そこはナイトクラブのようであったという。

費孝通によれば、そこの内装は、大げさで不快な中国の飾り付けであった。ウェイターは華人で、タキシードを着て、広東語（台山方言）と英語を話し、北京官話は通じなかった。メニューには、チャプスイとチャウメン（炒麵）があった。ステージでは、アメリカで流行中のジャズに合わせて、半裸の女性がスパニッシュ・ダンスを踊った。また、キューバ人らしい女性が、故郷のフォークソングを歌い、司会者は南欧の男性であったという。こうした多様な文化が密接に入り交じった中国料理店を、費孝通は「新しい文化」「若い文化」として称えている。[66]

アメリカ大衆文化のなかのチャプスイ――絵画・写真・音楽・映画

さらに、二〇世紀の前半には、チャプスイがアメリカのモダンアート・音楽・映画などに頻繁に登場するようになって、アメリカ文化のなかに溶け込んでいった。チャプスイレストランは、モダンニューヨークの一風景として、絵や写真の題材になった。絵画では、ジョン・フレンチ・スローンが、「中国料理店（Chinese Restaurant）」（一九〇九年）で、テーブルの下の猫に食物を与えようとしている夫人などの白人客を描いた。また、エドワード・ホッパーの「チャプスイ（Chop Suey）」（一九二九年）は、チャプスイレストランで食事する白人女性の二人組を正面に描いて、どこか物寂しい大都会・ニューヨークの雰囲気を伝えている（図3－4）。これらの絵からは、中国料理がアメリカの白人女性にも好まれるようになっていたことがわかる。[67]

図3－4　エドワード・ホッパー「チャプスイ」（1929年）

写真では、ドイツ生まれのアメリカの写真家のアーノルド・ゲンティが、写真集『古いチャイナタウンの写真（Pictures of Old Chinatown）』（一九〇八年）などで、サンフランシスコのチャイナタウンを数多く撮った。だが、ゲンティの写真のチャイナタウンからは、可能な限り、西洋的なものが消し去られていた。[68]しかし、それとは対照的に、アメリカの有名な女性写真家のイモージン・カニンガムが、一九三四年に発表したニューヨークのチャイナタウンの写真では、チャプスイレストランが写っているが、華人は写っておらず、チャイナタウンではないような風景になっている。[69]チャプスイのイメージはすでに、チャイナタウンとは切り離されて広がっていたのである。

音楽では、ジャズサクスフォーン・クラリネット奏者のシドニー・ベシェが、一九二五年にチャプスイの曲（“Who'll Chop Your

Suey When I'm Gone")をヒットさせた。また、ルイ・アームストロングは、ベトナム戦争時の一九六七年に「この素晴らしき世界(What a Wonderful World)」を世界的にヒットさせたジャズ・ミュージシャンとして知られるが、青年時代の一九二六年に「コーネット・チャプスイ(Cornet Chop Suey)」という曲をリリースしていた。[70]

さらに、世界恐慌期である一九三〇年代前半頃のハリウッド映画には、典型的な都市労働者の食事場所として、安くて実用的なチャプスイレストランが頻繁に登場していた。そのことは、ちょうど同時代の日本人とラーメンの関係と同じように、白人エリート層のものではない食物が、アメリカ国民のアイデンティティを表すようになるかもしれないことを意味していた。ただし、アメリカの華人に対する人種的なステレオタイプや社会的態度は、やはり同時代の日本と同様に、依然として変わることがなかった。[71]

ちなみに、一九〇〇~六〇年代は、アメリカ式中国料理・チャプスイの全盛期であり、東アジアの料理でこれに並び立つものはなかった。だが、日本食のスキヤキだけは、チャプスイと比べられることがあった。[72] スキヤキは、一九一〇年代までにはアメリカで知られていた。例えば、一九一三年にニューヨークで桑山仙蔵が開店した日本料理店「都」は、刺身・魚の塩焼き・鍋料理なども出したが、スキヤキを目玉料理にしていたという。[73] 一九一九年の『ニューヨーク・タイムズ』において、スキヤキは、「少なくとも日本人の口には合い」、「日本のクイック・ランチ」であると紹介されている。[74]

スキヤキにくわえて、鉄板焼きや寿司も、一九六〇年代以降にアメリカの大都市から広がっていった。だが、坂本九の「上を向いて歩こう」が、「スキヤキ(Sukiyaki)」としてイギリス・アメリカで大ヒットした一九六二~六三年頃まで、スキヤキが米欧でもっともよく知られた日本料理であったことは間違いない。

中国料理の普及と現地化――チャウメン・サンドイッチとティキ・ポップ

二〇世紀前半までには、アフリカ系アメリカ人も中国料理を受容し、アメリカの中国料理店の顧客の重要な一部を占めるようになった。中国料理店は、アフリカ系アメリカ人が歓迎される場所の一つであった。だが、中国料理店によっては、白人客のために黒人客を店の隅に追いやることがあった。

一九三〇年代のフィラデルフィアの中国料理店では、黒人客が白人客を上回っていた。また、デトロイトは、自動車関連産業に職を求めて、南部から移住したアフリカ系の人々が多い。デトロイトには、一九五〇年代までチャイナタウンがあり、すでに二〇年代には、中国食品がチャイナタウンの外でも普及し始めていた。現在でも、アフリカ系アメリカ人の住むところに、多くの中国料理店がある。ただし、中国系の店員とアフリカ系の顧客が会話を交わすことはなく、店によっては、店頭が鉄格子で防御されていたり、小窓から食物を出して提供したりするところもある。そのため、アフリカ系アメリカ人のなかには、中国料理店はコミュニティの中にあるが、その一部ではないと考える者もいるという。セントルイスの状況も同様で、アフリカ系アメリカ人は、コミュニティ内にあるチャプスイレストランを利用している。だが、彼らは華人に対していらだちを感じていて、コミュニティに貢献しないよそ者だと認識しているという(75)。

さらに中国料理は、アメリカのユニークなローカルフードに改良されている。例えば、「チャウメン・サンドイッチ（chow mein sandwich）」（図3－5）は、チャウメンをバンズで挟んだ焼きそばパンである。それは、一九三〇年代からマサチューセッツ州のフォール・リバーの地方食品としてヒットし、現

図3－5　チャウメン・サンドイッチ（フォール・リバー）

在でもニューイングランド地方でよく知られている。

マサチューセッツ州では一九四〇年代までに、ポリネシア風の内装のなかで、アロハシャツを着たバンドが、ハワイの「ティキ・ポップ（Tiki pop）」を演奏しながら、中国料理を出す「ティキ・チャイニーズ（Tiki Chinese）」の店が増えた。そうした店では、チャウメン・サンドイッチが、よく食べられていた。ちなみに、アロハシャツは、一九三〇年代にハワイの日系人が日本とハワイの織物から作り出し、アメリカ人観光客が着て人気になったものである。[76]

また、一九六〇年代にミネソタ州セントポールの華人は、セントルイスで経営するチャプスイレストランで、「セントポール・サンドイッチ（St. Paul sandwich）」を提供し始めた。それは、「エッグ・フウヨン（芙蓉蟹、egg foo yong）」（中国風オムレツ、カニ玉）をパテに用いるサンドイッチである。その後、セントポール・サンドイッチは、中国料理店以外でも出されるようになって広まった。[77]

ユダヤ人と中国料理——クレプラハとワンタン

アメリカでは、アジア系の人々をのぞくとユダヤ人が、中国料理をもっとも愛しているといえるだろう。一八八〇～一九二〇年の間に、東欧の約二五〇万人のユダヤ人がヨーロッパを去り、その約九割がアメリカにやってきて、多くがニューヨークに住んだ。こうしたアメリカのユダヤ人と中国料理の特別な関係は、一九世紀末にユダヤ人と華人が近い区画で暮らしていたニューヨーク・マンハッタンのロアー・イースト・サイドにさかのぼる。アメリカにおけるユダヤ人と華人の境遇が近いことは、一八九八年の戊戌の政変で国外逃亡を余儀なくされた康有為や梁啓超も気づいていた。

一九一〇年頃、ニューヨークに住む東欧系ユダヤ人は約一〇〇万人おり、ニューヨークの全人口の四分の一以上を占めた。他方で、華人も一八八〇年代以降、カリフォルニアからニューヨークのローアー・イースト・サイドに移住しており、その多くが飲食業に従事していた。一八八二年に制定された「排華法」のために、華人は家族を呼び寄せられず、チャイナタウンも衰退傾向になった。だが、ユダヤ人客の増加が、ニューヨークの中国料理店を生き残らせていた[78]。

中国料理を食べるユダヤ人に関する最初の記述は、おそらく、ニューヨークの雑誌『アメリカン・ヘブライ（*American Hebrew*）』の一八八九年六月二日号の編集後記である。それは、「カーシェール（kosher）」（ユダヤ教の戒律に適った食物）ではない料理を出すレストランで食事をし、「カシュルート（kashrut）」（ユダヤ教の食物の清浄規定）に適合しない物を食べるユダヤ人を批判し、とくに中国料理を批判していたという[79]。

しかし、アメリカのユダヤ人は、中国料理を食べ続けた。彼・彼女らは、ニンニク・玉ネギ・セロリ・鶏肉の使用や、ミルクの忌避（カシュルートでは肉と乳製品をいっしょに摂取してはいけない）など、自分たちの料理と中国料理との間に、多くの共通点を見出していた。そして、カシュルートでは、豚肉・貝・蟹・エビなどの使用が問題になったが、中国料理は、カーシェールではないが安全な食物（safe treyf）として扱われた。例えば、豚肉の切身はだめだが、チャプスイは、豚肉が細かくスライスされて隠れているので、食べてよいなどとされた[80]。

ユダヤ人による中国料理の愛好は、レストランだけでなく、テイクアウトや家庭調理としても普及した。例えば、ミルウォーキー生まれのユダヤ系アメリカ人のリジー・ブラック・カンダー（Lizzie Black Kander）は、一八九六年からユダヤ人移民のための料理教室を始めて、一九〇一年に出版したその料理教室のテキストには、チャプスイのレシピも含めていたという[81]。ただし、当時のユダヤ人を魅了したのは、本場の中国料理ではなく、アメリカ式の中国料理であり、チャプスイ、チャウメン、エッグ・フウヨンなどであった。二〇世紀末までには、「宮保鶏丁（kung pao chicken）」、「木須肉（moo shu pork）」なども好まれて、ワンタンも東欧ユダヤ人がよく断食前に食べていた「クレプラハ（kreplach）」に似ていたので好まれた[82]。

アメリカのユダヤ人は、一九四〇～五〇年代まで、中国料理店と同じくらい安かったイタリア料理店で食事するよりも、中国料理店のほうが快適だと感じていた。イタリア料理店をはじめとするアメリカのエスニック料理店は、当初は自民族を顧客としていたが、ニューヨークの中国料理店は、初めから華人以外に料理を提供していたことが特徴的であった。

ユダヤ人にとって、中国料理店が快適な理由は、日曜日やクリスマスでも開店していることのほかに、華人がユダヤ人・ユダヤ教に対して先入観をもっていないことが大きかった。さらにユダヤ人は、中国料理店で自分たちを華人と見比べることによって、自分たちがアメリカ人であると感じることもできた。一九三〇年代までに、ユダヤ人の間で、クリスマスを中国料理店で過ごすという習慣が定着した[83]。

ちなみに、中国料理とともに麻雀も、ニューヨークの華人社会からユダヤ人社会へと伝わった。一九二〇～三〇年代のニューヨークのユダヤ人女性たちは、それを異国情緒あふれる東洋的なものと見なしていた。一九三七年にアメリカで麻雀のナショナル・リーグが結成された時、その初期メンバーの大半が、ドイツ系ユダヤ人の女性たちであったという[84]。

ニューヨークのユダヤ人が、中国料理を特別に愛したことは、上海のユダヤ人と比べると、より一層明らかになる。一九一八年のロシア革命で、約四万人のロシア人とロシア系ユダヤ人が、シベリアを経てハルビンに逃れ、そこには二二年までに一万一〇〇〇人以上のユダヤ人がいたが、その後多くが上海の共同租界へと移っていった。さらに一九三八年からは、ナチス統治下のドイツ・オーストリアから、一・五～二万人ほどのユダヤ人難民が上海へ亡命した。これらのユダヤ人たちは当然、中国の食物に接する機会があったが、アメリカのように現地社会に同化しなければならない圧力はなかった。そのため中国料理が、上海に亡命したユダヤ人にとって、特別なものになることはなかった[85]。

一九五九年には「バーンステイン・オン・エセックス（Bernstein-on-Essex）」が、ニューヨークで最初のカーシェールの中国料理を出す店の一つになる。また、一九六四年創業の「カリアウト（Kari-Out）」は、小パック入りの醬油の販売でアメリカ首位の企業であり、ユダヤ人家族がそのオーナーになっている。長きにわたる中国料理とのつながりは、ユダヤ系アメリカ人のアイデンティティの一部にもなっている。それゆえ、一九七二年のニクソン大統領の訪中以降、多くのユダヤ系アメリカ人が、本物の中国料理を求めて中国へ旅に出た。そして、中国では二〇〇八年までに五〇〇をこえる工場が、公認のカーシェールの食品を製造している[86]。

在米日本人の経営する中国料理店――チャプスイ飛行士・東善作の登場まで

ユダヤ人に続いては、アメリカの中国料理を作り、食べる人々として、日本人移民・日系アメリカ人が、きわめて重要な役割を果たしてきたことを見ておきたい。一八九〇年頃まで、多くの在米日本人は、サンフランシスコを中心に住んでいた。だが、一九〇六年にサンフランシスコ大地震が起こると、ロサンゼルスに大挙移動した。
一九〇七年、急激な日本人の増加に反応したローカル紙が、日本人脅威論を唱えたのをきっかけに、ロサンゼルスでは日本人移民排斥の気運が高まった。サンフランシスコでも排日を経験していた移住者たちは、ロサンゼルスでも集住したことから、一九〇七年は「リトル東京」誕生の年ともいわれる。ただし、一九〇七~八年に、日米両政府が紳士協定を結び、日本政府は、アメリカへ渡航する日本人に対して旅券発行を制限することになった。さらに、一九二四年のアメリカの移民法が、出稼ぎ目的の日本人を完全に移民できなくした。[87] そのため、日本人男性の移住者は減ったが、その後は、在米日本人男性から写真や紹介状を受け取るだけで結婚して移住する「写真花嫁」と、その子供である日系二世が増えた。[88]
こうして、一九四〇年頃のロサンゼルス市には、三万八〇〇〇人ほどの日本人がいた。真珠湾攻撃の二ヶ月後の一九四二年二月、フランクリン・D・ルーズベルト大統領は、敵性外国人を隔離する行政命令に署名した。すると、アメリカ在住日本人・日系人が、強制的に立ち退かされた。ロサンゼルスの「リトル東京」は、日本人不在となり、そこに五〇〇〇人ほどのアフリカ系アメリカ人が入居して、ジャズの流れる町へと様変わりしたという。終戦後に「リトル東京」に日系人が戻り、困難のなかで復興したものの、戦前の勢いは取り戻せなかった。なお、現在の「リトル東京」には、韓国人の出店が増加し、開発も進むが、開発業者が日系人ではないので、日本文化の香りが薄れるという危惧がもたれている。[89]
そして、在米日本人は、一八八〇年代(一八八七年頃[90])までに、サンフランシスコで日本料理屋・食堂を開業していた。また、一八八〇〜九〇年代のロサンゼルスでは、「一〇セントミール店」（一〇セント均一の料理を看板にした小洋食店）などの飲食店経営を生業とする日本人が増えた。さらに一九一〇年代までに、在米日本人の外食業は、簡易食堂から豪華レストランを経営する段階へと進展し、大規模な中国料理店も開業されるようになった。

一九一〇年代半ばからロサンゼルスでは、日本人がチャプスイレストランを続々と開店して、「蝶々」「ドラゴン」といった大規模な店舗も成功した。日本人経営のチャプスイレストランは、例えば、正面に大きな富士山をあしらった「東洋チャプスイカクテルラウンジ」を設置するなど、モダンな和・洋・中の魅力を凝縮した飲食店であった[91]。こうして当時、アメリカの多くの中国料理店が、日本人によって経営されていたことは、現在、多くの日本料理店や寿司屋が、中国系・韓国系の人々によって経営されているのと対照的な状況である。

もともと、アメリカの日本人街の近くには、華人経営の中国料理店があり、日本人がアメリカ人とともに、そのお得意様になっていることが多かった。一九一〇年代頃、日本人がアメリカのレストランに行くと、女性を連れた客の入るボックス席に男性同士で陣取って、アメリカ人から白い目で見られることがあったが、日本人向けにボックス席をいくつも設けている中国料理店も多かった[92]。

白人経営のレストランでは、日本人客がオーダーを取ってもらえないこともあったが、中国料理店ではそうした心配はなかった。中国料理店は、日本人でも歓迎してもらえることがわかっていたので、安心して入ることができ、結婚式やその他の会合も開かれた[93]。このような中国料理店と日本人・日系人の関係は、南米・ペルーでも同様で、アメリカ大陸で広く見られるものだった。

一九二〇年代のロサンゼルスで最大の中国料理店は、郊外のパサデナ（サンガブリエルバレーの中心地）にあった「クラウン・チャプスイ・パーラー（Crown Chop Suey Parlor）」であった。そこは、日本人移民の所有する店であったという[94]。

さらに当時のパサデナでは、東《あずま》善作（一八九三〜一九六七年）という人物が、実質的な妻の鈴子（寿寿）を手伝って、チャプスイ店「レッド・ウイング」を経営していた。東は、このチャプスイ店で集めた資金を使って、一九三〇年六〜八月、日本人として初めて三大陸（アメリカ・ヨーロッパ・アジア）の横断飛行（ロサンゼルス→ニューヨーク→ロンドン→モスクワ→ハルビン→東京）を行った。このような偉業を達成した東善作は、「チャプスイ飛行士（Chop Suey Flyer）」とも報道された[95]。

フォーチュンクッキーの誕生

さて、フォーチュンクッキーとは、アメリカの多くの中国料理店において、食後のサービスに出される占い紙片入りのクッキーである。それは、アメリカ人がしばしば考えるような中国の習慣ではなく、戦前にサンフランシスコへ移住した日本人が、辻占煎餅《つじうらせんべい》として製造を始めたものであった。

中野泰子の研究によれば、日本国内では、辻占煎餅をはじめとする占紙片つきの菓子は、すでに江戸時代に、宴会の席でこれを開いて楽しむことを記す史料があり、昭和に入っても料亭やカフェなどで流通していた。日本人移民は、日本での辻占菓子の嗜好のあり方を、カリフォルニアのチャプスイレストランで踏襲していた。そこには、芸者を呼んで、日本風の宴会をも楽しむことができたので、宴会を盛り上げる小道具、あるいはささやかな食後のサービスとして、辻占煎餅が持ち込まれた。こうした高級店のふるまいが、しだいに気楽な食堂形式のチャプスイレストランに、サービス菓子として伝わったと考えられている[96]。

フォーチュンクッキーは、一九〇七〜一四年頃、山梨県出身の萩原真が、サンフランシスコで作ったという説が、一九八三年の発祥地を決定する裁判で認められている。[97]レストラン業で蓄財していた萩原真は、一八九四年のカリフォルニア冬季国際博覧会の際につくられた日本庭園を譲り受け、そこで茶室の営業を再開して、茶菓子として自家製の辻占煎餅を出し、さらにそれを勉強堂に大量生産させた。

それは当初、辻占煎餅の直訳の「フォーチュン・ティーケーキ」と名づけられていたが、一九四一年の太平洋戦争の開戦後、和菓子というニュアンスが伝わる「ティーケーキ」が削除されて、「フォーチュンクッキー」に改名されたという（ただし、本書では「フォーチュンクッキー」の呼称で統一して表記する）。[98]なお、一九八三年の裁判で争われたのは、広東からの移民のデビット・ユン（David Jung）が、第一次世界大戦の少し前に、ロサンゼルスで創業したホンコン・ヌードル社（Hong Kong Noodle Company）を発祥とする説であった。[99]

そして、フォーチュンクッキーの製造業者でもっとも有名なのは、ロサンゼルスの「リトル東京」で一九一八年に創業し、二四〜五年頃に法人化された「ウメヤ（Umeya）」である。三重県から移住した創業者のハマノ・ヤスオが、煎餅作りから始めて、さらに中国料理店も経営したことから、フォーチュンクッキーの製造を始めることになった。ウメヤは、それを手焼きで一日に二〇〇〇個も焼くようになり、カリフォルニアの一二〇軒以上の日本人経営のチャプスイレストランを得意先にした。

第二次世界大戦中、ウメヤは、ロサンゼルスからデンバーに移って、煎餅の製造を続けた。一九五〇年にはロサンゼルスに戻って、フォーチュンクッキーの製造も再開した。なお、二〇一七年に三代目のレックス・ハマノが社長に就任すると、「リトル東京」にあったウメヤの敷地は売却されて、住宅開発が進められることになった。[100]

和菓子から中華菓子へと変わるフォーチュンクッキー

フォーチュンクッキーは、第二次世界大戦時・戦後、日本人移民・日系アメリカ人のものから、中国人移民・中国系アメリカ人のものへと変わったといえる。一九四二年二月の行政命令は、すべての敵性外国人を対象とする隔離命令であったが、日系人だけが大がかりに強制収容された。アメリカ西海岸とハワイに住む一〇万人以上の日本人移民・日系アメリカ人が、強制的に立ち退きを命ぜられて、砂漠の中などに急ごしらえで作られたキャンプ（収容所）に入れられた。こうした施策に対して、後に駐日大使となるエドウィン・O・ライシャワーは、日本が当時の戦争を有色人種の白人支配に対する解放戦争にしようとしている動きを助長すると懸念を示していた[101]。

さらに日本は、数十年の長きにわたるアメリカの反アジア的な移民法・国籍法を、プロパガンダとして利用していたので、アメリカの議会とルーズベルト大統領は圧力を受けていた[102]。W・G・マグナソン下院議員は議会で、日本が中国大陸で使用している宣伝小冊子を紹介した。その小冊子では、アメリカは中国の連合国といっても、中国人をアメリカに入国させず、アメリカ兵の代わりに中国兵を戦わせたいだけであり、日本がつくる大東亜共栄圏にはそうした人種差別はない、と宣伝されていた[103]。

そして一九四三年二月、蔣介石夫人の宋美齢が連邦議会を訪問する際に、「排華法」の撤廃が提案された。三月、マグヌソン議員が、「排華法」を撤廃する法案を連邦議会に提出し、一一月にそれが可決された[104]。ただし、この「排華法」撤廃は、対日連合国としての戦略ゆえであり、一九二四年の移民法で設けられた国別入国割当制にもとづいて、華人の渡米権は、年間一〇五人に制限されたままであった[105]。

とはいえ、こうして第二次世界大戦中に、アメリカの日本人・日系人と華人・中国系人の立場が激変することになった。

フォーチュンクッキーは、戦時中には価格統制の対象品であったが、一九四六年八月にそれが解除された。戦後に日本人・日系人が収容所から出ると、フォーチュンクッキーのメッセージが、日本語から英語に変わっていることに気づかされたという[106]。第二次世界大戦でアメリカの連合国であった中国の料理が受け入れられ、多くの中国料理店でフォーチュンクッキーが必要となっていた。だが、日本人の製造者がいないので、戦後には華人のフォーチュンクッキー製造業者が急増した[107]。

華人がフォーチュンクッキーを提供するようになると、クッキー内のメッセージに「子曰」で始まる孔子（『論語』）の言葉が用いられたり、様々なメッセージが孔子の言葉に仮託されて示されたりした。孔子は、アメリカの中国料理店におけるわかりやすい華人文化の象徴の一つとして、アメリカの美食家にも知られるようになった[108]。こうしてアメリカにおいて、フォーチュン・ティーケーキ、フォーチュンクッキーは、和菓子から中華菓子へと完全に変貌したのである[109]。

さらに一九六〇年代には、フォーチュンクッキーが、政治の場面で度々利用されて、衆目を集めることになる。例えば、一九六〇年には、大統領選挙の一環の民主党大会で、フォーチュンクッキーが配布されたという。そして一九六五年には、民主党からニューヨーク市長選挙に立候補したエイブラハム・D・ビーム（一九〇六〜二〇〇一年）も、フォーチュンクッキーを配布した[110]。ビームは、ロンドンでポーランド系ユダヤ人の家庭に生まれて、ニューヨークのローアー・イースト・サイドで育った。その一九六五年の選挙では、共和党候補のジョン・V・リンゼイに敗れたが、七三年の市長選挙で当選し、最初のユダヤ教徒のニューヨーク市長となっている。ほかにも文化面では、一九六六年、ブラック・コメディーのハリウッド映画『フォーチュンクッキー』が公開されている。

現在では、チョコレート・キャラメル・カプチーノ・ミント・ブルーベリー・チェリーなど、様々な味つけのフォーチュンクッキーが発売されている。フォーチュンクッキーのなかに、メッセージを入れてプロポーズすることや、婚約指輪をフォーチュンクッキーのなかに入れるサービスなどもあるという。また近年には、ロサンゼルスのほとんどのフォーチュンクッキーと多くの中国食品が、メキシコ人労働者などによって生産されていることも知っておきたい(11)。

アメリカ軍の行くところにチャプスイがある

一九三〇～四〇年代にかけて、アメリカにおける華人に対する認識は、生物学的に定義される人種から、社会・文化的に定義される民族（エスニシティ）へと変わりつつあった。一九四二年、アメリカ合衆国情報局（The US Information Agency）は、戦争情報部（The Office of War Information）を創設した。戦争情報部は、華人を雇って、米中の橋渡しの役割を担わせた。

例えば、一九四二年二月の春節（旧正月）には、「中国の勝利（Victory for China）」というラジオ番組を放送し、アメリカ各地の華人コミュニティで催されている春節の祭りを紹介し、アメリカが中国系移民にとって、安全な天国であることを国内外のリスナーに宣伝した。チャイナタウンは、第二次世界大戦時・戦後を通して、アメリカの民族・人種の多様性、いわば「人種のるつぼ（melting pot）」の例として、プロパガンダ映画に不可欠な場面であり続けた。ちなみに、この有名な「人種のるつぼ」の概念は、一九六〇年代以降、アメリカの多数派文化への同化主義的な傾向を批判されることにもなり、異なる民族・人種の文化を認めながら社会を構成する「サラダ・ボウル」や「モザイク」の概念が、多文化主義を表すようになっていく。

話をもどすと、一九三〇年代からの日中戦争や、四〇年代の日米戦争は、「アジア」や「東洋人(Orientals)」を一体としてとらえる米欧人のイメージを改めて、「東洋(Orient)」のなかの相異や、アジアの人々の多様性に注意を向けさせ、日本(人)と中国(人)を区別させるようになった。そして、人種的な敵意の矛先は、中国人から日本人へと移り、アジア人に対する差別的なステレオタイプは、中国の苦力に対してではなく、日本の兵士に対して向けられるようになった[112]。

こうしたなかで、一九四〇年頃までにアメリカで、中国料理が広く受け入れられたことを確認できる。第二次世界大戦では、米・英両国が中国と連合したこともあって、アメリカの中国料理店が増えた。例えば、サンフランシスコでは、華人が中国の抗日戦争を支援する基金を立ち上げるために、「茶碗(rice bowl)」パーティーを開き、そうしたパーティーには、白人のアメリカ人も参加した。また、小説『大地』で知られるノーベル文学賞作家のパール・S・バックも、アメリカ人の主婦に向けて、中国の調理法を称賛していた。バックは、流暢な中国語を話したこともあって、現実の中国を直接知る者として活躍し、第二次世界大戦期の米中親善のためのプロパガンダに度々登場していた。

一九四一~四三年において、サンフランシスコのチャイナタウンのレストランは、売上げが三〇〇%増加したという。くわえて、サンフランシスコで日系人が所有していた建物は、一九四二年から日系人の強制立ち退きが始まると、その多くを華人たちが安く購入した。そのため、第二次世界大戦後のサンフランシスコでは、多くの中国料理店の華人経営者が店舗を所有していた。ただしこの頃、アメリカの中国料理店は競合しなくなったので、メニューの進化が止まり、チャプスイなどが定番化することにもなった[113]。

ところで、一九一二年の香港で、チャプスイがないことを信じられずに、多くのレストランを探し回った新聞記者がいた。その記者は、苦労したのにどうしてもチャプスイを見つけられず、訪れた店では「チャプスイ」と英語の発音が似た「箸（chop sticks）」を出される始末であったという[114]。また、一九二八年に北京でチャプスイレストランが開店したが、それもすぐに閉店したという。

しかし、第二次世界大戦で重慶を訪れたアメリカ人兵士は、「本物のサンフランシスコ・スタイルのチャプスイを出します（We serve authentic San Francisco-style Chop suey.）」と掲げるローカル・レストランを何軒も見つけられた。また、大戦後には多くのアメリカ兵が駐留した上海でも、「本物のアメリカン・チャプスイあります（Genuine American Chop Suey Serve Here）」というネオンサインが見かけられた。さらに、一九五〇年代の東京でも、アメリカの食物を出す大きなレストランでは、チャプスイが提供されていたという。当時の日本人は、チャプスイを中国料理ではなく、アメリカ料理として認識した[115]。言うなれば、アメリカ軍の行くところには、チャプスイがあったのである。

チャプスイは、アメリカ軍兵士用の料理となり、スパゲッティやタマーレス（トウモロコシの生地を蒸したメキシコ家庭料理）とともに、エスニック料理として、一九四二年版のアメリカ軍用の調理本に掲載されており、軍隊の食堂の必需品であった[116]。一九四四年版のアメリカ海軍の料理書を見ても、「エビチャプスイ（shrimp chop suey）」、「ポークチャプスイ（pork chop suey）」の材料と調理法が記載されているほか、「チャプスイ麵（chop suey over noodle）」も、サンプルメニューに入っている[117]。

また、第二次世界大戦中に大統領に就任したハリー・S・トルーマン（一九四五年四月～五三年一月在任）に関して、ホワイトハウスでの食事の記録が一部残されている。それによれば、一九五二年、ホワイトハウスでの家族とのランチで計九回（多いときには毎週）、チャプスイサラダにクラッカーを添えた料理（"Farmer's Chop Suey Salada Crackers"）を食べていた[118]。第二次世界大戦後の当時、チャプスイは、ホワイトハウスでも一般的な食物になっていたことが窺える。

そして、アメリカ軍における最大のチャプスイファンは、一九四二年、ロンドンに司令部を置くヨーロッパ戦域の連合国軍最高司令官に着任し、四四年にノルマンディー上陸作戦を指揮して連合国軍を勝利に導いたドワイト・D・アイゼンハワーであった。『ニューヨーク・タイムズ』の記事によれば、アイゼンハワーは、一九三〇年代に少佐としてワシントンに駐在した頃から、妻子を連れてチャプスイレストランに通った。彼は、第二次世界大戦で華々しい活躍をしてアメリカに戻ると、再びお気に入りのチキンチャプスイを注文し、大統領（一九五三年一月〜六一年一月在任）に就任しても、チャプスイを愛し続けていたという[119]。

イタリアン・レシピのチャプスイ——イェネ・パウルーチのチャンキン

さらに、アメリカの軍隊から家庭へと中国料理を普及させたのが、食品企業家のイェネ・パウルーチ（Jeno Paulucci, 一九一八〜二〇一一年）であった。パウルーチは、ミネソタ州の貧しいイタリア系移民の家庭に生まれて、第二次世界大戦ではアジアでアメリカ軍の軍役につき、そこで中国料理を好むようになった。軍隊仲間の間でも、中国料理は人気があったので、パウルーチは、帰国後の一九四七年、借金をして中国食品の缶詰工場を購入し、中国食品の大量生産と全国販売を目指した。

パウルーチの創業した「チャンキン（Chun King）」という会社は、その発音から第二次世界大戦時の中国の臨時首都・重慶を連想させる名前であった。それは、ミネソタ州ダルーズのスカンジナビア人開拓地域で、チャウメンの量産冷凍食品を販売することから始まった（図3-6）。

そして、パウルーチが生産した中国食品の缶詰のチキンスープやスパイスの味つけは、イタリア人の

図3－6　チャンキンの冷凍用広東料理

彼の母の指導によるものであった。一九五七年、パウルーチは、一缶にチャウメンないしはチャプスイ、もう一缶に野菜を入れた中国食品の缶詰で特許を得る。一九六七年、パウルーチがチャンキンをR・J・レイノルズ・タバコ社（R. J. Reynolds Tobacco Company）に売却した時、当社は全米の中国食品缶詰の八割を販売していた。なお、チャンキンは、一九八九年にシンガポール企業に再売却されている。[120]

イエネ・パウルーチは、一九七五年創設のイタリア系アメリカ人財団（Italian-American Foundation）の初代会長を務めた。一九七六年九月一六日、ワシントンのヒルトンホテルで開かれた当財団の夕食会で、ジェラルド・R・フォード大統領は、パウルーチのチャンキンの成功を、「アメリカのマジックを象徴する」と称えた。そして、「おいしいイタリアン・レシピのチャプスイを作るビジネスよりもアメリカ的なことがあるでしょうか（What could be more American than a business on a good Italian recipe for chop suey.）」と述べて会場の笑いをとっている。[121] こうしたジョークからは、イタリア系移民が大量生産した中国料理が、アメリカの国民食といえる地位を一時的にせよ獲得していたことがわかる。

チャンキンのほかにも、中国・アジア食品を手がけるアメリカの老舗企業として、「ラ・チョイ食品製造（La Choy Food Products）」を紹介しておきたい。一九二〇年、ミシガン大学学生のウォリー・スミス（Wally Smith）が、朝鮮生まれのパートナーのイルハン・ニュウ（Ilhan New）とともに創業した。ラ・チヨイは、食料雑貨店に始まり、一九二四年からレストラン・ホテル向きに、缶入りのモヤシ、醤油、ミックス野菜（チャプスイの材料）などを販売した。ラ・チョイは、一九三七年にデトロイトに工場を設立したが、それが戦争でライフル生産に徴発されると、会社をオハイオ州のアーチボルドに移転した。アメリカの醤油メーカーとしては、このラ・チョイが、販売量や認知度で首位、チャンキンが二位であったが、一九七〇年代に日本のキッコーマンが、この二社を抜いてトップシェアを占めるようになった。ただし、小パック入りの醤油では、前述のカリアウトが、アメリカでトップであり続けている。なお、現在までには、ケロッグやハワードジョンソンなどのアメリカの大手食品メーカーも、中国食品の製造に参入している。(122)

アメリカにおける中国料理レシピの普及――「炒」「紅焼」を英訳した楊歩偉

ここで、アメリカで出版された東アジアの料理書の歴史について確認しておこう。アメリカで最初の中国料理書は、一九一一年にシカゴの女性新聞記者・教育者のJ・L・ノルトンが公刊した。(123)それに続いて刊行されたアメリカ初の日本料理書は、中国料理と日本料理のレシピがいっしょに収録されたもので、当時の中国料理の優勢ぶりが窺える。(124)この本では、中国料理として、チャプスイが掲載されているのに対して、日本料理といっても、肉や魚のグリルがほとんどで、スキヤキや寿司も掲載されていない。この頃から一九六〇年代頃に至るまで、アメリカでは日本料理を中国料理の一種だと思っている人々が多かったという。(125)

ちなみに、アメリカ人による朝鮮・韓国料理書の刊行は遅く、メソジスト宣教師としてソウルに住んで家政学を教えたハリエット・モリスが、一九四五年に刊行したものが最初であると考えられる。(126)また、

図3－7　パール・S・バック『オリエンタル・クックブック』（1972年）の表紙

多くの韓国・朝鮮系移民が住んだロサンゼルスでも、一九七〇年代頃まで、彼らがたいてい中国スタイルのレストランを開いていた。そのため、ロサンゼルスで最初に成功した韓国（朝鮮）料理店は、一九六五年に開店した「コリアン・ハウス」であるとされる。[127]

さて、英語による中国料理書は、一九二〇～三〇年代から数多く出版された。中国料理書は、華人とりわけ華人女性にとって自己表現の手段であり、一九四〇年代には、華人女性の中国料理書の作者が華人男性の作者の数をこえた。[128]

そして、強火で加熱しながら比較的少量の油で具を跳ねさせる「炒める」という調理方法は、欧米にはなかったものである。今ではよく普及した英語の“Stir-Frying”（炒める）という用語は、南京に生まれ東京で学んだ女医の楊歩偉（一八八九～一九八一年）が、一九四五年に出版した英文料理書『中国食譜（*How to Cook and Eat in Chinese*）』のなかで造語したものである。[129]『中国食譜』には、楊の夫で著名な言語学者である趙元任と、ノーベル賞作家のパール・S・バックが序文を寄せており、それは米欧で影響力のある中国料理書になった。ちなみに、上海料理に多い「紅焼」（醬油煮込み）を「レッド・クッキング（Red-Cooking）」（四〇～四一頁）と翻訳したのも、同書が最初だと考えられる。[130]

冷戦期には、中華民国と中華人民共和国の間の「中国」および「中国料理」の正統性をめぐる争いが、料理書にも影響を及ぼした。例えば、一九五三年にシドニーで出版された中国料理書に序文を寄せた中華民国の大使は、中国料理を食べることが、必ずしも共産中国への共感の表現にはならないと述べているという[131]。

そして、一九七二年二月のニクソン大統領訪中において、ニクソンが中国料理を食べる様子が全米でテレビ放送されたことによって、中国料理に対する関心が高まった。中国料理本の出版増加の傾向に拍車がかかり、アメリカ・イギリスで、少なくとも二六冊の新刊が出版された[132]。

ちなみに、パール・S・バックも、一九七二年に『パール・バックのオリエンタル・クックブック』（図3－7）を出版して、中国を含むアジア一一カ国の四五〇種類以上の料理の材料と簡単なレシピを紹介している。バックは、「多くの美食家が、それをフランス料理よりも優れていると見なしている」と中国料理をひいきしている。だが、バックの紹介した中国料理のなかには、「シュリンプ・フウヨン（SHIRIMP FOO YUNG）」（エビ玉）や「チャイニーズ・ブロッコリー・サラダ（CHINESE BROCCOLI SALAD）」のように、中国にはないアメリカ式の料理が含まれていた[133]。

また、中国料理の地方ごとのちがいは、一九二〇年代までに、一部の中国通の西洋人には認知されていた。だが、アメリカの中国料理書に、各地方の料理が登場し、それまで支配的であった広東料理のほかに、中国各地方の料理に人々が関心をもつようになったのは、一九六〇年代末頃からのことである。さらに一九八〇年代までには、西洋の調理法とアジアの風味を融合した家庭料理のレシピも、料理書に掲載されるようになった[134]。

第二次世界大戦後の移民と料理の地位――フランス料理と中国料理

ところで、米・ソ冷戦時代の象徴的な衝突の一つに、一九五九年の有名な「台所論争」がある。モスクワで開催されたアメリカ博覧会に際して、R・M・ニクソン米副大統領がソビエト連邦共産党第一書記のニキータ・フルシチョフに対して、アメリカのモデル・キッチンを見本として、資本主義の優越性を示した。それは、物資に困窮するソ連の人々に、アメリカの豊かさを知らしめて、衝撃を与えることになった。

華人歴史学者のY・チェンは、このように「消費の帝国」として台頭していたアメリカのファーストフードの先駆けとして、安くておいしい中国料理を位置づけている。すなわち、アメリカにおける中国料理は、一九四〇年代以降のマクドナルドなどと同じように、他者に準備してもらった食事を日常的に楽しむという経験を、特権的な富裕層以外の大衆層に広げることによって、豊かさや社会的な平等を普及させる役割を果たしてきた。

しかし、中国料理は、ファーストフードと同じように、フランス料理に対するような敬意を払われることがなかった。なぜならば、ファーストフードは料理というより工業製品であるし、中国料理は中国人移民の安い労働力の産物だったからである[135]。フランス料理は、ヨーロッパで名声を博していただけでなく、下層のフランス人移民があまりいなかったことも、アメリカにおけるその地位を高めていた。

つまり、ホストカントリーにおける移民の地位は、その料理の地位にも影響を及ぼした。チャプスイは、アメリカで一時的には「国民食」になっていたのか、それとも国民生活に根づいた「エスニック料理[136]」だったのかは意見が分かれる。いずれにしても、アメリカにおけるチャプスイの地位が十分に上がらなかったのは、二〇世紀中葉まで華人の社会的地位が低かったことが、中国料理の文化的地位を下げていたからであると考えられる[137]。ちなみに、一九六〇年代以降に人気が衰えたアメリカのチャプスイに比べると、日本のラーメンが国民食として確立されて、しかも本場中国やアメリカを含む海外にも輸出されている状況は対照的である。

また、非白人のエスニック料理である中国料理やメキシコ料理に比べると、イタリア料理は、より早くアメリカ社会に受け入れられて、第二次世界大戦期には地位が確立されていた。[138] 戦時にはパスタやトマトソース、戦後にはピザといった、イタリア由来のアメリカ食品が広まった。

第二次世界大戦後の華人と中国料理――チャプスイから本場志向の広東料理へ

他方、中国料理では、チャプスイやチャウメンが広く受け入れられた。一九四〇年代には、サンフランシスコやニューヨークのチャイナタウンが観光客を集め、サンフランシスコのグラント・アベニュー沿いには、観光客相手のレストランができ、郊外でもチャプスイやチャウメンの持ち帰りの店が開店した。このように、第二次世界大戦期には中国料理ブームが起きたが、その終結後には、朝鮮戦争の影響を受けた反動に苦しんだ。[139] 朝鮮戦争において、中華人民共和国はアメリカの敵国となり、アメリカの右翼は、華人をスパイではないかと疑った。[140]

しかし、その後のアメリカでは公民権運動が盛り上がり、一九六四年に公民権法が成立したように、人種的な抑圧に変化が見られるようになった。そして、一九六五年に移民法が改正されたことが、アメリカの中国料理に大きな転機をもたらす。すでに一九四三年に「排華法」は撤廃されて、中国人には年間一〇五人の入国許可数が配分されていた。また、一九五二年制定のウォルター＝マッカラン法が、アジア系移民一世の帰化を認めたので、華人は帰化不能外国人としての立場も脱していた。[141] さらに一九六五年に可決した移民法が、国籍による移民許可数の配分制度を、三年間で逐次廃除することを定めて、六八年から効力を発揮した。

その結果、中国系移民が急増して、毎年約二万人が台湾や香港から一族を頼ってアメリカにやってくるようになり、そのうち半数近くがサンフランシスコに来住した。これ以降、サンフランシスコ・ロサンゼルス・ニューヨークのチャイナタウンに、多くの新移民が流入した。チャイナタウンは、新移民にとっては、アメリカ社会に適応するための文化的資源となり、アメリカ生まれの華人にとっては、そこから移り出たいエスニック・ゲットー（民族居住地区）となった(142)。

図3－8　サンフランシスコのチャイナタウン（2017年）

こうした新たな移民の潮流のなかで、一九四九年に成立した共産党政権から逃れて台北や香港に移っていた中国大陸出身のコックたちが、ニューヨークなどにやってきて、本物志向の料理店を開いた。そしてそのことが、アメリカの中国料理に大きな変化をもたらした(143)。アメリカの中国料理店は、第二次世界大戦後まで、アメリカ式のチャプスイやチャウメンで客を集めていた。だが、まずは本格的な広東料理が発展し、さらに一九六〇年代後半からは、北京・四川・湖南料理も台頭して広東料理と拮抗した。

当時のアメリカの豪華な宴席は、料理の質は香港と変わらず、値段は香港よりも一割ほど安かったという。一九七〇年代半ばには、全米で華人の経営する中国料理店が一万店をこえて、六〇年代末以降に開店した店だけでも約三五〇〇店もあり、飲食業に従事する華人も約一五万人に達した(144)。

注目すべきことに、同じ広東料理といっても、都会で洗練された国際的な香港の広東料理は、アメリカ人に対してもつ文化的な含意が、広東省の農村の素朴な食物とは異なっていた。以前の広東料理は、貧しい広東人労働者を連想させたが、香港の広東料理の高い地位は、香港の富裕層と結びついた。階層の異なる移民によってもたらされる料理は、同じ国籍・民族・地方の料理であっても、ホストカントリーにおける地位が異なったのである。

例えば、一九七〇年代からは、香港の点心や飲茶がアメリカに伝わったが、これらは、香港に住んでいた豊かな移民たちがアメリカにもたらしたものであった。飲茶は、アメリカ人にとっては、旧来の広東料理とは異なるカテゴリーのものであった。他方、香港人移民にとって、飲茶は、文化的なアイデンティティの拠り所であり、社会集団としての結束力を高めて、アメリカにおいても香港とつながっているという意識を保つのに役立った[145]。

北京ダックとマオ・スーツ——ニクソン訪中がもたらした中国ブーム

さらに、一九七〇年代のアメリカでは、非ヨーロッパの民族文化やエスニックフードに対する態度が変わってきていた。一九六〇年代までに、人種差別の撤廃を求める公民権運動が高揚しており、七〇年代のヒッピーや左翼のような文化的反逆者の若者にとっては、エスニックフードを食べることが、カウンター・カルチャーを表現する一つの方法であった。

カウンター・カルチャーを擁する若者グループは、大量生産の食品を自然・社会・人体に悪いものとして批判し、そうしたアメリカの主流の食物に代わるものを探していた。アメリカ以外の料理を食べることは、アメリカの文化帝国主義に対する抗議として解釈された。さらにエスニックフードは、健康的な食習慣としても認められて、中国料理も、野菜中心の食事であり、健康的だと考えられるようになった。この頃から、アメリカの中国料理店は、中国料理だけを出して、アメリカの食物を出さなくなった[146]。

そして、アメリカの中国料理にとって、一九六五年の移民法改正に続く大きな出来事になったのが、一九七二年二月のR・M・ニクソン大統領の訪中であった。中国の周恩来首相が、ニクソン大統領をもてなした宴席のテレビ放送は、アメリカの人々が中国文化に関心をもつきっかけになり、李鴻章訪米時の中国ブームの再来をもたらした。例えば、デパートで中国の工芸品が販売され、ニューヨークの老舗百貨店・ブルーミングデールズでは、「マオ・スーツ」（中山服）が売り切れた。

とくに、ニクソンの宴席で出された北京ダックが、大ブームとなった。当時のアメリカに多かった台湾からやってきた店主たちは、たいてい北京ダックを食べたことがなかったが、要望が多いために出す必要があった。ニクソンは、北京ダックの最大のセールスマンとなった[147]。

アメリカの中国料理店で呼び物の北京ダックが出される時には、しばしば凝った演出が施された。例えば、まず銅鑼が鳴らされて、次に黄色の礼服（馬褂《マグア》）を着た侍者が、ネギや味噌（醬）を持って現れて、最後に銀の台車に載せられたアヒルの丸焼きが出てきて、客の前でコックが切ったという[148]。ほかにも、ニューヨークなどでは、ニクソンの宴会に似せたコース料理を出す店も現れた。

こうしたニクソン訪中後の中国料理ブームに対抗して、台湾の国民政府も、コックのチームを派遣して、自分たちこそが真に中国料理の伝統を守る者であることを宣伝するほどであった[149]。そして、この北京ダックブームの頃までには、かつて人気のあったチャプスイはほとんど姿を消した。また、醬油のことを「昆虫ジュース（beetle juice）」と呼ぶ者もいなくなった[150]。さらに、アメリカの多くの人々が、中国料理を食べるのに、フォークやナイフを使わず、熱心に箸を用いるようにもなった[151]。

ニューヨークのチャイナタウンでは、一九六〇年代から、大手衣料品メーカーの下請けの裁縫工場が急増し、そこで資本を蓄えた華人経営者が、レストランや商社を始めることも多かった。また、裁縫工場で働く華人女性たちは、料理を作る時間がないので、地元のレストラン業が活気づけられた。さらに、一九七二年のニクソン訪中後の中国料理ブームによって、近くのウォール街の金融機関や自治体の官庁ビルなどで働く人々も、ビジネスランチをとるためにチャイナタウンにやってきた。

こうしてチャイナタウンが成長すると、ニューヨークのエリート華人たちも、自分たちのルーツに誇りをもって、チャイナタウンの店にやってくるようになった。中国各地の料理のほかに、中国風のタイ・ベトナム・ビルマ料理のレストランや、華人経営の西洋・日本料理の店もできた。このようにチャイナタウン経済の発展は、衣料品産業とレストラン業という二つの成長産業によって拍車をかけられた[152]。

一九七〇年代の新たな中国料理——ニューヨーク発の左公鶏と南カリフォルニアの小台北

一九七〇年代のニューヨークには、七〇〇〜一〇〇〇軒ほどの華人経営のレストランがあった。中国料理に必要な食材は、ニュージャージー州などの農場から、菜心・白菜・豆・甘藍などの野菜を仕入れるほかは、台湾から、ジュンサイ（馬蹄）、トンスン（冬筍）、キノコ、ビワ、ライチ、リュウガン（桂圓）の缶詰などを、香港から、フカヒレ、燕の巣などを、日本から、カラシナ・大根・レンコンなどを輸入していた[153]。

一九七〇〜八〇年代のニューヨークとその周辺では、湖南料理がもっとも人気のある中国料理となった。とくに、一九七四年頃に台湾から渡米して、ニューヨークのマンハッタンに「彭園」を開店した彭長貴が、「左公（左宗棠）鶏（General [Governor] [Tso's] Chicken）」（図3－9）を発案すると（第一部第5章）、それが「李鴻章チャプスイ」に代わって、アメリカ人にもっとも有名な中国料理となった。ただし、一

図3－9　左宗棠鶏（General Tso's Chicken）

図3－10　ムー・シュー・ポーク・ブリート（Moo Shu Pork Burritos）

九八〇年代末までに、香港スタイルの点心をはじめとする広東料理の人気が高まると、湖南料理の人気はじょじょに衰えていった[154]。

このほかにも、同じ頃からアメリカで人気となった中国料理には、ケチャップをつけて食べるエッグ・ロール（春巻き）、酢豚（古老肉、sweet and sour pork）、ブロッコリ・ビーフ（芥蘭牛肉）、カシュー・チキン（腰果雞丁、カシューナッツと鶏肉の炒め物）、卵・野菜・豚肉などの炒め物を北京ダックのように皮で包んで食べるムー・シュー・ポーク（木須肉、moo shu pork、図3－10）などがあった[155]。

また、一九六五年の移民法改正の後には、例えば、南カリフォルニアのモントレーパーク（Monterey Park）やサンガブリエルバレー（San Gabriel Valley）のような郊外に、新たなチャイナタウン「小台北（リトル・タイペイ）」ができて、そこが中国食文化の中心地となった。モントレーパークは、一九七〇年代後半には、香港や台湾の不動産会社によって、「中国人のビバリーヒルズ（Chinese Beverly Hills）」と宣伝されていた。そこは、ある一つないしは複数のエスニックグループが集住する大都市郊外地域である「エスノバーブ（ethnoburb、民族郊外）」の先駆けといえた。モントレーパークのレストランは、ニューヨークのレストランと同様に、前述の佛跳牆のような最新の接待料理も出して、分散する中国系移民をつなげる役割を果たした。

さらに、アルハンブラ・サンガブリエル・ローズミードを通るバレー通り（Valley Boulevard）が、近くのモントレーパークやロサンゼルスのチャイナタウンよりも有名な、中国食品の集まる場所となった。そこでは、台湾からの移民で「九九ランチ・マーケット（99 Ranch Market）」のオーナーであるR・チェン（Roger Chen）が、「サンガブリエル・スクエア（San Gabriel Square）」というショッピングモールをつくって、中国各地および日本・韓国・タイの料理を食べられるようにした。九九ランチ・マーケットができると、市場調査を十分にできない家族経営の中国料理店が、それについていくように開業した。南カリフォルニアの華人人口は、一九九〇年代の一〇年間で約三二万人から約五二万人に増加し、いくつかの街では華人人口が全体の三〜四割にも達した。[156]

一九八〇年代にメキシコ料理を追いぬいた中国料理

一九七〇年代末に「改革・開放」が始まった中国大陸からアメリカに来た新移民は、ニューヨークにやってくることが多かった。そのため、一九八〇年代には、ニューヨークがサンフランシスコをこえて、アメリカで最多の華人人口を擁するようになった。[157] そして中国大陸では、一九九四年にテレビドラマ『ニューヨークの北京人（北京人在紐約）』がヒットし、九六年にその姉妹版の『東京の上海人（上海人在東京）』が続いている。

さらに一九八〇年代には、アメリカのエスニックレストランが、レストラン全体の約一割を占めるようになった。中国・イタリア・メキシコ料理店が、エスニック料理店の約七割を占め、中国料理店だけではエスニック料理店の約三割を占めた。

メキシコ料理は、もともと南西部以外では知られていなかったが、一九八〇年代までに、タコベルやデルタコのようなチェーン店や、大量生産されたメキシコの食物が人気となって、全国的に認知されるようになった。アメリカでは、多くのメキシコの人々が依然として下層社会におり、肉体労働者・サービス提供者・不法移民といったステレオタイプのイメージがもたれている。それでも、メキシコのタコス・トルティーヤ・ブリトーなどの食物は、アメリカ人に好まれて、食生活に組みこまれた。

しかし、一九八〇年代には中国料理が、メキシコ料理をぬいて、イタリア料理に続いて、アメリカで二番目に人気のあるエスニック料理になった。一九八九年六月、北京で民主化を要求した学生・市民のデモを、中国政府が人民解放軍を投入して鎮圧する「天安門事件」が起こった。とはいえ、それによって、アメリカで中国料理の人気がなくなることはなかった。アメリカの中国料理はすでに、政治情勢とは関係なく食べられる日常食になっていたからである[158]。

現代アメリカの中国料理店の系譜——セシリア・チャンのマンダリン・レストランを中心に

それではここで、アメリカの中国料理の歴史に残る四つの店にまつわる物語を紹介して、現代アメリカにおいて中国料理が、より本格的で、そしてより身近なものになった足跡を辿りたい。

①ジョニー・カンズ・レストラン——チャプスイ以外の料理

一九五三年、ジョニー・カン（Johnny Kan, 一九〇六～七二年）が、サンフランシスコのチャイナタウンの中心街であるグラント・アベニューに、広東料理店「ジョニー・カンズ・レストラン」を開店した。カンがレストランを開業した頃、前述のチャンキンなどの製造するチャプスイやチャウメンの缶詰が出回っていた。カンは、もしヨーロッパ系アメリカ人に本物の中国料理を味わうことを教えられれば、缶詰会社に回るカネの一部が、華人の手に入るだろうと考えた。そこでカンは、チャプスイレストランの出す本物ではない中国料理を批判し、中国料理は王朝の皇帝の料理にルーツがあることを強調して、その真正性を主張した。

一九二〇年代のサンフランシスコやニューヨークのチャイナタウンでも、高級中国料理店は繁盛していたが、世界恐慌で多くが閉店していた。第二次世界大戦後に開かれたジョニー・カンのレストランは、戦前の高級中国料理店の規模や洗練を求めつつ、華人以外の顧客をより多く引きつけられるように努力した。カンのレストランは、チャプスイを注文するサンフランシスコの観光客や現地人に対して、それ以外の中国料理があることを初めて教えて成功した。

ちなみに、ウィン・ニェン醬油社（Win Nien Soy Sauce Company, 現在は Wing Nien Foods）は、第二次世界大戦中にサンフランシスコのチャイナタウンで創業されたアメリカ初の醬油工場である。その創始者は、醬油工場ではそれほど利益を上げられなかったものの、カンのレストランに出資して利益を上げたという。

ジョニー・カンズ・レストランは、中米が対立する冷戦期にもかかわらず、数十年続いた。その成功の背景には、アメリカの華人は、共産主義のために働く敵国の代理人と見なされて人種差別にあうリスクがあったものの、実際にはアメリカの自由民主主義的なイメージを強化する民族として、社会的・文化的に受け入れられていたことがあった[159]。

②マンダリン・レストラン——本物志向の北京・山東・四川・湖南料理

そして、ジョニー・カンが、アメリカにおける本場さながらの高級中国料理店の先駆者とすれば、セシリア・チャン（江孫芸、Cecilia Sun Yun Chiang、一九二〇〜二〇二〇年、図3－11）は、アメリカの高級中国料理の歴史における最重要人物と言っても過言ではない。ここでは、日本とも度々深い関わりをもった彼女のドラマチックな人生の歩みを、自伝[160]および評伝[161]にもとづいて紹介したい。

セシリア（以下では家族が登場するのでファーストネームで表記する）は、一九二〇年に無錫の裕福な家庭で、七番目の子供（三女）として生まれ、四歳の時に北京に移って、そこで育った。家族が国民党と関係のある特権階級であり、北京の四合院の家には、五二の部屋と六つの浴室があったという。家には、無錫から連れてきて上海料理を作る年配のコックと、北京で雇って北方料理を作る若いコックとがいた。

日本軍が北平（北京）を占領しておよそ一年半がすぎた一九三九年のある日、四人の日本兵が食物を奪いに家にやってきたが、米を祭壇の下に隠していて難を逃れた。日本軍の占領下の北京では、しだいに食物が入手しづらくなり、配給米が不十分で、隠匿米も底をつき、セシリアは遠方まで自転車で買い出しに行くようになった。一九四〇年、家が日本兵によって接収され、いくつかの日本人家族と建物を共有し、狭いところに押し込められた。学校では、教員や学生がいなくなっていたが、彼らはすでに北京から重慶に逃れていた。

一九四二年一月、セシリアも、姉のテレサとともに、北京から重慶に向けて旅立ち、国民党軍の助けを得ながら、翌四二年六月に重慶に到着した。北京とは対照的に、重慶の雰囲気は楽観的で、街のあちこちに蔣介石と宋美齢のポスターが貼られて、愛国主義の情熱のもとに人々が団結していたという。重慶では、三年間にわたって叔父の家で世話になり、アメリカ大使館やロシア大使館で中国語（北京官話）を教える仕事についた。さらに、かつてセシリアが通っていた輔仁大学で経済学を教え、重慶のタバコ会社で働いていた江梁（Chiang Liang）に出会う。セシリアと江梁は、重慶で唯一の広東料理店で食事をしたり、「勝利ホール」でダンスを踊ったりしてデートを重ねた後、一九四五年五月に結婚した。

終戦後の一九四五年一〇月、夫婦は江梁の一族が多くの不動産を所有する上海に移り、旧フランス租界にある洋館を買って住んだ。上海でセシリアは、すばらしいフランス・ドイツ・ロシア料理店や南京路の永安公司（デパート）を見つけて喜び、かつて求婚された蔣維国（蔣介石の次男）らとも、食事やダンスをした。一九四六年六月には、長女のメイが生まれた。江梁は、蔣維国や政府高官などと親交があったので、国民党軍の敗北を早くから見込んで、台湾に家を二軒買い、逃亡の準備を進めていた。だが江梁は、外交官の仕事を任命されて、東京に行くことになってしまった。一九四九年四月、上海に人民解放軍が進駐する三週間前、家族三人は上海の虹橋空港から東京に向けて発った(162)。

図3－11　セシリア・チャン（東京，1950年）

セシリアは東京への機上で夫に、なぜ自分たちの生活を台無しにした日本に移住するのか尋ねたという。さらに東京に着いた後も、セシリアは日本人が怖くて、とくに男性が兵士のように見えた。ただし、当時の東京では、女性のほうが男性よりも多く、女性が交通整理・電線修理・排水溝掘り・家の組み立てなど、何でもやっていた。江梁は、台湾に移った国民党政権の大使館員に任命されていたので、東京ではセシリアも、アメリカ軍用のＰＸ（売店）で買い物ができた。

そして一九五一年秋、セシリアは友人とともに、明治神宮のそばで、「紫禁城（Forbidden City）」という中国料理店を開店した。そこでは、セシリアが幼少時代に食べた料理を思い出して、腕利きのコックを雇って再現させた。

注目すべきことに、東京のこの紫禁城のコックが、アメリカの中国料理に大きな影響を与えることになる。紫禁城の二番手コックであったワン・チンティン（Wang Ching-Ting）は、一九五六年にワシントンに渡って、中国大使館でコックを務めて、その後ニューヨークで「シュン・リー（Shun Lee）」という店で働いた後、その店を買ってオーナーとなった。シュン・リーは、一九七〇年代にアメリカで「左公鶏（ジェネラル・チキン）」を広めた店の一つとして知られる。また、同じく紫禁城で働いていた程明才（Cherng Ming-Tsai）は、後に息子が中国料理のファーストフード店・パンダエクスプレスを展開するのを助ける。[163]

セシリアは、一九六〇年に姉の手紙を受けて、サンフランシスコにやってくると、翌六一年にチャイナタウンで、「マンダリン・レストラン（Mandarin Restaurant）」（以下、マンダリン）の一号店を開いた。しかし、当時の中国料理店には、女性オーナーがほとんどいなかったし、広東人ではないセシリアは、チャイナタウンのレストラン業界ではよそ者であり、マンダリンの調理技術も、まだ基本的なものにすぎなかった。それでもセシリアは、一九五三年に開店してすでに地位を確立していた前述のジョニー・カンズ・レストランの欧米式サービスを見習いながら、より本物に近い中国料理を出そうとした。そうしたセシリアに対して、ジョニー・カンは、メニューを切り詰めて単純化し、あまり上海料理に集中せず、しかしサービスと内装は高い水準を保つように助言したという。

マンダリンの料理の食材は、サンフランシスコのチャイナタウンのほかに、ジャパンタウンやイタリア人コミュニティでも調達された。一九六〇年代のマンダリンのメニューは、アメリカの広東料理の伝統を打ち破ろうとしているものの、華人が過去に広めた料理との関係を断ち切るものではなかった。例えば、チャプスイやエッグ・フウヨンはなかったが、牛・豚・鶏・エビのチャウメン（炒麵）は用意されていた。

マンダリンは、本物志向の北京・山東・四川・湖南料理を、少なくともサンフランシスコでは最初に提供したレストランであった。だが当初は、北方料理や四川の辛い料理は受け入れられず、おもに広東料理を出していた。そして、フカヒレのスープや「叫化鶏（beggar's chicken）」（乞食鶏）といった贅沢な料理が、冬瓜スープやエビ・トーストといったアメリカの標準的な広東料理と、無理なく混ざり合っていた。マンダリンは、アメリカで早い時期に「酸辣湯（hot-and-sour soup）」や粥などを広めた。また、デザートには「八宝飯（eight precious rice pudding）」や、キャンディーでコーティングされた揚げバナナなどを出して、後者は多くの高級レストランで真似されたという。

マンダリンのコックとしては、サンフランシスコの華字新聞に小さな広告を出して、山東から韓国を経由してアメリカにやってきた夫婦を雇った。その妻のほうは、餃子作りを得意とし、アメリカ人の間で焼き餃子（鍋貼、pot sticker）がしだいに人気となり、注文をまかないきれないほどになった。マンダリンは、アメリカで最初期に餃子を普及させた店であり、日本の場合とは異なり、アメリカでは餃子が、高級店から普及していったと考えられる。

マンダリンの当初の常連客は、故郷を懐かしむ中国北方からの移民、日系アメリカ人、日系企業の重役などであった。セシリアは、日本で中国料理店を開いた経験があったので、マンダリンは、日本航空や住友銀行などがレセプションを開くのにも適していた。

マンダリンは、サンフランシスコで中華民国の領事を務めていたリン・チェン（Lin Chien）をマネージャーに迎えると、経営が軌道に乗った。さらに一九六三年、『サンフランシスコ・クロニクル（*San Francisco Chronicle*）』にコラムを書く著述家のハーブ・ケイン（Herb Caen）が、マンダリンにやってきた。そして、ケインが「太平洋の東側で最良の中国料理」などといった好評を発表すると、マンダリンは一躍有名になった。

カリフォルニア大学バークレー校などで学生紛争が高揚した一九六八年、マンダリンは、フィシャーマンズ・ワーフのキラデリ・スクエアに移転して、席数を六五から三〇〇に増やした。移転先は、もともとチョコレートと衣料品の工場で、高級ショップ・レストランに改装されるところであった。当時でも、中国料理店は不衛生と考えられて、地位が低かった。そのため、マンダリンがバンク・オブ・アメリカに融資を依頼するのと同時に、キラデリ・スクエアに出店を認めてもらうことは、いずれも容易ではなかった。

キラデリ・スクエアの店を設計する際、セシリアは「金ぴか、赤色、龍、提灯の四つのノー（No gold. No red. No dragon. No lanterns）」を求め、モンゴル式バーベキューの席も設けて、他店との差別化をはかった。セシリアは、香港を訪れて装飾用の磁器を購入し、香港から新たにコックを招いた。こうしてマンダリンがキラデリ・スクエアに移転してからは、ジョン・レノンとオノ・ヨーコをはじめとする多くのセレブが訪れた(164)。

ニクソンが訪中した一九七二年、セシリアはマンダリンで料理教室を開いた。この料理教室によって、多くの華人以外のコックが中国料理に興味をもって、それを取り入れるようになった。一九七四年には、ロサンゼルスのビバリーヒルズにも支店を開き、そこではブランド野菜を使った料理、野菜団子、豆腐などのダイエットメニューを充実させた。

ただし、一九七〇年代には、レストラン従業員たちの労働運動が高揚し、セシリアは、強い性格のアジア人女性を中傷するステレオタイプである「ドラゴン・レディー（dragon lady）」と呼ばれて、しばしば非難されてもいた[165]。しかし、一九七〇年代には食と観光が密接に結びつき、レストラン・コック・フードライターなどがスターとなった。セシリアも著名人となり、本物の中国料理、そして中国の王朝時代の輝きや豪華絢爛さを象徴する存在になった。

ジョニー・カンもセシリア・チャンも、ときに華人以外の好みに合わせた料理（チキンサラダなど）を出していたし、セシリアが言うように、中国各地の料理が取り入れられるなかで、純粋な「北京官吏（Mandarin）」の料理というものも存在しない。だがそれでもセシリアは、アメリカの人々に良い中国料理を提供するために、中国の皇帝、多様で広大な帝国、悠久な歴史、様々な文化遺産に関わる魅力的な伝統を想起させようとしていた[166]。セシリア・チャンは、一九八〇年代をマンダリンの最盛期と回顧する。一九九一年、セシリアはマンダリンを売却し、マンダリンはその後も繁盛したが、二〇〇六年に閉店した[167]。

③P・F・チャンのチャイナ・ビストロ——中間層に普及する本格的な中国料理

一方、セシリア・チャンの息子のフィリップ・チャン（Philip Chiang，江一帆）は、一九八九年からマンダリンの経営に加わっていた。一九九三年、フィリップ・チャンは、白人アメリカ人のレストラン経営者ポール・フレミングのビジネスパートナーになって、「P・F・チャンのチャイナ・ビストロ（P.F. Chang's China Bistro）」をアリゾナ州のスコッツデールに開店した。この店名は、ポール・フレミング（P F）とチャン（Chang = Chiang）の両者の名前から取っている。

このP・F・チャンのチャイナ・ビストロこそが、アメリカのテーブルサービスのレストラン市場において、本物の中国料理を広範な中間層の顧客に提供することができた最初のレストランである。多くのアメリカ人が、家族経営の小さな中国料理店には近づかなくても、P・F・チャンでは食事した。

P・F・チャンのチャイナ・ビストロは、一九九八年、ナスダックに上場した最初の中国料理店となる。それは、二〇〇九年にメキシコシティに初めて海外支店を出し、一〇年代にアメリカ合衆国、ラテンアメリカ、中東に二〇〇以上も出店した。[168]

④パンダエクスプレス——炒め物と牛肉の多い中国料理のファーストフード・チェーン

このように、P・F・チャンのチャイナ・ビストロは、アメリカの主流といえる人々が、本物の中国料理を食べるようにしたことに意義があった。それに対して、「パンダエクスプレス（Panda Express）」は、中国料理業をアメリカのファーストフードのコンセプトに合わせた点が画期的であった。アンドリュー・チャン（Andrew Cherng, 程正昌、一九四八年〜）は、一九六六年に家族とともにアメリカに移住し、[169]七二年、カリフォルニア州南西部のパサデナで閉店したコーヒーショップを買って、「パンダイン（Panda Inn）」に改装・開店した。[170]カリフォルニアは、今やアメリカでマクドナルド・バーガーキング・ウェンディーズの総数よりも数多い中国料理店の誕生の地である。[171]また、マクドナルドやカールスジュニア（Carl's Jr）など、多くの全国的なファーストフード・チェーンの本拠地でもあるので、パンダエクスプレス発祥の地としてふさわしかった。

なお、「パンダ」の付く店名の由来は、一九七二年二月にニクソン大統領が訪中し、その約二ヶ月後にアメリカにパンダが贈られたことにある。パンダインの開店当時のアメリカでは、中国とパンダへの関心が高まっていた。可愛い無邪気なパンダが、アメリカの民主主義とは異なる中国の政治体制に対する脅威を和らげて、中国料理のファーストフードに対する親しみやすいイメージを作るのに役立つ、と考えられたからであった[172]。

アンドリューの父の程明才は、江蘇省の出身で、上海、台北（圓山大飯店）、横浜、東京（セシリア・チャンの紫禁城）でコックを務めた後、一九七三年にアメリカに移住してきた[173]。一九八三年、アンドリュー・チャンたちは、南カリフォルニアのグレンデールのショッピングモールで、「パンダエクスプレス」を開店した。それは、父の程明才のオリジナルレシピに基づいた料理を出しながらも、パンダインのオペレーションを、モールのファーストフードのやり方に合わせた店であった。

パンダエクスプレスの中国料理の特徴は、他の料理にはない調理法で、しかも時間をもっとも節約して作れる炒め物が中心なことである。とはいえ、アメリカ人にはカリカリの食感（crispiness）が好まれるので、多くの食材がまず揚げられる。また、パンダエクスプレスは、中国料理ではあまり多く使われない牛肉を、よくあるように薄切りにして炒めるのではなく、ステーキに似た小さい塊に切って入れている[174]。

パンダエクスプレスは、その後、オペレーションの標準化を進めてチェーン展開し、二〇〇九年までに店舗数を三〇〇店までに増やした。一九九八年から二〇〇四年に、アンドリュー・チャンがＣＥＯを務めた後、最大手のメキシカン・ファーストフード・チェーンのタコベルの重役であったトム・ダビンを、パンダエクスプレスの社長兼ＣＥＯとして招いた。二〇一八年の時点で、Ｐ・Ｆ・チャンのチャイナ・ビストロが、アメリカ合衆国に約二一〇店であるのに対して、パンダエクスプレスは約二〇〇〇店もあるという。

中国料理は本来、片手にハンバーガーを持って、ハンドルを握るようなことができなかったので、ファーストフードが提供する活動を止めない生活スタイルには合わないとされていた。しかし、パンダエクスプレスの成功は、全米のファーストフードの消費者に、中国料理という選択肢を与えた点で、大きな歴史的意義があったといえる(175)。

さらに、パンダエクスプレスは、現在までに世界一〇カ国で二〇〇〇店以上をチェーン展開しているという。日本には、二〇〇〇年代後半に初進出し、〇九年に一度撤退した後、一六年のラゾーナ川崎店オープンを皮切りに再進出している(176)。

中国料理はこれまで、故郷の料理を異国の地で現地化しながら提供する個々の華人コック・店主の努力によって、世界各国で普及してきたところが大きい。しかし、パンダエクスプレスの世界展開はそれとは異なって、マクドナルドなどと同じように、世界各国で現地の嗜好に合わせて調整しながらも、基本的にマニュアル化された標準的な調理方法の料理を提供しようとするものである。それゆえに、パンダエクスプレスは、中国料理に新たな「グローカル化」(世界的な均質化と現地化の同時進行)の潮流をもたらしているともいえる。

アメリカにおけるアジア料理の混合・融合——華人の開くタイ・日本・アジア料理店

本章ではくわえて、中国以外の東アジア諸国の料理が、アメリカでどのように受容されているのかを見て、アメリカのアジア料理における中国料理や日本料理の文化的な位置づけを探りたい。一九七〇年代以降、東南アジアからラスベガスにやってくる移民が増えて、タイ・ベトナム・フィリピン・インドネシア・マレーシア・ラオスなどの料理店が続々でき、なかでもタイ料理店が圧倒的に多い。これらの店の多くは、おもに東南アジアから移住した華人たちが開いたものである。

二〇〇四年には、ラスベガスにやってくる大口のギャンブラーの約八割が、アジアから来ているという状況になっていた。ラスベガスのカジノは、アジアからの訪問者およびアジア系アメリカ人の顧客の急増に伴って、東南アジア料理の店を開いた。

例えば、二〇〇五年に高級ホテル・ウィン（Wynn）内に開店した中国料理店「道（Tao）」は、中国・日本・タイ・韓国の影響を受けた料理を出す、レストラン兼ナイトクラブであった。また、「サテイ・マレーシアン・グリル（Satay Malaysian Grille）」は、「ラスベガスの本物のマレーシア料理」を自称していた。だが、実際には、タイのパッタイ、インドのロティ・チャナイ（roti canai, マレーシアなどでよく食べられるインド式パン）、フィリピンのルンピア（lumpia, 春巻き）、シンガポールの焼きビーフン、マレーシアの野菜と豆腐のカレー、福建麺（マレーシアのエビ麺）、広東の焼きビーフン（「肉汁炒粉」）などを一緒に提供していた。

同様に「ロータス・オブ・シャム」は、「北米でもっともすばらしいタイ料理店」と評されたが、実際には、日本の味噌汁、ベトナムのバター・シュリンプ、パナン・フィッシュ（タイ式カレー魚料理）、四川のナス炒め（「魚香茄子」）、シンガポールの麺、ベトナムの米麺などを出した。さらに、「クラブ・チーズ・ワンタン（蟹肉奶酪餛飩）」のように、中国と西洋のフュージョン料理も創作していた。

二〇〇六年、タイの当時の外交部長・カンタティ・スファモンコン（Kantathi Suphamongkhon）は、「私たちはかつてアジアのライスボウル（米碗）として知られた。今、人々は、私たちを「世界のキッチン」という」と主張した。スファモンコンによれば、当時の世界には九〇〇〇のタイ料理店があり、そのうち四〇〇〇店はアメリカにあったという。このようにタイ王国は、タイ料理が世界料理（world cuisine）の重要な一部分であると主張しているが、アメリカでは、タイ料理はエスニック料理の一つに位置づけられている。

アメリカの都市ではたいてい、タイ料理店が、タイ式仏教寺院よりも早くできる。例えば、ラスベガスでは、最初のタイ料理店が一九七三年にチャイナタウン内にでき、最初のタイ式寺院が八六年に完成した。このラスベガスで最初のタイ料理店は、英語名では「カンフー・タイ&チャイニーズ・レストラン（Kungfu Thai & Chinese Restaurant）」と称し、「カンフー（功夫）」を店名に入れて、アメリカ人に中国の要素を暗示した。他方、中国語では「泰国潮州餐館」と称し、「潮州」を強調して、チャイナタウン内の他の中国料理店と差別化していた。

アメリカのタイ料理店では、もともとフォークとスプーンを置き、箸を置いていなかった。だが、東洋の料理を区別しないアメリカ人の顧客が箸を求めたので、箸を置くタイ料理店も出てきた。とはいえ、現在では多くのアメリカ人が、タイ料理のテーブルマナーが中国・日本・韓国・ベトナムとは異なることを知るようになり、箸を置いているタイ料理店はほとんどないという[177]。

さらに、一九九〇年代のアメリカでは、華人以外が経営して、厨房にも華人が一人もいない中国料理店が数多くできた。それと同時に、多くの華人や韓国人が、より高級感があって、より多くの利益を得やすい日本料理業に進出した[178]。一九九六年版（九七年刊行）の『華僑経済年鑑』によると、当時のアメリカの中国料理は、淡泊なものや野菜の料理が好まれる傾向にあり、そして華人の開く日本料理店が増加傾向であった。例えば、ヒューストンでは、華人経営の日本料理店が三〇店近くもあり、日本料理店の約四分の一を占めたという[179]。

このように、近年のアメリカでは、中国・タイ・日本といった国別料理と同じかそれ以上に、東アジア各国の料理を組み合わせたり、融合させたりした料理が出されることが多い。ちなみに、サンフランシスコのチャイナタウンでは近年、ジャパンタウンと同様に、キャラクター商品が売場を占拠する「アジアン・ポップ・タウン化」が見られる。そこでは、日本・韓国・台湾・香港・中国・タイ・ベトナムなどに由来するポップカルチャーが混在し、アジア系の人々を一括して見る「オリエンタル」な眼差しが逆手にとられて、商売が行われているという。(180) こうした動向を踏まえると、今後にもし「汎アジア料理」のようなものが形成されるならば、それはアジア各国からの移民が交流しやすいアメリカの大都市のような所で起こると思われる。

カナダの中国料理――アメリカンスタイルから香港スタイルへ

本章の最後に、アメリカ合衆国と同じく、イギリスとのつながりが深いアングロアメリカであるカナダと、その中国料理の概況を追記しておきたい。カナダの華人と中国料理の歴史は、アメリカ合衆国の場合と、きわめて似通った足跡を辿った。

カナダへの中国人の移民は、ブリティッシュ・コロンビア(一八五八年にヴィクトリア女王が命名)のフレイザー・バレーにおけるゴールドラッシュによって、一八五八年に始まった。一八六七年には、イギリス領北アメリカ法によって自治が認められて、カナダ連邦が結成される。そして一八八〇年代には、中国人移民の第二波が、カナダ南部を横断するもう一つの北米大陸横断鉄道であるカナダ太平洋鉄道の建設のために始まった。

ただし、鉱山開発・鉄道建設のブームが収まると、中国人の移民は規制された。残された華人コミュニティのほとんどは、ヴィクトリアとバンクーバーのチャイナタウンに限られ、チャイナタウンは不衛生と病気の中心地と見られるようになった。また、そこで華人が経営している食堂は、華人専用のものか、西洋人に西洋の食事を出すものかのいずれかであったので[181]、現地における中国料理の普及は進まなかった。

カナダの反華人感情は、一八八五年以降、「人頭税法」などの移民制限を目的とする法令を生み出した。そして最終的には、一九二三年に中国人移民を制限する法律が制定されて、外交官や学生をのぞく中国人の入国が禁止された。

バンクーバーでは、一九一五年、華人の洗濯業者や野菜行商人に対する反対運動が盛り上がった。しかし、一九三六年のバンクーバー市の市政五〇周年のお祝いでは、華人コミュニティが、重要な役割を果たした。その後、第二次世界大戦の影響もあって、チャイナタウンのイメージが改善していった。華人商人たちは、例えば、バンクーバーのコロンビア・ストリートのホワイトハウス・チャプスイレストランの正面にネオンライトを設けるなど、ヨーロッパ人が期待するオリエンタルなイメージに、チャイナタウンの街並みを適合させていった[182]。

ちなみに、カナダは、一九三一年のウェストミンスター憲章によって外交権を得て、実質的に独立したとされる。そして、一九八二年における英国のカナダ法と、それに続くカナダ憲法の成立によって、憲法改廃権がイギリスから完全に移管されて、カナダは真の独立国家となっている。

さて、一九二三年制定の中国人移民制限法は、四七年に撤廃され、同年には中国系カナダ人に、連邦・州での選挙権が承認された[183]。そして一九六七年、カナダの連邦政府は、移民候補者の学歴・職歴・言語能力などによって、受け入れの可否を判断するポイント制度を導入した。

この新たな移民法によって、香港や東南アジアからの移民が増加し、とくに一九九七年の香港返還までの一〇年間に、約三〇万人もが香港からカナダに移住した。そのほとんどが、トロント・バンクーバー・モントリオールなどの大都市部に住み、とくに香港からの移民が多かったバンクーバーは、「ホンクーバー」とも称されることになった。

カナダの中国料理は、もともとアメリカ式であった。それは、揚げ物が多く、甜酸（スイート&サワー）ソース・ケチャップ・胡椒や、味の素入り揚げ粉などを使った料理であり、また、勘定書とともにフォーチュンクッキーが出てくるような料理であった。

しかし、一九八〇年代には、前述の「新派粵菜（ヌーベル・カントニーズ）」のレストランが、都市部に登場した。一九八〇年代後半以降、大規模な香港式ショッピングモールおよび高級ホテルのなかや、独立した大型レストラン（「大酒楼」）として、新派粵菜を出す香港式広東料理のレストランが数多く出現した。そして、旧来のアメリカ式中国料理店が、もっぱら庶民の手軽な食事場所となり、新たな香港式のレストランが、豊かな香港移民と中・上層の白人顧客のものになった(184)。

本章で紹介したように、アメリカの中国料理に関する研究が豊富な理由の一つは、それが移民国家、多民族国家としてのアメリカの特色をよく表しているからであろう。とくに、華人に対する排斥や抑圧を乗り越えて、二〇世紀前半には、アメリカ式中国料理のチャプスイが、国民食のような人気を獲得した。そしてそれが、アメリカの流行文化として、あるいはアメリカ軍人の日常食として各国に広まったことは、世界の食文化史にとって大きな意味がある。

さらに、アメリカ軍で中国料理を知ったイタリア系移民が、中国食品の缶詰会社を創業して大きく発展させ、全米に「イタリアン・レシピのチャプスイ」を普及させた。そしてアメリカでは、日系人が多くの中国料理店を経営し、それらが提供した辻占煎餅が、フォーチュンクッキーとして華人に受け継がれて、アメリカの中国料理に定着した。また、ユダヤ人が中国料理を食べてアメリカ人であることを実感し、中国料理がアメリカのユダヤ人のアイデンティティの一部にもなった。これらは、多民族国家・アメリカにおける文化融合のダイナミズムを今日に伝える貴重な史実である。

第2章　イギリス――チャプスイ・中国飯店・中国料理大使

一九世紀の華人と中国料理――燕の巣のスープ・ネズミのパイ・仔犬のステーキ

「箸」を意味する「チョップスティックス（chopsticks）」という英語名を初めて記録に残したのは、イギリス商人ピーター・マンディ（一六〇〇～六七年）である。それは、広東語と英語の混成したピジン・イングリッシュの単語であったという。(1)

イギリスへの最初の中国系移民は、遅くとも一八一四年、(2)おそらくは一八世紀にさかのぼり、東インド会社の船乗り・労働者が、リヴァプールやロンドンの港に住んだことに始まる。(3)一九世紀に入ると、産業革命の進展によって台頭した産業資本家が、自由貿易主義を強く要求した。そのため、勅許会社である東インド会社は、一八三三年に中国の茶貿易の独占権廃止を決定し、翌三四年に中国商人との契約終了をもって、商業活動を停止した。こうして対中貿易が自由化された結果、イギリスの多くの商社や貿易商が、インド産アヘンを広州から中国に密輸しやすくなった。すると、広東・福建出身の農夫が、船員として安い賃金で雇われることが増え、彼らが初期にイギリスに移住した華人となった。(4)

一八六五年、リヴァプールからアジアへの直行航路が開設されて、埠頭近くに中国人船員の滞在地区ができた。おもに香港から来ていたリヴァプールの華人は、一九世紀のイギリスで最大の華人コミュニ

図3－12 『パンチ』に掲載された中国人の食物を揶揄する画（1851年）

ティを形成した。清朝の出国者の禁令自体は、実態はともかく、一八九三年まで続いた。そのため、外国船が出入りできた香港とマカオ、ついで黄浦（広州）と汕頭が華人の出口となり、華人の送出地として、広東がメインになった。[5]

ところが、一九世紀中葉のヨーロッパでは、中国人が犬の肉を食べるのを好んで、燕の巣を珍重すると広く思われていた。例えば、一八五一年にロンドンで開催された世界最初の万国博覧会に際して、イギリスの大衆誌『パンチ』は、中国人の食生活を揶揄する画を掲載した（図3－12）。そこでは、中国人にボーイが、燕のスープ、ネズミのパイ、仔犬のステーキを勧めている。[6]

他方、一八八四年にロンドンで開催された万国衛生博覧会（International Health Exhibition）では、もっとも人気のあるアトラクションの一つが、中国料理店であった。食品の供給や料理人の雇用といった準備を行ったのは、海関総税務司として上海に長期在住したロバート・ハートである。ハートはコックを北京や広州で集めたが、そのなかには北京に一五年住んだフランス人もおり、またウェイターは、二～三人の中国人を除いて、スイス・ドイツ・フランス人などであったという。

当時のイギリスの大衆誌では、博覧会の中国料理店が紹介された。例えば、『ポール・モール・バジェット（*Pall Mall Budget*）』（一八八四年七月一一日）では、燕の巣のスープ、ナマコのパイ、フカヒレ、ハスの種などの料理や、茶のサービスが称賛される一方、生演奏の中国音楽は不評であったという。[7] さらに、『パンチ』は、紹興酒（"Shaoshing Wine"）を、「辛口白ワインと伝統的な家具磨きの味とチョコレートクリームを混ぜ合わせたもの」などと酷評している。[8]

しかし、『衛生博覧会資料（*The Health Exhibition Literature*）』に掲載されたJ・ダジョンの長文は、おそらく初めて中国の食事について詳細に論じている。そしてそれは、高価な肉を食べる西洋料理に比べて、安くて栄養のある米・大豆・野菜を多く食べる中国料理を高く評価して、西洋の食事を改善するために中国料理を取り入れることを推奨していた。[9]

ロンドン・イーストエンドのチャイナタウン——二〇世紀初頭の華人と中国料理店

ところで、華人は、チャイナタウンのことを、しばしば「華埠」と呼ぶ。それは中国の港を意味しており、チャイナタウンが埠頭から形成され始めたことがわかる。[10] 一九世紀終わり頃までに、ロンドン・リヴァプール・カーディフなどのドック近くに、小規模ながら華人コミュニティが形成された。ロンドンのイーストエンド、とりわけライムハウス周辺には、一八八〇年代までには華人の雑貨店・食堂・集会場があった。そこでは一九一〇年頃までに、チャイナタウン（唐人街）が形成されて、一〇年代前半には、ロンドンの華人の約四割が、ライムハウスのいくつかの通り沿いに住んでいた。華人たちのなかには、イギリス人の妻をめとり、子供をもつ者もいた。[11]

ロンドンでは、一九〇六年、華人によるもっとも古い相互扶助団体が、船員を中心に創設された。さらに翌〇七年、華人の生活支援、イギリス社会における差別からの保護を目的とする組織が、宗族の結びつきをもとに結成されて、リヴァプールにもその支部が創られた。[12]

そして、ロンドンで最初のチャプスイレストラン（中国料理店）は、一九〇八年にオープンした。一九一〇年頃のロンドンの中国料理店は、イーストエンドのチャイナタウンに少数、ウェストエンドに二〜三軒あっただけだったという。当時の中国料理店の中心的な顧客は、中国人学生などであり、ロンドンの地元の人々は、一部の下層労働者を除いて、中国料理を避けていた[13]。

ところで、一八九九〜一九〇二年の南アフリカ戦争（ボーア戦争）は、一八八〇年代に金鉱が発見された南アフリカの植民地化をめぐって、イギリスがブール人（アフリカーナー）と争った戦争である。それはちょうど、ロンドンに留学していた夏目漱石が、凱旋パレードを冷ややかに見た戦争でもあった。そしてその戦後、トランスバール地方における中国人労働者の使用から、イギリス本国にも賃金の安い中国人労働力が入ってくる恐れが生じた。一九〇四年、イギリスは、約二万人の中国人労働者を南アフリカに連れてきた。彼らの奴隷のような労働状況は、一九〇五年の総選挙において、アーサー・バルフォアの保守党政権に対する自由党支持者の批判票につながった。

実際には、イギリスの労働市場において、マイノリティの華人は、白人労働者と競合することはほとんどなかった。だが、船乗りだけは例外であった。一九〇八年にはロンドンのドックで、イギリス人船乗りが、中国人船乗りの雇用契約を繰り返し阻止しようとして、緊張が走った。

また、一九一一年には、カーディフの三三軒すべての華人洗濯業者に対する破壊活動が起こった。一九一九年には、ロンドンのライムハウス周辺でも、華人に対する暴力事件が発生した。こうした華人労働者に対する反感は、一九二〇年代にまで継続した。また、華人人口が増えてライムハウス以外にも住むようになると、住宅不足が起こるという反感も生じていた[14]。

東洋の怪人フー・マンチュー博士とロンドン・チャイナタウンのアヘン窟

そして文化面でも、ロンドンではすでに一九世紀末までに、アヘン窟がイーストエンドの船渠にあるものと考えられて、ライムハウスの華人街と結びつけられるようになった。オスカー・ワイルド唯一の長編小説『ドリアン・グレイの肖像』（一八九一年刊行）や、コナン・ドイルの創作したシャーロック・ホームズの物語にも、イーストエンドのアヘン窟が登場する。さらに、一九二〇年頃の新聞や雑誌では、中国人船乗りやライムハウスの華人店主が、白人女性や娼婦をたぶらかし、麻薬中毒をロンドン中に広めている、とまで喧伝されるようになった[15]。

当時のロンドンの華人とチャイナタウンに関する不気味なイメージを創り出していた作家に、サックス・ローマー（Sax Rohmer, 一八八三～一九五九年）がいる。若いジャーナリストとして、ロンドンのチャイナタウンを取材したローマーは、一九一三年から、東洋人による世界征服と帝国建設を目指して暗躍する怪人フー・マンチュー博士の小説を刊行した（図3－13）。そしてその小説は、一九二三年から英米で何度も映画化された[16]。

図3－13　サックス・ローマーの小説『フー・マンチュー博士のミステリー』（1913年）の表紙

ちなみに、「フー・マンチュー（Fu Manchu）」の命名は「溥・満洲」、つまり、清朝最後の皇帝・愛新覚羅溥儀にちなむとされる。フー・マンチュー博士のシリーズは、欧米で東洋人に対する邪悪・狡猾で恐ろしいというイメージを広めて、黄禍論が唱えられる背景にもなった。ローマーは、ほかの小説でも、チャイナタウンをアヘン密輸が横行するなど危険な場所として描き、一九一六年には『チャイナタウンの話（*Tales of Chinatown*）』という作品集も出している。

また、アガサ・クリスティ（一八九〇～一九七六年）の推理小説『ビック・フォー（*The Big Four*）』（一九二七年）でも、名探偵のポアロが、国際的な謀略を仕掛ける中国人らの組織と対決している。フー・マンチュー博士とそれに似た複製が、多くの雑誌・書籍・ラジオショー・映画に繰り返し登場していた。[17]

これらのほかにも、チャイナタウンが登場する映画や音楽は、枚挙にいとまがない。大衆文化のなかのチャイナタウンは、しばしば危険な場所として描かれた。そのため、一九二〇年代のスペイン・バルセロナのラバル地区は、華人がいないのにもかかわらず、危険な「チャイナタウン（Barrio Chino）」と言われるようになっていたという。[18] ただし他方で、中国人は儒教的な伝統を保持し、やさしく、紳士的である、という正反対の表象も見られた。それに関連して、中国の芸術作品や工芸品が、イギリス人収集家の間で、非常に人気が高かったという両面性にも留意が必要である。[19]

世界大戦とイギリスの中国料理——様々なチャプスイ

第一次世界大戦が始まると、ヨーロッパ諸国は労働力不足に直面し、一九一六年五月からフランスでは、大量の中国人労働者が使われ始めた。中国人労働者は、軍需品・化学・兵器工場、港湾、炭鉱、鉄鋼所、交通など、フランスのあらゆる分野で働いた。一九二〇年代には、青年時代の周恩来や鄧小平らも、「勤工倹学」（働きながら学ぶこと）でフランスに留学し、そこで中国共産党の活動に従事している。

このように、フランスによる中国人働者の受け入れは、中国近現代史に大きな影響を及ぼすことになった。ただし、およそ四万人にも上ったフランスの中国人の労働者の大半は、第一次世界大戦後に帰国し、約三〇〇〇人がフランスに残留しただけだった。[20]

フランスに続いてイギリスも、一九一六～一八年、約九万五〇〇〇人の労働者を中国の山東省などから呼び寄せた。しかし、彼らはイギリス本国で雇われたり、戦争の最前線に投入されたりすることはほとんどなく（それでも約二〇〇〇人が命を落としたが）、前線の軍隊をサポートして、仮兵舎の建設、道路・鉄道の修築、塹壕掘り、土嚢詰めなどを行った。

イギリスにおける外国人移民の管理は、一九〇五年の外国人条例（Aliens Act）から始まる。一九一四年と一九年の外国人制限条例（Aliens Restriction Act）は、中国人移民の流入を制限した。そのため、第一次世界大戦時には、約一〇万人もの中国人がヨーロッパで働いていたにもかかわらず、イギリス本国にやって来た中国人労働者は、ごく少数にすぎなかった。当時のフランスの華人は、労働者が中心であったのに対して、イギリスの華人は、船乗りや洗濯業者が中心であった。

しかし、第一次世界大戦期には、イギリス男性が王と国のために勇ましく戦っている間に、中国人移民が彼らの工場・ホテル・レストランなどの仕事と家を持ち去って、よい給料を稼ぎ、イギリス人女性をたぶらかしているという、イギリス人の中国人に対する憤りの感情が生まれていた。[21]中国人労働者の数は、常に誇張された。中国人作家の老舎は、一九三〇年頃、もしロンドンで「チャイナタウンに二〇人の中国人が住んだら、中国人は記録上では必ず五〇〇〇人はいるとされるだろう」と警告している。[22]

とはいえ他方で、第一次世界大戦後には、イギリスの人々の中国文化に対する見方には、変化が現れた。中国料理への関心が高まり、料理はアヘンや犯罪の次に、中国の文化的特徴を象徴するものになった。その頃から、ヨーロッパ人を顧客とする中国料理店も開業し、一九二〇年代半ばまでに、ロンドンなどでチェーン展開する中国料理店も開業した。[23] ロンドンのウィルカム図書館には、一九二〇年代から三〇年代初頭のものと考えられる中国料理の英文レシピ集が残されている。それには、計一二種類ものチャプスイのレシピが手書きされており、プレイン（豚肉）、特上（エクストラ）、鶏、鴨、仔羊、牛肉、魚、エビ、牡蠣、ロブスター、鳩、ヤマウズラのチャプスイがある。チャプスイは、当時のイギリスの中国料理店において中心的なメニューになり、様々なバリエーションが案出されていたことがわかる。[24]

一九三〇年代のイギリスでは、海運交易が衰退し、手洗いの洗濯も電気洗濯機に変わりつつあった。そのため、船乗りや洗濯屋といった華人の就ける仕事が少なく、さらにオーストラリアの金鉱・錫鉱業が、多くの華人を引き寄せていたので、イギリスでは華人人口が増えなかった。しかし、第二次世界大戦では、中国とイギリスが連合国になったので、イギリスに多くの中国人がやってきた。第二次世界大戦中、アメリカやカナダに物資を補給する基地になったリヴァプールだけでも、一九四二年以降に約二万人の中国人船乗りが雇われた。さらに約一万人の中国人船乗りが、英国海軍に入隊したという。[25]

イギリスでは、一九三九年九月の第二次世界大戦の開戦直後から、肉類・砂糖・紅茶・チーズなどの基本食料が配給制になった。だが、主食のパンは、ヨーロッパの他の国々よりも小麦のストックが多かったので、配給制の対象外になった。しかし戦時中には、パンの質がしだいに悪くなって、ほとんど黒パンに近くなったが、それでも小麦が不足して、政府はジャガイモで代用するように宣伝した。食糧や酒の闇商売が広く行われて、ロンドンの一流ホテルの支配人や料理長らが検挙されることもあった。闇商売はしばしば、ユダヤ人がやるものだと言われた。

レストランの料理は、一食三皿で、定価も五シリングと決められていた。だが、高級レストランは、テーブル代・給仕代・コーヒー代・食後果物代などを加えて、外では食べられない肉類・卵・果物を出した。一流レストランも混み合い、二・三流レストランには行列ができた[26]。

そして、中国料理が、第二次世界大戦期のイギリスで普及した。戦時の配給制度によって、イギリス人は、伝統的な食生活を改めなくてはならず、外来の食物や外食を試す機会が増えていた。当時までに、イギリスの中国料理は、レベルが上がってきていたので、安くておいしい外食場所として、中国料理店が注目された。中国とイギリスが連合国であったことも、中国料理の普及の背景にあった。イギリス植民地にいたイギリス人も、植民地で中国料理を知り、それを本国に広める役割を果たした[27]。

ロンドンの日本人と中国料理――藤井米治の中国飯店

ロンドンは、日本人にとっても欧州への入口であった。第一次世界大戦後、ロンドン在留日本人が増加する。それに伴って、大英博物館から南西に歩いて五分ほどのデンマーク・ストリートには、短い通り沿いに、「ときわ（常磐）料理店」、「大和ホテル（旧ときわ旅館）」、「阿座上商会」、「酒井商会」、「大島理髪店」などが集中した。

このうちときわ（常盤）は、ロンドンでもっとも有名な日本料理店であり、その主人は東京の私立大学出身、店の自慢は鰻の蒲焼きで、その鰻はデンマーク産、米はスペイン産を用いたという。さらに、ぬた・刺身・木の葉丼など、日本のものを何でも出し、イギリス人の若い女性を雇い、洋装した日本人の女中頭が采配をとっていた。ときわのほかにも、ロンドンの日本人移民は、「東洋館」、「湖月」、「都倶楽部」（一九〇六年に前身の「都亭」をウノ・マンタロが創業）、「日の出家」（日出家、一九一六年に越後出身のヤノ・タクマが創業、日本人の社交場として重宝された）といった日本料理店や、「横浜洋食店」などの洋食屋、および中国料理店を開いていた。

第二次世界大戦前、日本料理店は、日本人だけを顧客とするのが通常で、欧米人客はほとんどいなかった。ニューヨークでは、数少ない日本料理店に、牛鍋や鰻飯を食べに来るアメリカ人客があったが、例外的であった。それに対して、チャプスイは、米国や欧州の小都市に至るまで、あちこちで見られた。そのため、ロンドンの日本人には、中国料理が「土耳古〔トルコ〕料理と共に、食物調理の最高級に位して居る」ように見えていた。[28]

ロンドンの中国料理店のなかでも、バッキンガム・ストリート二八番で日本人の藤井米治が経営する「中国飯店（Strand Chinese Restaurant）」は、日本人がよく利用し、中国料理のほかにすき焼きも提供していた。ロンドン在留日本人向けの月刊誌『日英新誌』は、一九二五年二月（一一〇号）から三八年八月（二六八号）まで、この中国飯店の広告を頻繁に掲載している。『日英新誌』には、中国飯店のほかに、「純広東式」の「支那御料理」とすき焼きを提供する「ポピュラー・チャイニーズ・レストラン」、チャプスイレストランである「新中国飯店」、「広東酒楼（Canton Restaurant）」、さらにはパリの「萬花酒楼」などが広告を出していた。[29] これらは、華人経営の中国料理店が、日本人向けに広告を出していたものと考えられる。

ちなみに、第二次世界大戦前の欧米では、日本人経営の中国料理店が、どれくらいあったのだろうか。外務省通商局による『在外本邦實業者調』（一九三七年一二月調査）に掲載されているのは、ロンドンの中国飯店のほかに、サンフランシスコの「藤井茂美」（店名不明）、ロサンゼルスの「三光楼」、「ニュー・シカゴ・カフェー」、「日光チャプスイ」、シアトルの「新風軒」、「錦華楼」、「日光楼」、「玉壺軒」の計九店である。[30] これらのなかには、中国料理と日本料理の両方を提供している店もあると思われる。

一九三六年一一月から一年半にわたってロンドンで暮らした主婦の伴野徳子は、シンプソンズのローストビーフよりも「藤井の支那料理と、やまと、ときわの日本食の方が、やつぱり口に合ふ」と述べている。[31] そして、小説家の野上弥生子によれば、ロンドンの「日本人の店で、西洋人の金をとって儲けているのは」中国飯店だけであったという。[32]

日中全面戦争が勃発した一九三七年夏頃には、ロンドン・ピカデリーの中国料理店で、日本人お断りの札が出されるようになった。藤井米治が経営する中国飯店でも、華人コックが仲間の迫害を恐れて逃げだし、人手不足になって出前が中止になった。[33]

ロンドンにおける対日・対中感情――第二次上海事変・天津租界封鎖事件・香港占領

第二次世界大戦前のイギリス人は、中国人と日本人の区別がほとんどつかなかった。当時の日本人は、中国人を、「チャンコロ」などと呼んで侮蔑していたため、そのことに腹を立てた。だが、イギリス人に日本人のその気持ちはわかるものではなかったという。[34]

そして、一九三七年八月の第二次上海事変をきっかけにして、イギリスにおける対日感情が決定的に悪化した。ロンドンに長期滞在した画家の牧野義雄によれば、その頃のロンドンでは、上海の日本軍による虐殺を伝える新聞報道がなされ、日本製品不買のデモが行われ、中国人への義捐金を募るポスターが街中に張られた。さらに、日本人による中国人虐殺の場面を演じた映画が続々と上演され、排日熱が全英に広がった。ロンドンの街は中国びいきとなり、デパートは中国絹を特売し、喫茶店やレストランは食卓や椅子を中国風にした。牧野はこれらを、ユダヤ人が大衆受けを狙ったものだと断じている。[35]

その後、日英関係の悪化に拍車をかけたのが、一九三九年六月の天津租界封鎖事件であった。「親日派」とされる中国人官吏を殺害した犯人の身柄引き渡しを、イギリスが拒否したことを理由として、日本の現地軍が、天津の租界の交通制限を実施した。その際に、日本軍は意識的に、イギリス人に対して差別的な待遇を行った[36]。日本兵がイギリス租界の出入口に検問所を設け、イギリス人を公衆の面前で全裸にして調べ上げている、と報道されたことで、イギリスの国民感情が悪化した[37]。この事件は、中国大陸における白人の面目をつぶすものであり、イギリス人のみならずアメリカ人も、白人の威信に与える悪影響を懸念するに至った[38]。とはいえ、その後に日英交渉が好転すると、一九四〇年六月に協定が結ばれ、イギリスは、日英通商航海条約の破棄を自制していた[39]。

しかし、一九四一年七月、英・米で日本人資産の凍結令が出され、日英通商航海条約も破棄される。この頃には、イギリスの主要各紙は、『タイムズ』『デイリーテレグラフ』を除いて、「ジャップ」という言葉を用い始め、「反日態度」が露骨になっていたという。日本に厳しい論客には、重慶国民政府の大使館の息がかかっていると、日本人たちは考えていた。

一九四一年一二月、真珠湾攻撃とマレー沖海戦で、日本が米・英と開戦すると、一時的に日本の実力を再評価する論調が現れた。だがすぐに、香港における日本軍の白人虐待が報じられた。さらに、アメリカの「パールハーバーを忘れるな」を倣って、「香港を忘れるな」(一九四一年のクリスマスに日本軍が香港を占領したから)という標語が新聞に載り、レストランや劇場の入口にも貼られるようになった。

そして、イギリスに滞在していた日本人は、一九四一年一二月八日の日英開戦後、アイリッシュ海の中央にあるマン島に抑留されることになった。私服警官が抑留対象者の家に行くと、日本人はたいてい荷造りをすませて待っていて、率先して出て来るので、イギリス人警官は、あきれていたという[40]。一九四二年七月、日英間で抑留者の交換交渉が成立すると、マン島の日本人は、交換船で帰国したが、自らの意志で英国に残る日本人もいた[41]。

第二次世界大戦後のロンドンとリヴァプール——華人のレストラン開業

ロンドンは、世界都市としての長い歴史を有するが、エスニックフードの真のブームは、ようやく一九五〇年代にインド料理・中国料理によって始まったとされる。中国料理の普及は、インド料理（カレー）の後を追いかけるものであった。戦時期の配給による統一性と平等主義にもとづく食堂文化が消失し、中国料理が西洋の食生活を豊かにするものと認識・歓迎されたのに伴って[42]、中国料理店が増加していった。第二次世界大戦後に配給が終わった後、ロンドンでは、すべてのレストランが繁盛し始め、食生活に変化が起こって、多くの人々が外食するようになった。なかでも中国料理店は、ほかよりも栄養豊富な物を食べることができたので人気になった。

くわえて、極東からイギリスに帰国した植民地官僚や兵士、ロンドンに駐留したアメリカ兵、そして彼らの家族などが、中国料理店を行きつけにした。大多数のイギリス人にとって、華人と接するのは、中国料理店の顧客としてだけであり、華人のイメージが、中国料理店と密接に結びつくことになった。他方、華人の側も、洗濯機の普及に伴って、洗濯業から料理業への転向を迫られていた[43]。

一九四五年八月に第二次世界大戦が終結した直後、リヴァプールの華人の多くは、帰国しようとした。だが、一部の起業精神のある華人が、中国各省出身者の社交クラブのために、寧波・福州・海南・汕頭・上海などの地方料理を特色とするレストランを開店した。それらは、中国各地方のコックたちがプライドをかけて作った本物志向の中国料理を出す店であり、イギリスにおける最初期の本格的な中国地方料理の店といえた[44]。

そして、リヴァプールの街では、ネルソン通りなどに住んでいた華人が、一九五〇年代においても、現地社会に同化しようとしておらず、英国労働者の生活を脅かすこともなかったので、現地の人々によい扱いを受けていた。[45] しかし、二〇世紀にはリヴァプール港が没落していったので、マンチェスターへの移住者が増えていった。リヴァプールからマンチェスターへの中国人コミュニティの移動は、一九六〇年代まで続いた。

一九七〇年代には、マンチェスターのビジネス街の近くの使われなくなった綿花倉庫が、いくつかの宗族によって経営される中国料理店街に改造された。その後、マンチェスターの中国料理店街の一角は、ロンドンの華人街のジェラルド・ストリートなどとともに、政府の主導によって開発が進められていった。[46]

第二次世界大戦後、一九四九年の中華人民共和国の成立頃をピークに、香港には大陸から大量の移住民が流入した。だが、郊外の新界では、そうした中国からの流入者に土地を貸し、土地代を収入として、農業から離れる者が現れた。くわえて、工場や住宅の開発が進展し、地価が上昇しているために、農地を売却する者もいた。こうしたなかで、より稼ぎの良い仕事を求めて、イギリスに渡る者が現れた。

また、新界農村の飢饉から逃れた米農家のなかにも、中国料理店での仕事を求めてイギリスにやってきた者がいた。一九六二年のイギリス連邦移民法は、労働許可制度の導入によって、イギリス連邦諸国からの移民にも制限を課して、イギリスに移民する前に被雇用を確保することを求めていた。だが、中国人のコックは、英国への入国を申請できた。一九六四年当時、香港新界からイギリスに移民していた華人は二〜二・五万人程度おり、ロンドンやリヴァプールに集住した。[47]

イギリスの中国料理店に雇われた華人には、香港生まれの英国籍者と、中国本土生まれで香港在住の非英国籍者の二者がいたが、一九七〇年前後には後者が急増した。なぜならば、イギリスの法律では、非英国籍労働者を不当に安い賃金で雇うことが、明確に禁止されていたにもかかわらず、イギリスの中国料理店は、人手不足解消のために、香港在住の非英国籍中国人を安い給料で一定期間だけ雇ったからである。

J・ワトソンが研究した文氏宗族のように、ロンドンでのレストラン開業が、香港新界の村落の人々の経済的な生命線となり、連鎖的移民のシステムを形成することもあった。文氏の移民たちは、イギリス人の友人がいなかったが、そのことを残念に思っていなかった。イギリスの外食業界は圧倒的に移民に支配されており、イギリス人がロンドンの中・低クラスの料理店で働くことはなかった。そのため、料理店は移民が容易に足を踏み入れられて、しかもホスト社会の労働者と競合して支障をきたすことがもっとも少ないニッチの一つになっていた[48]。

一九六〇〜七〇年代のロンドン――香港新界とマレー半島からの移民の中国料理店

ロンドンのチャイナタウンは、もともと波止場のあったイーストエンドのライムハウス地区に、中国人船乗りとそれを顧客とする店が集まってできていた。それは、第二次世界大戦中、ドイツ軍の空爆によって荒廃し、戦後にも復興されることがなかった。しかし、一九六五年、ロンドンのウェストエンドの劇場街のなかの薄暗い通りに、五店の高級中国料理店があいついで開店したという。これらの中国料理店は、これまでのようなチャプスイを出す店ではなく、増加しつつある華人を顧客とした本格的な中国料理を出す店であった。こうしたレストランができたジェラルド・ストリートを中心として、新たなチャイナタウンが形成されていった。

ジェラルド・ストリートは、一九六〇年代当時は性風俗と映画の歓楽街、八〇年代からはメディア・

高級レストランなどの街へと変貌したソーホー地区のすぐ近くにあった。ジェラルド・ストリートは、中国料理店と賭博場を備えて、華人社会の活力と興奮が集中する場所になった。そして、ロンドンのレストラン業を支配していた張氏などの宗族が、チャイナタウンの形成とともに繁栄した。香港からイギリスへの移民が奨励されるなか、イギリスでは都市中間層を中心に中国料理に対する態度が変わって、中国料理店が繁盛した。(49)

一九六〇年代のロンドンの中国料理店は、広い地域に分散していたことや、味がイギリスに適応していたことが特徴的であった。当時のイギリスの中国料理店の多くは、広東料理店であり、もっとも代表的な中国料理は、アメリカ式のチャプスイやチャウメンであった。ほかに、叉焼（roast pork）、酢豚（sweet and sour meat）、「エッグ・フウヨン（egg foo yong）」なども定番であった。ロンドンの中国料理店で出されたのは、主として欧米化ないしは英国化した広東料理であったが、六六年にはロンドン初の北京料理店も開かれた。(50)

一九六〇年代半ばのロンドンでは、一五〇〜二〇〇店ほどの中国料理店があった。それらは、店主が第二次世界大戦前からロンドンにいた店と、戦時期以降にやってきた店とに分けることができた。さらに後者は、店主の出身地から、四つのグループに分けることができた。これらのグループでは、グループ内の協力は盛んであったが、グループ間での社交はほとんどなかった。

第一に、香港（とくに新界）からやってきた移民の店主が、もっとも多かった。彼らの店は、たいてい小さく、ウェストエンドの劇場街の外にあった。彼らはたいてい、同じ村落出身のコックやウェイターなど何人かで、店を共同所有していた。だがそれにもかかわらず、彼らは自分たちこそがプロとしてふさわしいレストラン業者であると自負し、レストランを開いた国民党出身者を「素人」として見下していた。

第二に、中華民国の大使館は、一九五〇年までに閉鎖されたが、元大使館員らがロンドンやリヴァプールに残留して、中国料理店を開くことがあった。国民党出身の店主は、一九五〇年以降に開店したので、レストラン業の経験が浅かった。さらに彼らは、華北出身者が多くて、北京官話しか話せなかったが、従業員にはおもに香港新界出身で広東語しか話せない者を雇うことになったので、英語でコミュニケーションをとることになった。

第三に、シンガポールなどからやってきたマラヤ華人の中国料理店が四店あった。マラヤ華人の店主は、とりわけ同郷のマラヤ出身者を従業員に雇おうとしていた。

第四に、華人以外が経営する中国料理店もあった。

くわえて、従業員も、第二次世界大戦前から中国料理店で働いている旧来の移民と、戦後にロンドンの中国料理店にやってきた新移民とに分かれた。前者は、おもに中国大陸出身で、低賃金の期間が長く、後者は、おもに香港新界出身で、待遇も改善していたことから、世代間の対立が激しかった[51]。

一九六一年にロンドンで、華人レストラン協会（Association of Chinese Restaurants）が結成された。すると、イギリス全土の華人レストラン経営者が協会に熱心に参加して、中国料理の水準と中国料理店の評判の維持を図った。協会は創設当初、テレビ・ラジオ・地方紙で、中国料理を大々的に宣伝した。さらに一九六三年には、中国料理店でのトラブルから発展した殺人事件で加害者となった華人従業員を擁護する運動も行った[52]。

また、一九六〇年代後半には、多くの中国料理テイクアウト店が、労働者向けにオープンした。さらに中国系移民が、中国料理店だけでなく、フィッシュ・アンド・チップスの店も開いた[53]。テイクアウトなどの小型店が増えたことによって、人を雇わずに家族だけで店をやっていくほうが合理的になり、家族の労働力が必要になった。くわえて当時は、移民の制限が厳しくなってきていたので、手遅れにならないうちに家族を呼び寄せようとした。その結果、一九六三年からの一〇年間をピークとして、多くの華人の妻や子供がイギリスに移民してきた[54]。

さらに一九六〇〜七〇年代、マレーシアとシンガポールからイギリスへ移住する華人が急増した。その背景として、マレーシアでは、一九六九年にマレー人と華人が衝突した暴動（五月一三日事件）を契機に、マレー人を中心とする政治が始まっていた。また、シンガポールでは、一九六七年に国民兵役法が成立して徴兵制が始まり、徴兵逃れのために海外留学者が増えていた。くわえて、一九七〇年代には、イギリスにやってきた一万六〇〇〇人のベトナム難民のうち、約七割が中国系であった。一九八一年までに、イギリスの華人人口は、一五万人をこえるまでに増えた。こうしたなかで、イギリス人消費者たちは、英国風中国料理にますます疑問をもち、本物の中国料理を求めるようになった[55]。

しかし、チャイナタウンでは、一九五〇〜六〇年代に移民してきた人々が九〇年代に引退したが、子供たちが店を継ごうとはしなかったので、中国料理店は新たな移民たちに売却された。それゆえ一九九〇年代には、中国料理店の所有者が、香港人やマレーシア人から、中国大陸の出身者へと変わっていった。さらに一九九〇年代以降、イギリスの中国料理店は、人材確保が困難になってきている。第二世代以降の華人は、医師・弁護士・会計士を第一目標とするので、家業とのつながりが弱まってきている。中国料理のコックが不足し始めたので、「リーズ・アカデミー（Leed's Academy of Oriental Cuisinem）」（一九九五年開校）のような学校も創られた[56]。

ケネス・ロー（羅孝建）――ロンドンの「中国料理大使」

イギリスで中国料理を普及させたことで知られるケネス・ロー（Kenneth Lo, 羅孝建、一九一四～九五年）は、中国・福州に生まれ、六歳の時に父が大使として駐在するロンドンに来た。ローの父方の祖父は、清末に英国留学し、李鴻章の英文秘書・外交顧問（下関条約調印にも随行）および駐英公使などを務めた羅豊禄（一八五〇～一九〇三年）である。また、母方の祖父は、軍艦製造の専門家で、清末に海軍部造船総監、民国期に福州船政局局長などを務めた魏瀚《ぎかん》（一八五〇～一九二九年）であった。

ローは、北京の燕京大学で物理学を学んだ後、二三歳からイギリスに移住して、ケンブリッジ大学で英文学の修士号を取得した。卒業後、一九四二～四六年に、リヴァプールの中国領事館で働き、四六～四九年に、マンチェスターで副領事を務め、その後に実業界に転じた。ローは、一九五五年から晩年までに、三〇冊以上の中国料理書を英語で出版し、後に「中国料理大使」と称賛された[57]。

一九七五～八〇年、ロンドンで「中国美食クラブ（Chine Gourmet Club）」を組織し、いろいろなレストランに富裕層や評論家などを招いて、ディナー・パーティーを開き、中国料理を紹介した。ローのお気に入りは、「ランデブー（Rendezvous）」グループで、そこは一九五〇年代にロンドンの中国大使館から亡命したシェフが北京料理を広めており、良い北京ダックを出していた。中国美食クラブのメンバーは最多で一〇〇〇人にもなったが、経営的には大失敗であった[58]。

一九八〇年、ローはロンドンで、中国料理店「メモリーズ・オブ・チャイナ」を開いて、故郷の福建を含む中国各地方の料理を出した。メモリーズ・オブ・チャイナは、当時のロンドンの中国料理店で最大のキッチンを有した。メインのコックは、香港で点心や海鮮料理を学び、麵づくりの名手でもある山

図3－14　ケネス・ローの自伝

東出身の料理人であった。

　メモリーズ・オブ・チャイナは、イギリスの新聞や雑誌にも取り上げられていたが、アメリカの旅行・娯楽雑誌『グルメ（*The Gourmet*）』に大々的に特集されたことから、開店当初の顧客はアメリカ人が中心であった。少し前の一九七四年にローが出版した中国料理書（*Quick and Easy Chinese Cooking*）は、イギリスでは売れなかったが、アメリカでは大成功した。そのことからもわかるように、中国料理の受容に関しては、アメリカがイギリスよりも先に進んでいた。また一九八〇年には、ロンドンで欧州最初の中国料理学校「ケン・ローズ・キッチン（Ken Lo's Kitchen）」も開かれた[59]。ローによれば、戦後のロンドンでもっとも大きく、もっとも繁盛した中国料理店は、ピカデリーサーカスから近い「香港（Hong Kong）」であり、連合国軍関係者にも愛顧されていた。華人オーナーとそのイギリス人の妻は金持ちになり、妻は中国物産を扱うスーパーマーケットを開店した。

　また戦後には、「ファバ（Fava）」という中国料理店が、福州出身のチャン・カイチャン（Zhang Kaichang）によって、ソーホーで開かれた。中華人民共和国の成立前、一〇代のチャンは、北京のロシア大使館の財務官のお抱え運転手であった。雇い主がモスクワに帰った後、チャンは、ロシア人女性と結婚した末に、ロンドンに住むことになり、数年間イタリア料理店で働いた後、ファバを開店した。ローによれば、チャンの作るスパゲッティ・ボロネーゼは一味違い、醤油とショウガがかかっているように感じたという。

ほかにも、近くのウォーダー・ストリートには、麵料理がおいしい「レイ・オンズ（Ley-Ons）」という中国料理店があった。「香港」「ファバ」「レイ・オンズ」の三店が、戦後ロンドンを代表する高級中国料理店であった。そして、これらに続く次世代の高級中国料理店の一つとして登場したのが、「ミスター・チョウ（Mr. Chow, 周先生）」であった[60]。

一九六八年、マイケル・チャウ（Michael Chow, 周英華）が、ロンドンのナイトブリッジに「ミスター・チョウ」という高級中国料理店を開店した。チョウは、一九三九年（一説には一九四〇年）に上海で生まれ、父親は有名な京劇役者の周信芳、姉は女優のツァイ・チン（周采芹）であった。一二歳の頃にイギリスへ渡り、ロンドンの大学で演劇を学んで、大学卒業後にはロンドン市内にヘアサロンを開店する傍ら、いくつかの映画に出演した。

図3－15　ミスター・チョウ・ヌードル（Mr Chow Noodle）

ミスター・チョウは、一九七四年、ロサンゼルスのビバリーヒルズにも出店した。それは、中国料理店でありながらも、欧米人のウェイターによるイタリア風のサービスと、西洋風に徹した雰囲気作りをして、ハリウッド俳優に中国料理を広め、セレブリティ御用達のレストランとして知られた。一九七八年にはニューヨークにも出店し、そのほかにもアメリカでチェーン展開している。しかし、ミスター・チョウは、華人には知られていないという[61]。その一因は、料理がかなり西洋風にアレンジされているためだと考えられる（図3－15）。

ロンドンにおける華人の政治団体と中国料理店

一九一一年の辛亥革命から一〇年余り後、ロンドンに国民党組織が創られた。しかし、第二次世界戦後、国民政府の腐敗が明らかになり、一九五〇年にイギリスが中華人民共和国を承認すると、国民党のロンドンの本部や各地の支部が閉鎖されていった。リージェント・ストリートの「自由中国センター(Free Chinese Centre)」は存続したが、イギリス政府によって、外交機関とは認められなかった。自由中国センターは、英文で週刊・月刊の広報紙を発行して、中国人学生に配布したり、双十節に元国民党官員が経営する中国料理店で、中華民国建国を祝ったりした。

とはいえ、国民党政権は、イギリスにおいて外交的に承認されておらず、国民党の予算も十分ではなかったことから、イギリスの華人を保護することはできなかった。それゆえ、毛沢東の中華人民共和国のプロパガンダが、蔣介石の台湾(中華民国)よりもはるかに強力であった。とくに、朝鮮戦争において、毛沢東の中国が単独でアメリカおよび国連の軍隊と戦ったことが、イギリスの人々の間で中華人民共和国の威信を高めた。この点で、戦後のイギリスとアメリカにおける華人をとりまく状況は異なっていた。

一九六〇年代のロンドンの華人組織は、インド人の労働者団体とは異なって、政治的な圧力団体がほとんどなかった。すなわち、中国国民党と中国共産党の事務所のほかには、左翼系の「太平倶楽部」があるだけだった。その背景として、第二次世界大戦以前からの旧移民は、イギリス人による差別を体験してきたが、戦後に香港新界からやってきた新移民は、白人労働者の職を脅かすことがなかったので、差別された経験もなく、イギリス人のことを友好的とも敵対的とも思っていなかった。さらに、香港では独立運動も起こっていなかったので、政治的に無関心の者が多かったのである。[62]

しかし、一九六〇年代のロンドンのチャイナタウンでは、紅衛兵スタイルの政治運動、中国大使館員による戦闘的なデモ、そして、第二次世界大戦前後の香港新界の反日ゲリラや農民運動で活動したコックやウェイターの存在が相まって、若い労働者を中心に、急進的な雰囲気が醸成された。彼らの憤りは、香港に対する毛沢東の乱行よりも、イギリスの植民地らしい無関心に向けられた。香港から英国への移民に対して、中国大使館は、ロンドンの香港政庁事務所（The Hong Kong Government Office, HKGO）よりも多くの手助けをした。例えば、中国料理店の従業員が、支払いを拒む客と揉めて逮捕されても、中国大使館だけが、その釈放のために行動を起こしたという。香港政庁事務所を上回る中国大使館の影響力の増大が、チャイナタウンの急進化をもたらしていた。[63]

一九八〇年代から現在まで——ロンドンのチャイナタウンの発展、中国食材の普及

一九五八年には、英国中国商会（The Chinese Chamber of Commerce, United Kingdom）が成立した。そして一九七八年には、倫敦華埠商会（The London Chinatown Chinese Association）ができ、この組織によって春節祭が開催されるようになった。一九八〇年にはロンドンで、民間団体の「チャイナタウン華人コミュニティセンター（The Chinatown Chinese Community Centre）」も創られた。[64]

ロンドンのチャイナタウンは、一九八五年に公認されて、その式典には、ウェストミンスターの区長、中国の大使、英領香港の弁務官が出席した。その年には、主として観光客向けに、春節のパレードが行われて、牌楼（arch）、宝塔（pagoda）、獅子石像が作られ、英語・中国語の標識や歩行者天国が設置された。[65]

図3－16　ロンドン・チャイナタウンの中国料理店

チャイナタウンが整備されると、春節祭の規模も大きくなり、区政府の参与によって、二〇〇三年の春節祭からは、チャイニーズ・ニューイヤーに拡大された。そこには毎年、中国政府から文化芸術団が派遣されて、一日に三〇万人もの観光客を集める。チャイニーズ・ニューイヤーは、チャイナタウンとロンドンの祭典であるだけでなく、国家間の文化行事になっている。

ちなみに、ヨーロッパのチャイナタウンで牌楼門があるのは、ロンドン・リヴァプール・マンチェスターくらいで、ごく僅かにすぎない。東南アジアや北米のチャイナタウンでは、しばしば大きな牌楼門が作られており、例えば北米では、ニューヨーク・ボストン・フィラデルフィア・サンフランシスコ・ワシントン・ヴィクトリアなどにある[66]。

そして、一九七〇年代には、香港企業の「ウィン・イップ（Wing Yip, 永業）」が、イギリスで中国食材の卸売・流通を確立している。この頃には、イギリスの中国料理店が、すでに飽和状態となっていたので、多くのレストラン業者が、ドイツ・ベルギー・フランス・デンマーク・オランダなどへ移っていった。一九九〇年代までには、イギリスのセインズベリーズ・テスコ・アズダといった大手スーパーマーケットが、李錦記や永業などから中国の調味料や食材を仕入れて販売した。また、マークス&スペンサーが、有名シェフと組んで、ニューヨーク・スタイルのテイクアウト用の調理済み中国料理を販売した[67]。これらは、既存の中国料理店には脅威となったが、中国料理の普及を大いに促した。

二〇〇七年一一月、イギリス政府内務省は、チャイナタウンのいくつかのレストランに手入れをして、四〇人以上の不法入国の中国人労働者を逮捕した。こうした内務省の措置は、華人コミュニティに緊張を生み、さらに中国政府との関係も傷つけるリスクがあったが、大きな衝突には発展しなかった。結局、小さな抗議デモの後の公開会議で、関係者は、不法労働者を禁止することで同意した。さらにその翌月、チャールズ皇太子がチャイナタウンを訪問して、ロンドンにおけるチャイナタウンの役割、すなわち多文化主義のなかの「モデル・コミュニティ」としての役割が、すでに確立されているような印象が与えられた。

とはいえ、ロンドンの華人の多くは、イギリス人のコミュニティセンターになっているパブの文化に慣れ親しむことはなく、居心地が悪いと感じているという。また、近年でも、華人が人種差別を受けることもある。例えば、中国大陸からの移民が違法である海賊版DVDを販売していた二〇〇〇年代、イギリス人は華人のことを、かつての「チンクス（Chinks）」にかわって、「DVD」と呼んだという(68)。

以上のように、イギリス帝国は、一九世紀にマレー半島や香港を植民地として領有した。だがそれにもかかわらず、イギリスで中国料理が一般的になるのは、一九二〇年代頃からであった。両大戦間期にはロンドンでも、日本人が中国料理店を開店して繁盛させていた。ただし、イギリスでも一九六〇年代まで、もっとも代表的な中国料理は、アメリカ式のチャプスイやチャウメンであった。

イギリスには、第二次世界大戦後、植民地の香港から多くの移民がやってくるようになり、一九六〇〜七〇年代、マレーシア・シンガポール・ベトナムから移住してくる華人も増えた。そのことが、イギリスで本物志向の中国料理が提供されるきっかけになった。

一九七〇年代には、ケネス・ローのように、中国料理の紹介者として注目を集めるセレブが登場した。しかし、ローの本の読者や店の顧客が、当初はアメリカ人が多かったように、イギリスにおける中国料理の受容は、アメリカの後を追いかけるものであった。

第3章　ヨーロッパ・オセアニア・ラテンアメリカ
――中国料理の文化的意味の多様性

フランス――中国・ベトナム料理

パリでは、第一次世界大戦後にまず数軒の中国料理店が開業し、一九二〇～四〇年代には、四〇店ほどの中国料理店があったという。小説家・劇作家の獅子文六の『達磨町七番地』によれば、パリの中国料理店には、中国人留学生のほかに、フランス人・アメリカ人・日本人の客がおり、日本料理店の客が日本人しかいないのとは、対照的であったという。『達磨町七番地』には「鶏のチャプスイ」が登場することから、フランスの中国料理が米・英の影響を強く受けていたことが窺える。(1)

フランス領インドシナ（一八八七～一九五四年）では、ベトナム民主共和国などが、フランスからの独立を求めてインドシナ戦争（一九四六～五四年）を戦い、一九五四年のディエンビエンフーの戦いとジュネーブ条約で、フランス軍が撤退した。そしてこの頃に、インドシナ半島からフランスに、難民がやってくるようになった。さらに、ベトナム戦争（一九五五～七五年）の終結後から一九八〇年代まで、社会主義政権を嫌った多くの難民がフランスにやってきて、一九七五～八七年の間に約一四万五〇〇〇人の難民が押し寄せたという。フランス政府は、フランス・ベトナム・中国といった出自を問わずに、インドシナ半島からフランスへの移民を認めたので、ベトナムでフランス国籍を取得した華人のフランス市民が現れた。インドシナ難民の五〜六割が、中国系であった。[2]

それゆえ、フランスには一九五〇〜六〇年代に、ベトナムの華人が経営する中国料理店ができて、中国料理のほかにベトナム料理を出した。パリには、中国料理とはまったく異なる、伝統的なベトナム家庭料理を出すベトナム人の店もあった。パリのベトナム料理店は、インドシナから帰還したかつてのインドシナ植民者やフランス軍人などを上客としていた。それに対して、ベトナム華人の店は、しばしば「中国・ベトナム（Chinese-Vietnamese）」料理店を称して、その二枚看板で多くの客を引きつけようとした。だが、フランス人客の目には、中国料理のアイデンティティがぼやけたものに映ってしまったという。[3]

一九六五年頃のパリの中国料理店は一七〇軒あまりで、皮革業から利潤の大きい飲食業に移ってきた華人が多く、さらにインドシナ難民の店を入れると三〇〇軒近くあった。当時のパリの中国料理店の約半数はフランス人がオーナーで、中国人のコックや従業員を雇っていたので、厳密には華人経営の店とはいえなかった。フランスの中国料理店は、広東料理が一番多く、淮揚（江浙・揚州）料理、北方料理が続いた。だが、いずれも一九六〇年代にはすでに、外国人の口に合うようにヨーロッパ化していて、純粋な中国料理にはない生野菜（サラダ）やエビのフリット（揚げ物）などが出されていた。[4]

パリにチャイナタウンができたのは、一九七〇年代からのことである。第一三区の再開発に伴って、新たに建てられたアパートに、東南アジアからの難民が割り当てられた。チャイナタウンでは一九八〇年代から、家族経営だけではなく、プロの企業家がフランスの銀行からも資金を調達して経営する大規模なレストランも登場した。そこでは、中国大陸からの従業員、香港からのシェフ、台湾からのウェイター、アフリカからの皿洗いなど、多様な人々がいた。[5]

パリの中国料理店は、一九七〇年代末には八〇〇軒余りに増えた。フランスの中国料理店は、一九八〇年頃に二五〇〇軒をこえて、その半数はインドシナ難民の経営するもので、全体の約四分の一はベトナム式の中国料理店であった。一九九二年、フランスの中国料理店は三〇〇〇軒をこえ、ヨーロッパ最多のイギリスに迫るほどになり、そのうちの半数はパリにあった[6]。とくに、パリ一三区のチャイナタウンは、旧来からの華人が現地化してそこを離れたのにかわって、インドシナ(ベトナム、ラオス、カンボジア)の出身の華人が流入し、ベトナム式サンドイッチ・バインミーの専門店やカフェなどが増えた[7]。

当時のフランスの中国料理店は、大・中・小の三つに分類できた。華人経営の大型のレストラン・ナイトクラブは、みな豪華絢爛で、カラオケを備えるところもあり、大金を出して香港から腕利きのコックを招聘し、香港式の広東料理を提供した。一九八四年一二月には、九七年七月一日に香港の主権を中国に返還することを定めた中英連合声明が発表されており、香港からの移民を望むコックが多かったことが、フランスの中国料理の発展を促した。大型店のなかには、香港にコックを派遣して、新しい料理や調理方法を学ばせる店もあった。また、中型のレストランのなかには、中国・フランス・タイ・ベトナム・カンボジア・ラオスの六カ国の料理を取りそろえて、フランス料理に匹敵するほどの人気を得たものがあった。小型のレストランは、家族経営であった[8]。

コース料理とロゼワイン

フランスの多くの中国料理店では、メニューがフランス料理のようにアレンジされて、アントレ(前菜の後に出されるオードブル)、メイン料理(主菜)、デザートという順番で出される。中国料理では通常最後に出されるスープ(ポタージュ)は、食事の最初に出される。各料理も大皿から取り分けるのではなく、一人分ずつ個別に出される。中国では主食である白飯ご飯は、フランス式コース料理のなかでは付け足しになり、また、たいてい白飯よりもチャーハンが選ばれて、それもおかずに対する主食とは見なされない。

さらに、フランスの多くの中国料理店のメニューではしばしば、中国各地で料理が異なることが考慮されず、統一され均質化された一つの中国料理の存在が前提となっている。フランス人が中国料理を認識するものには、炒める（stir-frying）などのよく使われる調理技術がある。同様に、ショウガ、チャイブ（chive）、醤油、オイスターソースといったありきたりの食材や香辛料が、中国料理を象徴する役割を果たしている。

フランスでは一九八〇年代から、中国料理のメニューが進化・多様化した。一九六〇〜七〇年代、フランスの中国料理店では、アーモンド入りの鶏肉（poulet aux amandes）や玉ネギ入りの牛肉（bœuf aux oignons）が、看板メニューとなっていた。これらは、もともと中国にないもので、フランスでもしだいにエキゾチックなものとは感じられなくなって、今日までに姿を消した。

他方で、一九八〇〜九〇年代には香港式レストランが、店先でディスプレイするために、表面に赤茶の焼き色をつけた広東風の焼き豚を流行させた。タイ・ベトナム・カンボジアといった国籍別に分けられたアジア料理を、一〇〇種類以上も提供する香港式の巨大レストランもできた。一九九〇年代から開店した多国籍料理店は、食事の概念を変えていき、フランス料理のコースをモデルにした「アントレ・メイン料理・デザート」という順番は、より個人的な好みを重視する料理の選び方に変わってきている。

また、フランスにおける中国料理の特徴は、ロゼワインを飲みながら食べることであるという。ロゼは、美食の観点からは低く見られており、真っ当なワインとは見なされていなかった。だが、中国料理店によって見直されて、中国料理とロゼワインの結合がフランス人の習慣に入りこんだ。それゆえ、ミシュランで星を稼ぐシェフたちに追いつこうとするアジアの料理人は、ロゼ以外のワインについても知識があることや、特別なロゼを店で出していることを強調している。(9)

一九九〇年代からは、中国系移民は、中国大陸出身者が中心となった。フランスの華人は、三〇万人をこえて、ヨーロッパでイギリスの次に華人の多い国となっている。(10) パリ三区のアート・エ・メティエ地区は、「温州通り」と呼ばれるほど、温州人経営の皮革製品店や工芸品店やレストランなどがたくさん並んだ。一九七九年から始まった中国の改革・開放政策によって、温州人の移民が盛んになり、とくに青田県の出身者は、名産の青田石が人気のあるヨーロッパに多く移民した。さらに、ヨーロッパから帰国した者が、故郷にカフェや西洋レストランを開いたことをきっかけに、ヨーロッパ式の飲食文化が青田に普及していった。また、温州人は同業者との競争を避けるため、オランダやイタリアでも中国料理店を開いている。

なお、フランス北東の隣国・ベルギーでは、一九六〇年代初頭には、わずか十数軒しか中国料理店がなかったが、九〇年代初頭には約一〇〇〇軒にまで急増していた。一九九〇年代初頭、ベルギーの華人の九五%以上は飲食業に携わっていた。さらに一九九〇年代には、インドシナ半島や中国大陸からやってきた華人の二代目もレストランを開いて、競争が激化した。ルクセンブルクや首都・アントワープのチャイナタウンでは、華人のレストラン業者が、広東・日本・タイ・ベトナム・インドネシアなど様々な料理を提供していた。(11)

ドイツ――近代主義・世界主義の象徴としての中国料理

一八八〇年、ドイツ帝国皇帝のヴィルヘルム一世は、アジア人のヨーロッパへの侵入が今にも起ころうとしているとする「黄禍論」を明確に述べ始めた。その頃、六三人の中国系移民が、ドイツ帝国に登記されていた[12]。

日清戦争後、ドイツ皇帝ヴィルヘルム二世は、下関条約に異議を唱え、日本が清国から得る遼東半島の還付を約束させる三国干渉を正当化するために、日中が連合する脅威を唱えた。一八九五年夏頃、ヴィルヘルム二世は自ら図案を提供して、宮廷画家のH・クナックフスに、寓意画「ヨーロッパの諸国民よ、汝らのもっとも神聖な宝を守れ！」を描かせた。その複製は、欧米の君主・政治指導者に贈られ、新聞や雑誌で公表されて、黄色人種脅威論を西洋に広めた。この画は嘲笑もされたが、後に「黄禍の図」と呼ばれて、黄禍論を広める役割を果たした（図3－17）。

日露戦争期、ロシア、その同盟国のフランス、ヴィルヘルム二世治世下のドイツでは、日本が勝利すれば、日本の指導のもとに中国が覚醒し、恐るべき汎アジア連合が結成されると喧伝された。それに対して、日本、その同盟国のイギリス、当時は親日的であったアメリカでは、黄禍論に反論がなされた。日露戦争後、ヴィルヘルム二世は、日露戦争を最初の黄・白人種間の戦争と見なして、白人に警鐘を鳴らした。その後、高級紙誌では、「黄禍」という語が用いられることは稀になったものの、前述の怪人フー・マンチュー博士の物語をはじめとする大衆小説やB級映画の下地として、黄禍論が広まっていった[13]。

一九二〇年代の欧州都市で、中国料理店は、人々が多文化的な近代性を探し求める場所であった。ヨーロッパの多くの知識人たちは、アジアとりわけ中国に魅了されていた。ドイツ初の中国料理店は、一九二一年にハンブルク中心街にできた「ペキン（Peking）」である。そこは、モダンジャズを流して、時代思潮をアピールしていた。こうして中国料理店・ペキンは、ドイツの人々にジャズ時代のただなかのアメリカの都市を思い出させて、近代的な体験を提供したといえる[14]。

一九六〇年代には、西ドイツとりわけハンブルクで、多くの中国料理店が開業した。一九六五年、西ドイツに中国料理店は一一四軒ほどあったが、数年で倍増した。西ドイツの人々の平均所得も上がり、アメリカ軍兵士や外国人観光客も多いので、各都市で中国料理店が繁盛して急増した。ドイツなどでは、中国料理店を開業する時、ビール工場の出資を受けることができた[15]。

図３－17　「黄禍の図」（1895年）

ハンブルクのチャイナタウンは、世界主義（コスモポリタリズム）の新たなシンボルであり、ハンブルクの繁華街であるザンクトパウリ（St. Pauli）や、ハンブルク国際港といった観光客を引きつけるものとよく合っていた。ザンクトパウリでも、多くの中国料理店が開業した。そこに一九六二年にできたミュージック・クラブの「ザ・スター・クラブ」は、トニー・シェリダンやビートルズといったイギリスのバンドとの関わりが深く、当時の若い音楽ファンに中国料理の魅力を気づかせた[16]。

一九七五年頃、ハンブルクの中国料理店は六〇軒余り、西ベルリンでは五〇軒あまりで、西ドイツ全体では五〇〇軒をこえていたという。規模の大きな中国料理店は、大都市が中心で、小さい家族経営の店は、それ以外のところにもあった。

西ドイツの中国料理のコックは、香港や台湾から直接招かれることもあったが、イギリスから招聘されることもあった。一九七三年にイギリスが、ＥＵ（欧州連合）の前身のＥＣ（欧州諸共同体）に加入すると、イギリスの華人コックが西ドイツにやってくるのも、比較的便利になった。また、西ドイツでは、賃金の安いインドネシア人やトルコ人などの外国人労働者が、しばしば中国料理店の助手として働いて、彼らがしばらくするとそのコックになることもあった。

一九九〇年代半ばには、中国料理店の競争の激化から、台湾に帰る業者や、店を売却して転業する業者も目立った。当時、中国大陸からの難民の不法行為がしばしば注目を集めていたことも、華人経営のレストランにとって逆風になっていた。さらに一九九五年には、ドイツで発行部数最多のタブロイド紙『ビルト（*Bild-Zeitung*）』が、中国料理店は犬肉を使っているというデマを報道し、ドイツ在住の華人の中国料理店経営者を不安と困難に陥れた[17]。

なお、共産圏に入った東ドイツ（ドイツ民主共和国、一九四九〜九〇年）にも、中華人民共和国から中国料理が紹介されていた痕跡がある。東ドイツでベルリンに次ぐ第二の都市になったライプツィヒでは、一九四六年から国際的な平和博覧会が毎年開催されていた。一九五六年の新聞報道によると、上海で活躍する広東料理のベテランコック・蕭良初《しょうりょうしょ》は、その平和博覧会で開設された「中国食堂」で、得意料理の「八宝鴨」（鴨のもち米蒸し）などを作って、高く評価されたという[18]。

くわえて、ドイツ南東部と国境を接するオーストリアでも、一九八〇年代中頃までに、中国料理店が全国に分布するようになった。ウィーンでは、一九八四年の七五店から九一年の二六九店まで約三・五倍に急増した。一九九一年にはオーストリア全土で、五〇〇軒余りの中国料理店があると推計された[19]。

オランダ――インドネシア・中国料理

一九一一年に中国社会党を結成し、日中戦争期の汪精衛政権では要職を務めた江亢虎《こうこうこ》は、一九二二年の『東方雑誌』に、オランダの港湾都市・ロッテルダムの訪問記を掲載している。それによると、ロッテルダムでは、中国人船乗りの往来が盛んで、居住者も常に七～八〇〇人ほどいて、そのうち六～七割は広東出身である。そのため、チャプスイレストラン（「雑砕館」）もできて、その最大の店は「恵馨楼」であるという。[20] また、一九三九年頃、オランダには七店の中国料理店があって、そのうちもっとも古いのは「中国楼」とする資料もある。[21]

さらに注目すべきことに、オランダにおける中国料理の発展は、オランダ帝国の東南アジアにおける植民地主義の影響を受けた。オランダにおけるインドネシア華人は、二〇世紀初頭のオランダ領東インドからの留学生たちから始まる。それ以降も、一九四二～四五年の日本軍政期、四五～四九年の独立戦争期、六五年の九・三〇事件以降のインドネシアにおける政情不安期などに、社会的な混乱を避ける移民が、インドネシアからオランダにやってきて、それが七〇年代まで続いた。[22]

そして、一九三〇年代までには、中国系インドネシア人のレストランが開業していた。一九四九年にインドネシアが独立した頃から、多くのインドネシア華人が、宗主国であったオランダに渡った。さらに、インドネシアに住んで現地料理に慣れ親しんだオランダ人の官僚や兵士なども帰国して、オランダの中国料理店の増加を促した。それらは、モダンで最新式の料理であることを強調しながら、オランダ人の好みとオランダの食材に合わせた中国料理を作ったので、中国の伝統的な料理からはかけ離れたものを提供することになった。

オランダの中国料理店の華人経営者はしばしば、メニューにインドネシアの料理を加えて、「インドネシア・中国料理店（Indo-Chinese restaurant）」と称していた。アムステルダムは、オランダにおける華人コミュニティと中国仕出し料理業の中心であり、一九六〇年頃には、四四軒のインドネシア・中国料理店があったという。こうした店から、春巻き（loempia）、麺（bami, 焼きソバ）、ナシゴレン（nasi goreng, 焼き飯）などが、オランダの食物として定着していった。[23]

一九六〇年代後半から七〇年代初頭、オランダにおけるインドネシア・中国料理店の市場が急拡大した。当時には、三つの大きなビール工場が、製品の販路を拡大するために、中国料理店の開店のための資金の貸し付けを行った。資本額の五〜六割を出資し、年利は六％前後、返済期間は五〜一〇年で、多くの華人がこうしたローンを申請して、中国料理店を開業した。一九六六年末のアムステルダムでは、中国料理店が八九軒あり、一年半でおよそ倍増していた。

こうした状況は、アムステルダム以外の各都市でも同様であった。中国料理店の急増は、華人経営の店の間の競争を激化させただけでなく、オランダ人経営のレストランにも大きな圧力となった。そのため、一九六六年末、オランダのレストラン業の業界団体がオランダ政府に対して、華人の入境を禁止し、華人に新たな店の営業許可を与えないように求めた。一九九〇年頃までに、オランダ全国の中国料理店は、約三〇〇〇軒に達した。[24]

ただし、ヨーロッパにおける中国料理ブームは、一九八〇年代初頭に終焉する。その理由の一つは、中国料理における化学調味料（味の素）の使用がアレルギー反応を起こすという「中国料理店シンドローム」が問題になったからであった。その後、中国料理にかわって、寿司などの日本料理が新たに人気になった。

ロシア――中国・朝鮮・日本料理の位置づけ

一八八〇年代には、華北から中国東北部（満洲）への移住、さらにそこからロシア極東への移住が急増した。そして、中国人移民労働者（「華工」）が、一九世紀末から二〇世紀初めにかけて、ロシア極東経済の発展を支えた。例えば、一八九一年に起工したウスリー鉄道（シベリア鉄道）の建設現場では、囚人や兵士をのぞく自由労働者の大半が華工であった。だが当時、中国料理がロシアで広まることはなかった[25]。

他方、朝鮮人移民が、一九世紀後半からロシアにやって来て、朝鮮の食文化をロシアに持ち込んだ。現在ロシアに住んでいる朝鮮系移民の多くは、二世代目や三世代目で、ロシア国籍を有している。そして朝鮮料理が、ロシア人の日常的な食習慣の一部になっている。ロシアの大きなスーパーマーケットのサラダ売場では、スモークしたニシンとサワークリームからできたコリアンサラダが、ロシアサラダと同じように置かれている。ロシア人は、唐辛子漬けの千切りニンジン、キムチ、コリアンサラダなどを買い、それらは、北米のロシア食料雑貨店でも販売されている[26]。

それに比べて、ロシアで中国料理が見られるのは、中国人観光客が訪れるサンクトペテルブルグなどのレストランか、ロシアに住む外国人ビジネスマンや外交官のためのスーパーマーケットなどに限られる。日本料理やタイ料理と異なって、中国料理のスパイスや食材は、一般の食料雑貨店ではあまり見られない。モスクワで多くの華人が住む地域でも、中国料理を見かけることは少ない。ロシアでは中国料理店も多くなく、ショッピングモールのフードコートや街頭では、餃子や麵を売る店を見かけるが、それらも隅の方に追いやられている。このように、ロシアの食文化のヒエラルキーのなかで、中国料理が低い地位にあることがわかる。[27]

その理由は、中国食品の品質や安全性が疑問視されていることのほかに、中国と中国国民がロシア経済にとって脅威であり、中国はロシアの経済的衰退に広く関わっていると考えられたからである。二〇〇〇年代以降、中国人労働者がロシアにやってきて、建設現場で働いたり、屋台を出したりしたので、彼らはロシア人の職を奪うと警戒された。また、中国の安い商品が、ロシアやヨーロッパの商品に代わって、ロシア市場に飽和して、ロシアの国内産業を圧迫しているとも考えられた。モスクワの建設現場の落書きからは、厳しい反中国人感情が見て取れた。それに対して、ロシア当局は、中国人労働者を市場から排除したり、中国の商品を破壊したり、中国人労働者に対して特定の衛生規制を強化して働きづらくしたりした。[28]

ちなみに、マクドナルドは、社会主義圏では一九八〇年代にユーゴスラビアに、九〇年にソ連にできた。一九九〇年代初頭、モスクワで日本のチェーン店であるドトールコーヒーも出店したが、ロシア人にあまり注目されなかった。スターバックスコーヒーが、ロシアで初めてできたのは、二〇〇七年のことである。また、一九九〇年代末からは、日本料理をはじめ、中国・タイ・チベット・モンゴルなどのアジア料理店も開業されている。[29]

日本料理に関しては、一九九〇年代末、日本の高級寿司店が、モスクワの裕福な外国人ビジネスマンやロシアン・マフィアを顧客とするようなナイトクラブの中などからでき始めた。それはちょうど、コーヒーハウスが広がる時期と重なったので、コーヒーと寿司を同時に出すレストランができた。ロシアで創業して、旧ソ連の国々にチェーン展開する日本料理店（焼き鳥屋など）も登場した。

ロシア人にとって、日本料理はエキゾチックなものであり、寿司はフレンチフライにかわって、ロシアでもっとも人気のある外国の食物となった。寿司やうどんは、パスタ・ピザ・ハンバーガーなどと並んで、レストランやテイクアウトの売店の主要なメニューになった。中国料理店も、寿司やうどんを提供し始め、アラカルトメニューで寿司があるだけでなく、「中国式ランチ」「日本式ランチ」を選べる中国料理店もできた。日本料理の品質や味は、マクドナルドと同じように、信頼できるものと考えられているので、中国料理店は世間体を得るために、日本料理を役立てている。(30)

ブルガリア――西洋体験としての中国料理

ブルガリアというと、私たち日本人は、ただちにヨーグルトを連想するだろう。しかし、マリア・ヨトヴァの研究が明らかにしているように、ヨーグルトが「ブリガリア固有」の国民食に位置づけられたのは近年のことである。しかも、ヨーグルトがブルガリアの国民食となったのは、日本での成功をきっかけとしていた。

西欧において、ブルガリアは、一九〇八年にオスマン帝国から独立を宣言した後、バルカンという複雑な地域の小国として見られた。そして、一九四四年にソ連が侵攻すると、ブルガリアはその衛星国になった。さらに、二〇〇七年にEUに加盟すると、その基準にブルガリア国内の酪農家や企業は苦しめられて、個人・国家の自尊心が損なわれた。

他方、日本のブルガリアに対するまなざしは、EU諸国のそれとはまったく異なる。日本人には、ブルガリアが、自然豊かで美しいヨーグルトの聖地に映っていた。それゆえ、ブルガリアは、ヨーグルトを架橋にした日本とのつながりを通して、西欧やソ連からの厳しい視線とは異なる見方を獲得して、自国の食文化の独自性を提示することができたのである。(31)

さて、社会主義体制が崩壊した一九八九年以降、中国系移民、なかでも東北三省と浙江省の出身者が、東欧に流入した。その頃からブルガリアで、入口に赤い提灯をつるした中国料理店が登場する。多くのブルガリア人にとって、中国料理は、社会主義時代に奪われていた正常な生活の象徴になった。中国の食物はグローバル化の象徴であり、その消費は「西洋」体験と理解された。中国料理を食べることは、ブルガリア人が、世界的なヒエラルキーのなかで、政治・経済的な地位を向上させることを意味した。さらに、本物とそうではない中国料理を見分けられる能力が、消費者としての地位を示すことにもつながった。[32]

ブルガリアの中国料理店が当初、米欧の一般的な店と違っていたのは、それが低価格を売りにせず、フュージョン料理を提供することがなく、さらに、エスニックフードではなくエキゾチックな料理として提供されたことである。ブルガリア人にとって、中国料理を食べることは、中国のエスニックフードを体験したというよりは、ちょうど他の地域の人々が、現代化とグローバル化を象徴するマクドナルドで食事するのと同じように、グローバルで西洋的な食物を体験することであった。アメリカの映画には、テイクアウトの中国料理を食べるシーンが、日常生活の一コマとして頻繁に登場する。それを見ていたブルガリアの人々にとって、中国料理は、西洋的な生活様式の象徴になったのである。

ブルガリアの首都・ソフィアには、二〇〇〇年頃に中国料理店が急増し、一五〇軒以上にもなった。二〇〇〇年代初頭、中国料理は、誕生日など特別の機会を祝う時にも使われて、ブルガリアの主要な食文化の一つになった。ブリガリア人は、ブリガリアの中国料理は本物で、現地化されてはいないと思っていた。だが実際には、ソフィアで成功した中国料理店は、ブルガリア・スタイルの食物を提供していた。それは、多くの砂糖と酢を使って、ブルガリア人の考える典型的な甘酸っぱい中国のソースを強調していた。

しかし、二〇〇三年以降、ブルガリアでは、中国料理店の閉店が目立ち、店数が減り始めた。その理由は、レストランの競争が厳しくなったこともあるが、中国料理が以前のように「格好いい」とは思われなくなったことが大きかった。中国料理は、テイクアウトもできて、「安くて」「速い」食物と考えられるようになり、とくに若い人たちが接客に用いた。

二〇〇七年、ブルガリアがEUに加盟して、社会・経済の流動性が増すと、二〇〇八〜九年には、中国料理店が、新しいものであるというアピールを完全に失った。そして、ブルガリアの人々は、もし良い食事をしたいならば、アルメニア料理店、セルビアン・グリル（surbskara skara）、寿司屋などに行くようになった。

このようにブルガリア人にとって、中国料理を食べることは、たとえその料理が華人によって作られていても、中国文化の体験というわけでなく、西洋、とくにアメリカの体験と結びついていた。ブルガリアは、地理的にはヨーロッパに位置しているが、その国の人々は、西洋の基準を用いて自分たちの生活を評価する非・西洋的な人々であったともいえる。[33]

南ヨーロッパ――イタリアとスペインの中国料理

中華民国（台湾）の『華僑経済年鑑』によれば、イタリアでは一九五九年から、中国料理店が開かれている。[34]例えば、一九五八年に温州の文成県からイタリアに渡った胡昭卿らは、ミラノで中国料理店を創業した。胡らは、コックを香港から招き、店員にはイタリア人を雇って成功したという。[35]
一九八七年一〇月の調査によれば、中国料理店は、ローマに約一〇〇軒、イタリア全国では約二五〇軒あった。中小規模の中国料理店の多くは、インドシナ半島からの難民が経営していた。さらに、一九八〇年代末からは、中国大陸からイタリアへの移民も増加した。一九九一年の時点で、中国料理店の経営者は、中国大陸出身者が香港・台湾出身者の六倍にもなっていた。

香港・台湾出身者の店のコックは、たいてい専業であり、信用があり、料理の値段も高かった。それに対して、中国大陸出身者の店のコックは、専門的な訓練を受けていない者が多かった。[36]ただし、イタリアの産業構造の転換に伴って、中国大陸からの新移民のおもな職業は、レストラン業から製造・貿易・小売業などに変わってきている。[37]

また、スペインでは、すでに一九六五年頃、計二四軒の中国料理店があり、そのうち一〇軒が南部のロタにあった。ロタには、一九五三年の協定によって、アメリカ軍の基地が建設されて、多くのアメリカ軍人が駐留していた。

さらに一九七〇年代には、アフリカ大陸の北西沿岸に近い大西洋上にあるスペイン領のカナリア諸島が、ヨーロッパの観光地として発展した。そこは、各国の遠洋漁業の補給基地にもなっていたので、レストラン・娯楽業が発展した。一九七五年頃、すでに華人が約二〇〇人いて、華人経営の中国料理店が、約三〇軒にまで増えていた。

しかし、一九九〇年代半ばには、不法労働・衛生・商標の問題で、中国料理店に対するイメージが著しく悪化し、スペインの中国料理店の経営は困難になった。そのため、マドリードで中国料理業者が、「中国料理と健康」をテーマとして記者会見を開くほどであり、台湾の中国料理店主のなかには、中国大陸出身者に店を売却する者も現れた。[38]

オーストラリアの華人――ゴールドラッシュ・白豪主義・多文化主義

開拓期のオーストラリアへは、一八世紀末、福建から牧羊・農園・水運の労働者が渡った。一八二七年にシドニーで、華人の存在が最初に記録されている。一八二三年に最初の金鉱が発見されて、五一年に本格的なゴールドラッシュが、ニューサウスウェールズやヴィクトリア州で起こった。そこで働いた華人のほとんどは、広東の珠江デルタ、とくに三邑・四邑の人であった。一八五〇年代のピークには、オーストラリア全人口の四〇万人のうち約一〇万人が華人であるという時期があった。

一八八〇年代まで、オーストラリアに在住していた華人の約九割が、金鉱に集中していたという。ゴールドラッシュが収束に向かう一八七〇年代までに、「旧金山」と呼ばれたサンフランシスコに対して、「新金山」と呼ばれたメルボルンが、オーストラリアで最大の中国系人口をもつ都市になった。[39]

しかし、華人労働者の増加が脅威に感じられるようになり、黄禍論による反華人暴動や華人排斥運動が起こる。白人との抗争による焼き討ち事件なども発生し、一八五〇〜八〇年代にかけて各州当局が、アジア系移民に対して入境税・居留税をかけた。そのため華人は、帰国するか、現地女性と結婚してふみとどまるかの選択を迫られた。

一八八八年から一九〇〇年の頃には、オーストラリアでナショナリズムが高まり、それは純粋に白人からなるオーストラリアの樹立や、白人労働者の生活保障を勝ち取ることを目指した。一九〇一年にできたコモンウェルス（オーストラリア連邦）は、イギリス植民地からの離脱を掲げる一方、各州の差別的な移民法規を一層強化した。こうした「白豪主義」（オーストラリアの白人第一主義）の一端として、移民制限法が、入境者に言語テスト（ヨーロッパ語で五〇語の書き取り、一九五八年まで厳守された）を課したので、アジア人で入境できる者はごく僅かとなった。そのため、華人人口は、一九〇一年の四万人程度から、五〇年代の六五〇〇人程度にまで減少していった。

しかし、一九六六年、入国制限・市民権付与の条件が緩和されて、マレーシア・シンガポール・香港から、高学歴・若年層の華人系人口の大規模な流入が始まった。さらに一九七〇年代には、インドシナ難民の増加に伴って、インドシナからの華人の流入も加わった。一九七二年、オーストラリアが中国と国交を正常化させると、オーストラリアのなかの華人系コミュニティに対するイメージも改善した。くわえて、東南アジアからの華人には専門職・事務職に就く人材も豊富だったので、従来の労働者階級の華人のイメージが一変することになった。一九七三年の多文化主義政策の導入によって、華人系組織の活動が活性化した。[40]

オーストラリアの食文化における西洋と中国の融合

一九七六年、南オーストラリア州首相のD・A・ダンスタン（Donald Allan Dunstan, 一九六七〜六八、七〇〜七九年在任）が、自らの料理本を出版した。ダンスタンは料理本で、「オーストラリアは単なるヨーロッパのアジアにおける前哨基地ではない。私たちは、すでに多人種の社会になっており、将来にはさらに大きく人種混合が進むだろう」と宣言している。そのうえで、アジアの調理技術をオーストラリアで親しまれているヨーロッパの伝統と混合することを説きながら、欠かすことのできない厨房器具として、中華鍋（wok）をもつことを勧めている[41]（図3－18）。

ちなみに、ダンスタンは、一九五三年に南オーストラリア州の州議会議員になった後、二〇年間にわたって、差別的な白豪主義の移民政策を撤廃するために闘った人物であった。料理本を出版した年、ダンスタンは、ペナン出身の中国系マレーシア人のジャーナリストであるアデル・コー（Adele Koh）と二度目の結婚をしている。

そして二〇〇三年、オーストラリアのノーザンテリトリー（北部準州）政府は、その首都であるダーウィンを、「オーストラリアにおけるアジアの入口」、「オーストラリア最良のカレーラクサの故郷」と宣言している。前述のようにラクサは、ニョニャ料理の一つで、マレーのスパイスを加えた米粉のスープ麺である。こうしてニョニャ料理は、オーストラリアのダーウィンという意外な場所で、再考案・再設計された(42)。

チョン・リュウ（Cheong Liew）は、マレーシアのクアラルンプールに生まれ、一九六九年にオーストラリアのメルボルンに移住した。一九七五年、リュウは「ネディース（Neddy's）」という伝説的なレストランを開いて、マレーシア料理と中国料理を作った。リュウは、豚足・ウニ・サメの唇など、当時はまだ他のコックが使わない食材を用いていた。一九八〇年には、オーストラリアで譚栄輝（Ken Hom）とJ・タワー（Jeremiah Tower）が、「東洋と西洋の出会い（East-Meets-West）」の料理を正式に打ち出した。だが、それよりも五年早く、リュウは、中国と西洋の融合を追求する料理を創作していた。

図3‒18　中華鍋を振るうD・ダンスタン（1976年）

一九八八年にネディースを閉店すると、リュウは、オーストラリアのホスピタリティ教育をリードするアデレードのリージェンシーホテル・スクールで調理を教えた。さらに一九九五年には、アデレード・ヒルトン・インターナショナルホテルのレストラン「グランド」のコンサルタント・シェフにもなった。そして同年、リュウは「海洋四重舞（Four Dances of the Sea）」という調理概念を打ち出して注目を集めた。それは「オーストラリアの味覚のアジア化」の一部ともいえた。(43)

マレーシアとオーストラリアを結ぶカレーラクサ

また、クー・チー・ラン（Khut Chee Lan）は、広東省出身で、実家では客家料理を食べていたという。彼女は一九五九年に二二歳で、マラッカのクー・コック・チン（Khut Kok Chin）に嫁いだ後、「ポーピア（poh pia，薄餅）」（生春巻き）やラクサといったニョニャ料理の作り方を学んだ。一九八二年、クー夫妻と二人の子供は、クー・コック・チンの兄弟を頼って、マレーシアのマラッカから、南オーストラリア州の州都・アデレードに移住した。クー・コック・チンは、テイクアウト用惣菜店や食品卸売り店で働いた後、一九八二年中に、アデレードのセントラル・マーケットに空店舗を見つけ、「マラッカ・コーナー（Malacca Corner）」というカフェを開店した。そして、二〇〇二年に店を売却して引退するまで、クー夫人が、そこで調理することになった。

ちなみに、マレーシアとオーストラリアの歴史的なつながりを紐解くと、かつての大英帝国の中で、海峡植民地（現在のマレーシア・シンガポール）とオーストラリアのアデレードは関係が深かった。例えば、一八三六年、南オーストラリアの最初の主任監督官（surveyor-general）に任じられたW・ライト大佐（Colonel William Light）は、アデレードの創建者の一人として知られる。そして、そのライト大佐の父親は、イギリス東インド会社の入植地であるペナンのジョージタウンを創建した人物であった。また、一九六〇年代半ばから移民法の制限が緩和されて、イギリス連邦の間で学生の移動が活発になると、オーストラリアにやって来たもっとも多い留学生は、マレーシア人であった。くわえて、南オーストラリア州首相のD・A・ダンスタンが、中国系マレーシア人ジャーナリストと結婚したのは、一九七六年のことである。

一九七〇年代末から八〇年代には、アジア系移民が、アデレードのセントラル・マーケットの食文化に大きな貢献をした。その頃のアデレードには、「アジアン・グルメ（Asian Gourmet）」と、前述のクー夫人のマラッカ・コーナーという二つのカフェができ、ラクサ、ポーピア、麵や飯の料理など、安くておいしい家庭スタイルのアジア料理を売り出した。

図3−19　カレーラクサ（メルボルン）

クー夫人によれば、一九八〇年代において、マラッカ・コーナーの客のほとんどは、故郷の味に飢えたアジア系大学生であった。だが、マレーシアに行ったことのあるオーストラリア人も来店するようになり、多くのオーストラリア人にアジアの食物を教えていくことにもなったという。当時のオーストラリア人はラクサを知らず、クー夫人は、アデレードにラクサを紹介した人物となった。

ラクサ（とくにカレーラクサ）は、「人種のるつぼ（melting pot）」としての「オーストラリアらしさ（Australianness）」、そして世界主義的（cosmopolitan）なアジアらしさの象徴になっている（図3−19）。ペナンラクサが、ペナン華人のアイデンティティを表すのであれば、カレーラクサが、オーストラリア人のアイデンティティを表しているともいえる[44]。

反多文化主義の台頭のなかの中国料理――シドニーの香港式飲茶

一九八〇年代には、反アジア人、反多文化主義を唱える人々が現れ、移民論争が勃発する。それに対して、オーストラリア政治に関心を向ける華人系のリーダーたちが目立つようになり、そのなかから議員などの公職につく者が現れた。一九九〇年代、人種差別的綱領を唱える「ワンネーション党（One Nation Party）」が主導する移民論争に対して、史上初めて反人種差別を党綱領とする「団結党（Unity Party）」の創設者として、華人系のリーダーが活躍した。

とはいえ、保守化する世論を背景に、華人系の政治家は減少していった。二〇〇〇年代には、世界的な保守の潮流と反テロの風潮に支えられて、反多文化主義的政策を推進する保守系政党の躍進が目立った。白人、中間層、アングロ・ケルトといった多数派の人々が再び主張を始めて、女性・先住民・移民などの利益を控えめに扱う政策が実施されるようになった。

それゆえ、まな板・包丁・中華鍋といった美食の交流によって特徴づけられるダンスタンの「多人種社会（multi-racial society）」には、もはやノスタルジーすら感じない人々もいる。しかしだからこそ、ラクサは、オーストラリアの人々の文化的想像のなかで、来たるべき時代の象徴、そして料理の成熟を知る目印になり、「アジアらしさ（Asianess）」と「オーストラリアらしさ（Australianness）」の両方の意味をもつものとして期待されている。(45)

そして現在、オーストラリア最大の都市・シドニーでは、中国系の移民が目立ち、チャイナタウンもあって、アジア人差別を体験するようなことはないという。シドニーでは、香港式の飲茶がもっとも人気で、もっともよく知られた中国料理であり、上海・北京などの各地方料理店もすべて、メニューに飲茶を加えて区別がつきづらくなっている。一九八九年の天安門事件の影響で、中間層を中心とする移民が、香港からオーストラリアにやってきたが、シドニーの人々に香港式の飲茶が広く普及したのは、一九九〇年代末頃のことである。

シドニーには、オーストラリアで最高の飲茶レストランがあるとされるが、飲茶は、タスマニアを含めてオーストラリア各地に広く普及している。飲茶の現地化の例として、点心のボックスが、オーストラリアの各大手スーパーマーケットでも販売されている。冷凍食品が食料雑貨店で販売されることもあり、それには「ハトシ（蝦多士、shrimp toast）」や「マレーケーキ（馬拉糕）」も含まれている。[46]

ペルー――国民食になったロモ・サルタード

ところで、インカ帝国時代には首都クスコから見れば辺境の地方都市にすぎなかったリマは、一五七二年、スペイン副王領ペルーの首都になった。そこで、ヨーロッパなどから来た者たちが持ち込んだ食文化が現地化されて、植民地都市のリマに独特の食文化を育んだ。

スペイン系住民のためにアフリカ系の家内奴隷が作った料理は、「クリオーリョ料理（cocina criollo）」と称され、後にはそれがペルー料理の真髄であるかのように言われる。さらに、近代以降に海岸地帯の都市部で生み出された料理は、「クリオーリャ料理（cocina criolla）」と称される。後述する中国系クリオーリャ料理のロモ・サルタード（牛ロース肉炒め）もこれに含まれて、日常的にはクリオーリャ料理がペルー料理であると認識されている。

リマは、ラテンアメリカのなかで、もっとも中国料理店が多い都市になっている。ここでは、山脇千賀子の先駆的な研究などに拠って、その歴史を整理・紹介したい。一八二一年、ペルーが宗主国スペインから独立を達成し、四九年に初めて、正式な清国人移民がペルーに来た。そしてその後の二五年間だけで、九〜一〇万人の中国人移民がペルーにやってくる。中国人移民は、鉄道建設工事、グアノ（肥料の原料としてヨーロッパに輸出された海鳥の糞）の採取、サトウキビ耕地などで使役された。

中国人は、契約労働者として移民していたが、当初は実質的に奴隷制下の労働条件で働くことになった。それまで社会最下層を占めていた黒人奴隷にとって、もっと下に位置づけられる中国人移民の出現は、大きな慰めになった。アシエンダ（私有制大農園）で先に働いていた黒人奴隷は、中国人移民を激しく虐待し、一九世紀を通じて虐殺事件が跡を絶たなかった。それは、黒人が白人から受けた憎悪を華人に転嫁していたといえる。

一九世紀後半、アシエンダでの契約期間を終えた中国人移民は、各種職人、行商、家内使用人、安飯屋・古物屋などの小規模商業、理髪店・洗濯屋などのサービス業に従事した。一八五二年からリマ中央公設市場が建設されると、アシエンダの契約を終えた華人たちが、その近辺に職を求めて集住した。そのため、中心街の第二区に、チャイナタウン（バリオ・チノ、bario chino）が形成された。中央市場のすぐ近くのカポン（Capón）街を中心に、多くの中国料理店・食品店・雑貨店が軒を連ね、さらにアヘン窟や賭博場もできた。中央市場は、人種や階層をこえた人々が集まる商業空間であり、それとほぼ一体化したチャイナタウンで、華人が調理するものを先住民系や黒人系の貧困層が食べた意味は大きかった。

中国人移民が外食市場に参入した一九世紀半ばは、フランス人料理人が世界的な名声を確実なものとしていた。そのため、リマの富裕層も、①フランス人料理人をフランスから雇い始めていた。リマでは、フランス人に並んで、②イタリア人移民がレストラン業を始めた。だが、イタリア人のレストランは、フランス人のレストランの下に位置づけられた。

さらにその下に位置づけられたのは、③現地料理の立ち食い露店や屋台店であるフォンダやピカンテリアである。これらの店を支えていたのは、社会下層に属する黒人系、先住民系の女性たちであった。なかには、上流階層で評判になる店もあったが、中心的な顧客は、先住民系・黒人系であった。こうした下層料理は、植民地期を通じて進行したスペイン系・アフリカ系・先住民系の料理文化が混合したものであった。

そして、最下層に位置づけられたのが、④華人が経営する安飯屋であった。それは急増して、一八七二年の官報によれば、リマの最下級の食堂の約半分は、華人所有であったという。華人の食堂は、衛生面などで批判されることも多かった。だが、一九世紀末までには、ペルーで華人を強制的に出国させたら、貧困層の国民が不自由を感じる、と擁護されるまでになっていた。

華人経営の食堂は、一九世紀後半以降のペルーの人々の食卓に大きな影響を与えた。例えば、米が毎日の食事に欠かせないものとなり、沿海部で稲栽培が拡大した。調味料では、醤油が普及し、チャーハンなどの各種炒めものに用いられて人気を博した。「炒める」という調理法は、中華鍋とともに、華人がペルーに持ち込んで定着させたものである。その調理の様子は、ペルーの人々の好奇心をつかむことができたので、中国人移民のなかには、露店で中華鍋を振りながらチャーハンを売る者もいた。

図3－20　ロモ・サルタード（東京・五反田のペルー料理店「アルコイリス」）

それゆえ、「炒める」にあたる言葉も、スペイン語にはもともと存在しない。ペルーでは、スペイン語の「saltar」（跳びはねる）という動詞の過去分詞的用法が、炒められたものを意味する「サルタード（saltado）」になったとする説がある。

そして、サルタードの名前をもつ料理が、ペルー料理の一部になっている。例えば、「ロモ・サルタード（lomo saltado）」（図3－20）という料理は、字義通りでは、ロース肉の炒めもので、中国料理店にとどまらず、ペルー料理店の代表的なメニューになっている。

ペルー料理では、食事の際にナイフで切らなくてよいほど牛肉を細かく切った料理はないが、ロモ・サルタードは、細長く切った牛ロース肉を使っている。他方、玉ネギやトマトのほかに、中国料理には入らないフライドポテトを一緒に炒め、最後にパセリで香りづけをし、ときに醬油を隠し味に用いて、たいてい白米と一緒に盛り付けられる。さらに、日本人移民が使っていた「味の素」などの調味料も欠かせない。ロモ・サルタードのように、ペルーで独特の変容をとげた中国料理は少なくない(47)。

ペルーのチーファ――高級中国料理とワンタンスープ

さて、一八六〇～七〇年代を、ペルー食文化の転換期とする説がある。スペイン植民地期（一五七二～一八二一年）を通じて、スペイン系・先住民系・アフリカ系文化の混合した食文化が育まれてきた。だが、一八六〇～七〇年代には、さらにフランス系・イタリア系・中国系の食文化が混合し始めた。一九世紀末、ペルーでもかなりの富裕層家庭では、フランス人料理人を雇い入れたが、一般の中・上層家庭では、華人料理人を雇う場合がほとんどであった。華人料理人は、ペルーの料理の優れた作り手として評価されていた。

他方で、北米と同様にペルーでも、中国料理に対する否定的なイメージがあった。中国料理は、猫・犬・ネズミ・昆虫など突飛な食材を用いるゲテモノ料理として認識されていた。しかし、こうしたイメージを転換して、中国とその食文化に対する敬意を獲得しようとする動きが起こった。一八八四年末、在ペルー清国大使館が正式に設立されて、八五年七〜九月頃には、そこで大舞踏会が連続して開催された。一九二一年には、ペルーにおける最初の高級中国料理店が開業して、その料理長は、在ペルー清国大使館の料理長を長年務めたコックであった。この頃までにペルーの上流階層でも、中国料理が人気を博してきていたことがわかる。

中国料理の高級化は、一九三〇〜四〇年代に進行した。安飯屋より格上の中国料理店が、一九三〇年代を通じて増えた。中国語・スペイン語のバイリンガル雑誌『オリエンタル』に、一九三〇年代半ばから、中国料理店を指す「チーファ（chifa）」という呼称が登場するという。「チーファ」の語源をめぐっては、中国語の「酒飯」「吃飯」「炒飯」などの諸説がある。近年に「チーファ」は、中国料理店だけでなく、中国料理そのものを指す場合にも使われるようになっている。

ペルーの中国料理は、大衆化するほど、ペルー的要素を増していく。ペルーの大衆的な中国料理店では、一般食堂と同じように、スープとメイン料理からなる各種定食が用意される。スープは圧倒的に、鶏だしのワンタンスープが選ばれる。焼売や餃子ではなく、ワンタンが大変人気である。メイン料理で人気があるのは、チャーハンとあんかけ焼きそばで、具の種類が選べる。ペルー人は、ペルー料理の必須香辛料であるアヒ（唐辛子ソース）をかけて食べることが多い。アヒ・ソースと中国料理風定食の組み合わせは、ペルー料理と中国料理との混合といえる。

中国風ペルー料理のチーファが生み出されたのは、必ずしも華人が意図した結果ではなかった。華人は中国料理を、自分たちのエスニック料理として、ペルー社会に示し、それがペルー社会で受け入れられるにつれて、ペルーの人々にとっても自分自身の料理になってしまった。ペルー政府は、チーファを、ペルー料理の中核的な料理の一つと位置づけて、積極的に宣伝している。同時に、大衆向けのチーファとの差別化を図るために、「東洋レストラン」と称する店も増えてきているという[48]。

ペルーの中国人移民のほとんどは、広東出身であったが、一九九〇年代以降には、福建出身者が数多くやってきた。リマの福建出身者は、チャイナタウンの外でも、レストラン・ホテル・スパ・輸入品卸売り店などを展開した。彼らによって、回転テーブルもペルーに輸入されている。

現在のチャイナタウンには、一九三〇年代以来の中国料理店もあるが、それらは、「トゥサン(Tusan)」(「土生」「台山」が語源とされる)と呼ばれる二世以降の華人が所有する。だが、多くの店は、一九九〇年代以降に経営が引き継がれたか、新設された店である。中国系クリオーリャ料理のレストランは、チャイナタウンや中間層の居住地区では飽和状態になり、その他の地区でも開かれるようになった[49]。

こうして、すでにペルー料理の一部になっているチーファは、さらに世界へと広がっている。ペルー政府は、タイや台湾などの後に続いて美食外交を活発に展開し、「世界のためのペルー料理(Peruvian Cuisine for the World)」という戦略構想を打ち出している。そして、二〇一一年にガストン・アクリオ(Gastón Acurio)が開店した「マダム・トゥサン(Madame Tusan)」は、「ペルーのチーファを世界のために(Peruvian chifa for the world)」をモットーに、チェーン展開している[50]。

「ニッケイの味」となる中国料理

くわえて、ペルー料理およびペルーの中国料理の発展に、日本人移民が深く関わっていることを、柳田利夫の研究にもとづいて概観しておこう[51]。ペルーへの日本人の移民が本格的に始まったのは、一八九九年からである。日本人移民も、中国人移民と同様に、沿海部のアシエンダにおける契約農業労働者としてペルーでの生活を始め、そのアシエンダで中国料理に出会った。

日本人移民にも、毎日の米の配給と週一回程度の羊か牛の肉塊の配給があったが、日系一世たちは身近の華人たちから、肉を細かく切り、野菜とともに炒める料理を教えてもらった。こうして、当時の日本の農民がほとんど食べる機会のなかった肉と油脂を使う中国料理が、ペルーにおける生存をかけたサバイバル料理として、日本人移民の間に定着した。

そして、日本人移民も、食堂や雑貨店などの営業を始めた。とはいえ、日本人移民のレストラン業は、もともとペルーの料理がほとんどで、ようやく第二次世界大戦後に中国料理店が増えた。さらに、華人の経営する飲食店に雇われている日本人移民も確認できる。ペルーの人々にしてみれば、華人も日本人も同じ「チノ（chino）」（中国人、東洋人）であり、日本人が中国料理の作り手になるのは、自然なことであった。

他方で、日本料理店としては、一九一〇年代初頭にリマの中心街に開店した「八千代亭」や「喜楽園」が有名であった。ただし、これらの店も、日本料理の専門店ではなく、「和洋会席」をうたっていた。日本料理店は、現地で好まれる肉や油脂をほとんど使わないので、顧客が日本人移民に限られてしまい、多くを開くことができなかった。

第二次世界大戦前から、中国料理は、日本人移民にとってなによりのご馳走であった。例えば、一九一三年に創刊された南米最初の日本語新聞『アンデス時報』紙上にも、一五年を通じて「高等支那料理新燕菜」の広告が掲載されており、一八年まで断続的に中国料理店の広告が見られる。日系住民は、中国料理に対して「チャンコロめし」という侮蔑的呼称を使いつつ、自分たちにとっての「最高のごちそう」と位置づける態度をとっていたという[52]。

日本人は、ペルーの中層以上の人々が利用するようなレストランでは、差別的なまなざしにさらされることになり、「二等国民」としての自尊心や自負心が傷つけられるかもしれないことを自覚していた。それに対して、チーファ（中国料理店）は、日本人移民が安心して、一等国民のアイデンティティを抱き続けられる場所であった。

日系住民が一定の経済力をつけた一九三〇～四〇年代には、中国料理店が、彼らの社交の場となった。さらに一九五〇年代には、日系人の結婚式といえば、高級チーファを貸し切って行うことが一般化した。こうして中国料理は、ペルーの日系人にとっても、「民族の味」「ニッケイの味」になった。

ペルーの国民食・セビチェとニッケイ料理

一九六七年、リマの中心街でミノル・クニガミ（一九一八～二〇〇四年）が開いた「ラ・ブエナ・ムエルテ（La Buena Muerte）」は、ペルー料理史上の伝説のレストランである。それは、生で魚介類を食べることに抵抗のあったペルー人に、素材が新鮮な「セビチェ（ceviche）」（魚介のマリネ）を提供した。長時間つけこむレモン系の搾り汁のほかに、醤油・味噌・ショウガといった日系食で用いられる調味料を加えることで、魚介類の味を一層引き立てることに成功した。

リマの人々が海産物への抵抗感をなくし、セビチェがペルーの国民食にまでなる過程で、日系人の経営する魚介料理店が果たした役割は大きかった。また、ペルー人によく知られる日本料理の一つが、魚を生で食べる刺身である。ペルーの人々がタコやウニを食べるようになったことに、日系人が貢献したとする説がある。

一九八〇年代まで、ペルーにおける日本料理は、おもに日本企業の駐在員やペルーの上流階層の一部など狭い範囲に限られて、チーファが町の至るところにあるのとは対照的であった。しかし、一九八〇年代には、欧米の富裕層の間で、肉や油脂類をほとんど使わない日本料理が「健康食」としての価値を有するようになる。そしてこの頃、ペルーの美食家たちが、日系二世による独自の創作料理に注目し、「ニッケイ料理（cocina nikkei）」の名称を与えて、それがペルー料理の一つとして認知された。さらに、日系二世であるアルベルト・フジモリが、大統領に就任（一九九〇～二〇〇〇年在職）したことも、ニッケイ料理が確立されていく契機になった。

二一世紀には、ペルー人の海外移住と、それに伴うペルー料理の世界的流行を背景に、ペルー料理の多様性と豊かさを、ペルーのナショナル・アイデンティティと積極的に関連づけようとする有名シェフたちの活動が、大きな反響を呼んでいる。そうしたペルー料理の一つとして、ペルーの日系三世が創作した「ニッケイ・フュージョン料理（cocina nikkei fusión）」が脚光を浴びた。その有名シェフの多くは、本格的な日本料理の板前であり、自らの名前をブランド化している。彼らのなかには、ペルーと日本の国旗を襟につけた出で立ちの者もいる。ニッケイ・フュージョン料理は、ペルーのナショナル・アイデンティティの再構築や、ペルー料理の世界進出といった政治性が込められた高級料理である。

他方、出稼ぎで日本を体験した日系人たちによって、ラーメンや餃子、カレーやカツ丼といった日本の大衆料理が、ペルーの中間層に広められている。中国由来の料理を含んだ日本の味がペルーで再現されるだけでなく、ペルー人の好みに合わせて、素材や味つけを工夫したラーメン・カレー・丼などが、もう一つのニッケイ・フージョン料理として創作されている。[53]

ブラジル・サンパウロの中国料理――チャプスイ・チャウメン・チャーハン

中国の駐ブラジル公使館の調査によれば、一九三一年におけるブラジル在住の華人は八二〇人、四〇年には五九二人であり、ブラジル在住華人は、ごく少数にすぎなかったという。もともとブラジルの華人は、ポルトガル領であったマカオとの関係が強く、その周辺の広東出身者が中心であった。

一九四九年の中華人民共和国成立頃から六〇年代までが、中国人のブラジルへの移民の第一波である。この時期に、資本家（上海の栄家など）や国民党政権の関係者などが、中国からブラジルに逃れてきた。また、香港・マカオ・台湾からも、企業家や知識人がブラジルに移住してきた。中華民国（台湾）の調査によれば、一九六七年までに、ブラジルの華人人口は、一万七四九〇人ほどにまで増加した。さらに一九七一年、中華民国が国連からの脱退を余儀なくされると、台湾の将来に不安を抱く人々のブラジルへの移住が促された。くわえて、インドネシアやフィリピンなど、東南アジアからブラジルに移住して来た華人も少なくなかった。

そして一九七四年、ブラジルと中華人民共和国が国交を樹立し、七八年末から中国で改革・開放が進展したのに伴って、多くの移民が中国大陸からブラジルに流入した。その結果、一九八〇年代初めまでに、ブラジル在住の華人は約一〇万人に達した。さらに、二〇〇六年の山下清海の調査によれば、ブラジルの華人人口は約二〇万人で、その約九割がサンパウロに集中しているとされた。華人の多くは商業従事者であり、小規模な家族経営が多く、なかでも料理店経営者が多数を占めた。[54]

ブラジルの中国料理店は、一九七七年の時点で約一〇〇〇軒に達していた。小さな餃子店がもっとも多く、続いて広東人の経営する中国料理店やバーが多かった。サンパウロには、ブラジルの華人経営の飲食店の約半分が集中し、中国料理店だけでも一三〇軒余りあって、繁盛していたという[55]。ブラジル人の好きな代表的な中国料理としては、チャプスイ（炒雑砕）、チャウメン（炒麵、焼きそば）、チャーハン（炒飯）、角切り鶏肉の辛味あんかけ（宮保鶏丁）などがある。

また、ブラジルでは華人が、パステル店を経営している。「パステル（pastel）」とは、卵や肉などが入った小型のパイで、イタリア移民のパスタ料理の一つである。パステル店を経営するのは、もっぱらイタリア人であったが、その後、多くの広東人がパステル店経営に進出した。

なお、洗濯業も、北米と同様にブラジルでも、華人の代表的なエスニック・ビジネスである。ブラジル人のなかには、ブラジル人の経営するクリーニング店すらも、「チャイナ（China）」と呼ぶ者がいたという。

第二次世界大戦後、多くの台湾出身者が、ブラジルに移住した。当時の台湾出身者の多くは、日本統治時代に日本式教育を受け、日本語が堪能であったので、「東洋街」といわれるリベルダーデ地区のガルボン・ブエノ街（Rua Galvão Bueno）に集中して、日系人と混住するようになった。台湾出身の商店主は、商店の看板に日本語表記を用いるなど、チャイナタウンとしてよりも、日系人中心の東洋街の特色を生かすことによって、多くのブラジル人顧客を獲得しようとしている。

韓国人や中国大陸からの新移民も、東洋街に進出を果たしている。東洋街では、韓国人経営のレストランが増えた。また、中国大陸からの新移民は、来住の時期が遅く、資金力に乏しいので、東洋街ではたいてい、辺縁部で中国料理店を経営している。日系人中心であった東洋街は、しだいに日系人・華人・韓国人が混在する、文字通りの「東洋街」の性格を濃くしつつある。

二〇〇一年からサンパウロ市が進めるリベルダーデ再活性化計画は、日系人・華人・韓国人移民の歴史や文化を備えた特色ある地区として、東洋街を観光地化することを目指している。サンパウロでは、日系人主体の東洋祭りや七夕祭りが有名であったが、二〇〇六年からは、春節祭（「中国春節園遊大会」）が開催されている。東洋街の大阪橋では、春節に欠かせない餃子など、中国料理の屋台が並び、大勢の人出で賑わった。このようなジャパンタウンからチャイナタウンへの変容は、ホノルルのチャイナタウンやシアトルのインターナショナル地区などでも見られたパターンである。(56)

本章では、不十分ながら、アジア・米英以外の国々における中国料理の受容史を概観した。その比較を試みれば、中国料理が普及したきっかけとして、①広東をはじめとする中国本土や台湾からの移民の直接的な影響、②西洋の帝国が植民地化した東南アジアから移民した華人の影響、③現代性の象徴となったアメリカの中国料理の影響などがある。世界各国において、これらの影響がそれぞれに絡み合って、中国料理が広まった。そうしたなかでも、②が大きかったのは、フランス・オランダ・オーストラリアなど、③が目立ったのは、ドイツやブルガリアなどである。

さらに、独特な中国料理を主体的に進化させて、それを自国料理の一部にした国々は、日本・韓国・シンガポールなどのアジア諸国にとどまらなかったことがわかる。南米のペルーは、ペルー式中国料理の「チーファ」を、ペルー料理の一部として積極的に宣伝し、中国風牛ロース肉炒めのロモ・サルタードなどを、不動の国民食としている。このことは、アメリカ合衆国のチャプスイの現状とは対照的である。

また、華人に対する社会的態度と中国料理の文化的地位が、ある程度は相関することも確認できた。ロシアでは、中国人労働者や中国製品に対する警戒感が根強く、中国料理も朝鮮・日本料理に比べて影が薄い。それに対して、オーストラリアでは、一九五〇年代から白豪主義と闘い、七〇年代に中華鍋の保有を勧めたD・A・ダンスタンのような政治家が現れている。その後、中国の調理法とマレー半島の食材や香辛料が融合したニョニャ料理のカレーラクサが、「多人種社会」の「オーストラリアらしさ」を象徴するものになった。

ただし、多文化主義といっても多様であるし、可変的でもある。一九八〇年代以降のオーストラリアにおける反多文化主義の台頭をふまえれば、今の世界各国にある多文化主義的な料理の姿を、貴重な伝統として見直す意義を実感できる。

第四部　日本食と中国料理の境界

――世界史のなかの日本の中国料理

第1章　近代という時代――偕楽園・チャプスイ・回転テーブル・味の素

日本の中国料理への新たな視点

ここまで見てきた中国・アジア・米欧の中国料理の歴史をふまえながら、第四部では、日本の中国料理を再評価し、私たち日本人と中国料理の関わりを、世界史のなかに位置づけて見直したい。

日本の中国料理の近現代史については、古典的な研究があるし[1]、在日華僑・華人史の分野で扱われることもあり[2]、さらに多様な観点から実証的な研究も始まっており[3]、また、筆者自身もすでに概説を試みたことがある[4]。本書での再論は、従来とは異なる世界史的な観点から、日本の中国料理の文化的価値を再評価してみたい。

注目すべきことに、アジア諸国・諸地域の料理のなかでも、日本食（洋食や中国料理なども含んだ広義の日本の料理）ほど、中国の料理と熱心で真摯な対話を続けてきた食文化は、他に見つけがたい。さらに近代以降、日本食と中国料理は、米・欧において、認知や人気を競い合うライバル関係にあった一方、米・欧を経由した中国食文化の受容が、日本において重要な意味をもった。

本書は最後に、こうした近現代の日・中、そして米欧を巻き込んだ食文化交流に焦点を当てる。それによって、日本食が中国の食文化を様々なルートから繰り返し取り入れながら、日本食と中国料理の境界を絶えず作り直してきたことを明らかにしたい。

卓袱料理と普茶料理——刺身、豚の角煮、豆腐

さて、明朝は海禁令を度々出したが、日明間の密貿易を担った「倭寇」を完全に取り締まることはできず、一五六七年には海禁を緩和している。他方、一五七一年、長崎がポルトガルに対して開港され、一六三五年に江戸幕府が鎖国政策を実施しても、長崎貿易はオランダ・中国との間で続けられた。「卓《しっ》袱《ぽく》（卓子《たくし》）料理」は、こうした貿易港・長崎で育まれた国際色豊かな郷土料理である。

「卓袱」の語源は、「卓」＝テーブル、「袱」＝テーブルクロスを意味する中国語である。ただし、「シッポク」という発音は、安南・東京（現在のベトナム）から伝わったものであるとされる(5)。大皿料理をつつき合うスタイルや各料理名が、中国風になっている。代表的なメニューは「豚の角煮」であり、卓袱料理は「サシミと豚の角煮とのチャンポン(6)」であるとも言われる。つまり、卓袱料理は、日本と中国の折衷料理である。さらに、ハトシ（パンにエビなどのすり身を挟んであげたもので東南アジアや中国で広く食べられる）など、西洋料理の要素も取り入れられている。

そして、卓袱料理の精進版が、「普茶料理」である。一六五四年、福建省福清より長崎に来港した隠元隆琦が、六一年、家綱将軍より賜った山城国宇治郡の寺地に黄檗《おうばく》宗・萬福寺を建立して、そこで中国風の精進料理である普茶料理を伝えた。「普茶」とは、茶を飲むことを意味する。そのことからわかるように、普茶料理は、隠元たち明僧が新たに日本にもたらした煎茶の喫茶文化と、とりわけ密接に関わって展開した料理であった。煎茶とは、急須に茶葉を入れて湯を注いで飲むお茶であり、粉末の茶に湯を加えてかき混ぜる旧来の抹茶とは異なっていた。

普茶料理と卓袱料理は、食事の様式面では大きく異なる点がなく、両者を区別するのは、料理の食材だけである。精進料理である普茶料理は、具材に肉を使わない代わりに、「南京豆腐（隠元豆腐・黄檗豆腐）」のような豆腐料理や、豆腐を油で揚げたり、炒ったりしたものに、醤油などで味つけをした料理が多い。また、普茶料理は禁酒し、その代わりに茶を用いる。[7]

そして、江戸後期までには、卓袱・普茶料理の形式を取りながらも、その内容が日本料理で構成された「略式」という日中折衷様式が生まれていた。例えば、一八三五年、江戸の高級料亭「八百善」（一七一七年創業）の当主・栗山善四郎は、自店ＰＲのために『料理通』（第四篇）を著した（図4－1）。それを見ると、しつらいや器等は中国風だが、その料理内容は日本風を用いる卓袱料理や、椅子を用いないで床に直に座る普茶料理の楽しみ方が、浸透しつつあったことが窺える。[8]

図4－1　普茶料理略式（八百善，1835年）

こうした「略式」の卓袱料理や普茶料理は、中国料理の日本化、日本食による中国料理の取り込みの典型例といえる。さらに指摘すべきことに、一七世紀という早期に伝播した中国の料理様式が、自国料理の一ジャンルとして確立されて、ホストカントリーの人々によって現在まで受け継がれている例は、日本の卓袱料理・普茶料理のほかに世界的にも見つけがたい。

普茶料理は、黄檗宗の寺院とともに全国に広がり、明治以降にも残った。それに対して、卓袱料理は、江戸時代に長崎から上方（京都・大坂）や江戸へと伝わったものの、明治初年には長崎に残るだけになった。[9] とはいえ、明治初期の中国料理は、依然として江戸時代以来の卓袱料理の強い影響下にあった。

偕楽園の「超国境的料理」――卓袱から「本式」へ

明治期の代表的な大型中国料理店として、偕楽園（一八八三～一九四三年）が挙げられる。偕楽園は、中国料理を通じた日中親善のためのクラブとして、元・長崎通辞（中国語通訳）の陽其二《みなみきじ》など[10]、おもに長崎出身者が発起人となり、長崎出身の政治家・伊東己代治《みよじ》が援助し[11]、渋沢栄一・大倉喜八郎・浅野総一郎といった財閥創始者が出資して、東京・日本橋に開設された。「偕楽園」という名称は、渋沢栄一が「クラブ」の意味を翻案して、当て字を付けたものであるという。

一八八五年、笹沼源吾がその経営を引き受けて、偕楽園は料亭として再出発した。一九〇九年、源吾が急死して後を継いだ笹沼源之助は、谷崎潤一郎の小学校の同窓生で、終生の友になったことで知られる[12]。谷崎によれば、当時の東京の街ではめったに嗅ぐことのできない異国的でおいしそうな匂いが、谷崎少年の食欲を甚だしく刺激したので、弁当のおかずを交換してもらって食べた。谷崎少年は、毎日そうしたものを食べている笹沼の境遇が、羨ましくてならなかったという[13]。

多くの長崎出身者が創設に携わった偕楽園の初期の献立は、卓袱料理の影響を強く受けていた。大橋又太郎の編集した『実用料理法』（一八九五年刊行）は、偕楽園の探訪記を掲載している。それによれば、「東坡肉《トンポーニョ》は、既に卓子式《しっぽく》にも出で《い》ゝ、豚の膏肉《あぶらみ》を調したるものなり、小菜は、支那焼の腰高き食器に盛り、羹物《あつもの》類は、花形又は六角形のいづれも異りたる小碗に盛りたり、箸を白紙に包み、赤唐紙にて帯《べに》し、散蓮花《ちりれんげ》を小碟《こざら》に上せて出だせる《の》《い》等、卓子式に同じかり」とあり[14]、偕楽園の料理に卓袱料理と多くの共通点が見出されている。『実用料理法』に掲載された偕楽園の献立は、明治末の他の料理書にも転載されているので、偕楽園の中国料理は、当時の日本のお手本的位置づけであったといえる[15]。

一八七〇年代から一九〇〇年頃にかけては、新規に刊行された料理書のほとんどが西洋料理書で、中国料理だけで構成された料理書はなかった。料理書に「支那料理」が登場する場合でも、ほとんどの内容が、江戸時代の卓袱・普茶料理の焼き直しであった[16]。明治時代に西洋料理の普及が先行して、中国料理の普及が遅れたのは、明治維新以降に文明開化の風潮、欧化志向、西洋崇拝が高まったためであるとされる[17]。

こうした明治期の日本の西洋料理志向は、第二部第3章で見たように、同時代のタイ(シャム)における西洋料理の重用と軌を一にしている。すなわち、一九世紀後半のラーマ四世・五世の時代、タイは、清国との朝貢関係を終了する一方で、イギリスとの不平等条約の締結を余儀なくされた。それに伴って、タイは、中国文明よりも西洋文明を最高点として、文明化を図るようになった。宮中の食事でも、西洋料理が真っ先にテーブル中央に置かれるようになり、フルセットの西洋食器が用いられるようになった。このように、西洋列強の台頭、清国の没落が、西洋料理と比べて中国料理の地位を押し下げて、一九世紀後半のアジア諸国のとりわけエリート層において、中国料理の受容を遅らせていた。

さて、大正・昭和期に入ると、卓袱料理の系譜を継承する偕楽園の中国料理は、時代遅れのものになりつつあった。当代きっての中国通の言語学者であった後藤朝太郎(一八八一～一九四五年)は、偕楽園が日本座敷の中央に据えていた長崎製の真っ赤な丸い卓袱台だけは[18]、臨時に客が増えてもよいし、面白いと評価した。他方で、小皿を使いすぎる偕楽園の料理の出し方は、物足りないし、中国料理の気分がしないと、後藤は酷評している[19]。

しかし、一九三〇年代になると、偕楽園はむしろ、歴史的な価値が見出されて、高く評価されることもあった。フードジャーナリストの先駆けであった新聞記者の松崎天民（一八七八〜一九三四年）によれば、東京における偕楽園の存在は、中国料理を口慣らしさせただけでも、大きな功績といってよい。偕楽園の日本化した淡白な風味は、けっして食べられないことはなく、「過去の開拓使としての偕楽園」には、けっして好意がもてないわけではないという。松崎は、偕楽園の「支那料理」を、実は未完成ながらも「一種の超国境的料理」といえなくもないと、高く評価している[20]。

こうして、評論家たちが、偕楽園をはじめとする東京の中国料理を、「過去の開拓者」「超国境的料理」などと再評価し始めた。だがその頃、中国料理店の側は、時代の要請に合わせて、味の更新を迫られるようになっていた。当時の東京の消費者は、江戸時代の長崎にルーツのある卓袱風の日本式中国料理よりも、同時代の食都・上海の料理に近いものを、「純粋」「本式」の味などとして求めるようになっていた。

谷崎潤一郎によれば、「純粋の中華料理」が流行るようになると、偕楽園も、時勢におされて中国人コックを招聘し、中国風の部屋を増設して、「本式の支那料理」を作るようになったという[21]。笹沼源之助の時代の偕楽園には、中国公使の黎庶昌《れいしょしょう》が、北京料理の料理番を連れてきたり、上海・寧波系の料理人が入ったりした[22]。

和・洋・中の構造化

現在でも、私たち日本人が料理を区分する基本的なカテゴリーとして、「和・洋・中」（日本・西洋・中国料理）が重要である。「日本料理」という用語は、「西洋料理」と対になって確立されていった。日本で最初に「西洋」「日本」「支那」の三種類の調理法を区別して記述したのは、一八八七（明治二〇）

年に出版された『現今活用　続　記憶一事千金』（樋口文二郎編、忠雅堂）であるという。

また、「和食」という言葉は、一九世紀の終わり頃に登場して以来、「日本料理」に比べて、あまり一般的に使用されてこなかった。「洋食」と対になる「和食」という言葉が普及したのは、おもに外食の場であり、とくに昭和に入ってからデパートの食堂でよく使われて広まった[23]。

くわえて、「日本食」という用語が、おそらく「和食」よりも、少し早くから普及していた。一八八四年にロンドンで開かれた衛生博覧会の日本料理店に関する報道や[24]、ドイツで衛生学を学んで帰国した森林太郎（森鷗外）の演説の書籍（一八八八年一二月刊行）などが[25]、「日本食」の最初期の用例と考えられる。「日本食」は、「西洋食」との対比で使われ始めて、国外に関わる場面で使われることが比較的多かった。さらに、「日本食」はしばしば、日本式の洋食や中国料理をも含んだ広義の日本食文化を指すようになった。

こうした「和・洋・中」という料理のカテゴリーは、日本の植民地となった台湾や朝鮮半島でも普及していった。一八九五年の日本の台湾領有直後から、官員や軍隊に随行して渡台した民間人が、日本料理店・西洋料理店を開業した。台湾の日本料理店は、中国料理も提供し、西洋料理店と提携することもあった。さらに、現地の酒楼（中国料理店）も、日本料理やビール・コーヒー・ケーキなどを提供するようになった[26]。

また、一九一〇年に日本の植民地となった朝鮮半島においても、朝鮮料理屋の料理は、伝統的な宮廷料理だけでなく、和・洋・中を取りこんだ国際色豊かなものになった[27]。植民地期朝鮮の外来食は、①日本食、②多くが日本やロシアを経由して入った西洋料理、③おもに山東半島から渡ってきた人々による中国料理であった。韓国における外来食＝和・洋・中という構図は、一九八〇年代まで変わらなかった[28]。

他方、中国では「中・西」（中国料理と西洋料理）というカテゴリーで料理が区分されて、そこに日本料理が並び立つことはほとんどなかった。中国では近年に日本料理が普及しても、自国料理が圧倒的な比重を占め、外来食では西洋料理に続いて、ようやく「日本・韓国」というカテゴリーが意識されるにすぎない。第三部で見たように米欧では、東アジアの料理が同一カテゴリーに括られることが多いが、東アジア内では、このように国によって相手国の料理に対する位置づけが異なっている。

西洋経由の中国趣味——中国服・麻雀・大陸歌謡そして中国料理

日本では、一九二〇～三〇年代になると、中国趣味（「支那趣味」）の時代を迎えた。中国趣味とは、明治の文明開化以来の西洋文化の受容に一段落つけて、西洋のフィルターを通して、中国の風俗・文化を受容しようとするものであった[29]。大正・昭和のモダニズムとしてのおしゃれな中国趣味は、一部の文化人だけのものに止まらず、都市大衆の生活文化や娯楽にまで広がりを見せた。

例えば、一九二〇年後半には、日本女性による旗袍（チーパオ）の着用が流行し[30]、「支那服の女」が、新たな絵画主題になって繰り返し描かれた[31]。中国服は、日本のモダン都市の先端的なファッションともなったが、その流行の最先端をいくのは、上海であった。上海の春秋の競馬シーズン後、フランス租界の一流商店のショーウィンドウや、共同租界のホワイトウェー、先施、永安といったデパートが発信するファッションが日本の女性誌上でも注目されていた[32]。

日本女性が中国服を着た理由としては、中国服が容易に作れて機能性に優れたことや、当時の中国女性が、自国の服を積極的に改良して、堂々と着るようになっていたこともあった。しかし、西洋人女性の中国服熱の影響も、無視できなかった[33]。

ほかにも、大正・昭和初期の中国趣味として見逃せないものには、麻雀、民具収集[34]、音楽（歌謡曲）などがある。麻雀は、両大戦間期に、まず欧米で流行した後、日本でも大正末期に、上流階層・中間層の家庭から広まった[35]。また、日中戦争期には、「支那の夜」（一九三九年）、「チャイナ・タンゴ」（一九三九年）、「蘇州夜曲」（一九四〇年）など、日本の作曲家が西洋の東洋趣味を参照しながら、独自の中国色を創り出した異国趣味の「大陸歌謡」が流行した[36]。

そして、大正・昭和初期の日本の中国趣味のなかでもっとも目立ったのが、中国料理ブームであった。中国料理店は、明治期から東京でもいくつか開かれていたが、一九二三年の関東大震災後から急増した。また、家庭向き料理本でも、多様な中国料理が扱われるようになった[37]。

近代日本における中国料理の普及は、おもに宴会料理として始まり、それゆえ、まず男性の間から広まった。また、中国料理は、安くておいしいうえに、栄養豊富なので、体格改善や健康増進に役立つと考えられて普及した。

さらに注目すべきは、「西洋料理や日本料理に飽いて、変つた支那料理を好む傾向」である[38]。ちょうど洋服や着物とは違った、奇抜な晴着を求めて中国服が流行したように、西洋料理や日本料理とは異なる新奇の料理として、中国料理が普及し始めた。くわえて、両大戦間期には、ニューヨーク・ロンドン・パリといった米欧の大都市で中国料理が流行し、それが東京にも伝わって流行し始めたともいえる[39]。すなわち、日本での中国料理の流行は、中国服、麻雀、大陸歌謡（中国趣味の流行歌）などと同様に、米欧での流行に追随して始まった面があった。

例えば、近代東京の中心的な繁華街である浅草では、日露戦争前にも中国料理店が開店したが、一年ほどで廃業した。一九〇七年には、平野洋食部が中国料理を始めたが、やはり一年ほどで廃業した。しかし、一九〇八年、「中華楼」が、中国人コックを雇い、「支那そば、シューマイ、ワンタン」を看板メニューとする「支那ソバ屋」として開店し、浅草の中国料理店の元祖となり、一九三〇年代まで繁盛した。明治末年には、「來々軒」「シンポール」「東勝軒」といった中国料理店も開業した。

そして、大正時代（一九一二〜二六年）になると、浅草も中国料理の全盛期を迎え、多くの西洋料理店が、中国料理を兼業するようになった。だが、西洋料理店の中国料理には「インチキ料理」が多く、一九三〇年代までには、兼業がほとんど廃された。浅草を代表する中国料理店は、関東大震災前には來々軒であったが、震災後には一九二三年創業の「五十番」になったという[40]。

また、大正・昭和初期の銀座には、「サロン満洲[41]」や「南京亭」、渋谷道玄坂にはカフェ「台湾館[42]」、そして築地には「上海亭」などがあった[43]。これらの異国情緒ただよう店名は、モダンな中国風の飲食・喫茶文化への想像をふくらませていた。

デパート食堂の中国料理——大阪・東京・京城

日本のデパートで最初に中国料理専門店を設けたのは、一九三二年に「支那食堂」を開設した大阪・梅田の阪急百貨店であった。支那食堂は、中国人料理人を六名採用し、「支那料理の元祖・阪急百貨店」、「阪急の支那料理は安くておいしい」とその名を馳せた。注目すべきことに、支那食堂でとくに人気のあったメニューは、「チャプスイとヤキトリ」という、中国にはない中国料理であった[44]。チャプスイは、後述するように、阪急百貨店で食べるモダンな中国料理としてふさわしかった。

ほかにも、一九三三年の東京で発行されたレストランガイド『大東京うまいもの食べある記』を見ると、デパート食堂において、「洋食」「和食」と並んで「支那食」が提供されていたことがわかる。例えば、銀座三丁目の松屋デパート七階の大食堂でも中国料理を食べられ、東京駅正面の丸ビル地下にあった和食堂・花月でも「支那筍」の入った「柳《らう》めん」や「焼売」があり、同ビル二階の丸菱呉服店の奥の丸菱食堂でも料理二皿と「玉子汁」に御飯のついた「支那ランチ」が出されていた。

これらのデパートの食堂は、主婦をはじめとする女性たちの間に、中国料理を普及させる役割を果たした。当時、「支那料理屋の臭気」が苦手で、「ハンカチを口に押し當てる」婦人が少なくなかった。[45] だが、デパートの食堂には、婦人グループがやってきて、そこで外食の習慣を身につけながら、[46]「文化式にモダン化」[47] した中国料理を体験していた。

くわえて、一九三〇年代には、京城（現・ソウル）の三大デパート（三越・三中井・丁子屋）も、大食堂を設けて、日本・中国・西洋料理を提供していた。そこは、富裕層の社交や憩いの場、若いカップルのデートや見合いのスポットでもあった。[48] そのため、三中井の食堂の入口には、婦人客のために、大きな鏡が設けられていた。[49]

チャプスイ、日本へ――矢谷彦七・濱村保三・秋山徳蔵

このように、大正・昭和期のモダニズムとしての中国料理は、米欧での中国料理の流行に刺激を受けて興隆した。それゆえ、当時の米欧式中国料理の定番であったチャプスイが、日本にも伝わることになった。そして、この時期の中国料理をめぐる国際交流を語る上で欠かせないのが、銀座アスター（一九二六年創業）と、その創業者・矢谷彦七（一八八八～一九六七年）の物語である。

矢谷彦七は、国際派ビジネスマンであり、一九〇五年に東洋汽船会社に入社し、一九〇八年には貨物船・アメリカ丸の船員となり、横浜―ハワイ―サンフランシスコ航路で乗務し、一九一〇年頃には船上

図4－2　矢谷彦七（前列中央）と銀座アスターの従業員・顧客（1926年クリスマスパーティー）

勤務から上海支店勤務へと変わる。矢谷は一九一一年に東洋汽船を辞めた後、牛乳・乳製品の将来性に目をつけると、矢谷バターと虎印マーガリンを日本のトップブランドにまで育て上げた。矢谷の営業先は、上海や北京にも及んだという。

関東震大災の影響で、矢谷バターが不振になった時、矢谷彦七は銀座一丁目に店舗を入手し、一九二六年、入口に「アメリカン・チャプスイ・ハウス・レストラン」と掲げた中国料理店・銀座アスターを開店した。店名の「アスター」の由来は、東洋汽船に勤めていた頃に矢谷が憧れ、その後は矢谷バターを納入していた上海のアスターハウス・ホテルから命名していた。矢谷は、世界中どこにでもある中国料理店が銀座界隈にはなく、銀座の若者たちがハリウッド映画に夢中になっていたこともあり、ハイカラな銀座だからアメリカ式がよいと考えた。そこで矢谷は、サンフランシスコで食べたアメリカン・チャプスイをメインとし、それらを箸ではなく、洋風にナイフとフォークで食べてもらう店を開いた。

銀座アスターの開店当時のメニューを見ると、チャプスイの傍らには、「四十年前ワシントン市に於て李鴻章の創造せる料理なり」と書かれ、「支那料理」ではなく、「米国式中華料理」として宣伝された。日本でも、アメリカと同様に、李鴻章に関する伝説が、チャプスイの販売促進に利用されたのである。

このように、上海―サンフランシスコ―東京のつながりのなかで、銀座にモダンな中国料理店が誕生したのであり、銀座アスターには、近代日本における欧米経由での中国料理の受容を典型的に見出せる。一九二六年の開店当初の銀座アスターのコンセプトは、インテリアはアメリカ風、料理は中国風、サービスは日本風、全体的にはハイカラ高級ムードであった。しかし、ハイカラではあるが、ナイフとフォークで食べるアメリカン・チャプスイは、日本で一般的に受け入れられたとはいえない。初期のメニューには、カツレツやインドカレーなどの洋食も載せられており、矢谷の迷いがうかがえる。矢谷が集客に苦心していた頃、客の中国商人から「もっと中国ムードを出して、……純粋の高級中国風にしたら、きっと客は入るよ」と言われて、アメリカ式チャプスイから「高級中華料理」に路線転換した[50]。

また、銀座アスターのほかに、一九二四年に京都の祇園で開店した「支那料理ハマムラ」（縄手本店は一九四〇年代に閉店したが、他にも多くの店舗が開店されて現存している）も、同じ頃に米欧からチャプスイを日本に持ち込んでいる。ハマムラの創業者である濱村保三は、サーカス団を率いる父を手伝って渡欧したが、第一次世界大戦で日本とドイツが敵対国になって、帰国を余儀なくされ、一九一八年に京都に戻った。

この時に濱村保三は、ヨーロッパ各国にあったチャイナタウンで食べた中国料理の店を、京都でやってみようと思い立って、ハマムラを開店した。ハマムラは、ミルクホールをかねていた時期もあり、濱村も実は洋食派であったという。「支那料理ハマムラ」の創業当初のメニューには、「炒什砕（ちょうちゃぷすい）」があり、それが「ハマムラ河原町店」（一九三七年開店）に受け継がれて、近年まで食べることができた[51]。

このように、東京で銀座アスターがチャプスイレストランとして開店し、京都でもハマムラがチャプスイを出していた頃、日本の軍隊にも、「チャプスイ（雑砕）」が初めて紹介されていた。一九二三年の関東大震災後、東京で野菜が不足して、仙台からモヤシが入ってくると、陸軍糧秣廠（糧食の研究・保管・生産機関）が、軍隊調理講習でモヤシを使った各種料理を紹介し、そのなかにチャプスイが含まれていた[52]。また、一九二六年一二月、旅順・奉天で関東軍の経理部が諸部隊に対して実施した調理講習では、「支那料理の日本化」という講義と同時に、「雑砕集（チャプスイ）」「炸力脊（チャーリーチー）」「三絲湯（サンスータン）」の調理実習が行われている[53]。

さらに、このような米欧を経由した中国料理への関心は、日本の皇室にも及んでいた。大正・昭和の二代にわたって天皇家の食事を統括した秋山徳蔵は、一九〇九年に渡欧して、フランス料理を修業したコックであった。秋山は、二回目の渡欧の帰りがけ（一九二〇年頃）に、アメリカに立ち寄り、その際に、ニューヨークで中国料理店が流行り、中・西部の大都市でも、チャプスイレストランが繁盛しているのを目撃した。それで秋山は、「いよいよ尻に火がついたような気持ち」になり、一九二二年に宮内省によって中国に派遣されて、上海→広東→上海→青島→天津→北京→大連→吉林→大連と半年間かけて回って、中国料理を研究した。

秋山徳蔵は、上海では総領事の手配によって、六三亭という有名な日本料亭・旅館まで、中国の料理人に来てもらった[54]。秋山の中国訪問は、上海を代表する新聞『申報』にも掲載されて、それによれば、中国料理の調査に来た秋山は、中国の厨房が不潔なことに驚いていたという[55]。秋山の訪中によって、日本の宮中でも一九二五年頃までに、中国料理がしばしば出されるようになった[56]。このように、秋山徳蔵が米欧のチャプスイレストランに刺激を受けて、日本で中国料理を提供するようになったという経緯は、銀座アスターの矢谷彦七やハマムラの濱村保三の場合と重なっていた。

欧米・中国・日本の回転テーブル——文化ナショナリズムをこえて

図4-3　濱のや（東京・日本橋）で回転テーブルを囲んで座談会をする松崎天民（左）たち（1929年）

そして、昭和モダンとしての中国料理ブームのなかで普及したものの一つに、回転テーブルがある。回転テーブルの発祥は、日本では長らく、一九三一年に目黒に雅叙園を開店するのに合わせて、細川力蔵が作らせたのが始まりと説明されてきた。細川は、席に座ったまま料理を取り分けて、次の人に譲れる回転テーブルを、当時出入りの棟梁に相談して作らせていた[57]。

しかし、近年には多くの史料が発掘されて、ホテル雅叙園東京の中国料理店「旬遊紀」（旧・目黒雅叙園）で今も使われている修復済みの回転テーブルは、「現存最古」を称されるようになった。今明らかになっている日本で一番古い回転テーブルの記録は、一九二九年九月三日晩、ジンギスカン料理が有名な日本橋「濱のや」で開かれた第一六回食道楽漫談会で使用された回転テーブルの写真（図4-3）である[58]。

そもそも回転テーブルは、一八世紀初期にはイギリスで、「ダム・ウェイター（dumb-waiter）」と呼ばれて使われ始めている[59]。一八九一年にはアメリカで、「セルフ・ウェイティング・テーブル（self-waiting table）」として特許が申請されており[60]、一九〇三年の『ボストン・ジャーナル』には、管見の限り初めて「レイジー・スーザン（Lazy Susan）」（ウェイトレスのスーザンを怠け者にするという意味）と称されて、絵入りで紹介されている[61]（図4-4）。

図4－4　「レイジー・スーザン」（回転テーブル）（1903年）

図4－5　回転テーブルを囲んで食事するH・フォード，W・G・ハーディング大統領，T・エジソンら（1921年）

さらに重要なことに、一九二一年七月二四日、ヘンリー・フォードが主催したキャンプ旅行の食事の写真では、W・G・ハーディング大統領とT・エジソンを含む一四人が、巨大な回転テーブルを囲んで座っている[62]（図4－5）。アメリカではその後、回転テーブルが流行遅れとなった。だが、一九五〇～六〇年代には、南カリフォルニアから再び使われ始めて[63]、現在でも広く販売されている。

　しかし、他方でたしかに、中国料理において、どのように回転テーブルが使われるようになったのかについては、正確なことがわかっていない。こうしたなかで、筆者は次に紹介する史料が、もっとも重要であると考えている。

　一九一五年一一月、『中華医学雑誌（*The National Medical Journal of China*）』の創刊号で、ペナン生まれの華人医師・衛生学者の伍聯徳（一八七九～一九六〇年）が「衛生的な中国のダイニングテーブル（Hygienic Chinese Dining Table）」である「衛生食卓（Hygienic Dining Tray）」を提唱している[64]。少し長くなるが、抄訳して紹介したい。

一九一五年一月、上海で開かれた医療伝道会（The Medical Missionary Association）の最後の協議会で、私は、アメリカの同僚から、家で中国料理を食べる衛生的な方法を考案するように依頼された。彼は、中国料理がより魅力的に提供されれば、よくなると確信していた。そして数ヶ月の経験から、私は今、こうした事柄に関心のある人々に、私の「衛生食卓（Hygienic Dining Tray）」を自由に勧めたいと思っている。それは、大きなスープの碗一つと料理四つを置くのに十分な大きさの、円形ないしは方形の盆を有する、木材か金属で可能な限り簡単に作られた回転台でできている。その台は、テーブルの周りに座っている人々の手に届きやすいように、できるだけ低くして、テーブルの上に置かれるべきである。テーブルについたそれぞれの人々には、自分自身の箸、匙、ご飯の碗、スープの小碗のセットがあり、回転台に置かれた各皿の料理には、それぞれ別々の匙が合わされている。この方法では、テーブルについた一人一人が、自らの匙や箸を共通の碗や皿につけて他者に感染させるのを恐れることなく、食物を取ることができる。こうした単純な工夫によって、中国料理は、もっとも衛生的な方法で、正しく楽しむことができるようになるかもしれない。またもう一つの利点は、お気に入りのメイン料理を、立ち上がることなく、食べる人の正反対の所に回して動かせるため、シルクの袖を油っぽい料理に浸してしまうのを防げることができる。

私は上記の工夫が、もしできればさらに改良されて、広く採用されることを期待している。私の最初のモデルは、八〇セントしかかからない。私は特許を取るつもりはない。

前述のように、欧米では回転テーブルが広まってから久しいため、伍聯徳が特許を申請しても、容易

図4－6　回転テーブルを使って中国料理を食べる日本の女性（1941年）

には取得できなかったかもしれない。しかし、中国料理に回転テーブルを使うことを公式に提案したのは、おそらくこの伍聯徳が最初である。さらにこの史料からは、重要なことが推測できる。すなわち、中国料理で回転テーブルが普及したのは、衛生上の理由が大きかったということである。箸や匙を公用と個人用に分けて、大碗・大皿の料理それぞれに公用の箸・匙を備えつけ、それらを用いて各自の小皿に取り分けて食べるには、回転テーブルのほうが便利であった。くわえて、テーブルの逆側の人にも、難なく料理を回すことができた。

そして、伍聯徳らは一九一五年二月、上海で中華医学会を創設し、一一月にその機関誌として『中華医学雑誌（*The National Medical Journal of China*）』を創刊した。その創刊号に、「衛生食卓（*Hygienic Dining Tray*）」を提案する論文が、写真入りで掲載された。しかも、伍聯徳が「衛生食卓」を考案するきっかけになったのは、同年一月に上海で開催された会議におけるアメリカ人医師の依頼であった。また、くわえて注目すべきことに、上海近郊の南通代用師範学校の木工組の生徒が、一九一六年度に「旋轉圓桌」（回転円卓）を製作・販売したという記録がある（『申報』一九一七年九月七日一一版「中華職業教育社通訊」）。

とすれば、中国料理に使う回転テーブルは、上海から広まったと考えるのが自然である。すでに見たように、中華民国時代の上海は中国の食都であったので、上海の衛生意識の高い店が回転テーブルや公用の箸・匙を試用して、それが米欧や日本の中国料理店に伝わった可能性が高い。ちなみに、日本の濱の家や雅叙園といった中国料理店が、回転テーブルを使い始めたのは、一九三〇年前後のことである。それは、上海で伍聯徳が衛生上の理由から中国料理に回転テーブルを使うことを提唱してから、一五年ほどが過ぎていた。当時の日本人は、おもに上海から中国料理を受容していたので[65]、最新の中国料理と同様に、回転テーブルも、上海で見聞した誰かが日本に伝えたと考えるのが自然だろう。ただしその後は、衛生面をより重視する日本の中国料理店で、回転テーブルが急速に普及した可能性がある。

ともあれ、以上のような史実があるにもかかわらず、日本のマスメディアは依然として、「中華料理の回転テーブルは、日本で発明されて、中国や世界に広がった」という俗説を、あまり疑うことなく広め続けている[66]。だがそれは誤りで、無意識とはいえ、外国由来の可能性が高いものを自国起源と主張する文化ナショナリズムの一例となっている。筆者は、中国人学者などとともに、目黒のホテル雅叙園東京を何回か訪れたことがある。そこではしばしば、日本で独自に育まれた中国料理の伝統文化を発見して感激してもらえることがあった。回転テーブルの日本発祥説を安易に喧伝することなく、正確な史実を伝えることが、日本の中国料理の品位を高めることにつながるだろう。

中国料理と日本料理の比較論――近代中国からの視点

このように近代日本が、上海などの大都市から、そして米欧を経由して、中国料理を積極的に受容していた一方で、近代中国における日本料理の評価は、えてして低いものであった。黄遵憲（一八四八～一九〇五年）は、一八七七年、初代駐日公使の書記官として来日し、その後、サンフランシスコ・ロンドン・シンガポールなどで活躍した清末の著名な外交官である。一八七九年に刊行した『日本雑事詩』のなかで、黄遵憲は、日本の食物を取り上げて、日本人は「よく冷たい生ものをたべ、魚を好む」、「煮たものでも、冷えたものをよろこぶ」、「ふつうの食事では、大根や筍のほかには、よけいなものはない」などと述べている。[67]魚や野菜、冷めたものを日本食の特徴とする見方は、その後も、中国人留学生や知日派知識人たちによって繰り返されることになる。

中国・日本・西洋の料理を比較した典型的な見方としては、一九二〇年に徐珂（浙江杭州の人）が上海の商務印書館から刊行した『清稗類鈔』（第四七冊「飲食（上）」）の「西人論我国飲食」がある。徐珂は、「西洋人は、世界の飲食には、大別して三つあるという。一つ目は我国〔中国〕、二つ目は日本、三つ目は欧州である。我が国の食品は、口によろしく、味がはっきりとわかる。日本の食品は、目によろしく、飾り付けをすると、色取りがたいしたものである。欧州の食品は、鼻によろしく、調理をすると、よい香りをかぐことができる。この意味は、おそらく我が国の料理のすばらしさが、世界一ということではないだろうか？」と論じている。[68]

このように、中国＝味＝口、日本＝色＝目、西洋＝香＝鼻という、単純だが鮮やかな対比は、『清稗類鈔』が初出なのかどうか断定できないが、その後も中国や日本の料理評論に登場する。それは、中国料理を中心とする見方であり、中国料理を日本料理や西洋料理よりも上位に置いている。民国期の中国ではほかにも、日本人や東京に住み慣れた中国人（の男性）から見ると、「中国飯、日本女人、西洋房子（中国料理、日本女性、西洋家屋）」が最良とされる、という言い方が広まっていた。[69]今でも聞くことのあるこの言葉でも、食に関しては、中国が最上位に位置づけられている。

そして民国期には、食都・上海においてさえ、日本料理がほとんど受容されていないことは、一九三〇年刊行の美食ガイド『上海的吃』の次のような比較からもよくわかる。すなわち、日本料理と中国料理は、食材が正反対であり、例えば、豚の内臓は、中国人は食べるが日本人は捨て、魚のはらわたは、中国人は食べないが日本人は珍品として好む。だから、中国人はたいてい、日本料理を食べ慣れない。上海の虹口には日本料理店が多いが、そのうち何軒かでは、(椅子ではなく)地べたに座る陋習を維持して、客が入るとまず必ず靴をぬぐのだが、座りなれていない人には耐えられない。日本の箸は木製で、とても粗末であり、一度だけ使うと捨ててしまう。料理は、魚がもっとも一般的で、焼く時に、はらわたを捨て去らないので生臭く、ナマコ・アワビ・ノリなどの海鮮も、みな生臭いという。[70]

周作人の日本食文化論――日・中の共通性の発見

以上のように、中国料理と日本料理は対照的なものとされて、日本料理が否定的に取り上げられるのが、近代中国における日本食文化論の主流であった。しかしそれとは逆に、中国料理と日本料理の共通性を強調しながら、日本料理を肯定的に評価する見方もあった。なかでも、近代中国の作家・思想家として名高い魯迅の弟の周作人(一八八五~一九六七年)の議論が代表的である。

一九〇五年、日露戦争に日本が勝利し、清国で科挙が廃止されると、中国から日本への留学ブームが起こり、東京の神田・神保町界隈には、中国人留学生街と多くの中国料理店ができた。周作人も、一九〇六~一一年の五年間、当地の清国留学生会館の講習会および法政大学の特別予科に学んで、[71]日本の衣食住を実体験していた。

周作人は、一九三五年に発表した日本に関するエッセイで、日本の「平民がおかずにするのは、今に至るまで、あいかわらず野菜と魚介である。中国の学生が初めて日本にやって来て、あんなに淡泊で、ひからびていて、油気のない日本の食事をすれば、きっととても驚き恨むに違いない」と述べつつも、「しかし私自身は苦しいと思うどころか、別種の風趣さえ感じた」と肯定している。また、「食物に関して、中国人はだいたい熱いのが好きで、冷たいのが嫌いだから、留学生が「弁当」を見たら、頭が痛くならないはずがない」と述べつつも、故郷（浙江省の紹興）でも冷や飯を食べる習慣があるので、日本の弁当も良いと思ったと肯定している[72]。

ちなみに、中国でも明清時代から、食物を箱（「盒」）に入れて外出することはあった[73]。しかし、弁当で冷めた料理を食べる習慣は、日本の植民地になった台湾でとくに一般化したので、第二次世界大戦後、中国大陸から台湾に渡った人々は困惑することになった[74]。

さらに周作人によれば、「何が故郷の何に似ているとか、またあるものが中国のどこかの何と同じだとか考え始めるととても面白い。例えば、味噌汁と干菜湯〔干し野菜のスープ〕、金山寺味噌と豆板醬、福神漬けと醬咯嗟〔カブラの味噌漬〕、ゴボウ・ウドと蘆笋〔アシの芽〕、塩鮭と勒鮝〔コノシロの塩干し〕などは、みなよく似た食物だ。また、大徳寺納豆は咸豆豉〔塩辛いトウチー〕であり、たくあん漬けは福建の黄土ダイコンであり、こんにゃくは四川の黒豆腐であり、刺身は広東の魚生であり、寿司（黄遵憲『日本雑事詩』は寿志とする）は昔の魚酢であり、その作り方は『斉民要術』に見られる」（〔　〕は岩間補注）という[75]。

周作人は、近代中国の知識人のなかで、日本食をもっとも肯定的に評価した人物の一人であり、また、日本食と中国の料理の共通点を、もっとも具体的に指摘した人物といえる。周作人がそれをなしえたのは、当時関係の悪化していた中国と日本の二国の料理を比べるのではなく、周作人の故郷・紹興をはじめとする中国各地方の食品に思いをめぐらせて、それと日本の食物を比較したからであった。

さらに、こうした周作人の日本食文化論の根底には、同人種の中国人と日本人が連帯して、西洋に対抗しようとするアジア主義的な発想があった。周作人は、同じエッセイのなかで、例えば「中国人と日本人は、同じ黄色の蒙古人種で、日本文化は、古くから中国のものを役立ててきた」「、「日本と中国は、文化的にはもともとローマとギリシャの関係に似ているが、今では東方のドイツとフランスというところであろう」、「日本と中国は、結局同じアジア人であり、盛衰・禍福は目下異なるにせよ、究極の運命はやはり一致している。アジア人はついに劣等人種に落ちぶれてしまうのではないか、そう思うと呆然とする」と述べている。[76] 確認すべきことに、周作人の論考においても、中国と日本の共通性は、西洋を媒介として発見・指摘されている。

周作人は、一九四一年一月から二年あまり、華北の対日協力政権下で、教育総署督弁という要職に就いて、日本占領下での教育行政を司る立場になった。そのことによって、戦後の一九四五年一二月に逮捕され、四六年七〜八月に「漢奸」裁判にかけられている。「漢奸」(民族の裏切り者)の前科を有する周作人は、文化大革命のさなかに、死に追いやられることになった。[77] こうして、アジア主義に影響を受けた日本認識を有する周作人は、不遇な末路をたどる。中国の郷土食との共通性を見出しながら日本食を積極的に評価した周作人のユニークな食文化論も、中国において主流の見解にはなりえなかった。

中国料理と日本料理の比較論——日本からの視点

中国知識人による日本料理論は、厳しい評価が中心だが、周作人のような肯定的評価もあった。他方、日本人の側からも、中国料理の現状を適確に批判したり、日本と中国の料理を甲乙つけがたいものとして対等に評価したりするなど、様々な中国料理論があった。

例えば、一九二二年に上海などで中国料理を学んだ秋山徳蔵によれば、中国料理は、豚・鶏・玉ネギというような材料を、一つの献立のなかで何回も繰り返して使う。日本料理や西洋料理は、それをしない。また、砂糖・酒・みりん・醤油のような調味料を使いすぎるので、ほぼ同じような味になってしまう。さらに、視覚的要素が優れず、生鮮のものが少ないと批評している。

しかし同時に、秋山は、中国料理は乾燥食品を作ることと、それをもどして調理する技術がすばらしく発達し、まさにそれこそが世界一であると評価している。燕の巣・白キクラゲ・フカヒレなど、中国料理の一品とされるものは、ほとんどが乾物である。とくにフカヒレのスープは、料理人の腕のふるい所とされており、残しておくことが礼儀（雇人・下男にやれるから）の中国料理においても、それだけは全部たいらげるのがエチケットになっているとも述べている。[78]

秋山が指摘した点については、多くの中国料理研究者が、異口同音に論じている。中国考古学者の西谷大によれば、フカヒレ、燕の巣、ナマコなどは、本来そのままでは味のないゼラチン質やそれに近い素材に、外からどれだけうまみを注入できるかに心血を注ぐ。日本の干物が、魚の身そのものの味を楽しむか、魚からうまみを引き出しておいしい出汁を作るかに重点を置くのとは、まったく逆の方向の調理法であるという。[79]

こうした相違を、伝統料理研究家の奥村彪生や、[80]文化人類学者の西澤治彦などは、「中国料理は足し算の料理、日本料理は引き算の料理」と表現している。さらに、中国・日本の両料理に関してもっとも洗練された比較論を展開しているのが、中国料理研究家の木村春子である。木村も、日本の名菜は、一つの調理法で仕上げた「単一調理」によるものが多く、中国のごちそうには、何段階かの調理を重ねた「複合調理」によるものが多いと対比する。その上で、中国料理のもつ香りと味や、それをまとめる調和を、「混声の大合唱、交響楽」に喩え、日本料理の純粋に素材そのものの味や香りを生かす姿勢を、「ピアノの独奏やソロの歌唱」に喩えている。[81]

周知のように、中国料理では、火の入れ方によって、「炒」（さっと炒める）、「爆」（強火で炒める）、「炸」（揚げる）、「烤」（直火で炙り焼く）、「燻」（燻製にする）、「焼」（煮込む意味のことが多い）など、火偏の漢字で表される調理法が多い。だから、中国料理を「火の料理」、日本料理を「水の料理」とも称する木村春子の対比は鮮やかである。

木村春子によれば、中国料理は、時間をかけて良いスープをとる努力や、水質を補って余りあるうまみをもつ素材を選び、ゆっくりと濃厚な味わいのスープを煮出す知恵が、高度な料理技術の発達を促す出発点となっている。六〇〇〇年前頃から中国で発達してきたとされる「蒸す」という調理法も、直に水で煮炊きすると泥臭みが災いして、不味であったことと無縁ではない。それに対して、日本料理に多い、ただ「煮る」「ゆでる」といった水を使った加熱調理は、水質が良くなければ美味にならない。日本料理では、昆布やかつお節を長く煮て、余分な雑味や不要な臭いまで引き出してしまうのではなく、手早く「さっとだしをとる」「だしを引く」ことが多い。これには、鉱物質を多く含まず、異味異臭のない良質な軟水が適しているという(82)。

このように、中国料理と日本料理は、対照的な料理として論じられることが多い。そして、中国では、中国料理に比べた時の日本料理は、淡泊（「清淡」）、質素、魚臭いと酷評されてきた。だが、日本では、それが、素材の純粋な味や香りを引き出したものと評価される。他方、日本の料理人から見れば、中国料理は、みな同じような味になるほど、調味料を使いすぎる傾向があるように思われる。だが、中国料理の専門家から見れば、それは、何段階かの調理を重ねた上で調和を求めた重厚な味わいと評価される。

味の素がもたらした中国料理の標準化――味のグローバル化の始まり

ところで、味の素は、中国料理にもっとも大きな影響を与えた日本発祥の食品といえるだろう。一九〇九年に日本で発売された味の素は、一四年から台湾や中国大陸でも発売された。そして味の素は、まずは台湾・中国で中国料理に使用された後、日本の中国料理にも使用されるようになった。それは、中国料理とともに普及した人工調味料といえた。

味の素の販路の東アジアにおける拡張は、日本帝国の勢力圏の拡大と重なった。台湾では、発売当初から日本内地よりも販売実績が良好で、人口あたりの味の素の年間消費量がどこよりも多く、味の素が中国人の嗜好に合うことが確認されていた。植民地の台湾が、味の素の中国大陸進出の「導火線」となったのである。

中国大陸においては、味の素は仁丹とともに、日本の帝国主義を象徴する商品と見なされるようになる。そのため、一九一九年以降は、日本製品ボイコット運動の影響を大きく受けたが、排日の気運が下火になると、また売れ行きを盛り返す、ということを繰り返して、味の素が少しずつ売り上げを伸ばしていった。中国東北部（満洲）でも、味の素は当初、日本人向けの販売が中心であったが、中国人の上流家庭や中国料理店にも広まっていった。一九二九年、鈴木商店初代社長の鈴木三郎助が、奉天で東三省主席の張学良に面会した際、張は「私に満洲の一手販売をさせてくれたらいくらでも売れますよ」と、味の素の売れ行きに太鼓判を押したという[83]。

ちなみに、朝鮮半島でも、味の素は、冷麵やソルロンタン（雪濃湯）などに用いられて、一九六〇年代に韓国製の味元・味豊などに取って代わられるまで、飯屋・麵屋でよく使われていた。また、アメリカでも一九三〇年代から、味の素が缶詰・加工食品・軍食に用いられて、あまり気づかれずに大量消費されていた[84]。

ただし、一九二三年に開業した天厨味精廠をはじめとして、中国人の経営する味の素類似品の製造工場が、上海に数多くできた。それらは、製品の品質は劣っても、愛国心に訴える販売戦略でシェアを拡大し、香港・シンガポールにまで販路を伸ばした。上海で天厨味精廠を創業した呉蘊初《ごうんしょ》は、「味精」という調味料を発明・製造したことから、「味精大王」として名を馳せた。呉は、化学工業の発展に貢献したことから、近代中国を代表する「愛国企業家」「民族資本家」の一人とされている[85]。しかし、日本の味の素の社史において、呉の天厨味精廠は、数多くの「類似品工場」の一つとして登場するだけである[86]。調味料の発明と普及をめぐっては、日中間に歴史認識の相違が生じている。

これまでは、こうした日本企業の味の素と中国企業の味精との間の競合に、研究の関心が集まってきた[87]。しかし、もうひとつ重要な側面として注目すべきなのは、味の素や味精の販路拡大が、料理書や調理知識の普及と同じように、家庭・店・地域ごとの調理技術を標準化して、中国料理の味を均質化していったことである。

導入・成長期の味の素が、中国料理の味の決め手になったというエピソードは、枚挙にいとまがない。例えば、秋山徳蔵が一九二二年に上海で中国料理を学んだ際、日本料亭の六三亭まで中国の料理人に来てもらった。そこには料理人たちが毎晩やって来て、いろいろな料理を作って見せてくれたが、一つだけどうしても秘密にして見せない白茶色の粉があった。ようやく隙をついて手に入れて調べてみると、それは味の素であったという[88]。

また、陳建民（後述）は、一九五二年に来日すると、五八年に東京・新橋の田村町で四川飯店を開店する。陳は、一九五九年からＮＨＫの料理番組に出演して、料理人個人にスポットが当たる時代を切り開いていた。そして陳は、テレビで料理に味の素を加えながら、「ヒミツの粉よ」とニコッとするなどして、主婦たちにも気楽に親しまれていた。[89] このように、味の素は戦前中国の料理店でも、戦後日本の家庭でも、おいしい中国料理を簡単に作る秘訣になっていた。

味の素は、米欧や東南アジアなどの各国の中国料理店で使用されて、中国料理の味のグローバル化（世界的な均質化）を促したといえる。それゆえの副産物として、一九六〇年以降、「中国料理店症候群（Chinese Restaurant Syndrome, CRS）」が世界的な問題になり、頭痛等の体調不良の原因が、味の素（グルタミン酸ナトリウム、ＭＳＧ）にあるとされることがあった。

味の素のほかにも、中国料理に必要な人工調味料の生産拡大と販売促進によって、世界の中国料理の味の標準化が進んだ。例えば、今の中国で調味料のトップブランドを競う李錦記（Lee Kum Kee）は、小料理店を営む李錦裳《りきんしょう》が、一八八八年に広東省珠海の南水鎮でオイスターソースを発明したことから始めた企業である。李錦記は、一九〇二年にマカオに拠点を移して、広東・香港へと販路を拡大し、オイスターソースや蝦醤が北米でも好評を博すると、三二年に香港に本部を移した。李錦記は、一九九六年に広東省に工場を開設し、二〇〇七年に上海に中国地区の本部を置いた。[90]

このほかにも、第二部第５章で見たように、日本の味の素が、一九五〇年代末以降、インドネシアなど東南アジア各国で、風味調味料の現地生産を始めた。それによって、インドネシア国内の調理技術を標準化して、国民料理の形成を促したことが明らかにされている。

そして日本でも、丸美屋の「麻婆豆腐の素」（一九七一年発売）や、味の素の合わせ調味料「クックドゥ」（七八年発売）が、家庭の中国料理の調理方法および味を標準化させ、さらには同じ料理でも複数のバージョンを発売することで多様化もさせた。それらは、日本式の中国料理を確立・定着させる上で、重要な役割を果たした。

以上のように本章では、近代日本の中国料理の特質について、近世の卓袱料理の影響が色濃く残る偕楽園、「和・洋・中」というカテゴリー区分の形成、日本とその植民地のデパート食堂のモダンな中国料理、米欧経由の中国趣味としてのチャプスイの受容などの事例を通して再考した。また、中国料理における回転テーブルの導入が、米欧から中国に伝わった衛生観念と関わりが深いことを指摘して、回転テーブルの日本起源説に疑問を呈した。

そのうえで、近代中国・日本では、中国料理と日本料理がたいてい対照的なものとして論じられたが、周作人のように、西洋を対極とする同じアジアの料理としての共通性を強調する論者もわずかながら存在したことを紹介した。

このように日本の近代は、米欧の動向に常に影響を受けながらも、中国料理が日本食文化の一角を占める欠かせないものになった時代であった。大正・昭和戦前期は、現在の私たちがイメージする中国料理の礎が築かれた時代である。当時が、日本の中国料理の導入・成長期として重要であったことは、同時代の中国および米欧各国の日本料理に比べると明らかである。続く次章では、第二次世界大戦前から戦後への変化と連続を見ながら、日本の中国料理の成熟・発展と将来性を、改めて世界史のなかに位置づけて捉え直したい。

第2章　近代から現代へ――ラーメン・陳建民・横浜中華街・中華おせち

南京そば・支那そば・ラーメン――国民食の形成と呼称問題

さて本章では、第二次世界大戦前後から現在に至る日本の中国料理の発展とその社会背景を、世界史的な視点から再考していこう。具体的な切り口としては、①「ラーメン」、「ラミョン」（韓国）、「冷やし中華」、「沖縄そば」、「天津飯」といった料理名の由来、②第二次世界大戦後に中国・台湾・日本・アメリカの中国料理の礎を築いた名コック・店主の経歴、③世界的な成功を収めたインスタントラーメン、餃子、横浜中華街の展開、そして④日本独特な「和魂漢才」の中国料理の系譜を取り上げていきたい。

まずは、日本のラーメンの歴史について見ると、すでに多くの優れた論著が知られている。[1]だが、ラーメンの呼称変化が二〇世紀の国際政治情勢と深く関わっていることは、これまで十分に整理して論じられていないようである。ここでは、ラーメンの近現代史について、呼称変化の政治的背景を中心に振り返りたい。

その前にまず確認すべきことに、日本で最初にラーメンと餃子を食べたのは、水戸光圀（一六二八～一七〇一年）とする有名な説がある。水戸家の家臣の間で、光圀の麺好きは有名であり、一六六五年頃、うどんを自ら作って、明からの亡命儒学者・朱舜水（一六〇〇～八二年）をもてなし、逆に朱舜水は光圀に、レンコン澱粉（藕粉）を使った平打ち麺と、豚肉の塩漬け（火腿）で作ったスープのラーメンをふるまったとされる(2)。

しかし、この説は、朱舜水が中国麺を直伝し、光圀が僧や家臣にふるまったという「水戸藩ラーメン会」による説を聞いて、著名な食文化史研究者の小菅桂子が書き、それにもとづいて横浜ラーメン博物館が紹介して広まった俗説である。たしかに、『朱氏談稿』（安積覚《あさかかく》著、水戸の徳川博物館に陳列）を見ると、餃子や餛飩《ワンタン》のほかに冷淘（冷し麺）、温麵、索麵などの記載がある。だが、これらはいずれも、今日のラーメンのような麺ではなく、うどんであるという。

そもそも、レンコン澱粉と小麦粉では、手延べの麺を作ることができない(3)。しかも、明の儒学者である朱舜水に、料理の経験があったとは考えづらい。それゆえ、水戸光圀が、ラーメンの発明者でも、日本へのラーメンの紹介者でもないことは、ほぼ間違いない(4)。

①南京そば――明国への憧憬

一八七一年、日清修好条規が結ばれて、日本の開港都市に住む華人は、法的承認と領事による保護を得た。「南京そば」が、日本の印刷物に初めて登場したのは、一八八四年、函館の外国人居留地にあった「養和軒」という洋食屋の広告であるとされる。西洋式食堂で働いていた中国人料理人が、鶏汁そばを作り、それがラーメンの先駆けに位置づけられる。

一九世紀末には、横浜の華人たちも、麺を濃厚な肉のスープに入れて食べる料理を作っていて、それも現在のラーメンにつながる。南京そばが条約港以外の日本各地へと広がったのは、一八八九年の治外法権と外国人居留地の撤廃、内地雑居の許可からである(5)。

「南京そば」の「南京」は、江戸時代初期の一六四四年に滅亡した明国の初期の首都である。明は、漢族の最後の王朝であったので、滅亡後にも、儒者をはじめ多くの日本人が敬意や憧憬を抱き続けた。「南京そば」のほかにも、「南京豆」「南京錠」「南京玉すだれ」「南京虫」「南京町」など、江戸・明治時代に中国から渡来したものの呼称に「南京」が付けられたのは、こうした理由による。

②支那そば――「中国」を用いない呼称

しかし、一九一〇～二〇年代頃までに、「南京そば」の呼称が、「支那そば」へと移り変わったと考えられる。例えば、浅草では、一九〇〇年代、日本人が支那そばを売る屋台が進出した。一九二〇年代初めまでには、映画館の後に支那そば屋台に行くのが定番になっていたという。そして、横浜の南京町の中国料理店に足繁く通っていた税関職員の尾崎貫一が脱サラして、一九一〇年、浅草に來々軒を開いた[6]。浅草の來々軒は有名になり、全国に同名の店ができた。

近代日本でよく用いられた「支那」の呼称は、中国を下に見るようなニュアンスを含むことも多かったので、中国では現在でも使用がはばかられる言葉である。江戸幕府の公文書では、たいてい「唐」という表現が用いられていたが、一九世紀以降の書物では、王朝名による「清」「清国」、総称の「唐」「漢」などのほかに、「支那」という語がしだいに多く用いられるようになった。明治維新後には、「唐国」「漢土」の語が減って、「清国」「支那」が一般的になった。明治初期の台湾出兵（一八七四年）や琉球処分（一八七二～九年）によって、日中関係が悪化した頃、新聞では八割方、「支那」の語が用いられていた。すでに日清戦争以前に、「支那」の語は、日本国民の間で定着していたといえる。

一九世紀中頃、開国した清は、しだいに国名として「中国」を使い始め、一八九八年の戊戌の変法の後には、満族の王朝ではない近代国家の自称として、「中国」を用いる風潮が強まった。そして一九一二年、省略すれば「中国」となる「中華民国」が成立する。だがそれにもかかわらず、日本文の公文書では、正式国名として「支那共和国」、その略称として「支那」を用いることが決まるなど、日本では「中国」よりも「支那」の呼称が多用され続けた。

中国人の側からは、留日留学生を中心に、一九一五年の対華二十一カ条要求によって反日感情が高まって以降、日本の「支那」呼称使用に反省を求める声が起こる。そして、一九三〇年五月、南京国民政府の外交部が、「支那」の語を使用した日本の公文書の拒否を指示した。すると、同年一〇月、浜口雄幸内閣が、中国の正式呼称を「中華民国」に変更することを閣議決定する。さらに翌年一月、国会で幣原臨時総理代理兼外相が、「支那」を一切使わず、「中華民国」「民国」「日華」を使う画期的な演説をした。だが、議場の松岡洋右から非難されると、幣原はその後すぐに軟化して、答弁に「支那」も使用するようになった。

一九三二年の満洲国建国にともない、外務省は、既存の条約の適応範囲の問題から、国名としては「支那国」や「支那」の使用禁止を促し、それらを地理的呼称に限定しようとした。だが実際には、公文書でも徹底せず、軍部を含めて日本社会一般では、「支那」が広く使われ続けた。[7]「支那そば」の呼称は、こうした一九一〇～三〇年代の政治・社会情勢のなかで広まっていった。それは、たとえ多くの人々が、その呼称自体に侮蔑の意味合いを含めず、一般名称として用いただけだったとしても、在日華人や中国の人々からすれば不本意なものであった。

③ラーメンの語源――「柳麵」と「好了」

他方で、浅草の來々軒（一九一〇年創業）などでは、「ラーメン」という呼び方もされていた[8]。一九二八年、東京・上野の「翠松閣」の日本人料理長・吉田誠一が、『美味しく経済的な支那料理の拵え方』（博文館）を刊行し、日本の料理書として初めて「拉麵（ラーメン）」を掲載した[9]。小麦粉にかん水を加えて手延べする「拉麵」は、明清時代までに山東省で発展し、西方・南方へと広がったと考えられている[10]。ただし、日本語のラーメンの語源は、この山東式「拉麵」ではなく、広東系の細い汁麵である「柳麵（ラウミン）」であるとする説が有力である[11]。

さらに、札幌では第二次世界大戦前からいち早く、「支那そば」よりも「ラーメン」という呼称が、一般的になっていたと考えられる。というのも、王文彩という山東出身の料理人は、シベリアのニコライエフスクで店を開いていたが、一九二〇年の尼港事件に遭って、樺太経由で札幌に逃げてきていた。一九二二年、北海道大学の正門前に「竹家」という食堂を開いた大久昌治・タツ夫妻は、留学生の紹介で王文彩に会うと、食堂を「支那料理竹家」とすることにした。

竹家では、糸のように細く切って油で揚げた豚肉を具とする「肉絲麵」が一番人気になった。しかし、客たちはそれらを、「チャンそば」「チャン料理」という中国人を侮蔑する言葉で注文した。それを見かねた大久タツが考案したというのが、日本の「ラーメン」という呼称の始まりの一つである。竹家による「ラーメン」の呼称は、麵を「拉（ラー）」（引き延ばす）からではなく、「好了（ハオ・ラー）」（出来上がったよ）という掛け声の「了」から命名されたものであった[12]。

第二次世界大戦後の呼称変化――「中華そば」「冷やし中華」と「ラーメン」「ラミョン」

さて、日中戦争期、日本では「支那」が、侮蔑的意味・侵略対象としての語感を強くもつようになった。他方、中国では「支那」こそが、日本の対中蔑視の象徴として敵視されて、戦後を迎えることになった。戦後の日本では、国民政府の代表団が、「支那」の語の使用禁止を要求した。GHQ（連合国軍最高司令官総司令部）は、「支那」の語について調査して、「支那」が軽蔑の意をこめて使われてきたことを指摘し、「中華民国」「中国」が相応しい呼称であると勧告した。さらに、一九四九年に中華人民共和国が成立すると、新政権に対する「新中国」という呼称が広く用いられるようになり、それに伴って、日本で「支那」の呼称がようやく使われなくなっていった。(13)

そして第二次世界大戦後、アメリカの占領期に、「支那料理」「支那そば」「シナチク」ではなく、「中華料理」「中華そば」「メンマ」という呼称が広まった。一九六〇年代までには、「そば」というと「中華そば」のことを指すことも多くなり、それに伴って「日本そば」という言い方もできた。(14) なお、メンマは、中国語の「麺碼」（麺のトッピングの意味）に由来するものと考えられる。(15)

また、「冷やし中華」についても見ると、一九二九年刊の『料理相談』が、「冷蕎麦」としてレシピを記載している。それは、「支那焼きそば」をゆでて、皿盛りし、酢・砂糖を加えた汁で味つけし、氷をかけて提供するものである。(16) 同様のものは、第二次世界大戦前から中国料理店が、「涼拌麵」「涼麵」などとして出していた。例えば、神田・神保町の「揚子江菜館」（一九〇六年創業）は、一九三三年に「雲を頂く富士山の四季」をイメージして具材を山高に盛り付ける「五色涼拌麵（ごもくひやしそば）」を考案して、(17) 冷やし中華の一つのスタイルとして定着させている。しかし、「冷やし中華」「冷やし中華そば」という呼称は、戦後にできたものと考えられる。

さらに、「ラーメン」の呼称が全国的に広まっていくのは、一九五八年、日清食品（当時はサンシー殖産）が、即席麺の「チキンラーメン」を発売し、それが爆発的に売れてからであった。同じ頃に普及し始めたテレビのコマーシャルでも、「インスタントラーメン」が頻繁に宣伝されたことによって、ラーメンの呼称が日本全国に広まった。くわえて、それ以前のラーメンは、中華料理屋のメニューの一つや、餃子屋の添え物にすぎなかったが、一九六〇年代頃から、ラーメンの専門店が、全国にできていったという。[18]

ちなみに、韓国では、ラーメンを「ラミョン（라면）」と呼ぶ。なぜならば、日韓関係の正常化が模索された一九六〇年代、インスタントラーメンが、日本から韓国へと伝わったからである。一九六三年、サミャン（三養）食品は、日本の明星食品から無償技術供与を受けて、インスタントラーメンの生産を開始した。それは発売当初、明星食品の日本人向けの味のままであったが、三年間の試行錯誤を経て、麺やスープが、韓国人の嗜好に合うものに改良された。サミャン食品は、韓国で市場占有率首位の代表的なラーメン製造業者になった。ただしその後、一九六五年にロッテから独立して八六年に辛ラーメンを発売したノンシン（七八年にロッテ工業から農心に社名変更）に首位を明け渡した。

このように韓国スタイルのラーメンは、インスタントラーメンとして始まったので、韓国では現在でも「ラミョン」といえば、インスタントラーメンのことを指す。[19] さらに、韓国に限らず、日本以外の国々では、「ラーメン」といえばインスタントラーメンを指すことが多い。中国ですら、現在では「拉麺」といえば、即席麺がイメージされることが多い。[20]

なお、日本では一九六〇年代から八〇年代にかけては、「中華料理」よりも「中国料理」という呼称のほうが多く使われていた。当時の中国語圏では、「中華」が中華民国（台湾）、「中国」が中華人民共和国（中国大陸）を指すニュアンスがあった。それゆえ、一九七二年の日中国交正常化を契機に、「中国料理」の呼称が広まったと考えられたが、それは誤りである。

東京オリンピックを控えた一九六一年頃から、ホテルとともに大型の高級店ができ、それらの店が、町中の簡易な中華料理屋と一線を画すために、「中国料理」を標榜した。そのことによって、「中国料理」のほうが「中華料理」よりも、高度な技術を要する本格的な料理のイメージをもつようになった。とはいえ近年には、「中華料理」を標榜する高級店も多い。「中国料理」と「中華料理」のニュアンスの違いは、もはやほとんど意識されなくなってきている。[21]

沖縄そば――境界に花開く食文化

ラーメンとともに、ここで「沖縄そば」(図4-7)について言及しておきたい。それは、日本食と中国料理の境界を考えたり、世界史的な視点から日本の中国料理を見直したりするために、注目すべき料理であり、今後の詳細な研究が待たれるからである。

二〇一九年に文化庁によって「日本遺産」に認定された「御冠船《うかんしん》料理」は、琉球王国が中国(福建)からやってきた冊封使をもてなした宴席料理である。燕の巣、フカヒレ、松茸、鹿肉のアキレス腱など、[22]沖縄にはない清国の高級宴会料理の代表的な食材が、ふんだんに用いられていた。さらに、琉球王国の宮廷料理も、中国料理の影響を大きく受けていたし、中国の「東坡肉」によく似た「ラフテー」(豚の角煮)などの豚肉料理をはじめとして、沖縄には中国由来の料理が数多く伝わっている。

そして、沖縄では明治中頃に、かん水(灰汁《あく》)を使って小麦粉を練り、麺棒で押し広め、それを折りたたんで包丁で手切りする「沖縄そば(すば)」が登場した。当時は、横浜・神戸・長崎の南京町をのぞいては、中国系の麺が広く食べられることはなかったので、沖縄ではその他の地域に先駆けて、灰汁入りの麺が広まっていたことになる。[23]

一九〇二（明治三五）年四月一一日の『琉球新報』（四頁）には、九日に開店したという「支那そばや」を「御披露」する広告が掲載されている。「清国ヨリ料理人ヲ招き」、「那覇市警察署下リ肥料会社裏」に開店したという。この記事は、「沖縄そば」のルーツとして、しばしば引用される。地元店主らで組織する「沖縄そば発展継承の会」は、二〇一九年に四月九日を「唐人そばの日」に定めて、沖縄そばのルーツの「しょうゆ味の黒いスープ」の「唐人そば」を再現した。その後、県内外の何店舗かが、それを発売している。[24]

図4－7　沖縄そば

注意すべきことに、沖縄で言う「そば（すば）」は、そば粉で作るそばではなく、小麦粉にかん水を加えて練った太麺であり、原料や製法は、中華麺（「支那そば」）と同様である。しかしそれでも「そば」というのは、第二次世界大戦後の日本本土における「支那そば」から「中華そば」、そして「ラーメン」への呼称変化が、米軍統治下の沖縄には伝わらなかったからである。

一九七二年における沖縄の日本復帰時にも、沖縄で「そば」といえば、「支那そば」に由来する小麦粉麺の沖縄そばを指していた。一九七六年、公正取引委員会は、そば粉を三〇パーセント以上混合していない沖縄そばを、「そば」と表示することはできないとした。しかし、沖縄生麺協同組合は、地域に親しまれている「そば」の呼称の存続を求めて運動した。その結果、一九七八年、公正取引委員会が、「本場沖縄そば」の商標登録を正式に承認した。この日を記念して、沖縄生麺協同組合は、一九九七年に、一〇月一七日を「沖縄そばの日」としている。[25]

ほかにも、沖縄の多くの老舗レストランでは、チャプスイを食べることができる。チャプスイをはじめとするアメリカ式中国料理は、おそらく第二次世界大戦後の米軍統治時代に、沖縄で広く浸透したものだと考えられる。ちなみに、横須賀市出身の学生に教えてもらったのだが、戦後からアメリカ海軍の基地が置かれている横須賀では、学校給食の献立に「チャップスイ」が採用されていて、今でもそれがホームページに掲載されている。[26] 沖縄と横須賀、そしてチャプスイが人気のあるフィリピンやインドなどに、米軍とチャプスイの密接な関係の痕跡が広がっているといえる（図4-8）。

図4-8　チャプスイ（フィリピン・セブの中国料理店）

国民食から世界食になるラーメン

さて、日本では忘れられがちであるが、ラーメンが日本の国民食になるまでには、日本人以外の華人や朝鮮人が、重要な役割を果たしている。歴史学者のS・ソルトが指摘するように、例えば、前述の王文彩が、札幌ラーメンの元祖を作ったほかにも、朝鮮出身の高本光二とその弟子が、和歌山のラーメン業界を支配し、台湾からの出稼ぎ労働者の朱阿俊が、尾道ラーメンの草分けとなり、[27] また、浙江省生まれの潘欽星の屋台が、喜多方ラーメンのルーツとされる。[28]

なかでも、日清食品の創業者・安藤百福《ももふく》（一九一〇〜二〇〇七年）の功績は、きわめて大きい。安藤は、台湾で呉百福として生まれ、日本で差別を受けないようにするために、自らの非日本人の血筋を見えづらくした多くの台湾・朝鮮出身者の一人であった。[29] 日清食品が一九五八年に発売したチキンラーメンや、七一年に発売したカップヌードルによって、ラーメンは、日本の国民食としての地位を不動のものにした。

一九八〇年代半ば以降、株や不動産のバブル経済のさなかにあった日本では、食物ジャーナリズムやラーメン評論が盛んになった。だが、ラーメンの消費量そのものは、すでに一九八二年にピークに達していた。豊かになった人々は、食物そのものよりも、ますます情報やイメージを重視して消費するようになっていたのである。一九九四年には、ラーメンのテーマパーク「新横浜ラーメン博物館」が開館した。そこで再現されたのは、第二次世界大戦前から戦後まもない時期のラーメン屋のイメージであり、ラーメンは、懐古的に美化された日本の高度経済成長のシンボルとして演出された。ただしそこでは、日本人の戦後の苦難や努力が強調されて、ラーメンを発展させた華人や朝鮮人の貢献は見えない。[30]

世界インスタントラーメン協会によれば、二〇二〇年に世界中で一年間に消費されたインスタントラーメンは、一一六五・六億食にのぼる。国別に見ると、中国・香港が四六三・五億食で首位、二位のインドネシアが一二六・四億食、三位がベトナムで七〇・三億食、四位がインドで六七・三億食、五位は日本で五九・七億食、六位がアメリカで五〇・五億食、七位がフィリピンで四四・七億食、八位が韓国で四一・三億食、九位がタイで三七・一億食、一〇位がブラジルで二七・二億食である。

日本のインスタントラーメン消費量は、二〇一八年にインド、二〇年にベトナムに抜かれて世界第五位に転落している。[31] このように、中国・台湾をルーツとして、日本から発信されたインスタントラーメンは、国民食から世界食への発展に成功した代表的な食品である。

餃子——もう一つの世界食へ

さらに近年では、焼き餃子が、ラーメンと同じように、日本の国民食の地位を獲得しつつある。餃子は、日本ではワンタン、焼売よりは遅れて、春巻きよりは早くからよく食べられるようになった中国の点心である。

焼売は、すでに一九二〇〜三〇年代に、日本の中国料理の中心的な存在になっていた。例えば、一九二二年、横浜の博雅亭（一八八一〜一九八〇年）が、相模産の豚肉に北海道産の乾燥貝柱と車エビを加えた独自の「シウマイ」を完成させて、それが「元祖・横浜シウマイ」と呼ばれてヒットした[32]。一九二八年には崎陽軒（一九〇八年創業）も、ホタテの貝柱を入れた「崎陽軒のシウマイ」を発売した[33]。こうして焼売は、横浜の名物として定着していった。さらに、焼売は、奥様方が気楽に入れたデパート食堂やデパート風レストランの入口のショーウィンドウにも飾られて[34]、大正末期・昭和初期の帝都・東京でも一世を風靡していた。

それに対して、日本における春巻きの受容はずっと遅く、一九六〇年代でも、春巻きの皮は買いづらくて、ワンタンの皮で代用されるほどであった[35]。

そして、餃子は、『舜水朱氏談綺』（一七〇八年）に記載されていて、徳川光圀も食べたと考えられている。また、「八幡ぎょうざ」のルーツは、官営八幡製鉄所の操業した一九〇一年頃にさかのぼれる。

さらに、満洲事変のあった一九三一年以降、餃子は、毎年のように料理書に現れるようになった[36]。焼き餃子を売り物とする中国料理店は、第二次世界大戦前からあった。例えば、和田忠は、一九三二年に大連で「スキートポーヅ」を開店し、五年後に帰国して、神保町で食堂「満洲」という餃子店を開き、第二次世界大戦後の閉店を経て、五五年に「スヰートポーヅ」として再開した[37]。この神保町のスヰートポーヅは、皮を閉じずに中の餡が見える春巻き状の焼き餃子の定食が名物であったが、コロナ禍のただ中の二〇二〇年六月にひっそりと閉店している。

焼き餃子は、敗戦後の日本において、満洲からの引揚者などが中国大陸への郷愁をつのらせるなかで、焼売に代わって、一躍外食の寵児に躍り出た食物であった。例えば、一九四八年に大連から引き揚げた高橋通博が、中国人の夫人とともに、東京・渋谷に「友楽」を開店し、五二年に「珉珉羊肉館」と改名した。そこの安くてボリュームのある焼き餃子が人気になると、同じ満洲からの引揚者が、高橋に倣って開業して、渋谷の恋文横丁が、焼き餃子のメッカになったことで知られる。

そして餃子は、一九六〇年から冷凍食品の大量販売が開始されて、一般家庭にも浸透した。また、一九九〇年代以降には、町おこしに餃子が利用されたこともあって、宇都宮や浜松といった国内各地の餃子の多様性までもよく認知されてきている。さらに二〇〇二年には、東京・池袋で「餃子スタジアム」（株式会社ナムコ）が開業しており、餃子が日本で普及し始めた第二次世界大戦後の街並みが再現されている。餃子は、ラーメン・カレー・スイーツなどと同様に、テーマパークの主題になるエンターテインメント性をもつに至っている[38]。

欧米に目を転じても、フランス・イギリス・アメリカ・タイなどで、餃子が中国語の「ジャオズ（jiǎozi）」や英語の「ダンプリング（dumpling）」ではなく、日本語の「ギョーザ（gyoza）」（この発音の由来については巻末註第一部第5章註（26）を参照）として受け入れられるようになっている。例えば、二〇一二年、パリで餃子専門店「ギョーザ・バー」がオープンしている。中身の具材を自由に変えられる餃子はアレンジしやすく、フランスでは、宗教を問わずに誰でも食べられる鶏肉が選択されることが多い。フレンチをベースとしたソースをかけて食べるアルファベットの「gyoza」は、二〇一五年八月に東京・青山で開店した「ギョーザ・バー（GYOZA BAR Comme à Paris）」で日本初上陸を果たした（二〇年にコロナ禍で閉店）。また、二〇一六年一一月、東京・青山の骨董通りで日本初出店を果たしたフランスの冷凍食品専門店「ピカール（Picard）」も、「gyoza」を販売している。

こうして、おもに中国東北部から日本に伝わった焼き餃子は、第一次世界大戦後、中国大陸を懐かしむ食物から、日本の「国民食」へと発展し、近年に日本食として、フランスをはじめとする世界各国へと広がり始めている。他方で、第一部第4章で見たように、中国は日下、旧暦の大晦日に水餃子を包んで皆で食べる習慣を、ユネスコの世界無形文化遺産に登録申請しようとしている。

想起すべきことに、本書では、中国と韓国、中国とベトナム、シンガポールとマレーシアなどの間で、料理の帰属をめぐる議論が生じていることを見た。今後、餃子の帰属性や正統性をめぐって、日・中のインターネット上で、不毛な論争が熱を帯びるような事態は避けたい。日本の餃子のルーツは、当然ながら中国にあり、中国の餃子は、少なくとも一三〇〇年以上の歴史を有する。他方で日本は、第二次世界大戦後の短期間で、中国では非主流の焼き餃子を多様に進化させ、国民食になるまで普及させて、さらにそれを欧米にも伝えている。

天津飯の誕生――天津卵・天津麵から天津飯へ

ここで、ある意味有名な日本の中国料理である「天津飯」の由来について紹介しておきたい。周知のように、天津には、日本人客の注文に応じるホテルなどをのぞけば、「天津飯」なる料理は存在しない[39]。しかし、天津の人々は日本に「天津飯」があることをよく知っていて、それが日本の中国料理は「訳がわからない（莫名其妙）」といった、ある種の偏見につながることもあるようだ。しかも、現在の中国人観光客はたいてい、日本の中国料理はどろどろとしたあんかけが多すぎるとして好まないが[40]、カニ玉あんかけご飯の天津飯は、まさにそうした料理の一つになっている。

「天津飯」の来歴は、よく研究されている。その前身と考えられる「天津麵」が、大正後期から昭和初期頃に登場し、第二次世界大戦時・戦後の飲食店の苦境によって消えた[41]。例えば、京都のハマムラの創業当初（一九二四年頃）のものと思われるメニューは、「天津麵」を掲載し、「たまごやき入りそば」と説明している[42]。

ちなみに、中国から日本への卵の輸出としては、一八九六年から上海卵、日露戦争後の一九〇五年から天津卵の輸出が始まった。一九一九年、中国卵への関税が撤廃されると、二三年が輸出のピークとなって、中国卵は、日本の卵消費量の三分の一を占めるまでになった。しかし、一九二五年に関税が復活されて、国産卵が増産されると、日本の卵輸入は採算が合わなくなって、三一年までに終了した。このように、一九〇五年から三一年までの二六年間に日本が輸入した天津卵が、「天津麵」、そして後の「天津飯」の名前の由来になっていると考えられている[43]。

「天津飯」は、第二次世界大戦後、東京の「來々軒」、あるいは大阪の「大正軒」などが作り始めたと推定される[44]。文献上の初出は、一九六一年の家庭用中国料理書における「鶏蛋飯」の説明の最後に、「芙蓉蟹を作って、ご飯の上にのせれば天津飯になります」と追記されているものである[45]。

政治亡命者の経営する中国料理店——西新橋・田村町の留園

さて、二〇世紀後半の日本の中国料理については、すでに概説したことがある。とくにその中心地が、一九六〇年代前後に「東京のリトル・ホンコン」と称された西新橋・田村町から、一九八〇年頃を境として、やはり香港を意識して開発された横浜中華街へと移っていったことを論じた(46)。本書では、この二つの異なる時代相の中国料理業界をリードした人物について、世界史的な観点から補足しておきたい。

高度経済成長期の日本の中国料理をリードしたのは、一九六四年の東京オリンピックに向けて続々と建設された高級ホテルと、東京・西新橋の田村町の高級店であった。NHK、第一物産（三井物産）、日比谷公会堂、帝国ホテル、GHQやアメリカ大使館などから近い西新橋の一画には、「留園」「四川飯店」「中国飯店」などの一流店が出店した。そして日本の中国料理は、第二次世界大戦前にはおもに上海からの影響を受けていたが、上海が共産圏に入った戦後には、香港からの影響を強く受けるようになった。当時の東京の中国料理は、世界的に見ても高い水準にあったといえる。

西新橋の名店のなかでも、竜宮城をイメージした雄大清楚な宮殿造りの中国建築がひときわ目立ったのが、留園（一九六一～八〇年代初頭）であった。留園の料理素材は良質で、大半を香港から輸入し、中国野菜まで香港から仕入れていた。厨房では、鍋・まな板・煮物・焼き物・スープ・点心などの各部門に、香港などから招いた専門のコックがいたので、本格的な料理を出すことができた(47)。

留園の創業者の盛毓度《せいいくど》（一九一三～九三年）は、清末に李鴻章の右腕として洋務運動に活躍した盛宣懐の孫である。留園の開業資金を八幡製鉄や三井物産などが出資したのは、かつて盛家の所有した大冶《だいや》の鉄山が、日本の官営製鉄所で用いる鉄鉱石を供給していたからであった(48)。盛毓度は、一九三三～四二年、日本の旧制成城高校と京都帝国大学に学んで帰国すると、日本の影響力が強まる占領下の上海で、共同租界の行政機関・工部局に就職した。そのため、盛は戦後に「漢奸」として逮捕されて、裁判にかけられ、有罪判決を受けながらも保釈された。そして一九四九年の中国革命のさなかに、盛は上海から

香港を経由して日本に亡命している。(49)

さらに、留園の総支配人を任された王遵伯は、NHKの「きょうの料理」などで講師を務めた料理研究家の王馬熙純《おうまきじゅん》の夫であり、そして王克敏（一八七三～一九四五年）の息子であった。王克敏は、一九三七年末に北平で対日協力政権「中華民国臨時政府」を樹立し、四〇年に汪精衛の「南京国民政府」に合流、戦後に「漢奸」として逮捕されて獄中死した人物である。(50)

留園は、香港出身の双子姉妹のリンリン・ランランが「留園行って幸せ食べよう」と歌った印象的なテレビCMが一世を風靡し、東京タワーとともに修学旅行や東京観光で案内される名所になった。(51) しかし、こうした華やかイメージとは裏腹に、留園は、日中戦争によって対敵協力者の汚名を着せられた亡命富豪によって創業されて、日本占領下の華北で対日協力政権の首脳になった大物政治家の子息によって経営されていた。日本でもっともよく知られた中国料理店の一つが、日中戦争の痕跡を色濃く残していたのは、一九六〇～七〇年代の時代相といえた。

激動の東アジアをさすらう中国料理人――伍鈺盛・傅培梅・陳建民・程明才

そして、西新橋・田村町には、日本で四川料理を確立する陳建民（一九一九～九〇年）が、一九五八年に四川飯店を開いている。四川省に生まれた陳建民は、少年時代から地元の料理店で働き、日中戦争後には、コックを続けながら重慶→武漢→南京→上海→台湾→香港と渡り歩いて、一九五二年に来日した。

陳建民は、盛毓度のような政治的亡命者ではなく、むしろ政治的な影響を避けながら、東京にたどりついている。陳の日本での功績は、辛みの強い麻婆豆腐・回鍋肉・エビチリ・担々麺などを、日本人の味覚に合うように現地化して普及させたこと、一九五九年からテレビに出演して、料理人個人にスポットライトが当たる時代を切り開いたこと、弟子の料理人を数多く育てたことなど、枚挙にいとまがない[52]。

想起すべきことに、陳建民と同世代の有名な四川料理人には、伍鈺盛（一九一三〜二〇一三年）がいた（第一部第2章参照）。伍も重慶→上海→香港と渡り歩いて、政府要人の宴会料理などを作っていたが、一九五一年、周恩来に北京に招かれて、陳とは運命が分かれた。伍は、北京の峨嵋酒家で四川料理の一派を確立し、『中国名菜譜』に料理を収録するなど、中華人民共和国を代表する四川料理人としてエリート街道を歩むことになった。伍に比べると、日本で四川料理を普及させた陳の生涯は、型破りのものであったといえる。

また、陳建民と同時期には、台湾で傅培梅《ふばいばい》（一九三一〜二〇〇四年）が、華々しく活躍していた（第一部第5章参照）。一九四九年に大連から台湾に渡った傅は、六二年からテレビの料理番組を担当し、時には中華民国政府の意向を受けながら、七〇〜八〇年代に諸外国を訪れて中国料理を教えていた。

さらに、陳建民や傅培梅が活躍した一九六〇〜七〇年代は、日本のみならず米欧でも、中国料理が一つの転換期を迎えていた。チャプスイ、チャウメン、エッグ・フウヨンが人気の時代は終わり、本格的な広東・北京・四川・湖南料理が台頭して、「左公鶏（General Chicken）」をはじめとする新たな人気料理が生まれていた。

そして、第三部第1章で見た江蘇省出身の程明才（生没年不詳）も、陳建民とほぼ同世代で、上海→台北→横浜→東京→カリフォルニアと渡り歩いた料理人である。程明才は、一九七三年にアメリカに移住した後、息子のアンドリュー・チャン（程正昌）が経営するパンダエクスプレスの料理を監修し、アメリカにおける中国料理のファーストフード化に力を発揮した。

このように、日中戦争から中国革命にかけての混乱期に東アジアを渡り歩いた中国料理人は多い。そのなかでも、伍鉦盛・傅培梅・陳建民・程明才は、最終的に定住した中国・台湾・日本・アメリカにおいて、それぞれ国家の名厨師、中華美食大使、日本の四川料理の父、世界最大の中国料理ファーストフード・チェーンの基礎をつくった料理人などとして、大きな功績を残すことになった。

すなわち、一九四〇年代の不安定で流動的な時代の東アジアをさすらった多くの料理人とその料理は、第二次世界大戦後に再編された国際秩序と、そのなかで成立した国民国家において、六〇～七〇年代までにそれぞれの重要な役割を担うようになったといえる。

横浜中華街の台頭――チャイナタウンのグローカル化

このように、一九六〇～七〇年代には、中国からの亡命経営者や移民料理人が、東京を中心に活躍していた。しかし、一九八〇年代以降には、日本生まれの中国料理人が、横浜中華街などで活躍するのが目立つようになった。一九九〇年代にしばしばテレビに出演して全国的に有名になった周富徳（一九四三～二〇一四年）は、まさにこの二つの時代と場所の架け橋となった料理人であった。

戦時中の一九四三年、横浜の「南京町」（五五年から「中華街」に改称）に生まれた周富徳は、六一年、西新橋・田村町の「中国飯店」に入社した。「中国飯店」（一九五五～七三年）は、日本における本格的な高級広東料理店の先駆けであり、広東料理の名コックを数多く輩出して、今日の日本の本格的な中国料理の土台を築いた名店である。ここで、周富徳ら横浜チャイナタウン出身のコックたちは、香港から招かれた腕利きコックと日本人コックの橋渡し役として活躍していた。

一九七一年、西新宿高層ビル群の第一号として京王プラザホテルが開業すると、周富徳はその中国料理店「南園」の副料理長になった。香港から来日した南園の初代料理長・黄江は、「新派粤菜」（第一部第2章参照）の旗手であったので、周は、中国飯店のオーソドックスな調理法と、黄江の現代風のアレンジの両方を学ぶことになった。

周富徳によれば、料理人には、一匹狼で自分の味を追求する孤高のタイプと、広く人と交流しながら美味の範囲をふくらませるタイプとがあり、周は後者の典型であったという。一九八〇年、周は、横浜中華街の聘珍樓の林康弘社長の誘いを受けて、その総料理長に就任する。すると周は、たびたび香港を訪れて、XO醬、タピオカのデザート、マンゴープリンといった最新の流行を敏感にキャッチして取り入れた。それればかりでなく、周らは、聘珍樓のような高級店でも、食べ歩き用の「点心（dim sum）」を店頭で蒸して売るなど、日本のチャイナタウンに独特な消費文化を育んだ[53]。

なお、横浜中華街では一九八一年、「ホテルホリデイ・イン横浜」（現・ローズホテル横浜）というシティホテルが開業している。このホテルは、第二次世界大戦後に台湾から来日して、一九五九年に重慶飯店を開店した李海天・呉延信夫妻が、サンフランシスコを旅行した時、チャイナタウンの入口に建つホリデイ・インというホテルに泊まり、いつかは横浜中華街にもそのようなホテルを建てたいと心に決めて、それが実現したものであった[54]。

ほかにも、第二部第6章で見たように、二〇〇一年から仁川広域市中区庁が、「仁川中華街」を観光開発するにあたっては、その職員が、横浜中華街を視察に訪れている。このように、世界のチャイナタウンとその消費文化は、相互に参照しあいながら発展を遂げている。それはまさに、中国料理店をとりまく環境の「グローカル化」（世界的な均質化と現地化の同時進行）と呼ぶのにふさわしい局面である。

一九七五年に聘珍樓の社長に就任した林康弘（七二年に帰化する前の名は龐競康）は、四七年、横浜・

南京町の萬珍楼（かつては「萬新楼」）のオーナー・龐柱琛《ほうちゅうちん》（林達雄）の息子として生まれた。林康弘は、横浜・山手のアメリカンスクールであるセント・ジョセフカレッジから、上智大学国際学部に進学し、カリフォルニア大学フレズノ校に編入するなど、「国際人」として育てられた。

父の龐柱琛は、広東省からコックとして来日して萬珍楼を成功させ、林康弘が五歳の時に、当時凋落していた老舗の聘珍樓（一八八七年創業）を買い取って、小さな叉焼屋として再スタートさせた。一九七五年、林康弘が聘珍樓を継いだ時、その店は、サンマー麵（モヤシあんかけラーメン）が名物の安いソバ屋になっていた。林康弘は、香港・台湾の評判の店を食べ歩いて、中国料理の奥深さに打ちのめされながらも、標準化を目指さないクオリティーの高い料理を追求して、一〇年余りで一〇〇〇人収容の中華街本店と都内五店の支店を有するまでに聘珍樓を急拡大させた。(55)

また、萬珍楼を龐柱琛から引き継いだのは、林康弘の兄の林兼正であった。その林兼正によれば、横浜中華街は、山下町・元町と連携したイベントやサービスを展開し、山下町で遊び、元町でショッピング、中華街で食事というように、ちょうど各パビリオンが異なるコンセプトでできているディズニーランドと同じように楽しめる。さらに萬珍楼などは、ディズニーランドの経営方針を目標に社員教育を行い、顧客の期待をこえる満足度を目指しているという。(56)

こうして横浜中華街は、中国料理のテーマパークとして、世界でもっとも多くの観光客を集めるチャイナタウンとなっている。そして、チャイナタウンのフードテーマパーク化は、レストラン街のショッピングモール化、フードコートやビュッフェレストランの増加とともに、世界の中国料理をとりまく「食の風景（foodscape）」の「グローカル化」（グローバル化と現地化の同時進行）を加速させている。

「和魂漢才」の系譜——京都の中国料理

本書の最後に、日本における中国料理の受容のあり方を、「和魂漢才」という概念から考えてみたい。「和魂漢才」とは、日本食の精神を大切にしながら、中国の料理から優れた知識や技術を取り入れる態度として理解できる。例えば、中国から日本へは、奈良時代以前に、「料理」という言葉や、二本の棒からなる食事箸が伝わり、平安時代頃には、豆腐・ほうとう（麺類）・茶が伝わった。このように、日本食の源流には、すでに中国伝来のものが数多く認められる[57]。そして、江戸時代に中国から伝わった卓袱料理や普茶料理も、中国料理というよりは、日本料理の一ジャンルと言うのがふさわしいほどに日本化している。

中国料理と日本料理は、第四部第1章で見たように対照的な面があるからこそ、相互補完の関係になりやすく、両者の交流と対話が、その境界にユニークな食文化を育んできた。なかでも、日本食文化の中心地である京都の中国料理店には、中国料理の日本化を典型的に見出しやすい。日本料亭のような中国料理の名店として、例えば、美食家で中国通の谷崎潤一郎がひいきにした「飛雲」（一九三六年頃創業）があった。飛雲は、料亭のような京都風の建物で、中も畳の部屋がほとんど、料理も淡泊で薄味であった。ここで谷崎は、クラゲやピータン、燕の巣のスープ、フカヒレ、東坡肉といった好物を食べており、一九六五年五月、谷崎が家族で最後に京都にやって来た時にも、飛雲を訪れていた[58]。

「京都の中華」は、ニンニク・油・香辛料を抑えたあっさりした味わいや、昆布と鶏ガラでとった出汁などを特徴とするとされる。一九九〇年以降の京都では、「町家中華」などと称される系譜の高級中国料理店も数多く開業した。「京風中華」の老舗のなかには、ただ単に京都の食材・調味料・水を用いて

図4－9　茶禅華の「雉雲呑湯」（キジのワンタンスープ）

いるというだけでなく、「京料理」としての帰属意識を持っているところも少なくない。他方で、京都の日本料亭の側も、豚の角煮やフカヒレの姿煮など、中国料理を熱心に取り入れ続けている(59)。

そして現在、「和魂漢才」の中国料理の最前線を進んでいるのが、若き天才シェフとの呼び声が高い川田智也である。川田は、中国料理店「麻布長江」と「日本料理龍吟」に学び、二〇一七年に東京・南麻布で「茶禅華」を開くと、わずか九ヶ月でミシュラン二つ星を獲得し、二〇年には国内の中国料理で初めて三つ星に昇格して、トップシェフの仲間入りを果たした。川田は、清らかさと力強さが調和した料理を目指し、中国料理の伝統性を表現する一方で、日本の「食材の天性」を理解して、それをこえる味つけをせず、素材の持ち味を最大限尊重する研ぎ澄まされた中国料理を作っている(60)（図4－9）。

中華おせちの成立と普及——正月に食べる重詰めの中国料理

以上のような高級料理に限られず、人々の生活文化に密着した一般的な「和魂漢才」の料理としては、例えば「中華おせち」が挙げられるだろう。「おせち（御節）」とは、正月や節句に家族が集まって会食する時のごちそうであり、奈良時代頃に中国の影響を受けて始まった年中行事食である。江戸時代中期以降に、正月に限定して「御節」と呼ぶようになり、現在に続く雑煮や重箱に詰めたおせち料理も登場した(61)。

とはいえ、近世から明治中期頃までは、本膳料理や会席料理が重視されて、重箱には祝い肴とされる数の子・田作り・黒豆・たたき牛蒡など、限られたものだけが詰められていた。しかし、明治以降には、かまぼこやきんとんなどの口取りが、重詰めの重要な構成要素となり、大正期以降には、重詰めする料理のバリエーションが増えた。[62]

そして、近代日本の主要な女性雑誌『婦人之友』『婦人画報』『主婦の友』に掲載されたおせち料理の一覧（山田真也作成）を見ると、[63]中国料理よりも早く、西洋料理のおせちが登場していたことがわかる。例えば、一九〇四年一二月には、「西洋料理の材料としては牛の舌」という紹介があり（宇山録子「正月料理」『婦人之友』二巻七号）、二三年一月には、スープ・包み魚蒸焼・イタリア式肉うどん・野菜サラダからなる「お正月の重詰　西洋料理」（川崎正子、『主婦の友』七巻一号）、二四年一二月には、サンドイッチやチキンゼリーなどを詰めた「正月の重詰（和洋とりどり）とかるた会のごちそう」（亀井まき子、『婦人画報』二三〇号）が紹介されている。

これらよりも少し遅れて、中国料理では昭和初期から、まずは普茶料理のおせちが取り上げられている。例えば、一九二七年一月に、千枚漬と紅ショウガで作る「国旗」を含んだ「新年の普茶料理」（みをつくし、『婦人画報』二五九号）、二九年一月に、歌会始めの「御題田家の朝に因める新年の普茶料理」（婦人記者、『婦人画報』二八二号）が掲載されている。

「支那料理」のおせちとしては、一九二九年一月の『料理の友』（一七巻一号）に掲載された「五人で八円の新年宴会――日本料理、西洋料理、支那料理」（大日本料理研究会）が早い。

さらに重詰めのおせちでは、一九三一年一月の『婦人之友』（二五巻一号）に掲載された「新時代のお重詰」（増田稲子）が、「支那料理」「日本料理」「西洋料理」を、三段の重箱に組み合わせている。これは、中国料理を取り入れた最初期のおせちであり、「玻璃瓜（魚から揚）」「凍鶏」「春巻」「蟹丸子」「叉焼」を詰めている。

そして、中国料理だけを重詰めした最初期のおせちとしては、一九三七年一月の『料理の友』（二五巻一号）が、一五種類の中国料理を福・禄・寿の三段の重箱につめた「支那重詰料理」（吉田誠一）を巻頭写真とともに紹介している（図4－10）。

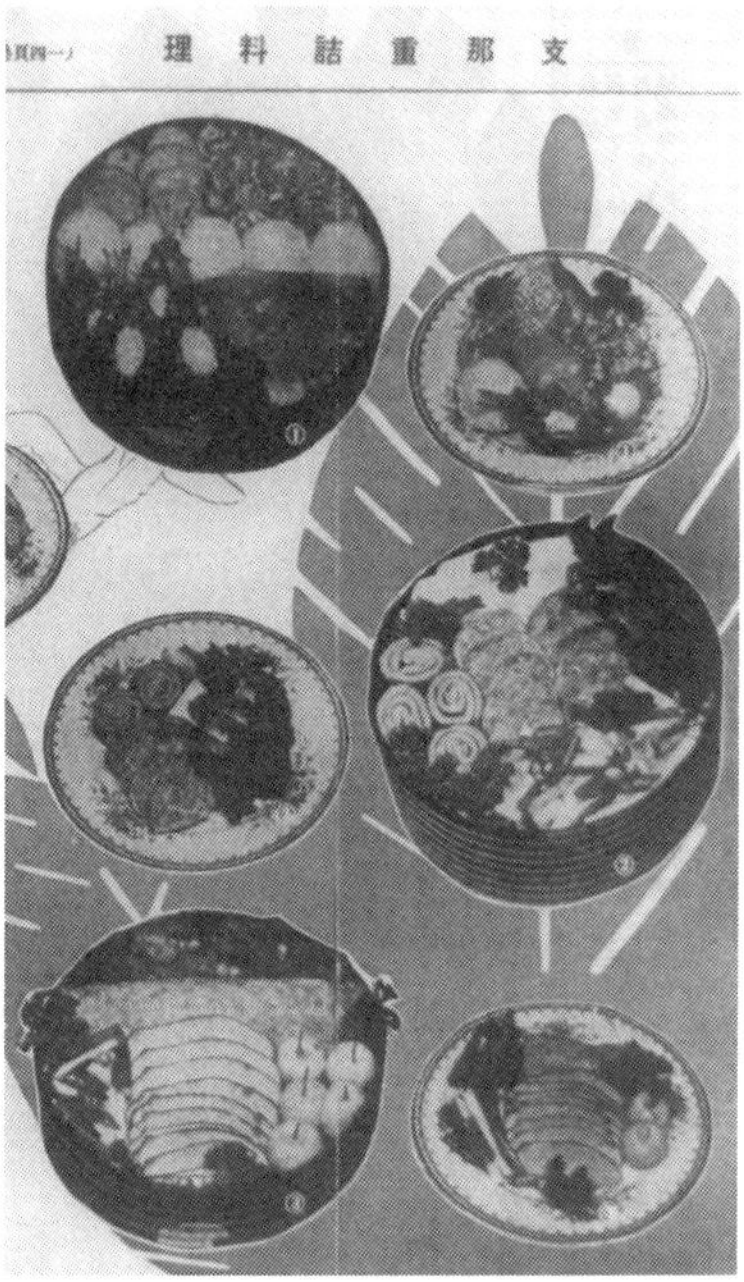

図4－10　中国料理のおせち（吉田誠一作，1937年）最下段中央の「醬肉片（豚肉の刺身）」はネギ・ショウガ・醬油・スープで煮た豚肉

戦時下では、おせち料理も簡素化されて、経済的に栄養を摂取することが目指された。しかし、第二次世界大戦後、買ってきた祝い肴や口取りとともに、自家製の煮物などを重箱に詰めて、家族で迎える正月のイメージができあがった。その延長上で近年までには、料亭・料理店、デパート、スーパーマーケット、コンビニエンスストアがいずれも、重箱に詰めた多様なおせち料理を販売して、予約を受け付けるようになっている[64]。コロナ禍の二〇二〇年末には、重詰めの豪華おせち料理の売れ行きが、例年以上に活況を呈した。

外国料理のおせちでは、「洋食おせち」が一九五八年末[65]、「中華おせち」が六五年末頃から、デパートの人気商品になったようである。一九六五年一二月一五日の『読売新聞』によれば、「いままで「おつまみセット」とよばれていたものを、内容を充実させて、色どりのよさで売りこもうという作戦。中華風は、エビやタマゴのなかに肉、モヤシをあしらったはるまき、チャーシューなどのつめ合わせで、前もって団地などの集団を対象に予約をとり月末渡し家庭配達もするというサービスぶり」であったという[66]。

有名中国料理店では、銀座アスターが中華おせちの先駆であり、一九六五年末に中華おせち「精撰中華料理セット」を発売して大ヒットした[67]（図4−11）。一九七〇年代には、維新号・新橋亭・四川飯店などの中国料理店が、おせちを発売し[68]、後には赤坂離宮や聘珍樓の中華おせちが有名になる[69]。一九八〇年代までにはスーパーでも、中華おせちが人気商品となり、「ふだんよりちょっと上の中華料理の詰め合わせ」（西友ストアー[70]）、「中華おせちならお肉もたっぷり。きっと子供たちも大満足です」（ダイエー[71]）といったニーズを捉えていた。

図4−11　銀座アスターの中華おせち（峨眉）のリーフレット（1970年）

「和魂漢才」の中国料理の可能性——中華おせちから考える

このように、日本のおせち料理はそもそも、中国文化の強い影響下にあった奈良時代の年中行事食に源流をさかのぼれる。そして、内向き傾向の強い江戸時代にできた重詰めのおせち料理が、国際志向の強い大正時代以降に西洋料理、そして中国料理を取り入れて、現在に至っている。正月のような自国の伝統的な年中行事において、外国料理を食べるという発想が、近代以降に国民に改めて芽生えて、現在までに広く普及しているのは、世界的にも珍しい日本独特の現象といえる。

そもそも、冷えた高級中国料理を重箱に入れて提供する中華お

図4－12（上）　アスターチキン売り場（渋谷・東急のれん街，1965年）
図4－13（左）　銀座アスターのクリスマス中華「宴華」のリーフレット（1968年）

せちのスタイルは、世界の中国料理のなかでかなり珍しい。たしかに、中国各地にも、旧新年（春節）を祝って、年越しの食事（「団年飯」）や、正月の食事（「開年飯」）をする習慣がある。年越しには、餃子を包んだり、点心を油で揚げたり、餅（「年糕」）を作ったり、「発財」などを願う縁起のいいご馳走を食卓に並べたりする。正月にも、特別な粥、団子、スープ、そして魚や野菜などを食べて、一年の平安無事を祈る。[72]こうした中国の旧正月を迎える風俗習慣とは無関係に、日本の中華おせちは、一九二〇年代以降に成立したものであり、すでに一世紀近い歴史を有する。

二〇一三年、ユネスコの無形文化遺産に登録された「和食、日本人の伝統的な食文化、とくに新年の祝い（Washoku, traditional dietary cultures of the Japanese, notably for the celebration of New Year）」において、雑煮やおせちといった正月の食事は、伝統的な「和食（Washoku）」の代表例に挙げられている。しかし、「純日本式の〝伝統おせち〟」でさえも、中国産のカズノコをはじめとして、外国産の食材が数多く含まれていることは、すでに半世紀近く前から指摘されている。[73]守りたい「伝統的な純日本食」の象徴である新年を祝う料理ですら、アジアなど外国産の食材を不可欠とする。そして、中国料理や洋食のおせちを食べる習慣も広がっている。

たしかに、正月にアジア産食材のおせちや、中華おせち、洋風おせちを食べることは、日本食の危機的な状況を反映している面がある。しかし同時に、日本食もアジアおよび世界の食文化の一部なのだから、それは自然なことだと考えてよい面もあるだろう。

例えば、日本では「クリスマス中華」が、遅くとも一九六四年までに提案されていることが、銀座アスターに残る「聖夜のスター　アスターチキン」のリーフレットから確認できる（図4－12、図4－13）。とはいえ、その後あまり普及していない。しかし、アメリカのユダヤ人社会では、クリスマスに中国料理を食べるし（三九四頁）、フィリピンでも、クリスマスに麺などの中国由来の食物を取り入れることが定着している（二九七頁）。自国の年中行事に、異国の料理を食べる伝統の創造・継承は、けっして不自然なことではない。こうした観点からは、中華おせちが、「おつまみセット」や「中華料理の詰め合わせ」をこえて、「和魂漢才」の日本食文化の代表例に発展していくことを期待できる。

「和魂漢才」や「和魂洋才」は、技術後進国の精神論というわけではなく、技術革新を目指す積極的な論理である。例えば、温かい料理を至上の価値とする中国料理において、横浜の崎陽軒は、冷めてもおいしい「シウマイ弁当」（一九五四年発売）[74]の開発を進めた。中華おせちにしても、銀座アスターは一九六〇年代から「冷めても味が落ちないように、とくに工夫研究」を重ねている[75]。例えば、融点の低いラードは、冷めると脂が固形化して浮き出してくるので、おせちには使われないという。「熱菜」を「冷菜」としておいしく食べる創意工夫は、日本でこそ進めやすいテーマではなかろうか。

本書が繰り返し論じたのは、近代以降に世界各国の人々が、中国の各地方料理の食材や調理法を、自国料理に取りこみながらも、中国料理と差別化しながら、自国料理を作りあげてきたことであった。このような過程にある世界各国の食文化のなかでも、「和魂漢才」の中国料理は、長い歴史と豊富な実績を誇れる日本食文化の一つである。

とはいえ、日本・中国双方の相手国の料理に対する評価には、厳しい意見が多かった。そして近代日本にも、米欧を経由して中国料理を導入するのが盛んな一時期があった。また、日本での中国麵料理の呼称も、国際政治情勢の変化に伴って、節操ないほど頻繁に移り変わった。さらに、「沖縄そば」をはじめとする「沖縄料理」の形成過程から窺えるように、中国料理や沖縄料理を取り込む「日本食」の範囲も、きわめて流動的なものであった。

しかし、ラーメンや焼き餃子のように、日本と関わりをもちながら世界で活躍する人や企業が創る「メイド・バイ・ジャパン」の中国食品は、多くの人々に役立っている。今後も、華人の伝える本場・中国の中国料理とともに、「和魂漢才」の中国料理が、ユニークに発展していくことを願いたい。

終章　国民国家が枠づける料理のカテゴリー

国民料理とエスニック料理

最後に、本書の内容を改めて振り返りながら、ナショナリズムとそれをこえる視点から、中国料理の世界史を見直してみよう。

二〇世紀中葉のアジアでは、西洋の帝国および日本帝国による植民地主義の終焉にともなって、多くの国民国家が独立を果たした。そして、欧米や日本などの近代国民国家と同様に、アジアの新興の国民国家も、多くの料理に「国籍」（nationality）を付与し、一部の人気料理を象徴的な「国民食（national food, national dish）」とした。また、国民国家は、多様な地域・民族の食文化を一体化・体系化・制度化して、「国民料理（national cuisine）」を編成し、それを対外的に宣伝してきた。

こうして、国民食や国民料理は、国内では国民の自尊心や一体感を育むために積極的に利用されて、人々のナショナル・アイデンティティの拠り所になった。同時に、それらは、自国に望ましい国際関係を取り結ぶためにも利用されて、海外でも普及が図られた。

本書では、中華圏を扱った第一部で、おもに「国民料理」としての中国料理の形成を論じ、世界各国を見ていった第二部以降で、おもに「地方料理」としての中国料理の普及を論じたが、いずれの場合でも、中国料理はエスニック料理としての性格を帯びることがあった。

確認すべきことに、国民料理の中心となる主要なエスニック料理については、民族衣装・民族建築・民族芸術の創成と密接に関連しており、本書でもいくつかの事例を紹介した。例えば、建国初期の中華人民共和国は、首都・北京の仿膳を国営化し、そこで「満漢全席」を提供させるとともに、店を清代・乾隆年間の古い建物が並ぶ北海（湖）の島に移転させた。他方、国共内戦に敗れて台湾に退いた中華民国は、日本統治時代の台湾神社の跡地に、中国古典スタイルの建築様式を取り入れた圓山大飯店を建設し、そこで国家宴会を行った。圓山大飯店の国宴は、宮廷の宦官や女官の服装を身に着けた服務員や、中国の伝統的な家具・音楽・文字によって演出された。

そして、第二次世界大戦後の香港では、商業目的の「満漢全席」が復興して、そこでも服務員が宦官や女官に扮し、宮廷音楽が流された。また、国を代表する料理としてニョニャ料理の再興を進めるシンガポールでは、棟割り長屋形式の「ショップハウス」で、ケバヤ・サルンを着た女性従業員が出迎えるプラナカン・レストランが開かれている。

ほかにも、米国マサチューセッツ州の「ティキ・チャイニーズ」の店におけるアロハシャツや「ティキ・ポップ」、サンフランシスコで華人が経営したナイトクラブのダンスや料理に見られたオリエンタリズムなど、エスニック料理が民族衣装・音楽・舞踊とともに発展する例は枚挙にいとまがない。京都の町家などで、和服を着た従業員に迎えられて食べる「和魂漢才」の中国料理も、(1) これらと並置すべき文化的な意味合いをもつだろう。

そして注目すべきことに、国民料理のなかのエスニック料理の文化的位置づけは、その民族に対する社会・政治的態度と無関係ではありえない。二〇世紀の東南アジアにおいて、華人に対する同化主義的な政策が、華人文化に対する抑圧につながり、中国料理も苦境に陥った事例が目立つ。例えば、一九三〇～五〇年代にパホン首相やピブーン首相が「チャート」（民族・国民・国家）を重視する政策を推進した頃のタイや、一九六七年にスハルト政権が公の場での中国的な文化活動を禁止した後のインドネシアなどが典型的である。

また、中国料理は、たとえ普及しても、文化的な地位が相対的に低いままだったので、華人に対する社会的態度の改善につながらなかった事例も多い。例えば、二〇世紀前半において、アメリカ合衆国におけるチャプスイや日本における「支那料理」の流行が、米・日における華人の社会的地位の向上に直接結びついたとは言いがたい。それゆえに、一九五〇年代から白豪主義と闘い、多人種社会を目指したD・A・ダンスタンが、一九七〇年代、南オーストラリア州首相となり、人々に中華鍋をもつことを勧めていたのは、貴重な試みであった。

国民料理・国民食になる広東・福建・山東・四川料理

さらに重要なことに、国境を越えて広まる中国系の食品や料理として、本書では、各種の麺や豆腐、炒め物、チャプスイや海南チキンライスといった海外での創作料理、ラクサをはじめとするニョニャ料理などを紹介した。これらは、世界各国で国民食になったり、国民料理の一部に位置づけられたりしている。

すなわち、世界各国の国民食のなかには、中国の地方料理をルーツとするものが少なくない。中国の各地方料理は、「中国料理」を構成するだけでなく、「シンガポール料理」「マレーシア料理」「ベトナム料理」「タイ料理」「フィリピン料理」「インドネシア料理」「朝鮮（韓国）料理」「日本料理」「ペルー料理」などの一部にもなっているのである。こうした世界史的な観点からは、中国国内における中国料理の形成を相対化して捉えることができる。

世界各国にもっともよく広まった中国地方料理は、広東料理である。広東省広州府香山県（現・中山市）出身の孫文が『建国方略　孫文学説』（一九一九年初版）において、「アメリカではニューヨーク一都市でも中国料理店が数百軒あり、アメリカの都市で中国料理店がない都市はない」、「中国の調理技術は、アメリカだけでなく、欧州各国の大都会でも広く伝わって、中国料理店がしだいにできてきている。日本は明治維新以来、西洋の風習を多く採り入れたが、ただ調理に関してだけは、なおも中国の味を嗜んでいるために、東京では中国料理店が林立している[2]」などと中国料理を礼賛した。それを書いたのは、一九一七年に広州で成立した中華民国軍政府の大元帥を、辞職したばかりの頃であった。ここで孫文が言っている「中国菜」「中国飲食」とは、実際には、広東料理を指していると考えてほぼ間違いない。

一九二五年の孫文の死後、二六年に蔣介石の国民革命軍が、広州から「北伐」を開始し、二八年に全国政権の南京国民政府を樹立した。第一部第2章で述べたように、一九三〇年代の上海における広東料理の隆盛は、「北伐」を行った蔣介石の国民革命軍にも喩えられた。上海式の広東料理は、外国人には、中国を代表する料理に見えていた。当時の日本人旅行者は、中国料理の都・上海にやって来ると、先施公司（百貨店）内の高級広東料理を、「支那料理」「上海料理」と認識していた[3]。

さらに広東料理は、第一部第2章で見た譚家菜のように、北京に伝播すれば、中華人民共和国の国宴料理の一部になった。そして、広東料理が、東アジア諸国に伝わって現地化されれば、ラーメン・フォー・パッタイのように、日本・ベトナム・タイの国民食になった。くわえて、広東料理は、一九〇〇〜六〇年代頃のアメリカでも、チャプスイやチャウメンといった国民食ともいえる料理の土台になった。

香港を植民地支配したイギリス帝国に伝わったのも、広東料理、および広東料理を基礎とするアメリカ式の中国料理である。

また、福建料理は、インドネシア諸島には、オランダ帝国による支配以前から食材が伝わっており、フィリピンでは、スペイン帝国の時代に広まったパンシット（麺）やルンピア（春巻き）の原型にもなった。さらに福建料理は、日本の植民地時代から形成され始めた「台湾料理」の基礎になり、第二次世界大戦前の上海の日本人にも、広東料理と同様に親しまれていた。くわえて、広東料理や福建料理は、例えば、海南チキンライスやバクテーなどのように、イギリス帝国およびマレーシア連邦から独立したシンガポール料理の基礎にもなっている。

ほかにも、山東料理は、明代までに北京の宮廷料理の中心になった。さらに山東料理は、一九世紀末に清帝国が設けた租界から朝鮮半島に伝わって、チャジャン麵やチャプチェのように、韓国の国民食、韓国料理の一部にもなっている。

四川料理は、第二次世界大戦前にも、イギリス帝国の植民地・香港や、日本帝国の統治下の台湾にまで伝わっていた。だが、日中戦争期に国民政府が、南京から退いて、重慶を臨時首都にしたことから、「川揚」（四川・淮揚のフュージョン）料理が生まれた。そして戦後に、重慶から中国各地に、そして国民政府が移った台北でも、四川料理や川揚料理が広まった。四川料理は、一九四九年、中華人民共和国の首都になった北京でも重んじられ、一九五〇年代には日本にも伝わる。くわえて四川料理は、近年に中国料理の人気が高まっているインドでも、ソース名となってよく知られている。

このように、中国各地方の料理は、中国国内では上海のような経済都市や、北京・南京・台北・重慶のような政治都市で、現地の食文化の一部になった。さらにそれらは、国家が公認する中国料理の体系のなかに位置づけられて、制度的な庇護を受けることで、一九四九年に建国された中華人民共和国の国民料理の一部になった。それと同様に、中国の各地方料理は、中国国外でも現地化されながら受容されて、勃興するアジア諸国の国民料理の体系のなかに位置づけられたり、それらの国民食として扱われたりして、外国料理の一部にもなったのである。地方料理から国民料理・国民食への昇華が、一国内だけでなく、国境をこえて多国間でも頻繁に起こったことが、中国の料理の特徴であった。

本書が詳しく論じたように、中国の料理は、世界各国の華人および現地の人々によって創意工夫が加えられ、さらに、ホストカントリーのナショナリズムに枠づけられて、アジア諸国の国民食になった。例えば、中国に対する対抗心の強いベトナムでも、広東麺を現地化したフォーが国民食となっている。また、タイでは一九三〇～五〇年代にナショナリズムが高揚し、華人文化が抑制されるなかで、中国の「チャークェイティアオ（炒粿条）」（米麺の焼きそば）をもとにした「パッタイ」（タイ炒めの意味）が、発案・普及されている。これらのほかにも、日本のラーメン、韓国のチャジャン麺、フィリピンのパンシット、シンガポールの海南チキンライスなど、ホストカントリーの国民食となって広まっている中国由来の料理はとても多い。

美食のナショナリズムの可能性

確認すべきことに、これらの料理の普及は、政治色を出さないようにしてきた華人たちの努力の成果であり、けっして、中華民族の隆盛や中国政府のソフトパワーの産物ではない。本書で見てきたように、一時的な現象として、食物に政治的な意味合いが付与されることがあるが、それは絶え間なく続く市場競争や日常生活のなかで薄れて消えていく。そのため、生産者は政治的・文化的に無味無臭の食品や調味料を販売して、消費者の側に地域・民族・国民独特の文化の香りづけをしてもらったほうが定着しやすい。

ユネスコの無形文化遺産への登録申請の失敗例からも窺えるように、民族主義的な自尊心が際立っていたり、政治的な思惑が透けて見えたりする料理は、国外でなかなか広く受け入れてはもらえない。逆に、政治色の見えづらい料理や食品が、国外でも多くの人々の生活文化の一部になり、食生活のグローカル化を促してきた。

一つの典型例として、両大戦間期の日本では、西洋経由で中国趣味が広まり、その流行のなかで、アメリカから銀座に、ヨーロッパから京都に、チャプスイがもたらされていた。当時の日本人の中国趣味は、伝統的な中国よりも、西洋的な中国を愛好して、欧米人のオリエンタリズムに視線を重ねようとしていたといえる。

さらに、日本人は、中国料理に対して、それを物珍しいエスニック料理に留めるのではなく、日本料理・西洋料理と並ぶ一大料理として、本場の美味を本格的に追求しつつ、同時に日常的に食べるものに現地化しようとする情熱を強くもってきた。日本では、古くは江戸時代の卓袱・普茶料理から、そして本格的には大正・昭和期から、中国料理を独自に日本化した「中華料理」が発展し、その一部は国外でも広まった。とくに、中国をルーツとするラーメンが、日本の「国民食」を経て、「世界食」へと発展を遂げたことは、日本に関わる人々のアレンジ能力の高さを示す代表例である。

しかし、日本式のラーメンのすばらしさは、パッタイ・フォー・ラクサ・パンシット・チャジャン麺のおいしさを知ったうえで、謙虚に誇りたい[4]。同様に、例えば、天津飯のような日本で発案された中国料理のユニークさは、フィリピンには「厦門ルンピア」（厦門春巻き）、「ルンピア上海」（上海春巻き）、

「パンシット広東」（広東麵）があり、インドネシアには「ルジャック・シャンハイ」（上海風イカのサラダ）、「エス・シャンハイ」（上海風フルーツかき氷）があることを知ったうえで自賛したい。

本書で見たように、料理はいやがおうにも、権力や富のあり方、民族や国民に対する見方、ひいては時代精神を反映してきた。才能と情熱のある料理人や開発者、美食家やフードジャーナリスト、さらにはレストランや食品関連企業の経営者・従業員が、自国・自民族の料理と同じように、異国・異民族の料理を愛した時、自他の境界に新たなおいしい食文化が芽生えることがあった。国民料理が、異なる民族文化に対する同化と排除の論理によってではなくて、寛容と調和の精神によって育まれた時、その可能性は大きく広がっていくにちがいない。

本書の筆を擱く二〇二一年三月現在、アメリカ合衆国では新型コロナウイルスのパンデミックがアジア系人種と関連づけて理解されていることを暗示するかのような大小の事件が頻発している。アメリカの二〇世紀史を振り返れば、中国料理の広がりが直接、華人に対する社会的態度を変えるには至らなかったという厳しい現実はある。だが、華人による中国料理を用いた現地社会への適応の努力が、たしかに実を結んだ時期や地域も少なくなかったし、中国料理が米中の友好ムードを盛り上げることも多かった。コロナ後の近未来に、アジアの料理が再び、アジア系の人々に対する包容力を育むきっかけになることを切に願いたい。

後記

一九九一年に中国を初訪問してから、ちょうど三〇年間が、瞬時に過ぎ去ったようにも感じる。しかし、その間に私は、高度経済成長期の中国の物価の安さと料理のレベル向上を両方とも享受しながら、安くておいしい中国料理をたくさん賞味できて、とても「口福」な研究生活を送ってきた。悠久の歴史、広大な国土、膨大な人口、多様な民族を擁する中国の料理の豊富さや奥深さには心底魅せられて、中国料理のない人生など考えられなかったようにすら思える。

余談ながら、私が大学院生や訪問研究員などとして上海を繰り返し訪れ、寝る前によくテレビで見かけて中国語を学習した番組に、アニメ『中華一番！』（小川悦司作）の中国語版『中華小当家』があった。『中華一番！』は、一九九五年に日本の少年漫画雑誌に連載が始まり、九七年にアニメ化され、九九年から台湾・香港、その後に中国大陸でも放送され、中国の各テレビ局は繰り返し再放送していた。それは、清末の中国を舞台に、主人公の少年が旅に出て料理対決をしながら、「特級厨師」にまで成長していくストーリーである。

中国では近年まで、優れた国産アニメも、面白い料理番組もあまり見当たらなかったので、その代用品としての面が強かったのだろう。だがそれにしても、中国で中国料理を題材にした日本製のアニメが人気を博したことは、現代の中国料理文化の発展に、日本をはじめとする周辺国の人々が重要な役割を果たしてきた一例として、その重要性を強調してもよいように思う。

そして近年、中国料理を通して見た近現代の世界史を書くようになって、京都・北京・上海・重慶・

台北・香港・ソウル・仁川・バンコク・ハノイ・ホーチミン・マニラ・ジャカルタ・シンガポール・クアラルンプール・マラッカ・ペナン・サンフランシスコ・ロンドン・リヴァプール・マンチェスターといった大都市を短期間で訪れては、現地の中国料理店・図書館・文書館・博物館を駆け足で回ったことは、私にとって最高に幸せな思い出である。各地で食事にお付き合いいただいた方々に感謝します。

海外での異文化体験は楽しく、楽しい海外旅行に美食は欠かせず、世界史を学べばその喜びはさらに増す。本書が読者にとって、ユニークな食旅を楽しむきっかけになることがあれば、望外の幸せである。世界各国の中国料理を食べ歩く私の旅は、コロナ禍によって、二〇二〇年二月のニューヨーク行きのドタキャンから中断を余儀なくされたが、その後のステイホームの時間を、本書の執筆にあてることができた。

本書を書きながら、私はふと、もし一国史の叙述が、専門料理店に喩えることができるならば、世界史の叙述は、ビュッフェレストランやフードコートに近いものになるのではないかと思うことがあった。食文化のグローバル化が、現在進行中であるとすれば、それは、多国籍企業のファーストフード・チェーン、ホテルのビュッフェレストラン、ショッピングモールのフードコートなどでの現象であろう。しかし、実際には、これらのレストランの料理も、世界各国においてかなり多様性がある。例えば、高級なビュッフェレストランでも、地元・自国および周辺国の料理が大きな比重を占めていたり、現地の嗜好に合わせて大胆なアレンジが加えられたりしていることが多い。

そうした意味において、本書は、日本人の手による中国料理を中心にすえたビュッフェレストランやフードコートに喩えられるものであり、けっして客観的な世界標準の食文化史を目指したものではありえない。

また、最初にも述べたように、本書は、無謀ながら、一般的な啓蒙書と学術的な研究書の両立を目指した。一般啓蒙書としては、本書の執筆過程で、筆者自身が、とても多くを学ばせていただいた。本書は、中国・台湾研究、華僑・華人史、東洋史、文化人類学・民俗学、さらに学問領域をこえた食文化研究の成果の上に成り立っている。魅力的な知見を本書にお貸しくださった研究者の方々に感謝したい。

他方、研究書としては、俗説を退けて事実に迫ろうと、最善を尽くしたつもりではいる。だが、今後の資料のデジタル化やデータベース化、そして学術的な食文化史研究のさらなる進展によって、本書の論述の「思われる」「考えられる」が削除できたり、あるいは、論述そのものが新説によって書き換えられたりすることがあるだろう。それは、歓迎すべきことである。また、論中の「ちなみに」「なお」も多くなってしまったが、筆者としては、議論が少し脱線した先にこそ知の妙味、そして、今後の学術研究に刺激となる部分があると信じたい。

さらに重要なことに、「中国料理の世界史」という大きなテーマを設定したことによって、先行研究の空白や、今後研究を進めるべき新たな課題が数多く見えてきた。まず本書は、中国大陸・台湾におけるエスニック料理の形成に関して、十分に論述できなかった。なかでも、中国ナショナリズムに関連して、中華人民共和国の「少数民族」の料理と「中国料理」との関係は、今後に注目が必要である。

例えば、モンゴル国に関しては、一九世紀末からウランバートルに外国料理店ができ、中国をルーツとする肉餃子・肉小籠包・肉まんなどはすでに日常食となっており、それらは約一世紀の歴史を経てモンゴルの食物として認識されているという。(1) そして、中国・内モンゴルのモンゴル料理店や観光地では、中国由来の料理を数多く含む「内モンゴル料理」と呼ぶべきエスニック料理が形成されている。そこでは、個別料理がどこまでモンゴル料理ないしは中国料理であるかという共通認識は詳らかではない(2)。

また、中国・新疆のウイグル族の料理では、漢族の食べるマントウ（饅頭）が、「ナン」の一種として取り入れられており、ウイグル食堂のメニューには、ほかにも漢族から、あるいは回族を経由して、ウイグル族に流入したと考えられる料理が見られるという(3)。とすれば、例えば、ウルムチ・北京・東京のウイグル料理には、どのようなグラデーションがあるのだろうか。さらに近年、新疆のウイグル族に対しては、漢族への同化政策が強化されており、ウイグル料理も漢族の料理に近いものが増えているのかもしれない。ほかに、チベット料理に対する中国料理の影響や、中国料理と朝鮮料理の境界にある「延辺料理」の形成・伝播の過程も、まだ明らかではない。

他方、本書は、国単位の食文化に着目しながら世界史を論じたので、中国や世界各国の地方料理を所与のものとして扱うことが多くなり、その形成過程を論じることが少なかった。中国の各地方料理の形成過程も、今後の重要な研究テーマである。例えば、ミャンマー（ビルマ）、ベトナム、ラオス、タイといった国々に近接し、多くの少数民族が暮らす雲南省では、どのようにして「雲南料理」が確立され、近年の著しい経済発展と高速鉄道・道路網の整備に伴って、それがどのように中国内外に伝わっているのだろうか。ちなみに、ミャンマーの中国料理は、雲南料理が中心であるという(4)。

さらに、珍しい食材を使って食べきれないほどの豪勢な料理でもてなすのが良いとされてきた中国の宴会文化は、上海在住の外食業コンサルタント・藤岡久士氏によれば、二〇一三年に発動された食べ残し撲滅運動「光盤行動」によって、確実に変化しているという。すなわち、料理の注文数を控え、残った料理を持ち帰ることが、新たな国民習慣として根づいてきている。そして、今年四月の「中華人民共和国反食品浪費法」の公布・施行に至る政策は、高度経済成長がひと段落した現在、面子を保ちながら無駄な支出を減らすことができるため理にかなっており、時代の流れとして好意的に受け止められているという。

こうした現況は、日中戦争期や毛沢東時代に主として食料安全保障の観点からしばしば台頭した糧食節約運動が、今また繰り返されているだけであり、遠からずまた揺り戻しが起こって消費主義へと回帰してしまうのか。それとも、中国料理文化は、美味や健康を追求するだけでなく、政府主導で地球環境への責任をも負う、倫理的な料理へと画期的な変貌を遂げつつあるのか。

このように中国料理の近現代史は、多くの研究テーマが浮上する発展途上の分野といえ、私自身もまだ多くをやり残しているという思いが強い。そもそも、中国の有名料理メニューのなかでその由来がはっきりしているものはわずかであるし、日本の中国料理に関しても、第四部などで示したように、未開拓の重要テーマがまだ少なくない。

さらに、「中国料理の世界史」を見渡した後で、今度は「日本料理の世界史」「フランス料理の世界史」「トルコ料理の世界史」などから、いったいどのように異なる世界史像が見えてくるのかにも興味をそそられる。それに蛇足ながら、「中国ナショナリズムをこえて広がる中国料理」を調べた日本の中国研究者としては、例えば、韓国のキンパ、台湾の車輪餅（日本の大判焼きにルーツのある国民食）、アメリカのカリフォルニアロールのような「日本ナショナリズムをこえて広がる日本食」も、世界史的な広がりを見せて欲しいと願ってしまう。

さて、本書は単著といっても一人で書けるものではないことを、改めて強く実感した本である。まず、公益財団法人味の素食の文化センターより、食の文化研究助成「中国料理をめぐるナショナリズムの比較文化史研究」（二〇一八年度）でご支援いただきましたことを、記して感謝します。また、同センターの二〇一八年度食の文化フォーラム「「国民料理」の形成」における議論が本書の土台にある。フォーラムの開催に尽力してくださった方々に厚く御礼申し上げます。

そして本書は、世界史という大きなスケールで中国料理を扱ったので、中国・台湾のほかに、ベトナム・タイ・韓国・日本などの専門家に助けを求めなければ、解決できない問題が多かった。度重なるご協力に甘えさせていただいた葛濤氏、嶋尾稔氏、陳玉箴氏、不躾な質問や頼み事に快く応じてくださった宇都宮由佳氏、大澤由実氏、川島真氏、清水政明氏、丁田隆氏、周永河氏、持田洋平氏、山口元樹氏、山下一夫氏、山本英史氏、タイでの史料探しに協力してくださったタマサート大学のドゥアンチャイ・ロタナワニッチ氏、ニパーポーン・ラチャタパタナクン氏、パーヌポン・チッティサーン氏、重要な文献資料を親切にご教示くださった曾品滄氏、張展鴻氏、本書の執筆を勧めてくださった森枝卓士氏をはじめとして、多くの方々にお世話になった。心より感謝します。

そもそも本書は、公益財団法人高橋産業経済研究財団から研究助成をいただいた「中国料理と近現代日本」（二〇一六～一七年）という共同研究プロジェクトの副産物でもあり、慶應義塾大学東アジア研究所のご助力を得て公刊させていただいた論集『中国料理と近現代日本――食と嗜好の文化交流史』（拙編著、慶應義塾大学出版会、二〇一九年）の続編に位置づけられるものである。共同研究で得られた知見は本書の随所に生きているし、共同研究のメンバーには、その後も折に触れて助けられた。

さらに、論集に対して身に余る書評、熱い書評会で激励してくださった川口幸大氏、園田茂人氏、西澤治彦氏、日野みどり氏、湯澤規子氏、米寿を迎えられる年に健筆のお手紙をくださった可児弘明氏には感謝しきれない。また、新刊紹介の労をとってくださった岡崎雄兒氏、野林厚志氏、李娜氏に厚く感謝申し上げます。さらに、前著に続いて本著にも趣のある図版を提供してくださった銀座アスター食品株式会社の和多田麻美氏をはじめとして、日本の中国料理業界の方々のご声援にも心から御礼申し上げたい。第二刷の刊行前に本書を読了し、多くの鋭い指摘をしてくださった村上衛氏にも感謝します。

本書は、二〇一八年度と二〇二〇年度に、慶應義塾学事振興基金の補助を受けて行った研究の成果も反映している。また、本書の一部は、慶應義塾大学での東洋史概説などの講義ノートを参照して書かれている。学生が本気で授業を楽しんで、鋭い質問や優れた答案を返してくれるのは、教員にとってかけがえのないことである。恵まれた研究環境とやりがいのある教育現場を支える慶應義塾大学、文学部、文学研究科、東洋史学専攻の方々に感謝し、また、ともに頑張らせていただければと思う。そして、既存のレーベルの規格外である本書の刊行は、論集『中国料理と近現代日本』を読んで、熱心にお声がけしてくださった慶應義塾大学出版会の気鋭の編集者・村上文氏の力強いお仕事があったからこそ実現した。さらに、尾澤孝氏の丹念な校正には多くの失策を挽回してもらった。どうもありがとうございました。

最後に私事ながら、いろいろとあった二〇二〇~二一年の執筆生活を支えてくれた妻・千春、学問に興じられる豊かな人生を授けてくれた母・冨美江にも、感謝を記すことをお許しいただきたい。

そして、この世界の歴史を知る楽しみを、多くの人々と共有できる時間は、何にも代えがたい幸せな一時である。堅苦しくなりがちな本書の論述に、食傷せずにお付き合いくださった読者の方々に、心から感謝申し上げたい。この中国料理の歴史物語を通して、遠い異国の文化を身近なものに感じていただけるところがあれば、そして中国や中国系の料理を囲んだ会話が盛り上がることがあれば、筆者としてはうれしい限りです。

二〇二一年五月

索引

サ行

タ行

ナ行

ハ行

マ行

ヤ行

ラ行

ワ行

主要参考文献

日本語文献（五十音順）と中国語文献（ピンイン順）を分けて並べたため，中国人姓は両欄を確認してください。

出版地が東京の場合，および出版社名などからわかる場合には，それを記さない。

オンラインの資料の最終閲覧日は，すべて2021年3月17日。

雑誌・新聞・ウェブ上の無記名記事やテレビ番組などは，注でのみ示して，文献一覧には再録しない。

日本語文献

相沢伸広，2020，「インドネシアの国家建設――分裂の危機と克服の政治史」，田中明彦・川島真編『20世紀の東アジア史 Ⅲ各国史［2］東南アジア』東京大学出版会，137〜173頁。

愛新覚羅浩，1961，『食在宮廷』婦人画報社。

愛新覚羅・溥儀（小野忍他訳），1992，『わが半生』上，ちくま文庫。（愛新覚羅・溥儀『我的前半生』北京，群衆出版社，1964年）。

青山あけみ，1931，「尖端を行く上海の流行衣裳」『婦人画報』308，2月，104〜106頁。

秋山徳蔵，2005，『味――天皇の料理番が語る昭和』中公文庫（原著は東西文明社，1955年）。

芥川龍之介，1925，『支那游記』改造社。

朝倉敏夫・林史樹・守屋亜記子，2015，『韓国食文化読本』国立民族学博物館。

味の素沿革史編纂会編，1951，『味の素沿革史』味の素。

亜洲奈みづほ，2004，『「アジアン」の世紀――新世代が創る越境文化』中公新書ラクレ。

荒井利明，1986，「ルポ 食は文化 15 フォー（ベトナムうどん）」，『読売新聞』，8月16日朝刊4頁。

蘭信三，2013，「帝国以後の人の移動」，同編『帝国以後の人の移動――ポストコロニアリズムとグローバリズムの交錯点』勉誠出版，4〜45頁。

安東鼎，1929，『料理相談』鈴木商店出版部。

安藤百福監修，奥村彪生著，2017，『ラーメンはどこから来たか 麺の歴史』角川ソフィア文庫（原著は，フーディアム・コミュニケーション，1998年）。

家永真幸，2017，『国宝の政治史――「中国」の故宮とパンダ』東京大学出版会。

生田花世，1940，「満洲料理の招宴」『協和』261，3月15日，22〜23頁。

池田忍，2002，「「支那服の女」という誘惑――帝国主義とモダニズム」『歴史学研究』765，8月，1〜14，37頁。

石毛直道，2006，『麵の文化史』講談社学術文庫。

――，2013，『世界の食べもの――食の文化地理』講談社学術文庫。

石角春之助，1933，『浅草経済学』文人社。

石橋崇雄，2011，『大清帝国への道』講談社学術文庫。

一記者，1924，「世界的になった支那遊戯『麻雀』」『婦人画報』222，4月1日，144〜145頁。

伊藤亜人，2017，「韓国朝鮮におけるナショナル・アイデンティティ」，川田順造編『ナショナル・アイデンティティを問い直す』山川出版社，237〜277頁。

伊東順子，2004，「チャイナタウンのない国――韓国の中華料理店」『言語文化』（明治学院大学）21，3月，132〜143頁。

伊藤力・呉屋勇編，1974，『在ペルー邦人75年の歩み』リマ、ペルー新報社。

井上進（紅梅），1920，「上海料理屋評判記」『支那風俗』日本堂，77〜143頁。

井上寿一，2016，『増補 アジア主義を問いなおす』ちくま学芸文庫。

イワサキチエ，2018，「プラナカンの食文化とレシピ」『シンガポール』280，9月25日，39〜49頁。

岩間一弘，2013，「大衆化するシノワズリ――日本人旅行者の上海イメージと上海

の観光都市化」『現代中国』87，9月，17 〜 32頁。

——，2016，「中国料理のモダニティ——民国期の食都・上海における日本人ツーリストの美食体験」，関根謙編『近代中国 その表象と現実——女性・戦争・民俗文化』平凡社，285 〜 313頁。

——，2019a，「『旅行満洲』に見る都市・鉄道・帝国の食文化——「満洲料理」「満洲食」の創成をめぐって」，高媛・田島奈都子・岩間一弘『『旅行満洲』解説・総目次・索引』不二出版，67 〜 83頁。

——，2019b，「中国料理はなぜ広まったのか——地方料理の伝播と世界各国の「国民食」」，西澤治彦編『「国民料理」の形成』ドメス出版，109 〜 130頁。

——，2019c，「日本の中国料理はどこから来たのか」，拙編『中国料理と近現代日本——食と嗜好の文化交流史』慶應義塾大学出版会，1 〜 34頁。

——，2019d，「京都の中国料理——伝統の創造と料理の帰属」，拙編『中国料理と近現代日本』慶應義塾大学出版会，121 〜 148頁。

岩間一弘編，2019，『中国料理と近現代日本』慶應義塾大学出版会。

殷晴，2015，「「天津飯」の由来」『ぎんなん』29，6月，103 〜 106頁。

仁川府廳編，1933，『仁川府史』下，仁川府。

ウェイリー゠コーエン，ジョアナ（蒲豊彦訳），2009，「完全な調和を求めて——中華帝国の味覚と美食学」，ポール・フリードマン編（南直人・山辺規子監訳）『世界 食事の歴史——先史から現代まで』東洋書林，第3章，98 〜 132頁。（Joanna Waley-Cohen, “The Quest for Perfect Balance: Taste and Gastronomy in Imperial China,” in Paul Freedman (ed.), *Food : the History of Taste,* Berkeley: University of California Press, 2007.）

上田恭輔，1935，「満洲料理の味覚」『日本趣味』1（4），10月，77 〜 79頁。

鵜飼保雄，2010，「ダイズ」，鵜飼保雄・大澤良編『品種改良の世界史・作物編』悠書館，179 〜 204頁。

越中哲也，1995，『長崎学・食の文化史』長崎純心大学博物館。

江原絢子・石川尚子・東四柳祥子，2009，『日本食物史』吉川弘文館。

エリス，マークマン／コールトン，リチャード／メージャー，マシュー（越朋彦訳），2019，『紅茶の帝国——世界を征服したアジアの葉』研究社。（Markman Ellis, Richard Coulton, Matthew Mauger, *Empire of Tea: the Asian Leaf that Conquered the World,* London: Reaktion Books, 2015.）

袁静，2018，『日本人は知らない中国セレブ消費』日経プレミアシリーズ。

袁枚（青木正児訳），1980，『随園食単』岩波文庫（原著は1792年）。

王恩美，2008，『東アジア現代史のなかの韓国華僑——冷戦体制と「祖国」意識』三元社。

太田泰彦，2018，『プラナカン——東南アジアを動かす謎の民』日本経済新聞出版社。

大塚滋，1987，『しょうゆ——世界への旅』東洋経済新報社。

大橋又太郎編，1895，『実用料理法』博文館。

大久昌巳・杉野邦彦，2004，『「竹家食堂」ものがたり』TOKIMEKIパブリッシング。

岡田哲，2002，『ラーメンの誕生』筑摩書房。

小川幸司，2012，『世界史との対話——70時間の歴史批評』下，地歴社。

沖縄そば発展継承の会，2020，「4月9日沖縄そばのルーツ「唐人そばの日」制定」，4月7日，（http://soba-okinawa.net/hatten-keisho/3451/）。

沖縄県立公文書館，n.d.，「あの日の沖縄 1978年10月17日「沖縄そばの日」の由来」，（https://www.archives.pref.okinawa.jp/news/that_day/4923）。

奥野信太郎，1961，「来々軒その他」『中国菜』2号，2月，16 〜 18頁。

奥村彪生，2016，『日本料理とは何か——和食文化の源流と展開』農山漁村文化協会。

尾崎孝宏，2020，「エスニックツーリズム

と民族料理——中国内モンゴル自治区中部の事例より」『文化人類学』85（3），12月，505〜523頁。

外務省通商局，2007，「在外本邦實業者調」（1937年12月調査，1940年1月刊行），『復刻版　海外日本実業者の調査』7，不二出版，173〜335頁。

柿崎一郎，2007，『物語　タイの歴史——微笑みの国の真実』中公新書。

柿崎一郎，2020，「タイにおける国民国家建設——統合と対立」，田中明彦・川島真編『20世紀の東アジア史　Ⅲ各国史［2］東南アジア』東京大学出版会，337〜389頁。

華僑華人の事典編集委員会編，2017，『華僑華人の事典』丸善出版。

賈蕙萱，2015，「北京の宮廷料理と博物館についての一考察」，国際シンポジウム「世界の食文化研究と博物館」報告書集『社会システム研究』（立命館大学社会システム研究所），7月，157〜169頁。

賈思勰（田中静一編訳），1997，『斉民要術——現存する最古の料理書』雄山閣（原著は北魏末年に成立）。

勝見洋一，2000，『中国料理の迷宮』講談社現代新書。

株式会社阪急百貨店社史編集委員会編，1976，『株式会社阪急百貨店25年史』大阪，阪急百貨店。

河合洋尚，2018　→中国語文献へ
——，2020，「フードスケープ——「食の景観」をめぐる動向研究」『国立民族学博物館研究報告』45（1），8月，81〜114頁。

川北稔，1996，『砂糖の世界史』岩波ジュニア新書。

川島真，2007，「広東政府論——初期外交からの検討」，松浦正孝編『昭和・アジア主義の実像——帝国日本と台湾・「南洋」・「南支那」』京都，ミネルヴァ書房，22〜53頁。

——，1995，「「支那」「支那国」「支那共和国」——日本外務省の対中呼称政策」『中国研究月報』49（9）（通571），9月号，1〜15頁。

川島真・張力・王文隆（川島真訳），2020，「中国の国家建設のプロセス」，田中明彦・川島真編『20世紀の東アジア史　Ⅱ各国史［1］東北アジア』東京大学出版会，59〜110頁。

川端基夫，2016，『外食国際化のダイナミズム——新しい「越境のかたち」』新評論。

姜尚美，2012，『京都の中華』大阪，京阪神エルマガジン社。

関東軍経理部，1927，「大正十五年十二月満洲諸部隊調理講習B課実施表」『糧友』2（5），5月，69〜71頁。

韓邦慶（太田辰夫訳），1969，『海上花列伝』平凡社（原著は1894年）。

菊池一隆，2011，『戦争と華僑——日本・国民政府公館・傀儡政権・華僑間の政治力学』汲古書院。

北村由美，2014，『インドネシア　創られゆく華人文化——民主化以降の表象をめぐって』明石書店。

貴堂嘉之，2018，『移民国家アメリカの歴史』岩波新書。

木下謙次郎，1925，『美味求真』啓成社。

木畑洋一，2012，「帝国と帝国主義」，木畑洋一・南塚信吾・加納格編『シリーズ「21世紀歴史学の創造」第4巻　帝国と帝国主義』有志舎，1〜54頁。

木村春子，1988，「中国本土の食文化——地方別による料理系統とその特色」，中山時子編『中国食文化事典』角川書店，156〜160頁。

——，1995a，「日本の中国料理小史 戦後の歩みのワンシーン①　新橋田村町の時代」『月刊専門料理』30（1），1月，116〜119頁。

——，1995b，「日本の中国料理小史 戦後の歩みのワンシーン②　咲き誇る大輪の花「留園」」『月刊専門料理』30（2），2月，138〜141頁。

——，1995c，「日本の中国料理小史 戦後の歩みのワンシーン⑤　四川料理と陳建民」『月刊専門料理』30（5），5月，118〜121頁。

——，1995d，「日本の中国料理小史　戦後の歩みのワンシーン⑩　特殊素材の普及を巡る二人」『月刊専門料理』30（10），

10月，118～122頁。

——，1995e，「日本の中国料理小史　戦後の歩みのワンシーン⑫　香港料理の変遷」『月刊専門料理』30（12），12月，149～152頁。

——，2005，『火の料理　水の料理——食に見る日本と中国』農山漁村文化協会。

木山英雄，2004，『周作人「対日協力」の顚末——補注『北京苦住庵記』ならびに後日編』岩波書店。

邱永漢，1996，『食は広州に在り』中公文庫（本書の初版は竜星閣［熱海］より1959年）。

許淑真，1990a，「日本における労働移民禁止法の成立」，布目潮渢博士記念論集刊行会編集委員会編『東アジアの法と社会』汲古書院，553～580頁。

——，1990b，「労働移民禁止法の施行をめぐって——大正13年の事例を中心に」『社会学雑誌』（神戸大学）7，102～119頁。

銀座アスター食品株式会社創業80周年記念プロジェクト編，2007，『銀座口福——銀座アスター　饗宴への招待』文藝春秋。

クォン，ピーター（芳賀健一・矢野裕子訳），1990，『チャイナタウン・イン・ニューヨーク——現代アメリカと移民コミュニティ』筑摩書房。（Peter Kwong, *The New Chinatown*, New York: Hill and Wang, 1987.）

草野美保，2013，「国民食になった餃子——受容と発展をめぐって」，熊倉功夫『日本の食の近未来』京都，思文閣出版，164～205頁。

クシュナー，バラク（幾島幸子訳），2018，『ラーメンの歴史学——ホットな国民食からクールな世界食へ』明石書店。（Barak Kushner, *Slurp!: A Social and Culinary History of Ramen: Japan's Favorite Noodle Soup*, Leiden: Global Oriental, 2012.）

工藤信一良，1943，『悶ゆる英国』成徳書院。

熊谷瑞恵，2011，『食と住空間にみるウイグル族の文化——中国新疆に息づく暮らしの場』京都，昭和堂。

栗原浩英，2020，「ベトナムにおける国家建設」，田中明彦・川島真編『20世紀の東アジア史　Ⅲ各国史［2］東南アジア』東京大学出版会，177～220頁。

桂小蘭，2005，『古代中国の犬文化——食用と祭祀を中心に』大阪大学出版会。

黄遵憲（実藤恵秀・豊田穣訳），1968，『日本雑事詩』平凡社東洋文庫（原書は1877年序）。

鴻山俊雄，1983，『海外の中華街——香港・盤谷・新嘉波・マニラ・米・英・伊・仏への旅』華僑問題研究所。

越川純吉，1982，「アメリカにおける中国人の法律上の地位」『中京法学』17（1）（通52），7月，56～76頁。

呉自牧（梅原郁訳注），2000，『夢粱録——南宋臨安繁昌記』3，平凡社東洋文庫（原著は1334年序）。

小菅桂子，1998，『にっぽんラーメン物語』講談社プラスアルファ文庫（原著は，駸々堂出版，1987年）199頁。

国家戦略室，政策「ENJOY JAPANESE KOKUSHU（國酒を楽しもう）」プロジェクト（http://www.cas.go.jp/jp/seisaku/npu/policy04/archive12.html）。

後藤朝太郎，1922，『支那料理の前に』東京，大阪屋号書店。

——，1929，『支那料理通』四六書院。

コリンガム，リジー（東郷えりか訳），2006，『インドカレー伝』河出書房。（Lizzie Collingham, *Curry: A Biography*, London: Chatto & Windus, 2005.）

胡令遠・王盈，2012，「周作人の日本研究における江南文化の意義」，『江南文化と日本——資料・人的交流の再発掘』京都，国際日本文化研究センター。

近藤浩一路，1928，『異国膝栗毛』現代ユウモア全集刊行会。

嵯峨隆，2020，『アジア主義全史』筑摩選書。

砂井紫里，2009，「食から見るアジア——マレーシア：東西をつなぐイスラームと「味」の交差点」『ワセダアジアレビュー』6，8月，58～61頁。

櫻田涼子，2016，「「故郷の味」を構築する——マレー半島におけるハイブリッドな

飲食文化」，川口幸大・稲澤努編『僑郷——華僑のふるさとをめぐる表象と実像』大津，行路社，173～192頁。

佐々木道雄，2009，『キムチの文化史——朝鮮半島のキムチ・日本のキムチ』福村出版。

——，2011，『焼肉の誕生』雄山閣。

佐藤三郎，1975，「日本人が中国を「支那」と呼んだことについての考察——近代日中交渉史上の一齣として」『山形大学紀要』8（2），2月，39～79頁。

佐藤尚爾，1977，「華麗なる台湾・女旅女性のための台湾ツアー見聞記」『レジャーアサヒ』8（3）（通38），6月，85～92頁。

サバン，フランソワーズ，2005，「フランスにおける中華料理の諸形態とその改変」『アジア遊学』77，7月，140～150頁。

サメの街気仙沼構想推進協議会，2016，「気仙沼とサメの歴史」（http://same-machi.com/history/）

サリバン，グレン，2019，『海を渡ったスキヤキ——アメリカを虜にした和食』中央公論新社。

サンド，ジョルダン（天内大樹訳），2015，『帝国日本の生活空間』岩波書店。（Jordan Sand, *House and Home in Modern Japan: Architecture, Domestic Space and Bourgeois Culture, 1880–1930*, Cambridge, Mass.: Harvard University Asia Center, 2003.）

塩崎省吾，2021，『焼きそばの歴史　下　炒麵編』塩崎省吾発行，Kindle版。

獅子文六，1937，『達磨町七番地』白水社。

斯波義信，1995，『華僑』岩波新書。

清水展，2017，「ナショナリティとグローバル・ネットワーク——ホセ・リサールの素描をとおして」、川田順造編『ナショナル・アイデンティティを問い直す』山川出版社，303～335頁。

謝肇淛（岩城秀夫訳注），1996，『五雑組』1，平凡社東洋文庫。

——，1997，『五雑組』2，平凡社。

周永河，2015，「食品模型は博物館の所蔵品になりうるか？」『社会システム研究』（立命館大学）特集号，7月，141～142頁。

——（丁田隆訳），2019，「チャジャン麵ロード——20世紀東北アジア，チャジャン麵流浪の旅」，岩間一弘編『中国料理と近現代日本』慶應義塾大学出版会，205～223頁。

白木正光編，1933，『大東京うまいもの食べある記』丸ノ内出版社。

白石源吉，1939，『南洋印度等に於ける支那人の排日貨に関する報告』通信調査会。

尽波満洲男，n.d.，「現場主義のジンパ学」（http://www2s.biglobe.ne.jp/~kotoni/index.html）。

末廣昭，1993，『タイ　開発と民主主義』岩波新書。

スキナー，ウィリアム（山本一訳），1981，『東南アジアの華僑社会——タイにおける進出・適応の歴史』東洋書店。（William Skinner, *Chinese Society in Thailand*, Ithaca: Cormell University Press, 1957.）

鈴木明，1982，『ある日本男児とアメリカ——東善作，明治二十六年生れの挑戦』中公新書。

鈴木絢女，2020，「マレーシアの国家建設——エリートの生成と再生産」，田中明彦・川島真編『20世紀の東アジア史Ⅲ各国史［2］東南アジア』東京大学出版会，281～333頁。

鈴木静夫，1997，『物語　フィリピンの歴史——「盗まれた楽園」と抵抗の500年』中公新書。

盛毓度，1978，『新・漢民族から大和民族へ——春風吹イテ又生ズ』東洋経済新報社。

関智英，2019，「対日協力者の戦後——日本亡命者盛毓度と留園」，髙綱博文・木田隆文・堀井弘一郎編『アジア遊学236　上海の戦後——人びとの模索・越境・記憶』勉誠出版，7月，9～22頁。

芹澤知広，2005，「ベトナム華人の離散とベトナム料理の普及」『アジア遊学』77，7月，80～92頁。

芹澤知弘・志賀市子編，2008，『日本人の中国民具収集——歴史的背景と今日的意義』風響社。

曾品滄（鈴木哲造訳），2011，「日本人の食

生活と「シナ料亭」の構造的変化」，老川慶喜編『植民地台湾の経済と社会』日本経済評論社，213 ～ 231 頁。

園田節子，2006，「北アメリカの華僑・華人研究――アジア系の歴史の創出とその模索」『東南アジア研究』43（4），3 月，419 ～ 436 頁。

――，2009，『南北アメリカ華民と近代中国――19 世紀トランスナショナル・マイグレーション』東京大学出版会。

――，2019，「近現代の華人の移動にみる制度・国家・越境性」，永原陽子編『人々がつなぐ世界史』京都，ミネルヴァ書房，205 ～ 231 頁。

ソルト，ジョージ（野下祥子訳），2015，『ラーメンの語られざる歴史』国書刊行会。（George Solt, *The Untold History of Ramen: How Political Crisis in Japan Spawned a Global Food Craze*, Berkeley: University of California Press, 2014.）

大日本印刷株式会社 CDC 事業部編，1993，『食の魔術師　周富徳』フーディアム・コミュニケーション。

大丸弘，1988，「両大戦間における日本人の中国服観」『風俗』27（3），9 月，58 ～ 83 頁。

高木佑輔，2020，「フィリピンの政治課題と国家建設」，田中明彦・川島真編『20 世紀の東アジア史　Ⅲ各国史［2］東南アジア』東京大学出版会，35 ～ 78 頁。

高口康太，2021，「複雑化する中韓「キムチ論争」 インフルエンサーの台頭が一因か」，NEWS ポストセブン，1 月 24 日。（https://www.news-postseven.com/archives/20210124_1630156.html?DETAIL）

高橋登志子，1964，「特集　満漢全席　第一回　満漢全席の旅」『中国菜』7，3 月，14 ～ 16 頁。

竹貫友佳子，2017，「黄檗宗の伝来と普茶料理」，上田純一編『京料理の文化史』京都，思文閣出版，197 ～ 222 頁。

田中静一，1987，『一衣帯水――中国料理伝来史』柴田書店。

田中信彦，2011，「強まるフカヒレ包囲網禁止か保護かで大論争」『週刊東洋経済』6367，12 月 31 日，202 ～ 203 頁。

田中則雄，1999，『醬油から世界を見る――野田を中心とした東葛飾地方の対外関係史と醬油』流山（千葉），崙書房出版。

谷崎潤一郎，1926，「上海交遊記」『女性』9（5），5 月，144 ～ 159 頁。

――，1957，『幼少時代』文藝春秋新社。

玉田芳史，1996，「タイのナショナリズムと国民形成――戦前期ピブーン政権を手がかりとして」『東南アジア研究』34（1），6 月，127 ～ 150 頁。

田村慶子，2020，「シンガポールの国家建設――「脆弱な都市国家」の権威主義体制の成立と継続」，田中明彦・川島真編『20 世紀の東アジア史　Ⅲ各国史［2］東南アジア』東京大学出版会，81 ～ 133 頁。

タン・チーベン（陳志明），1994，「華人社会の文化変容・同化・統合」，サイド・フシン・アリ編（小野沢純・吉田典巧訳）『マレーシア――多民族社会の構造』勁草書房，1994 年，第 8 章，181 ～ 223 頁。

譚璐美，2004，『中華料理四千年』文春新書。

チフィエルトカ，カタジーナ，安原美帆，2016，『秘められた和食史』新泉社。

中央飯店編，1938，『北京料理・西洋料理献立表』新京中央飯店。

中国研究所編，2018，『中国年鑑 2018』明石書店。

張競，1997，『中華料理の文化史』筑摩書房。

張展鴻，2005，「返還後の香港広東料理」『アジア遊学』77，7 月、34 ～ 44 頁。

釣魚台国賓館編，1995，『釣魚台国賓館美食集錦』第 1 巻，主婦と生活社。

陳建民，1988，『さすらいの麻婆豆腐』平凡社。

陳優継，2009，『ちゃんぽんと長崎華僑――美味しい日中文化交流史』長崎新聞社。

陳來幸，2019，「日本の華僑社会におけるいくつかの中国料理定着の流れ――神戸・大阪を中心として」，岩間一弘編『中国料理と近現代日本――食と嗜好の

文化交流史』慶應義塾大学出版会，101 〜 119 頁。

月出皓，1903，『台湾館』台北，台湾協賛会。

――，1907，『台湾館』東京，東山書屋。

角山栄，1980，『茶の世界史――緑茶の文化と紅茶の社会』中公新書。

デホーヤ，シー，1924，「面白い室内遊戯 麻雀牌の遊び方」『婦人画報』218，1 月 1 日，46 〜 49 頁。

デュボワ，クリスティン（和田佐規子訳），2019，『大豆と人間の歴史――満州帝国・マーガリン・熱帯雨林破壊から遺伝子組み換えまで』築地書館。（Christine M. Du Bois, *The Story of Soy*, London: Reaktion Books, 2018.）

董竹君（加藤優子訳），2000，『大河奔流――革命と戦争と。一世紀の生涯』上・下，講談社。（董竹君『我的一个人生』北京，三聯書店，1997 年）。

陶野文明，2007，「「国宴」を彩った江南の味を 58 年後のいまに伝える　北京・无名居　国宴菜」『DECIDE』25（6）（通 279），8 月，37 〜 49 頁。

飛山百合子，1997，『香港の食いしん坊』白水社。

――，1994，『地球の歩き方　旅のグルメ 香港』ダイヤモンド社。

外村大，2003，「戦前期日本における朝鮮料理業の展開」味の素食の文化センター第 13 回食文化研究助成成果報告書。

留井重平，1957，「中華料理店偕楽園主からライファン工業を築いた笹沼源之助氏の半生」『実業之日本』60（18）（通 1419），9 月 15 日，95-97 頁。

友田晶子，2012，「酔っ払いでもわかる「國酒」「國酒プロジェクト」」，12 月 4 日，（https://allabout.co.jp/gm/gc/403534/）。

トン，クオク・フン（宋国興）（新江利彦訳），2018，「17 〜 19 世紀の会安商港における華人と明郷人」『ベトナムの社会と文化』8，2 月，234 〜 244 頁。

ナイ，ジョセフ・S（山岡洋一訳），2004，『ソフト・パワー――21 世紀国際政治を制する見えざる力』日本経済新聞社。（Joseph S. Nye, Jr., *Soft Power: The Means to Success in World Politics*, New York: Public Affairs, 2004.）

中島楽章，2011，「14–16 世紀，東アジア貿易秩序の変容と再編」『社会経済史学』76（4），2 月，3 〜 26 頁。

中林広一，2021，「失われた麻婆豆腐を求めて」『神奈川大学アジア・レビュー』8，3 月，4 〜 21 頁。

中山時子監修，木村春子他編，1988，『中国食文化事典』角川書店。

中町泰子，2009，「日系チャプスイレストランにおけるフォーチュンクッキーの受容」『（神奈川大学日本常民文化研究所非文字資料研究センター年報）非文字資料研究』5，3 月，173 〜 186 頁。

中村喬編訳，1995，『中国の食譜』平凡社東洋文庫。

――，2000，『宋代の料理と食品』朋友書店。

中屋信彦，2014，「中国回族ビジネスにおける宗教と政治――蘭州拉麵、チベット・ビジネス、イスラーム金融」，Economic Research Center Discussion Paper , E14-5, 2014-03（名古屋大学大学院経済学研究科附属国際経済政策研究センター）。

成澤玲川，1918，『米国物語』泰山房版。

西澤治彦編，2019a，『「国民料理」の形成』ドメス出版。

西澤治彦，2019b，「「中国料理」はいつ生まれたのか――『申報』に見える料理の語彙の分析を通して」，岩間一弘編『中国料理と近現代日本』慶應義塾大学出版会，285 〜 304 頁。

西谷大，2001，『食は異なもの味なもの――食から覗いた中国と日本』財団法人歴史民俗博物館振興会。

農林水産省，2011，「日本食文化の世界無形遺産登録に向けた検討会」第 4 回会合議事録，11 月 4 日，（http://www.maff.go.jp/j/study/syoku_vision/kentoukai.html），7 〜 9 頁。

野上弥生子，2001（1942–43），『欧米の旅』中，岩波文庫。

野村貞吉，1942，『馬來夜話』宝雲舎。

波多野須美，2004，『中国、香港、好好

食！――本物の味をもとめて』KKベストセラーズ。

早川貴正，2018，『天津飯の謎』名古屋，ブイツーソリューション，85～104頁。

林兼正，2010，『なぜ，横浜中華街に人が集まるのか』祥伝社新書。

林廣茂，2004，『幻の三中井百貨店――朝鮮を席巻した近江商人・百貨店王の興亡』晩聲社。

林史樹，2005a，「外来食の「現地化」過程――韓国における中華料理」『アジア遊学』77，（特集　世界の中華料理），7月，56～69頁。

――，2005b，「海外移民にともなう「韓国式中華料理」のグローバル化」『アジア遊学』77，（特集　世界の中華料理），7月，168～175頁。

――，2011，「チャンポンにみる文化の「国籍」――料理の越境と定着過程」『日本研究』30，2月，47～67頁。

――，2019，「朝鮮半島における「中国料理」の段階的受容――分断後の韓国までを視野に」，岩間一弘編『中国料理と近現代日本――食と嗜好の文化交流史』慶應義塾大学出版会，225～241頁。

――，2020，「戦前・戦後期の日韓にみられた粉食中華の普及過程――「食の段階的定着」の差に着目して」，植野弘子・上水流久彦編『帝国日本における越境・断絶・残像――モノの移動』風響社，215～252頁。

パール，シリル（山田侑平・青木玲訳），2013，『北京のモリソン――激動の近代中国を駆け抜けたジャーナリスト』白水社。（Cyril Pearl, *Morrison of Peking,* Sydney: Angus and Robertson, 1981.）

伴野徳子，1940，『倫敦の家』羽田書店。

パン，リン編（游仲勲監訳），2012，『世界華人エンサイクロペディア』明石書店。（Lynn Pan (ed.), *The Encyclopedia of the Chinese Overseas*, Richmond: Curzon, 1998.）

東田雅博，2015，『シノワズリーか，ジャポニスムか――西洋世界に与えた衝撃』中公叢書。

東四柳祥子・江原絢子，2006，「近代料理書に見る家庭向け中国料理の形成とその受容の特質」『日本食生活文化調査研究報告集』23，11月，1～61頁。

――，2019，『料理書と近代日本の食文化』同成社。

樋口龍峽，1922，『新世界の印象』国民書院。

日野みどり，2001，「名菜は名店より――広州酒家の60年」『アジア遊学』24，2月，113～127頁。

平山蘆江，1933，「兵糧餅其他」『糧友』8(1)，1月，98～99頁。

廣部泉，2017，『人種戦争という寓話――黄禍論とアジア主義』名古屋大学出版会。

――，2020，『黄禍論――百年の系譜』講談社選書メチエ。

福島香織，2005，「東江醸豆腐――孫文、バイタリティーの源」，産経新聞外信部編『食の政治学』産経新聞出版，24～25頁。

藤森照信・初田享・藤岡洋保編，1991，『失われた帝都　東京――大正・昭和の街と住い』柏書房。

藤原利一郎，1986，「明郷の意義及び明郷社の起源」，同著『東南アジア史の研究』法蔵館，257～273頁。

古田元夫，2017，「ナショナル・アイデンティティと地域――現代ベトナムにとっての東南アジアと東アジア」，川田順造編『ナショナル・アイデンティティを問い直す』山川出版社，280～302頁。

文藝春秋企画出版部編，2002，『銀座アスター物語』銀座アスター食品株式会社（非売品）。

ペリー，M・C著，ホークス，F・L編，宮崎壽子訳，2014（2009），『ペリー提督日本遠征記』上・下，角川ソフィア文庫。（Matthew Calbraith Perry, *Narrative of the Expedition of an American Squadron to the China Seas and Japan*, Washington: A. O. P. Nicholson, printer, 1856.）

細川周平，2012，「戦時下の中国趣味の流行歌」，山田奨治・郭南燕編『江南文化と日本――資料・人的交流の再発掘』京都，国際日本文化研究センター，279～287頁。

保利玉子，2009，「横浜の名物、博雅のシ

ウマイ」，伊勢佐木町1・2丁目地区商店街振興組合「イセザキ歴史書をつくる会」編『OLD but NEW――イセザキの未来につなぐ散歩道』横浜，神奈川新聞，72頁。

本誌記者，1934，「三越　丁子屋　三中井食堂合戦記」『朝鮮及満洲』317，4月1日，86～88頁。

牧野義雄，1943，『英国人の今昔』那珂書店。

増田与，1971，『インドネシア現代史』中央公論社。

又吉龍吾，2019，「LA発「パンダエクスプレス」は日本に根付くか」，東洋経済オンライン，4月13日，(https://toyokeizai.net/articles/-/276155)。

松浦正孝，2006，「一国史・二国間関係史からアジア広域史へ」『国際政治』146，11月，1～20頁。

――，2010，『「大東亜戦争」はなぜ起きたのか――汎アジア主義の政治経済史』名古屋大学出版会。

松崎天民，1932，『三都喰べある記』誠文堂。

松崎隆司，2020，『ロッテを創った男　重光武雄論』ダイヤモンド社。

松田利彦，2017，「1927年，植民地朝鮮における華僑排斥事件」『韓国朝鮮文化研究』16，3月，1～23頁。

松本佐保，2013，「白人優位主義へのアジア主義の対応――アジア主義の人種的連帯の試みと失敗」，松浦正孝編『アジア主義は何を語るのか――記憶・権力・価値』京都，ミネルヴァ書房，212～239頁。

松本睦子，2013，「北京料理と宮廷料理について」『東京家政大学博物館紀要』18，2月，57～69頁。

麻婆豆腐研究会編，2005，『麻婆豆腐大全』講談社。

丸山信編，1995，『人物書誌大系30　福澤諭吉門下』日外アソシエーツ。

宮尾しげを，1961，「中華料理の想い出」『中国菜』3，7月，46～49頁。

ミンツ，シドニー・W（川北稔・和田光弘訳），1988，『甘さと権力――砂糖が語る近代史』平凡社。（Sidney W. Mintz, *Sweetness and Power: the Place of Sugar in Modern History*, New York: Penguin Books, 1985.）

村岡實，1989，「慶応3（1867）年の仏蘭西料理――15代将軍・徳川慶喜，大坂城に四国公使招聘の背景と謁見当日のプロトコール，将軍主催晩餐会のメニューを探る。」『風俗』28（3），9月，11～32頁。

村田雄二郎，2009，「中華民族論の系譜」，飯島渉・久保亨・村田雄二郎編『シリーズ20世紀中国史1　中華世界と近代』東京大学出版会，207～229頁。

村山三敏，1975，「天の時，地の利，人の和を手中に収めた哲人経営者――盛毓度」1～4，『月刊食堂』15（5-8）（通172-175），5～8月，245～249，166～170，143～147，168～172頁。

孟元老（入矢義高，梅原郁訳注），1983，『東京夢華録――宋代の都市と生活』岩波書店（原著は1147年序）。

持田洋平，2019，「シンガポール華人社会におけるナショナリズムの形成過程1896～1909年」慶應義塾大学大学院文学研究科博士学位論文，9月。

森川眞規雄，2002，「逍遥する味覚――香港広東料理の「美味」をめぐって」，吉原和男・鈴木正崇編『拡大する中国世界と文化創造――アジア太平洋の底流』弘文堂，190～209頁。

――，2005，「カナダの香港広東料理――堕落それとも進化？」『アジア遊学』77，7月，110～118頁。

森枝卓士，1998，『アジア菜食紀行』講談社現代新書。

守屋亜記子，2012，「韓国初の近代的料理書『朝鮮料理製法』」『vesta（ヴェスタ）』87，7月，32～33頁。

安井三吉，1989，「講演「大亜細亜問題」の成立とその構造」，陳徳仁・安井三吉編『孫文講演「大アジア主義」資料集』法律文化社，1～39頁。

柳田利夫，2005，「ペルーにおける日系社会の形成と中国人移民」『アジア遊学』76，6月，121～135頁。

――，2017，『ペルーの和食――やわらかな多文化主義』慶應義塾大学出版会。

山内智恵美，2020，『現代中国服飾とイデオロギー――翻弄された120年』白帝社。

山田均，2003，『世界の食文化5　タイ』農山漁村文化協会。

山田政平，1936，「満洲料理」『料理の友』24（12），12月，104～108頁。

山田慎也，2016，「近代におけるおせち料理の形成と婦人雑誌――『婦人之友』・『婦人画報』・『主婦の友』を中心に」『国立歴史民俗博物館研究報告』197，2月，295～319頁。

山下清海，2000，『チャイナタウン――世界に広がる華人ネットワーク』丸善。

――，2007，「ブラジル・サンパウロ――東洋街の変容と中国新移民の増加」『華僑華人研究』4，11月，81～98頁。

――，2016，『新・中華街――世界各地で〈華人社会〉は変貌する』講談社選書メチエ。

――，2019，『世界のチャイナタウンの形成と変容――フィールドワークから華人社会を探究する』明石書店。

山下清海・尹秀一，2008，「仁川中華街の再開発――韓国華人社会の変容」『日本地理学会発表要旨集』2008年度日本地理学会春季学術大会，セッションID806，157頁，7月19日公開。

山本英史，2019，「北京老字号飲食店の興亡――全聚徳を例にして」，岩間一弘編『中国料理と近現代日本――食と嗜好の文化交流史』慶應義塾大学出版会，339～355頁。

山本須美子，2002，『文化境界とアイデンティティ――ロンドンの中国系第二世代』九州大学出版会。

――，2005，「イギリスにおける中国系移民のエスニシティ――第一世代・第二世代における人間関係構築の比較から」『東洋大学社会学部紀要』42（2），2月，81～99頁。

山本有造，2003，「「帝国」とはなにか」，同編『帝国の研究――原理・類型・関係』名古屋大学出版会，3～30頁。

山脇千賀子，1996，「文化の混血とエスニシティ――ペルーにおける中華料理に関する一考察」『年報社会学論集』9，6月，47～58頁。

――，1999，「「チーノ」の創造――ペルーにおける中国系・日系住民の生活技法をめぐる歴史社会学的考察」『社会学ジャーナル』24，3月，63～77頁。

――，2005，「料理にみるアジアとラテンアメリカのコラボレーション――クリオーリョ料理・チーファ・ニッケイ料理」『アジア遊学』76，6月，151～162。

ユ ハイサンサン，田中伸彦，2017，「四川省のインバウンド観光の現状と四川料理の役割に関する考察」『レジャー・レクリエーション研究』83，12月，100～103頁。

横田文良，2009，『中国の食文化研究　天津編』大阪，辻学園調理・製菓専門学校。

吉澤誠一郎，2003，『愛国主義の創成――ナショナリズムから近代中国をみる』岩波書店。

吉田誠一，1928，『美味しく経済的な支那料理の拵え方』博文館。

ヨトヴァ，マリア，2012，『ヨーグルトとブルガリア――生成された言説とその展開』大阪、東方出版。

李盈慧（光田剛訳），2007，「汪精衛政権と重慶国民党によるタイ華僑組織争奪戦」，松浦正孝編『昭和・アジア主義の実像――帝国日本と台湾・「南洋」・「南支那」』京都，ミネルヴァ書房，205～233頁。

李盛雨（鄭大聲・佐々木直子訳），1999，『韓国料理文化史』平凡社。

李正熙，2020，「近代朝鮮における清国専管租界と朝鮮華僑」，大里浩秋・内田青藏・孫安石編『東アジアにおける租界研究――その成立と展開』東方書店，353～383頁。

李培徳（湯川真樹江訳），2019，「1920–30年代における上海の調味料製造業と市場競争――中国の味精と日本の味の素に着目して」，岩間一弘編『中国料理と近現代日本』慶應義塾大学出版会，305～322頁。

劉岸偉，2011，『周作人伝――ある知日派

文人の精神史』京都，ミネルヴァ書房。

劉正愛，2006，『民族生成の歴史人類学——満洲・旗人・満族』風響社。

劉玲芳，2020，『近代日本と中国の装いの交流史——身装文化の相互認識から相互摂取まで』大阪大学出版会。

ローダン，レイチェル（ラッセル秀子訳），2016,『料理と帝国』みすず書房。(Rachel Laudan, Cuisine and Empire: Cooking in World History, Berkeley: University of California Press, 2013.)

若林正丈，1984，「1923年東宮台湾行啓の〈状況的脈略〉——天皇制の儀式戦略と日本植民地主義・その一」『教養学科紀要』16，23〜37頁。

渡辺たをり，1985，『花は桜　魚は鯛——谷崎潤一郎の食と美』ノラブックス。

渡辺靖，2011，『文化と外交——パブリック・ディプロマシーの時代』中公新書。

——，2015，『〈文化〉を捉え直す——カルチュラル・セキュリティの発想』岩波新書。

和田博文他，2009，『言語都市・ロンドン——1861–1945』藤原書店。

ワトソン，ジェームズ・L（瀬川昌久訳），1995，『移民と宗族——香港とロンドンの文氏一族』京都，阿吽社。(James L. Watson, *Emigration and the Chinese Lineage : the Mans in Hong Kong and London*, Berkeley: University of California Press, 1975.)

ワン，エドワード（仙名紀訳），2016，『箸はすごい』柏書房。(Q. Edward Wang, *Chopsticks: A Cultural and Culinary History*, Cambridge University Press, 2015.)

中国語文献

包公毅（天笑）（孫慧敏・林美莉校註），2018，『釧影楼日記，1948–1949』台北，中央研究院近代史研究所。

北京民族飯店菜譜編写組編，1982，『北京民族飯店菜譜　山東菜』北京，中国旅遊出版社。

——，1983，『北京民族飯店菜譜　川蘇菜』北京，中央旅遊出版社。

辺東子，2009，『北京飯店伝奇』北京，當代中国出版社。

陳思絡，1998，「范正明談本幇菜」『文滙報』2月28日6頁。

陳文華，1991，「豆腐起源於何時」『農業考古』21，4月，245〜248頁。

陳耀良，1986，「"満漢全席"首次在滬應市」『新民晩報』4月2日4頁。

陳玉箴，2008，「食物消費中的国家体現：日治與戦後初期的「台湾菜」」，「台湾史青年学者国際研討会」会議論文，国立政治大学台湾史研究所・東京大学大学院総合文化研究科・一橋大学大学院言語社会研究科，於台北・世新会館，3月。

——，2020，『「台湾菜」的文化史：食物消費中的国家体現』台北，聯経出版。

陳元朋，2020，「梅花餐：近代台湾筵席改革運動的興衰及其所渉及的「社交危機」與「道徳焦慮」」『中国飲食文化』16 (1)，4月，179〜206頁。

陳正卿，1998，『味精大王　呉蘊初』鄭州，河南人民出版社。

陳植漢編，2014，『老港滋味』香港，中華厨芸学院。

程汝明口述，閻長貴・李宇鋒整理，2014，「専職厨師程汝明談江青（上）（下）」，『湘潮』2014年1期，1月，49〜55頁，2014年2期，2月，50〜55頁。

程小敏，2014a，「中餐申遺是否要"高大上"？（上）」『中国食品報』10月7日2頁。

——，2014b，「中餐申遺是否要"高大上"？（中）」『中国食品報』10月14日2頁。

——，2014c，「中餐申遺是否要"高大上"？（下）」『中国食品報』10月21日2頁。

程玉祥，2015，「倒戈與統一：閩系海軍研究（1926〜1935）」『民国歴史與文化研究』32，新北，花木蘭文化出版社。

戴菁菁，1999，「北京飯店推出"開国第一宴"」『文匯報』6月1日11頁。

第二商業部飲食業管理局編，1958a，『中国名菜譜』第一輯・北京特殊風味，北京，軽工業出版社。

——，1958b，『中国名菜譜』第三輯・北京名菜名点之二，北京，軽工業出版社。『中国名菜譜』の邦訳には，中山時子訳

『中国名菜譜』北・南・東・西方編，柴田書店，1972～73年がある。

独鶴（厳独鶴），1923，「滬上酒食肆之比較（続）」『紅雑誌』34，19～30頁。

芳洲，1988，「国宴改革之后」『新民晩報』1月19日1頁。

馮大彪，2007，『北京前事今声』上海，三聯書店。

馮学鋒・陳正平，1989，「保護“国賓酒”的声誉」『文滙報』1月22日2頁。

傅培梅，2017，『五味八珍的歳月』台北，四塊玉文創出版（初版は台北，橘子出版，2000年）。

傅崇矩，1987，『成都通覧』下，成都，巴蜀書社（原書は，成都通俗報社，1909年）。

顧奎琴，2003，『毛沢東：保健飲食生活』広州，広東人民出版社。

『国家名厨』編委会編，2012，『国家名厨』北京，中国商業出版社。

郭成倉，2014，「細説国宴50年」『餐飲世界』2014年1期，1月，50～53頁。

郭文鈉，2009，「満漢全席与清末民初満漢関係的変遷」北京師範大学修士学位論文。

郭忠豪，2020，「伝説與滋味：追尋台湾「三杯鶏」菜餚之演変」『中国飲食文化』16（1），4月，9～53頁。

郭仲義，1959，「訪四大名厨」『北京晩報』10月20日2頁。

何方，2011，「周恩来張聞天外交風格異同」『炎黄春秋』2011年5期，5月，14～15頁。

何鳳嬌・林秋敏訪問（詹家綺記録整理），2011，「楊月琴女士口述訪談紀録」『国史館館訊』6，6月，96～105頁。

河合洋尚，2018，「広州西関的飲食景観建構与飲食実践」，河合洋尚・劉征宇編「社会主義制度下的中国飲食文化与日常生活」『国立民族博物館調査報告』144，2月，151～166頁。

胡克廷，1998，「麻辣不就是川菜」『文滙報』9月12日6頁。

華僑経済年鑑編輯委員会編，1961，1962，1963，1964，1965，1966，1967，1970，1973，1974，1975，1978，1979，1981，1982，1987，1988，1989，1991，1992，1993，1996，1997，『華僑経済年鑑』台北，華僑経済年鑑編輯委員会。

華僑志編纂委員会編，1962，『印度』台北，華僑志編纂委員会。

季鴻崑，2011，「関於中国烹飪申遺問題的争論」『南寧職業技術学院学報』2012年17（1），2011年12月，1～6頁。

――，2012，「談中国烹飪的申遺問題」『揚州大学烹飪学報』2，4月、5～11頁。

姜虹，2018，「中国餃子為申遺貢献力量 金龍魚専業餃子粉成為秘密武器」『中華工商時報』9月7日5頁。

江亢虎，1922，「荷蘭五日記」『東方雑誌』19（13），7月10日，100～102頁。

江礼旸，1994，「上海餐飲令人眼花繚乱」『文匯報』1月25日7頁。

江南春，1996，「各大菜系的形成」『文滙報』2月17日8頁。

晋化編，2008，『老北京　民風習俗』北京，燕山出版社。

金受中，1956，「北京的“譚家菜”」『新民晩報』10月26日6頁。

金忠強，1997，「在北京吃上海菜」『新民晩報』1月24日15頁。

鞠景鑫，1999，「上海菜越来越紅火假本幇越来越離譜」『新民晩報』6月18日9頁。

崑岡等奉勅撰，1976，『欽定大清会典』光緒25年刻本，台北，新文豊。

狼呑虎嚥客編，1930，『上海的吃』上海，流金書店。

老舎，1931，『二馬』上海，商務印書館。

冷省吾，1946，『最新上海指南』上海文化研究社。

李春光編，2004，『清代名人軼事輯覧』3，北京，中国社会科学出版社。

李斗，1997（1960），『揚州画舫録』北京，中華書局（原著は1795年）。

李浩明，1997，「上海本幇菜走向全国」『文滙報』4月29日5頁。

李楊，2014，「美食申遺―文化的燥熱？商業的狂歓？」『貴州民族報』3月3日B03頁。

黎貴惇，2011，『芸台類語』台北，国立台湾大学出版中心。

粒粒香著（揚眉絵），2013，『粵菜伝奇』広州，広東科技出版社。

梁啓超，1967（1903），『新大陸遊記』台北，文海。

林金城，2008，「肉骨茶起源考」、張玉欣編『第十届中華飲食文化学術研討会論文集』台北，財団法人中華飲食文化基金会，393 ～ 404 頁。

林明德，2015，「揭開鼎泰豊的家族與小吃譜系」『料理・台湾』20，3 月，104 ～ 113 頁。

林唯舟，1992，「上海本幇菜如何推陳出新」『文匯報』11 月 7 日 2 頁。

劉欣，2011，「中国国宴揭秘」『辦公室業務』（北京）2011 年 2 期，2 月，54 ～ 56 頁。

劉暁，2015a，「中餐申遺　讓世界博覧中国味道」『人民日報（海外版）』3 月 26 日 8 頁
――，2015b，「中餐申遺　拉開序幕」『人民日報（海外版）』3 月 31 日 8 頁。

逯耀東，2007（2001），『肚大能容：中国飲食文化散記』台北，東大図書公司。

馬遠超，2012，「“国酒茅台” 商標注冊的五大争議」『電子知識産権』10，10 月，35 ～ 37 頁。

孟剛，2017，「中餐申遺　卡在哪儿」『中国消費者報』4 月 16 日 8 頁。

孟蘭英，2012，「中南海 “御厨”―程汝明」『党史縦横』2012 年 10 期，10 月，10 ～ 12 頁。

牟敦珮，1948，「吃在成都」『申報』5 月 1 日 7 頁。

潘宗億，2020，「傅培梅與阿基師之外：戦後台湾的食譜出版趨勢與変遷」『中国飲食文化』16（1），4 月，115 ～ 177 頁。

彭海容，2015，「中国美食走進聯合国教科文組織　中餐申遺拉開序幕」『中国食品』8，8 月，76 ～ 78 頁。

皮国立，2020，「「食補」到「禁食」：従報刊看戦後台湾的香肉文化史（1949-2001）」『中国飲食文化』16（1），4 月，55 ～ 114 頁。

平步青著（陳文華重校），1982，『霞外攟屑』上，上海古籍出版社（原書は 19 世紀後半）。

謙子，2015，「【麻婆豆腐】2010 年入選成都市 “非遺” 名録第三批成都市非物質文化遺産名録」，四川文化網、12 月 14 日，（http://www.scgoo.cn/article-1998-1.html）。

秦小冬，1999，「再現開国 “第一宴”」『文滙報』9 月 6 日 6 頁。

邱龐同，1979，「“適口者珍” 及其他」『文滙報』3 月 22 日 4 頁。

――，2010，『中国菜肴史』青島出版社。

潘醒儂等編，1932，『新加坡指南』新加坡，南洋出版社。

饒智・王詩蕊，2009，「解読国宴変遷」『晩報文萃』（西安）2009 年 14 期，7 月 15 日，62 ～ 64 頁。

人民大会堂『国宴菜譜集錦』編輯組編，1984，『国宴菜譜集錦』北京，人民大会堂。

阮清華，2012，「“紅色沙龍” 梅龍鎮」，『国際市場』2012 年 1 期，1 月，54 ～ 56 頁。

商業部飲食服務局編，1959，『中国名菜譜』4，軽工業出版社。

施筱萍，1998，「“官菜” 味如何？」『新民晩報』3 月 27 日 29 頁。

樹棻，1997，「上海菜在香港」『新民晩報』6 月 19 日 15 頁。

舒明，1997，「従歴史到未来：対上海菜的一点反思」『文滙報』10 月 25 日 7 頁。

舒湮，1947，「『吃』的廃話」『論語』132，7 月 1 日，649 ～ 651 頁。

――，1995，「抗戦時期的吃」『文匯報』9 月 5 日 7 頁。

絲絲，1995，「本幇菜：粉墨新登場」『文滙報』2 月 27 日 11 頁。

孫文，1989（1919），「建国方略　孫文学説（心理建設）」，国父全集編輯委員会編『国父全集』1，台北，近代中国出版社，351 ～ 422 頁。

孫暁青，2009a，「国宴与礼賓変遷」『小康』83，6 月，72 ～ 74 頁。

――，2009b，「国宴上的外交風雲」『小康』83，6 月，76 ～ 77 頁。

孫宗復編，1935，『上海遊覧指南』上海，中華書局，1 月初版，9 月訂正再版。

譚璐・張旭，2010，「神秘国宴：胡主席最愛開水白菜」『新聞天地』9，9 月，28 ～ 29 頁。

唐嗣堯，1935，「中国的飲食」，『科学時報』2（3），3 月，41 ～ 43 頁。

佟屏亜他編，1990，『畜禽史話』北京，学

術書刊出版社。

涂艶・饒智・王詩蕊，2010，「中国国宴外交60年」『中外文摘』2，1月15日，6～9頁。

童世璋，1986，『小吃的芸術與文化』台北，行政院文化建設委員会。

童子達編，1928，『新嘉坡各業調査』新嘉坡南洋工商補習学校。

万建中，2012，「中国烹飪無需申遺」『中国芸術報』2月8日，（http://www.cflac.org.cn/ys/xwy/201202/t20120208_126434.html）。

王宝林，1997，「最好的川菜是不辣的!?」『文滙報』2月1日7頁。

王定九，1934，『上海顧問』上海，中央書店。

――，1937，『上海門径』上海，中央書店。

王豊，2009，「蔣介石的“国宴”」『文史博覧』7，7月，66～67頁。

王国平，1997，「京菜里的海味」『文滙報』5月10日7頁。

王煥理，2009，「仁川百年老店　中華楼紀事」『煙台日報』7月11日（https://wenku.baidu.com/view/db2c6e06b52acfc789ebc9f7.html）。

王家倹，2004，「閩系海軍歴史地位的重新評価」，李金強他主編『我武維揚：近代中国海軍史新論』香港海防博物館，12～25頁。

王夢悦，2012，「記録開国第一宴」『党史縦横』7，7月1日，14～16頁。

王思明，2006，「無鴨不成席：「鴨都」何以成為南京的代名詞？」，周寧静主編『第九届中華飲食文化学術研討会論文集』台北，中華飲食文化基金会，431～448頁。

王暁楓，2015，「国宴：舌尖上的外交」『決策』Z1，3月5日，88～89頁。

翁長松，1999，「名店・名饌・名厨」『新民晩報』10月16日24頁。

呉道富・沈定，1993，「四川火鍋進軍大上海」『文滙報』11月11日5頁。

呉徳広，2008，「礼賓官的日子」『報告文学』（長江文芸出版社）2月5日，98～108頁。

――，2011，「国宴軼事」『湘潮』1，1月，44～46頁。

――，2012，「親歴者講述国宴変遷」『人民文摘』9，9月，50～51頁。

呉正格，1988，『満族食俗与清宮御膳』瀋陽，遼寧科学技術出版社。

伍連徳，1915，「衛生餐法」『中華医学雑誌』1（1），11月，30～31頁。

伍廷芳，1910，「衛生新法撮要」『中西医学報』9，12月，1～6頁。

巫仁恕，2018，「東坡肉的形成与流衍初探」『中国飲食文化』14（1），4月，13～55頁。

暁鴿，2014，「国宴：舌尖上的外交」『東南西北』8，4月15日，18～19頁。

暁宜，1983，「大閘蟹渉趣」『文滙報』11月12日4頁。

篠田統，1971，「豆腐考」，林海音主編『中国豆腐』台北，純文学出版社，39～58頁。

解希之，1937，「広州印象記」『学風』（安徽省立図書館編）7（2），発行月不祥，1～8頁。

謝雲飛，1994，「自醸老酒　自売老外　“紹醸”獲外貿進出口自主権」『文匯報』3月15日5頁。

――，1998，「周総理与紹興酒」『文匯報』2月22日7頁。

邢渤濤注釈，1986，『調鼎集』北京，中国商業出版社（原著は乾隆年間ないしはその直後）。

徐海栄主編，1999a，『中国飲食史』5，北京，華夏出版社。

――，1999b，『中国飲食史』6，北京，華夏出版社。

徐珂，1920，『清稗類鈔』第47冊，飲食（上），上海，商務印書館。

許聖義・許昌浩，2014，「掲開国宴的神秘面紗」『烹調知識』（太原）3，3月，28～29頁。

厳裘麗口述（傅士玲著），2006，『蔣公獅子頭：豪門家宴私菜食譜與故事』台北，棋碁文化。

揚眉漫画，2009，『満漢全席之進宮』上海，東方出版中心。

――，2010a，『満漢全席之満菜』上海，東方出版中心。

――，2010b，『満漢全席之餑餑』上海，東方出版中心。

楊萌，1994，「世界美食城　推陳出新本幇菜」『文滙報』1月30日6頁。

楊昭景等，2017，『醇釀的滋味：台湾菜的百年変遷與風貌』台北，墨刻出版。

楊雪，2016，「中餐申遺真的難於上青天？」『科技日報』1月23日4頁。

姚慧玲，1988，「集各幇之長創海派風味　上海菜系自成一体」『文滙報』7月2日2頁。

――，1994，「商戦在滬全方位展開」『文匯報』5月1日2頁。

――，1999，「本幇老正興興旺140年」『新民晩報』8月14日24頁。

野鶴，1993，「“小吃王国”与英国女王」『文滙報』10月3日6頁。

永旭，2014，「国宴的変遷」『山西老年』10，10月1日，22頁。

兪美霞，2011，「国宴食単與台湾飲食文化探析」『中国飲食文化基金会会訊』17（2），5月，16～28頁。

禹壽，1948，「有鼠来窺閣雑筆　豪食」『申報』8月5日8頁。

苑洪琪，1997，『中国的宮廷飲食』北京，商務印書館国際有限公司。

袁家方，2016，「尋找“都一処”的歴史」『時代経貿』2016年4期，2月，62～71頁。

袁静雪，2012，『女児眼中別面袁世凱』北京，中国文史出版社。

曾齡儀，2015，「移民與食物：二次戦後高雄地区的潮汕移民與沙茶牛肉爐」『師大台湾史学報』8，2015，12月，93～128頁。

――，2018，「呉元勝家族與臺北沙茶火鍋業的変遷（1950–1980年代）」『中国飲食文化』12（1），4月，53～89頁。

曾品滄，2012，「從「平楽遊」到「江山楼」：日治中期台湾酒楼公共空間意涵的転型（1912–1937）」，林玉茹主編『比較視野下的台湾商業伝統』台北，中央研究院台湾史研究所，519～549頁。

――，2013，「郷土食和山水亭：戦争期間「台湾料理」的発展（1937～1945）」『中国飲食文化』9（1），4月，113～156頁。

張濤，2011，「孔子：戦後美国華人餐飲的文化標記—基于美国主要報紙的考察」『華僑華人歴史研究』2011年2期，6月，38～50頁。

張秀明，2008，「被辺縁化的群体：印度華僑華人社会的変遷」『華僑華人歴史研究』2008年4期，12月，6～23頁。

張玉欣，2006，「台湾的便当文化」『中華飲食文化基金会会訊』12（3），8月，30～36頁。

――，2008，「從平面媒体與受訪者日記略窺台湾光復後三十年（1945～1975）之餐飲業現況想像」『中華飲食文化基金会会訊』14（4），11月，28～37頁。

――，2011，「台湾料理食譜的発展與変遷」『中華飲食文化基金会会訊』17（2），5月，44～50頁。

趙鴻明・汪萍，2004，『舊時明月：老北京的風土人情』北京，当代世界出版社。

趙栄光，2003，『満漢全席源流考述』北京，昆侖出版社。

鄭寶鴻，2013，『百年香港中式飲食』香港，経緯文化。

治，1933，「招牌的没落」『申報』11月16日18頁。

鍾詩，1922，「暑期宜屏除酬應」『申報』8月26日21頁。

周松芳，2012，『民国味道—嶺南飲食的黄金時代』広州，南方日報出版社。

――，2015，『広東味道』広州，花城出版社。

――，2016，「民国広州飲食的上海報道」，鳳凰網資訊，4月9日（原載は『羊城晩報』），（http://news.ifeng.com/a/20160409/48403851_0.shtml）。

――，2019，『嶺南飲食文化』広州，広東人民出版社。

周詢（周伯謙・楊俊明点校），1987，『芙蓉話旧録』成都，四川人民出版社。

周作人（知堂），1935，「日本管窺之二」『国聞周報』12（25），7月1日，（鐘叔河編『周作人散文全集』6，桂林，広西師範大学出版社，2009年，657～666頁などに所収，邦訳には，周作人（木山英雄訳）『日本談義集』平凡社，2002年，191～207頁などがある）。

朱振藩，2003，『食的故事』長沙，岳麓書社。

卓文倩，2011，「我国歴任総統国宴菜色及政経意涵之比較研究」『中国飲食文化基金会会訊』17（2），5月，4～5頁。
左東黎・鐘朋文，2005，「国宴“権威”正名国宴：訪中国烹飪協会蘇秋成会長」『中国食品』18，9月15日，C6～C7頁。

英語文献

A'Beckett Arthur. 1884. "Our Insane-Itary Guide to the Health Exhibition," *Punch*, July 26.
Akamine, Jun. 2016. "Shark Town: Kesennuma's Taste for Shark and the Challenge of a Tsunami," in Casey Man Kong Lum and Marc de Ferrière le Vayer (eds.), *Urban Foodways and Communication: Ethnographic Studies in Intangible Cultural Food Heritage around the World*, Lanham, Maryland: Rowman & Littlefield, pp. 71–85.
Allix, P. 1953. *Menus for Malaya,* Singapore: Malaya Publishing.
Amenda, Lars. 2009. "Food and Otherness. Chinese Restaurants in West European Cities in the 20th Century," *Food and History*, 7（2）, pp. 157–180.
Appadurai, Arjun. 1988. "How to Make a National Cuisine: Cookbooks in Contemporary India," *Comparative Studies in Society and History*, Vol. 30, No. 1, January 1988.
Avieli, Nir. 2005. "Vietnamese New Year Rice Cakes: Iconic Festival Dises and Contested National Identity," *Ethnology*（University of Pittsburgh）, 44（2）, Spring, pp. 167–187.
Banerjee, Himadri, Gupta, Nilanjana and Mukherjee, Sipra（eds.）. 2009. *Calcutta Mosaic: Essays and Interviews on the Minority Communities of Calcutta*, London: Anthem Press.
Bao, Jiemin. 2011. "Transnational Cuisine: Southeast Asian Chinese Food in Las Vegas," in Tan Chee-Beng（ed.）, *Chinese Food and Foodways in Southeast Asia and Beyond*, Singapore: National University of Singapore Press, pp. 175–191.
Barbas, Samantha. 2003. "'I'll Take Chop Suey': Restaurants as Agents of Culinary and Cultural Change," *Journal of Poplular Culture*, 36（4）, Spring, pp. 669–686.
Benton, Gregor. 2005. "Chinatown UK v. Colonial Hong Kong: An Early Exercise in Transnational Militancy and Manipulation, 1967–1969," *Ethnic and Racial Studies*, 28（2）, March, pp. 331–347.
Bettijane, Levine. 2010. "Back Story: Who Was Susan, and Was She Truly Lazy?" *L.A. at Home, The Los Angeles Times.* March 25,（http://latimes-blogs. latimes.com/home_blog/2010/03/lazy-susan-history-who-invented-mystery.html）
Bosse, Sara and Watanna Onoto. 1914. *Chinese-Japanese Cook Book*, Chicago: Rand McNally.
Bray, Francesca. 2019. "Health, Wealth, and Solidarity," in Angela Ki Che Leung and Mellissa L. Caldwell（eds.）, *Moral Foods: The Construction of Nutrition and Health in Modern Asia*, Honolulu: University of Hawai'i Press, pp. 23–46.
Brien, Donna Lee. 2019. "Food Writing and Culinary Tourism in Singapore," in Cecilia Leong-Salobir（ed）, *Routledge Handbook of Food in Asia*, London and New York: Routledge, pp. 163–175.
Bruce, Allan. 1971. *Good Food Guide to Singapore*, Second Edition, Singapore: Donald Moore for Asia Pacific Press.
Buck, Pearl S. 1972. *Buck's Oriental Cookbook*, New York: Simon and Schuster.
Caldwell, Melissa L. 2015. "The Visible and the Invisible: Intimate Engagement with Russia's Culinary East," in Kwang Ok Kim（ed.）, *Re-Orienting Cuisine: East Asian Foodways in the Twenty-First Century,* New York: Berghahn, pp. 129–149.
Chan, Carol and Strabucchi, Maria Montt. 2020. "Creating and Negotiating 'Chineseness' through Chinese Restaurants in Santiagom Chile" in Jenny Banh and Haiming Liu（eds.）, *American Chinese Restaurants: Society, Culture and Consumption*, London: Routledge, pp. 3–25.
Chan, Sally. 2016. "Sweet and Sour: The Chinese Experience of Food," in Anne J. Kershen（ed.）, *Food in the Migrant Experience*, London: Routledge, pp. 172–188.

Chan, Yuk Wab. 2011. "*Banh Cuon* and *Cheung Fan*: Searching for Identity of the 'Steamed Rice-flour Roll,'" in Tan Chee-Beng (ed.), *Chinese Food and Foodways in Southeast Asia and Beyond*, Singapore: Nus Press, pp. 156–171.

Chao, Buwei Yang. 1949 (1945). *How to Cook and Eat in Chinese*, New York: John Day.

Châu, Hàm. 2005. "A Taste of the South," in Annabel Jackson, Hàm Châu, Vân Chi (eds.), *The Cuisine of Việt Nam Nourishing a Culture*, Việt Nam: Thế Giới Pubilishres.

Chen, Yong. 2014. *Chop Suey, USA: The Story of Chinese Food in America*, New York: Columbia University Press.

——. 2020. "Surveying the Genealogy of Chinese Restaurants in Mexico: From High-End Franchises to Makeshift Stands," in Jenny Banh and Haiming Liu (eds.), *American Chinese Restaurants: Society, Culture and Consumption*, London: Routledge, pp. 89–104.

Cheng, Sea-ling. 2002. "Eating Hong Kong's Way Out," in Katarzyna Cwiertka and Boudewijn Walraven (eds.), *Asian Food: The Globan and the Local*, London: Routledge, pp. 16–33.

Cheung, Sidney C. H. 2002. "The Invention of Delicacy: Cantonese Food in Yokohama Chinatown," David Y. H. Wu and Sidney C. H. Cheung (eds.), *The Globalization of Chinese Food*, Richmond: Curzon Press, pp. 170–182.

——. 2020. "Reflections on the Historical Construction of Huaiyang Cuisine: A Study on the Social Development of Shanghai Foodways in Hong Kong," *Global Food History*, 6 (2), May, pp. 1–15, published online.

Chiang, Cecilia with Weiss, Lisa. 2007. *The Seventh Daughter: My Culinary Journey from Beijing to San Francisco*, Berkeley: Ten Speed Press.

Choo, Ng Kwee. 1968. *The Chinese in London*, London: Institute of Race Relations, Oxford University Press.

Coe, Andrew. 2009. *Chop Suey: A Cultural History of Chinese Food in the United States*, Oxford: Oxford University Press.

Cwiertka, Katarzyna J. 2006. *Modern Japanese Cuisine: Food Power and National Identity*, London: Reaktion Books.

——. 2012. *Cuisine, Colonialism, and Cold War: Food in Twentieth-Century Korea*, London: Reaktion Books.

Cwiertka, Katarzyna J. and Morita, Akiko. 2008. "Fermented Soyfoods in South Korea," in Christine M. Du Bois, Chee-Beng Tan, and Sidney Mintz (eds), *The World of Soy*, Urbana and Chicago: University of Illinois Press, pp. 161–181.

Dadi Maskar, Khoirul Anwar, Nindy Sabrina, Astawan Made, Hardinsyah Hardinsyah, Naufal M Nurdin, Shanti Pujilestari. 2018. "Promoting Tempe as Indonesian Indigeneous Food and Culture," *ICCD* (*International Conference on Community Development*), 1 (1), pp. 36–43.

Demgenski, Philipp. 2020. "Culinary Tensions: Chinese Cuisine's Rocky Road toward International Intangible Cultural Heritage Status," *Asian Ethnology*, 79 (1), pp. 115–135.

Der Ling, Princess. 1933. *Imperial Incense*, New York: Dodd, Mead & Company. 中国語訳は，徳齢（秦痩鷗訳）『御香縹緲録』（1934年）で，本書は1939年版（上海，春江書局）を参照した。邦訳には，実藤恵秀訳『西太后絵巻』上・下（大東出版社，1941年），抄訳には，井関唯史訳『西太后汽車に乗る』（東方書店，1997年）がある。

Du Bois, Christine M. 2008. "Social Context and Diet: Changing Soy Production and Consumption in the United States," in Christine M. Du Bois, Chee-Beng Tan, and Sidney Mintz (eds.), *The World of Soy*, Urbana and Chicago: University of Illinois Press, 2008, pp. 208–233.

Dudgeon, John. 1884. "Diet, dress, and dwellings of the Chinese," *The Health Exhibition Literature*, 19, pp. 253–495.

Dunstan, Don. 1976. *Don Dunstan's Cookbook*, Adelaide, South Australia: Rigby.

Duruz, Jean. 2007. "From Malacca to Adelaide: Fragments towards a Biography of Cooking,

Yearing and *Laksa*," in Sidney C. H. Cheung and Tan Chee-Beng (eds.), *Food and Foodways in Asia: Resource, Tradition and Cooking*, London: Routledge, pp. 183–200.

——. 2011. "Four Dances of the Sea: Cooking 'Asian' As Embedded Australian Cosmopolitanism," in Tan Chee-Beng (ed.), *Chinese Food and Foodways in Southeast Asia and Beyond*, Singapore: National University of Singapore Press, 2011, pp. 192–217.

Duruz Jean and Khoo, Gaik Cheng. 2015. *Eating Together: Food, Space, and Identity in Malaysia and Singapore*, Lanham, Maryland: Rowman & Littlefield.

Esterik, Penny Van. 1992. "From Marco Polo to McDonald's: Thai Cuisine in Transition," *Food and Foodways*, 5 (2), August, pp. 177–193.

——. 2008. *Food Culture in Southeast Asia*, Westport, Connecticut: Greenwood Press.

Farrer, James. 2010. "Introduction: Food Studies and Global Studies in the Asia Pacific," in James Farrer (ed.), *Globalization, Food and Social Identities in the Asia Pacific Region*, Tokyo: Sophia University Institute of Comparative Culture, published online.

Farrer, James, Hess, Christian, Carvalho Mônica R. de, Wang, Chuanfei, and Wank, David. 2019. "Japanese Culinary Mobility: The Multiple Globalizations of Japanese Cuisine," in Cecilia Leong Salobir (ed), *Routledge Handbook of Food in Asia*, London and New York, Routledge, pp. 39–57.

Fei, Xiaotong. 1989. "The Shallowness of Cultural Tradition," in R. David Arkush and Leo O. Lee (eds.), *Land Without Ghosts: Chinese Impressions of America from the Mid-nineteenth Century to the Present*, Berkeley: University of California Press, pp. 172–175.

Feng, Jin. 2019. *Tasting Paradise on Earth: Jiangnan Foodways*, Seattle: University of Washington Press.

Fernando G. C. 1978. *Filipino Heritage: the Making of a Nation*, Vol. 10. Manila: Lahing Pilipino Publishing Inc.

Fernandez, Doreen G. 1994. *Tikim: Essays on Philippine Food and Culture*, Manila: Anvil Publishing, Inc.

——. 2002. "Chinese Food in the Philippines: Indigenization and Transformation," in David Y. H. Wu and Sidney C. H. Cheung (ed.), *The Globalization of Chinese Food*, London: Routledge, pp. 183–189.

Filippini, Alexander. 1890 (1889). *The Table: How to Buy Food, How to Cook It and How to Serve It*, New York: Charles L. Webster & Company, pp. 414–417.

Freedman, Paul. 2016. *Ten Restaurants That Changed America*, New York: Liveright Publishing Corporation.

Fu, Jia-Chen. 2018. *The Other Milk: Reinventing Soy in Republican China*, Seattle: University of Washington Press.

Genthe, Arnold with text by Irwin, Will. 1908. *Pictures of Old Chinatown*, New York: Moffat, Yard & Co.

Gernet, Jacques, translated by Wright, H. M. 1962. *Daily Life in China: On the Eve of the Mongol Invation 1250–1276*, Stanford: Stanford University Press.

Gerth, Karl. 2003. "Commodifying Chinese Nationalism: MSG and the Flavor of Patriotic Production," Susan Strasser (ed.), *Commodifying Everything: Relationships of the Market*, New York: Routledge.

Hà, Thu and Ly, Uyên. 2005. "Where it all began," in Annabel Jackson, Hàm Châu, Vân Chi (eds.), *The Cuisine of Việt Nam Nourishing a Culture*, Việt Nam: Thế Giới Pubilishres, pp. 16–18.

Han, Kyung-Koo. 2010a. "The 'Kimchi Wars' in Globalizing East Asia: Consuming Class, Gender, Health, and National Identity," in Kendall, L., (ed.), *Consuming Korean Tradition in Early and Late Modernity*, Honolulu: University of Hawai'i Press, pp. 149–166.

——. 2010b. "Noodle Odyssey: East Asia and Beyond," *Korea Journal*, 50 (1), Spring, pp. 60–84.

Handy, Ellice. 1952. *My Favourite Recipes*, Singapore: Malaya Publishing House.

Ho, Sana and Yang, Fongming. 2019. "Pho Migration: Gastronomic Exoticism or Exotic Gastronomy in Paris and Seoul," in *2019 Inter-*

national Conference on Chinese Food Culture "Cross-Cultural Interaction and Chinese Foodways in Southeast Asia," in Hanoi, Vietnam in October.

Howell, Elizabeth E. 1891. *Self-waiting Table, Patent No. 464,073*, Maryville, Missouri: United States Patent Office, Dec 1, (https://patents.google.com/patent/US464073A/en)

Hsiao, Hsin-Huang Michael and Lim, Khay-Thiong. 2015. "History and Politics of National Cuisine: Malaysia and Taiwan," in Kwang Ok Kim (ed.), *Re-Orienting Cuisine: East Asian Foodways in the Twenty-First Century*, New York: Berghahn, pp. 31–55.

Hsu, Madeline Y. 2008. "From Chop Suey to Mandarin Cuisine: Fine Dining and the Refashioning of Chinese Ethnicity During the Cold War Era," in Sucheng Chan and Madeline Y. Hsu (eds.), *Chinese Americans and the Politics of Race and Culture*, Philadelphia: Temple University Press.

Huang, Hsing-tsung. 2000. "Fermentations and Food Science," in *Biology and Biological Technology*, part 5, vol. 6, of *Science and Civilisation in China*, Cambridge: Cambridge University Press.

Huang, Hsing-tsung. 2008. "Early Use of Soybean in Chinese History," in Christine M. Du Bois, Chee-Beng Tan, and Sidney Mintz (eds), *The World of Soy*, Urbana and Chicago: University of Illinois Press, pp. 45–55.

Huat, Chua Beng and Rajah, Ananda. 2001. "Hybridity, Ethnicity and Food in Singapore," in David Y. H. Wu and Tan Chee-beng (eds.), *Changing Chinese Foodways in Asia,* Hong Kong: Chinese University Press, pp. 161–197.

Hussin, Hanafi. 2019. "Branding Malaysia as Truly Asia through Gastronomic Representation," *Senri Ethnological Studies,* 100, March, Kazunobu Ikeya (ed.), The Spread of Food Cultures in Asia, pp. 199–212.

Hymowitz, T. and Shurtleff, W. R. 2005. "Debunking Soybean Myths and Legends in the Historical and Popular Literature," *Crop Science*, 45 (2), March, pp. 473–476.

Ichijo, Atsuko and Ranta, Ronald. 2016. *Food, National Identity and Nationalism: From Everyday to Global Politics*, London: Palgrave Macmillan.

Itoh, Keiko. 2001. *The Japanese Community in Pre-War Britain: From Integration to Disintegration*, Routledge.

Iwama, Kazuhiro. 2021. "How Taiwanese, Korean, and Manchurian Cuisines Were Designed: A Comparative Study on Colonial Cuisines in the Japanese Empire," *Al-Madaniyya: Keio Bulletin of Middle Eastern and Asian Urban History,* 1, published online.

——. forthcoming. "Food, Drink and Fashion," in Shigeto Sonoda and Xudong Zhang (eds.), *A Cultural History of East Asia in the Modern Age: 1900CE to the present*, London: Bloomsbury Academic, Chapter 8.

Jones, Douglas. 1979. "The Chinese in Britain: Origins and Development of a Community," *New Community,* 7 (3), Winter, pp. 397–402.

Jung, Kuen-Sik. 2005. "Colonial Modernity and the Social History of Chemical Seasoning in Korea," *Korea Journal*, 45 (2), Summer, pp. 9–36.

Jung, Yuson. 2015. "Experiencing the 'West' through the 'East' in the Margins of Europe: Chinese Food Consumption Practice in Post-socialist Bulgaria," in Kwang Ok Kim (ed.), *Re-Orienting Cuisine: East Asian Foodways in the Twenty-First Century,* New York: Berghahn, pp. 150–169.

Khoo, Tony. 2015. *The Singapore Heritage Cookbook: Past, Present, Future*, Singapore: Tien Wah Press.

Kim, Bok-rae. 2009. "Chinese Cuisine in Korean Dining-out Culture," in David Holm (ed), *Regionalism and Globalism in Chinese Culture*, Taipei: Foundation of Chinese Dietary Culture, pp. 285–307.

Kim, Chi-Hoon. 2016. "Kimchi Nation: Constructing Kimjang as an Intangible Korean Heritage," in Casey Man Kong Lum and Marc de Ferrière le Vayer (eds.), *Urban Foodways and Communication: Ethnographic Studies in Intangible Cultural Food Heritage Around the World*, Lanham, Maryland: Rowman & Littlefield, pp. 39–53.

——. 2017. "Let Them Eat Royal Court Cuisine! Heritage Politics of Defining Global Hansik,"

Gastronomica, 4, Fall, pp. 4–14.

Kim, Kwang-ok. 2001. "Contested Terrain of Imagination: Chinese Food in Korea," David Y. H. Wu and Tan Chee-beng (eds.), *Changing Chinese Foodways in Asia*, Hong Kong: The Chinese University Press, pp. 201–217.

——. 2011. "Sichuan, Beijing, and Zhonghua in Chinese Restaurants in Korea: Local Specialty and Consumption of Imagination," in David Y. H. Wu (ed), *Overseas March: How the Chinese Cuisine Sperad?* Taiwan: Foundation of Chinese Dietary Culture, pp. 145–157.

King, Michelle T (金括). 2019a. "Introdction: Culinary Nationalism in Asia," in Michelle T. King (ed.), *Culinary Nationalism in Asia*, London: Bloomsbury Academy, pp. 1–20.

——. 2019b. "A Cookbook in Search of a Country: Fu Pei-mei and the Conundrum of Chinese Culinary Nationalism," in Michelle T. King (ed.), *Culinary Nationalism in Asia*, London: Bloomsbury Academic, pp. 56–72.

——. 2020. "What Is 'Chinese' Food? Historicizing the Concept of Culinary Regionalism," *Global Food History*, 6 (16), March, pp. 1–21, published online.

King, Samuel C. 2019. "Sinophile Consumption: Chinese Restaurants and Consumer Culture in Turn-of-the-Century American Cities," *Global Food History*, 5 (3), May, pp. 162–182, published online.

——. 2020. "Oriental Palaces: Chin F. Foin and Chinese Fine Dining in Exclusion-Era Chicago" in Jenny Banh and Haiming Liu (eds.), *American Chinese Restaurants: Society, Culture and Consumption*, London: Routledge, pp. 136–154.

Klein, Jakob A. 2009. "'For Eating, It's Guangzhou': Regional Culinary Traditions and Chinese Socialism," in Harry G. West and Parvathi Raman (eds.), *Enduring Socialism: Explorations of Revolution and Transformation, Restoration and Continuation,* New York: Berghahn Books, pp. 44–76.

Kong, Lily. 2015. "From Sushi in Singapore to Laksa in London," in Lily Kong and Vineeta Sinha (eds.), *Food, Foodways and Foodscapes*, Singapore: World Scientific, pp. 207–241.

Ku, Robert Ji-Song. 2013. "*Gannenshoyu* or First-Year Soy Sauce?: Kikkoman Soy Sauce and the Corporate Forgetting of the Early Japanese American Consumer,"in Robert Ji-Song Ku, Martin F. Manalansan IV, and Anita Mannur (eds.), *Eating Asian America: A Food Studies Reader*, New York: Newe York University Press.

——. 2014. *Dubious Gastronomy: The Cultural Politics of Eating Asian in the USA*, Honolulu: University of Hawai'i Press.

Kubo, Michiko. 2010. "The Development of an Indonesian National Cuisine: A Study of New Movement of Instant Foods and Local Cuisine," in James Farrer (ed.), *Globalization, Food and Social Identities in the Asia Pacific Region*, Tokyo: Sophia University Institute of Comparative Culture, published online.

Lafontaine, Andrée. 2018. "As Ameican as Chop Suey," in Bruce Makoto Arnold, Tanfer Emin Tunç and Raymond Douglas Chong (eds.), *Chop Suey and Sushi from Sea to Shining Sea: Chinese and Japanese Restaurants in the United States*, Fayetteville: The University of Arkansas Press.

Lausent-Herrera, Isabelle. 2011. "The Chinatown in Peru and the Changing Peruvian Chinese Community (ies)," *Journal of Chinese Overseas*, 7 (1), January, pp. 69–113.

Lee, Anthony W. 2001. *Picturing Chinatown: Art and Orientalism in San Francisco*, Berkeley: University of California Press.

Lee, Chin Koon. 1974. *Mrs Lee's Cookbook: Nyona Recipes and Other Favourite Recipes*, Singapore: Eurasia.

Lee, Geok Boi. 1998. *Singapore: Journey into Nationhood*, Singapore: Landmark.

Lee, Jennifer 8. 2009 (2008). *The Fortune Cookie Chronicle*, New York: Twelve.

Lee, Shermay. 2003. *The New Mrs Lee's Cookbook, Nonya Cuisine*, Singapore: Times Edition.

Lei, Sean Hsiang-lin. 2010. "Habituating Individuality: The Framing of Tuberculiosis and Its Material Solutions in Republican China," *Bulletin of the History of Medicine*, 84 (2), Summer, pp. 248–279.

Leow, Annabeth. 2017. "Rise and fall of popular eatery," *The Straits Times*, 19 April, (https://www.straitstimes.com/singapore/rise-and-fall-of-popular-eatery)

Leung, Angela Ki Che. 2019. "To Build or to Transform Vegetarian China: Two Republican Projects," in Angela Ki Che Leung and Mellissa L. Caldwell (eds.), *Moral Foods: The Construction of Nutrition and Health in Modern Asia*, Honolulu: University of Hawai'i Press, pp. 221–240.

Levin, Jacob R. 2020. "Chinese Restaurants and Jewish American Culture," in Jenny Banh and Haiming Liu (eds.), *American Chinese Restaurants: Society, Culture and Consumption*, London: Routledge.

Li, Hui-Min. 2015. "A Taste of Free China: the Grand Hotel, Overseas Chinese Hostel and Its Food and Reception Culture in Taiwan, 1945–1979," in 2015 International Conference of Chinese Food Culture, *Chinese Food Culture in Europe, French Food Culture in Asia*, Proceedings, Tours, France, 12–15 October, pp. 24–38.

Light, Ivan. 1974. "From Vice District to Tourist Attraction: The Moral Career of American Chinatowns, 1880–1940," *Pacific Historical Review*, 43 (3), August, pp. 367–394.

Little Tokyo Service Center. 2019. "Little Tokyo Service Center Announces Purchase of the Former Umeya Rice Cake Company," May 17, (https://www.ltsc.org/umeyapurchase/)

Liu, Haiming 2015. *From Canton Restaurant to Panda Express: A History of Chine Food in the United States*, New Brunswick: Rutgers University Press.

——. 2020. "Chop Suey: P. E. Chang's, and Chinese Food in America," in Jenny Banh and Haiming Liu (eds.), *American Chinese Restaurants: Society, Culture and Consumption*, London: Routledge, pp. 155–168.

Liu, Xiaohui. 2016. *Foodscapes of Chinese America: The Transformation of Chinese Culinary Culture in the U.S. since 1965*, Frankfurt am Main: Peter Lang.

Lo, Kenneth. 1993. *The Feast of My Life*, London: Doubleday.

Lui, Mary Ting Yi. 2011. "Rehabilitating Chinatown at Mid-Century: Chinese Americans, Race, and US Cultural Diplomacy," in Vanessa Künnemann and Ruth Mayer (eds.), *Chinatowns in a Transnational World: Myths and Realities of an Urban Phenomenon*, New York: Routledge, pp. 81–100.

Mabalon, Dawn Bohulano. 2013. "As American as Jackrabbit Adobo: Cooking, Eating, and Becoming Filipina/o American before World War II," in Robert Ji-Song Ku, Martin F. Manalansan IV, and Anita Mannur (eds.), *Eating Asian America: A Food Studies Reader*, New York: New York University Press, pp. 147–176.

Matsumoto, Valerie J. 2013. "Apple Pie and *Makizushi*: Japanese American Women Sustaining Family and Community," in Robert Ji-Song Ku, Martin F. Manalansan IV, and Anita Mannur (eds.), *Eating Asian America: A Food Studies Reader*, New York: New York University Press, pp. 255–273.

Mclean, Alice L. 2015. *Asian American Food Culture*, Sanra Barbara: Greenwood.

Mayer, Ruth. 2011. "Introduction, A 'Bit of Orient Set Down in the Herat of a Western Metropolis': The Chinatown in the United States and Europe," in Vanessa Künnemann and Ruth Mayer (eds.), *Chinatowns in a Transnational World: Myths and Realities of an Urban Phenomenon*, New York: Routledge, pp. 1–25.

Mclean, Alice L. 2015. *Asian American Food Culture*, Sanra Barbara: Greenwood.

Mendelson, Anne. 2016. *Chow Chop Suey: Food and the Chinese American Journey*, New York: Columbia University Press.

Miller, Harry. 1956. *The Traveller's Guide to Singapore*, Singapore: published by Donald Moore Limited, and printed by Cathay Press in Hong Kong.

Miller, Major Anthony (ed.). 1960. *Good Food from Singapore*, Singapore: Union Printing.

Mintz, Sidney W. 2007. "Asia's Contributions to World Cuisine: A Beginning Inquiry," in Sidney C. H. and Tan Chee-Beng (eds.), *Food and Foodways in Asia: Resource, Tradition and Cooking*, London: Routledge, pp. 201–210.

Mintz, Sidney W., Tan, Chee-Beng, and Bois, Christine M. Du. 2008. "Introduction: The Significance of Soy," in Christine M. Du Bois, Chee-Beng Tan, and Sidney Mintz (eds), *The World of Soy*, Urbana and Chicago: University of Illinois Press, pp. 1–23.

Moon, Okpyo. 2010. "Dining Elegance and

Authenticity: Archaeology of Royal Court Cuisine in Korea," *Korea Journal*, 50 (1), Spring, pp. 36–59.

Morris, Harriett. 1945. *Korean Recipes*, Wichita (Kansas)

——. 1959. *The Art of Korean Cooking*, Tokyo: Rutland, Vt., C. E. Tuttle Co.

Mukherjee, Sipra and Gooptu, Sarvani. 2009. "The Chinese Community of Calcutta: An Interview with Paul Chung," in Himadri Banerjee, Nilanjana Gupta, and Sipra Mukherjee (eds.), *Calcutta Mosaic: Essays and Interviews on the Minority Communities of Calcutta*, London: Anthem Press, Chapter 6, pp. 131–140.

Najpinij, Niphatchanok. 2011. "Constructing 'Thainess' within International Food Space: Thai Gastronomy in Five-Star Hotels in Bangkok," A Dissertation submitted in Partial Fulfillment of the Requirements for the Degree of Doctor of Philosophy Program in Thai Studies, Faculty of Arts, Chulalongkorn University.

Nahar, Naili, Karim, Shahrim Ab, Karim Roselina, Ghazali, Hasanah, and Krauss, Steven Eric. 2018. "The Globalization of Malaysia National Cuisine: A Concept of 'Gastrodiplomacy'," *Journal of Tourism, Hospitality and Culinary Arts*, June, pp. 42–58.

Ngoc, Hũu, and Borton, Lady (ed.). 2006. *Frequently Asked Questions about Vietnamese Culture: Phở - A Specialty of Hà nội*, Hanoi: Thế Giới Publishers.

Nguyen, Andrea Quynhgiao. 2016. *The Pho Cookbook: From Easy to Adventurous, Recipes or Vietnam's Favorite Soup and Noodles*, Berkelry, Califirnia: Ten Speed Press.

Nguyen, Can Van translated by Nguyen, Duong Thanh. 2008. "Tofu in Vietnamese Life," in Christine M. Du Bois, Chee-Beng Tan, and Sidney Mintz (eds.), *The World of Soy*, Urbana and Chicago: University of Illinois Press, pp. 182–194.

Nolton, Jessie Louise. 1911. *Chinese Cookery in the Home Kitchen: Being Recipes for the Preparation of the Most Popular Chinese Dishes at Home*, Detroit: Chino-American

Otterloo, Anneke H. Van. 2002. "Chinese and Indonesian Restaurants and the Taste for Exotic Food in the Netherlands," in Katarzyna Cwiertka and Boundewijn Walraven, *Asian Food: The Global and the Local*, London: Routledge, pp, 153–166.

Ozeki, Erino. 2008. "Fermented Soybean Products and Japanese Standard Taste," in Christine M. Du Bois, Chee-Beng Tan, and Sidney Mintz (eds.), *The World of Soy*, Urbana and Chicago: University of Illinois Press, pp. 144–160.

Palma, Patricia and Ragas, José. 2020. "Feeding Prejudices: Chinese Fondas and the Culinary Making of National Identity in Peru," in Jenny Banh and Haiming Liu (eds.), *American Chinese Restaurants: Society, Culture and Consumption*, London: Routledge, pp. 44–61.

Parker, David. 1995. *Through Different Eyes: The Cultural Identities of Young Chinese People in Britain*, Aldershot: Avebury.

Peters, Erica J. 2012. *Appetites and Aspirations in Vietnam: Food and Drink in the Long Nineteenth Century*, Lanham: AltaMira Press.

Peters, Erica J. 2015. "A Path to Acceptance: Promoting Chinese Restaurants in San Francisco, 1849–1919," *Southern California Quarterly*, 97 (1), Spring, pp. 5–28.

Pfaelzer, Jean. 2007. *Driven Out: The Forgotten War Against Chinese Americans*, New York: Random House.

Poon, Shuk-Wah. 2014. "Dogs and British Colonialism: The Contested Ban on Eating Dogs in Colonial Hong Kong," *Journal of Imperial and Commonwealth History*, 42 (2), June, pp. 308–328.

Protschky, Susie. 2008. "Colonial Table: Food, Culture and Dutch Identity in Colonial Indonesia," *Australian Journal of Politics and History*, 54 (3), September, pp. 346–357.

Pullphothong, Ladapha. 2013. "'Civilized and Cosmopolitan': The Royal Cuisine and Culinary Culture in the Court of King Rama The Fifth," A Dissertation submitted in Partial Fulfillment of the Requirements for the Degree of Doctor of Philosophy Program in Thai Studies, Faculty of Arts, Chulalongkorn University.

Punyasingh, Temsiri (ed.). 1992. *Thai Cuisine*, Bangkok: The National Identity Board.

Rappaport, Erika. 2017. *A Thirst for Empire: How Tea Shaped the Modern World*, Princeton: Princeton University Press.
Reinitz, Bertram. 1925. "Chop Suey's New Role," *New York Times*, December 27, p. XX2.
Roberts, J.A.G. 2002. *China to Chinatown: Chinese Food in the West*, London: Reaktion Books Ltd.
Rockower, Paul S. 2011. "Projecting Taiwan: Taiwan's Public Diplomacy Outreach," *Issues and Studies*, 47 (1), March, pp. 107–152.
Rosner, Erhard. 2009. "Regional Food Cultures in China," in David Holm (ed), *Regionalism and Globalism in Chinese Culture*, Taipei: Foundation of Chinese Dietary Culture, pp. 95–115.
Sabban, Françoise. 2009a. "Chinese Regional Cuisine: the Genesis of a Concept," in David Holm (ed), *Regionalism and Globalism in Chinese Culture*, Taipei: Foundation of Chinese Dietary Culture, pp. 79–93.
——. 2009b. "Forms and Evolution of Chinese Cuisine in France," in David Holm (ed), *Regionalism and Globalism in Chinese Culture*, Taipei: Foundation of Chinese Dietary Culture, pp. 369–380
Sales, Rosemary, D'Angelo, Alessio, Liang, Xiujing and Montagna, Nicola. 2009. "London's Chinatown: Branded Place or Community Space?" in Stephanie Hemelryk Donald, Eleonore Kofman, and Catherine Kevin (eds.), *Branding Cities: Cosmopolitanism, Parochialism, and Social Change,* New York: Routledge, pp. 45–58.
Sales, Rosemary, Hatziprokopiou, Panos, D' Angelo, Alessio, and Lin, Xia. 2011. "London's Chinatown and the Changing Shape of Chinese Diaspora," in Vanessa Künnemann and Ruth Mayer (eds.), *Chinatowns in a Transnational World: Myths and Realities of an Urban Phenomenon*, New York: Routledge, pp. 198–216.
Sankar, Amal. 2017. "Creation of Indian–Chinese Cuisine: Chinese Food in an Indian City," *Journal of Ethnic Foods*, 4 (4), December, pp. 268–273.
See, Carmelea Yinching Ang. 2008. "Chinese Foodways in the Philippines: A Process of Acculturation and Localization," 張玉欣総編集『第十届中華飲食文化学術研討会論文集』台北，財団法人中華飲食文化基金会，199 ～ 220 頁。
——. 2011. "Acculturation, Localization and Chinese Foodways in the Philippines," in Tan Chee-Beng (ed.), *Chinese Food and Foodways in Southeast Asia and Beyond*, Singapore: National University of Singapore Press, pp. 124–140.
Seed, John. 2006. "Limehouse Blues: Looking for Chinatown in the London Docks, 1900–40," *History Workshop Joournal*, 62, Autumn, pp. 58–85.
Shu, Joycelyn. 2011. *Nostalgia Is the Most Powerful Seasoning*, Singapore: Ate Media.
Shurtleff, William and Aoyagi, Akiko. 1979 (1975). *The Book of Tofu: Protein Source of the Future–Now!* New York: Ballentine Books, condensed and revised [ed.]
Sidharta, Myra. 2008a. "Tracing the Dragon's Trail in Chinese Indonesian Foodways," 張玉欣総編集『第十届中華飲食文化学術研討会論文集』台北，財団法人中華飲食文化基金会，147 ～ 164 頁。
——. 2008b. "Soyfoods in Indonesia," in Christine M. Du Bois, Chee-Beng Tan, and Sidney Mintz (eds.), *The World of Soy*, Urbana and Chicago: University of Illinois Press, 2008, pp. 195–207.
——. 2011. "The Dragon's Trail in Chinese Indonesian Foodways," in Tan Chee-Beng (ed.), *Chinese Food and Foodways in Southeast Asia and Beyond*, Singapore: National University of Singapore Press, pp. 107–123.
Simoons, Frederick J. 1991. *Food in China: A Cultural and Historical Inquiry*, Boca Raton: CRC Press.
Sircar, Jawhar. 1990. "The Chinese of Calcutta," in Sukanta Chaudhuri (ed.), *Calcutta: The Living City, Volume II: The Present and Future*, Calcutta: Oxford University Press.
Smart, Josephine. 2009. "Cognac and Poon-chai: A Social History of the Invention of Hong Kong Traditions in Festive Food Culture," in David Holm (ed), *Regionalism and Globalism in Chinese Culture*, Taipei: Foundation of Chinese Dietary Culture, pp. 325–367.
Smith, Andrew F. 2001. "False Memories: The Invention of Culinary Fakelore and Food Fallacies," in Harlan Walker (ed.), *Food and*

the Memory, London: Prospect, pp. 254–260.

Snow, Edgar. 1959. *Journey to the Beginning*, London: Victor Gollancz.

Swislocki, Mark. 2009. *Culinary Nostalgia: Regional Food Culture and the Urban Experience in Shanghai*, Stanford: Stanford University Press.

Tam, Siumi Maria. 2002. "Heunggongyan Forever: Immigrant Life and Hong Kong Style Yumcha in Australia," in David Y. H. Wu and Sidney C. H. Cheung (eds.), *The Globalization of Chinese Food*, London: Routledge, pp. 131–151.

Tan, Chee-Beng. 2001. "Food and Ethnicity with Reference to the Chinese in Malaysia," in David Y. H. Wu and Tan Chee-beng (eds.), *Changing Chinese Foodways in Asia*, Hong Kong: Chinese University Press, pp. 125–160.

——. 2007. "Nyonya Cuisine: Chinese, Non-Chinese and the Making of a Famous Cuisine in Southern Asia," in Sidney C. H. Cheung and Tan Chee-Beng (eds.), *Food and Foodways in Asia: Resource, Tradition and Cooking*, New York: Routledge, pp. 171–182.

——. 2008. "Tofu and Related Products in Chinese Foodways," in Christine M. Du Bois, Chee-Beng Tan, and Sidney Mintz (eds.), *The World of Soy*, Urbana and Chicago: University of Illinois Press, pp. 100–120.

——. 2011a. "Introduction," in Tan Chee-Beng (ed.), *Chinese Food and Foodways in Southeast Asia and Beyond*, Singapore: National University of Singapore Press, pp. 1–19.

——. 2011b. "Cultural Reproduction, Local Invention and Globalization," in Tan Chee-Beng (ed.), *Chinese Food and Foodways in Southeast Asia and Beyond*, Singapore: National University of Singapore Press, pp. 23–46.

Tan, Christopher. 2010. "What Is Singapore Food?" in Joyceline Tully and Christopher Tan (eds.), *Heritage Feasts: A Collection of Singapore Family Recipes*, Singapore: Miele, pp. 15–19.

Tan, Gek Suan. 2004. *Gateway to Peranakan Food Culture*, Singapore: Asiapac Books.

Tan, Mely G. 2002. "Chinese Dietary Culture in Indonesian Urban Society," in David Y. H. Wu and Sidney C. H. Cheung (ed.), *The Globalization of Chinese Food*, London: Routledge, pp. 152–169.

Tarulevicz, Nicole. 2013. *Eating Her Curries and Kway: A Cultural History of Food in Singapore*, Urbana: University of Illinois Press.

Thompson, David. 2002. *Thai Food*, Victoria, Australia: Penguin Book Ltd.

Tseng, Pintsang and Chen, Yujen 2020. "Making 'Chinese Cuisine': The Grand Hotel and Huai-Yang Cuisine in Postwar Taiwan," *Global Food History*, 6 (16), March, pp. 1–18, published online.

Tully, Joyceline and Tan, Christopher. 2010. *Heritage Feats: A Collection of Singapore Family Recipes*, Singapore: Miele Pte.

United States Navy (Bureau of Supplies and Accounts), revised 1944. *The Cook Book of the United States Navy*, Navsanda Publication No.7, (Collection in the National Archives, USA).

Varè, Daniele. 1938. *Laughing Diplomat*, London: John Murray.

Vu, Hong Lien. 2016. *Rice and Baguette: A History of Food in Vietnam*, London: Reaktion Books Ltd.

Wang, Oliver. 2020. "Live at the China Royal: A Funky Ode to Fall River's Chow Mein Sandwich," in Jenny Banh and Haiming Liu (eds.), *American Chinese Restaurants: Society, Culture and Consumption*, London: Routledge, pp. 105–120.

Watson, James L. 2019. "Afterword: Feasting and the Pursuit of National Unity–American Thanksgiving and Cantonese Common-Pot Dining," in Michelle T. King, *Culinary Nationalism in Asia*, London: Bloomsbury Academic, pp. 252–263.

Wong, Hong Suen. 2007. "A Taste of the Past: Historical Themed Restaurant and Social Memory in Singapore," in Sidney C. H. Cheung and Tan Chee-Beng (eds.), *Food and Foodways in Asia: Resource, Tradition and Cooking*, New York: Routledge, pp. 115–128.

Wongcha-um, Panu. 2010. "What Is Thai Cuisine? : Thai Culinary Identity Construction From The Rise of The Bangkok Dynasty to Its Revival," A Thesis submitted for Degree of Master of Arts, Department of History, National University of Singapore.

Wongyannava, Thanes. 1999. "The Localization

of Chinese Haute Cuisine in Bangkok's Chinese Restaurants: A Preliminary Study," in 7th International Conference on Thai Studies, University of Amsterdam, 4–8 July, pp. 1–14.

Woon, Kwok Kian, Wan-Ling C. J. and Chia, Karen (eds.). 2000. *Rethinking Chinatown and Heritage Conservation in Singapore*, Singapore Heritage Society.

Wu, David Y. H. 2011. "Global Encounter of Diasporic Chinese Restaurant Food," in Tan Chee-Beng (ed.), *Chinese Food and Foodways in Southeast Asia and Beyond*, Singapore: Nus Press, pp. 75–103.

Wu, Lien-the. 1915. "A Hygienic Chinese Dining Table," *The National Medical Journal of China*, 1 (1), November, pp. 7–8.

Wu, Xian. 1927. "Chinese Diet in the Light of Modern Knowledge of Nutrition," *The Chinese Social and Political Science Review*, 11 (1), January, pp. 56–81.

Yang, Young-Kyun. 2005. "Jajangmyeon and junggukjip: The Changing Position and Meaning of Chinese Food and Chinese Restaurants in Korean Society," *Korean Journal*, 45 (2), Summer, pp. 60–88.

Ying, Duan. 2011. "The Chinese Foodways in Mandalay: Ethnic Interaction, Localization and Identity," in Tan Chee-Beng (ed.), *Chinese Food and Foodways in Southeast Asia and Beyond*, Singapore: National University of Singapore Press, pp. 141–155.

Yoshino, Kosaku. 2010. "Malaysia Cuisine: A Case of Neglected Culinary Globalization," in James Farrer (ed.), *Globalization, Food and Social Identities in the Asia Pacific Region*, Tokyo: Sophia University Institute of Comparative Culture, published online

Young, John Russell. 1879. *Around the World with General Grant: A Narrative of the Visit of General U. S. Grant, Ex-President of the United States, to Various Countries in Europe, Asia, and Africa, in 1877, 1878, 1879*, New York: The American News Company, vol. 1–2.

韓国語文献

김창수, 2010,「인천 大佛호텔・中華樓의 변천사 자료연구」(仁川大仏ホテル・中華楼の変遷史資料研究)『인천학 연구』(仁川学研究) 13, 8 월, 275 ～ 316 쪽.

박은경, 1994,「중국 음식의 역사적 의미」(中国料理の歴史的意味)『한국문화인류학』(韓国文化人類学) 26, 95 ～ 116 쪽.

方信栄 (방신영), 1921,『朝鮮料理製法』(조선요리제법) 京城 (경성), 広益書館 (광익서관)。

이용제, 2012,「재벌과 국가권력에 의한 화교 희생의 한 사례　연구 : 아서원 (雅叙園) 소송사건」(財閥と国家権力による華僑犠牲の事例研究：雅叙園訴訟事件)『중앙사론』(中央サロン) 35, 6 월, 65 ～ 108 쪽.

이정희 (李正熙), 2017a,「조선화교의 중화요리점 연구 : 1880 년대 -1920 년대를 중심으로」(朝鮮華僑の中華料理店研究：1880 年代～ 1920 年代を中心に)『사회와 역사』(社会と歴史) 114, 6 월, 61 ～ 96 쪽.

——, 2017b,「[한국 화교 130 년사⑥] 중화요리업의 시작과 진화」(韓国華僑 130 年史⑥　中華料理店の始まりと進化), 10 월 14 일, published online, (https://www.ajunews.com/view/20171011144537734).

——, 2017c,「조선화교 중화요리점의 실태 : 1927 – 1945 년의 시기를 중심으로」(朝鮮華僑中華料理店の実態：1927 ～ 1945 年の時期を中心に)『경제사학』(経済史学) 41 (3) (65), 12 월, 273 ～ 305 쪽.

주영하 (周永河), 2008,「나가사키 화교 음식 '짬뽕' 이 한국에 있는 까닭」(長崎華僑料理「チャンポン」が韓国にあるわけ)『신동아』(新東亜) 7 月 25 日, (http://news.naver.com/main/read.nhn?mode=LSD&mid=sec&sid1=103&oid=262&aid=0000001606)

——, 2013,『식탁 위의 한국사 : 메뉴로 본 20 세기 한국 음식문화사』(食卓の上の韓国史：メニューで見る 20 世紀韓国の飲食文化史) 서울, Humanist.

한동수, 2009,「인천 청국조계지 내 공화춘의 역사변천에 관한 연구」(仁川清国

租界地内の共和春の歴史変遷に関する研究）『중국학보』（中国学報）60，12 월，371 ～ 393 쪽 .
한복진，2001,『우리 생활 100 년・음식』（私たちの生活百年・飲食）서읃 , 현암사 .

その他の言語

Siwi, Yogi. 2018. "Perancangan Pusat Konservasi Budaya Kuliner Etnis Tionghoa Indonesia berdasarkan Analisa Elemen Food Heritage di Pecinan Jakarta,"（ジャカルタのチャイナタウンにおける食の遺産の構成要素の分析に基づく中華民族料理文化保存センターのデザイン）, Podomoro University.
Trịnh, Quang Dũng（チン，クワン・ズン，鄭光勇）. 2013（2010）. "100 NĂM PHỞ VIỆT,"（ベトナムのフォーの 100 年）,（https://mayphoviet.com/tin-tuc/100-NAM-PHO-VIET-73.html）
โควิบูลย์ชัย, พูนผล（コーウィブーンチャイ，プーンポン）. 2013. "การต่อรองเชิงอำนาจและการเปลี่ยนแปลงความหมายของผัดไทย: จากเมนูชาตินิยมสู่อาหารไทยยอดนิยม"（権力交渉とパッタイの意味の変遷 : 愛国主義者の料理からタイの代表的料理へ）, วารสารภาษาและวัฒนธรรม（言語と文化ジャーナル）, 11（2）, น. 75–94.

その他の資料

陸徴祥文書「手稿雑件（一）」（宴席菜単）（中央研究院台湾史研究所所蔵，T1063_05_01_0001）。
上海市第二商業局「関於飲食業基本状況和飲食公司関於飲食業改造工作滙報」（1956 年月日不明）（上海市档案館所蔵，B98-1-134-1）。
――「十年来的飲食服務事業」（1960 年 4 月 8 日）（上海市档案館所蔵，B98-1-732-1）。
上海市公共飲食公司「上海市公共飲食業調査摸底改造規划報告（草案）」（1956 年 3 月 17 日）（上海市档案館所蔵，B98-1-134-1）。
――「上海市酒菜商業摸底情況報告」（1956 年 3 月）（上海市档案館所蔵，B98-1-134-1）。
上海市人民委員会機関事務管理局辦公室「1964 年代国務院機関事務管理局培訓厨師的計画，名単」（1964 年 1 月 31 日～ 9 月 8 日）（上海市档案館所蔵，B50-2-398-1 ～ 2）。
「上海市人民委員会機関事務管理局　関於代訓厨師工作的報告」（作成日不明）（上海市档案館所蔵，B50-2-398-28 ～ 31）。
「商討新生活倶楽部新運区励志社西餐部及冠生園飲食部出售餐食辦法紀録」（1943 年 6 月 11 日）（重慶市档案館所蔵，00610015046780000075000）。
"Collection of Chinese Cookery Recipes,"（Collection in the Wellcome Library, London）.
Forbidden City Menu, ca. 1943. The Dragon Lair inc. Nampa Idaho, Applications for Price Adjustment, 1942–1946, Records of the Office of Price Administration, 1940–1949,（Collection in the National Archives, USA）.
President Harding Dining with the "Vagabonds" during a Camping Trip, 24 July 1921,（Object ID）P.189.1522.（Digital Collection in the Henry Ford Museum and Greenfield Village）,（https://artsandculture.google.com/asset/president-harding-dining-with-the-vagabonds-during-a-camping-trip-1921-ford-motor-company-engineering-photographic-department/EgEpOCarIE6amA）
Remarks of the President at the Italian-American Foundation Bicentennial Tribute Dinner [Ford Speech or Statement], 9/16/1976, Press Releases, September 16, 1976, Press releases, 1974–1977, White House Press Releases（Ford Administration）, 1974–1977,（Collection in the National Archives, USA）.
"Singapore Food Carnival 1965"（Collection in the National Library Board, Singapore）.
Tourism: A Tourist Guide to Singapore and Malaya, 1st Edition, 1961.（Collection in the National Library Board, Singapore）.
White House Lucheon and Dinner Menu, Feb. 29, Mar. 3, 22, Aug. 14, 22, Sep. 3, 9, 20, 25, 1952, Bess W. Truman Papers, 1889–1983, White House Menus File, 1947–1952,（Collection in the National Archive, USA）.

図版出典一覧

第一部

1－1　銀座アスター編（2007: 121）
1－2　麻花（百度図片）
1－3　ウィキペディア・コモンズ（Yu Xunling, Court Photographer）
1－4　銀座アスター食品株式会社提供
1－5　銀座アスター食品株式会社提供
1－6　2015年8月14日筆者撮影
1－7　2019年5月23日筆者撮影
1－8　『申報』1927年3月28日6頁
1－9　董（加藤訳）（2000上 : 口絵）
1－10　『北京晩報』1959年10月20日2頁
1－11　梅菜扣肉（百度図片）
1－12　2018年5月5日筆者撮影
1－13　ウィキペディア・コモンズ（PEmniaCHAN, 2 February 2008）
1－14　Young (1879: Vol.1, 408)
1－15　「这些飯局背後的秘密你一定不知道」，搜狐，2018年1月17日より（https://www.sohu.com/a/217319171_160543）
1－16　人民大会堂編（1984: 口絵）
1－17　ウィキペディア・コモンズ（White House Photographer, 25 February 1972）
1－18　ウィキペディア・コモンズ（Richard Nixon Presidential Library and Museum）
1－19　銀座アスター編（2007: 95）
1－20　『台湾日日新報』1921年11月18日日刊7頁
1－21　『台湾日日新報』1923年4月26日日刊7頁
1－22　『糧友』14巻1号，1939年1月，49頁
1－23　ウィキペディア・コモンズ（Ceeseven, 7 September 2019）
1－24　ウィキペディア・コモンズ（Rob Young, 22 November 2010）
1－25　圓山大飯店の「紅豆鬆糕」（Microsoft Bing）
1－26　Luke Tsai, “She Raised a Generation of Taiwanese Home Cooks,” June 27, 2019, published online.https://www.tastecooking.com/raised-generation-taiwanese-home-cooks-taught-american-kids/
1－27　2019年8月2日筆者撮影
1－28　*New York Times*, January 10, 1917, p. 65.

第二部

2－1　2019年3月10日筆者撮影
2－2　シンガポール国立図書館所蔵
2－3　2018年3月20日筆者撮影
2－4　2019年3月10日筆者撮影
2－5　ウィキペディア・コモンズ（Marcin Konsek, 5 March 2016）
2－6　2018年3月23日筆者撮影
2－7　2019年3月11日筆者撮影
2－8　2019年3月10日筆者撮影
2－9　2019年3月12日筆者撮影
2－10　ウィキペディア・コモンズ（JB Macatulad, 30 August 2016）
2－11　2019年3月10日筆者撮影
2－12　2019年3月13日筆者撮影
2－13　2018年3月20日筆者撮影
2－14　ウィキペディア・コモンズ（Jan, 11 February 2013）
2－15　2018年3月20日筆者撮影
2－16　2019年10月13日筆者撮影
2－17　2019年10月12日筆者撮影
2－18　ウィキペディア・コモンズ（Casablanca1911, 30 May 2006）
2－19　2019年3月20日筆者撮影
2－20　2019年3月19日筆者撮影
2－21　2019年3月19日筆者撮影
2－22　2019年8月13日筆者撮影
2－23　2019年8月11日筆者撮影
2－24　2019年8月13日筆者撮影
2－25　ウィキペディア・コモンズ（Gunawan Kartapranata, 19 December 2015）
2－26　2020年1月4日筆者撮影
2－27　2020年1月3日筆者撮影
2－28　2020年1月3日筆者撮影
2－29　2020年1月3日筆者撮影

第三部

3－1　梁啓超『李鴻章』横浜，新民叢報社，1901年，口絵

3－2　Forbes Co. Boston

3－3　ウィキペディア・コモンズ（Av8trxx, 28 March 2017）

3－4　ウィキペディア・コモンズ（個人蔵）

3－5　ウィキペディア・コモンズ（“New England Bites: Eating our way through Southeastern Massachusetts, Rhode Island and beyond!” 22 October 2012, https://www.newenglandbites.com/2010_06_01_archive.html）

3－6　Hoover Institution Archives, Pardee Lowe papers, 1911–1995, Box number 324, Folder ID SAN FRANCUSCO (CHINA TOWN)（2017年3月28日筆者閲覧・撮影）

3－7　Pearl S. Buck, *Pearl S. Buck's Oriental Cookbook*, New York: Simon and Schuster, 1972.

3－8　2017年3月27日筆者撮影

3－9　2017年3月29日筆者撮影

3－10　ウィキペディア・コモンズ（Mark Mitchell）

3－11　Paul Freedman, *Ten Restaurants That Changed America*, New York Liveright Publishing Corporation, 2016, p. 233.

3－12　“London Dining Rooms, 1851,” *Punch*, January 1, 1851.

3－13　Sax Rohmer, *The Mystery of Dr. Fu-Manchu,* London: Methuen, 1913.

3－14　Kenneth Lo, *The Feast of My Life*, London Doubleday, 1993.

3－15　2017年11月23日筆者撮影

3－16　2017年11月22日筆者撮影

3－17　*The New Far East,* edited by Arthur Diosy, New York: G. P. Putham, 1899.

3－18　Don Dunstan, *Don Dunstan's Cookbook*, Adelaide, South Australia Rigby, 1976, p. 9.

3－19　ウィキペディア・コモンズ（Alpha, 1 March 2009）

3－20　2018年4月9日筆者撮影

第四部

4－1　『料理通』第4篇，八百屋善主人，1835（天保6）年

4－2　銀座アスター食品株式会社提供

4－3　「長寿延命若返り」『食道楽』3巻10号，1929年10月，58頁。

4－4　*Boston Journal*, November 8, 1903, Third Section, p. 3.

4－5　President Harding Dining with the “Vagabonds” during a Camping Trip (1921) ヘンリー・フォード博物館デジタルコレクション

4－6　「在日本之中国飯館風景」『大陸画刊』2(3)(通5)，1941年3月，21頁。

4－7　ウィキペディア・コモンズ（Blue Lotus, 27 March 2006）

4－8　2017年8月23日筆者撮影

4－9　2020年2月11日筆者撮影

4－10　『料理の友』25巻1号，1937年1月巻頭

4－11　銀座アスター食品株式会社提供

4－12　銀座アスター食品株式会社提供

4－13　銀座アスター食品株式会社提供

註

序章

（1） さしあたりアジアに関しては，King (2019a) を参照されたい。
（2） 西澤編（2019a）
（3） Appadurai (1988)
（4） 山内（2020）
（5） 中国とその周辺国における「国民食」と「国民服」の形成については，Iwama (forthcoming) で改めて整理・比較を試みたい。
（6） ナイ（2004: 10, 26, 34）
（7） 家永（2017: 119–160）
（8） 渡辺（2011: 22–28）
（9） 渡辺（2015: 18）
（10） ローダン（2016: 8）
（11） 山本（2003); 木畑（2012）
（12） 松浦（2006）
（13） 山本（2003); 木畑（2012）
（14） 石毛（2013: 58–59）
（15） Chen (2014: 22–26, 44–47)
（16） Cwiertka (2006: 139, 147–148)
（17） 岩間（2019c）
（18） 中林（2021）
（19） 岩間（2019d）
（20） Farrer (2010)
（21） Farrer, Hess, Carvalho, Wang, and Wank (2019)
（22） ミンツ（1988); 角山（1980）などが古典的名著として読まれてきている。
（23） Rappaport (2017); エリス，コールトン，メージャー（2019）など。
（24） コリンガム（2006）
（25） Smith (2001)
（26） 岩間（2019）

第一部

第1章

（1） 木村（1988）
（2） King, Michelle (2020)
（3） 江（1996）
（4） Sabban (2009a)
（5） Rosner (2009)
（6） 巫（2018）
（7） 譚（2004）
（8） Feng (2019: 77, 106–108)
（9） 芥川（1925: 121–125）
（10） 巫（2018）
（11） 孟（1983: 163–167）
（12） Gernet (1962: 133–134); 中村（2000: 377–378）
（13） 孟（1983: 91）
（14） 張（1997: 150–151）
（15） 石毛（2013: 60, 65）
（16） Gernet (1962: 133–134)
（17） 呉（2000: 111）
（18） 中村（2000: 379）
（19） Sabban (2009a); 徐編（1999a: 99）
（20） 謝（1996: 268–269; 1997: 210–211）
（21） Huang (2000: 116–117)
（22） 中村（1995: 3）
（23） Feng (2019: 19, 24–25)
（24） 石橋（2011: 60, 269）
（25） 石毛（2006: 302）
（26） 郭（2009: 11);「完全復元・満漢全席」（巻壱　西太后　還暦の宴，巻弐　乾隆帝　歓迎の宴）（NHKBS，2002年放送）
（27） 呉（1988: 2–3, 34）
（28） 石橋（2011: 16–17）
（29） 呉（1988: 279–280, 433, 435）
（30） 呉 (1988: 367–371); 揚 (2010b: 103)
（31） 呉（1988: 264–268, 348, 434); 苑（1997: 104）
（32） 徐編（1999a: 371–372）
（33） 呉（1988: 376）
（34） 苑（1997: 75–76）
（35） 石橋（2011: 23–24）
（36） 呉（1988: 2–3, 355–361, 480); 苑（1997: 29); 揚（2009: 10, 30, 38–39, 47）
（37） 賈（1997: 182）
（38） 呉（1988: 2–3, 480); 揚（2010a: 47); 郭（2009);「完全復元・満漢全席」(2002)
（39） 周（2012: 63–64, 70–71）
（40） 飛山（1997: 165, 189）

(41) 呉（1988: 228, 381）
(42) 崑岡（1976: 755–762）; 揚（2010b: 7）
(43) 呉（1988: 228, 381, 434, 479）
(44) 苑（1997: 15, 81–82）; 揚（2010b: 1, 13）
(45) 呉（1988: 2–3, 479–480）
(46) 揚（2010b: 98, 127, 151）
(47) 苑（1997: 152–153）
(48) 苑（1997: 154–155）
(49) 苑（1997: 163–165）
(50) 揚（2010b: 3, 80）
(51) 呉（1988: 277–280）; 揚（2010b: 124）
(52) 呉（1988: 304）; 苑（1997: 45–46）
(53) 呉（1988; 375）; Rosner（2009: 95–115）; 愛新覚羅（1961: 49）; 揚（2010b: 6）
(54) Simoons（1991: 427–431）
(55) 苑（1997: 45）
(56) 呉（1988: 373）
(57) 呉（1988; 375, 436）; 苑（1997: 15）
(58) Simoons（1991: 431–432）
(59) 呉（1988: 432）; 愛新覚羅（1961: 50–51）
(60) 徐（1920: 34–35）; 呉編（1988: 316–322）
(61) Der Ling（1933: 53–64）
(62) 呉（1988: 322–326）
(63) Der Ling（1933: 53–64）
(64) 呉（1988: 331–333, 375）; 松本（2013）
(65) 伍（1910）; Leung（2019: 221–240）
(66) 愛新覚羅（1992: 95 ～ 100）
(67) 呉（1988: 342–345）; 愛新覚羅（1961: 33）
(68) 秋山（2005: 107–110）
(69) 石橋（2011: 23–25）
(70) 趙（2003: 208–211, 220–225）
(71) 呉（1988: 287, 293）; Rosner（2009: 95–115）
(72) ウェイリー＝コーエン（2009）
(73) 袁（1980: 46–47）
(74) 邢（1986: 701–702）
(75) 李斗（1997: 106）
(76) 呉（1988: 288–289, 480）; 郭（2009: 11, 23）
(77) ウェイリー＝コーエン（2009）
(78) 趙（2003: 225–226）
(79) 平（1982: 179）
(80) 韓（1969: 142–150）
(81) 趙（2003: 248–249, 278–286）
(82) 劉（2006: 97–106）
(83) 治（1933）
(84) 呉（1988: 482）
(85) 禹（1948）
(86) 呉（1988: 2）
(87) 中央飯店編（1938）
(88) 北京民族飯店菜譜編写組編（1982: 465）
(89) 鄭（2013: 74）
(90) 飛山（1997: 164）
(91) 邱（1996: 177–185）
(92) 飛山（1997: 165–167）
(93) 高橋（1967: 14–16）
(94) 「13時間300万円をたいらげた14人の食いしんぼう旅行」『女性セブン』6（16）（243），1968年5月1日，162～165頁; 陳編（2014: 58）
(95) 田中（1987: 233）; 文藝春秋企画出版部編（2002: 222–232）; 陳編（2014: 58）
(96) 飛山（1994: 67）
(97) 陳（1986）
(98) 第二商業部飲食業管理局編（1958a: 44）; 趙・汪（2004: 80）; 郭（2009: 33）
(99) 『国家名厨』編委会編（2012: 22）

第2章
(1) 郭（2009: 16–20）
(2) 第二商業部飲食業管理局編（1958b: 130）
(3) 袁（2016: 62–71）
(4) 呉（1988: 281–285）
(5) 郭（2009: 17–20, 30–31）
(6) 袁（2012: 77）
(7) 馮（2007: 6）; 晋編（2008: 167）
(8) 斯波（1995; 163–165）
(9) 西澤（2019b）
(10) 川島・張・王（2020）
(11) 「「吃」在上海特輯」『申報』1947年1月16日9頁; 逯（2007: 45）
(12) 井上進（1920: 85）
(13) 徐編（1999b: 135, 149–150）
(14) 川島（2007: 22–53）
(15) 孫文（1989: 355–357）。「孫文学説」は，1918年12月30日に上海にて序文が

書かれ，初版は上海の華強書局より翌年6月5日に発行されている。
(16) 『申報』1925年11月22日13頁，11月26日7頁，1927年3月28日6頁。
(17) 季（2012）
(18) 徐（1920: 9–10）
(19) King Michelle (2019b)
(20) 中林（2021）
(21) 麻婆豆腐研究会編（2005: 18–19）
(22) 傅（1987: 262）
(23) 周（1987: 69）
(24) 中林（2021）
(25) 牟（1948）
(26) 謙子（2015）
(27) 孫編（1935: 60）
(28) 冷（1946: 104–106）
(29) 王（1937: 8）
(30) Swislocki (2019: 165–175)
(31) 舒（1947）
(32) 周（2012: 112–114; 2015: 21）
(33) 周（2012: 16–17, 98–101）
(34) 周（2016）
(35) 周（2015: 21）
(36) 周（2012: 98–99; 2016）
(37) 飛山（1997: 149–162）
(38) Cheng (2002: 16–33)
(39) 陳夢因（『粵菜溯源録』天津，百花文芸出版社，2008年）の説。周（2012: 157）による。
(40) 解（1937）; 周（2015: 107–108）
(41) 白度白科「大三元酒家」による。『百度百科』（中国版ウィキペディア）の記述は，信憑性が低いが，他に典拠を得られなかった情報に限って，参考用に示しておく。
(42) 陳編（2014: 38）
(43) 百度百科「広州酒家」による。
(44) 日野（2001: 113–127）
(45) 商業部飲食服務局編（1959: 5）
(46) 周（2015: 112）;「大同酒家復業了！跨区开在天河！現場老街坊挤爆…」『広州日報』2018年8月24日（https://baijiahao.baidu.com/s?id=1608756402709786355&wfr=spider&for=pc）。
(47) 独（1923: 19–30）
(48) 王（1934: 221）; 王（1937: 15–17）
(49) 王（2004: 12–25）; 程（2015）
(50) 逯（2007: 29）
(51) 楊（1994: 6）; 陳（1998）
(52) 冷（1946: 110–111）
(53) 谷崎（1926）
(54) 逯（2007: 16–17）; 絲絲（1995）; 姚（1999）
(55) 飛山（1997: 92–100）
(56) 飛山（1997: 127–128）
(57) 絲絲（1995）; 樹棻（1997: 15）
(58) 飛山（1997）
(59) Cheung (2020)
(60) 逯（2007: 32）
(61) 李浩明（1997）
(62) 徐編（1999b: 140）
(63) Feng (2019: 140–142)
(64) 「重慶人的温吃」『生力』（重慶）3(11/12)，1939年3月15日，139頁。
(65) 施（1998）
(66) 「商討新生活倶楽部新運区励志社西餐部及冠生園飲食部出售餐食辦法紀録」（1943，重慶市档案館所蔵）
(67) 舒（1995）; 施（1998）
(68) 逯（2007: 50–51）; Tseng and Chen (2020)
(69) 「飲食娯楽業統計」『申報』1946年12月27日6頁。
(70) Tseng and Chen (2020)
(71) 阮（2012）
(72) 董（2000: 上340–350）
(73) 上海市第二商業局「関於飲食業基本状況和飲食公司関於飲食業改造工作滙報」（1956年，上海市档案館所蔵）
(74) 董（2000: 上29–30, 358–359; 下22–28, 86–172）
(75) 翁（1999: 24）
(76) 上海市第二商業局「関於飲食業基本状況和飲食公司関於飲食業改造工作滙報」（1956年，上海市档案館所蔵）; 上海市公共飲食公司「上海市酒菜商業摸底情況報告」（1956年3月，上海市档案館所蔵）
(77) 上海市公共飲食公司「上海市公共飲食業調査摸底改造規划報告（草案）」（1956年3月17日，上海市档案館所蔵）;Swislocki (2009: 210)

(78)　上海市公共飲食公司「上海市酒菜商業摸底情況報告」(1956年3月，上海市档案館所蔵)
(79)　上海市公共飲食公司「上海市公共飲食業調査摸底改造規划報告（草案）」(1956年3月17日，上海市档案館所蔵)
(80)　Swislocki (2009: 211–212)
(81)　「本市培養了一批新厨師」『新民晩報』1956年5月25日4頁。
(82)　季（2011: 1–6); Cheung (2020)
(83)　「上海市人民委員会機関事務管理局関於代訓厨師工作的報告」(上海市档案館所蔵)
(84)　「飲食展覧会5月1日開幕　展出各幇名菜名点一千四百種」『新民晩報』1956年4月24日1頁;「飲食展覧会今天挙行預展」『新民晩報』1956年4月28日1頁;「飲食展覧会開幕」『新民晩報』1956年5月2日1頁。
(85)　Klein (2009: 44–76)
(86)　「発揚飲食業的経営特点」『新民晩報』1956年4月28日4頁。
(87)　上海市第二商業局「十年来的飲食服務事業」(1960年4月8日，上海市档案館所蔵); Swislocki (2009: 212–213)
(88)　「【烹飪史料】餐飲業国家第一批烹飪技師名単（1960年)」，中国国家名厨網，(http://www.mingchu.org/news/chuanqi/76.html)。
(89)　商業部飲食服務局編（1959: 5)
(90)　上海市人民委員会機関事務管理局辦公室「1964年代国務院機関事務管理局培訓厨師的計画，名単」(1964年1月31日～9月8日，上海市档案館所蔵); Swislocki (2009: 213)
(91)　勝見（2000: 210–219)
(92)　王国平（1997)
(93)　郭（1959);「【烹飪史料】北京晩報訪四大名厨（1959年)」，中国国家名厨網，(http://www.mingchu.org/news/chuanqi/27.html)
(94)　『国家名厨』編委会編（2012: 2–3)
(95)　第二商業部飲食業管理局編（1958b: 109–117)
(96)　『国家名厨』編委会編（2012: 2–3)
(97)　「“特長和特色”」『文匯報』1968年5月13日4頁。
(98)　邱（1979)
(99)　Swislocki (2009: 218)
(100)　「黄浦区許多“名菜館”　改革為大衆化飲食店」『文滙報』1968年12月7日4頁;「春節前上海市場購銷両旺一片繁栄」『文滙報』1969年2月12日2頁。
(101)　「螃蟹之行」『文滙報』1977年2月4日1頁; 暁宜（1983)
(102)　『国家名厨』編委会編（2012: 2–72)
(103)　『国家名厨』編委会編（2012: 2–72)
(104)　姚（1988); 林（1992)
(105)　絲絲（1995); 李浩明（1997)
(106)　勝見（2000: 248)
(107)　江（1994); 姚（1994)
(108)　呉・沈（1993)
(109)　王宝林（1997); 胡（1998)
(110)　河合（2018; 2020)
(111)　金（1997); 李浩明（1997); 舒（1997); 鞠（1999)
(112)　樹棻（1997); 鞠（1999)
(113)　パン（2012: 37)
(114)　飛山（1997: 115–120)
(115)　張（2005)
(116)　木村（1995c)
(117)　飛山（1997: 212–216, 241–244)
(118)　飛山（1997: 213, 217–218)
(119)　木村（1995c); 森川（2002: 190–209)
(120)　飛山（1997: 245, 253)
(121)　張（2005); Smart (2009: 325–367)
(122)　Watson (2019: 252–263)
(123)　Smart (2009)
(124)　Watson (2019)

第3章

(1)　Young (1879)
(2)　Young (1879, Vol.2: 245)
(3)　Young (1879, Vol.2: 335–342)
(4)　Young (1879, Vol.2: 401–433)
(5)　ペリー（2014（2009): 下 239–241); 江原・石川・東四柳（2009: 195–199)
(6)　村岡（1989)
(7)　Young (1879, Vol.2: 489–502)
(8)　Young (1879, Vol.2: 523–530)
(9)　Young (1879, Vol.2: 541–546, 558–

561）
(10) Young（1879, Vol.2: 627–631）
(11) 陸徵祥文書「手稿雑件（一）」（宴席菜単）（中央研究院台湾史研究所所蔵）
(12) 揚（2009: 38–39）
(13) 郭（2009: 21, 28）
(14) Varè（1938: 106–107）; パール（2013: 390）
(15) 周（2016）; 百度百科「中国菜」など。
(16) 粒粒香（2013: 74, 128–131, 141–144, 155）
(17) 金（1956）
(18) 粒粒香（2013: 134–136, 142–144, 155）
(19) 顧（2003: 52, 62–63, 98–99）
(20) 芳（1988）
(21) 「幾種外交宴会」『新民晩報』1965年10月15日3頁;「宴会酒会茶会」『文匯報』1981年7月6日4頁。
(22) 戴（1999）
(23) 饒・王（2009）
(24) 北京飯店館内の専門チャンネルによる紹介（2019年5月31日閲覧）。
(25) 辺（2009: 131–166）
(26) 呉（2011: 44–46）。呉徳広は，1965年7月に外交学院（1955年開校，外交部直属の外交官育成機関）を卒業し，外交部礼賓司に入り，約20年間礼賓官を務めた。
(27) 辺（2009: 146–147）
(28) 呉（2008; 2011）
(29) 饒・王（2009）
(30) 辺（2009: 135）
(31) 孫（2009b）
(32) 孫（2009a）
(33) 何・林・詹（2011）; 卓（2011; 4–5）
(34) 涂・饒・王（2010）
(35) 勝見（2000: 170）
(36) 劉（2011）
(37) 「中南海総厨師回憶：国宴吃什么？」『東西南北』（長春）2014年12期（6月15日），78～79頁。
(38) 暁鴿（2014）; 王（2012）; 呉（2008; 2011）; 勝見（2000: 197）
(39) 郭（2014）; 饒・王（2009）; 王（2012）
(40) 釣魚台国賓館編（1995: 11–12）
(41) 呉（2011）; 釣魚台国賓館編（1995: 11–13）
(42) 釣魚台国賓館編（1995: 14）; 陶野（2007）
(43) 秦（1999）
(44) 饒・王（2009）
(45) 左・鐘（2005）
(46) 呉（2008）
(47) 王（2006）
(48) 張（1997: 225–226）;「完全復元・満漢全席」（2002）
(49) 山本（2019: 339–355）
(50) 「北京老字号建燜炉烤鴨技芸博物館」，新華網，2008年6月20日（http://www.taiwan.cn/xwzx/dl/shh/200806/t20080620_675711.htm）。
(51) 第二商業部飲食業管理局編（1958b: 25）などは，1864年の創業としている。
(52) 「中国全聚徳（集団）」ホームページ（https://www.quanjude.com.cn/html/History/heritage/）。
(53) 賈（2015; 157–169）
(54) 第二商業部飲食業管理局編（1958b: 48）
(55) 佟（1990: 205）; 張（1997; 226）
(56) 呉（2008）
(57) 勝見（2000: 186, 201）
(58) 王（2015）
(59) Buck（1972: 19）
(60) 何（2011）
(61) 孫（2009）
(62) 何（2011）
(63) 呉（2011）; 王（2012）
(64) 「革命不是請客吃飯（歌曲）」『人民日報』1966年10月12日6頁。
(65) 永旭（2014）
(66) 呉（2011）
(67) 王（2012）
(68) 呉（2012）
(69) 顧（2003: 42–43, 194–209, 218）
(70) 孟（2012）; 程・閻・李（2014）
(71) 呉（2011）
(72) 永旭（2014）; 王（2012）; 劉欣（2011）; 呉徳広（2011）; 郭成倉（2014）
(73) 孫（2009a）
(74) 『国家名厨』編委会編（2012: 71）

(75) 飛山（1997: 190–212）
(76) 呉（2008）; 張旭（2009）
(77) 呉（2011）; 郭（2014）
(78) 郭（2014）; 許・許（2014）
(79) 「“国酒”—茅台上熒屏」『文匯報』1986年9月12日1頁。パナマ・太平洋万国博覧会での受賞から70周年を記念して，貴州電視台は1986年に連続ドラマ『茅台酒の伝説』を製作している。
(80) 「周総理与茅台酒」『文匯報』1989年10月22日4頁。
(81) 暁鴿（2014）
(82) 涂・饒・王（2010）; 王（2015）
(83) 馬（2012）
(84) 「“国酒”——茅台上熒屏」『文滙報』1986年9月12日1頁。
(85) 「礼賓工作有改革　国宴不用茅台酒」『人民日報』1988年8月27日1頁。
(86) 謝（1994; 1998）; 馮・陳（1989）
(87) 「日本酒，焼酎を「国酒」に　海外売り込み支援　古川戦略相」『読売新聞』2012年4月15日34頁。
(88) 国家戦略室，政策「ENJOY JAPANESE KOKUSHU（國酒を楽しもう）」プロジェクト（http://www.cas.go.jp/jp/seisaku/npu/policy04/archive12.html）。
(89) 友田晶子「酔っ払いでもわかる「國酒」「國酒プロジェクト」」（2012年12月04日更新）（https://allabout.co.jp/gm/gc/403534/）。
(90) 王暁楓（2015）
(91) 前掲「中南海総厨師回憶：国宴吃什么？」『東西南北』。
(92) 呉徳広（2008）; 顧（2003: 14）
(93) 桂（2005: 377–383）
(94) 張（1997: 98–136）
(95) Poon（2014）
(96) 皮（2020）
(97) 「角サンを迎える北京料理のメニュー」『週刊文春』1972年9月18日，32～34頁。
(98) 呉（2008）
(99) 王（2012）
(100) 郭（2014）
(101) 王（2012）; 涂・饒・王（2010）
(102) 北京飯店館内の専門チャンネルによる紹介（2019年5月31日閲覧）。
(103) 王（2015）
(104) 前掲「角サンを迎える北京料理のメニュー」『週刊文春』。
(105) 呉（2008）
(106) 野鶴（1993）
(107) 譚・張（2010）
(108) 飛山（1997: 170–171）
(109) Liu（2015: 114–115）
(110) 飛山（1997: 171）
(111) 孫暁青（2009b）

第4章

(1) 季（2012）
(2) Demgenski（2020）
(3) 季（2012）
(4) Demgenski（2020）
(5) 程（2014a）
(6) 「中餐申遺為啥这么難？　代表委員称“博大精深”是“双刃剣”」『新華網』2016年1月23日，（http://news.cnr.cn/native/gd/20160123/t20160123_521213958.shtml）
(7) 程（2014a）
(8) 季（2012）
(9) 万（2012）
(10) 季（2012）
(11) 万（2012）
(12) 程（2014b）
(13) 第二商業部飲食業管理局編（1958a: 25–26）
(14) 1913年10月に満鉄第二代総裁の中村是公が北京を訪れた際，同窓の山座円次郎公使とおそらく正陽楼で会食して，「成吉斯汗時代の鋤焼鍋なるもの」の珍味に驚かされた。大連にもどった中村総裁は，1913年11月8日夜，官民の名士を満洲館に招待して「鋤焼会の饗応」を行った（「珍饌山賊料理　総裁の北京土産」『満洲日日新聞』1913年11月9日5頁）。これが満洲の日本人社会にジンギスカン料理が伝わった最初の記録である（尽波［n.d.］の「中村満鉄総裁が大連に持ち込んだ烤羊肉」）。
(15) 第二商業部飲食業管理局編（1958a: 25–26）

(16) 前掲「中餐申遺為啥这么難？　代表委員称“博大精深”是“双刃剣”」『新華網』。
(17) 程（2014c）
(18) 程（2014c）
(19) 程（2014c）
(20) 「韓国泡菜申遺刺痛了誰？」『大連日報』2013年11月21日B04頁。
(21) 「中国制定泡菜行業国際標準，韓国政府表態」『環球時報』2020年11月30日（https://baijiahao.baidu.com/s?id=1684776164932683441&wfr=spider&for=pc）
(22) 高口（2021）
(23) 邱（2010: 526）
(24) 程（2014c）; Feng（2019: 69–70）
(25) King, Michelle（2019b: 2020）
(26) King, Michelle（2020）
(27) 程（2014c）
(28) 李（2014）
(29) ユ・田中（2017）
(30) 季（2011）
(31) 李（2014）
(32) 程（2014a）
(33) 孟（2017）
(34) 中屋（2014）
(35) 「国内首家蘭州牛肉面博物館開館」中国財経時報網，2020年11月3日，（http://xinwen.3news.cn/jiaodian/2020/1103/187616.html）
(36) 「金龍魚走進聯合国，圓中国美食“申遺夢”！」金龍魚官方網站，2015年3月28日（https://www.jinlongyu.cn/news/detail_100000300277636.html）; 劉（2015a; 2015b）
(37) 彭（2015）
(38) 劉（2015b）
(39) 楊（2016）
(40) Cheung（2020）
(41) 楊（2016）; 孟（2017）
(42) 楊（2016）
(43) Demgenski（2020）
(44) 楊（2016）; 孟（2017）
(45) 姜（2018）
(46) 孟（2017）
(47) Demgenski（2020）
(48) 姜（2018）
(49) 中山・木村（1988: 84–85）
(50) Demgenski（2020）

第5章

(1) 代表的な著作として，楊等（2017）; 陳玉箴（2020）など。
(2) 「台南辧務署の新年宴会」『台湾日日新報』1898年1月18日日刊3頁。
(3) 陳玉箴（2020: 44）
(4) 陳（2008）
(5) ①〜⑤の5店については，曾（2012）; 陳玉箴（2020: 38–86）。
(6) 「全島一をほこる！　蓬萊閣の台湾料理　新設のグリル食堂も好評　お客はいつも超満員」『台湾日日新報』1937年7月16日日刊8面。
(7) 曾（2011）
(8) 月出（1903: 1–14）
(9) 月出（1907: 73–77）
(10) 「台湾館に台湾料理」『台湾日日新報』1922年2月23日日刊7頁。
(11) 「既に峠を越した国技館の台湾博」『台湾日日新報』1929年4月20日夕刊2頁。
(12) 「京都の台湾料理」『台湾日日新報』1911年4月29日日刊7面。京都の中国料理の歴史については，岩間（2019d）。
(13) 若林（1984）
(14) 「御泊所の大食堂にて　台湾料理を召上られ　供奉高官全部に御陪食」『台湾日日新報』1923年4月26日日刊7頁;「御宴與台湾料理　江山楼之光栄」『台湾日日新報』1923年4月27日日刊8頁。
(15) 前掲「御泊所の大食堂にて　台湾料理を召上られ　供奉高官全部に御陪食」『台湾日日新報』。
(16) 秋山（2005: 93, 113–116）
(17) 田中（1987: 207）
(18) 「卅日夜御晩餐に伊澤総督から台湾料理を差上る　御献立は十三種」『台湾日日新報』1925年5月30日日刊7頁;「朝香宮様に台湾料理　二日御晩餐に」『台湾日日新報』1927年10月23日日刊5頁;「台湾料理献上　江山楼光栄に浴す」『台湾日日新報』1928年4月5日日刊5頁;「台湾料理の御晩餐を奉呈」『台

湾日日新報』1929年5月15日日刊7頁；「台湾料理を召上らる」『台湾日日新報』1934年10月14日日刊7頁など。
(19) 「所謂植民地といふよりは　帝国の一地方　聖旨を体しこの信念で奉仕する　上山総督の談」『台湾日日新報』1928年1月1日日刊2頁。
(20) 「健啖に宴は和やか　総督官邸の招待晩餐会」『台湾日日新報』1943年5月9日日刊3頁。
(21) 岩間（2019a）
(22) 上田（1935）
(23) 山田（1936）
(24) 生田（1940）
(25) 岩間（2019a）
(26) 例えば，平山（1933）において，満洲で暮らした経験のある文筆家の平山蘆江は，「満洲の食べものでは水餃子（スイチャウツウ）といふのが旨い」，「餃子（チャウツウ）は角子（チャウツウ）とも書く，満洲訛りでは，ギョウザと發音してゐる」と記している。1930年代に日本で知られた「ギョウザ」という「満洲訛り」は，草野（2013: 177–179）が論じるように，中国東北部への出稼ぎ者や移民の多い山東地方の方言に由来すると考えるのが自然であり，韓国などで唱えられることのある朝鮮漢語音説や，石橋（2011: 21–23）による（満洲族・旗人の）満洲語説はやや考えがたい。
(27) 尽波満洲男（n.d.），とくに「北京の鷲澤・井上命名説を検討する」。
(28) 「試食聯盟晩餐満洲建国記念　成吉思汗料理」『料理の友』21（5），1933年5月，20～24頁。
(29) 曾（2013）; 陳玉箴（2020: 226–240）
(30) Iwama（2021）
(31) 張玉欣（2008）; Liu（2015: 92–95, 147）; 朱（2003;「自序」）
(32) Liu（2015: 82, 98–105）; Lee（2008: 66–83）
(33) 陳玉箴（2020: 228–233）
(34) 張玉欣（2008; 2011）; 潘（2020）
(35) 郭（2020）
(36) 逯（2007: 194–201）
(37) 童（1986: 105–112）; 陳玉箴（2020: 340–343）
(38) Tseng and Chen（2020）
(39) 「草山行館」のホームページ（http://www.grassmountainchateau.com.tw/index.html）など。
(40) Li（2015）
(41) 佐藤（1977）
(42) Tseng and Chen（2020）
(43) Tseng and Chen（2020）
(44) Liu（2015: 135–136）
(45) Tseng and Chen（2020）
(46) 厳・傅（2006; 119）; Teng and Chen（2020: 10）
(47) Tseng and Chen（2020）
(48) Li（2015）
(49) 北京民族飯店菜譜編写組編（1983:「前言」）; Tseng and Chen（2020）
(50) 何・林・詹（2011）
(51) 王（2009）
(52) 卓（2011）; 兪（2011）; 陳元朋（2020）
(53) 何・林・詹（2011）; 陳玉箴（2020: 273–288）
(54) 田中（2011）
(55) 呉（2011）; 郭（2014）
(56) 「戦時国民宴会　限制綱要」『申報』1944年5月24日1頁。
(57) Akamine（2016）; サメの街気仙沼構想推進協議会（2016）
(58) 華僑経済年鑑編輯委員会（1964: 599–600; 1967: 761）
(59) 華僑経済年鑑編輯委員会（1965: 346）
(60) 華僑経済年鑑編輯委員会（1987: 516; 1988: 557; 1989; 608, 614）
(61) 傅（2017: 44–48, 52–54, 92–94, 128–131, 150–152, 168–172）; King, Michelle（2019b）; 陳玉箴（2020: 219–226）
(62) 『培梅食譜』（1969年版）を見ることができず，King, Michelle（2019b）による。
(63) King, Michelle（2019b）
(64) 潘（2020）
(65) Ichijo and Ranta（2016: 112–114）
(66) Liu（2015: 146–156）; 林（2015）
(67) King, Michelle（2019b）
(68) Rockower（2011）; Ichijo and Ranta

(2016: 112–115)
(69) 「不思議食感　台湾生まれのタピオカミルクティー」(NHK 教育，2016 年 6 月 13 日放送）における梁幼祥の説。
(70) 亜洲奈（2004: 166–167)
(71) 川端（2016: 199–201, 215–220)
(72) 亜洲奈（2004: 174)

第 6 章

(1) 小菅（1998); 石毛（2006); ソルト (2015); 安藤・奥村（2017); クシュナー (2018）など。
(2) Shurtleff and Aoyagi (1979 (1975)) など。
(3) Du Bois (2008); デュボワ（2018）など。
(4) Tan (2008)
(5) Huang (2008)
(6) 篠田（1971); 森枝（1998: 101–104)
(7) 篠田（1971)
(8) 陳（1991); デュボワ（2018: 36–40)
(9) Cwiertka and Moriya (2008: 165–166) : デュボワ（2018: 30–32)
(10) Cwiertka and Moriya (2008: 165–166)
(11) Ozeki (2008)
(12) Shurtleff and Aoyagi (1979 (1975) : 114) : デュボワ（2018: 38–40)
(13) Lien (2016: 76)
(14) Lien (2016: 73)
(15) 黎（2011: 592)
(16) Nguycn (2008)
(17) Sidharta (2008b)
(18) Sidharta (2008b: 196)
(19) Protschky (2008)
(20) Maskar, et al. (2018)
(21) Protschky (2008)
(22) Sidharta (2008b)
(23) Maskar, et al. (2018)
(24) https://web.archive.org/web/20150408094326/http://www.heritage.gov.my/index.php/heritage-register/national-heritage-register-list/object/intangible-heritage-object#
(25) Fu (2018: 23–26)
(26) デュボワ（2018: 52–58)
(27) Fu (2018: 33–36, 39); Leung (2019)
(28) 周（2012: 160)
(29) Leung (2019)
(30) Leung (2019)
(31) 孫（1989)
(32) Wu (1927)
(33) Fu (2018: 67, 110, 185)
(34) Fu (2018: 103–109, 120–123, 130, 186, 188, 252); デュボワ（2018: 76–81)
(35) 田中（1999: 110–182, 326–377)
(36) 鵜飼（2010)
(37) Hymowitz and Shurtleff (2005)
(38) Mintz (2007)
(39) 田中（1999: 11–21)
(40) Mintz (2007)
(41) "Woman Off to China as Government Agent to Study Soy Bean: Dr. Kin Will Make Report for United States on the Most Useful Food of Her Native Land," *New York Times*, January 10, 1917, p.65.
(42) Du Bois (2008); デュボワ（2018: 10–12, 69–70, 84–88, 104–113)
(43) Mintz, Tan, and Bois (2008);「世界の大豆（生産量，消費量，輸出量，輸入量，価格の推移)」(NOCS ！) (https://www.nocs.cc/study/geo/soybean.htm）による米国農務省（USDA）発表の資料（"World Markets and Trade"）の整理にもとづく。
(44) 農林水産省（2011)

第二部

第 1 章

(1) 山下（2016: 108, 132)
(2) 中国研究所編（2018: 298［玉置充子］); 園田（2019); 華僑華人の事典編集委員会編（2017: 106［馬暁華], 118（小木裕文), 131［王維］)
(3) Tan (2011b); Bao (2011)
(4) Tan (2011a)
(5) 石毛（2013: 70–71)
(6) Esterik (2008: 12, 86)
(7) Tan (2011b: 40)
(8) 田村（2020)
(9) Tarulevicz (2013: 15, 27). 一説には海南島出身の華人バーテンダー・嚴崇文 (Ngiam Tong Boon）が作り始めたとされる。

(10) 斯波（1995: 131, 163–165）; Tarulevicz（2013: 15）; 華僑華人の事典編集委員会編（2017: 87［陳天璽］, 95［王雪萍］, 96［倉沢愛子］）
(11) 斯波（1995: 166–169）; 持田（2019）
(12) 潘（1932: 233）
(13) 野村（1942: 276–277）
(14) 斯波（1995: 182）; 華僑華人の事典編集委員会編（2017: 82–83［原不二夫］, 298–299［山本博之］, 304–305［持田洋平］）; 鈴木（2020）
(15) Lee（1998: 32）
(16) 斯波（1995: 185–187）; 華僑華人の事典編集委員会編（2017: 298–299［山本博之］）
(17) Handy（1952）; Brien（2019: 163–175）
(18) Tarulevicz（2013: 95–96, 117）
(19) Miller（1956: 87–119）
(20) Miller（1960）
(21) *Tourism*（1961: 86–88）
(22) Khoo（2015: 104）
(23) Bruce（1971: 6–7）
(24) Khoo（2015: 103）
(25) 例えば，"Did you know that 'SATAY' is NOT a Malay word?" *Sunday Standard,* 20 January 1957, p. 5.
(26) Khoo（2015: 103）
(27) 野村（1942: 275）
(28) Khoo（2015: 104）
(29) 曾（2015）（2018）
(30) 斯波（1995: 185–187）
(31) Wong（2007）; 田村（2020）
(32) "Singapore Food Carnival 1965"
(33) Tarulevicz（2013: 105, 129）
(34) Lee（1974）
(35) Duruz（2007）
(36) Lee（2003）
(37) Wong（2007）; Tarulevicz（2013: 93, 102）
(38) Tarulevicz（2013: 31–33）; Duruz and Khoo（2015: 10–11）
(39) Shu（2011）; Brien（2019: 171）; Tarulevicz（2013: 110）
(40) Wong（2007: 115–128）
(41) Kong（2015: 207–241）; Tarulevicz（2013: 22）
(42) Khoo（2015: 39–40）
(43) Tan（2004; 2007）; Wong（2007）; 石毛（2006: 267）
(44) 北村（2014: 190–191）
(45) タン（1994: 181–223）; 斯波（1995: 103–105）; Wong（2007）
(46) Hsiao and Lim（2015: 31–55）; Tarulevicz（2013: 100）; Tan（2007: 173, 181; 2011b: 33）; イワサキ（2018）; 太田（2018: 197–205）; 山下（2016: 111）; 石毛（2006: 267–268）
(47) Khoo（2015: 151–152）; Tan（2011b: 35）
(48) Duruz and Khoo（2015: 154–164）
(49) Duruz and Khoo（2015: 163–164）
(50) Wong（2007: 115–128）; Duruz and Khoo（2015: 170）
(51) Wong（2007: 125）
(52) Appadurai（1988: 13）; Tarulevicz（2013: 102–103）
(53) Kong（2015）; Duruz and Khoo（2015: 166–167）
(54) Tully and Tan（2010: 10–11）
(55) Leow（2017）による。ただし，Khoo（2015: 24）は，瑞記の創業を1960年代としている。
(56) Tan（2001; 2011a: 10）; Hsiao and Lim（2015: 32）; 華僑華人の事典編集委員会編（2017: 270–271［瀬川昌久］）。
(57) 櫻田（2016）
(58) Tarulevicz（2013: 13）
(59) 童（1928: 96–104）
(60) 潘（1932: 234–236）
(61) Tarulevicz（2013: 13, 36–37, 146–147）; 櫻田（2016）
(62) Duruz and Khoo（2015: 15–17, 25）; 櫻田（2016）
(63) 山下（2000: 43, 49）; Woon, Wan-Ling, and Chia（2000: 13）
(64) Wong（2007）
(65) Hsiao and Lim（2015: 32）
(66) Khoo（2015: 199–200）
(67) Tully and Tan（2010: 10–11）; Khoo（2015: 7）
(68) 「シンガポールのホーカー文化——ホーカーセンターは食文化で文化遺産」,

「世界雑学ノート」2020年5月10日更新(https://world-note.com/singapore-hawker-culture/)。

(69) シンガポール国家文物局（NHB, National Heritage Board）のホームページの“Hawker Culture in Singapore”(https://www.oursgheritage.gov.sg/hawker-culture-in-singapore/)。

(70) Tarulevicz (2013: 13, 153–154)

(71) Huat and Rajah (2001)

(72) Hsiao and Lim (2015: 39–41)

(73) Yoshino (2010); Hussin (2019)

(74) Hsiao and Lim (2015); タン（1994); 華僑華人の事典編集委員会編（2017: 83［原不二夫], 298［山本博之], 301［信田敏宏]); 鈴木（2020)

(75) Yoshino (2010); Hsiao and Lim (2015: 35–36, 38); Nahar, Karim, Karim, Ghazali, and Krauss (2018); Hussin (2019)

(76) Bray (2019); Hsiao and Lim (2015: 40–41)

(77) Khoo (2015: 87–88)

(78) Bray (2019: 25)

(79) 山下（2016: 111)

(80) 福島（2005)

(81) Hsiao and Lim (2015: 35–36)

(82) 林（2008)

(83) Khoo (2015: 71–72)

(84) Tan (2001)

(85) Tan (2001); Hsiao and Lim (2015: 36–40); 山下 (2000)

(86) https://web.archive.org/web/20150408094326/http://www.heritage.gov.my/index.php/heritage-register/national-heritage-register-list/object/intangible-heritage-object# (2013年11月7日更新)。

(87) Tan (2010)

(88) 砂井（2009)

(89) Tan (2011b)

(90) Tan (2011a: 14)

(91) Tarulevicz (2013: 23, 38)

(92) 註86に同じ。

(93) Tan (2001; 2011b); 山下（2000: 32–33; 2016: 111)

第2章

(1) Chan (2011: 163–164); 古田（2017)

(2) Esterik (2008: 5); ワン（2016: 105–139); 石毛（2006: 255, 300); 斯波（1995: 36)

(3) 古田（2017)

(4) Peters (2012: 18)

(5) Vu (2016: 136, 176–178)

(6) 藤原（1986: 257–273); トン（2018)

(7) 華僑華人の事典編集委員会編（2017: 322［土屋敦子])

(8) Peters (2012: 98–100, 109)

(9) 古田（2017)

(10) Peters (2012:101–102)

(11) Peters (2012: 104–105, 138–139)

(12) Peters (2012: 18–20, 136–138)

(13) Vu (2016: 128–132)

(14) Peters (2012: 142)

(15) Peters (2012: 142–143, 148–149)

(16) Peters (2012: 20, 98, 105)

(17) Peters (2012: 107, 111, 113)

(18) Peters (2012: 21, 98, 150–151)

(19) Peters (2012: 163–164); Vu (2016: 137–142)

(20) 栗原（2020)

(21) Peters (2012: 163–164); Vu (2016: 137–142)

(22) Vu (2016: 139–142); 小川（2012: 404)

(23) Vu (2016: 151)

(24) Vu (2016: 144, 155); 小川（2012: 404–405)

(25) Vu (2016: 157–158)

(26) Peters (2012: 99–100)

(27) Vu (2016: 125–127)

(28) Vu (2016: 126–127)

(29) Nguyen (2016: 2, 5)

(30) Trịnh (2013)

(31) Hà and Ly (2005); Ngọc and Borton (2006: 11–19)

(32) Nguyen (2016: 9)

(33) Hà and Ly (2005: 17)

(34) Trịnh (2013); Nguyen (2016: 6)

(35) Ho (2019)

(36) Ngọc and Borton (2006: 45)

(37) Ho (2019)

(38)　Nguyen (2016: 6)
(39)　"Tùy bút 'Phở' của Nguyễn Tuân," Báo An Giang Online, 28 July 2011, (https://baoangiang.com.vn/tuy-but-pho-cua-nguyen-tuan-a8161.html)。グエン・トゥワンの生年月日などは，ベトナム語版の Wikipedia "Nguyễn Tuân," (https://vi.m.wikipedia.org/wiki/Nguy%E1%BB%85n_Tu%C3%A2n) による。
(40)　荒井（1986）
(41)　Vu (2016: 128)
(42)　Châu (2005: 44–48)
(43)　Trịnh (2013); Nguyen (2016: 9)
(44)　Trịnh (2013); Nguyen (2016: 9)
(45)　Ho (2019)
(46)　クォン（1990: 53–55）
(47)「未来世紀ジパング（最終回）——総力取材！　世界の沸騰現場から日本の未来が見える SP」(テレビ東京，2019 年 9 月 18 日放送)
(48)　芹澤（2005）; 山下（2000: 116–117）; 華僑華人の事典編集委員会編（2017: 98［倉沢愛子］, 442–443［芹澤知広］）
(49)　Chan (2011: 167)
(50)　華僑華人の事典編集委員会編（2017: 442–443［芹澤知広］）
(51)　Chan (2011: 166)
(52)　波多野（2004: 189）
(53)　Chan (2011: 156–163)
(54)　銀記のホームページ（http://www.gz-yinji.com/a/news/）。
(55)　Lien (2016: 123)
(56)　Avieli (2005)

第 3 章

(1)　山田（2003: 77–85, 139–140）; 柿崎（2007: 80）; 斯波（1995: 59, 94–97）; 華僑華人の事典編集委員会編（2017: 312［吉原和男］）
(2)　Wongcha-um (2010: 16); Pullphothong (2013: 34); 山田（2003: 86, 91–97）
(3)　斯波（1995: 125, 140–144, 196）; 山田（2003: 86）; 華僑華人の事典編集委員会編（2017: 312［吉原和男］）
(4)　Pullphothong (2013: 31–32, 64); 山田（2003: 98, 101）
(5)　スキナー（1981: 71–79）; 斯波（1995: 143）
(6)　Thompson (2002: 67)
(7)　Pullphothong (2013: 80–82, 96, 111, 128)
(8)　Esterik (2008: 11, 15)
(9)　斯波（1995: 144）; 山田（2003: 119）
(10)　Pullphothong (2013: 146–156); Wongcha-um (2010: 55); 山田（2003: 110–111）
(11)　山田（2003: 113–117, 134）
(12)　Esterik (2008: 86)
(13)　玉田（1996）
(14)　Wongcha-um (2010: 54–55); スキナー（1981: 106）
(15)　スキナー（1981: 148）; 斯波（1995: 171–173）; 山田（2003: 119）; 華僑華人の事典編集委員会編（2017: 313–314［吉原和男］）
(16)　Esterik (1992); 斯波 (1995: 172–173); 玉田（1996）
(17)　玉田（1996）; 斯波（1995: 173）; 柿崎（2020）
(18)　Simoons (1991: 430)
(19)　スキナー（1981: 164–173, 183–184）; 李（2007）; 菊池（2011: 352–354）
(20)　スキナー（1981: 213, 219, 258, 261）
(21)　山田（2003: 131）; 末廣（1993: 28, 205–214）; 柿崎（2007: 201 ～ 207）; 柿崎（2020）
(22)　Esterik (1992)
(23)　山田（2003: 127）; Ichijo and Ranta (2016: 110–112); Wongyannava (1999: 1–14)
(24)　山田（2003: 134）
(25)　Esterik (2008: 88)
(26)　https://ja.wikipedia.org/wiki/%E3%83%91%E3%83%83%E3%82%BF%E3%82%A4
(27)　โควิบูลย์ชัย (2013: 84–87)
(28)　https://thipsamai.com/story-thipsamai/
(29)　Wongcha-um (2010: 83)
(30)　Wongcha-um (2010: 82)
(31)　Wongcha-um (2010: 83); Wikipedia, "Boat noodles," (https://en.wikipedia.org/wiki/Boat_noodles)
(32)　Wongyannava (1999)
(33)　Thompson (2002: 67, 447)

(34)　Najpinij (2011: 39)
(35)　Najpinij (2011: 49)
(36)　Punyasingh (1992: 2)
(37)　Esterik (1992)
(38)　Ichijo and Ranta (2016: 110–112)
(39)　Ichijo and Ranta (2016: 13)
(40)　Esterik (1992)
(41)　Esterik (1992; 2008: 86)
(42)　刊行年月日の記載はないが,「グローバル・タイ」計画以後のものと推測できる。チュラーロンコーン大学図書館所蔵。
(43)　Najpinij (2011: 49)
(44)　Esterik (1992)

第4章

(1)　See (2011); パン編 (2012: 323–329); 斯波 (1995: 72–75); 華僑華人の事典編集委員会編 (2017: 63［松村智雄］)
(2)　Fernandez (2002); See (2011: 126–127, 133–134)
(3)　清水 (2017)
(4)　高木 (2020)
(5)　See (2011: 12); パン編 (2012: 323–329); 華僑華人の事典編集委員会編 (2017: 76, 330–331［菅谷成子］)
(6)　Mabalon (2013)
(7)　Mclean (2015: 35, 127)
(8)　Mclean (2015: 35, 127); Mabalon (2013)
(9)　鈴木 (1997: 228–237, 259–285); 小川 (2012: 411); パン編 (2012: 323–329); 華僑華人の事典編集委員会編 (2017: 98［倉沢愛子］); 斯波 (1995: 72–75)
(10)　清水 (2017)
(11)　Fernandez (1994: 227–229)
(12)　Fernandez (1994: 223, 226)
(13)　Fernandez (1994: 195, 211, 220–224)
(14)　Fernandez (1994: 222, 225–226); See (2011: 127)
(15)　See (2011: 127–130)
(16)　Fernandez (1994: 43; 2002: 186–187); See (2011: 125, 133–134)
(17)　Fernandez (1994: 30); See (2011: 130–131)
(18)　See (2008; 2011: 124, 128)
(19)　Fernando (1978: 2592–2595); See (2008)
(20)　See (2011: 132–133)
(21)　See (2011: 137–139); Eng Bee Tin のホームページ (https://www.engbeetin.com/aboutus/)。
(22)　山下 (2000: 112)
(23)　See (2008)
(24)　Mclean (2015: Chronology, xxv); ジョリビーのホームページ (https://www.jollibee.com.ph/)

第5章

(1)　北村 (2014: 51); 斯波 (1995: 24, 76)
(2)　Sidharta (2008a; 2011); 中島 (2011); 斯波 (1995: 76)
(3)　斯波 (1995: 44–48); Sidharta (2011: 109)
(4)　北村 (2014: 52, 173); 小川 (2012: 62–63)
(5)　Sidharta (2011: 111–112)
(6)　Tan (2011b: 32); Tan (2002: 158); Sidharta (2011: 113–114)
(7)　斯波 (1995: 98–100, 216–217)
(8)　Sidharta (2011: 109); 斯波 (1995: 58, 100, 176); 北村 (2014: 54–55)
(9)　Sidharta (2011: 109–110); 斯波 (1995: 80–81, 100, 120–122,176); 華僑華人の事典編集委員会編 (2017: 77［菅谷成子］)
(10)　Tan (2002); 相沢 (2020)
(11)　Sidharta (2011: 112–113)
(12)　Protschky (2008)
(13)　北村 (2014: 55–60); 斯波 (1995: 101–102, 122)
(14)　Sidharta (2008a: 158–159; 2011: 117)
(15)　増田 (1971: 9, 90)
(16)　北村 (2014: 21–23)
(17)　相沢 (2020)
(18)　北村 (2014: 24–25); 斯波 (1995: 176–177); 山下 (2000: 179); 華僑華人の事典編集委員会編 (2017: 98［倉沢愛子］)
(19)　Sidharta (2011: 117–119)
(20)　北村 (2014: 26); Sidharta (2011: 110); 華僑華人の事典編集委員会編 (2017: 325［相沢伸広］)
(21)　北村 (2014: 32, 62); 華僑華人の事典

編集委員会編（2017: 97［倉沢愛子］, 325［相沢伸広］）
(22)　Tan（2002: 153）; 北村（2014: 28）; 華僑華人の事典編集委員会編（2017: 325–326［相沢伸広］）
(23)　Sidharta（2011: 120–121）
(24)　北村（2014: 64–65）; 華僑華人の事典編集委員会編（2017: 326［相沢伸広］）
(25)　Kubo（2010）; King, Michelle（2019a）
(26)　http://www.visitindonesia.jp/enjoy/experience/04.html
(27)　https://www.indonesia.travel/gb/en/home
(28)　北村（2014: 175）; 華僑華人の事典編集委員会編（2017: 328–329［北村由美］）
(29)　Kubo（2010: 121）; 北村（2014: 192–193）; イワサキ（2018: 39–49）
(30)　Tan（2002: 159）; 北村（2014: 192–193）
(31)　Siwi（2018）

第6章

(1)　外村（2003: 10–13, 19, 26）; 佐々木（2009: 204）; Cwiertka（2006: 138–155; 2012: 33–43）
(2)　石毛（2013, 30）
(3)　佐々木（2009: 180–184, 199–206, 218–219, 261–270; 2011）; 外村（2003: 36–45）
(4)　한（2001: 203–205）; 守屋（2012）
(5)　「料理法作権侵害　方信栄氏가勝訴」『朝鮮日報』1933年7月23日夕刊2頁。
(6)　한（2001: 203–205）
(7)　Iwama（2021）
(8)　Moon（2010）; 伊藤（2017）
(9)　Han（2010a）; Cwiertka（2012: 136–137）
(10)　Han（2010a）; Cwiertka（2012: 136–137, 148–153）; Kim（2016）
(11)　Han（2010a）; Kim（2016）
(12)　Kim（2017）
(13)　農林水産省ホームページ「日本食文化の世界無形遺産登録に向けた検討会」第4回会合議事録（http://www.maff.go.jp/j/study/syoku_vision/kentoukai.html），7～9頁。
(14)　Ichijo and Ranta（2016: 1–18）
(15)　Kim（2016）
(16)　周（2015）; Kim（2016）
(17)　林（2015a）
(18)　李（2020）
(19)　「炸醤面里的仁川華僑史」『新華網』2014年9月16日（http://sports.people.com.cn/n/2014/0916/c22176-25673479.html）。
(20)　「청관（清館）」の店頭の解説看板（2020年1月に仁川現地で閲覧）。
(21)　山下・尹（2008）;「청관（清館）」の店頭の解説看板（2020年1月に仁川現地で閲覧）。
(22)　王（2008: 65）; 伊東（2004）; 周（2019）; 이（2017b）
(23)　이（2017a）; 伊東（2004）; 林（2019）
(24)　Kim（2001）; Yang（2005）; 林（2005a）; 한（2009）
(25)　이（2012）
(26)　松崎（2020: 275, 280–281）
(27)　仁川府廳編（1933: 1469–1471, 1477–1479）
(28)　仁川府廳編（1933: 1479）の説に拠る。
(29)　王（2009）
(30)　仁川府廳編（1933: 1479）
(31)　김（2010）; 王（2009）
(32)　（仁川）中区生活史展示館による説明パネル（2020年1月訪問）;「인천 중구, 대불호텔 생활사 전시관 개관」，일간투데이，2018年4月17日，（http://www.dtoday.co.kr/news/articleView.html?idxno=264047）; 王（2009）
(33)　이（2017a: 83–85）
(34)　이（2012: 68）
(35)　『朝鮮日報』1924年12月22日夕刊2頁，1934年2月23日夕刊2頁。
(36)　松田（2017）; 이（2017c）
(37)　「中国人料理店에 頻頻한投石　개성읍에서」『朝鮮日報』1929年9月14日夕刊7頁。
(38)　「朝中人衝突以後　中国料理大打撃　조선손님이도모지안와서 各料理店閉門할地境」『朝鮮日報』1929年10月22日

夕刊7頁。
(39)「三姓堡日，中官憲　一時間餘交戦 中国騎馬隊六百名出動　急迫한同胞安危」『朝鮮日報』1931年7月3日号外。
(40) 이（2017c）
(41) 林（2020）
(42) 이（2017c）
(43)『朝鮮日報』1933年11月7日日刊付録4頁。
(44)『朝鮮日報』紙上で1935年5月22日（夕刊4頁）から1940年8月10日（日刊2頁）まで継続を確認できる。
(45)『朝鮮日報』1937年11月12日～27日の夕刊3，4頁。
(46) 이（2017c: 85）
(47)『朝鮮日報』1934年5月9日日刊付録1頁。
(48)『朝鮮日報』1934年5月19～26日日刊付録1頁。
(49) 李（1999: 30, 396–397）
(50) 주（2013: 281）
(51)『東亜日報』1923年10月28日日刊3面最下段。
(52) 주（2013: 280–289）
(53)「沙里院가랑거리興国唐麵社」『朝鮮日報』1938年8月2日夕刊4頁。
(54) 方（1921: 24–25）。原本を見せてくださった주영하（周永河）教授に感謝します。
(55)「부인의알아둘 봄철료리법 一」『東亜日報』1930年3月6日日刊5頁。
(56) 주（2013: 285–289）
(57) 塩崎（2021: 2111–2214）
(58) 陳（2009）; 塩崎（2021: 1777–2232）
(59) 伊東（2004）; 주（2008）; 林（2011: 47–67）; 朝倉・林・守屋（2015: 88–89）; 華僑華人の事典編集委員会編（2017: 441頁［林史樹］）
(60) Cwiertka（2012: 33–43）
(61) Cwiertka（2012: 91–113）
(62) 周（2019）; 華僑華人の事典編集委員会編（2017: 256–257［李正熙］）
(63) 박（1994）; 伊東（2004）
(64) 華僑経済年鑑編輯委員会編（1982: 275; 1987: 316）
(65) 林（2020）
(66) 華僑経済年鑑編輯委員会編（1962: 420–421; 1966: 347; 1967: 374）
(67) 華僑経済年鑑編輯委員会編（1987: 316）
(68) 伊東（2004）; 林（2019）; 이（2017b）
(69) 華僑経済年鑑編輯委員会編（1987: 316）
(70) 華僑経済年鑑編輯委員会編（1961: 448; 1963: 384）
(71) 伊東（2004）; 周（2019）; 박（1994）
(72) Kim（2001）; 林（2005a）
(73) 박（1994）
(74) Kim（2001; 2011）
(75) 華僑経済年鑑編輯委員会編（1982: 275; 1987: 316）
(76) Yang（2005）
(77) Kim（2009）; Kim（2011）
(78) Cheung（2002）; 박（1994）; Kim（2001）
(79) Kim（2009）; Kim（2001; 2011）; 伊東（2004）
(80) Kim（2001）; Yang（2005）; 伊東（2004）; 林（2005a）
(81) 한（2009）;「자장면 원조, 차이나타운 공와춘“우리 모두 봄날에 꽃핀듯이 잘　살아보자”」（チャジャン麵の元祖，チャイナタウン共和春“私たちは皆春の日に花咲いたようによく生きてみよう”）『미추홀신문』（ミチュホル新聞）2008年4月7日17頁;「짜장면박물관 특별전 청관（淸舘），그 기억을 거닌다」（チャジャン麵博物館特別展　清館，その記憶を散歩する），Culture & History Traveling, Since 2008, Korea & World by younghwan, published online,（http://www.dapsa.kr/blog/?p=10899）. 本資料をご教示くださった湯川真樹江氏に感謝します。
(82) 山下（2016: 130）; 華僑華人の事典編集委員会編（2017: 256–257［李正熙］）
(83) 이（2017a: 67）; 김（2010: 292）; 林（2005a）
(84) 前掲「炸醬面裡的仁川華僑史」『新華網』; 이（2017b）
(85) 周（2019）
(86) 周（2019）
(87) 周（2019）; 林（2005a）; Kim（2009）

(88) 林 (2005b); 周 (2019); Kim (2001)

第7章

(1) 例えば「インド料理と中華が融合!? 日本では激レアな「インド中華」焼きそば5選」,「メシコレ (mecicolle)」2016年7月5日, (https://mecicolle.gnavi.co.jp/report/detail/8916/) を参照されたい。
(2) Mukherjee and Gooptu (2009)
(3) Sircar (1990: 64–66); 華僑華人の事典編集委員会編 (2017: 426 [三浦明子])
(4) Sankar (2017); 華僑志編纂委員会編 (1962: 48–49)
(5) 華僑志編纂委員会編 (1962: 48–49)
(6) 張秀明 (2008)
(7) 白石 (1939: 26–27)
(8) 華僑志編纂委員会編 (1962: 48–49)
(9) "A Floating Gourmet's Paradise," *The Straits Times* (Singapore), 17 February 1951, p. 7.
(10) 張秀明 (2008)
(11) Mukherjee and Gooptu (2009)
(12) 華僑経済年鑑編輯委員会編 (1961: 485)
(13) Banerjee, Gupta, and Mukherjee (2009: 1–20)
(14) Rafeeq Ellias, *The Legend of Fat Mama,* 2005. (https://www.youtube.com/watch?v=pQ2QJSHWOqQ); Mukherjee and Gooptu (2009)
(15) 華僑華人の事典編集委員会編 (2017: 426 [三浦明子])
(16) Sankar (2017)
(17) Sankar (2017); 石毛 (2006: 299)

第三部

第1章

(1) King, Samuel (2019: 165–166)
(2) King, Samuel (2019: 165)
(3) Liu (2015: 33–35)
(4) 斯波 (1995: 123–126); 蘭 (2013); 杉原薫「華僑の移民ネットワークと東南アジア経済——19世紀末～1939年代を中心に」, 溝口雄三他編『アジアから考える 6 長期社会変動』東京大学出版会, 1994年, 163～195頁。
(5) Liu (2015: 1–3)
(6) 鴻山 (1983: 138)
(7) Roberts (2002: 135); 斯波 (1995: 125, 145–146)
(8) 華僑経済年鑑編輯委員会 (1979: 298); Liu (2015: 1)
(9) Roberts (2002: 135–136); Liu (2015 : 42–43); Peters (2015)
(10) 鄭 (2013: 6); 陳 (2015: 23)
(11) Chen (2014: 80–81)
(12) 越川 (1982); 華僑華人の事典編集委員会編 (2017: 360 [貴堂嘉之])
(13) Liu (2015: 45)
(14) 園田 (2009: 165–199)
(15) Pfaelzer (2007); Chen (2014: 94–95)
(16) Mendelson (2016: 77); Roberts (2002: 137); 越川 (1982); 貴堂 (2018: 101–102); 華僑華人の事典編集委員会編 (2017: 360–361 [貴堂嘉之])
(17) 園田 (2019)
(18) 許 (1990a; 1990b)
(19) Liu (2015: 43–47)
(20) Peters (2015); Chen (2014: 71, 96); Roberts (2002: 137–138)
(21) Liu (2016: 40); Chen (2014: 121–122)
(22) King, Samuel (2020); 華僑華人の事典編集委員会編 (2017: 374–375 [大井由紀])
(23) "ROYAL RECEPTION IN THE BAY.: Hundreds of Vessels Whistle Welcomes to the Chinese Statesman," *New York Times,* August 29, 1896, p.1.
(24) Coe (2009: 161–165); Chen (2014: 144)
(25) Liu (2015: 49–50); 中町 (2009)
(26) Coe (2009: 207)
(27) 中町 (2009)
(28) Liu (2015: 53); Chen (2014: 142)
(29) Filippini (1890: 414–417)
(30) Chen (2014: 142); Coe (2009: 161–165)
(31) "Li on American Hatred," *New York Times,* September 3, 1896, p. 10.
(32) 李 (2004: 1303–1304) 所収の「李鴻章笑史」。

(33)　園田（2009: 173, 181）
(34)　Liu（2015: 52, 70）
(35)　李（2004: 1303–1304）所収の「李鴻章笑史」。
(36)　Liu（2015: 53–54, 58）
(37)　“Heard About Town,” *New York Times,* 29 January 1900, p.7; Liu（2015: 55）
(38)　梁（1967: 288）
(39)　Chen（2014: 145）
(40)　Freedman（2016: 222–223）
(41)　吉澤（2003: 47–86）; 園田（2006）
(42)　廣部（2020: 70–74）
(43)　松本（2013）; Mendelson（2016: 85）; 廣部（2020: 56–64）
(44)　嵯峨（2020: 169）; 廣部（2020: 62）
(45)　園田（2019）
(46)　ここでは，嵯峨（2020: 12）の定義による。
(47)　廣部（2020: 46）
(48)　安井（1989）
(49)　嵯峨（2020: 134–140）
(50)　Snow（1959: 28）; Roberts（2002: 147）; Amenda（2009）; Liu（2015: 40）
(51)　Liu（2015: 36–37）
(52)　孫文（1989）
(53)　Chen（2014: 94, 99, 105–107）
(54)　Amenda（2009: 61）; 華僑華人の事典編集委員会編（2017: 360［貴堂嘉之］）
(55)　Reinitz（1925）
(56)　Chen（2014: 8, 11, 120）; Liu（2015: 62）
(57)　Barbas（2003）
(58)　Barbas（2003）
(59)　“Chinatown, My Chinatown!” *Business Week,* March 12, 1938, p.28; Lee（2001: 251）
(60)　Light（1974）; Roberts（2001）; Coe（2009: 207–208）
(61)　Lee（2001: 264–269）; Liu（2015: 63）
(62)　Lee（2001: 237, .245, 269–270, 274–275, 277, 282）
(63)　Forbidden City Menu, ca.（1943）
(64)　Coe（2009: 189–190）; Lee（2001: 273）; Liu（2015: 63）
(65)　Chen（2014: 120）
(66)　Fei（1989）
(67)　Liu（2015: 58–60）
(68)　Genthe with Irwin（1908）; Mayer（2011）
(69)　Liu（2015: 58–60）
(70)　Liu（2015: 58–60）
(71)　Lafontaine（2018）; Coe（2009: 189–190, 195）
(72)　“Sukiyaki Joins Rank of Chop Suey Dishes,” *The China Press,*（Shanghai）January 22, 1927, p. 2.
(73)　サリバン（2019: 187–189）
(74)　“Nippon in New York,” *New York Times,* July 6, 1919, p.34.
(75)　Chen（2014: 107–111）
(76)　Wang（2020）
(77)　Liu（2015: 65–66）
(78)　Liu（2015: 73）; Chen（2014: 80–81, 111）
(79)　Chen（2014: 112）
(80)　Coe（2009: 204）
(81)　Chen（2014: 112–113）
(82)　Liu（2015: 76–78）
(83)　Chen（2014: 117–119）; Liu（2015: 77, 82）
(84)　Levin（2020）
(85)　Liu（2015: 84）
(86)　Mclean（2015: Chronology, xxii）; Liu（2015: 79–82）; Chen（2014: xi, 113）
(87)　廣部（2020: 45, 70）
(88)　グレン（2019: 121, 147, 158）
(89)　中町（2009）
(90)　グレン（2019: 101）
(91)　中町（2009）
(92)　成澤（1918: 81）
(93)　Matsumoto（2013）
(94)　King, Samuel（2020）
(95)　“Zensaku Azuma Finishes America to Japan Flight,” *The China Press,* September. 1, 1930., p. 1; “Chop Suey Flyer Now ‘Alger hero’,” *The China Press,* October. 5, 1930, p. 15; 鈴木（1982: 127–152, 206）
(96)　中町（2009）
(97)　中町（2009）
(98)　グレン（2019: 154–155）
(99)　Lee（2009: 38–39, 145–147）
(100)　ウメヤのホームページ（https://

www.umeya.co/); Little Tokyo Service Center (2019); Lee (2009: 144)
(101) 廣部 (2000: 125–126)
(102) Lui (2011)
(103) 廣部 (2020: 141–142)
(104) 華僑華人の事典編集委員会編 (2017: 379 [馬暁華])
(105) 園田 (2019: 205–231)
(106) Lee (2009: 264–265). ただし，グレン (2020: 155) によれば，第二次世界大戦前から勉強堂などが，英語のメッセージ入りのものも製造していた。
(107) Lee (2009: 264–265)
(108) 張濤 (2011)
(109) グレン (2019: 155)
(110) Lee (2009: 41)
(111) Lee (2009: 43–44, 143)
(112) Lui (2011); Hsu (2008); Lee (2001: 239, 263)
(113) 華僑経済年鑑編輯委員会 (1970: 365); Roberts (2002: 152); Coe (2009: 210); Lui (2011: 84–85)
(114) "Hong Kong Impressions," *Weekly Sun* (Singapore), 5 October 1912, p.3.
(115) Liu (2015: 66–68)
(116) Liu (2015: 49, 63)
(117) United States Navy (1944: 11, 89, 134)
(118) White House Lucheon and Dinner Menu (1952)
(119) "Eisenhowers Keep Yen For Chop Suey," *New York Times,* August. 2, 1953, p.44; Liu (2015: 49, 63)
(120) Liu (2015: 63–65)
(121) Remarks of the President at the Italian-American Foundation Bicentennial Tribute Dinner [Ford Speech or Statement] (1976)
(122) Barbas (2003); Ku (2013); Liu (2015: 63–65)
(123) Nolton (1911); Randy K. Schwartz, "Chicago, 1911: America's First Chinese Cookbook in English," *Repast: Quarterly Publication of the Culinary Historians of Ann Arbor,* 29(3), Summer 2013, pp. 14–22.
(124) Bosse and Watanna (1914)
(125) 大塚 (1987: 171–172)
(126) Morris (1945; 1959)
(127) Mclean (2015: 94, 125)
(128) Roberts (2002: 187–197); Coe (2009: 171)
(129) Chao (1949: 43–44)
(130) Freedman (2016: 219); Liu (2016: 56)
(131) Yep Yung Hee, *Chinese Recipes for Home Cooking,* Sydney: Horwitz, 1953. は入手できず，Roberts (2002: 193) による。
(132) Roberts (2002: 193–195); Chen (2014: 162–165, 237)
(133) Buck (1972: 123, 135)
(134) Roberts (2002: 197); Chen (2014: 164); Mclean (2015: 132)
(135) Chen (2014: 3–4, 21–24, 29, 152)
(136) サリバン (2019: 181)
(137) Liu (2016: 213–215)
(138) Liu (2016: 213–214)
(139) Roberts (2002: 163–164)
(140) Mendelson (2016: 172)
(141) 華僑華人の事典編集委員会編 (2017: 361 [貴堂嘉堂])
(142) Liu (2015: 90, 110–111); 鴻山 (1983: 134, 141–142)
(143) Coe (2009: 217, 223)
(144) 華僑経済年鑑編輯委員会編 (1974: 312)
(145) Liu (2016: 97–98, 103–104)
(146) Liu (2016: 64–65, 79)
(147) Roberts (2002: 116–118, 166); Coe (2009: 240); Liu (2015: 103)
(148) 華僑経済年鑑編輯委員会編 (1974: 312)
(149) Liu (2015: 103)
(150) Hsu (2008)
(151) Freedman (2016: 242–243); Liu (2016: 87)
(152) クォン (1990: 41–53)
(153) 華僑経済年鑑編輯委員会編 (1973: 351; 1978: 343)
(154) Liu (2015: 90, 98, 104–105, 111)
(155) 山下 (2000: 172)
(156) Liu (2015: 107, 112–124); Mendelson (2016: 251); 華僑経済年鑑編輯委員会編 (1978: 343)

(157)　Mendelson (2016: 251)
(158)　Liu (2015: 132–133); Liu (2016: 58, 154, 213–214)
(159)　Hsu (2008: 173–177, 180–182)
(160)　Chiang with Weiss (2007)
(161)　Freedman (2016: 229–246); Hsu (2008: 184–189)
(162)　Chiang with Weiss (2007: 50–51, 131–136, 149–157, 169–178, 189–201)
(163)　Chiang with Weiss (2007: 202–203); Freedman (2016: 232–234)
(164)　Chiang with Weiss (2007: 1, 12–14, 21–25, 213); Freedman (2016: 235–242); Hsu (2008: 184–187)
(165)　Chiang with Weiss (2007: 244–245)
(166)　Hsu (2008: 184–189)
(167)　Freedman (2016: 245–246)
(168)　Freedman (2016: 245–246); Liu (2015: 128–135); Chen (2020)
(169)　Wikipedia "Andrew Cherng" (https://en.wikipedia.org/wiki/Andrew_Cherng) による。
(170)　Liu (2015: 135–136)
(171)　Lee (2009: 9). 現在の全米の中国料理店数は，3～4万店ほどと推定される (Chen [2014: 10])。
(172)　Liu (2016: 123–124, 158); Ku (2014: 53)
(173)　華僑経済年鑑編輯委員会編（1996: 480）
(174)　Liu (2015: 135–136); Liu (2016: 125, 130, 133)
(175)　Liu (2015: 136–141; 2020)
(176)　又吉（2019）
(177)　Bao (2011)
(178)　Wu (2011)
(179)　華僑経済年鑑編輯委員会（1997: 460–461）
(180)　華僑華人の事典編集委員会編（2017: 373［河上幸子］）
(181)　Roberts (2002: 139–140)
(182)　Roberts (2002: 152–155); 華僑華人の事典編集委員会編（2017: 352［森川眞規雄］; 378～379［馬暁華］）
(183)　華僑華人の事典編集委員会編（2017: 378～379［馬暁華］）
(184)　森川（2002; 2005); 華僑華人の事典編集委員会編（2017: 352［森川眞規雄］）

第2章

(1)　ワン（2016: 210–226）
(2)　Choo (1968: 5)
(3)　Chan (2016)
(4)　Jones (1979); 山本（2005）
(5)　華僑華人の事典編集委員会編（2017: 404［篠崎香織］); 斯波（1995: 124）
(6)　"London Dining Rooms, 1851," *Punch*, January 1, 1851; 東田（2015: 165–170, 178）
(7)　Roberts (2002: 140–144)
(8)　A'Beckett (1884)
(9)　Dudgeon (1884: 260, 311–325)
(10)　Mayer (2011: 16)
(11)　Seed (2006); Choo (1968: 10, 15)
(12)　山本（2005); Choo (1968: 49–51)
(13)　Chan (2016); Amenda (2009)
(14)　Robert (2002: 155); Seed (2006: 72–75)
(15)　Seed (2006: 69–71)
(16)　Mayer (2011: 17–19); Seed (2006: 78)
(17)　Seed (2006: 58, 76)
(18)　Sales, D'Angelo, Liang and Montagna (2009)
(19)　Parker (1995: 57–58); 山本（2002: 40）
(20)　Sabban (2009b); Seed (2006: 74)
(21)　Seed (2006: 74–76); Choo (1968: 6–10); Chan (2016)
(22)　老舎（1931: 18）
(23)　Amenda (2009)
(24)　"Collection of Chinese Cookery Recipes"
(25)　Collins (2013: 228); Choo (1968: 7); Chan (2016); 華僑華人の事典編集委員会編（2017: 405［篠崎香織］）
(26)　工藤（1943: 176–182）
(27)　華僑経済年鑑編輯委員会編（1993: 694); Amenda (2009)
(28)　樋口（1922, 339–341); 近藤（1928: 502); 和田（2009: 34–36［和田博文］); Itoh (2001: 67)
(29)　『日英新誌』124号，1926年4月，28頁; 128号，1926年9月，10頁; 131号，

1926年12月，25頁；214号，1934年2月，7頁など。
(30) 外務省通商局（2007: 269, 275, 277, 292, 295, 334）
(31) 伴野（1940: 41）
(32) 野上（2001: 146）
(33) 伴野（1940: 184）
(34) 伴野（1940: 209–210）
(35) 牧野（1943: 211–216）
(36) 松浦（2010: 742–745）
(37) 牧野（1943: 223–225）; 和田（2009: 492［西村将洋］）
(38) 廣部（2000: 109–110）
(39) 松浦（2010: 742–745）; 井上（2016: 217–218）
(40) 工藤（1943: 176–182, 217）
(41) 和田（2009: 494［西村将洋］）
(42) Roberts (2002: 171); Amenda (2009)
(43) Parker (1995: 66–67); Choo (1968: 28–29, 92); Chan (2016: 174); 山本（2002: 43）
(44) Lo (1993: 128, 139)
(45) ワトソン（1995: 131）
(46) Chan (2016)
(47) Choo (1968: 173–175); 山本（2002: 40); 華僑華人の事典編集委員会編（2017: 406［篠崎香織］）
(48) ワトソン（1995: 116–118, 130–132）
(49) ワトソン（1995: 119–122）; Chan (2016)
(50) Roberts (2002: 181); Amenda (2009)
(51) Choo (1968: 29–31, 45–46); Amenda (2009)
(52) Choo (1968: 56–60)
(53) Amenda (2009: 176)
(54) 山本（2002: 46）
(55) Amenda (2009); Roberts (2002: 174); 華僑華人の事典編集委員会編（2017: 407［篠崎香織］）
(56) Sales, D'Angelo, Liang and Montagna (2009: 50); Chan (2016: 184)
(57) Lo (1993); "Obituaries," *New York Times,* August 14, 1995.
(58) Lo (1993: 179–182)
(59) Lo (1993: 183, 190–191, 198); "Obituaries," *New York Times,* August 14, 1995, B6.
(60) Lo (1993: 173–175)
(61) Wu (2011: 86–87)
(62) Choo (1968: 47–49, 71–74)
(63) Benton (2005)
(64) Sales, D'Angelo, Liang and Montagna (2009: 51–52); 華僑華人の事典編集委員会編（2017: 456–457［王維］）
(65) Sales, D'Angelo, Liang and Montagna (2009: 49); Mayer (2011: 16); Sales, Hatziprokopiou, D'Angelo, and Lin (2011: 204)
(66) Mayer (2011: 15); 華僑華人の事典編集委員会編（2017: 456–457［王維］）
(67) Chan (2016: 176, 185)
(68) Sales, D'Angelo, Liang and Montagna (2009: 50, 57); Sales, Hatziprokopiou, D'Angelo, and Lin (2011: 209–210, 213)

第3章
(1) 獅子（1937: 83–85）
(2) サバン（2005）; Sabban (2009b); Roberts (2002: 185–186)
(3) サバン（2005）; Sabban (2009b)
(4) 華僑経済年鑑編輯委員会編（1966: 532; 1967: 578–579; 1993: 711）
(5) サバン（2005）; Sabban (2009b)
(6) 華僑経済年鑑編輯委員会編（1978: 458; 1981: 449; 1982: 452; 1993: 710）
(7) 華僑華人の事典編集委員会編（2017: 123［山下清海］, 268–269［宍戸佳織］, 392–393［鄭楽静・寺尾智史］）
(8) 華僑経済年鑑編輯委員会編（1991: 682; 1993: 711; 1996: 628）
(9) サバン（2005）; Sabban (2009b)
(10) サバン（2005）; Sabban (2009b)
(11) 華僑経済年鑑編輯委員会編（1993: 738）
(12) Mayer (2011: 8)
(13) 華僑華人の事典編集委員会編（2017: 78–79［飯倉章］）
(14) Amenda (2009)
(15) 華僑経済年鑑編輯委員会編（1966: 533; 1967: 580）
(16) Amenda (2009)
(17) 華僑経済年鑑編輯委員会編（1975:

418; 1996: 665）
(18) 「譲人人吃得眉開眼笑　談上海几个粤菜名厨師的做菜法門」『新民晩報』1956年4月28日4版。
(19) 華僑経済年鑑編輯委員会編（1992: 785）
(20) 江（1922); 周（2019: 310）
(21) 「海外之粤菜館」『健康生活』17（2), 1939年7月16日, 41頁; 周（2019: 312–313）
(22) 華僑華人の事典編集委員会編（2017: 409［北村由美]）
(23) Otterloo（2002); Roberts（2002: 174, 187); 華僑経済年鑑編輯委員会編（1989: 606–607); Amenda（2009）
(24) 華僑経済年鑑編輯委員会編（1967: 580; 1989: 607）
(25) 華僑華人の事典編集委員会編（2017: 418–419［神長英輔]）
(26) Caldwell（2015: 134–136）
(27) Caldwell（2015: 137–139）
(28) Caldwell（2015: 143–144）
(29) Caldwell（2015: 129–130, 143）
(30) Caldwell（2015: 139–142）
(31) ヨトヴァ（2012: 13–15, 31–35, 87, 150–151, 193–201, 207–212, 269–277）
(32) Jung（2015: 150–153）
(33) Jung（2015: 154, 156–159, 161–163）
(34) 華僑経済年鑑編輯委員会編（1978: 458）
(35) 華僑華人の事典編集委員会編（2017: 416–417［田嶋淳子]）
(36) 華僑経済年鑑編輯委員会編（1987: 519; 1988: 559; 1992: 803）
(37) 華僑華人の事典編集委員会編（2017: 416–417［田嶋淳子]）
(38) 華僑経済年鑑編輯委員会編（1966: 534; 1975: 419; 1997: 684）
(39) 斯波（1995: 152–153); 山下（2000: 122–123); 華僑華人の事典編集委員会編（2017: 420–421［増田あゆみ]）
(40) 斯波（1995: 152–153, 170); 華僑華人の事典編集委員会編（2017: 420–421［増田あゆみ]）
(41) Dunstan（1976: 28, 30）
(42) Duruz（2007）
(43) Duruz（2011）
(44) Duruz（2007）
(45) Duruz（2007); 華僑華人の事典編集委員会編（2017: 184–185, 420–421［増田あゆみ]）
(46) Tam（2002）
(47) 山脇（1996; 1999; 2005); 柳田（2005: 2017: 11–12, 44）
(48) 山脇（1996; 1999; 2005); 柳田（2005）
(49) Lausent-Herrera（2011）
(50) Palma and Ragas（2020); マダム・トゥサン（Madame Tusan）のホームページ（http://madamtusan.pe/)。
(51) 本項の記述は，柳田（2005; 2017: 41, 43, 45, 54–55）を参照。
(52) 伊藤・呉屋編（1974: 41）
(53) 柳田（2017: 12–13, 71–73, 84–85, 88–103）
(54) 山下（2007）
(55) 華僑経済年鑑編輯委員会編（1978: 409）
(56) 山下（2007）

第四部

第1章

(1) 田中（1987）
(2) 陳（2019）など。
(3) 岩間編（2019); 東四柳（2019: 77–157）など。
(4) 岩間（2019c）
(5) 越中（1995: 75–78）
(6) 後藤（1922: 3; 1930: 135）
(7) 竹貫（2017）
(8) 東四柳（2019: 83–87, 92–99）
(9) 田中（1987: 239）
(10) 陽其二については，丸山編（1995: 7)。
(11) 後藤（1922: 3）
(12) 留井（1957);「渋沢秀雄対談　話の献酬　ライファン工業社長　笹沼源之助」『実業之日本』60（23)（通1424), 1957年12月1日，74～80頁。
(13) 谷崎（1957: 118）
(14) 大橋編（1895: 250–256）
(15) 東四柳（2019: 112–118）

(16)　東四柳・江原（2006）
(17)　田中（1987）
(18)　谷崎（1957: 119）
(19)　後藤（1922: 2–6）
(20)　松崎（1932: 45–48）
(21)　谷崎（1957: 119–120）
(22)　前掲「渋沢秀雄対談　話の献酬　ライファン工業社長　笹沼源之助」『実業之日本』
(23)　チフィエルトカ・安原（2016: 24, 38–46）
(24)　『朝日新聞』（大阪）1884年11月29日3頁。
(25)　「医学士森林太郎君演説　非日本食論将失其根拠」『読売新聞』1888年12月25日4頁。
(26)　曾（2011: 213–231）
(27)　外村（2003; 26）
(28)　林（2005a）
(29)　岩間（2013）
(30)　大丸（1988）
(31)　池田（2002: 1–14, 37）
(32)　青山（1931）
(33)　劉（2020: 71–79, 167–296）
(34)　後藤朝太郎による硯・玩具・雑貨収集をはじめとする近代日本人の中国民具収集については，芹澤・志賀（2008）。
(35)　シー（1924）; 一記者（1924）
(36)　細川（2012）
(37)　東四柳・江原（2006）
(38)　後藤（1929: 7, 136）
(39)　木下（1925: 132）
(40)　石角（1933: 268–279）
(41)　藤森・初田・藤岡編（1991: 93）
(42)　白木編（1933: 187, 296）
(43)　後藤（1922: 2）
(44)　株式会社阪急百貨店社史編集委員会編（1976: 117）
(45)　後藤（1922: 7; 1929: 6）
(46)　白木（1933: 3–4）
(47)　後藤（1929: 39）
(48)　林（2004: 111）
(49)　本誌記者（1934）
(50)　文藝春秋企画出版部編（2002: 18–47, 199–205）。なお，塩崎（2021: 5618–5634）は，早くも1890年代までに横浜・南京町にチャプスイが伝わっていたことを示す貴重な史料を発掘しているが，アメリカ式チャプスイはその後定着しなかった。
(51)　姜（2012: 44, 102–103）; 岩間（2019d）
(52)　「新興蔬菜　豆もやしを語る座談会」『糧友』13（5），1938年5月，40～47頁。
(53)　関東軍経理部（1927）
(54)　秋山（2005: 113–115）
(55)　鍾詩（1922）
(56)　田中（1987: 207）
(57)　例えば，小菅（1998: 262–263）
(58)　「長寿延命若返り」『食道楽』3（10），1929年10月，58～77頁の集合写真（58頁）。詳しくは，尽波（n.d.）の「夏の宵，鎌倉由比ヶ浜で試みた松葉いぶし」「正陽楼の本物の鍋で焼かせた濱町濱の家」を参照されたい。
(59)　“Weekly Essays in April, 1732,” *The Gentleman's Magazine: or, Monthly Intelligencer*, II（16）, April 1732, p. 701.
(60)　Howell（1891）
(61)　“Hingham Indian Maidens Revive Ancient Arts: Lazy Susan, Dumb Waitress,” *Boston Journal*, November 8, 1903, Third Section, p. 3.
(62)　President Harding Dining with the “Vagabonds” during a Camping Trip（1921）
(63)　Bettijane（2010）
(64)　Wu（1915）; 伍（1915）。この史料の存在は，Lei（2010）から知りえた。
(65)　岩間（2016）
(66)　例えば，「チコちゃんに叱られる！中国料理の回転テーブル」（NHK，2020年4月24日放送）など。
(67)　黄（1968: 212–213）
(68)　徐（1920: 7–8）
(69)　唐（1935）; 周（2012: 140–142）
(70)　狼呑虎嚥客編（1930: 22–23）
(71)　劉岸偉（2011: 67–71）
(72)　周（1935）; 胡・王（2012）
(73)　張（2006）
(74)　包（2018: 29）
(75)　周（1935）; 胡・王（2012）
(76)　周（1935）

(77) 劉岸偉（2011: 270–276, 305–310, 420–424); 木山（2004: 158, 289, 293）
(78) 秋山（2005: 115–117）
(79) 西谷（2001: 54）
(80) 安藤・奥村（2017: 125）
(81) 木村（2005: 33–44）
(82) 木村（2005: 8–14）
(83) 味の素沿革史編纂会編（1951: 201–204, 445, 497）
(84) 味の素沿革史編纂会編（1951: 440–441, 504–514); Jung (2005); サンド (2015: 59–106）
(85) 陳（1998）
(86) 味の素沿革史編纂会編（1951: 480）
(87) Gerth (2003); 李（2019）など。
(88) 秋山（2005: 113–116）
(89) 木村（1995e）
(90) 李錦記のホームページ 日本語版「李錦記の100年史」(https://jp.lkk.com/ja-jp/about-lkk/overview); 中国語（簡体字）版「企業里程碑」(https://china.lkk.com.cn/enterprise/zh-CN/About/MileStones/)。

第2章

(1) 小菅（1998); 石毛（2006); ソルト（2015); 安藤・奥村（2017); クシュナー（2018）など。また，焼きそばに関しても（塩崎: 2021）が近刊されて，日本のソース焼きそばが広東料理の「炒麵」をルーツとすることを実証し，アメリカのチャウメンが長崎の皿うどんとして定着したというユニークな仮説も示している。
(2) 小菅（1998: 14–32）
(3) 安藤・奥村（2017: 186–191）
(4) クシュナー（2018: 108–113）。それゆえ，拙編著（2019c）に書いた「水戸光圀にラーメンと餃子を伝えた明の儒者・朱舜水」(12頁29行目）は誤りで，「水戸光圀に餃子を伝えたとされる明の儒者・朱舜水」に訂正してお詫びしたい。
(5) ソルト（2015: 28–29); クシュナー（2018: 145）
(6) ソルト（2015: 29–40）
(7) 佐藤（1974); 川島（1995）
(8) 奥野（1961）
(9) 吉田（1928: 368–370); 安藤・奥村（2017: 198, 229–231）
(10) 安藤・奥村（2017: 160–166, 172）
(11) 近代食文化研究会『お好み焼きの戦前史』第二版（Kindle版，2018年）
(12) 小菅（1998: 66–74); 大久・杉野（2004: 26–29）
(13) 佐藤（1974); 川島（1995）
(14) 宮尾（1961); 岡田（2002: 128）
(15) 安藤・奥村（2017: 206–208）
(16) 安東（1929: 253); 岡田（2002: 120–121）
(17) 「揚子江菜館」『東京人』302，2011年11月，96～97頁。
(18) 安藤・奥村（2017: 236–237）
(19) Han (2010a; 2010b)
(20) 安藤・奥村（2017: 215, 238）
(21) 岩間（2019c: 14–15）
(22) 沖縄県のホームページ（https://www.pref.okinawa.jp/site/bunka-sports/bunka/documents/itiran.pdf)
(23) 安藤・奥村（2017: 211–214）
(24) 沖縄そば発展継承の会（2020）
(25) 沖縄県立公文書館（n.d.）
(26) 横須賀市のホームページ「学校給食レシピ（携帯サイト）」(https://www.city.yokosuka.kanagawa.jp/8335/mobile/s_lunch/recipe/index.html)（2017年3月分までで掲載終了）
(27) ソルト（2015: 46–48）
(28) 小菅（1998: 184）
(29) ソルト（2015: 124, 132）
(30) ソルト（2015: 168, 190–192）
(31) 世界インスタントラーメン協会のホームページ（https://instantnoodles.org/jp/noodles/market.html)
(32) 保利（2009）
(33) 崎陽軒のホームページ（https://kiyoken.com/)
(34) 白木編（1933: 4–5）
(35) 木村（1995d）
(36) 草野（2013）
(37) 「スヰートポーヅ」『東京人』302，2011年11月，98頁。
(38) 草野（2013）
(39) 殷（2015: 103–106）
(40) 袁（2018: 114–115）

(41)　早川（2018: 85–104）
(42)　岩間（2019d: 126）に収録。
(43)　早川（2018: 141–158）
(44)　横田（2009: 101–104）
(45)　『ホーム・クッキング　第3巻　中国料理』講談社，1961年，166頁；早川（2018: 97–100）
(46)　岩間（2019c: 10–14, 17）
(47)　木村（1995b）
(48)　盛（1978: 25–26）；「語りおろし連載　第130回　行くカネ　来るカネ　盛毓度」『週刊文春』30（10）（通1478），1988年3月10日，72〜76頁。
(49)　盛（1978: 53–56）；関（2019）
(50)　木村（1995b）
(51)　村山（1975）
(52)　陳（1988）；木村（1995c）
(53)　大日本印刷株式会社CDC事業部編（1993: 9–68）；木村（1995a; 1995e）
(54)　重慶飯店のホームページ（https://www.jukeihanten.com/story/）
(55)　「語りおろし連載　第54回　行くカネ　来るカネ　林康弘」『週刊文春』28（34）（1402），1986年9月4日，112〜116頁；「インタビュー　林康弘氏　聘珍樓社長」『日経レストラン』246, 1998年3月18日，38〜41頁；「私の履歴書409　林康弘」『週刊文春』45（6）（2214），2003年2月13日，70–73頁。
(56)　林（2010: 122, 184–189）
(57)　奥村（2016: 67–105）
(58)　渡辺（1985: 146–152）
(59)　岩間（2019d）
(60)　「パレ・ド・Z——おいしさの未来　Episode 14　川田智也（茶禅華）」（BSフジ，2019年4月20日放送）；「プロフェッショナル　仕事の流儀　心震わす，一皿のために　中国料理人・川田智也」（NHK，2020年12月1日放送）
(61)　奥村（2016: 563–567）
(62)　山田（2016）
(63)　山田（2016）
(64)　山田（2016）
(65)　「あすは大みそか　“洋風おせち”に人気集まる」『読売新聞』1958年12月30日朝刊7頁。
(66)　「“中華風おせち”が登場」『読売新聞』1965年12月15日夕刊9頁。
(67)　文藝春秋企画出版部編（2002: 107）
(68)　「中華でお節　都内有名店が自慢の味」『日経流通新聞』1998年12月24日12頁。
(69)　「食べたい有名おせち—吉兆，豪華に5万円から」『日経プラスワン』2001年12月22日1頁。
(70)　「変わってきたお正月メニュー　セット重箱に人気　中華風伸びる」『読売新聞』1981年12月24日朝刊12頁。
(71)　ダイエーの広告（『読売新聞』1984年12月12日夕刊15頁）
(72)　飛山（1997: 101–109）
(73)　「タイは韓国　ウニ　アルゼンチン　それに日中友好　外国産も腕でふるさとの味」『読売新聞』1972年12月29日朝刊20頁。
(74)　崎陽軒のホームページ（https://kiyoken.com/history/）
(75)　「“中華風おせち料理”完成　予約受付け開始」『エターナルアスター速報版』3，1967年12月5日1頁。

終章

(1)　岩間（2019d）
(2)　孫（1989: 355–357）
(3)　岩間（2016: 299）
(4)　岩間（2019b）

後記

(1)　風戸真理氏の講義「モンゴルの現代肉食」，極東証券寄附講座「東アジアの伝統と挑戦」料理から考えるアジア（慶應義塾大学文学部，2021年5月7日）でのご教示による。
(2)　尾崎（2020）
(3)　熊谷（2011: 61–66）
(4)　Ying（2011）

岩間一弘（いわま かずひろ）
1972年生まれ。慶應義塾大学文学部教授。専門は東アジア近現代史、食の文化交流史、中国都市史。
2003年東京大学大学院総合文化研究科博士課程修了。博士（学術）。千葉商科大学教授などを経て2015年より現職。
おもな著書に、『中国料理と近現代日本――食と嗜好の文化交流史』（編著書、慶應義塾大学出版会、2019年）、『上海大衆の誕生と変貌――近代新中間層の消費・動員・イベント』（東京大学出版会、2012年）などがある。

中国料理の世界史
――美食のナショナリズムをこえて

2021年９月20日　初版第１刷発行
2021年12月22日　初版第４刷発行

著　者――――岩間一弘
発行者――――依田俊之
発行所――――慶應義塾大学出版会株式会社
〒108-8346　東京都港区三田2-19-30
TEL〔編集部〕03-3451-0931
〔営業部〕03-3451-3584〈ご注文〉
〔　〃　〕03-3451-6926
FAX〔営業部〕03-3451-3122
振替　00190-8-155497
https://www.keio-up.co.jp/
装　丁――――大倉真一郎
装　画――――祖田雅弘
印刷・製本――中央精版印刷株式会社
カバー印刷――株式会社太平印刷社

Printed in Japan ISBN978-4-7664-2764-6